MANIFESTATIONEN VON MACHT UND HIERARCHIEN IN STADTRAUM UND LANDSCHAFT

DEUTSCHES ARCHÄOLOGISCHES INSTITUT
ABTEILUNG ISTANBUL

BYZAS 13
Veröffentlichungen des Deutschen Archäologischen Instituts Istanbul

ege
YAYINLARI

MANIFESTATIONEN VON MACHT UND HIERARCHIEN IN STADTRAUM UND LANDSCHAFT

Wissenschaftliches Netzwerk der Abteilung Istanbul im Rahmen des Forschungsclusters 3 »Politische Räume« des Deutschen Archäologischen Instituts

Herausgegeben von

Felix Pirson

Gedruckt mit Unterstützung durch Spendenmittel der Abteilung Istanbul des DAI

Manifestationen von Macht
und Hierarchien in Stadtraum
und Landschaft

Wissenschaftliches Netzwerk der Abteilung Istanbul
im Rahmen des Forschungsclusters 3 »Politische Räume«
des Deutschen Archäologischen Instituts

Herausgegeben von
Felix Pirson

BYZAS 13
Veröffentlichungen des Deutschen Archäologischen Instituts Istanbul

Herausgegeben von
Felix Pirson und Martin Bachmann

ISBN 978-605-5607-75-3
Verlagszertifikat-Nr.: 14641

Umschlaggestaltung
Jürgen Seeher
(Kiosque de Bebek, Pavillion destiné aux Conferences des Ministres de la Porte Ottomane,
avec ceux des Puisances Etrangères, sur la Rive Européenne du Bosphore, aus: Antoine Ignaze Melling,
Voyage Pittoresque de Constantinople et des Rives de Bosphore (Paris 1819) Pl. 29)

Redaktion
Sebastian Gampe
Marie-Christine Junghans
Alexandra Wirsching

Druck
MAS Matbaacılık A.Ş.
Hamidiye Mah. Soğuksu Cad. No. 3
Kağıthane - İstanbul / Türkiye
Tel: +90 (212) 294 10 00 Fax: +90 (212) 294 90 80
info@masmat.com.tr
Zertifikat-Nr.: 12055

Produktion und Vertrieb
Zero Prod. Ltd.
Abdullah Sokak. No: 17 Taksim 34433 Istanbul-Turkey
Tel: +90 (212) 244 75 21 Fax: +90 (212) 244 32 09
info@zerobooksonline.com
www.zerobooksonline.com/eng/

Inhaltsverzeichnis

Vorwort und Einführung

An der Abteilung Istanbul des Deutschen Archäologischen Instituts ist im Juni 2006 ein wissenschaftliches Netzwerk zum Thema »Manifestationen von Macht und Hierarchien in Stadtraum und Landschaft« ins Leben gerufen worden, das Projekte von Mitarbeitern und Stipendiaten der Abteilung sowie von Kolleginnen und Kollegen, die im Rahmen von Projekten der Abteilung forschen, methodisch und inhaltlich zusammenführen sollte. Ziel des Netzwerkes war es, das spezifische Profil der Abteilung für die Nachwuchsförderung zu nutzen und wissenschaftliche Synergien auf dem Gebiet der archäologischen Raumforschung zu erzielen. Seiner methodischen und inhaltlichen Ausrichtung entsprechend gehörte das Netzwerk zum Forschungscluster 3 »Politische Räume« des DAI. Ähnlich wie in den Forschungsclustern, so war es auch ein Anliegen des Netzwerkes, Projekte aus unterschiedlichen archäologischen und altertumswissenschaftlichen Teildisziplinen unter einer übergeordneten Fragestellung zusammenzuführen und auf diese Weise eine Diskussion in Gang zu setzen, die kultur- und epochenübergreifend nach Manifestationen von Macht und Hierarchien in Anatolien fragt und zugleich deren archäologische Nachweisbarkeit und Interpretation kritisch beleuchtet.

Für ein solches transdiziplinäres Vorhaben bietet die Abteilung Istanbul des DAI beste Voraussetzungen: Gemäß ihres Gründungsauftrags aus dem Jahre 1929 erforscht die Abteilung alle Epochen der Geschichte und Kultur der Türkei, d. h. von der anatolischen Frühgeschichte bis in die osmanische Zeit. Dieser Ansatz, der kulturgeschichtliche Zusammenhänge und historische Prozesse über Epochengrenzen hinweg verfolgt, war für die späten 1920er Jahre in methodischer wie inhaltlicher Hinsicht wegweisend. Und noch heute ist die wissenschaftliche Arbeit der Abteilung von einem breitgefächerten Spektrum an Projekten bestimmt, die von der Jungsteinzeit bis in das frühe 20. Jahrhundert reichen. Um diese Vielfalt an Themen und Disziplinen auch für die Diskussion übergeordneter historischer Themen fruchtbar machen zu können, ist das oben genannte wissenschaftliche Netzwerk eingerichtet worden. Im Mittelpunkt stand die Erforschung der gesellschaftlichen, wirtschaftlichen und politischen Nutzung räumlicher Strukturen sowie deren symbolischer Besetzung, verbunden mit der Frage nach der Funktion der Räume als Träger von Macht und Hierarchien. Dafür bot sich Anatolien als Schauplatz grundlegender Entwicklungen der Menschheitsgeschichte, wie z. B. Neolithisierung und Großreichsbildung, als Brückenland zwischen Ost und West und schließlich als Ort häufig wechselnder Machtkonstellationen und Herrschaftsformen besonders an.

Das Netzwerk war für zwei Jahre konzipiert und ist mittlerweile von einer Nachfolgeveranstaltung zum Thema »Epochenwandel und historische Veränderungsprozesse in Anatolien« abgelöst worden. Ein neues Netzwerk, in dem es um »Wirtschaft als Machtbasis – Vormoderne Wirtschaftssysteme in Anatolien« gehen soll, ist derzeit in Planung. Das Netzwerk setzte sich aus vier Seminaren zu »Naturraum«, »Grenzen«, »Gebauten Räumen« und »Hierarchisierung von Landschaft und Territorien« sowie zwei Workshops »Aktuelle Forschungen zu Konstruktion, Funktion und Semantik antiker Stadtbefestigungen« und »Byzanz – Konstantinopel – Istanbul: Städtische Räume von der Antike bis zur Gegenwart« zusammen. Während in den Seminaren ein fester Kreis von Teilnehmern diskutierte, waren die Workshops, an denen auch externe Referenten mitwirkten, thematisch enger definiert. Die Beiträge des Workshops zu den Stadtbefestigungen (s. o.) liegen bereits in publizierter Form vor und ergänzen die im vorliegenden Band enthaltenen Aufsätze[1].

Manifestationen von Macht und Hierarchien finden sich in den meisten von Menschenhand gestalteten und von Menschen belebten und genutzten räumlichen Strukturen. Dabei beschränkt sich der Begriff »Macht« nicht allein auf politische Macht, wie sie z. B. in der Besetzung prominenter landschaftlicher Punkte durch herrschaftliche Architektur zum Ausdruck kommt[2]. So kann beispielsweise die Ausübung häuslicher Macht durch den römischen *pater familias*, die ein hohes Maß an Kontrolle voraussetzt, als prägender Faktor bei der Gestaltung von Wohnarchitektur gelten. Ähnlich weit gefaßt ist der Begriff der »Hierarchie«: Er gilt nicht nur für räumliche Manifestationen sozialer Rangfolgen von Individuen, z.B. in Form unterschiedlicher Haus- und Grabgrößen, sondern kann beispielsweise auch auf das Verhältnis zwischen Siedlungen innerhalb politischer Territorien angewandt werden.

Während die Begriffe »Macht« und »Hierarchie« im Rahmen des Netzwerkes bewußt weit gefaßt waren und in ihrer pragmatischen Bedeutung von Fall zu Fall definiert werden mußten, kam dem Begriff des Raumes eine zentrale epistemologische Funktion zu. Dabei wurde auf einen aktuellen Diskurs im Bereich der Kultur- und Kunstwissenschaften rekurriert[3]. Auf dieser Basis sollte dem Netzwerk ein methodisch-terminologisches Konzept zugrundegelegt werden, das Räume nicht mehr als starre, durch äußere Grenzen definierte Hülsen ansieht, sondern vielmehr als kulturgeschichtlich relevante Größen, die erst durch verschiedene Ebenen menschlichen Handelns erzeugt werden[4]. Somit verstand sich das Vorhaben als archäologischer Beitrag innerhalb eines breiten kulturwissenschaftlichen

---

1 J. Lorenzen – F. Pirson – P. I. Schneider – U. Wulf-Rheidt (Hrsg.), Aktuelle Forschungen zur Konstruktion, Funktion und Semantik antiker Stadtbefestigungen. Kolloquium 9./10. Februar 2007 in Istanbul, Byzas 10 (Istanbul 2010).

2 Siehe z. B. den Köşk von Bebek (Istanbul) am europäischen Ufer des Bosporus, der im frühen 19. Jh. als Konferenzort von Ministern der Pforte und ausländischen Gesandtschaften diente (Titelbild; nach: A. I. Melling, Voyage Pittoresque de Constantinople et des Rives de Bosphore [Paris 1819] Taf. 29).

3 Siehe u. a. C. Jöchner (Hrsg.), Politische Räume. Stadt und Raum in der Frühneuzeit. Hamburger Forschungen zur Kunstgeschichte 2 (Berlin 2003); dies. (Hrsg.), Räume der Stadt. Von der Antike bis heute (Berlin 2008).

4 C. Jöchner, Architektur als politische Praxis. Die Räume der Stadt und ihre Grenzen. Wolkenkuckucksheim – internationale Zeitschrift für Architekturtheorie 6, Heft 1, 2001 (http://www.tu-cottbus.de/theoriederarchitektur/Wolke/deu/Themen/011/Joechner/joechner.htm; Zugriff vom 19.12.2011); M. Löw, Raumsoziologie (Frankfurt am Main 2001).

Diskurses, der unter dem Schlagwort »spatial turn« (D. Cosgrove) firmiert. Für die archäologischen Disziplinen stellt sich aufgrund ihrer spezifischen Quellenlage vor allem die Frage, wie sich Nutzung und Rezeption von Räumen rekonstruieren lassen. Hier gilt es kontextbezogene Ansätze zu entwickeln, die räumliche Strukturen möglichst ganzheitlich betrachten und auf diese Weise zu Aussagen über Nutzungsmodalitäten und Betrachterperspektiven gelangen. Bei Einzelbauten kommt es also nicht allein auf ihre Architektur an, sondern ebenso auf ihre Ausstattung, das bewegliche Inventar und ihre Einbindung in übergeordnete räumliche Strukturen. Ähnliches gilt für Landschaftsräume oder Territorien: Neben der Rekonstruktion von Besiedlungsstrukturen und ihrer historischen Entwicklung muß nach Verkehrswegen, nach der Gestaltung und der symbolischen Besetzung der Räume zwischen den Städten sowie ganz allgemein nach Markierungen gefragt werden, die natürliche Landschaften zu politischen Räumen machen. Auf dieser Grundlage ist es möglich, sich dem Verhalten von Nutzern und Rezipienten räumlicher Strukturen mit archäologischen Methoden anzunähern und es als zentralen Faktor bei der Genese sozialer Räume zu berücksichtigen. In einem zweiten Schritt können die Gestaltung der Räume als Ausdruck verschiedenartiger Strategien zur Manifestation von Macht und Hierarchien interpretiert und diese Strategien dann einem historischen Vergleich unterzogen werden. Denn erst in der Gegenüberstellung unterschiedlicher Modelle für den Umgang mit den gegebenen naturräumlichen und kulturellen Voraussetzungen ist es möglich, den spezifischen Charakter der einzelnen Strategien prägnant herauszuarbeiten.

Die im vorliegenden Band versammelten Beiträge setzen sich mit Manifestationen von Macht und Hierarchien in Anatolien von der Jungsteinzeit bis in das 19. Jh. auseinander, d. h. über einen Zeitraum von elf Jahrtausenden. Ein Schwerpunkt liegt in der Antike und dabei besonders auf der Urbanistik der Spätklassik und des Hellenismus, was einem wesentlichen Forschungsinteresse der Abteilung Istanbul und ihrer Partner entspricht. In den meisten Fällen handelt es sich um Beiträge, die im Rahmen laufender Dissertationsvorhaben oder größerer Forschungsprojekte entstanden sind und damit im besten Sinne als »work in progress« gelten können. Sie umfassen die Disziplinen der Prähistorischen, Klassischen und Byzantinischen Archäologie, der historischen Bauforschung und der Alten Geschichte und repräsentieren somit den transdisziplinären Ansatz des Netzwerkes.

Celine Wawruschka stellt Methode und Fragestellung ihres Projektes zur geopolitischen und sozio-ökonomischen Interpretation der urgeschichtlichen Siedlungsmuster der Kilikischen Ebene vor und hebt dabei besonders auf die unter dem Begriff der ›Regionalen Siedlungsanalyse‹ zusammengefassten Verfahren ab. Sie eignen sich besonders zur Erfassung hierarchischer Strukturen in schriftlosen Perioden, bedürfen jedoch einer individuellen Anpassung auf die jeweilige Untersuchungsregion. Innerhalb der sich abzeichnenden Hierarchisierung spielt die Differenzierung zwischen »Zentralorten« und »gateway communities« eine wesentliche Rolle.

In seinem Beitrag zu Felsbildern der letzten Generationen hethitischer Könige in Anatolien kann *Jürgen Seeher* zeigen, daß es sich bei ihnen um Demonstrationen territorialer Macht handelt. Dabei bediente man sich inhaltlich wie formal des Vorbilds der Siegel, die im Fall der Felsbilder gleichsam dem eigenen Territorium aufgedrückt wurden. Über die konkrete Beziehung zwischen Ort und Zeichen hinaus trugen in Stein gemeißelte Tatenberichte dazu bei, den territorialen Anspruch auch auf weit entfernte Gegenden auszudehnen.

In den Bereich der Markierung von Territorien und ihrer räumlichen Definition führt auch der Beitrag von *Kai Sommerey* zur Wahrnehmung und Wahrnehmbarkeit von Grenzen klassischer und hellenistischer Poleis. Er untersucht Manifestationen von Grenzen durch Bauwerke, Inschriften und Grenzsteine. Erstere taugten kaum als Primärmerkmale von Grenzen, da der Bezug zwischen Gebäude und Grenze häufig nicht evident war. Vom Bedürfnis nach einer genauen Kenntnis der Grenzen zeugt hingegen ihre bisweilen sehr detaillierte Beschreibung in Verträgen, die zwischen einzelnen Poleis geschlossen und in Stein festgehalten wurden. Demgegenüber liefern im Gelände selbst Grenzsteine häufig nicht die erwünschte Klarheit, da sie ohne konkrete Bezeichnungen zwar als Referenzen im Streitfall, nicht jedoch als Zeichen für ortsunkundige Fremde dienen konnten.

Mit Grenzen ganz anderer Art – nämlich des Machbaren - setzt sich *Martin Bachmann* in seinen Überlegungen zur Bewegung von Großlasten im Altertum auseinander. Dabei handelt es sich um einen besonders eindrücklichen Aspekt des antiken Bauwesens, bei dem »performativ ausgestaltete Überwindungsstrategien« zur Anwendung kamen. Letztere stellten eindrückliche Manifestationen von Macht und Hierarchien dar, die eine temporäre und eine dauerhafte Ebene umfassen: Erstere im Bauprozess, letztere im fertigen Bauwerk. So ist durch alle Epochen hinweg immer wieder zu beobachten, wie die Verfügungsgewalt über Material, Know-How und Arbeitskraft zu einem Träger herrschaftlichen Machtanspruchs wurde.

Die Bedeutung der performativen Ebene betont auch *Soi Agelidis*, die zeigen kann, daß im Kontext von Prozessionen weniger die rahmende Architektur selbst, als vielmehr die Zahl der Teilnehmer und ihre Ausstattung zum Ausdruck von Macht und Einfluß der beteiligten Herrscher und Würdenträger wurden. Daraus konnte sich eine hierarchische Ordnung der Prozessionen und Festlichkeiten im Stadtraum entwickeln, während die architektonische Ausstattung der Prozessionswege häufig geradezu bescheiden ausfällt.

In einem zweiten Beitrag fragt *Soi Agelidis* nach der potentiellen Bedeutung der Positionierung von antiken Heiligtümern als Ausdruck einer Hierarchisierung von Stadtraum und Landschaft. Zwar konstatiert auch sie die Gültigkeit allgemeiner Schemata bezüglich der räumlichen Verteilung von Heiligtümern im Stadtraum, die beispielsweise Stadtgottheiten andere Plätze zuweisen als chtonischen Göttern. Andererseits haben lokale Besonderheiten immer wieder zu individuellen Lösungen geführt, so daß nicht von einer regelhaften Hierarchisierung des Raumes durch die Platzierung bestimmter Kulte gesprochen werden kann. Für die Betonung des Zusammenhalts zwischen Polis und Heiligtümern waren in erster Linie die Prozession verantwortlich, die die Verbindungen unterschiedlich intensiv visualisieren konnten.

Mit einer ähnlichen Problematik setzt sich *Christina Williamson* in ihren Gedanken zu Heiligtümern als Wendepunkten in der Ausbildung städtischer Territorien auseinander. Als Fallstudie wählt sie den Umgang der ›neuen‹, erst im frühen Hellenismus gegründeten karischen Polis Stratonikeia mit den älteren Heiligtümern Lagina und Panamara. Ausgehend von der Prämisse, daß neben Ausdehnung, Grenzen und Ressourcen vor allem die Gemeinwesen innerhalb des ländlichen Territoriums einer Polis deren Aufmerksamkeit genossen, kann sie zeigen, welche Rolle Heiligtümer bei der Etablierung sozialer Netzwerke spielten, die ihrerseits die Position der Polis in ihrem Territorium sichern sollten. Dabei spielten Prozessionen, Kultfeiern, Bauwerke, Inschriften und vor allem Sichtbeziehungen innerhalb der Landschaft eine wesentliche Rolle. Durch die Anbindung der städtischen Identität Stratonikeias an die beiden Heiligtümer entstand eine starke Verbindung zwischen Polis und Territorium, die umgekehrt zu einer Verklammerung der sakral definierten Landschaft mit der neuen Polis führte, zu deren Bürger auch die Bewohner der Gemeinwesen im Territorium zählten.

Axel Filges Beitrag zum Einfluss des Naturraums auf Ort und Gestalt von Priene beschäftigt sich mit der für die Thematik des Netzwerkes wesentlichen Frage nach einer bedeutungsvollen Auseinandersetzung von Architektur mit Natur, die den Beweis von Können und damit letztendlich auch von Macht zum Ziel hatte. Gerade ein unwirtlicher und schwieriger Bauplatz wie Priene legt solche Zusammenhänge nahe. Doch kann Filges zeigen, daß praktische Erwägungen insbesondere fortifikatorischer Art für die Gestaltung der Stadt mindestens gleichbedeutend waren. So läßt er höchstens die bis in Details durchkonstruierte Binnengliederung der Stadt als »Selbstbeweis der Gründungsbürger« gelten, die sich aufgrund ihrer Fähigkeiten auch ihrer Macht versicherten.

Mit einer möglichen Hierarchisierung von Wohnlagen in Priene setzt sich *Axel Filges* in seinem zweiten Beitrag auseinander. Dabei behandelt er zunächst verschiedene Kategorien von Grenzen – physisch, sozial, symbolisch und auf sozialen Konventionen beruhend – und führt dann noch die Kategorie der Distanz für den Nachweis möglicher sozialer Hierarchien im Stadtgebiet ein. Auf dieser Basis wird deutlich, daß es auch in Priene bessere und schlechtere Wohnlagen gegeben hat, die sich durch die Entfernung zur Agora als Zentrum des öffentlichen Lebens ebenso definieren wie durch praktische Erwägungen wie ebene Bauplätze im mittleren Stadtbereich oder die erhöhte Gefahr von Steinschlag im Nordwesten.

In seinen Überlegungen zur räumlichen Organisation und deren Wahrnehmung im hellenistischen Pergamon und dessen Umland geht auch *Felix Pirson* einer möglichen Hierarchisierung von Räumen nach. Er kann zeigen, daß im hellenistischen Pergamon zwar keine soziale oder funktionale Zonierung des Stadtgebietes bestand, aber eine hierarchische Organisation des Stadtraums mit der Basileia an der Spitze. Auch die umgebende Landschaft war in ein kohärentes hierarchisches System integriert, das durch die Einbeziehung älterer, lokaler Netzwerke aus Poleis und deren Umland nicht nur auf einer vertikalen, sondern auch auf einer horizontalen Ebene funktionierte, die für die militärische Kontrolle und wirtschaftliche Auswertung des inneren Herrschaftsgebietes der Attaliden von großer Bedeutung gewesen sein muß.

Mit dem Großen Gymnasion von Pergamon behandelt *Verena Stappmanns* eine der eindrucksvollsten architektonischen Monumente hellenistischer Zeit, dessen Rang es nahelegt, auch in ihm einen Ausdruck von Macht zu sehen. Mit den Methoden der archäologischen Bauforschung gilt es jedoch zunächst auf Basis einer überzeugenden Rekonstruktion Aussagen zu Baugestalt und Nutzung zu entwickeln und darauf aufbauend Rückschlüsse auf den Entwurf und die Intention des Bauherrn zu ziehen. Ein Ergebnis der noch laufenden Untersuchungen ist, daß sich die immensen Bauleistungen der Anlage nicht allein mit funktionalen Bedürfnissen eines Gymnasions erklären lassen. Funktionalität und Symbolwert gehen vielmehr eine Verbindung ein, was besonders an den hoch aufragenden Stützmauern deutlich wird. Sie trugen u. a die Laufbahnen, waren zugleich aber auch ein weithin sichtbares »Symbol der Bauleistung«.

Torsten Zimmers Beitrag zur Lage und Funktion der Basileia von Pergamon behandelt die Bauten auf der Oberburg der Stadt – d. h. vor allem die Paläste, die militärischen Anlagen und das Heiligtum der Athena mit seinen Anbauten – systematisch als räumliche und funktionale Einheit. Dabei betont auch er die ungewöhnlich exponierte Lage des Palastbezirkes von Pergamon und interpretiert sie als Zeichen des Machtanspruchs der Attaliden. Zugleich weist er auf den ambivalenten Charakter des Ensembles hin, der in dessen starker Befestigung auf der einen, der Integration öffentlich zugänglicher Anlagen wie des Heiligtums der Stadtgöttin Athena auf der anderen Seite zum Ausdruck kommt. Damit reflektiert auch die Basileia von Pergamon das häufig uneindeutige und in einem konstanten Aushandlungsprozess begriffene politische Verhältnis zwischen den hellenistischen Herrschern und den Polis-Bürgern in den Residenzstädten.

Um dieses Verhältnis geht es auch *Marianne Mathys* in ihrer Untersuchung von Aspekten der bürgerlichen Repräsentation im späthellenistischen Pergamon. Zwar beschäftigt sie sich mit der Periode nach dem Ende der Attalidenherrschaft, doch steht dabei die Frage einer visuellen Anknüpfung an die gerade erst vergangene Königszeit und die damit verbundenen Intentionen im Vordergrund. Während in der ersten Generation nach 133 v. Chr. in einer scheinbaren Reaktion auf den politischen Umschwung bevorzugt Bauten der Polis Gegenstand von Stiftungen wurden, orientierte man sich spätestens nach den mithridatischen Kriegen wieder auf die Kulte der Attaliden. So ist in der Mitte des 1. Jhs. v. Chr. die Darstellung von Macht und die Suche nach Legitimation eng an die Königszeit gebunden. Durch die bewußte Platzierung ausgewählter Geehrter in der Nähe der alten Herrscher etablierte man zugleich eine Hierarchisierung sowohl innerhalb der Ehrungen als auch der zugehörigen städtischen Räume.

In die für Anatolien so prägende byzantinische Epoche führt der Beitrag von *Beate Böhlendorf-Arslan*, die anhand der Ergebnisse aktueller archäologischer Surveys in der Troas nach einer möglichen Hierarchisierung der zahlreichen ländlichen Siedlungsstruktur fragt. Zunächst kann sie zeigen, daß trotz erheblicher militärischer Bedrohung die Nähe zu Ressourcen bewußt gesucht wurde. Bei der Verteilung der ländlichen Siedlungen und Gehöfte standen geographische Kriterien, d. h. vor allem die Nähe zu Verkehrswegen, klar im Vordergrund. Eine hierarchische Anordnung unterschiedlicher Siedlungskategorien wie Gehöfte, Weiler und Dörfer um einzelne Städte läßt sich hingegen nicht feststellen.

Dennoch scheint den Bischofssitzen Assos und Skamandros die Funktion von Zentralorten zugekommen zu sein. Eine historische Erklärung für dieses bemerkenswerte Siedlungsbild steht freilich noch aus.

Die diachrone Betrachtung räumlicher Manifestationen von Macht und Herrschaft in Anatolien schließt *Martin Bachmann* mit Gedanken zur Bedeutung der osmanischen Holzhäuser für die Istanbuler Stadträume und als Bühnen sozialer Interaktion ab. Dabei kann er auf langjährige und bislang weitestgehend unveröffentlichte Forschungen der Abteilung Istanbul des DAI zurückgreifen. Die Wechselwirkung zwischen Architekturform und stadträumlichem Kontext wird besonders im Fall der aufwendigen Wohnhäuser und Residenzen an den Ufern des Bosporus deutlich. Hier kam das spezielle Verhältnis des osmanischen Wohnhauses zum Außenraum besonders gut zur Geltung. Die Gebäude bezogen sich mit ihren Fassaden ganz auf den zentralen Wasserweg, der einen Ersatz für die fehlenden Platzanlagen in der Stadt darstellte. Dementsprechend aufwendig wurden Ankunft und Aufbruch an den Sommerwohnungen am Bosporus inszeniert. Erst mit der Errichtung von Uferstraßen ging die Einheit aus Wasserstraße und Uferbebauung verloren, die über Jahrhunderte zu einem wesentlichen Bestandteil im Repräsentationsverhalten der Istanbuler Eliten geworden war.

Der vorliegende Band verdankt seine Entstehung allen Teilnehmerinnen und Teilnehmern des Netzwerkes und ihrer Bereitschaft zu kritischer und bisweilen auch kontroverser Diskussion. Daß die Publikation trotz manifester Gegensätze in der Beurteilung der Sinnhaftigkeit einer Veranstaltungsform, die bewußt allgemeine und übergreifende Fragestellungen und Begriffe zum Ausgangspunkt der Diskussion macht, zustande gekommen ist, möchte ich als Bestätigung des eingeschlagenen Weges auffassen.

Um die Organisation des Netzwerkes hat sich Torsten Zimmer sehr verdient gemacht; ihm standen die Mitarbeiterinnen und Mitarbeiter der Abteilung Istanbul helfend zur Seite. Die Redaktion des vorliegenden Bandes lag in der Hand von Alexandra Wirsching, die von Sebastian Gampe, Marie-Christine Junghans und dem Verlag Ege Yayınları unterstützt wurde. Ihnen allen sowie den Spendern, die den Druck des Buches gefördert haben, gilt mein herzlicher Dank.

Felix Pirson

Önsöz ve Giriş

Alman Arkeoloji Enstitüsü (AAE) İstanbul şubesi, 2006 yılı Haziran ayında, »Manifestationen von Macht und Hierarchien in Stadtraum und Landschaft« [*Kent ve Çevresinde Güç ve Hiyerarşinin İfadesi*] konulu bilimsel bir proje [*Netzwerk*] oluşturmuştur. Söz konusu bilimsel projede, enstitü çalışanları ve bursiyerlerin, ayrıca İstanbul şubesinin bilimsel araştırmalarında görevli meslektaşların projeleri metodik ve içerik olarak bir araya toplanacaktı. Amaç ise, genç araştırmacıları teşvik ederek, onların enstitünün İstanbul şubesinin özgün profilinden faydalanmaları ve arkeolojik araştırma alanında bilimsel bir sinerji elde etmekti. Proje, yöntem ve kapsam bakımından AAE'nin 3 numaralı Araştırma Kümesi [*Forschungscluster 3*] ›Siyasi alanlar‹a dahildir. Araştırma kümelerinde olduğu gibi, bu bilimsel projenin istemi, arkeoloji ve eski çağ bilimlerine ait farklı projeleri kapsayıcı sorular ile bir araya getirmek, bu yolla Anadolu'da güç ve hiyerarşinin ifadelerini – kültürleri ve çağları da göz önüne alacak şekilde – tartışmaya sunmak ve bu konudaki sav ve yorumların arkeolojik açıdan kanıtlanabilirliğini eleştirel bir biçimde aydınlatmaktır.

AAE'nin İstanbul şubesi, bu tür disiplinlerarası tasarımlar için en ideal koşulları sunmaktadır: Şube, 1929'dan itibaren, misyonu gereğince tarihöncesi Anadolu'dan Osmanlı Dönemi'ne kadar Türkiye'nin kültür ve tarihine dair tüm dönemleri araştırmaktadır. Kültür tarihine ilişkin ve tarihsel süreçleri çağ sınırı olmaksızın araştıran böylesi bir yaklaşım, 1920'lerin sonunda yöntem ve içerik bakımından öncü niteliğindeydi. Şubenin bilimsel çalışmalarını günümüzde de Neolitik Çağdan 20. yüzyılın başlarına kadar geniş bir zaman yelpazesindeki projeler belirlemektedir. Konu ve disiplinlerdeki bu çeşitliliği ve aynı zamanda başlıca tarihsel konuların tartışmasını verimli kılabilmek için yukarıda sözü edilen bilimsel proje oluşturulmuştur. Bu çalışmanın odak noktasını, güç ve hiyerarşi taşıyıcısı olarak mekânların işlevi sorusuyla bağlantılı olarak sosyal, ekonomik ve siyasi amaçlı kullanıma yönelik mekânsal strüktürün ve bunların sembolik yerinin incelenmesi oluşturuyordu. İnsanlık tarihinde neolitikleşme ve büyük krallıkların oluşumu gibi önemli gelişmelere sahne olan, doğu – batı arasında köprü ve hem güç hem de hakimiyetin sıkça el değiştirdiği bir yer olarak Anadolu, bu araştırma için biçilmiş kaftandır.

İki yıllık olarak planlanan bu projeyi, »Epochenwandel und historische Veränderungsprozesse in Anatolien« [*Anadolu'da Çağ Değişimi ve Tarihsel Değişim Süreci*] konulu bir araştırma programı izlemiştir. »Wirtschaft als Machtbasis – Vormoderne Wirtschaftssysteme in Anatolien« [*Gücün Temeli olarak Ekonomi – Anadolu'da Günümüz Öncesi Ekonomi Sistemi*] konulu yeni bir bilimsel proje ise henüz plan aşamasındadır. Yukarıda sözü edilen ilk bilimsel proje

»Naturraum«, »Grenzen«, »Gebauten Räumen« und »Hierarchisierung von Landschaft und Territorien« [*Doğal Çevre, Sınırlar, Yapılandırılmış Mekânlar ve Doğal Bölge ve territoriumun Hiyerarşik Düzeni*] konularında dört seminer; »Aktuelle Forschungen zur Konstruktion, Funktion und Semantik antiker Stadtbefestigungen« [*Antik Çağ Kent Surlarının Yapısı, İşlevi ve Anlamı Üzerine Güncel Araştırmalar*] ve »Byzanz – Konstantinopel – Istanbul: Städtische Räume von der Antike bis zur Gegenwart« [*Bizans – Konstantinopel – İstanbul: Geçmişten Günümüze Kentsel Mekânlar*] adlı iki çalıştaydan oluşmaktaydı. Seminerler, aynı katılımcılardan oluşan bir grubun bilimsel tartışmalarıyla devam etmiş; diğer yandan, dışarıdan gelenlerin da iştirak ettiği çalıştaylar konu olarak sınırlandırılmıştır. Kent surları çalıştayının (bkz. yukarıda) bildirileri yayınlanmış olup, bu kitapta yer alan makaleleri tamamlar niteliktedir[1].

Güç ve hiyerarşinin ifadesi, insan eliyle şekil verilmiş ve insanlar tarafından yoğun biçimde kullanılan mekânsal strüktürlerin çoğunda bulunur. Ancak »güç« terimi, önde gelen kırsal noktaların işgalinin gösterişli mimariyle ifade edilişi gibi, sadece siyasi bir gücü tanımlamakla sınırlı değildir[2]. Örneğin, bir Romalının evinde uygulanan ve büyük ölçüde kontrol gerektiren hakimiyetin evin beyine, *pater familias*, ait olması konut tasarımında önemli bir rol oynar. »Hiyerarşi« terimi de aynı şekilde geniş bir anlam içermektedir: Terim, bireylerin sosyal sıra düzeninin sadece mekânlarla ifadesi için değil (örneğin ev ve mezar boyutlarının farklılığı gibi), aynı zamanda siyasi territorumlardaki yerleşimler arası ilişki için de kullanılabilmektedir.

Bu bilimsel proje çerçevesinde, »Güç« ve »Hiyerarşi« terimleri bilinçli olarak geniş biçimde ele alınmıştır. Nesnel anlamı ise konuya göre tanımlanmıştır. Buna karşın »mekân« kavramı ise merkezi bir epistemolojik anlama yaklaşmıştır. Bu arada kültür ve sanat bilimlerinin güncel tartışmalarından da faydalanılmıştır[3]. Buna dayanarak, söz konusu bilimsel projeye metodik ve terminolojik bir düşünce modeli yüklenmiştir. Buna göre »mekân« salt dış sınırları itibariyle tanımlanan yapısal bir gövdeden ziyade, değişik düzeylerde insanlarca oluşturulan, kültür tarihinde önemli bir boyut olarak yaklaşılmıştır[4]. Böylece amaç, arkeolojik bir yazı olarak geniş bir kültürbilimsel söylem içerisinde »mekânsal dönüşüm« (»spatial turn«, D. Cosgrove) sloganı altında isimlendirilmiştir. Özgün kaynaklarından dolayı, arkeoloji disiplinleri için özellikle mekânların kullanımı ve alımlamanın hangi kriterlere göre anlaşıldığı sorusu ortaya çıkmaktadır. Burada geçerli olan, mekânsal strüktürü mümkün olduğunca bir bütün olarak kabul etmek, ve böylece alanların kullanım biçimi ve gözlemcinin bakış açısına ulaşmak için bağlamsal bir yaklaşım geliştirmektir. Tek yapılarda ise söz konusu olan, sadece mimarileri değil, aynı zamanda donanımları ve taşınabilir demirbaşları ile bunların daha büyük mekânlarla bütünleşmesidir. Aynı durum doğal alanlar ve

---

1 J. Lorentzen – F. Pirson – P. I. Schneider – U. Wulf-Rheidt (Ed.), Aktuelle Forschungen zur Konstruktion, Funktion und Semantik antiker Stadtbefestigungen. Kolloquium 9./10. Februar 2007 in İstanbul, Byzas 10 (İstanbul 2010).

2 Örneğin, Boğaziçi'nin Avrupa kıyısındaki Bebek Kasrı 19. yüzyılda nazır ve yabancı sefaretin toplantı yeri olarak kullanılıyordu. Bkz.: (Kapak resmi; A.I. Melling'e göre. A.I. Melling, Voyage Pittoresque de Constantinople et des Rives de Bosphore [Paris 1819] Lev. 29).

3 Başlıca bakınız C. Jöchner (Ed.), Politische Räume. Stadt und Land in der Frühneuzeit. Hamburger Forschungen zur Kunstgeschichte 2 (Berlin 2003); C. Jöchner (Ed.), Räume der Stadt. Von der Antike bis heute (Berlin 2008).

4 C. Jöchner, Architektur als politische Praxis. Die Räume der Stadt und ihre Grenzen. Wolkenkuckucksheim – internationale Zeitschrift für Architekturtheorie 6, Heft 1, 2001 (http://www.tu-cottbus.de/theoriederarchitektur/Wolke/deu/Themen/011/Joechner/joechner.htm; Son ulaşım tarihi 19.12.2011); M. Löw, Raumsoziologie (Frankfurt am Main 2001).

territoriumlar için de geçerlidir: Yerleşim yapılarının rekonstrüksiyonu ve tarihsel süreç içinde gelişimlerinin yanı sıra kentler arasındaki alanlara ulaşan yolların varlığı, bu alanların tasarımı ve sembolik donanımları ve genel olarak bu alanların özellikle belirtilmiş olup olmadığı sorulmalıdır. Zira doğal mekânlar bu kriterler ile siyasi bir alan halini almaktadır. Buna dayanarak, yapısal alanları kullanan ve özümseyenlerin davranış biçimlerine arkeolojik yöntemlerle yaklaşmak ve bunun, sosyal alanların ortaya çıkıp gelişmesinde merkezi bir faktör olduğunu dikkate almak mümkündür. İkinci bir adımda, mekânların biçimlendirilmesi, güç ve hiyerarşinin farklı yöntemlerle ifadesi olarak yorumlanabilir ve bu yöntemler tarihsel bir kıyaslamaya tabi tutulabilir. Çünkü her bir yöntemin özelliğini kesin ve tam anlamıyla ortaya çıkarmak, mevcut doğal ve kültürel şartlar için gerekli modellerin kıyaslanmasıyla mümkündür.

Bu kitapta toplanan makaleler, Anadolu'da Neolitik Çağdan 19. yüzyıla kadar, onbir bin yılı aşan bir zaman dilimindeki güç ve hiyerarşinin ifadesini anlatmakta olup, makalelerin ağırlık noktasını Antik dünya ve özellikle Geç Klâsik ve Hellenistik Dönemde şehircilik oluşturmaktadır. Bu konu aynı zamanda enstitünün İstanbul Şubesi ve ortaklarının bilimsel araştırmalarının da asıl ilgi konusudur. Makalelerin çoğu genellikle devam etmekte olan doktora tezleri veya daha büyük araştırma projeleri çerçevesinde oluşmuş ve kelimenin tam anlamıyla »work in progress« niteliğindedirler. Bu araştırmalar prehistorya, klâsik arkeoloji, Bizans arkeolojisi, mimarlık tarihi araştırması ve Eski Çağ tarihi disiplinlerini kapsamakta olup, bu durum projenin disiplinler arası eğilimini göstermektedir.

Celine Wawruschka Kilikya Ovası'nın tarihöncesine dayanan yerleşim modelinin jeopolitik ve sosyo-ekonomik yorumu ile ilgili yöntem ve sorularını sunmakta ve bu yolla özellikle ›bölgesel yerleşim analizi‹ kavramı altında özetlenen yöntemleri ele almaktadır. Söz konusu yöntemler özellikle yazı öncesi dönemlerdeki hiyerarşik yapının kavranması için elverişlidir, fakat bu yöntemler araştırılan alanın özelliklerine uygun olmalıdır. Ortaya çıkan hiyerarşik düzenleme içinde ›merkezi yerler‹ ve ›kavşak noktalarındaki topluluklar‹, [»gateway communities «] arasında yapılan ayrım önemli bir rol oynamaktadır.

Jürgen Seeher, Anadolu'daki son Hitit krallarının kaya kabartmalarıyla ilgili bildirisinde, kaya resimlerinin sahip olunan topraklarla ilgili gücün bir gösterisi olduğunu ortaya koyabilmektedir. Tıpkı kaya resimleri gibi kendi toprağında iz bırakmış bir mühür de, konuya içerik ve biçim bakımından bir örnek teşkil eder. Yer ve sembol arasındaki belirgin bağlantının ötesinde, taşa işlenmiş ve rapor niteliğindeki tarihi metinler de uzak bölgelere doğru genişlemenin ve toprak talebinin göstergesidir.

Sınırların belirlenmesi ve bunların mekânsal olarak tanımlanması konusunda *Kai Sommerey*'in makalesi de Klâsik ve Hellenistik polisin sınırının kavranması ve algılanabilirliğini içermektedir. *Sommerey*, sınırların yapı, yazıt ve sınır taşları yoluyla ifade edilişini incelemektedir. Yapılar, sınır ile aralarındaki ilişkinin çoğunlukla belirgin olmayışından dolayı ana kıstas niteliği taşımamaktadır. Buna karşılık sınırların kesin biçimde bilinmesi ihtiyacı, polisler arasında yapılan ve taşlara oymak suretiyle kaydedilen anlaşmaları detaylı bir şekilde tanımlama gereğini doğurmuştur. Arazideki sınır taşları ise içerik bakımından istenilen netliği genellikle göstermez. Zira sınır taşları, somut bir işaret içermeksizin sınır tartışmaları konusunda referans olabiliyor fakat, yöreyi bilmeyen bir yabancıya yardımcı olamıyordu.

Martin Bachmann Antik Çağda ağır kütlelerin taşınmasına dair fikirleriyle tamamen farklı bir sınır türünü, yani mümkün olan sınırları ele almaktadır. Burada söz konusu antik mimarinin oldukça etkileyici bir bakış açısı olan, »uygulama sırasında geliştirilen çözüm stratejilerinin« uygulanması söz konusudur. Bu da, güç ve hiyerarşi ifadesini etkileyici bir biçimde göstermekte; biri inşa süresince, diğeri ise bitmiş durumdaki yapıda olmak üzere geçici ve kalıcı iki alan içermekteydi. Buna göre, malzeme, »know-how«, ve iş gücü hakkındaki yetkinin muazzam bir güç hırsına nasıl dönüştüğü tüm çağlar boyunca sürekli olarak gözlenebilmektedir

Edimsel alanın önemini *Soi Agelidis* de dinsel geçit töreni bağlamında vurgulamaktadır. *Agelidis*, dinsel geçitlerde hükümdar ve önde gelen kişilerin etki ve gücünün, törenle ilgili mimariden ziyade tören alayındaki katılımcı sayısı ve onların donanımı ile ifade edildiğini gösterebilmektedir. Kentte, buna bağlı olarak dinsel geçit törenlerinde ve şenliklerde hiyerarşik bir düzen oluşmuş fakat tören yollarıyla bağlantılı mimari ise genellikle adeta ihmal edilmiştir.

Soi Agelidis ikinci makalesinde, kent içinde ve dışındaki doğal alanlarda hiyerarşi oluşumunun bir ifadesi olarak antik çağ kutsal alanlarının konumunu irdelemektedir. *Agelidis* de kentteki kutsal alanların dağılışına dair genel şemayı – kent tanrılarının yeraltı tanrılarından daha farklı bir yerde konumlanmış olmaları gibi – belirtmektedir. Diğer yandan yöresel özellikler de özgün çözümlere yol açtığından, belirli kültlerin yeri baz alınarak olağan bir hiyerarşik alan düzenlenmesinden söz edilemez. Polis ve kutsal alanlar arasındaki bağlantının vurgulanmasında öncelikle tören alayı sorumluydu, çünkü tören alayı bu ilişkiyi oldukça yoğun olarak görselleştirebilmekteydi.

Christina Williamson da benzer bir yaklaşımla, kentsel teritoriumların gelişiminde dönüm noktası olarak kutsal alanları anlatmaktadır. Konuya örnek olarak Erken Hellenistik Dönemde ›yeni‹ kurulmuş olan Karia kenti Stratonikeia ile Lagina ve Panamara'daki eski kutsal alanları seçmiştir. Polisin kırsal teritoriumu içinde yayılım, sınırlar ve kaynakların yanı sıra öncelikle yerel toplumların göz önüne alındığı varsayımından yola çıkarak; teritorium içerisinde polisin pozisyonunu garantiye alan kutsal alanların, sosyal ağın kurulmasında nasıl bir rol oynadığını göstermektedir. Bu konuda dinsel geçit alayları, kült şenlikleri, yapılar, yazıtlar ve özellikle bölgedeki görsel bağlam önemli bir rol oynamaktaydı. Stratonikeia'nın kent kimliğinin her iki kutsal alanla bağlantısı yoluyla polis ve teritorium arasında güçlü bir bağ ortaya çıkıyor ve bu da kutsal olarak belirlenmiş bölgenin yeni bir polis ile kenetlenmesini sağlıyordu. Teritoriumdaki kırsal yerleşimlerin sakinleri de polis halkı sayılıyordu.

Axel Filges'in, Priene örneğinde doğal çevrenin yer ve biçim üzerindeki etkisi hakkındaki makalesi, bilimsel projenin konu bütünlüğü bakımından büyük önem taşıyan, doğa ve mimarinin çatışması sorusu üzerinde durmaktadır. Bu çatışma, muktedir olmanın ve sonunda gücün ispantını hedeflemekteydi. Priene gibi sarp ve inşası zor alanlar böyle bir ilişkinin önerilmesine uygundur. Buna rağmen Filges, kentin, özellikle de savunma açısından yapılandırılmasında pratik kaygıların en azından eşit derecede önemli olduğunu gösterebilmektedir. Kent içinin detaya kadar planlanlanmış olmasını, becerisi sayesinde gücünden emin olan »kurucu halkın kendini kanıtlaması« olarak addeder.

Axel Filges ikinci makalesinde, Priene'nin konut alanlarının hiyerarşik düzende olası biçimlendirilmesini ele almaktadır. İlk önce fiziksel, sosyal, simgesel ya da sosyal uzlaşmaya dayanan çeşitli sınır kategorilerini, ardından ise kentteki olası hiyerarşinin kanıtına dair »mesafe« kategorisini sunmaktadır. Buna göre Priene'de daha iyi ve daha kötü konut alanlarının olduğu netleşmektedir. Bu alanlar, tıpkı kentin orta bölümündeki düz inşa yeri ya da kuzeybatıdaki kayaların kopması tehlikesi gibi pratik unsurların göz önüne alınması sonucu olduğu kadar, aynı zamanda kendilerini kamu yaşamının merkezi agoraya olan uzaklıklarıyla da belirlemektedirler.

Felix Pirson da mekânsal düzenleme ve bunun Hellenistik Pergamon ve çevresindeki algılanma biçimine dair düşüncelerinde, mekânların hiyerarşik biçim alma olasılığını araştırmaktadır. *Pirson*, gerçi Hellenistik Pergamon'da kent alanının toplumsal ya da işlevsel bir bölge yapısına sahip olmadığını ancak kentin hiyerarşik biçimde düzenlenmesinin, Basileia ile en uç noktasına ulaştığını göstermektedir. Aynı zamanda kenti çevreleyen doğal alan da kent ile bağlantılı olarak hiyerarşik sisteme adapte edilmişti. Söz konusu sistem, poleis ve çevresindeki daha eski ve yerel ağın da eklenmesiyle sadece dikey değil yatay düzlemde de de işlemekteydi. Bu durum Attaloslar'ın dahili hakimiyet bölgesinin askeri kontrolü ve ekonomik uygulamaları için büyük bir önem taşıyor olmalıydı.

Verena Stappmanns, Hellenistik Dönemin en etkileyici anıtlarından biri olan Pergamon'daki büyük gymnasionu ele almaktadır. Gymnasion, önemi itibariyle yapıda bir güç ifadesi görmeyi mümkün kılmaktadır. Söz konusu çalışma, arkeolojik çerçevede mimari inceleme yöntemleriyle, ilk olarak inandırıcı bir rekonstrüksiyona dayanarak yapının şekli ve işlevine dair bilgi ve bunun üzerine, inşa edenin tasarımı ve amacına dair çıkarımlar geliştirmeye yöneliktir. Henüz devam etmekte olan bu araştırmadan çıkan bir sonuç, yapı için harcanan yoğun çabanın sadece işlevsel gereklerle açıklanamayacağı şeklindedir. İşlevsellik ve sembolik değer, istinat duvarının kule gibi yüksek olmasından anlaşılacağı üzere, birbiriyle bağlantılıdır. İstinat duvarı, diğer yapısal öğelerin arasında örnek olarak seyirdim yerini taşımaktaydı; ancak aynı zamanda uzak mesafelere kadar görülebilen »mimari çabanın sembolü« konumundaydı.

Torsten Zimmer'in Pergamon Basileiası'nın yeri ve işlevi hakkındaki makalesi, akropolisteki yapıları – saraylar başta olmak üzere askeri yapılar, Athena kutsal alanı ve ek yapılarını – mekânsal ve işlevsel bir bütün olarak sistematik biçimde ele almaktadır. *Zimmer* aynı zamanda, Pergamon saray mahallinin alışılmışın dışındaki belirgin konumunu vurgulamakta olup, bunu Attaloslar'ın güç iddialarının bir işareti olarak yorumlamaktadır. Makalede aynı zamanda akropolisteki bu yapı grubunun iki yönlü karakterine dikkat çekilmektedir. Söz konusu karakter bir yandan güçlü bir tahkimatla, diğer yandan kentin tanrıçası Athena'nın kutsal alanı gibi kamuya açık yapıların bütünleşmesiyle kendini göstermektedir. Pergamon Basileiası bununla ayrıca, idari merkez konumundaki kentlerin Hellenistik kralları ile polis yurttaşları arasındaki, genellikle net olmayan ve devamlı bir müzakere sürecinde ortaya çıkan siyasi ilişkiyi yansıtmaktadır.

Bu ilişkiye *Marianne Mathys* de, Geç Hellenistik Dönem'de Pergamon'da kent sakinlerinin/yurttaşların temsiline bakış ile ilgili araştırmasında değinmektedir. Mathys her ne kadar Attaloslar'ın hakimiyetinden sonraki dönemi incelese de, henüz sona ermiş olan bu krallık dönemine dair görsel bir bağlantı çabasının olup olmadığı sorusu ön plandadır. M.Ö. 133 sonrası ilk nesil siyasi değişime sözde bir tepki göstermiş ve polis yapıları tercihen bağış konusu olmuş fakat en geç Mithridates Savaşları sonrasında Attalos kültü tekrar düzenlenmiştir. Bu nedenle, M.Ö. 1. yüzyıl ortalarında güç gösterisi ve yetki arayışı krallık dönemiyle yakından ilintilidir. Seçilmiş itibarlı şahsiyetlerin bilinçli olarak eski hükümdarların yakınına yerleştirilmesiyle, hem bu alanlarda ve hem de bunların ait olduğu kentsel mekânlarda hiyerarşik bir düzen kurulmuş olmaktadır.

Beate Böhlendorf-Arslan, Anadolu'da karakteristik bir dönem oluşturan Bizans'ı ele almakta ve Troas'taki güncel arkeolojik yüzey araştırmasıyla çok sayıdaki kırsal yerleşimlerin hiyerarşik durumunu irdelemektedir. Yazar ilk önce, yerleşim için kaynaklara yakın alanların – askeri tehdite rağmen – tercih edildiğini göstermektedir. Kırsal yerleşim ve çiftliklerin dağılımında coğrafi kriterler, yani özellikle ulaşım yollarına yakınlık ön planda yer alıyordu. Buna karşın her bir kent etrafında bulunan çiftlik, mezra, köy gibi farklı yerleşim biçimlerinin hiyerarşik bir sıralamasını saptamak mümkün değildir. Fakat bölgedeki kentlerden piskoposluk merkezi Assos ve Skamandros merkezi kent olmaya yaklaşmış görünmektedir. Bu dikkate değer yerleşim görünümü henüz tarihsel olarak açıklanmamıştır.

Anadolu'da güç ve iktidarın mekânsal ifadesinin tarihsel gelişimi içinde ele alındığı incelemeyi, *Martin Bachmann*, Osmanlı Dönemi ahşap evlerinin İstanbul'un kentsel mekânları içindeki önemi ve toplumsal iletişime sahne oluşu üzerine görüşlerini sunduğu yazısıyla sona erdirir. Yazar aynı zamanda İstanbul Alman Arkeoloji Enstitüsü'nün uzun yıllardır süregelen ve şimdiye dek yayınlanmamış olan kapsamlı araştırmalarına da başvurmaktadır. Mimari biçim ve kentsel mekân bağlamı arasındaki karşılıklı etkileşim, özellikle Boğaz kıyısındaki görkemli yalılar ve konutlarla kendini belli etmektedir. Böylelikle Osmanlı evinin dış alanla olan özel ilişkisi özellikle değer kazanır. Karaya bakan taraflarında bir meydan olmadığı için, cepheleri Boğaz kıyısına daha doğrusu denize dönüktür. Bunun sonucu olarak da bu yalılara geliş ve gidiş zahmetliydi. İstanbul'un elit tabakasının yüzyıllar boyunca ayrılmaz bir parçası olan deniz yolu ve yalıların birlikteliği, sahil yolunun inşasıyla kaybolmuştur.

Elinizdeki bu cilt, sözü edilen bilimsel projenin tüm katılımcıları ve onların eleştirel yaklaşımlarıyla oluşan bilimsel tartışmalar sayesinde gerçekleşmiştir. Bu yayının kaynaklandığı tartışmaların çıkış noktasını bilinçli olarak hem genel hem de kapsamlı soru ve kavramlar oluşturmuştur. Böyle bir toplantı tarzının anlamlılığının değerlendirilmesinde ortaya konan karşıtlıklara rağmen yayının meydana gelmesini, seçilen yolun doğrulanması olarak anlamak gerekir.

Bu bilimsel projenin düzenlenmesinde Torsten Zimmer'in katkıları büyüktür. Kendisine ve ona yardım eden İstanbul şubesi çalışanlarına, kitabın redaksiyonundan sorumlu Alexandra Wirsching ile ona yardımcı olan Sebastian Gampe, Marie-Christine Junghans ve Ege Yayınları'na, ayrıca kitabın yayınlanmasını maddi katkılarıyla destekleyenlere çok teşekkür ederim.

Felix Pirson

Felix Pirson (Hrsg.), Manifestationen von Macht und Hierarchien in Stadtraum und Landschaft, BYZAS 13 (2012) 1-24

Regionale Siedlungsanalyse als Methode zur Erfassung hierarchischer und sozio-ökonomischer Strukturen im Raum – eine Fallstudie aus Kilikien

Celine WAWRUSCHKA[1]

Einleitung

Die Manifestation hierarchischer bzw. politischer Strukturen im Raum ist seit jeher ein Thema, das anthropologische und soziologische Forschungen gefesselt hat. Auch im Bereich der Archäologie lässt sich ab dem Einsetzen der ersten Schriftquellen ein derartiger Arbeitsansatz feststellen. In der prähistorischen Archäologie finden sich schließlich ab dem Aufkommen der ›New Archaeology‹ ebenfalls Arbeiten, die zunehmend auf Modelle und Theorien anderer Disziplinen zurückgreifen und Interpretationen des Fundmaterials in sozio-ökonomischer und politischer Hinsicht vornehmen. Zur Erfassung hierarchischer Strukturen in schriftlosen Perioden bieten sich in der Archäologie die unter ›Regionale Siedlungsanalyse‹ zusammenzufassenden Methoden an. Die regionale Siedlungsanalyse stellt keine einheitliche Schule dar, sondern hat sich regional aus verschiedenen Forschungsansätzen entwickelt und weist verschiedene Schwerpunkte in der Zielsetzung auf.

Im vorliegenden Beitrag möchte ich einen Überblick über jene Verfahren und Modelle der regionalen Siedlungsanalyse geben, die in der Archäologie Anatoliens und Mesopotamiens[2] Anwendung fanden. Diese Modelle beruhen entweder auf verschiedenen Handelsstrukturen, denen implizit ein soziopolitischer Faktor und eine gesellschaftliche Organisation zugrunde liegt, bzw. auf der Analyse hierarchischer Strukturen. Im Anschluss stelle ich mein laufendes Forschungsprojekt vor, in dem ich einige dieser Methoden und Modelle anwende, um eine geopolitische und sozio-ökonomische Interpretation der urgeschichtlichen Siedlungsmuster der Kilikischen Ebene vorzunehmen.

---

[1] Empfängerin eines APART [Austrian Program for Advanced Research and Technology]-Stipendiums der Österreichischen Akademie der Wissenschaften.

[2] Unter Anatolien und Mesopotamien sowie dessen Einflussgebiet wird hier der geographische Raum der anatolischen Türkei, des Südwest-Iran und des Irak sowie Syriens zusammengefasst, vgl. Matthews 2003, Abb. 1. 1.

Regionale Siedlungsanalyse

Die ersten Anwendungen der regionalen Siedlungsanalyse unter Anwendung geographischer Methoden in der Archäologie allgemein stammen aus den 1930er Jahren von Robert Braidwood in der Ebene von Antiochia[3] – der damit sowohl in der Disziplin der Siedlungsarchäologie als auch in der Archäologie des Vorderen Orients Pionierarbeit leistete. Kurz darauf erfolgten die archäologischen Geländeaufnahmen von Philip Phillips, James A. Ford und James B. Griffin im unteren Mississippi-Tal in den USA[4] und von Gordon A. Willey im Virú-Tal in Mexiko[5], die – nicht nur – für die Archäologie der Neuen Welt wegweisend waren. Wie in diesen Arbeiten wurden auch in den folgenden Geländeuntersuchungen in Mesopotamien[6] und in Syrien[7] für jeden Ort Lage, Besiedlungsperioden und Größe festgehalten. Mit diesen Daten wurden thematische Karten erstellt, die um natürliche Landschaftsmerkmale wie Flüsse, Gebirgszüge und Küstenlinien ergänzt wurden.

Erst mit dem Aufkommen der *New Archaeology* wurden neue methodische Ansätze und Analyseverfahren ab den 70er Jahren in der regionalen Siedlungsanalyse archäologischer Arbeiten übernommen, die der Geographie, der Ökologie und der Wirtschaft entlehnt wurden und statistische Verfahren zur räumlichen Analyse, Methoden zur räumlichen Rekonstruktion sowie Simulationsmodelle und zuletzt geographische Informationssysteme (GIS) umfasste. Die Methoden der regionalen Siedlungsanalyse werden seitdem für die Rekonstruktion von Wirtschaftssystemen, politischer und gesellschaftlicher Organisation sowie ideologischer Aspekte eingesetzt[8].

Die zu Grunde liegenden geographischen Modelle

Den geographischen Modellen, die aus der ersten Hälfte des 20. Jahrhunderts bis in die 70er Jahre stammen, liegt zumeist eine vereinfachte Realität zugrunde, die einerseits die Übertragung archäologischer Daten erleichtert, andererseits aber gerade aufgrund der Beschaffenheit dieser Daten – Ortsgröße, Distanz und regionale Anordnung – zu Kritik geführt hat. Alle diese Modellen bauen auf wirtschaftliche Aspekte auf, da sie sich mit der Verfügbarkeit regionaler Ressourcen und/oder interregionalem Handel auseinandersetzen. Sobald den Daten von archäologischen Oberflächen- und/oder Ausgrabungsbefunden einer Region räumliche Aspekte der Landnutzung sowie die Erschließung eines Raumes hinsichtlich verfügbarer Ressourcen hinzugefügt werden, so beschäftigen sich derartige Arbeiten implizit mit den sozio-ökonomischen Gegebenheiten einer Region und einer Periode. Denn Handelsaktivitäten jeglicher Art liegt eine Kontrolle verfügbarer Ressourcen im Umland bzw. Waren und Güter, die aus einer anderen Region beschafft werden können, zugrunde. Die Fähigkeit, diese Ressourcen, Waren und Güter

---

3 Braidwood 1937.

4 Phillips u. a. 1951.

5 Willey 1953.

6 Adams 1965, Adams und Nissen 1972, Adams 1972, Adams 1981, Gibson 1972, Wright 1981.

7 Akkermans 1984, 1993; Wilkinson 1998.

8 Vgl. Earle – Preucel 1987, 504; Kantner 2005.

– in welcher Form auch immer – zu kontrollieren, ist ein Ausdruck politischer Macht – auch wenn diese regional nur äußerst begrenzt sein sollte.

Im Folgenden sei ein kurzer Überblick über die geographischen Modelle, die in archäologischen Forschungen des behandelten geographischen Raumes Anwendung gefunden haben, gegeben.

Die ›Zentralorte-Theorie‹

Das älteste Modell, das Eingang in die Interpretation des archäologischen Befundes fand, stellt die ›Zentralorte-Theorie‹ dar, die 1933 von dem Geographen Walter Christaller eingeführt wurde[9]. Christaller setzte sich damals am Beispiel süddeutscher Städte mit den Fragen der Städtebildung und der räumlichen Verteilung auseinander (*Abb. 1*). Ausgehend von der topographisch vergleichsweise homogenen Landschaft Süddeutschlands beruht die ›Zentralorte-Theorie‹ auf folgenden vereinfachten geographischen Voraussetzungen:

1) Es handelt sich um eine idealisierte isotropische Landschaft, der keine naturräumlichen Grenzen gesetzt sind;
2) Transportkosten verhalten sich proportional zur Distanz, die Transporttechnologie ist einheitlich;
3) Die Ressourcen sind gleichmäßig über die Region verteilt[10].

Die ökonomischen Voraussetzungen können folgendermaßen zusammengefasst werden:

1) Handel spielt eine entscheidende Rolle in jedem von Städten geprägten Siedlungssystem. Städte sind Zentren der Verteilung von Gütern und Knotenpunkte in Transportnetzwerken.
2) Städte beliefern ein Einzugsgebiet mit speziellen Gütern und Dienstleistungen. Sie sind zentral im Einzugsgebiet gelegen, daher leitet sich der Begriff Zentralort ab.
3) Je größer die Anzahl der angebotenen Güter und Dienstleistungen, desto wichtiger ist die Position eines Ortes im System.
4) Orte niedriger Position im System liefern Arten von Gütern, die häufig gebraucht werden. Die Orte dieser Klassen haben eine größere Dichte als solche oberer Klassen, so dass das Einzugsgebiet für den Handel mit alltäglichen Gütern generell kleiner als das für seltenere Güter ist.
5) Städte der oberen Ränge sind seltener, weiter gestreut und bieten einen größeren Ausschnitt an Diensten und Gütern an.
6) Es gibt eine Hierarchie zentraler Orte, die an der Anzahl und Art der angebotenen Güter und Dienste ausgerichtet ist. Diese Hierarchie ist konsumentenorientiert. Denn der Weg, den die Konsumenten zurücklegen müssen, um ein bestimmtes Produkt zu erhalten, wird minimiert[11].

---

9 Christaller 1933.

10 Lloyd – Dicken 1972, 9.

11 Nach Bernbeck 1997, 169.

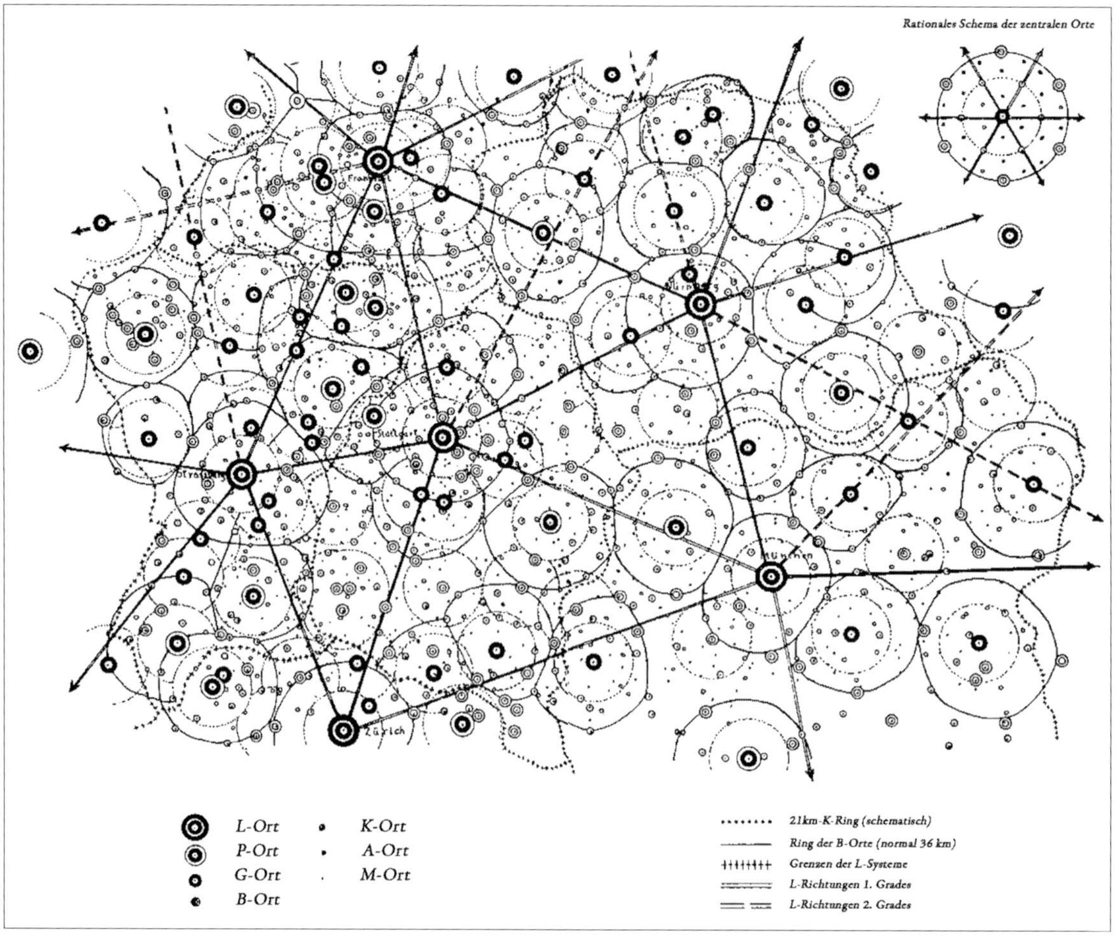

Abb. 1 Zentralorte-System nach Christaller

Die ›Zentralorte-Theorie‹ und deren Anwendung auf den archäologischen Befund wurde bereits von mehreren Seiten beanstandet[12], wobei die idealisierte, flache Landschaft einen zentralen Kritikpunkt bildet[13]. Ein grundlegender Einwand gegen die Anwendung der ›Zentralorte-Theorie‹ auf den archäologischen Befund liegt berechtigterweise in der Tatsache, dass dieses Modell, das sich aus einer auf dem Marktsystem beruhenden Wirtschaft entwickelt hat, auf Befunde angewendet wurde, bei denen weder die Grundlagen des Marktwesens noch ausreichende Daten über dieselbe vorhanden sind[14]. Der Mangel an Daten und die Tatsache, dass die ›Zentralorte-Theorie‹ auf der Grundlage moderner Siedlungs- und Wirtschaftssysteme aufgebaut wurde, stellt für Carole L. Crumley einen zentralen Kritikpunkt dar[15]. Robert McC. Adams[16] und Carol A. Smith[17] haben des

12 Nach Malcolm Wagstaff verfügte Christaller selbst über kein allzu klares Konzept der von ihm aufgestellten Zentralorte-Theorie; vgl. Wagstaff 1986, 121 f.

13 Vgl. Adams 1981, 53 f. 67.

14 Paynter 1983, 236 f.

15 Crumley 1976, 61–64.

16 Adams 1974, 53.

17 Smith 1974.

Weiteren beanstandet, dass bei der archäologischen Anwendung der Zentralorte-Theorie oftmals das Maß der funktionellen Siedlungsgröße vernachlässigt worden ist[18].

Nichts desto trotz wurde die ›Zentralorte-Theorie‹ bereits einige Male auf den archäologischen Befund des Vorderen Orients angewendet. Die prominenteste Arbeit stellt hier jene von Gregory A. Johnson dar[19], der auf der Basis der von Adams[20] in einem Oberflächensurvey gesammelten Daten des 3. Jahrtausends in Mesopotamien Ortsgrößenkategorien mittels Histogrammen ermittelte[21]. Mithilfe statistischer Tests konnte Johnson nachweisen, dass einige Siedlungen kleiner als erwartet ausgefallen sind, allgemein jedoch eine hohe Übereinstimmung mit dem Idealtyp festzustellen ist, nach dem alle Siedlungen einer Klasse (s. o., Punkt 6) gleich groß sein sollten[22].

Johnson hat in seiner Übersicht über regionale Siedlungsanalysen in der Archäologie ausführlich und einleuchtend dargelegt, dass erweiterte Modelle der ›Zentralorte-Theorie‹ durchaus anwendbar und informativ sind[23]. Eine solche überaus wertvolle Erweiterung der archäologischen Anwendung der Methodik bezüglich der Grenze von Einflussbereichen bzw. Siedlungsterritorien beschreiben Clive Orton und Ian Hodder[24]: Unter der Zuhilfenahme von Thiessen-Polygonen werden Kreise um die Zentren gezogen. Durch das Schneiden zweier Kreise um die betroffenen Paare von Zentren werden Mittelsenkrechte erhalten. Die Schnittpunkte der verschiedenen Mittelsenkrechten bilden die Eckpunkte eines Thiessen-Polygons (*Abb. 2*).

Trotz Kritik an der um Thiessen-Polygone erweiterten Anwendung der ›Zentralorte-Theorie‹[25] finden sich auch für diese anschauliche Fallstudien in der Archäologie des Vorderen Orients. Tony J. Wilkinson verwendete Thiessen-Polygone in Kombination mit dem Siedlungseinzugsbereich[26], um das frühbronzezeitliche Territorium von Tell es-Sweyhat in Syrien herauszuarbeiten[27]. Anschließend führte er einen Survey im Siedlungsterritorium durch und rechnete die Einwohnerzahl sowie den durchschnittlichen jährlichen Getreidebedarf von Tell es-Sweyhat und diesem Fundort zugehörigen Fundstellen[28] hoch. Auch für die Herausarbeitung von Siedlungsterritorien jüngerer, mittel- und bronzezeitlicher sowie neuzeitlicher Fundstellen verfuhr er in gleicher Weise, wobei er jedesmal zur

---

18 Die funktionelle Siedlungsgröße bezieht sich auf die Anzahl von Aktivitäten, die innerhalb einer Siedlung stattgefunden haben, vgl. Johnson 1977, 491 f.

19 Johnson 1972.

20 Adams 1965.

21 Johnson 1972, 1975.

22 Bernbeck 1997, 174.

23 Johnson 1977, insbes. 495.

24 Hodder – Orton 1976, 61 f.

25 Adams 1981, 53 f.

26 Der Siedlungseinzugsbereich wurde hier im Sinne der von Claudio Vita-Finzi und Eric Higgs (1970) eingeführten sog. site catchment area verstanden.

27 Wilkinson 2004, 137 f.

28 Bei einer der beiden im Siedlungsterritorium von Tell es-Sweyhat befindlichen Fundstellen, Tell Hajji Ibrahim, handelte es sich möglicherweise um einen befestigten Getreidespeicher (Wilkinson 2004, 138), weshalb hier der Begriff Siedlungshügel nicht angewendet worden ist.

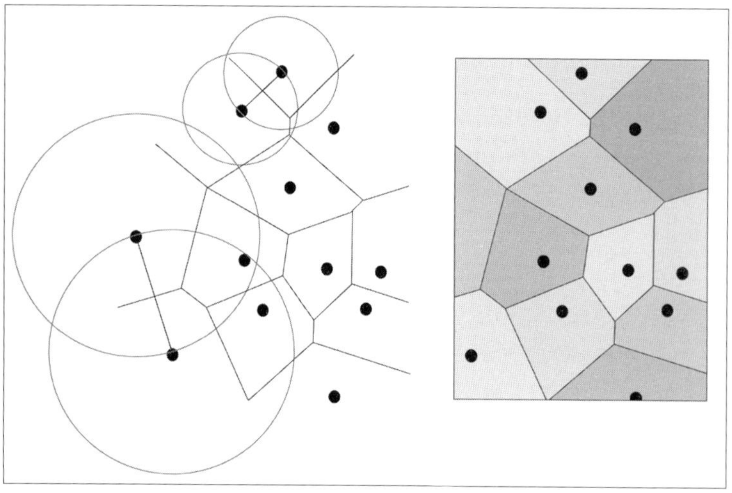

Abb. 2
Erstellung von
Thiessen-Polygonen

Kontrolle der Thiessen-Polygone den Einzugsbereich der jeweiligen Siedlungen herausarbeitete[29].

Ein weiteres Modell, das in der (Wirtschafts-)Geographie entwickelt worden ist, stellen die sog. *gateway communities* dar.

Gateway communities

Das Modell der *gateway cities* wurde in den 1970er Jahren von Alois F. Burghardt eingeführt, der dieses Konzept aufgrund seiner Untersuchungen zur Urbanisierung in der Kanadischen Prärie, im Südwesten und den nördlichen Great Plains in den USA sowie im Pannonischen Becken und in Transylvanien aufstellte[30]. Burghardt erläuterte sein Modell in Kontrast zu jenem der Zentralorte: Während ein Zentralort über einen kompakten (kreisförmigen, hexagonalen oder viereckigen) Einflussbereich verfügt, erstreckt sich der Einflussbereich einer *gateway community* fächerförmig in einer Richtung vom Kerngebiet (s. *Abb. 3*). *Gateway communities* entwickeln sich in den Kontaktzonen zwischen Regionen mit unterschiedlicher Produktionsweise und -intensität (z. B. trocken/feucht, fruchtbar/unfruchtbar). Im Gegensatz dazu liegen Zentralorte meist – zumindest in ihrer idealisierten Form – in einem relativ einheitlichen Produktionsgebiet. **Auch wenn Fernhandelsbeziehungen** in einem Zentralort nachzuweisen sind, so zeichnet er sich prinzipiell durch regionalen Handel aus, während *gateway communities* im Allgemeinen am Fernhandel orientiert sind. *Gateway communities* sind immer an Transport- und Kommunikationsknotenpunkten gelegen[31].

Die beiden Modelle der *gateway communities* und der Zentralorte schließen sich jedoch nicht aus. Aufgrund der dynamischen Natur von *gateway communities* kann die Interaktion mit Zentralorten in ihrem Hinterland zu folgenden Szenarien führen:

29 Wilkinson 2004, 140–149.

30 Burghardt 1971.

31 Nach Burghardt 1971, 272.

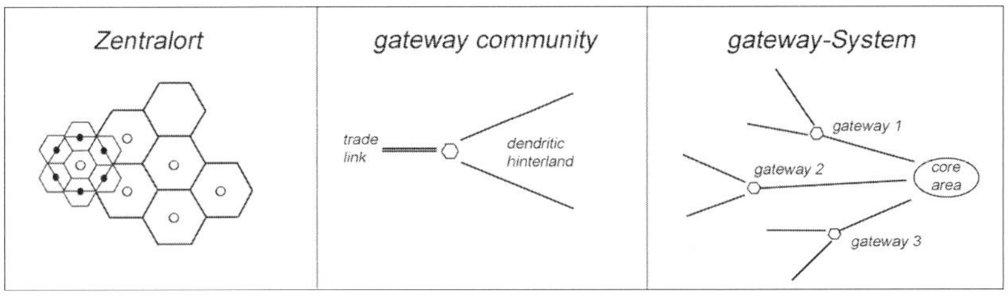

Abb. 3
Einflussbereiche von Zentralorten, gateway communities und gateway-Systemen

1) Die *gateway community* verliert einen Großteil ihres ursprünglichen Hinterlandes und wird so zu einem Zentralort degradiert, der über ein kaum größeres Hinterland als das seiner Konkurrenz verfügt.
2) Die ehemalige *gateway community* behält ihre Funktion als Transport- und Kommunikationsknotenpunkt und verbleibt somit in einer höheren Stufe der Hierarchie der Zentralorte.
3) Nach einem längeren Zeitraum findet schließlich eine Angleichung statt und die räumliche Verteilung und die Hierarchie entsprechen der des klassischen Zentralorte-Systems[32].

Das Konzept der *gateway communities* wurde ebenfalls vereinzelt in der Interpretation von Siedlungsmustern angewandt. In ihrer Studie über die eisenzeitlichen Königtümer in Südjordanien und der Negev-Wüste bezeichneten Piotr Bienkowski und Eveline van der Steen drei Städte – Beersheba Stratum II[33], Malhata und Tell el-Kheleifeh – als *gateway communities*, die sich aufgrund ihres Fundmaterials und ihrer verkehrsgünstigen Lage durch Fernhandel und Sammelpunkt für sesshafte und nomadisierende Bevölkerungsteile auszeichneten[34].

Die außergewöhnlich große neolithische und Halaf-zeitliche Fundstelle Mounbateh im Balikh-Tal in Syrien wurde bereits von Peter Akkermans als *gateway community* im Sinne Burghardts bezeichnet[35]. Wilkinson ging jedoch noch einen Schritt weiter und interpretierte den Untergang der einst mächtigen chalkolithischen Siedlung in der Frühbronzezeit – wiederum im Sinne der Überlegungen Burghardts – als Resultat konkurrierender Zentralorte in der Produktivitätszone von Mounbateh in der Frühbronzezeit[36].

Die Lage an der Grenze zu einer Zone des Regenfeldbaus bezeichnete Guillmero Algaze Habuba Kabira Süd als klassische Position für eine *gateway community*[37]. Somit wären Habuba Kabira Süd und die dazugehörigen Siedlungen prädestiniert, von dem Tauschhandel zwischen nomadisierenden Gruppen, die zu dieser Zeit existiert haben könnten, und sesshaften ›lokalen spätchalkolithischen‹ (›local Late Chalcolithic‹) Gemeinschaften im Norden zu profitieren. Darüberhinaus liegt Habuba Kabira Süd an einem

32 Nach Burghardt 1971, 272–273.

33 Beersheba Stratum II wurde zuvor allerdings schon von Singer-Avitz (1999) als *gateway community* bezeichnet.

34 Bienkowski – van der Steen 2001, 37. 41.

35 Akkermans 1993, 199–201.

36 Wilkinson 1998, 83.

37 Algaze 1993, 61–63; Wilkinson 2004, 179.

Verkehrsknotenpunkt der Hauptverbindung in ost-westlicher Richtung, was ebenfalls zu dem enormen Aufschwung dieser südlichen Uruk-Gemeinschaften geführt hatte.

Rang-Größen-Regel (Rank Size-Rule)

In den meisten archäologischen Arbeiten, denen eine regionale Siedlungsanalyse zugrunde liegt, wird eine Siedlungshierarchie erstellt, die generell auf Faktoren wie Ortsgröße bzw. Einwohnerzahl beruht. Da sich die Daten für regionale Siedlungsanalysen jedoch zumeist aus Oberflächenfundmaterial zusammensetzen – auch wenn öfters zumindest eine Siedlungsfundstelle der untersuchten Region ausgegraben ist oder sich in Ausgrabung befindet – stellen diese beiden Faktoren eine grundlegende, jedoch mit archäologischen Mitteln schwer zu fassende Einheit dar. In den seltensten Fällen wurde der Bereich einer Siedlung zur Gänze ausgegraben, um so eine tatsächlich auf den archäologischen Befund fußende Größenangabe zu ermitteln.

Geographische Arbeiten hatten zur Feststellung geführt, dass in entwickelten kapitalistischen Gesellschaften die Einwohnerzahl einer Stadt der Größe entsprechend rangmäßig geordnet und mit dem Rang multipliziert eine Konstante ergibt und ein Größenverhältnis nachzuweisen ist, in dem die zweitgrößte Stadt halb so groß wie die größte ist, die drittgrößte wiederum ein Drittel so groß – diese Reihe wird auf einer logarithmischen Skala fortgesetzt[38]. Dieser Zusammenhang fand schließlich als Rang-Größen-Regel (respektive *rank size-rule*) Eingang in die Literatur[39].

Um den Zusammenhang zwischen Ortsgröße und Rang graphisch darzustellen, markiert man den Rang eines Ortes auf einer x-Achse und die aus der Besiedlungsfläche erschlossene Bevölkerungsgröße auf einer y-Achse; beide Achsen haben eine logarithmische Skala. Im Falle der oben beschriebenen Idealverteilung resultiert daraus eine Diagonale. In der Realität weichen jedoch die meisten solcher Verteilungen mehr oder weniger deutlich von diesem Muster ab (vgl. *Abb. 4*). In der Untersuchung der Gründe für solche Abweichungen liegt der Hauptnutzen von Rang-Größen-Analysen[40]: Eine konkave bzw. primäre Verteilung deutet auf eine Region hin, die von einem einzigen großen Zentrum dominiert wird, während konvexe bzw. binäre Verteilung auf eine eher unterentwickelte Region hindeutet, in der mehrere konkurrierende Zentren zu finden sind[41].

Johnson wandte die Rang-Größen-Regel bei seiner Untersuchung urgeschichtlicher Siedlungsmuster im Südwest-Iran an[42] und stellte schließlich für mehrere Perioden Rang-Größen-Kurven zusammen. Er konnte somit einen Trend von anfänglich stark binären (konvexen)Verteilungen hin zu primären (konkaven)Verteilungen aufzeigen[43].

---

[38] Auerbach 1913; Lotka 1925.

[39] Zipf 1949; Haggett 1965, 100–107.

[40] Bernbeck 1997, 175.

[41] Johnson 1977, 498.

[42] Johnson 1973; Johnson 1980.

[43] Johnson 1977, 499–501, Abb. 2; Johnson 1980, 243–47, 250–56.

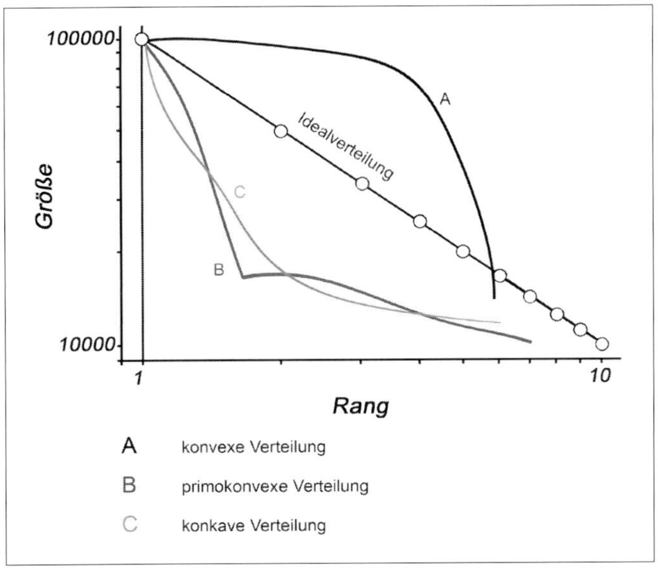

Abb. 4 Verteilungen der Rang-Größen-Regel

Adams wandte die Rang-Größen-Regel an, um Kontraste innerhalb eines Siedlungsgebietes aufzuzeigen, die sich vor allem im Grad der ›urban primacy‹ niederschlagen, d. h. in der Entwicklung von einem großen urbanen Zentrum hin zu einer normalen Rang-Größen-Verteilung innerhalb der Uruk-Periode[44].

Steven E. Falconer und Stephen H. Savage bedienten sich der Rang-Größen-Regel bei der vergleichenden Untersuchung frühstädtischer Siedlungssysteme in Mesopotamien und der südlichen Levante[45], wobei sich ihr Datenmaterial aus Mesopotamien auf die von Adams[46] bzw. Adams und Nissen[47] eruierten Daten beruft. Ihr Augenmerk lag einerseits auf der Kontrolle der durch diese Methode gewonnenen Aussagen, d. h. der logarithmischen Skala und der daraus resultierenden Diagonale mittels des sog. Kolmogorov-Smirnov-Tests[48], und andererseits in der Schlussfolgerung, dass die urbane Entwicklung in der südlichen Levante aufgrund der durch die komparative Anwendung der Rang-Größen-Regel keineswegs lediglich als Echo der mesopotamischen Entwicklung anzusehen ist.

Es muss jedoch bedacht werden, dass ein beträchtlicher Teil der demographischen Variabilität von Regionen eher in verschiedenen Techniken liegt, die zur Datensammlung angewendet werden, als dass sie tatsächlich kulturellen Schwankungen zugrunde liegen[49]. Dies gilt sowohl für den Vergleich verschiedener Daten innerhalb einer Region, jedoch insbesondere für überregionale Vergleiche.

Auch wenn die Zentralorte-Theorie und die Rang-Größen-Regel in der regionalen Siedlungsanalyse archäologischer Arbeiten gemeinsam angewandt worden sind, so beruhen beide jedoch auf unterschiedlichen Größenkriterien. Während die Zentralorte-Theorie mit funktionalen Ortsgrößen arbeitet, beruht die Rang-Größen-Regel auf demographischen Ortsgrößen.

44 Adams 1981, 73–75, Abb. 17.

45 Falconer – Savage 1995.

46 Adams 1965; Adams 1981.

47 Adams – Nissen 1972.

48 Auch ›K-Test‹ genannt; vgl. Falconer – Savage 1995, 41 f.

49 Hirth 1978, 125.

Neben den hier vorgestellten finden sich noch weitere, der Geographie entlehnten Modelle, die zur Interpretation des archäologischen Befundes angewandt worden sind und die auf eine Auslegung hierarchischer und sozio-ökonomischer Strukturen hinauslaufen. Da diese Modelle jedoch bislang nicht auf den hier besprochenen geographischen und kulturellen Raum angewendet worden sind, wird auf diese nicht eingegangen.

Bei der Anwendung von Modellen aus anderen Disziplinen gilt es allgemein zu beachten, dass diese nicht rein zur besseren Handhabung archäologischer Daten verwendet werden können, sondern dass jede Anwendung eine adäquate Rechtfertigung derselben verlangt. Dazu ist unter anderem die Kenntnis der jeweiligen Modelle innerhalb ihrer ursprünglichen Fachdisziplin vonnöten[50].

Die kurze Vorstellung der geographischen Modelle hat bereits gezeigt, dass diese eng mit ökonomischer Praxis und Gesellschaftsformen verbunden sind. Sowohl das Zentralorte-System als auch das Modell der *gateway communities* veranschaulichen hierarchisierte Landschaften, die Methode der Rang-Größen-Regel dient zur Analyse der Siedlungshierarchie in einer Region.

Fallstudie: Zur Interpretation urgeschichtlicher Siedlungsmuster in der Kilikischen Ebene[51]

Nach den vorausgehenden Erläuterungen möchte ich an dieser Stelle mein Forschungsprojekt vorstellen, in dem die oben angeführten Methoden und Modelle zum Einsatz kommen.

Die Kilikische Ebene an der südöstlichen Mittelmeerküste Anatoliens zeichnete sich bereits ab dem frühen Neolithikum, als über sie Obsidian aus den Lagerstätten Zentralanatoliens nach Mesopotamien, in die Levante und nach Zypern verhandelt wurde, durch ihre herausragende geographische Lage aus. Mit dem Chalkolithikum und der beginnenden Frühbronzezeit verlagerte sich mit der beginnenden Ausschöpfung der Erzlager im Taurus-Gebirge der Handel mit Erzen in größerem Ausmaß als der Handel mit Obsidian in neolithischer Zeit in die gleichen Gebiete[52]. Nachdem Handel eine derart wichtige Stellung in diesem Siedlungsraum einnahm, müssen die Siedlungsstrukturen entsprechend interpretiert werden – wozu sich die oben angeführten Modelle der Zentralorte und der *gateway communities* eignen.

Die Kilikische Ebene wurde mit den alluvialen Ablagerungen der drei großen Flüsse der Ebene, des Berdan (bzw. ›Tarsus‹), des Şeyhan und des Ceyhan, aufgefüllt und lässt sich in vier Kleinlandschaften unterteilen: die Erdemli Ebene, die Adana Ebene, die Yukarıova (wörtl. die obere Ebene) und die Ebene von Iskenderun (*Abb. 5*). Diese vier Unterebenen weisen beträchtliche Unterschiede in Bodenqualität, Niederschlagsmenge, Vegetation, Fauna und Mikro-Klimata auf.

---

50 Gumerman – Phillips 1978, 187.

51 Die Kilikische Ebene wird hier mit der sog. Çukurova (türk.) gleichgesetzt, die auch die Erdemli Ebene westlich von Mersin umfasst, die in der Literatur bisweilen auch zum Rauhen Kilikien gezählt wird.

52 Vgl. Mellink 1991.

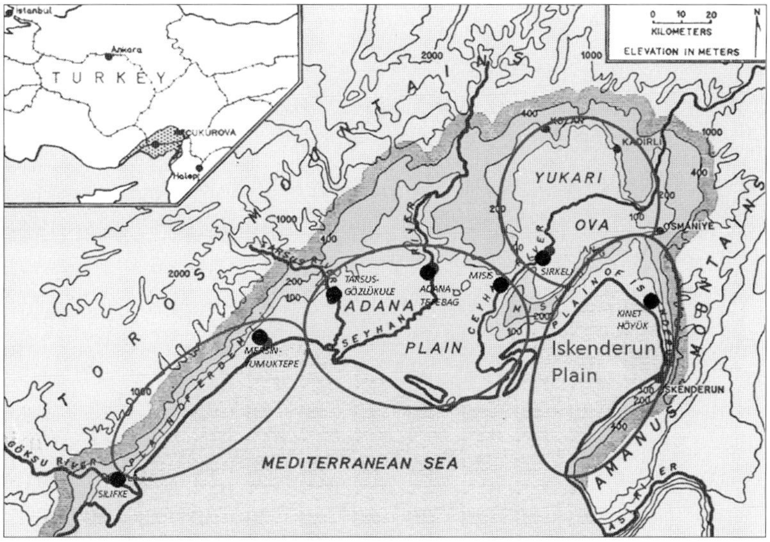

Abb. 5
Die Kilikische Ebene und ihre Unterebenen: Verteilung von Siedlungshügeln mit zentraler Funktion in den Unterebenen der Kilikischen Ebene

Durch mitgebrachte Sedimente und Erosion tragen diese drei Flüsse heute noch zur Verlandung der Ebene und zur Bildung von Deltas bei. Der urgeschichtliche Küstenverlauf unterschied sich beträchtlich vom heutigen; erste Untersuchungen zur Landschaftsrekonstruktion in der Adana Ebene[53] zeigen uns, dass die Küste etwa 5 km nördlich der Stadt Tarsus verlief, die noch bis in römische Zeit über einen Binnenhafen verfügte. Auch die Kartierung der bislang bekannten urgeschichtlichen Siedlungshügel zeigt, dass der Nachweis urgeschichtlichen Fundmaterials nicht die Linie der Fundstellen von Mersin-Yumuktepe über Tarsus-Gözlükule, Dervişli, Yenice Höyük, Nergis und nach Domuz Tepe in Richtung des Mittelmeers überschreitet (vgl. *Abb. 6*). Dies hängt sicherlich mit den alluvialen Ablagerungen in der Adana Ebene zusammen, die sich vor allem seit dem Beginn der Bronzezeit gebildet haben. Geomorphologische Untersuchungen in Kinet Höyük an der östlichen Küste der Kilikischen Ebene haben auch für die Iskenderun Ebene bezeugt, dass die Küstenlinie einst zwischen 750 m bis zu 3,5 km weiter landeinwärts verlief[54].

Die ausschließliche Siedlungsform, die wir in den urgeschichtlichen Perioden der Kilikischen Ebene kennen, stellen sog. Höyüks oder Tellsiedlungen dar[55]. Dabei handelt es sich um wahrscheinlich ehemals auf natürlichen Geländeerhöhungen errichtete Siedlungen[56], die während vieler Jahrhunderte und Jahrtausende kontinuierlich oder immer wieder besiedelt worden sind. Die Bauten dieser Siedlungen waren aus getrockneten Lehmziegeln (arab. *adobe,* türk. *kerpiç*) immer wieder übereinander errichtet worden. Witterung, Erosion und Bewuchs geben schließlich diesen ehemaligen Siedlungen heute das

53 Öner u. a. 2003; Öner u. a. 2005.

54 Ozaner u. a. 358 f. Weitere geomorphologische Untersuchungen im Bereich des Siedlungshügels von Kinet Höyük und seiner direkten Umgebung sind im Gange, die bislang erzielten Ergebnisse dieser Studien sind jedoch vor allem für die späteren Siedlungsphasen relevant, vgl. Beach – Luzzader-Beach 2008.

55 Bei beiden Begriffen handelt es sich um Siedlungshügel; ›Höyük‹ stellt die türkische Bezeichnung dar, während ›Tell‹ arabischen Ursprungs ist.

56 Es finden sich sowohl Beispiele für Siedlungen, die auf natürlichen Geländeerhebungen errichtet worden sind, als auch für solche, die in der Ebene entstanden sind, vgl. Schirmer 1999.

Aussehen natürlicher Hügel, die zuweilen ganz beträchtliche Ausmaße erzielen können. Der Siedlungshügel von Mersin-Yumuktepe in der Kilikischen Ebene weist beispielsweise einen Durchmesser von ca. 200 m und eine Höhe von 25 m auf. Bislang sind keine urgeschichtlichen Flachlandsiedlungen in der Kilikischen Ebene bekannt. Dies kann zweierlei Gründe haben: Einerseits können insbesondere ältere urgeschichtliche Siedlungen unter den mächtigen alluvialen Schichten der Ebene liegen und sind somit für den Archäologen heute nicht mehr fassbar. Aus demselben Grund können auch kleinere Siedlungshügel der Kenntnis der Archäologen nicht mehr zugänglich sein. Die neolithischen Schichten von Mersin-Yumuktepe und Tarsus-Gözlükule wurden beispielsweise in einer Tiefe von 27 m bzw. 35 m und tiefer[57] aufgedeckt. Andererseits könnten die regelmäßigen saisonellen und spontanen Überflutungen, vor allem in der Adana Ebene, die Einwohner dazu veranlasst haben, auf erhöhtem Gelände zu siedeln bzw. Siedlungshügel zu errichten.

Über die gesamte Kilikische Ebene gestreut findet sich eine hohe Dichte an diesen Siedlungshügeln, von denen bis heute 64 in die urgeschichtlichen Epochen datiert werden können (*Abb. 6*). Diese Epochen umfassen in dem hier vorgestellten Projekt das keramische Neolithikum bis zum Ende der Frühbronzezeit (9. Jahrtausend bis letztes Drittel des 3. Jahrtausends v. Chr.).

Die meisten der Siedlungshügel sind durch Surveys[58] bekannt, von denen jener von Marjory Veronica Seton-Williams[59] aus der Mitte der 50er Jahre bis heute den umfangreichsten darstellt. Die größten Siedlungshügel (Mersin-Yumuktepe, Tarsus-Gözlükule) wurden in der Zwischenkriegszeit und in den 50er Jahren und später ausgegraben[60], und mittlerweile wurde die Grabungstätigkeit an all diesen Fundstellen wieder aufgenommen[61]; hinzu kommen Ausgrabungen an zuvor noch nicht archäologisch untersuchten Hügeln (Kinet Höyük[62], Sirkeli[63]) sowie die Surveytätigkeiten rund um Misis, die eine Notbergung inkludierten[64].

Entlang der noch heute in Verwendung stehenden Hauptverkehrsverbindung durch die Ebene befinden sich jeweils an der Schnittstelle eines der drei großen Flüsse, die in die

57 Aufgrund der Tatsache, dass sich der Schnitt mit Grundwasser füllte, konnten Hetty Goldman und ihr Team die Ausgrabungen an dieser Stelle nicht fortsetzen (Mellink 1956, 65).

58 Arik 1944; Garstang 1937; Garstang 1938; Girginer – Erhan 2005; Gjerstad 1934; Konyar 2006; Steadman 1994; von der Osten 1927.

59 Seton-Williams 1954.

60 Mersin-Yumuktepe: Garstang 1953; Tarsus-Gözlükule: Goldman 1956.

61 Mersin-Yumuktepe: Caneva – Sevin 2004; Sirkeli: Ahrens u. a. 2008; Tarsus-Gözlükule: Özyar 2005 sowie die jährlichen Grabungsberichte der Autoren in der Reihe der KST ab dem jeweiligen Jahr der vorangegangenen Zitate.

62 Die Ausgrabungen in Kinet Höyük finden seit 1992 unter der Leitung von Marie-Henriette Gates, Bilkent Universität, statt; vgl. die jährlichen Berichte in der Reihe der KST ab 1994.

63 Hrouda 1997a; Hrouda 1997b; Ehringshaus 1999a; Ehringshaus 1999b.

64 Auf dem Siedlungshügel von Misis und in dessen Umgebung wird seit dem Jahr 2001 ein Survey zur regionalen Hellenisierung durchgeführt. Im Jahr 2004 wurde eine Notgrabung durchgeführt, bei der auch chalkolithische Funde und Befunde zutage traten; vgl. Salmieri – D'Agata 2005. Die in den 50er Jahren durchgeführten Grabungen von Helmut T. Bossert erbrachten noch keine urgeschichtlichen Funde in Misis.

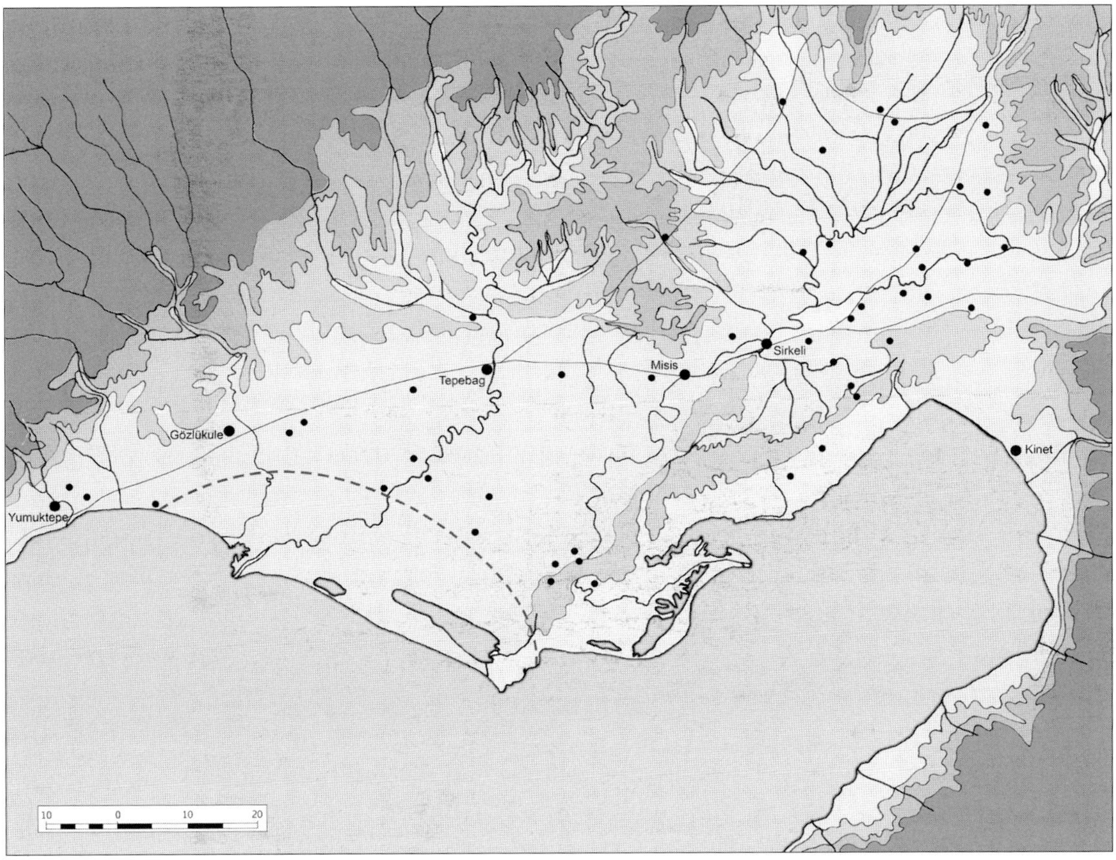

Abb. 6 Urgeschichtliche Siedlungshügel in der Kilikischen Ebene

Kilikische Ebene entwässern, und einer weiteren Straße die großen Siedlungshügel der Region: Mersin-Yumuktepe, Tarsus-Gözlükule, Adana-Tepebağ[65], Misis Höyük und Sirkeli Höyük. Aufgrund ihrer signifikanten topographischen Lage und ihrer Größe, liegt es auf der Hand, diesen Siedlungshügeln eine zentrale Funktion im Sinne von *gateway communities* zuzuweisen. Zu den topographischen Besonderheiten von *gateway communities* nach Burghardt sind hier – angepasst an die Landschaft der Kilikischen Ebene – noch das Vorhandensein von Häfen hinzuzufügen. Avia Taffet schlug in ihrer Vergleichsstudie der an der israelischen Küste gelegenen bronzezeitlichen Häfen einige Siedlungshügel in der Kilikischen Ebene als Hafenanlagen vor[66]. Dabei handelt es sich um den bereits erwähnten Siedlungshügel von Tarsus-Gözlükule, der in urgeschichtlicher Zeit nur 5 km von der Küste entfernt lag und über einen natürlichen Hafen in Form einer vorgelagerten Lagune verfügte, um den ebenfalls bereits bekannten Siedlungshügel von Kinet Höyük in der Iskenderun Ebene, und um den Siedlungshügel von Domuztepe 35 km südwestlich der Misis-Berge, der in prähistorischer Zeit nahezu unmittelbar an der Küste und am Fluss

65 Auf dem Siedlungshügel von Adana-Tepebağ, der sich heute im bebauten Stadtzentrum von Adana befindet, fanden von 1936–1942 Ausgrabungen statt, die den Nachweis einer Besiedlung in den klassischen Perioden brachte. Allerdings wurden die Grabungen ab einer Tiefe von 4 m abgebrochen und seitdem nicht mehr aufgenommen, auch wenn derartige Bemühungen von Seiten der Çukurova Universität wiederholt angestellt worden sind.

66 Taffet 2001.

Ceyhan situiert war. Auch wenn keine urgeschichtlichen Häfen in der Kilikischen Ebene direkt nachgewiesen sind, so sind doch die meisten der genannten Fundstellen für die Mittelbronzezeit als Häfen bekannt. Nachdem diese Siedlungshügel alle auch durch ihr Fundmaterial nachweislich in den urgeschichtlichen Epochen besiedelt waren, kann hier indirekt das Vorhandensein von Häfen angenommen werden. Auch die Verbreitung von Obsidian aus Zentralanatolien in Zypern und der levantinischen Küste lässt indirekt Schlüsse auf Boots- oder Schiffsverkehr seit dem Neolithikum zu. Allerdings – und dies stellt gleichzeitig die Ausgangsfrage meines Projektes dar – erscheint es erstaunlich, wie in einer relativ kleinen Region wie der Kilikischen Ebene, so viele Siedlungen mit zentraler Funktion gleichzeitig existiert haben können.

In meinem Forschungsprojekt habe ich es mir zum Ziel gesetzt, das dynamische Verhältnis von Zentralorten und *gateway communities* – wie es oben beschrieben wird – anhand der urgeschichtlichen Siedlungshügel in der Kilikischen Ebene zu untersuchen. Folgende Gründe – die gleichzeitig auch ein derartiges Vorgehen rechtfertigen – können zu dem besagten Siedlungsbild geführt haben:

1) Aufgrund der großen Zeitspanne können sich im Untersuchungsgebiet zu verschiedenen Zeitpunkten *gateway communities* entwickelt bzw. Zentralorte über ihre regionale Bedeutung hinaus an Ansehen gewonnen haben. Während beispielsweise in Mersin-Yumuktepe die neolithischen und chalkolithischen Perioden im Befund hervorragend vertreten sind, konnten bislang keine Befunde der Frühbronzezeit vor Ort nachgewiesen werden. Die frühbronzezeitliche Periode ist hingegen in all ihren Stufen im nur 28 km entfernten großen Siedlungshügel von Tarsus-Gözlükule vertreten.
2) Neben chronologischen Unterschieden müssen auch funktionale Gründe berücksichtigt werden, die im Bereich des Hinterlandes der Siedlungshügel mit zentraler Funktion zu suchen ist. Die unterschiedliche Beschaffenheit der vier Sub-Ebenen haben sicherlich bis zu einem gewissen Grad regionale Handelsstrukturen beeinflusst, wie erste Vorberichte zu archäobotanischen und archäozoologischen Untersuchungen erahnen lassen[67]. Werden die großen Siedlungshügel der Kilikischen Ebene auf Grundlage der Kleinlandschaften bzw. Sub-Ebenen der Kilikischen Ebene kartiert, so zeigt sich dass die großen Siedlungshügel aufgrund ihrer Lage unterschiedliche Verbindungen zu den Regionen außerhalb der Ebene aufweisen (*Abb. 5*): Tarsus-Gözlükule liegt an der Route zur Kilikischen Pforte, die die Ebene mit Zentralanatolien verbindet, und versorgt die Adana Ebene. Der Siedlungshügel von Adana-Tepebağ liegt im Zentrum der Adana Ebene. Die Hügel von Misis und Sirkeli liegen jeweils an einem Ende der schmalen Passage zwischen den Vorläufern des Taurus und der Hügelkette des Cebelinur, die die Adana Ebene und die Yukarıova miteinander verbindet. Bei dieser topographischen Situation könnte es sich im Sinne von Hirth um ein Beispiel zweier konkurrierender Zentren – eines Zentralortes und einer *gateway community* – handeln (*Abb. 7*).

[67] Barakat 1998; Buitenhuis 2004; Fiorentino 2004; Nesbitt – Samuel 1996, 94.

Abb. 7 Die Lage von Misis und Sirkeli zwischen dem Vorgebirge des Taurus und der Misis-Hügelkette

3) Natürlich können die funktionsbedingten Änderungen der Siedlungshügel auch zeitlich bedingt sein. Die Absenz frühbronzezeitlicher Siedlungsnachweise in Mersin-Yumuktepe und die frühbronzezeitliche Belegung des nahegelegenen Tarsus-Gözlükule kann so beispielsweise mit den Kupfervorkommen im Taurus-Gebirge erklärt werden, an dessen Verbindungsstrasse Tarsus-Gözlükule lag, während zur selben Zeit Obsidian aus Zentralanatolien durch die Einführung von Kupfer(legierungen) und erster Zinnbronze an Bedeutung verlor.

Der Weg, die Dynamik von Zentralorten und *gateway communities* in der Kilikischen Ebene aufzuschlüsseln, besteht einerseits in der chronologischen Zuweisung der bislang größtenteils unpublizierten Oberflächenfunde des Surveys von Seton-Williams[68]. Durch die wieder aufgenommenen und neu begonnenen Ausgrabungen an den großen Siedlungshügeln in der Kilikischen Ebene lassen sich diese Oberflächenfunde aufgrund der größeren Datenbasis mittlerweile besser datieren als in den 1950er Jahren. Trotz der Unsicherheit, die Oberflächenfunde in sich bergen, bedingt z. B. durch die Systematik des Surveys und die Tatsache, dass Oberflächenfunde durch Erosion, Witterung und landwirtschaftliche

68 Vgl. Seton-Williams 1954: In ihrer Publikation gab Seton-Williams eine recht genaue Fundstellenbeschreibung der Siedlungshügel wieder (auch wenn sie nur vereinzelt die Maße für die Siedlungshügel anführte), verzichtete jedoch auf einen Katalog und Abbildungen der Fundstücke und gab die Datierungen nur überblickweise an.

Tätigkeit einer starken Fluktuation unterliegen, werden doch durch meine Arbeit erstmals sämtliche Daten zu Funden und Befunden der urgeschichtlichen Siedlungshügel in der Kilikischen Ebene einheitlich vorgelegt und so zumindest eine Datenbasis erlangt, die jederzeit beliebig durch neue Funde und Befunde erweitert werden kann.

Ein weiterer Weg führt über die Einflussbereiche der urgeschichtlichen Siedlungshügel in der Kilikischen Ebene. Diese Einflussbereiche werden mittels Thiessen-Polygonen ermittelt und anschließend durch die Verbreitung von Fundmaterial gegengetestet. Hier wird das Augenmerk insbesondere auf die nicht-lokalen Formen von Keramik gelegt, auch wenn manche dieser von außen kommenden Keramikformen nach einer anfänglichen Importphase später auch lokal in der Kilikischen Ebene imitiert und hergestellt worden sind.

Als Beispiel sei hier die Verbreitung von neolithischen Halaf-Schalen angeführt.

Bereits John Garstang unterschied an der Fundstelle Mersin-Yumuktepe zwischen importierten Halaf-Schalen und lokal produzierten Schalen mit Halaf-Dekorationen[69]. Bereits im Frühchalkolithikum erscheint die Zahl tatsächlicher Importe gegenüber lokal produzierter Halaf-Schalen ausgesprochen gering. Dieser Trend setzt sich fort, bis importierte Halaf-Schalen ab Schicht XVII derselben Zeitstufe nicht mehr nachzuweisen sind. Bei der Kartierung importierter und lokal produzierter Halaf-Schalen im Verbreitungsraum der gesamten Kilikischen Ebene zeigt sich, dass diese nahezu ausschließlich von den Siedlungshügeln stammen, die sich entlang der Hauptverbindungsroute durch die Ebene befinden (*Abb. 8*)[70]. Da der Survey von Seton-Williams[71] durchaus flächendeckend durchgeführt worden ist, kann hier ausgeschlossen werden, dass sich dieses Verbreitungsbild aufgrund ausgewählter Oberflächenforschungen ergibt; allerdings sind auch bei dieser Verbreitung die oben angeführten Faktoren zu berücksichtigen. Bei der vorliegenden Verbreitung stellt sich die Frage, ob es sich hier um einen ›proto-urbanen‹ Trend handelte, aufgrund dessen sich die Verbreitung dieser Keramikform nahezu ausschließlich auf die Siedlungen entlang der Verbindungsstraße zu dem Gebiet, aus dem die Halaf-Schalen ursprünglich stammen, beschränkt.

Derartige Verbreitungskarten werden für sämtliche nicht-lokale Keramikformen in der Kilikischen Ebene für die einzelnen urgeschichtlichen Perioden erstellt und miteinander so wie mit den Siedlungsmustern, die sich aus der Zeitstellung der Siedlungshügel ergeben, verglichen.

Abschließend wird versucht, mittels der Rang-Größen-Regel die Siedlungshierarchie herauszufiltern. Die Rang-Größen-Regel wird im vorliegenden Projekt auf zwei Ebenen angewandt: zum einen auf der regionalen Ebene, also der gesamten Kilikischen Ebene, und zum anderen kleinräumig für die Unterebenen der Kilikischen Ebene, um auf diese Weise

69 Garstang 1953, 114. 116. 118. 120, Abb. 4).

70 Molla Ahmet, Tatarlı, Velican, Yaşıl: Seton-Williams 1954: 129–130, Tarsus-Gözlükule: Mellink 1956, 73, Abb. 220 a–k, Kinet Höyük: freundlicher Hinweis von Marie-Henriette Gates.

71 Seton-Williams 1954.

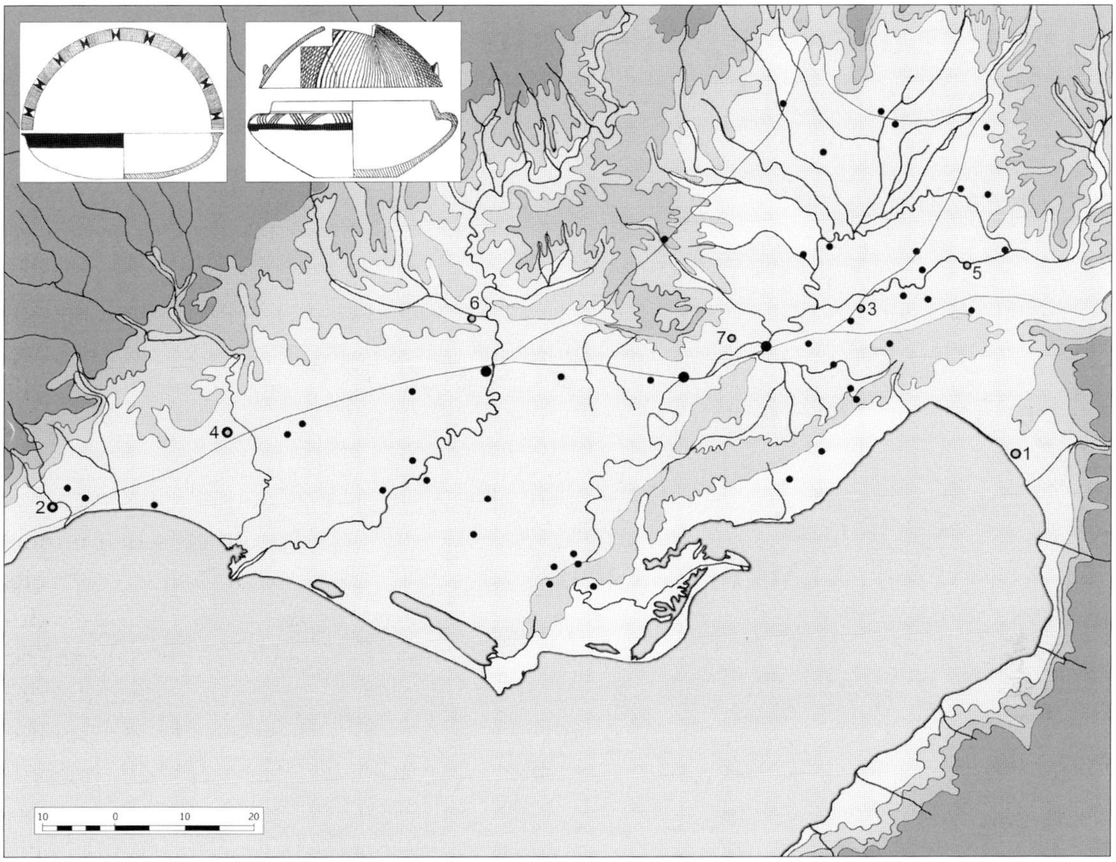

Abb. 8 Verbreitung von Halaf-Schalen in der Kilikischen Ebene: 1 Kinet Höyük, 2 Mersin-Yumuktepe, 3 Molla Ahmet, 4 Tarsus-Gözlükule, 5 Tatarlı, 6 Velican, 7 Yasıl

die unter Punkt 2 (funktionelle Gründe) angeführten Hypothesen zu testen. Da bislang keine einheitliche Datenbasis der urgeschichtlichen Siedlungshügel der Kilikischen Ebene vorliegt, habe ich vorausgreifend lediglich eine Verteilung der Siedlungsgrößen erstellt, d. h. die Daten der Flächengröße mit der Anzahl jener Siedlungshügel gegenübergestellt, von denen die Flächenmaße aufgrund von Publikationen bekannt sind. In Abb. 9 ist die Anordnung nach der Grundfläche jener chalkolithischen bzw. frühbronzezeitlichen Siedlungshügel in der gesamten Kilikischen Ebene zu sehen. In Abb. 10 werden die chalkolithischen Siedlungshügel zusätzlich nach ihrer Lage in der Adana-Ebene bzw. der Yukarıova dargestellt, in Abb. 11 sind nach dem selben Schema die frühbronzezeitlichen Siedlungshügel abgebildet. Auch hier ist klar ersichtlich, dass es sich sowohl in der gesamten Kilikischen Ebene als auch in zwei der Unterebenen, für welche bereits Daten vorhanden waren, einerseits bei den von mir als *gateway communities* bezeichneten Siedlungshügeln um die wenigen großflächigen Siedlungen handelte, andererseits, dass jeweils beide Unterebenen über derartige Zentren verfügen und dass die Menge an kleineren und kleinsten Siedlungshügeln in der gesamten Kilikischen Ebene und auch in den beiden Unterebenen jeweils ansteigt.

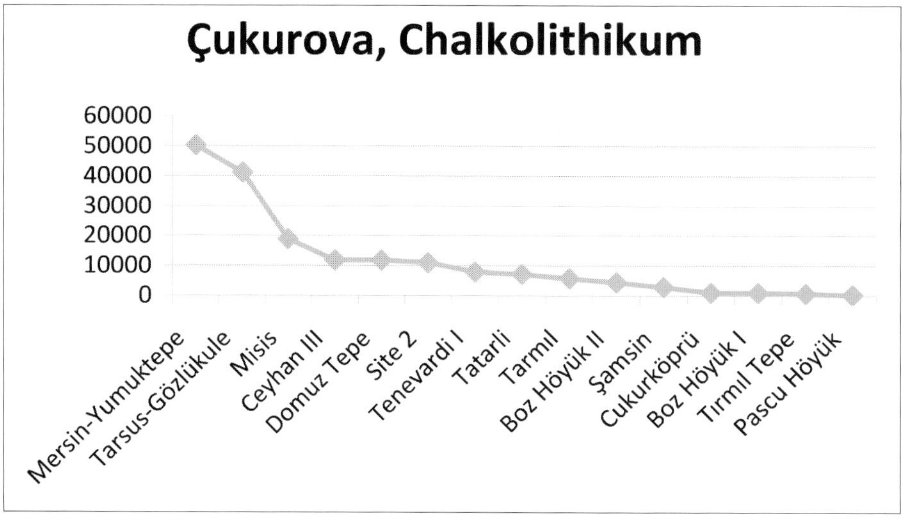

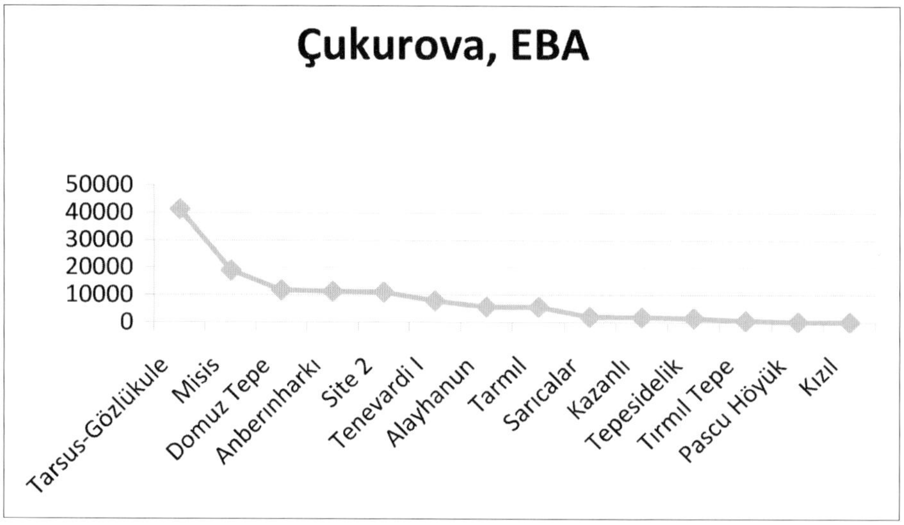

Abb. 9 Flächengröße chalkolithischer und frühbronzezeitlicher Siedlungshügel in der Kilikischen Ebene anhand publizierter Daten

Folgende Fakten sind jedoch vorausgreifend bei den Aussagen zur Siedlungsdichte in der Kilikischen Ebene zu berücksichtigen:

1) Durch die mächtige alluviale Schicht können mehrere der kleineren Siedlungshügel vollkommen bedeckt und damit nicht von den Surveys erfasst worden sein. Bodenerosion, insbesondere an den Uferbereichen der drei großen Flüsse, die die Ebene bewässern, sowie der häufig beobachtete Wechsel der Flussbetten können ebenfalls zur Erosion von Siedlungshügeln geführt haben.

2) Landwirtschaftliche Techniken und Geräte können ebenso zum Verschwinden kleinerer Siedlungshügel geführt haben[72]. Dies ist insbesondere für die Kilikische Ebene zutreffend, da im Zuge der großräumigen Baumwollbepflanzungen ein Einebnungsprozess des Geländes (türk. ›*ovalaştırma*‹) angestrebt wurde. Andererseits finden durch die Erschließung neuer Siedlungsgebiete bzw. Wirtschaftsstandorte, sowie durch den Straßenbau beträchtliche Erdbewegungen und Geländeeingriffe statt.

[72] Pollock 1999, 45 f.

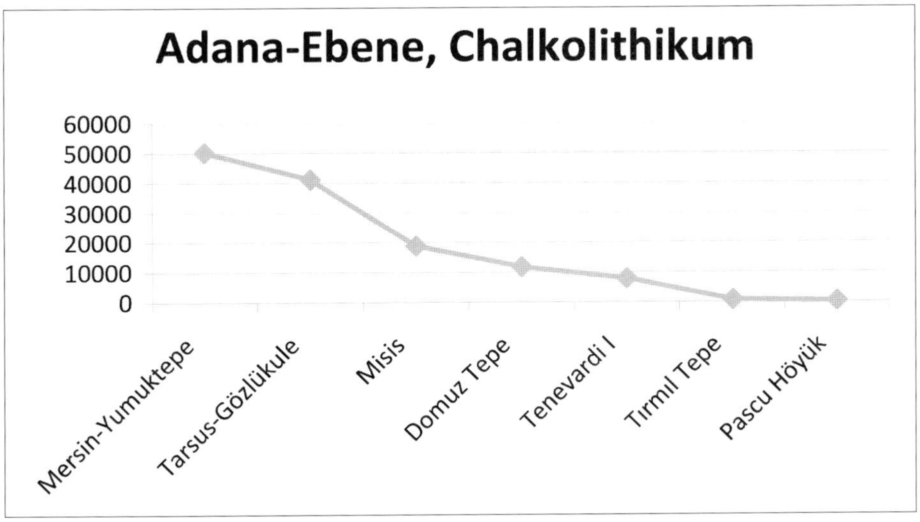

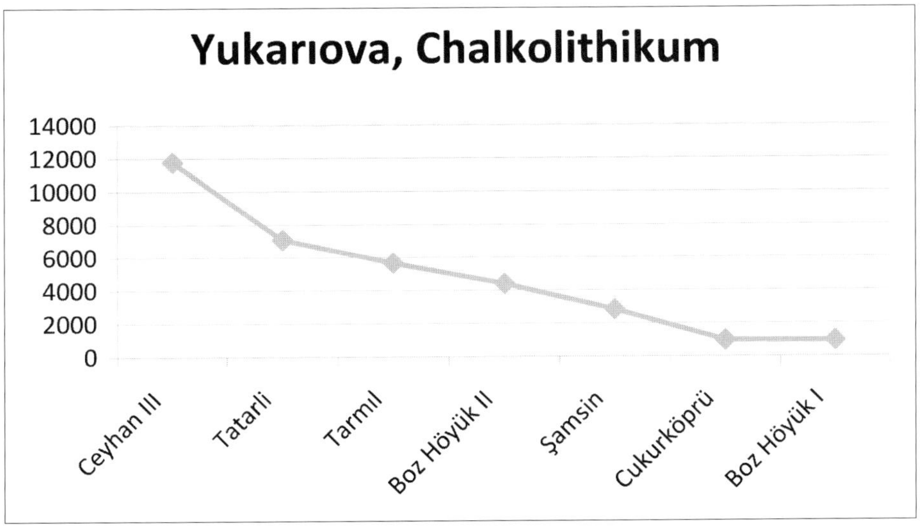

Abb. 10 Verteilung chalkolithischer Siedlungshügel aufgrund ihrer Flächengröße in der Adana Ebene und der Yukarıova

3) Die Datenbasis meines Projektes setzt sich aus Oberflächenfunden zusammen, die anhand der Stratigraphie der wiederaufgenommenen und neu angefangenen Ausgrabungen an den großen Siedlungshügeln der Kilikischen Ebene datiert werden. Es ist jedoch bekannt, dass allein durch die Umstände eines Surveys (Jahreszeit, Witterung, Grad der Zerstörung der Fundstelle, Art des Surveys) mitunter keine einheitliche Datenbasis erlangt wird respektive aufgrund der angeführten Umstände zur Zeit der Begehung Funde bestimmter Zeitstufen nicht fassbar sind.
4) An den in Ausgrabung befindlichen großen Siedlungshügeln können durch die Anlage der Grabungsflächen mitunter Straten bestimmter Zeitstufen noch nicht erreicht worden sein.

Hinsichtlich der Problematik der unter Punkt 1 und 2 angeführten entstandenen Freiräume in der Verteilung von Siedlungsmustern habe ich vor Antritt der Feldarbeiten eine topologische Karte erstellt, die Verkehrsverbindungen und die Siedlungshügel – aufgeschlüsselt nach ihrer Größe – darstellt (*Abb. 12*). Die Entfernungen in dieser Karte entsprechen maßstäblich den realen Entfernungen. Wege, die über schwer oder nicht zu

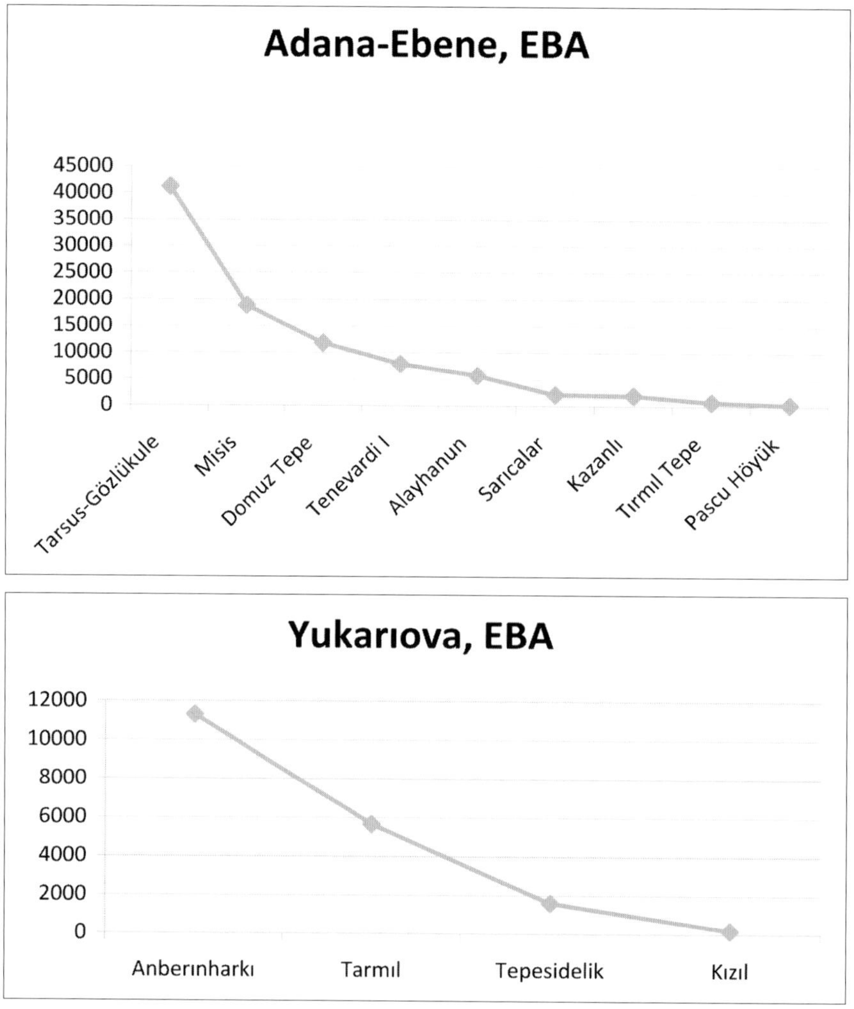

Abb. 11 Verteilung frühbronzezeitlicher Siedlungshügel aufgrund ihrer Flächengröße in der Adana Ebene und der Yukarıova

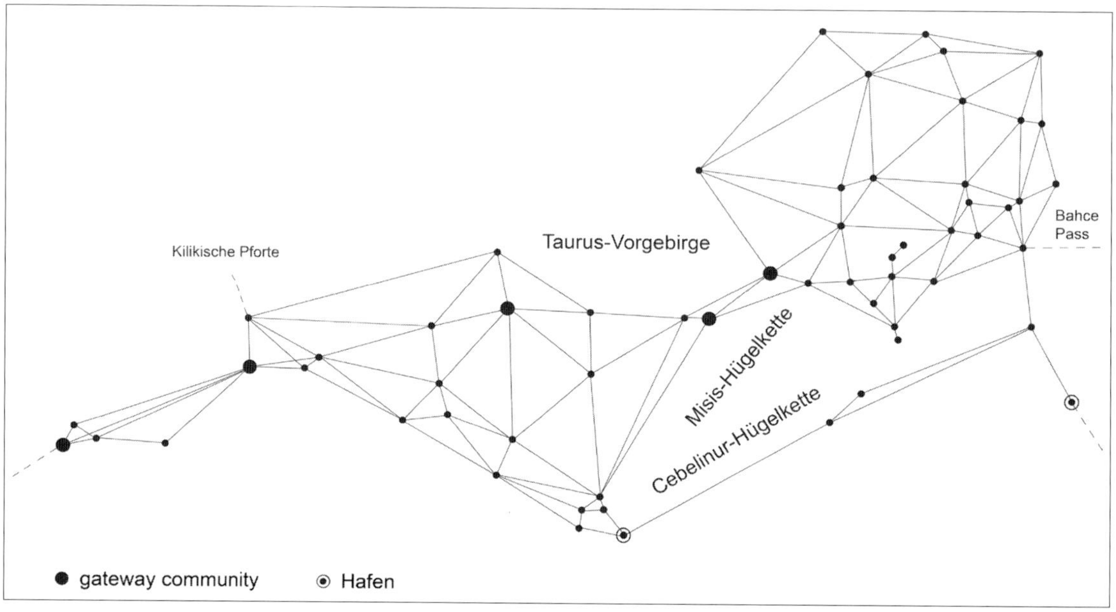

Abb. 12 Kommunikationsnetz urgeschichtlicher Siedlungshügel in der Kilikischen Ebene

überquerende Hindernisse wie Hügelketten führen, wurden aus der Topologie exkludiert und stellen nun Freiräume auf der Karte dar[73]. Es zeigte sich einerseits, dass die Anzahl der Wege, die zu den Siedlungshügeln mit zentraler Funktion (Mersin-Yumuktepe, Tarsus-Gözlükule, Adana-Tepebağ, Misis Höyük und Sirkeli Höyük) führen, durchschnittlich größer ist als die Anzahl der Wege zu den kleineren Siedlungshügeln. Sie zeichnen sich also nachweislich als Verkehrsknotenpunkte aus. Dies ist allerdings keine stringente Regel. Einige andere, kleinere Siedlungshügel zeichnen sich ebenfalls durch eine äußerst verkehrsgünstige Lage aus. Am auffälligsten ist diese Situation in der Yukarıova zu beobachten (vgl. *Abb. 12*): Während aufgrund des aufgezeichneten Netzes sowie der Anzahl der Wege sich hier eigentlich in der Umgebung von Ceyhan ein Siedlungshügel mit zentraler Funktion befinden müsste, so ergibt sich diese für den weiter südwestlich befindlichen Siedlungshügel von Sirkeli, der kurz nach der engen Passage, die von der Adana Ebene in die Yukarıova führt, situiert ist. Es stellt sich nun die Frage, ob sich die zentrale Funktion von Ceyhan im Laufe der Zeit nach Sirkeli verlagert hat oder es sich – wie bereits oben erwähnt – hier um einen mit einer *gateway community* konkurrierenden Zentralort handelt. Eine weitere auffällige Situation liegt im Osten der Yukarıova vor. Hier ist aufgrund des Verlaufes der Hauptverkehrsverbindung, die weiter über den Bahce Pass nach Syrien führt, sowie der Anzahl der Wege noch ein weiterer Siedlungshügel mit zentraler Funktion zu erwarten.

Die unter Punkt 1 und 2 angeführten entstandenen Freiräume – also Siedlungshügel, die aus verschiedenen Gründen nicht erfasst werden konnten bzw. mögliche Flachlandsiedlungen – dieser Karte werden ebenfalls als Leerstellen in der Topologie sichtbar. Nach Abschluss der Feldforschungen werden für jede dieser Leerstellen individuelle Gründe analysiert, wie beispielsweise die Nähe zu einem Flusslauf (die die Verlagerung von Flussbetten impliziert), vermehrte landwirtschaftliche Tätigkeit, Erosion oder in geringerem Maße durchgeführte archäologische Feldforschung in diesem Bereich.

Bezüglich Punkt 3 und 4 dient die erstmalige Zusammenführung sämtlicher Oberflächenfunde und Daten der urgeschichtlichen Siedlungshügel der Kilikischen Ebene dazu, Trends aufzuzeigen. Durch die Untersuchung verschiedener Ebenen der Siedlungsmuster – regional in der Kilikischen Ebene und kleinräumig in den Unterebenen – können über den in Untersuchung stehenden großen Zeitraum der urgeschichtlichen Epochen Verschiebungen im Siedlungsgefüge und somit auch in der Siedlungshierarchie herauskristallisiert werden, die im Wechselspiel mit den sozialen und wirtschaftlichen Gegebenheiten standen. Die Formulierung der geographischen Modelle gestattet bereits mit der Datenbasis von Oberflächenfunden deren Anwendung. Durch die laufenden Ausgrabungen und Survey-Projekte in der Kilikischen Ebene können die in diesem Projekt angestellten Überlegungen in Zukunft verfeinert und den neuen Ergebnissen angeglichen werden.

Forschungsstand 2009

---

[73] Flussläufe werden im vorliegenden Projekt nicht als prinzipielles Hindernis gesehen, da Flüsse ebenso als Verkehrswege genutzt worden sein konnten.

Literaturverzeichnis

Adams 1965 R. McC. Adams, Land Behind Bagdad (Chicago 1965).

Adams 1972 R. McC. Adams, Settlement and Irrigation Patterns in Ancient Akkad, in: Gibson 1972, 182–208.

Adams 1974 R. McC. Adams, Anthropological Perspectives on Ancient Trade, Current Anthropology 15, 239–258.

Adams 1981 R. McC. Adams, Heartland of Cities: Surveys of Ancient Settlement and Land Use on the Central Floodplain of the Euphrates, University of Chicago Press (Chicago 1981).

Adams – Nissen 1972 R. McC. Adams – H. Nissen, The Uruk Countryside: The Natural Setting of Urban Societies, University of Chicago Press (Chicago 1972).

Ahrens u. a. 2008 A. Ahrens – E. Kozal – C. Kümmel – I. Laube – M. Novak, Sirkeli Höyük – Kulturkontakte in Kilikien. Vorbericht über die Kampagnen 2006 und 2007 der deutsch-türkischen Mission, IstMitt 58, 2008, 67–107.

Akkermans 1984 P. M. M. Akkermans, Archäologische Geländebegehungen im Balih-Tal, AfO 31, 1984, 188–190.

Akkermans 1993 P. M. M. Akkermans, Villages in the Steppe: Later Neolithic Settlement and Subsistence in the Balikh Valley, Northern Syria, International Monographs in Prehistory Archaeological Series 5 (Ann Arbor 1993).

Algaze 1993 G. Algaze, The Uruk World System. The Dynamics of Expansion of Early Mesopotamian Civilization (Chicago 1993).

Arik 1944 R. O. Arik, Bitik Kazısı ve Hatay Tetklikleri Hakkında Kısa Rapor, Belleten 8 (30),1944, 341–384.

Auerbach 1913 F. Auerbach, Das Gesetz der Bevölkerungskonzentration, Petermanns Mitteilungen 1913, 74–76.

Barakat 1998 H. N. Barakat, Archaeobotany at Yumuktepe, in: K. Köroğlu (Hrsg.), V. Yılında Yumuktepe (Istanbul 1998) 17–18.

Beach – Luzzader-Beach 2008
T. P. Beach – S. Luzzader-Beach, Geoarchaeology and Aggradation around Kinet Höyük, an Archaeological Mound in the Eastern Mediterranean, Turkey, Geomorphology 101, 416–428.

Bernbeck 1997 R. Bernbeck, Theorien in der Archäologie (Tübingen und Basel 1997).

Bienkowski – van der Steen 2001
P. Bienkowski – E. van der Steen, Tribes, Trade, and Towns: A New Framework for the Late Iron Age in Southern Jordan and the Negev, BASOR 323, 2001, 21–47.

Braidwood 1937 R. Braidwood, Mounds in the Plain of Antioch: An Archaeological Survey, OIP (Chicago 1937).

Buitenhuis 2004 H. Buitenhuis, The Importance of Yumuktepe in the Origin and Spread of Animal Domestication, in I. Caneva – V. Sevin (Hrsg.), Mersin-Yumuktepe. A Reappraisal (Lecce 2004) 163–167.

Burghardt 1971 A. F. Burghardt, A Hypothesis about Gateway Cities, Annals of the Association of American Geographers 61 (2), 1971, 269–285.

Caneva – Sevin 2004 I. Caneva – V. Sevin, Mersin-Yumuktepe. A Reappraisal (Lecce 2004).

Christaller 1933 W. Christaller, Die Zentralen Orte in Süddeutschland (Jena 1933).

Crumley 1976 C. L. Crumley, Toward a Locational Definition of State Systems of Settlement, American Anthropologist 78 (1), 1976, 59–73.

Earle – Preucel 1987 T. K. Earle – R. W. Preucel, Processual Archaeology and the Radical Critique, Current Anthropology 28 (4), 1987, 501–538.

Ehringhaus 1999a H. Ehringhaus, Vorläufiger Bericht über die Ausgrabung auf dem Sirkeli Höyük, Provinz Adana/Türkei im Jahre 1997, IstMitt 49, 1999, 83–140.

Ehringhaus 1999b H. Ehringhaus, Grabungen am Sirkeli Höyük 1997, 20 KST (Ankara 1999) 383–397.

Falconer – Savage 1995 — S. E. Falconer – S. H. Savage, Alternative Trajectories of Early Urbanisation in Mesopotamia and the Southern Levant, American Antiquity 60 (1), 1995, 37–58.

Fiorentino 2004 — G. Fiorentino, The Botanical View of Food and Landscape at Yumuktepe, in: I. Caneva – V. Sevin (Hrsg.), Mersin-Yumuktepe. A Reappraisal (Lecce 2004) 159–161.

Garstang 1937 — J. Garstang, Explorations in Cilicia. The Neilson Expedition: Preliminary Report, Liverpool Annals of Archaeology and Anthropology 24, 1937, 52–68.

Garstang 1938 — J. Garstang, Explorations in Cilicia. The Neilson Expedition: Preliminary Report II (concluded), Liverpool Annals of Archaeology and Anthropology 25, 1938, 12–23, Taf. 5–17.

Garstang 1953 — J. Garstang, Prehistoric Mersin: Yumuktepe in Southern Turkey (Oxford 1953).

Girginer – Erhan 2005 — S. Girginer – F. Erhan, Adana Yüzey Araştırmaları 2004: Kozan, Anadolu Akdenizi Arkeoloji Haberleri 3, 2005, 93–95.

Gibson 1972 — McG. Gibson, The City and Area of Kish (Miami 1972).

Gjerstad 1934 — E. Gjerstad, Cilician Studies, RA 6/3, 1934, 155–203.

Goldman 1956 — H. Goldman, Excavations at Gözlü Kule, Tarsus. Vol. 2, From the Neolithic to the Bronze Age (Princeton 1956).

Gumerman – Phillips 1978 — G. T. Gumerman – D. A. Phillips, Archaeology beyond Anthropology, American Antiquity 43 (2), Contributions to Archaeological Method and Theory, 1978, 184–191.

Hagget 1965 — P. Hagget, Locational Analysis in Archaeology, Cambridge University Press (Cambridge 1965).

Hirth 1978 — K. G. Hirth, Problems in Data Recovery and Measurement in Settlement Archaeology, JFieldA 5 (2), 1978, 125–131.

Hodder – Orton 1976 — I. Hodder – C. Orton, Spatial Analysis in Archaeology, Cambridge University Press (Cambridge 1976).

Hrouda 1997a — B. Hrouda, Vorläufiger Bericht über die Ausgrabungsergebnisse auf dem Sirkeli Höyük/Südtürkei von 1992 – 1996, IstMitt 47, 1997, 91–150.

Hrouda 1997b — B. Hrouda, Vorläufiger Bericht über die Ausgrabungsergebnisse auf dem Sirkeli Höyük/Südtürkei von 1992 – 1995, KST 18 (Ankara 1997) 291–311.

Johnson 1972 — G. A. Johnson, A Test of the Utility of Central Place Theory in Archaeology, in: P. J. Ucko – R. Tringham – G. W. Dimbley (Hrsg.), Man, Settlement and Urbanism (London 1972) 769–785.

Johnson 1977 — G. A. Johnson, Aspects of Regional Analysis in Archaeology, Annual Review of Anthropology 6, 1977, 479–508.

Johnson 1980 — G. A. Johnson, Rank-Size Convexity and System Integration: A View from Archaeology, Economic Geography 56/3, 1980, 234–247.

Kantner 2005 — J. Kantner, Regional Analysis in Archaeology, in: H. G. Maschner – Chr. Chippindale (Hrsg.), Handbook of Archaeological Methods, Vol. II (Lanham, MD 2005) 1179–1124.

Konyar 2006 — E. Konyar, Adana Höyük Araştırmaları: Kozan ve Yumurtalık İlçeleri, Anadolu Akdenizi Arkeoloji Haberleri 4, 2006, 61–64.

Lloyd – Dicken 1972 — P. E. Lloyd – P. Dicken, Location in Space. A Theoretical Approach to Economic Geography (New York 1972).

Lotka 1925 — A. J. Lotka, Elements of Mathematical Biology (Baltimore 1925).

Matthews 2003 — R. Matthews, The Archaeology of Mesopotamia. Theories and Approaches (New York 2003).

Mellink 1956 — M. J. Mellink, Neolithic and Chalcolithic Pottery, in: H. Goldman, Excavations at Gözlü Kule, Tarsus. Vol. 2, From the Neolithic to the Bronze Age (Princeton 1956) 65–91.

Mellink 1991 — M. Mellink, Anatolian Contacts with Chalcolithic Cyprus, BASOR 282/283, 1991, 167–175.

Nesbitt – Samuel 1996 M. Nesbitt – S. Samuel, Archaeobotany in Turkey: A Review of Current Research, Orient-Express 3, 1996, 91–96.

Öner u. a. 2003 E. Öner – L. Uncu – B. Hocaoğlu, Paläogeographische Studien in der Umgebung des Gözlükule-Hügels (Tarsus-Mersin, Türkei), in: A. Dascheit – H. Sterr (Hrsg.), Aktuelle Ergebnisse der Küstenforschung, 20 AKM Tagung Kiel, 30.5. – 1.06.2003, Berichte Forschungs- und Technologiezentrum Westküste der Universität Kiel Nr. 28 (Büsüm 2003) 133–150.

Öner u. a. 2005 E. Öner – B. Hocaoğlu – L. Uncu, Palaeogeographical Surveys Around the Mound of Gözlükule (Tarsus), in: A. Özyar (Hrsg.), Field Seasons 2001 – 2003 of the Tarsus-Gözlükule Interdisciplinary Research Project (Istanbul 2005) 69–82.

Ozaner u. a. 1993 F. S. Ozaner – M.-H. Gates – I. Özgen, Dating the Coastal Dunes of Karabasmak District (Iskenderun Bay) by Geomorphological and Archaeological Methods, 8. Arkeometri Sonuçları Toplantısı (Ankara 1993) 357–369.

Özyar 2005 A. Özyar (Hrsg.), Field Seasons 2001 – 2003 of the Tarsus-Gözlükule Interdisciplinary Research Project (Istanbul 2005).

Paynter 1983 R. W. Paynter, Expanding the Scope of Settlement Analysis, in: J. A. Moore – A. S. Keene (Hrsg.), Archaeological Hammers and Theories (New York 1983) 233–275.

Phillips u. a. 1951 P. Phillips – J. A. Ford – J. B. Griffin, Archaeological Survey in the Lower Mississippi Alluvial Valley, 1940–1947, Peabody Museum of American Archaeology and Ethnology 25 (Cambridge, MA 1951).

Pollock 1999 S. Pollock, Ancient Mesopotamia (Cambridge 1999).

Salmieri – D'Agata G. Salmieri – A. L. D'Agata, Cilicia Survey 2004, AST 23/2 (Ankara 2005) 333–335.

Schirmer 1999 W. Schirmer, Tells und Tallandschaften, in: H. Klengel – J. Renger (Hrsg.), Landwirtschaft im Alten Orient, Berliner Beiträge zum Vorderen Orient 18 (Berlin 1999) 17–24.

Seton-Williams 1954 M. V. Seton-Williams, Cilician Survey, AS 4, 1954, 121–174.

Steadman 1994 S. R. Steadman, Prehistoric Sites on the Cilician Coastal Plain: Chalcolithic and Early Bronze Age Pottery from the 1991 Bilkent University Survey, AS 44, 1994, 85–103.

Singer-Avitz 1999 L. Singer-Avit, Beersheba – A Gateway Community in Southern Arabian Long-Distance Trade in the Eight Century B.C.E., TelAvivJA 26, 1999, 3–75.

Smith 1974 C. A. Smith, Economics of Marketing Systems: Models from Economic Geography, Annual Review of Anthropology 3, 1974, 167–201.

Taffet 2001 A. Taffet, The Likely Locations of Middle and Late Bronze Age Harbors in Cilicia. An Assessment Based on Levantine Models, in: E. Jean – A. Dinçol – S. Durugönül (Hrsg.), La Cilicie: espaces et pouvoirs locaux (IIe millénaire av. J.-C. – IVe siècle ap. J.-C.), Actes de la Table Ronde d'Istanbul, 2–5 novembre 1999, Varia Anatolica 13 (Istanbul 2001) 127–133.

Vita-Finzi – Higgs 1970 C. Vita-Finzi – E. Higgs, Prehistoric Economy in the Mount Carmel Area, Proceedings of the Prehistoric Society 36, 1970, 1–37.

von der Osten 1927 H. H. von der Osten, Exploration in Asia Minor, OIP 2 (Chicago 1927) 77–81.

Wagstaff 1986 M. Wagstaff, What Christaller Really Said About Central Places, in: E. Grant (Hrsg.), Central Places, Archaeology and History (Sheffield 1986).

Wilkinson 1998 T. J. Wilkinson, Water and Human Settlement in the Balikh Valley, Syria: Investigations from 1992 – 1995, JFieldA 25 (1), 1998, 63–87.

Wilkinson 2004 T. J. Wilkinson, On the Margin of the Euphrates. Settlement and Land Use at Tell Es-Sweyhat and in the Upper Lake Assad Area, Syria, in: Excavations at Tell Es-Sweyhat, Syria 1, OIP 124 (Chicago 2004).

Willey 1953 G. R. Willey, Prehistoric Settlement Pattern in the Virú Valley, Peru, Bureau of the American Ethnology Bulletin 155 (Washington 1953).

Wright 1981 H. T. Wright, The Southern Margins of Sumer. Archaeological Survey of the Area of Ur and Eridu, in: Adams 1981, 295–360.

Zipf 1949 G. K. Zipf, Human Behaviour and the Principle of Least Effort: An Introduction to Human Ecology (Cambridge, MA 1949).

Felix Pirson (Hrsg.), Manifestationen von Macht und Hierarchien in Stadtraum und Landschaft, BYZAS 13 (2012) 25-42

Natürliche und künstliche, unbewusste und beabsichtigte Landmarken: Menschliche Wahrnehmung und herrscherliche Betonung der Besetzung von Landschaft und Territorien

Jürgen SEEHER

Vorbemerkung

Der folgende Beitrag hat sich entwickelt aus einem Vortrag zum Thema »Landmarken und Hoheitszeichen: Die Felsbilder und Hieroglypheninschriften der Hethiter« beim vierten Seminar des Netzwerks. In der Diskussion dieses und anderer Beiträge ergaben sich einige Aspekte, deren Betrachtung mir im Rahmen des Gesamtthemas »Manifestationen von Macht und Hierarchien in Stadtraum und Landschaft« wichtig erscheint und denen hier etwas Raum gegeben werden soll. Die Beschreibung der hethitischen Felsbilder und die Diskussion ihrer verschiedenen Aspekte ist dagegen bewusst auf einige wesentliche Punkte beschränkt worden. Eine ausführlichere Darstellung mit anderen Schwerpunkten erfolgte in Absprache mit dem Herausgeber an anderer Stelle (Seeher 2009). Die beiden Artikel ergänzen sich also.

»Macht kommt von Machen!«

Dieser von Ralf von den Hoff beim letzten Seminartreffen etwas provokativ in die Diskussion geworfene Satz wird bei vielen vermutlich ähnliches Stirnrunzeln hervorrufen wie die heftig umstrittene Behauptung »Kunst kommt von Können«. Aber es lohnt sich, genauer hinzuhören – wenn man das Machen nicht als Zweck der Erlangung von Macht einstuft, sondern zunächst einmal ganz neutral als Tätigkeit, die Spuren hinterlässt, dann ergeben sich Perspektiven, die für das Thema des Netzwerks von Interesse sind. Es lässt sich nämlich tatsächlich ein Automatismus zwischen menschlicher Aktivität und

Machtmanifestation darstellen, der weit über das hinaus geht, was man normalerweise als Spuren bewusster Machtdemonstration wahrnimmt. Da diese Spuren vielfach außerhalb der Siedlungen liegen, bezieht sich der folgende Beitrag sowohl auf das Thema des zweiten Seminars »Nutzung des Naturraums als Manifestation von Macht und Hierarchie in Stadtraum und Landschaft« mit den Kernfragen »Gibt es Auseinandersetzungen mit naturräumlichen Gegebenheiten, die zugleich Manifestationen von Macht und Hierarchien darstellen? Wodurch wird die Auseinandersetzung mit naturräumlichen Gegebenheiten zu einer Manifestation von Macht und Hierarchien?« als auch auf das Thema des vierten Seminars »Hierarchisierung von Landschaft und Territorien« mit den Kernfragen »Mit welchen architektonischen oder siedlungstopographischen Mitteln werden Landschaften hierarchisch gegliedert bzw. Macht (einer Einzelperson, eines Gemeinwesens etc.) zum Ausdruck gebracht? Was erfahren wir auf diese Weise über die soziale Praxis der Manifestation von Macht und Herrschaft in Landschaften und Territorien?«

Zeichen der Macht – Macht der Zeichen

Wie jedes Lebewesen erzeugt der in seiner Umwelt aktive Mensch Spuren, die von anderen gelesen werden können. Schon die umherschweifenden Jäger und Sammler der Altsteinzeit hinterließen Lagerplätze, die anderen ihre saisonale Anwesenheit signalisierten. Obwohl ein solcher verlassener Lagerplatz nur ein Überbleibsel, sozusagen ein Abfallprodukt der menschlichen Aktivität ist, ist er auch als Zeichen der Macht lesbar. Und zwar sowohl für die Verursacher als auch für die Betrachter – »hier streifen, jagen, wohnen wir!« bzw. »hier streift, jagt, wohnt jemand anders!« Wenn auch primär nicht in dieser Absicht erzeugt, werden so ähnlich wie bei einer tierischen Duftmarke Territorialansprüche erkennbar.

Solche Signale gehen nicht nur von Lagerplätzen aus. Schon die nicht-sesshaften Gruppen, aber vor allem auch die sesshaften Gruppen erzeugen andere Zeichen im Gelände. Dazu gehören künstliche Zeichen ebenso wie mehr oder weniger stark transformierte natürliche Landmarken, die mit zusätzlichem Inhalt aufgeladen sein können. Zu denken ist z. B. an die anatolischen *dilek-ağaçları* (= Wunschbäume) – an ausgewählten, oft einsam stehenden und als wirkmächtig angesehenen Bäumen werden Stofffetzen befestigt und damit Wünsche verbunden. Oder an die *chörten* genannten Stupas in Tibet, die vor allem in unwegsameren Gebieten meist nur in Form von Steinhaufen oder -kegeln vorkommen (*Abb. 1*). Mit bunten Gebetsfahnen geschmückt sind sie zugleich Wegzeichen und Kultplatz, an dem Objekte mit magischer Kraft aufbewahrt werden. Mit solchen Geländemarken wird eine Identität dokumentiert und bestätigt: »Dieser Platz ist für <u>uns</u> besonders« oder »dieser Platz ist für <u>die</u> besonders«. Und so wie Vorbeikommende am Wunschbaum eigene Anliegen in Form von Stoffstreifen befestigen, so baut jeder Wanderer an dem *chörten* mit, indem er einen Stein hinzufügt und so seine Verehrung für das Heilige zum Ausdruck bringt. Dadurch wird neben dem reinen ›Wir-Gefühl‹ auch wieder das Gefühl für eine Macht stimuliert. Und zwar in zweierlei Weise – einmal das schon genannte »Hier ist unser Land!«-Gefühl, aber dann auch noch sehr stark die Empfindung von »hier herrschen uns vertraute übernatürliche Kräfte, auf die wir Einfluss nehmen«.

Abb. 1 *Chörten,* wie die *Stupa* ein buddhistisches Geländedenkmal und Reliquienschrein, Symbol für den erleuchteten Geist, in Tibet (Foto: Ben Ootjers).

Manche dieser als besonders erachteten Orte können sich im Laufe der Zeit zu regelrechten Heiligtümern entwickeln. Daß es so etwas auch schon am Beginn des Neolithikums gab, zeigen eindrucksvoll die mit ungeheurem Aufwand eingerichteten Bauanlagen von Göbeklitepe bei Urfa. Nach Ansicht des Ausgräbers haben sich hier größere Gruppen ansonsten nicht sesshafter Menschen an einem zentralen Ort getroffen, um in der Schaffung eines gemeinsamen Werkes eine Gruppenidentität zu erzeugen und zu bestätigen (Schmidt 2006, 252–254). Auch hier liegt wieder ein Gedanke zu Grunde: »Hier ist unser Land«, »hier bauen wir« – Machtdemonstration für die eigene Gruppe wie auch für Außenstehende, sofern diese überhaupt von Bedeutung waren.

Zeichenflut durch Sesshaftigkeit

Mit dem Beginn der sesshaften Lebensweise werden die Spuren menschlicher Aktivitäten im Gelände sehr viel deutlicher. Es gibt auf einmal feste Siedlungen, die sich vor allem im Orient in Form von Tells oder Höyüks zu weit sichtbaren Landmarken entwickeln. Aber daneben gibt es auch mehr oder weniger große Stücke von Landschaft, die zeitweise oder dauerhaft umgeformt sind. Am auffälligsten sind die Felder, die durch Rodung von Wald oder Urbarmachung von Steppenlandschaft entstehen. Ihre Existenz verdanken diese künstlichen Flächen zwar einer anderen Zielsetzung, nämlich der Erzeugung von Nahrung. Aber gleichzeitig signalisieren sie auch wieder Macht: »Hier ist unser Land!«

Solche Zeichen werden mit fortschreitender gesellschaftlicher Entwicklung zahlreicher und umfangreicher, und es finden auch andere Eingriffe in die Landschaft statt. Kanäle werden gegraben oder gebaut, Bäche werden gestaut, Wege und Straßen werden angelegt, Bauwerke werden errichtet etc. Und wenn auch hier wieder meist die Machtdemonstration nicht die primäre Intention ist, so ist sie doch immer ein Ergebnis – sowohl für den Erbauer/Besitzer als auch für den von außen kommenden Betrachter sind es Belege für eine am Ort vorhandene Macht: »Dieses Gebiet gehört jemand, hier herrscht ein Herr/eine Gruppe/ein Volk«. Also eine Macht, die einerseits in der Lage ist, diese Veränderungen der Landschaft vorzunehmen – eben zu ›machen‹ – aber auch eine Macht, die das Leben durch Normenordnungen wie Brauchtum, Sitte, Konvention und Recht regelt. Eine weltliche Macht, die außerdem noch zusätzliche Kraft bezieht durch eine transzendente Macht, der sie untergeordnet ist und die ihre Existenz garantiert.

Wenn man sich unter diesen Aspekten eine antike Landschaft ansieht kommt man zu dem Schluß, daß Architekturmonumente nur ein kleiner Teil in der Summe der Manifestationen von Macht und Hierarchien in der Landschaft sind. Die Identitätsvermittlung für den Einheimischen wie für den Reisenden findet weniger über einzelne Objekte statt. Es ist vielmehr die Gesamtheit der Zeichen in der Landschaft, von denen die allermeisten nicht primär für diese Funktion eingerichtet sind. Sie erzeugen ein Gefühl für die Existenz einer Macht – der eigenen, der anderer Menschen, oder auch der der Götter.

Neue Machtform, neue Zeichen

Im Zuge der Entwicklung von stratifizierten Gesellschaften wird der Impetus Einzelner, ›sich ein Zeichen zu setzen‹, größer. Aus Anführern werden Regenten, die Reichtümer anhäufen und ein gesteigertes Repräsentationsbedürfnis entwickeln. Die Wertschätzung der Gemeinschaft erleichtert die Schaffung von entsprechenden Einrichtungen, die öffentlich sichtbar die Bedeutung des Einzelnen hervorheben (und gleichzeitig natürlich auch zum Objekt kollektiver Identifikation für die Untertanen werden – »Hier herrscht unser Herr!«). Es braucht nicht betont zu werden, daß eine höhere Dichte von Herrschern auch eine höhere Frequenz von Herrschaftszeichen erzeugt – das Setzen und Erkennen von Zeichen wird wichtiger, je mehr Konkurrenz es gibt.

Diese Entwicklung wird in Zentralanatolien erstmals in der Frühen Bronzezeit fassbar. Ein mit Waffen und anderem Gerät reich ausgestattetes ›Königsgrab‹ in Aslantepe, die sogenannten Fürstengräber von Alacahöyük oder auch die Schatzfunde von Troia II geben einen Eindruck von der Elite jener Zeit – daß solche Bestattungen auch oberirdisch als ›herausragend‹ erkennbar waren, darf man annehmen. Leider sind aus dieser frühen Zeit bislang nur Siedlungsplätze bekannt, es gibt keine Spuren von anderen menschlichen Aktivitäten in der Landschaft. Dort gab es sicher ähnliche Geländemarken und künstliche Zeichen für weltliche oder transzendente Macht wie oben beschrieben, die jedoch die Jahrtausende nicht überdauert haben. Das Gleiche gilt für die Mittlere Bronzezeit, für die nun auch textlich ›Königtümer‹ belegt sind und in die auch die Gründung des hethitischen Reiches fällt. Dieses Reich entwickelte sich in der späten Bronzezeit zu einer Großmacht des Alten Orients. Und obwohl es im Laufe der Zeit zahlreiche Kontakte zu den Mächten in Mesopotamien und Ägypten gab, erfanden die hethitischen Großkönige vergleichsweise spät eine neue Form von künstlichen/abstrakten Zeichen im Gelände:

Erst ab dem frühen 13. Jh. v. Chr., also rund 350 Jahre nach der Reichsgründung, tauchen in verschiedenen Gegenden Anatoliens eine Reihe von Bildern und Inschriften in Stein, auf Felsfassaden, auf Stelen und auf Architekturblöcken, auf. Sie sind das Werk der letzten drei (bis vier?) Generationen der hethitischen Herrscher und ihrer Zeitgenossen.

Damit wurden zum ersten Mal außerhalb von Siedlungen wirklich dauerhafte Zeichen in die Landschaft gesetzt. Was erstaunlich ist, denn das dazu nötige Geräterepertoire war seit Jahrtausenden bekannt (siehe Göbeklitepe): Für die Herrichtung der Felsreliefs und der Architekturblöcke benutzten die Hethiter einfache Klopfsteine und Steinhämmer (Seeher 2008, 125–129), und nur bei den feineren Ausarbeitungen dürften Metallmeißel zum Einsatz gekommen sein. Es gab also eine Motivation, die vorher (zumindest in dieser Stärke) noch nicht vorhanden war. Bevor nun die Frage, warum gerade jetzt und warum gerade solche Zeichen, die als Landmarken teilweise weithin sichtbar waren, erzeugt wurden, erörtert wird, hier zunächst ein kurzer Blick auf den Denkmalbestand.

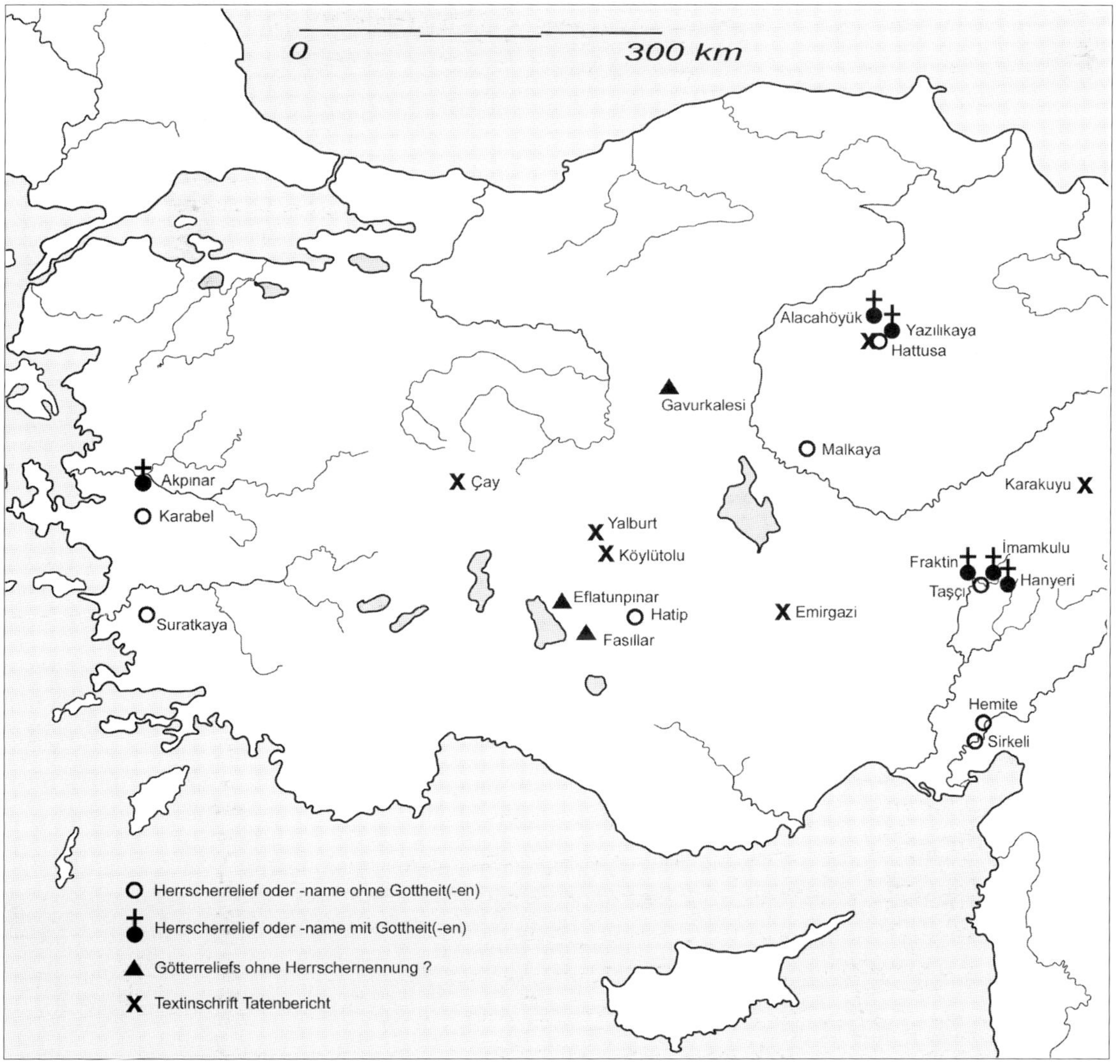

Abb. 2 Verbreitungskarte der großreichszeitlichen Felsreliefbilder und -inschriften.

Abb. 3 Charakteristische Beispiele großreichszeitlicher Felsreliefs. **a.** Sirkeli 1 (nach Ehringhaus 2005, Abb. 176): Darstellung von Großkönig Muwatalli II. mit langem Mantel und Lituus. Die Inschrift lautet sinngemäß »Muwatalli, Großkönig, Held, Sohn des Mursili, des Großkönigs, des Helden«; **b.** Hemite (nach Ehringhaus 2005, Abb. 194): Darstellung eines Prinzen mit Speer, Bogen und Schwert. Die Inschrift lautet sinngemäß »…tarhunta, Prinz, Sohn des Tarhuntabiya, des Prinzen«; **c.** Hatip (nach Ehringhaus 2005, Abb. 186): Darstellung von Großkönig Kurunta mit Speer, Bogen und Schwert. Die Inschrift lautet sinngemäß »Kurunta, Großkönig, [Held], Sohn des Muwatalli, des Großkönigs, des Helden«; **d.** Hanyeri (nach Ehringhaus 2005, Abb. 143): Ein mit Speer, Bogen und Schwert bewaffneter Prinz steht vor einem Berggott, hinter dem ein Altar und ein Stier (Symbol des Wettergottes) dargestellt sind. Inschrift über dem Arm der Prinzendarstellung »Ku(wa)lanamuwa (bzw. Ku(wa)lamuwa), Prinz«. Inschrift rechts hinter der Figur sinngemäß »Tarhuntabiya, Königssohn«; **e.** İmamkulu (nach Ehringhaus 2005, Abb. 134): Rechts szenische Darstellung in drei Zonen – unten drei menschengestaltige Wesen mit Löwenköpfen; mit ihren erhobenen Armen tragen sie drei Berggötter, deren gebeugte Köpfe die mythische Hauptszene tragen: Der Wettergott fährt auf seinem stiergezogenen Wagen auf die sich entschleiernde Ischtar zu. Diese steht über einem geflügelten Mischwesen (›Löwendrache‹) oder einem Baum; zwischen den beiden Gottheiten fliegt ein Vogel. Links neben der Szene steht ein bewaffneter Krieger, laut Beischrift Prinz Ku(wa)lanamuwa bzw. Ku(wa)lamuwa. Ohne Maßstab; **f.** Fraktin (nach Kohlmeyer 1983, Abb. 24–25): Auf der linken Seite libiert Großkönig Hattušili III. vor einem Gott (Wettergott?), auf der rechten Seite libiert Großkönigin Puduhepa vor einer Göttin (Sonnengöttin?). Jeweils zwischen den Vertretern der beiden Gruppen steht ein Altar. Die Namen sind mit Hieroglyphenzeichen angegeben.

Die außerstädtisch gelegenen hethitischen Felsreliefdarstellungen

Derzeit sind 15 außerstädtische Fundorte von Darstellungen auf Felsen bekannt. Daneben gibt es vier außerstädtisch gelegene Anlagen, bei denen Reliefs und Hieroglypheninschriften auf Architekturblöcken angebracht sind. Und schließlich sind noch vier Stelen mit Reliefschmuck zu nennen. Deren ursprüngliche bzw. beabsichtigte Aufstellungsorte sind unbekannt, aber ihre außerstädtischen Fundorte können für eine außerstädtische Verwendung sprechen[1]. Wie Abbildung 2 zeigt, sind die Reliefs weit über das Land verteilt und oft hunderte von Kilometern voneinander entfernt. Diese weite Streuung, aber gleichzeitig auch die Seltenheit zeigen, daß diese Denkmälergattung nicht alltäglich war, sondern daß es sich hierbei um erste Versuche in einer neuen Ausdrucksform handelte.

Im wesentlichen fallen alle Darstellungen in den drei Objektgattungen in eine einzige Kategorie: Hier treten Angehörige des Herrscherhauses auf, fast immer männlich, entweder der König selber (*Abb. 3 a*) oder ein Prinz (*Abb. 3 b*) bzw. in einem Fall (Taşçı A) hohe Funktionäre, oder aber der König einer Sekundogenitur (*Abb. 3 c*). Gezeigt werden sie entweder mit Bild und Namensinschrift in luwischen Hieroglyphen, nur mit Namen (Malkaya, Suratkaya), mit Tatenberichten (Köylütolu?, Stelen von Çay und Delihasanlı), im Bild mit Gottheiten (*Abb. 3 d–f*) zusammen oder auch nur als Name mit Götterbildern zusammen (Akpinar). In verschiedenen Fällen wird die Namensnennung um genealogische Angaben ergänzt, was den Machtanspruch im Sinne von »Mein Vater war auch schon König!« unterstreicht.

Die thematische Beschränktheit der Darstellungen wird betont durch das fast völlige Fehlen von Gegenständen des hethitischen Lebens, wie z. B. Möbel, Hausrat, Kultgerätschaften, Tiere und Pflanzen. Solche Objekte wurden auf Siegeln, Reliefvasen und Metallgefäßen, aber auch auf den innerstädtisch gelegenen Steinreliefs von Alacahöyük gern dargestellt. Dies deutet auf eine Beschränktheit des Zweckes der Felsbilder hin – die Dokumentation eines Anspruchs des Herrscherhauses. Ein Blick auf die Entwicklungsgeschichte dieser Art von Darstellungen zeigt, wie es dazu kam.

Der Zeichenschatz der Macht entsteht

Den typischen Stil für die Darstellung von Menschen entwickelten die hethitischen Künstler schon früh. Die Reliefdarstellungen auf althethitischen Kultvasen des 16. und 15. Jh. v. Chr. sind gute Beispiele (*Abb. 4*), und die relativ seltenen althethitischen Siegel mit Menschendarstellungen lassen Rückschlüsse auf ältere Traditionen zu (Boehmer 1987, 52–55). Von daher ist es nicht erklärlich, warum die Darstellung von Königen und Göttern erst im frühen 13. Jh. v. Chr. auf die Felswände ›überspringt‹. Die Antwort auf diese Frage läßt sich in der Entwicklung der hethitischen Siegel finden.

[1] Hethitische Reliefs sind schon Thema zahlreicher Betrachtungen gewesen, in denen auch entsprechende Abbildungen vorgelegt sind (z. B. Akurgal 1961, 77–88; Bittel 1976, 184–234; Börker-Klähn 1982, 77–107; Darga 1992, 129–198; Ehringhaus 2005; Kohlmeyer 1983). Fast alle der im Folgenden genannten Reliefs sind in den beiden letztgenannten Werken abgebildet.

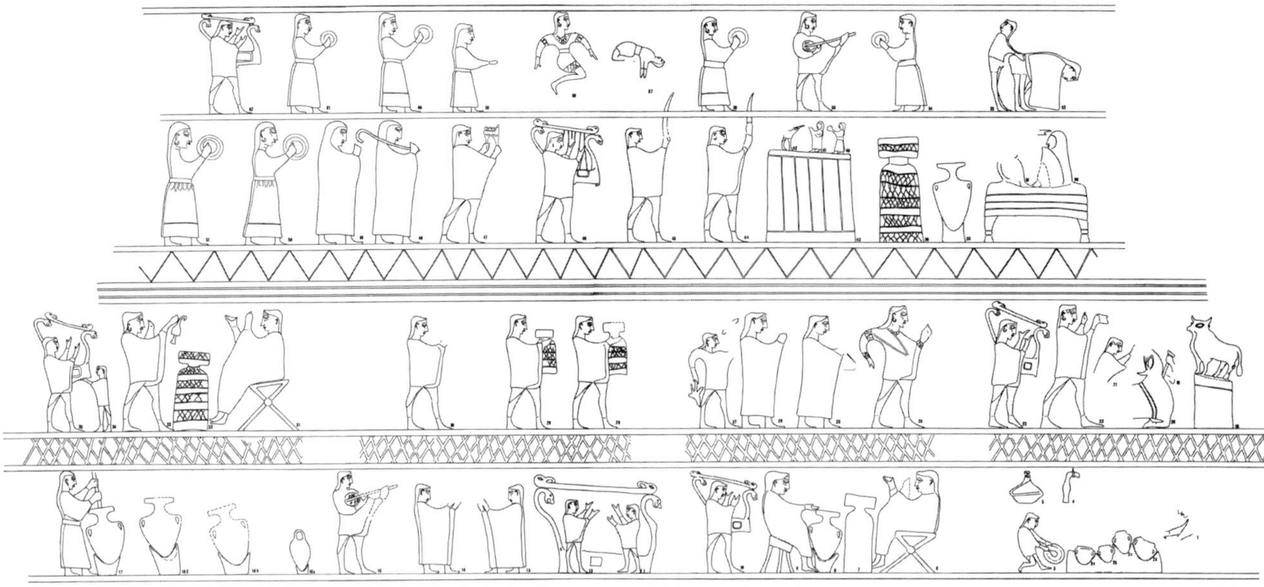

Abb. 4 Umzeichnung der Reliefdarstellungen auf der althethitischen Kultvase von İnandık (nach Özgüç 1988, Abb. 64).

Abb. 5 Beamtensiegel der ausgehenden althethitischen Zeit bzw. des beginnenden Grossreiches (spätes 15./frühes 14. Jh. v. Chr.). Personenname und Titel bzw. Funktion sind mit luwischen Hieroglyphenzeichen jeweils im runden Mittelfeld angegeben (nach Herbordt 2005, Abb. 27).

Die Siegel, auf denen Bilder und Hieroglyphenzeichen angebracht waren, spielten schon früh eine Rolle in der Kennzeichnung von ›offiziellen Vorgängen‹. Funktionäre, die häufig die Berufsbezeichnung ›Schreiber‹ trugen, siegelten Waren und Schriftstücke, wohl zumeist im Auftrag des Königs. Der Abdruck von Siegeln (*Abb. 5*) auf Tonplomben, den sog. Bullen, diente als Beglaubigung/Unterschrift, als Sicherheits-/Echtheits-/Unversehrtheitsgarantie oder auch als Besitzzeichen (Dinçol – Dinçol 2002, 82). Daß auf den Siegeln kaum Keilschrift, sondern meist Hieroglyphenzeichen verwendet wurden, liegt wohl daran, daß diese Zeichen leichter zu lernen waren und ihre Kenntnis daher viel weiter verbreitet war. Während die Keilschrift als Kommunikationsmittel die Tempel und

Paläste nicht verließ, scheint die von den Hethitern entwickelte luwische Hieroglyphenschrift eine viel größere Rolle gespielt zu haben als es die Funde andeuten. Vor allem der Mangel an wirtschaftsrelevanten Texten in Keilschrift gibt Anlass zu der Annahme, daß derartige Korrespondenz und Buchführung zum Teil auch mit Hieroglyphen auf Schreibtafeln aus Holz festgehalten worden sind. Aus den Keilschrifttexten weiß man, daß es den Beruf des Holztafelschreibers gab, und ein Fund aus dem Wrack von Uluburun aus dem 14. Jh. v. Chr. zeigt, daß man schon in dieser Zeit mit Wachs beschichtete Schreibtafeln, die den römischen Dyptichen glichen, kannte (Symington 1991).

Bis in die zweite Hälfte des 16. Jh. v. Chr. kennt man nur Funktionärssiegel mit Hieroglyphenbeschriftung. Erst ab dieser Zeit tritt auch der Herrscher als Siegelnder in Erscheinung. Zunächst aber nur mit den sog. anonymen Königssiegeln, bei denen der Titel

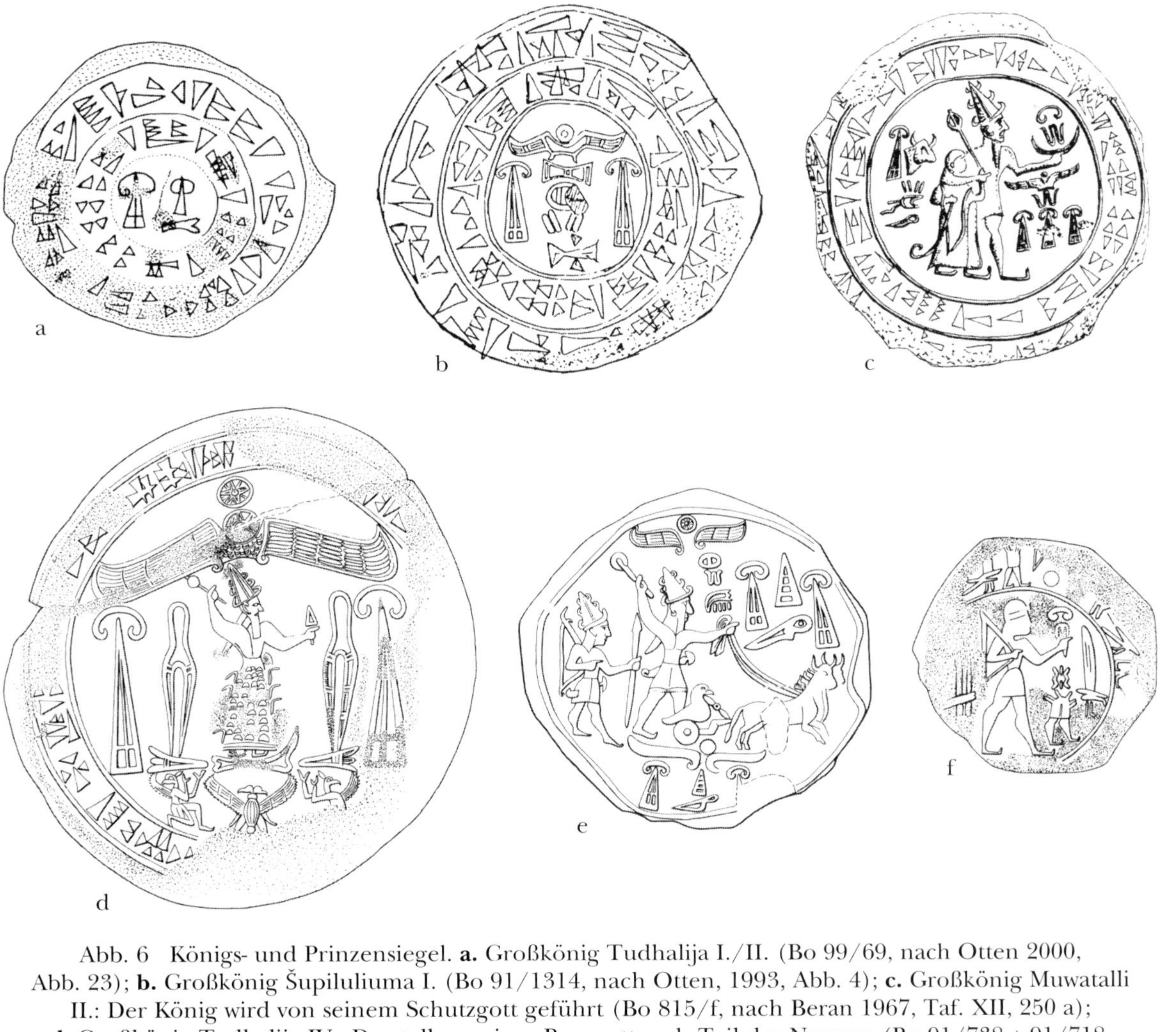

a b c d e f

Abb. 6 Königs- und Prinzensiegel. **a.** Großkönig Tudhalija I./II. (Bo 99/69, nach Otten 2000, Abb. 23); **b.** Großkönig Šupiluliuma I. (Bo 91/1314, nach Otten, 1993, Abb. 4); **c.** Großkönig Muwatalli II.: Der König wird von seinem Schutzgott geführt (Bo 815/f, nach Beran 1967, Taf. XII, 250 a); **d.** Großkönig Tudhalija IV.: Darstellung eines Berggottes als Teil des Namens (Bo 91/738 + 91/718, nach Herbordt – Bawanypeck – Hawkins 2011, Kat. 93. 2; **e.** Großkönig Muršili III.: Der König steht hinter dem Wettergott mit seinem von Stieren gezogenen Wagen – vergleichbar mit der Szene auf dem Felsrelief von İmamkulu, hier Abb. 3f (Bo 90/450, nach Herbordt – Bawanypeck – Hawkins 2011, Kat. 57. 2); **f.** Prinz Taki-Šarruma (Bo 90/765, nach Herbordt 2005, Taf. 31, 400 b). Ohne Maßstab.

›Labarna‹ bzw. ›Tabarna‹, aber noch kein Name genannt ist. Und zwar in Keilschrift, der Schrift des Hofes. Der bislang älteste Siegelabdruck, auf dem dann in Keilschrift auch der Name eines Herrschers – Aluwamna – genannt wird, datiert ins frühe 15. Jh. v. Chr. Und von Tudhaliya I/II., d. h. aus dem entwickelten 15. Jh. v. Chr., stammt schließlich das erste bekannte Siegel eines hethitischen Königs, auf dem sein Name nicht nur in Keilschrift, sondern auch in Hieroglyphenzeichen festgehalten ist (*Abb. 6 a*) (Otten 2000, 375–376). Mit dieser Doppelbeschriftung ist ein formaler Standard erreicht, der ab jetzt verbindlich bleibt.

In der Großreichszeit wird das Siegeln offensichtlich immer wichtiger, denn die Funde von Siegelabdrücken auf Tonbullen werden immer zahlreicher, und besonders die Siegel der Könige werden größer und immer prächtiger gestaltet. Ab Šupiluliuma I. kommt das Aedicula-Siegel auf – der Name des Herrschers wird rechts und links von den Zeichen für Großkönig eingerahmt und von einer Flügelsonne überdacht (*Abb. 6 b*). Und den Höhepunkt der bildlichen Entwicklung bilden dann die Siegel der letzten drei Königsgenerationen – ab Großkönig Muwattalli II., d. h. ab dem frühen 13. Jh. v. Chr., erscheint der König auf dem Siegelabdruck nicht mehr nur mit Namen und Aedicula, sondern außerdem auch als Relieffigur persönlich dargestellt (*Abb. 6 c*). Und genau zu diesem Zeitpunkt setzen auch die Darstellungen der Könige auf Felsreliefs ein – das älteste bekannte Relief bei Sirkeli am Ceyhan-Fluss zeigt eben jenen König Muwattalli II. Und zwar genau so, wie der König auch auf seinem Siegel dargestellt ist, mit langem Mantel, Krummstab und runder Kappe (*Abb. 3 a und 6 c*). Muwattallis Nachfolger lassen sich dann sowohl auf Felsbildern als auch auf Siegeln teilweise in gleicher Tracht, teilweise aber auch als Krieger im kurzen Rock mit gehörnter Spitzmütze und Lanze oder Bogenwaffe (*Abb. 6 e*) darstellen. Da beide Arten der Darstellung auch für Gottheiten üblich sind, ist dies als Unterstreichung des Machtanspruchs des weltlichen Herrschers zu verstehen (van den Hout 1995; Bonatz 2007). Das gilt auch für die Prinzen, die sich sowohl auf Felsbildern (*Abb. 3 d. e*) als auch auf Siegeln (*Abb. 6 f*) als Krieger darstellen lassen. Eine Variation findet sich auf Siegeln von Tudhaliya IV. (*Abb. 6 d*) und Arnuwanda II., wo die figürliche Darstellung eines Berggottes als Bestandteil des Königsnamens eingeführt wird – bei den Siegeln der früheren Könige mit diesen Namen gab es derartige Illustrationen noch nicht[2].

Öffentliche Dokumentation von Machtanspruch per Felsrelief

In Abbildung 7 ist die Entwicklung der Königssiegel und das Auftreten der Felsbilder tabellarisch dargestellt. Die Könige der entwickelten Großreichszeit ließen also nicht mehr nur Edikte, Verträge und vermutlich auch Waren (-sendungen) mit Namen <u>und</u> Abbild kennzeichnen. Für die Kennzeichnung des Territoriums wurde nun derselbe Zeichenschatz eingesetzt: Die Siegel sind sowohl formal als auch inhaltlich die Vorbilder der Felsreliefs. Genau so, wie ein Siegelabdruck als Dokument des Besitzanspruchs, als Autorisierung des königlichen Wortes gilt, werden nun die Ansprüche des Herrschers durch sein in Stein gemeißeltes Abbild und/oder seinen Namenszug geltend gemacht. Und zwar

2 Suzanne Herbordt sei an dieser Stelle herzlich gedankt für die Überlassung der Vorlagen für Abb. 6 d und e.

Könige	Siegel	Felsbilder
Altes Reich (ab ca. 1650/1560 v. Chr.)		
Hattusili I.		
Mursili I.		
Hantili I.		
Zidanta I.		
Ammuna	◄?	
Huzzija I.	◄? Erstes anonym. Königssiegel (Keilschrift)	
Telipinu	◄?	
Tahurwaili		
Alluwamna	Erstes namentliches Königssiegel (Keilschrift)	
Hantili II.		
Zidanta II.		
Huzzija II.		
Muwatalli I.		
Tudhalija II.	Erstes Königssiegel mit Namensnennung in Keilschrift und Hieroglyphen	
Arnuwanda I.		
Tudhalija III.		
Hattusili II. ?		
Großreichszeit (ab ca. 1380/1343 v. Chr.)		
Supiluliuma I.	Erstes Königssiegel mit „Aedicula"	
Arnuwanda II.		
Mursili II.		
Muwatalli II.	Erstes Königssiegel mit bildlicher Darstellung des Herrschers (Umarmungsszene)	Relief von SİRKELİ
Mursili III.	Siegel mit Umarmungsszene; Siegel mit König und Wagenszene Wettergott	
Hattusili III.	Siegel mit Umarmungsszene (aus ägypt. Textquelle bekannt)	Relief von FRAKTİN; TAŞÇİ A
Tudhalija IV.	Siegel mit Umarmungsszene; Siegel mit Berggottdarstellung (als Teil d. Königsnamens)	Inschriften und Reliefs sowohl inner- als auch ausserstädtisch (KARAKUYU; YALBURT)
Kurunta		Relief von HATİP
Arnuwanda III.	Siegel mit Berggottdarstellung (als Teil des Königsnamens)	
Supiluliuma II.		Inschriften und ein Reliefbild in Hattuša
Reichsende (um ca. 1200/1180 v. Chr.)		

Abb. 7 Liste der hethitischen Großkönige mit der Angabe der bisher bekannten Siegelformen sowie der bislang bekannten Reliefs und Inschriften. Die chronologischen Angaben berücksichtigen jeweils die lange und die kurze Chronologie (zusammenfassend Dinçol 2006).

Abb. 8
Filippo Lippi (ca. 1406–1469), Verkündigung. Rom, Galeria Nazionale di Arte Antica. Die beiden Stifter rechts sind zwar Teil des Bildes, aber sie nehmen nicht teil an der Handlung.

erstmals nicht mehr nur innerhalb des engen Zirkels der Elite, die normalerweise mit Keilschrifttexten und Siegelabdrücken in Berührung kam, sondern ›draußen im Lande‹. Felsreliefs sind für jedermann zu sehen und die Inschriften sicher auch von vielen zu verstehen – der Machtanspruch wird öffentlich dokumentiert.

Aber nicht nur der Großkönig selber wird dargestellt. Mehrfach sind es Prinzen, die mit Bild oder Namen in der Landschaft auftauchen, und in einem Fall (Taşçı A) sind es andere hohe Beamte des Königs. Hier ist die Repräsentation der Staatsmacht das Motiv, und man fragt sich, ob alle diese Zeichen mit Wissen und Billigung des Großkönigs angebracht waren – ein Prinz könnte versucht sein, so schon einmal seinen Anspruch auf ein Gebiet oder eine Herrschaft zu dokumentieren. Und die Sitte färbt ab: Im Westen des Landes lässt König Tarkasnawa von Mira, einem per Vasallenvertrag an das Reich gebundenen Land, sich auf dem Relief von Karabel genauso wie ein hethitischer Großkönig mit kurzem Rock, Spitzmütze, Lanze und Bogen abbilden. Und die in den Fels geklopfte Hieroglyphen›unterschrift‹ eines Prinzen von Mira wurde vor einigen Jahren unter einem Felsüberhang bei Suratkaya im Latmos-Gebirge entdeckt (Peschlow-Bindokat 2001).

Nicht jeder Herrscher vertraute allein auf seine Macht: Mehrfach sind sie auf den Felsreliefs mit Gottheiten zusammen dargestellt, so z. B. in Hanyeri (*Abb. 3 d*), Fraktin (*Abb. 3 f*) und İmamkulu (*Abb. 3 e*). Bei dem Relief der sitzenden Gottheit von Akpinar ist nur der Name eines Prinzen angebracht, aber nicht sein Bild, und auf der Stele von Delihasanli sind schließlich beide, Gottheit und Großkönig, nur mit Namensnennung vertreten. Mit dieser gemeinsamen Darstellung von diesseitigen und jenseitigen Herrschern wird ein ›Machtanspruch mit Rückendeckung‹ geltend gemacht: Hier lässt der König das Bild anbringen, also herrscht er hier; und er lässt sich zusammen mit Gottheiten abbilden, die auch hier herrschen – man steht (wenigstens fast) auf derselben Stufe. Die Intention dürfte dabei nicht anders sein als bei den Darstellungen von christlichen Szenen, wo sich der Stifter in die Bildkomposition mit einbeziehen lässt, sei es als Person des Geschehens, sei es als bescheidene Figur am Rande der Bildbühne (vergl. *Abb. 8* mit der Szene auf dem Relief von İmamkulu *Abb. 3 e*).

Horizonterweiterung: Tatenberichte in Stein gehauen

Die luwischen Hieroglyphenzeichen auf den Steinreliefs dienten zunächst nur der Identifizierung der Personen. Erst ab Großkönig Tudhaliya IV. werden auch längere Botschaften in Stein gemeißelt. Die genannte Stele von Delihasanlı gehört dazu, aber es gibt jetzt auch Inschriften, die sehr qualitätvoll gearbeitet sind und Tatenberichte enthalten. Also eine Textgattung, von der ansonsten nur Beispiele in Keilschrift auf Tontafeln erhalten sind. Hier sind zunächst zwei innerstädtisch angebrachte Beispiele aus Hattuša zu nennen, die von Tudhaliyas Sohn Šupiluliuma II. stammen. In der sehr schlecht erhaltenen Inschrift von Nişantaş berichtet er offensichtlich über Kriegszüge seines Vaters im Süden und um Zypern (Güterbock 1967), und in der Inschrift Südburg (*Abb. 9*) schildert er eigene Eroberungen und Taten (Hawkins 1995, 23). Aber es gibt noch mindestens vier weitere großreichszeitliche Inschriften dieser Art in außerstädtischem Zusammenhang: Auf den Wandungsblöcken des Wasserbeckens von Yalburt berichtet Tudhaliya IV. von einem Feldzug in Lykien; ein Block von Emirgazi ist als Teil einer historischen Inschrift desselben Königs zu identifizieren (Hawkins 2000, 19); die Eroberung einer Stadt/eines Landes durch einen Prinzen ist auf der Stele von Çay im Museum Afyon festgehalten; und auf dem Hieroglyphenblock von Köylütoluyayla geht es unter anderem auch um die Eroberung einer Stadt (zusammenfassend Woudhuizen 2004, 15–25).

Hier werden anscheinend zum ersten Mal Texte der Elite öffentlich gemacht. Und es ist sicher kein Zufall, daß es sich dabei eben nicht um Texte zur Kult- und Festliturgie, die den Großteil des auf Keilschrifttafeln hinterlassenen hethitischen Schrifttums ausmachen, handelt: Der Herrscher demonstriert seinen Machtanspruch, indem er über seine Taten berichtet. Und während mit den früher üblichen Darstellungen und Namensinschriften der Könige nur das ›Hier‹ besetzt wurde (»Hier ist mein Land«), gehen die Inschriften mit Tatenberichten einen Schritt weiter – der König herrscht nicht nur hier, wo sich die Inschrift befindet, sondern durch den Textinhalt wird auch das ›Dort‹ besetzt (»Dort ist mein Land«). Der Leser der Zeilen ›sieht‹ nicht nur, sondern er ›sieht fern‹, indem er über Ereignisse in fernen Städten und Regionen informiert wird.

Ganz nebenbei lässt sich hier übrigens neben der Hierarchisierung des Territoriums auch noch eine andere Form der Hierarchisierung beobachten: Durch den Übergang

Abb. 9 Hieroglypheninschrift Südburg aus Kammer 2 in der Oberstadt von Hattuša – Großkönig Šupiluliuma berichtet u. a., daß er mit der Unterstützung diverser Götter mehrere Länder erobert, neue Städte gegründet und an verschiedenen Orten den Göttern geopfert hat.

von elitärer Keilschrift zu öffentlich zugänglicher Hieroglypheninschrift wird Information auch weiteren Kreisen zugänglich gemacht, d. h. die Informationshierarchie, in der Keilschrift über Hieroglyphenschrift stand, wird durchbrochen.

Bedeutung der Position der Felsbilder und Inschriften

Leider kann über den Vergleich der Stellen, an denen Felsbilder und -inschriften angebracht waren, wenig Allgemeingültiges gesagt werden. Auch eine detaillierte Erörterung der Befunde führt zu keinem befriedigenden Ergebnis, denn es sind zu viele Unbekannte im Spiel: Unsere Kenntnisse der hethiterzeitlichen Topographie und Landeskunde sind äußerst rudimentär, Landschaftsrekonstruktionen gibt es nicht und historische Grenzverläufe sind meist gar nicht und selten nur annähernd zu lokalisieren. Bei den Fundorten der Reliefs gibt es fast nie Ergebnisse von Umlandforschung, d. h. wir wissen z. B. nicht, ob in Sichtweite oder wenigstens in der näheren Umgebung eines Reliefs Siedlungen lagen. Auch die Frage der Sichtbarkeit im Gelände ist nicht bei allen Objekten zu beantworten. Einige waren sicher immer von weit her sichtbar (z. B. Akpınar oder Gavurkalesi), aber andere, die heute in offenem Gelände liegen, waren vielleicht ursprünglich hinter den Bäumen eines Waldes oder Haines verborgen (z. B. Fraktin oder İmamkulu). Es gibt Reliefs, die in der Nähe von Passstraßen liegen und einen inhaltlichen Bezug gehabt haben können (z. B. Hanyeri oder Karabel). Andere liegen dagegen weitab von heute nachvollziehbaren Verkehrswegen (z. B. Suratkaya oder Yalburt). Manche Reliefs sind von den dargestellten Objekten und Personen bzw. Göttern her so ›kultisch aufgeladen‹, daß man sie als Teil eines Heiligtums ansehen möchte (z. B. İmamkulu oder Fraktin), während andere nur die Visitenkarte des Herrschers zu sein scheinen. Die Nähe von Wasserläufen oder Quellen könnte öfter eine Rolle bei der Wahl des Ortes gespielt haben, und auch eine Funktion als Grenzmarkierung wird beim einen oder anderen Relief in Erwägung gezogen. Nüchtern betrachtend kommt man jedoch zu dem Schluß, daß für kein einziges Relief eine stichhaltige Begründung für die Anbringung an eben dieser Stelle gegeben werden kann, und auch die Frage, in wie weit kultische Überlegungen die Gestaltung beeinflußt haben, ist kaum zu beantworten. Aber ist das wirklich ein Manko? Ich meine nicht, wenn man sich vor Augen hält, wer die Rezipienten der Aussage der Reliefs und Inschriften waren. Das ist nämlich im 2. Jahrtausend v. Chr. in aller Regel nicht der Fremde, der in das Gebiet kommt und dem man per Felszeichen Nachricht gibt davon, daß er in ein Territorium kommt, in dem andere das Sagen haben. Wie die kulturellen Hinterlassenschaften in den Siedlungen zeigen, war die Mobilität noch sehr eingeschränkt und Fernkontakte, die sich im Auftauchen von Importgütern manifestieren, selten. Es sind vielmehr die Einheimischen, die Bewohner des Landes, denen mit den Felsbildern ein Identifikationsobjekt geliefert wird: »Unser Herrscher, unser Land«.

Aber der auswärtige Betrachter darf nicht völlig außer Betracht gelassen werden: Der Reisende im Altertum bewegte sich sehr langsam fort – zu Fuß, mit dem Reittier, mit dem gemächlich gezogenen Wagen – und in den meisten Fällen bewegte er sich auch nicht über große Strecken. Er war in ›heimatlichen Gefilden‹ unterwegs, wenn er in die nächste Stadt zum Markt ging, zu einem regional bedeutenden Kultort pilgerte oder Güter über überschaubare Entfernungen transportierte. Zumindest aus Berichten war dies gut bekanntes Gelände, in dem auch vertraute Gottheiten herrschten. Und wenn die Reise aus dem heimischen Umfeld hinausführte, so war man doch dank der langsamen Fortbewegung ständig in Kontakt mit der Umwelt und der lokalen Bevölkerung. Man legte pro Tag zwanzig oder dreissig Kilometer zurück, nicht hunderte, wie wir das heute gewohnt sind. So war man auch immer im Bild über die territorialen Besitzverhältnisse entlang der Reiseroute und die sonstigen Besonderheiten des Landes. Man kann das sehr gut nachvollziehen bei der Lektüre der Berichte von Reisenden des 18. und 19. Jahrhunderts, die im Orient, in Afrika und Amerika unterwegs waren. Von daher gesehen war die optische Markierung eines Territoriums für den Ortsfremden eher unnötig, und damit ist das Felsrelief eigentlich nur ein weiteres der anfangs genannten Zeichen in der Landschaft. Aber es ist natürlich ein auffälliges, ein besonderes, das von allen als Träger einer Botschaft verstanden wird: Der Herrscher markiert die Grenze, den Pass, den Kultort oder eine andere ihm wichtig erscheinende Stelle mit einem Relief oder einer Stele. So wurde eine Attraktion geschaffen, die in Verbindung mit dem Namen des Herrschers gebracht wurde und die lokale Berühmtheit erlangte. Einheimische lebten im Bewusstsein ihres Vorhandenseins, und Fremde wurden auf sie hingewiesen. So gesehen war es dann auch nicht mehr so wichtig, ob diese Attraktion auf dem Marktplatz oder stadtfern in den Bergen stand.

Zum Schluß stellt sich noch die Frage, warum nach dem Ende des hethitischen Großreichs zunächst fast keine Reliefs in Stein mehr erzeugt werden. Etwas ähnliches beobachtete R. MacMullen bei der Untersuchung von römischen Grabsteininschriften und kam zu dem Schluß, daß die Neigung, Steininschriften herzustellen, mit dem Glauben an eine stabile Weltordnung, in der alles so weiter geht wie bisher, einhergeht. Die Inschriften sind an die Allgemeinheit gerichtet, von der man annimmt, daß sie noch lange weiterexistieren wird. Daß man dann im Lauf des dritten Jahrhunderts immer mehr Abstand nahm von diesem Brauch erklärt er damit, daß man an der Dauerhaftigkeit der bestehenden Welt zweifelte (MacMullen 1982, 246). Diese Deutung ist sicher nicht direkt auf die hethitischen Reliefbilder und -inschriften übertragbar, aber deren Verschwinden nach dem Ende der Großreichszeit um 1200 v. Chr. und ihre Renaissance in der späthethitischen Zeit hat zum Teil ähnliche Gründe: Das Herrschaftsgebiet zerfällt und wird zum Objekt von Verteilungskämpfen, die einzelnen Machthaber sind unter Druck (von innen und außen) und haben nur noch eingeschränkte Ressourcen (jedweder Art) zur Verfügung. Sie lassen keine Inschriften mehr meißeln (wenn man nicht an einen Ersatz durch Objekte aus vergänglichem organischem Material denken will), aber die Tradition bleibt in den Köpfen bestehen, denn nach dem Erreichen einer neuen Stabilität im 9. und 8. Jh. v. Chr. werden auch wieder – und dann sogar vermehrt – Felsreliefs und Orthostaten mit vielzeiligen Hieroglypheninschriften angefertigt. Diesmal geht es aber nicht mehr primär um die Besetzung des Naturraums, sondern eher um die Darstellung der königlichen Taten und Interessen an häufig frequentierten Orten – die Inschriften und Bilder sind nun an städtischen Gebäuden und an den Toren angebracht, um ein möglichst großes Publikum zu erreichen.

Manuskriptabschluß Dezember 2009

Literaturverzeichnis

Akurgal 1961 E. Akurgal, Die Kunst der Hethiter (München 1961).

Beran 1967 Th. Beran, Die heth. Glyptik von Boğazköy. Boğazköy-Hattuša V (Berlin 1967).

Bittel 1976 K. Bittel, Die Hethiter. Die Kunst Anatoliens vom Ende des 3. bis zum Anfang des 1. Jahrtausends vor Christus (München 1976).

Boehmer 1987 R. M. Boehmer, Glyptik aus dem Stadtgebiet von Boğazköy. Boğazköy-Hattuša XIV (Berlin 1987).

Börker-Klähn 1982 J. Börker-Klähn, Altvorderasiatische Bildstelen und vergleichbare Felsreliefs, BaF 4 (Mainz 1982).

Bonatz 2007 D. Bonatz, The Divine Image of the King: Religious Representation of Political Power in the Hittite Empire, in: M. Heinz – M. H. Feldman (eds.), Representations of Political Power (Winona Lake 2007), 111–136.

Darga 1992 A. M. Darga, Hitit Sanatı (Istanbul 1992).

Dinçol – Dinçol 2002 A. Dinçol – B. Dinçol, Große, Prinzen, Herren. Die Spitze der Reichsadministration im Spiegel ihrer Siegel, in: Kunst- und Ausstellungshalle der Bundesrepublik Deutschland (Hrsg.), Die Hethiter und ihr Reich. Das Volk der 1000 Götter (Bonn 2002) 82–87.

Dinçol 2004 B. Dinçol, Über die Probleme der absoluten Datierung der Herrschaftsperioden der hethitischen Könige nach den philologischen und glyptischen Belegen, Byzas 4 (Istanbul 2006) 19–32.

Ehringhaus 2005 H. Ehringhaus, Götter, Herrscher, Inschriften. Die Felsreliefs der hethitischen Großreichszeit in der Türkei (Mainz 2005).

Güterbock 1967 H.G. Güterbock, The Hittite Conquest of Cyprus Reconsidered, JNES 26, 1967, 73–81.

Hawkins 1995 J. D. Hawkins, The Hieroglyphic Inscription of the Sacred Pool Complex at Hattusa (Südburg) (Wiesbaden 1995).

Hawkins 2000 J. D. Hawkins, Corpus of Hieroglyphic Luwian Inscriptions 1. Inscriptions of the Iron Age (Berlin 2000).

Herbordt 2005 S. Herbordt, Die Prinzen- und Beamtensiegel der hethitischen Großreichszeit auf Tonbullen aus dem Nişantepe-Archiv in Hattuša. Boğazköy-Hattuša XIX (Mainz 2005).

Herbordt – Bawanypeck – Hawkins 2011 S. Herbordt – D. Bawanypeck – J. D. Hawkins, Die Siegel der Großkönige und Großköniginnen auf Tonbullen aus dem Nişantepe-Archiv in Hattuša. Boğazköy-Hattuša XXIII (Mainz 2011).

Van den Hout 1995 Th. van den Hout, Tudhalija IV. und die Ikonographie hethitischer Großkönige des 13. Jhs., BiOr 52, 1995, 545–573.

Kohlmeyer 1983 K. Kohlmeyer, Felsbilder der hethitischen Grossreichszeit, ActaPraehistA 15, 1983, 7–154.

MacMullen 1982 R. MacMullen, The Epigraphic Habit in the Roman Empire, AJPh 103, 1982, 233–246.

Özgüç 1988 T. Özgüç, İnandıktepe. An important Cult Center in the Old Hittite Period (Ankara 1988).

Otten 1993 H. Otten, Zu einigen Neufunden hethitischer Königssiegel, AbhMainz 13 (Mainz 1993).

Otten 2000 H. Otten, Ein Siegelabdruck Duthalijas I.(?), in: J. Seeher, Die Ausgrabungen in Boğazköy-Hattuša 1999, AA 2000, 375–376.

Peschlow-Bindokat 2001 A. Peschlow-Bindokat, Eine hethitische Grossprinzeninschrift aus dem Latmos, AA 2001, 363–378.

Schmidt 2006 K. Schmidt, Sie bauten die ersten Tempel (München 2006).

Seeher 2008 — J. Seeher, Die Techniken der Steinbearbeitung in der hethitischen Architektur des 2. Jahrtausends v. Chr., in: M. Bachmann (Hrsg.), Bautechnik und Baukonstruktion im antiken und vorantiken Anatolien, Byzas 9 (Istanbul 2008) 119–156.

Seeher 2009 — Der Landschaft sein Siegel aufdrücken – hethitische Felsbilder und Hieroglypheninschriften als Ausdruck des herrscherlichen Macht- und Territorialanspruchs, AoF 36, 2009, 1, 119–139.

Symington 1991 — D. Symington, Late Bronze Age Writing-Boards and Their Uses: Textual Evidence from Anatolia and Syria, AnSt 41, 1991, 111–123.

Woudhuizen 2004 — F. C. Woudhuizen, Luwian Hieroglyphic Monumental Rock and Stone Inscriptions from the Hittite Empire Period (Innsbruck 2004).

Felix Pirson (Hrsg.), Manifestationen von Macht und Hierarchien in Stadtraum und Landschaft, BYZAS 13 (2012) 43-69

Gedanken zur Wahrnehmung und Wahrnehmbarkeit von Grenzen klassischer und hellenistischer Poleis

Kai Michael SOMMEREY

Grenzen unterschiedlicher Qualität und Funktionalität durchzogen als gesellschaftlich institutionalisierte Prozesse von Exklusion und Inklusion den antiken Raum[1]. Grenzen trennten eigenen Besitz von fremdem, heiligen Raum von profanem, öffentlichen von privatem, gliederten folglich in verschiedenen Funktionalitätshorizonten den Binnenraum einer Polis und bestimmten deren Ausdehnung gegen die *chorai* anderer Poleis hin. Zu den im geographischen Raum wahrnehmbaren gesellten sich weitere geographisch flexiblere Grenzen von Mitgliedschaftsräumen einiger in verschiedenen Hinsichten und Qualitäten divergierender sozialer Gruppen. Gemeinhin entstand überall dort, wo etwas von etwas anderem unterschieden werden sollte, eine Grenze[2].

Die folgenden Gedanken richten sich auf die antike Wahrnehmung und Wahrnehmbarkeit jener Grenze, die in ihrem Funktionalitätshorizont all diejenigen Qualitäten zusammenfaßt, welche eine antike Polis auszeichnen. Dabei sollen weniger Begrenzungen von Mitgliedschaftsräumen untersucht werden, durch die sich ein antiker Stadtstaat im Sinne einer Polisgemeinschaft in seinen unterschiedlichsten Facetten eben auch charakterisieren läßt, als vielmehr die Wahrnehmung und Wahrnehmbarkeit einer im geographischen Raum institutionalisierten Grenze. Deren Funktionalitätshorizont, als der einer Grenze von Staatlichkeit, rangiert, sieht man von überstaatlichen Strukturen wie der griechischen *koina* und in gewissem Sinne auch der hellenistischen Königreiche ab, auf der höchsten Ebene einer gedachten antiken Grenzhierarchie. Doch durch welche Qualitäten zeichnet sich dieser Funktionalitätshorizont aus?

---

1 Zu Grenzen, verstanden als gesellschaftlich institutionalisierte Prozesse, M. Eigmüller – G. Vobruba, Einleitung: Warum eine Soziologie der Grenze?, in: M. Eigmüller – G. Vobruba (Hrsg.), Grenzsoziologie. Die politische Strukturierung des Raumes (Wiesbaden 2006) 10.

2 Zur Unterscheidung von »geographischem Raum« und »Mitgliedschaftsraum«: S. Rokkhan, Differenzierung und Grenzbildung, in: Eigmüller – Vobruba a. O. (Anm. 1) 33.

Nur zögerlich gestand Pausanias in seiner Periegese dem armseligen phokischen Ort Panopeis den Status einer Polis zu. Gar zu wenig erinnerte ihn an die urban weit entwickelten Stadtstaaten, die auch weitgehend unser heutiges Bild der Poleis geprägt haben. Doch aufgrund dreier Kriterien gesteht er den Panopeiern diesen Status zu: Grenzen gegen die Nachbarn, eigene Vertreter in der phokischen Bundesversammlung und die Existenz einer Gemeinschaft derer, denen er dies zuschreibt: Die sich politisch selbst verwaltende, autonome Polisgemeinschaft der Panopeier[3]. Diese, sich in eigenen politischen und administrativen Organen, eigener Jurisdiktion und fiskalischer Ordnung, vor allem aber in der politisch-hoheitlichen Gestaltungskraft der Polisgemeinschaft realisierende politische Eigenständigkeit, findet innerhalb der *chora* ihre Verwirklichung und endet an deren Grenzen. Letztere erhalten dadurch eine soziopolitische, administrative, fiskalische als auch jurisdiktive Qualität. Unter gewissen Aspekten kommt ihnen des weiteren eine kultische Qualität zu; indem sie das religiöse Leben einer Polis von jenem der Nachbarn scheiden und den Raum markieren, in welchem dieses staatliche Kultgeschehen durch die religiöse Gemeinschaft der Polis ausgeübt wurde[4]. Dabei bettet sich der Raum dieser Qualität in den ausgedehnteren einer gesamtgriechischen Religiosität ein, welcher sich durch gemeinsame religiöse Vorstellungen und kultische Praktiken auszeichnet, sich nicht zuletzt in den großen panhellenischen Heiligtümern verwirklicht und zu einem Teil in der Gesamtheit der Polisterritorien seine Verräumlichung erfährt.

Die Ethymologie des griechischen Begriffes für Grenze und Grenzzeichen (ὅρος) verweist noch auf eine weit basalere und existenziellere Qualität: Dieser Begriff habe sich – so wird gemeinhin angenommen – aus **worwo-*, der mykenischen Bezeichnung für eine Ackerfurche, entwickelt[5]. Er deutet nicht zuletzt darauf hin, daß die Grenze der Polis zugleich der Außengrenze des gesamten Landbesitzes einer Polisgemeinschaft, Privat- wie auch Gemeinschaftsland, entsprach, der mit all seinen Ressourcen die (land-) wirtschaftliche Grundlage der Polis bildete und somit einen kleinen Binnenwirtschaftsraum darstellte[6]. Das Recht auf Landbesitz war in der Regel auf die Polisgemeinschaft beschränkt und wurde nur durch besondere außenpolitische Verträge Angehörigen anderer Polisgemeinschaften zugebilligt[7]. Wie wichtig dieser Raum und seine Behauptung für die

---

[3] Paus. 10, 4, 1; vgl. F. Kolb, Die Stadt im Altertum (München 1984) 59. Zu den drei Elementen Territorium, Polisgemeinschaft und deren politischen Organe auch M. H. Hansen, Polis and City-State. An Ancient Concept and Its Modern Equivalent (Copenhagen 1989) 52–83.

[4] Zum religiösen System antiker Poleis Chr. Sourvinou-Inwood, What is *Polis* Religion?, in: R. Buxton (Hrsg.), Oxford Readings in Greek Religion (Oxford 2000) 1–37. Der beschriebene Raum ist allerdings von jenem zu unterscheiden, der als Mitgliedschaftsraum die Ausübenden eines Kultes umfasste und innerhalb einer Polis meist Fremde und Metoiken ausschloß.

[5] So M. Casevitz, Les mots de la frontière en grec, in: Y. Roman (Hrsg.), La frontière (Lyon 1993) 19 und F. Gschnitzer, Zur Terminologie der Grenze und des Gebietes im Griechischen, in: E. Olshausen – H. Sonnabend (Hrsg.), Stuttgarter Kolloquium zur Historischen Geographie des Alterums 4, 1990 (Amsterdam 1994) 22–24, wohl H. Frisk, Griechisches etymologisches Wörterbuch II (Heidelberg 1970) 425–426 s. v. ὅρος und P. Chantraine, Dictionaire étymologique de la langue grècque III (Paris 1974) 825–826 s. v. ὅρος folgend. Gschnitzer wendet sich zugleich gegen die Vermutung bei H. Engelmann – R. Merkelbach, οὗρος, ὅρος, ZPE 8, 1971, 97–103, der Begriff für Grenzstein ὅρος sei über seine ionische Form οὗρος von οὗρος für Aufseher, Wächter abgeleitet.

[6] Zur landwirtschaftlichen Struktur der »Normalpoleis« J. Bintliff, Considerations on Agricultural Scale-Economies in the Greco-Roman World, in: R. Alston – O. M. van Nijf (Hrsg.), Feeding the Ancient Greek City (Leuven – Paris – Dudley 2008) 21–24.

[7] Zu diesem *enktesis* genannten Recht der Polisbürger, das sich heute nur indirekt anhand in Isopolitieverträgen an Bürger anderer Poleis verliehenen Rechte nachweisen läßt, zusammenfassend A. Chaniotis, Die Verträge zwischen kretischen Poleis in der hellenistischen Zeit, HABES 24 (Stuttgart 1996) 109–113.

wirtschaftlichen Ressourcen und daraus folgend auch für das Ernähren und Überleben der Polisgemeinschaften war, läßt sich am Beispiel Kretas verfolgen, wo die größeren, überbevölkerten Hafenpoleis stetig danach trachteten, ihre eigene *chora* um Ackerland, Weiden und Wälder kleinerer Nachbarpoleis zu erweitern und diese oftmals in ihrer Existenz beseitigten[8].

Im folgenden soll allerdings nicht der Qualitäts- und Funktionalitätshorizont antiker Polisgrenzen im Mittelpunkt der Betrachtungen stehen, sondern die Fragen, wie wahrnehmbar diese Grenzen im geographischen Raum waren und an welche Bedingungen ihre Wahrnehmbarkeit möglicherweise geknüpft war. In diesem Zusammenhang ist weiter von Interesse, wie stark in der Antike das Bemühen ausgeprägt war, diese Grenzen kenntlich zu machen und ihren Verlauf zu markieren.

1 Polisgrenzen als strukturierendes Element in der antiken Landschaft

1.1 Grenzbeschreibungen in bilateralen Verträgen

Die wohl detailliertesten Informationen über den Charakter und Verlauf antiker Polisgrenzen lassen sich aus den verhältnismäßig zahlreich auf Inschriften überlieferten Grenzbeschreibungen vornehmlich hellenistischer Zeit gewinnen. Meist im Zusammenhang mit Landstreitigkeiten gelangte man durch Schiedsspruch einer dritten Polis zu einer Einigung über den gemeinsamen Grenzverlauf. Dieser wurde verschriftlicht in Vertragsform festgehalten – nicht zuletzt, um weiteren, zukünftigen Streitigkeiten vorzubeugen[9]. Grenzbeschreibungen finden sich auch in Bündnisverträgen zweier Poleis wieder. Dies, sowohl um den Bezugsraum des bilateralen Vertrages als auch den territorialen Besitzstand der jeweiligen Polis zu bestimmen, welchen der Vertragspartner seinerseits anerkennt, garantiert und durch Formeln des Vertrages zu verteidigen verspricht. Oftmals kommt Bündnisverträgen auch die Funktion von Friedensverträgen zu, in denen ein neuer Grenzverlauf zwischen Poleis seine Definition und gegenseitige Akzeptanz findet[10]. In Sympolitieverträgen hingegen dienen die Grenzbeschreibungen der Festschreibung des status quo vor der politischen und administrativen Verbindung zweier Poleis. Dies, um für die beteiligten

[8] H. van Effenterre, Die von den Grenzen der ostkretischen Poleis eingeschlossenen Flächen als Ernährungsspielraum, in: E. Olshausen – H. Sonnabend (Hrsg.), Stuttgarter Kolloquium zur Historischen Geographie des Altertums 2, 1984 und 3, 1987, Geographica Historica (Bonn 1991) 404; Chaniotis a. O. (Anm. 7) 22–28 bes. 27. Die Sorge um das eigene Territorium äußert sich im Besonderen in der formelhaften Beistands- und Folgepflicht in kretischen Bündnis- und Isopolitieverträgen, so im Falle von Hierapydna und Latos wie auch Lato und Olous (Chaniotis a. O. (Anm. 7) Nr. 59 Z. 8; Nr. 61 Kopie A l. 8. Zur Formel, Chaniotis a. O. (Anm. 7) 88–90.

[9] Zahlreiche dieser Grenzregelungsverträge finden sich in S. L. Ager, Interstate Arbitrations in the Greek World, 337–90 B. C. (Berkeley – Los Angeles – London 1996); A. Magnetto, Gli arbitrati interstatali greci II. Dal 337 al 196 a. C. (Pisa 1997) und speziell bezogen auf die kretischen Poleis auch in Chaniotis a. O. (Anm. 7). Chaniotis betont dabei, daß für die kretischen Poleis Grenzabkommen nie als selbstständige Verträge sondern immer nur als Teile umfangreicherer Abkommen überliefert sind. Zum völkerrechtlichen Instrument der Schiedsgerichtsbarkeit allgemein, Ager a. O. 3–33.

[10] Für Kreta stellt dies Chaniotis a. O. (Anm. 7) 62. 87–94 bes. 92 fest. Der Bündnisvertrag zwischen Gortyn, Hierapydna und Priansos aus dem Jahre 205 v. Chr. enthält eine genaue Beschreibung der Grenzen von Priansos, da Gortyn und Hierapydna durch diesen Vertrag, der nach einem Krieg aufgelegt wurde, jene Grenzen garantierten und sich zur Waffenhilfe bei deren Verletzung verpflichteten: Chaniotis a. O. 251–2; Nr. 27 Z. 14–32.

Poleis für den Fall einer Auflösung ihrer Verbindung die Möglichkeit zu schaffen, ohne drohende Konflikte ihr Territorium in der ursprünglichen Ausdehnung wiederzuerlangen[11]. In einigen Fällen finden sich Grenzbeschreibungen auch in Isopolitieverträgen, in denen sie oft im Sinne erweiterter Bündnisverträge der gemeinsamen Versicherung und Anerkennung des jeweiligen Besitzes oder aber, im Falle bis dato bestehender Besitzstreitigkeiten auf staatlicher oder privater Ebene, mittels einer definitiven Festlegung der Lösung von Konflikten dienten[12]. Repräsentativ seien hier charakteristische Auszüge aus der Grenzbeschreibung der kretischen Polis Lato angeführt[13]:

»*Die Grenzen des Landes der Latier: vom Meer aufwärts entlang des Flusses Kymaios, wie das Wasser läuft, und zu den E[—], zur Hippagra und nach Benkasos hin; und von der Ostseite des Benkasos, vom Felsen, ringsherum zum anderen Felsen entlang des Landstreifens; und von dort [von Gipfel zu Gipfel?] zum Gipfel in Mitoi und geradeaus zum Gipfel des früher öden Landes, der an das Gehöft der unfreien Bauern des Exakon angrenzt, und von dort zu den Gipfeln der Bergtäler in der Nähe der Ruinen bis zum Gipfel oberhalb des (Kultortes des) Hermes und ringsum nach [—] und zur Straße, die durch Laxos führt, und zur heiligen Quelle (?) und zum Gipfel unterhalb des Gnafos und von dort hinüber zum bewaldeten Hügel zum Wachposten und von dort zum oberen Aussichtsturm (?), wo (wie) die Gräber sind, und zum unteren Salzbergwerk (Salzwasserquelle, Saline?) und zum oberen Rand des Felsens und zum Boinops und zur Hippasia und zur Straße, die zum Akimos führt, (...) und zum ‚Wilden Birnenbaum' und bis zum Gipfel des Zeus und bis Doreia und nach Kyrtairaxos und bis zum Abhang (Abstieg) und ringsherum nach Spinoeis hin <zum See> und nach Syonia und nach Arax (...) und nach Danaparxos und nach Aigyros entlang der Bergränder und nach Pamphyriasos hin und zur öffentlichen Straße und nach Epathes, entlang des Bergkamms, (...).*«

Merklich ist diese Beschreibung durch ihr eindimensional hodologisches Vorgehen charakterisiert: Vektoriell von Ausgangspunkt zu Zielpunkt orientiert wird Abschnitt für Abschnitt der Grenze fortschreitend abgehandelt. Als Grenzmarkierungspunkte dienen hierbei markante geomorphologische und anthropogene Strukturen des topographischen Raumes, wie Berggipfel, Hügel, Felsen, Bäume etc., aber eben auch Ruinen und Gräber etc.[14]. Die Grenzlinie selbst ergibt sich als die alle Punkte verbindende Strecke, richtet

---

[11] So folgt der Beschreibung der gemeinsamen Grenze Meliteias und Pereias eine Klausel, in der Pereia im Falle einer Apopolitie die zuvor schriftlich festgehaltene Grenze zugesprochen wurde: Magnetto a. O. (Anm. 9) Nr. 55 (Ager a. O. (Anm. 9) Nr. 56) Z. 16–18. Dazu Ager a. O. 153–157; Magnetto a. O. 339–348; G. Daverio Rocchi, Frontiera e confini nella grecia antica (Rom 1988) 72. 144. 148–149.

[12] Beispiel: Aitolia – Akarnania (ca. 263–262). Im Bündnisvertrag gewähren beide *koina* sich gegenseitig das Recht der *epigamia* und der *enktesis* und das gegenseitige Bürgerrecht: Ager a. O. (Anm. 9) Nr. 33 Z. 11–13. Diesen Regelungen voraus geht eine Beschreibung der gemeinsamen Grenze und die Verpflichtung, sich um die Lösung der Grenzstreitigkeiten einzelner Mitgliedspoleis zu bemühen (Z. 5–11). Daverio Rocchi a. O. (Anm. 11) 117 hebt hervor, daß die Präsenz einer rechtlich anerkannten und gegenseitig respektierten Grenze eine notwendige Bedingung für die Gewährung von Rechten wie *epigamia* und *enktesis* sei.

[13] Die Grenzbeschreibung ist einem Freundschafts-, Bündnis- und Isopolitievertrag zwischen Lato und Olous wohl aus dem letzten Jahrzehnt des 2. Jhs. v. Chr. entnommen: Chaniotis a. O. (Anm. 7) Nr. 61 Z. 51–60. 61–66. Übersetzung nach Chaniotis a. O. 371.

[14] Auf diese lineare, natürlich menschliche Raumorientierung und -erfassung verweist erläuternd H.-J. Gehrke, Raumbilder in der griechischen Geographie, in: Th. Hantos – G. A. Lehmann (Hrsg.), Althistorisches Kolloquium aus Anlass des 70. Geburtstags von Jochen Bleicken, 29.–30. November 1996 in Göttingen (Stuttgart 1998) 29–31. Dort finden sich weitere Literaturverweise. Jüngst auch in Bezug auf Grenzbeschreibungen, K. Freitag, Überlegungen zur Konstruktion von Grenzen im antiken Griechenland, in: R. Albertz – A. Blöbaum – P. Funke (Hrsg.), Räume und Grenzen, Topologische Konzepte in den antiken Kulturen des östlichen Mittelmeerraums (München 2007) 54. Zu den kretischen Grenzpunkten und der Terminologie von

sich aber auch in ihrem Verlauf an linearen landschaftlichen Gegebenheiten aus, indem sie Flußläufen folgt oder entlang von Bergrändern und -kämmen, aber auch von Straßen oder Schluchten verläuft[15].

1.2 Strukturierung des Raumes durch Grenzen vs. Strukturierung der Grenzen durch den Raum

Das oben angeführte Beispiel zeigt in starkem Maße, daß Polisgrenzen nicht nur strukturierend und begrenzend in den antiken Raum eingriffen, sondern daß ihr Verlauf auch maßgeblich durch die bereits bestehenden materiellen und geologischen Gegebenheiten des geographischen Raumes vorgegeben wurde. Dies könnte dazu verleiten, von einer Strukturierung des Grenzverlaufes durch den Raum zu sprechen. Doch weder schaffen diese Landschaftsmerkmale und die sie verbindenden Strecken Grenzen, noch ist es der Verlauf der Grenze, der die Landschaft strukturiert[16]. Erst die in den Grenzverträgen zu Tage tretende Konvention zwischen den Angehörigen zweier Poleis überschreibt markante topographische Punkte mit dem Bedeutungsgehalt von Grenzpunkten im Horizont eines sozial konstruierten, konstituierten und strukturierten Raumes[17]. Durch die sich in einer gesellschaftlichen und politischen Konvention äußernden Vorstellung von Inklusion und Exklusion, die sich in normierten repetitiven und habitualisierten Handlungen des alltäglichen Lebens im geographischen Raum verwirklicht, institutionalisiert sich diese, in politischen Verhandlungen festgelegte Grenzlinie, als räumliche Struktur[18]. Dies ganz im Sinne G. Simmels, nach dem Grenzen nicht als eine räumliche Tatsache mit soziologischen Wirkungen gesehen werden können, sondern als eine soziologische Tatsache, die sich räumlich formt[19]. Durch ihr Bewußtsein und ihr Einbeziehen in die alltäglichen Handlungen wird die so institutionalisierte Grenze zu einer gegenständlich erlebten

---

Grenzbeschreibungen, Chaniotis a. O. (Anm. 7) 151–159. Allgemein auch Daverio Rocchi a. O. (Anm. 11) 57–58. D. Rousset, Les frontières des cités grecques. Premières réflexions à partir du recueil des documents épigraphiques, CCG 5, 1994, 116–117 teilt für den Nachweis, daß sich Grenzen meist durch unbesiedelten Raum zogen, die Grenzpunkte in die fünf Kategorien (1) Naturpunkte, die keine Spuren menschlicher Präsenz zeigen (Hügel, Bäume, Felsen, Wasser usw.), (2) Punkte, die Ort einer »présence passagère« sind (Straße, Brücke usw.), (3) Punkte, die der Ort einer zeitweiligen menschlichen Präsenz sind (Saline, Garten, Plantage, Steinbruch), (4) Punkte, die Ort einer menschlichen Präsenz sind, bei der man nicht feststellen kann, ob sie zeitweilig oder dauerhaft ist (Grab, Heroon, Heiligtum usw.) und (5) Punkte, die von einer dauerhaften menschlichen Präsenz zeugen (Hafen, Agora, Exedra, Mauer usw.). Dabei überwiegen Strukturen des physischen Raumes über die Anzahl von Grenzpunkten anthropogener Natur.

15 Flußgrenzen sind ein häufiges Phänomen. Oftmals wird der Verlauf dann mit der Formel ὡς ὕδωϱ ϱεῖ oder τὸ ὕδωϱ ὀϱθὸν angegeben, vgl. bspw. FD III, 2, 136, Z. 19. 20. 31–32; Chaniotis a. O. (Anm. 7) Nr. 61 Z. 51; Nr. 62 Z. 16. Zu diesen Grenzlinien allgemein, Daverio Rocchi a. O. (Anm. 11) 49–52.

16 Nach H. Forbes, Meaning and Identity in a Greek Landscape (Cambridge 2007) 5 sind Landschaften »without meanings given to them by human groups [...] merely environments«.

17 Dieses »Überschreiben« oder »Platzieren« bezeichnet M. Löw, Raumsoziologie (Frankfurt a. M. 2001) 158–160 als »Spacing«, das bei ihr gleichzeitig mit einer Syntheseleistung aus Wahrnehmungs-, Vorstellungs- und Erinnerungsprozessen im Handeln Räume konstituiert. Zur Dualität zweier Raumkonzepte, eines physischen bzw. geographischen, in dem sich die relationalen Anordnungen eines sozialen bzw. metaphorischen Raumes einschreiben bzw. realisieren, P. Bourdieu, Physischer, sozialer und angeeigneter physischer Raum, in: M. Wentz (Hrsg.), Stadt-Räume. Die Zukunft des Städtischen. Frankfurter Beiträge 2 (Frankfurt a. M. – New York 1991) 29. 32.

18 Zur Institutionalisierung von Räumen, Löw a. O. (Anm. 17) 162–179.

19 G. Simmel, Soziologie. Untersuchungen über die Formen der Vergesellschaftung, in: O. Rammstedt (Hrsg.), G. Simmel, Gesamtausgabe, (Frankfurt a. M. 1992) 697.

Objektivation – wahrnehmbar in den Elementen des geographischen Raumes – und wirkt sich sekundär strukturierend auf den antiken Raum aus[20].

Die Existenz einer solch sozial konstituierten Grenze bedingt allerdings in nicht geringem Maße die gesellschaftliche und politische Akzeptanz derer, durch welche sich die Grenzlinie institutionalisiert – in unserem Falle, die Bewohner zweier benachbarter Poleis. Fehlende Akzeptanz konnte zu neuerlichen Konflikten führen oder – wie im Falle der Grenzregulierung zwischen Korinth und Epidauros – nach Ablehnung eines durch Schiedsspruch festgelegten Grenzverlaufes durch die Korinther, zu einer neuerlichen Festlegung durch τερμονιξοῦντεις aus Megara[21].

2. Kriterien für Wahrnehmung und Wahrnehmbarkeit antiker Grenzen im Raum

2.1 Eindeutige Identifizierbarkeit von Grenzpunkten

Ausgehend von den in der oben angeführten Inschrift genannten Grenzpunkten kann man geomorphologischen Strukturen, wie Berggipfeln und Flüssen, und anthropologischen, wie Ruinen, Aussichtstürmen und Straßen, als ›landmarks‹ eine gewisse Eindeutigkeit zugestehen. Schwieriger wird es im Falle des ›wilden Birnbaumes‹[22]. Grenzpunkte weiterer Inschriften, wie ein Olivenhain, ein Weinberg, eine Viehweide, eine Steineiche, ein alter Olivenbaum, eine trockene Eiche, eine Palmengruppe oder ein spitzer Fels, werfen die Frage auf, wie sicher diese im geographischen Raum auszumachen waren[23].

Jedoch spricht allein schon die Tatsache, daß die Schlichter weiteren Landstreitigkeiten vorbeugen wollten und mußten, dafür, daß die Wahl dieser Fixpunkte nur vor jenem Hintergrund erfolgen konnte, daß sie das Kriterium der topographischen Singularität und eindeutigen Identifizierbarkeit in der antiken Landschaft erfüllten[24]. Nur anhand dieser eindeutigen Identifizierbarkeit ihrer Grenzpunkte läßt sich die *chora* einer Polisgemeinschaft überhaupt erst repetitiv konstituieren und institutionalisieren. So mag sich der Olivenhain genau wie der Weinberg in einer sonst unkultivierten Gegend befunden[25], die

---

20 Zur Objektivierung von Räumen, Löw a. O. (Anm. 17) 162–164.

21 Magnetto a. O. (Anm. 9) Nr. 36 (Ager a. O. (Anm. 9) Nr. 38) II Z. 7–10: Die megarischen Richter hatten das Schiedsverfahren bereits beendet, als die Korinther Einspruch gegen die Grenzziehung erhoben und die Grenzlinie neu bestimmt werden mußte. Vgl. K. Harter-Uibopuu, Das zwischenstaatliche Schiedsverfahren im Achäischen Koinon. Zur Streitbeilegung nach den epigraphischen Quellen (Köln – Weimar – Wien 1998) 18–20. Die Frage nach der Akzeptanz von Grenzen werfen Eigmüller – Vobruba a. O. (Anm. 1) 10 auf.

22 Vgl. auch in der Grenzbeschreibung Chaniotis a. O. (Anm. 7) Nr. 62 Z. 18.

23 Vgl. Ager a. O. (Anm. 9) Nr. 126 I Z. 22. 24. 26; Nr. 163 D Z. 4; Chaniotis a. O. (Anm. 7) Nr. 62 Z. 10; Nr. 27 Z. 28; Magnetto a. O. (Anm. 9) Nr. 2 D Z. 4; Nr. 13 A Z. 27; Nr. 55 Z. 9; A. Plassard, Inscriptions d'Orchomène d'Arcadie, BCH 39, 1915, 55 Z. 15. 18.

24 Ähnlich Daverio Rocchi a. O. (Anm. 11) 57–59; Rousset a. O. (Anm. 14) 116.

25 Aus diesem Grund ist die Annahme bei G. Daverio Rocchi, Politische, wirtschaftliche, militärische Funktion der Grenze im alten Griechenland, in: E. Olshausen – H. Sonnabend (Hrsg.) Stuttgarter Kolloquium 4, 1990 (Amsterdam 1994) 101–102, aufgrund der Nennung eines Weinberges (ἄμπελος) zwischen Meliteia und Pereia (Ager a. O. (Anm. 9) Nr. 56 Z. 9–10) auf eine spezielle Anbaukultur in Grenzregionen zu schließen, zurückzuweisen. Wäre mit mehreren Weingärten in derselben Gegend zu rechnen, wäre nicht mehr deutlich erkennbar, welcher als Grenzpunkt beschrieben wurde, und durch die resultierende Uneindeutigkeit der Weg zu Grenzstreitigkeiten eröffnet.

Steineiche mag sich – genau wie der Olivenbaum – durch einen isolierten Standpunkt, besonders großen Wuchs und/oder hohes Alter ausgezeichnet haben, der Fels stach durch seine besondere Form heraus: Die Charakterisierung ὀξύς ließ dem antiken Bewohner Delphis, Ambryssos oder Phlygonions offenbar keinen Raum für Zweifel, um welchen Felsen es sich handelte[26]. Bei der Beschreibung der gemeinsamen Grenzen von Phanoteus und Stiris wird ein Hügel neben der Nennung seiner besonderen Form als εὐδείελος näher beschrieben[27]. Interpretiert man diesen Begriff nicht nur als »sonnig« sondern als »gut sichtbar«[28], so ist damit die für Grenzpunkte notwendige Bedingung bestens charakterisiert. Die Voraussetzung für die Anwendbarkeit eines aus den Beschreibungen entnommenen Wissens über den Grenzverlauf setzt also die eindeutige Identifizierbarkeit von Punkten einer Grenzlinie im Gelände voraus. Und genau diese Bedingungen von Singularität und eindeutiger Identifizierbarkeit erfüllen die in antiken Beschreibungen angeführten Grenzpunkte.

2.2 Wissen als Wahrnehmungskategorie

Wenn D. Rousset jeden Versuch, antike Grenzbeschreibungen heute im geographischen Raum nachzuvollziehen, in die »domaine de l'hypothèse« verweist[29], so liegt dies allerdings nur zum Teil im Verlust des Wissens um die Grenzpunkte begründet, wie sie für viele Poleis mittels der Grenzbeschreibungen zumindest für einige Segmente überliefert wurden. Bedeutender ist der Verlust des Wissens um die antike Topographie: Weder kann heute mit der notwendigen Genauigkeit die landwirtschaftliche Nutzung des antiken Raumes rekonstruiert werden, noch können dem Verfall ausgesetzte Grenzpunkte wie Bäume oder außerhalb der Siedlungszentren alle unter der Erde verlorengegangenen anthropogenen Strukturen aufgefunden werden. Noch schwerer jedoch wiegt der Verlust der Verknüpfbarkeit antiker Toponyme und ihrer erweiterten Charakterisierungen mit den ihnen zugeordneten geographischen und topographischen Objekten: So enthält beispielsweise die kurze Beschreibung eines Grenzsegmentes zwischen Peuma auf der einen sowie Chalai und Meliteia auf der anderen Seite neben einem Boreasheiligtum Punkte wie ἥ Γραία αὐλή, ὅ Κυρσιλίς τόπος, τὸ Μακύριον, τὰ Δικόρυφα, τὸ Μεσοράκτιον und ὅ Σπονδός[30]. Wird die *graia aule* meist mit einem Demeterheiligtum gleichgesetzt, so gelingt bestenfalls noch die ethymologische Interpretation des *mesoraktions* als ein in der Mitte gespaltener Berg bzw. Bergspalt und der *dikorypha* als Doppelgipfel[31]. Diese

26 Ager a. O. (Anm. 9) Nr. 126 I Z. 26; D. Rousset, Le territoire de Delphes et la terre d'Apollon (Paris 2002) 76–78. 126–128. Nr. 3 Z. 26.

27 Magnetto a. O. (Anm. 9) Nr. 68 (Ager a. O. (Anm. 9) Nr. 20) Z. 8–9.

28 Liddell – Scott, A Greek-English Lexicon s. v. εὐδείελος. Zur Interpretation, D. Rousset – Ph. Katzouros, Une délimitation de frontière en Phocide, BCH 116, 1992, 212–213, die τὰν κολουάδα τὰν εὐδείελον mit »la colline tronquée bien visible« übersetzen.

29 Rousset a. O. (Anm. 14) 112–115 m. Anm. 65. Den einzig partiell vielversprechenden Versuch unternahm P. Faure, Aux frontières de l'État de Lato. 50 toponymes, in: W. C. Brice (Hrsg.), Europa. Studien zur Geschichte und Epigraphik der frühen Ägäis. Festschrift für E. Grumach (Berlin 1967) 94–112 anhand der einzigen vollständig bekannten Grenzbeschreibung einer Polis für Lato.

30 Magnetto a. O. (Anm. 9) Nr. 29 (Ager a. O. (Anm. 9) Nr. 30) Z. 10–16.

31 Einen solchen Interpretationsversuch unternimmt F. Stählin, Die Grenzen von Meliteia, Pereia, Peumata und Chalai, AM 39, 1914, 102. Zur Interpretation der *graia aule* als Demeterheiligtum kurz, Magnetto a. O. (Anm. 9) 183 verweisend auf RE Suppl. VII (1940) 887 s. v. Pereia (E. Kirsten).

Schwierigkeit, in Grenzbeschreibungen genannte Toponyme im geographischen Raum eindeutig wiederzufinden, schließt auch die Namen kleiner Wasserläufe mit ein, die zudem meist ausschließlich aus den Beschreibungen selbst bekannt sind.

Ebenso problematisch ist die Nennung von Anthroponymen zur näheren Charakterisierung eines Grenzpunktes. Ließe sich ein Grabmal, wie jenes des Epikrates[32] – so man es archäologisch wiederentdeckte – möglicherweise noch anhand einer zu erwartenden Grabinschrift identifizieren, so wäre dies bei anderen possessiv spezifizierten Grenzpunkten unmöglich: So wurde der Name eines Phrasinikos, Sohn des Karanos, zur näheren Spezifizierung eines ihm gehörenden, nicht näher charakterisierbaren Besitztumes herangezogen, das Gortyn und Knosos als gemeinsamer Grenzpunkt dienen sollte[33]. Das Turmgehöft eines Lykon sowie der Landbesitz der Thronier Euphranor, Sohn des Chairigenes, und Samon, Sohn des Zoilon, dienten Thronion und Skarpai als Grenzpunkte und eine weitere fragmentarische Grenzbeschreibung enthält das *ethnikon* eines Knosiers, dessen Grundstück wohl als Grenzmerkmal bestimmt wurde[34]. Allein, vor unserem heutigen Wissenshorizont sind diese possessiv lokalisierenden Spezifizierungen ebenso nutzlos wie die Angabe eines nicht mehr auffindbaren Gehöftes oder Grundstückes selbst.

Der Verlust – abgesehen vom textlichen – ist also ein doppelter: Es ist zum einen der weitgehende Abgang der gegenständlichen antiken Landschaft, doch weit schwerer wiegt der Verlust eines Wissensschatzes an topographischen Begriffen, soziokonventionalen Bedeutungsgehalten und sozial-geographischen Relationen, mit denen dieser gegenständliche Raum überschrieben worden war[35]. Ohne die Kenntnis dieser dualen Komponenten und die Möglichkeit ihrer Verknüpfung sind antike Grenzbeschreibungen kaum zu entschlüsseln, der antike Raum kann sich nicht konstituieren.

Jedoch sind diese Kenntnisse nicht nur heutigen Forschern verschlossen, auch Nichtortsansässige und Erstbesucher antiker Poleis hatten in der Regel bis zu ihrer Ankunft keinen Zugang zu diesem soziokonventionalen, lokaltopographischen Wissensvorrat. So hat H. Graßl bezüglich fremder Reisender darauf hingewiesen, daß deren Orientierung mangels anderer Möglichkeiten nur anhand des Wissens einheimischer Führer erfolgen konnte[36]. Und auch Pausanias, der später geborene Perieget, gewann den Großteil seines

---

32 Genannt in der Grenzbeschreibung des im Grenzstreit mit Mytilene Pitane zugesprochenen Landes, Ager a. O. (Anm. 9) Nr. 146 Z. 116–117.

33 Chaniotis a. O. (Anm. 7) Nr. 44 Z. 2.

34 Ager a. O. (Anm. 9) Nr. 167 Z. 9. 14–15. 18; Zum Besitz des Knosiers, Chaniotis a. O. (Anm. 7) 377. Nr. 62 Z. 13. Des weiteren nennt die Grenzbeschreibung zwischen Orchomenos und Methydrion Viehweiden, von der eine wohl einem Besitzer zuzuordnen ist: Plassard a. O. (Anm. 23) 55 Z. 15–16. Vgl. dazu, Daverio Rocchi a. O. (Anm. 11) 97.

35 Vgl. Forbes a. O. (Anm. 16) 5. Dies deckt sich mit den Beobachtungen bei Löw a. O. (Anm. 17) 191–195, nach denen sich Räume aus institutionalisierten Anordnungen konstituieren, die sich sowohl aus vorrangierenden materiellen, also natürlichen Gegebenheiten, als auch durch Sprache strukturierten sozio-symbolischen Komponenten synthetisieren. Der Begriff »symbolische Komponente« ist, indem er handlungsleitende Aspekte wie Werte, Normen, Instituionen und Rollenerwartungen einschließt, weiter gefaßt als hier dargestellt.

36 H. Graßl, Irrwege. Orientierungsprobleme im antiken Raum, in: E. Olshausen – H. Sonnabend (Hrsg.), Zu Wasser und zu Land. Verkehrswege in der antiken Welt. Stuttgarter Kolloquium zur historischen Geographie des Altertums 7, 1999 (Stuttgart 2002) bes. 84.

Lokalwissens um die beschriebenen Poleis, Landschaften und ihrer Grenzen von Einheimischen[37]. Solch ortskundige und -ansässige »Führer« finden sich auch im Zusammenhang mit antiken Grenzregelungen wieder: Im Zusammenhang mit Schiedsgerichten diente den polisfremden Schlichtern die Autopsie des umstrittenen Landes und seiner Grenzen der persönlichen Urteilsfindung, der Überprüfung von Zeugnissen sowie der Legitimation ihres Schiedsspruches. Begleitet wurden sie bei dieser Inspektion von Führern beider Parteien[38]. So wurden im Falle von Halai und Boumelitai jeweils zehn Bürger, sogenannte περιηγούμενοι, auserwählt und durch Eid verpflichtet, den Richtern den ursprünglichen Grenzverlauf zu zeigen[39]. Neben der Erwähnung solcher Periegesen führt die Inschrift, welche die schiedsgerichtlichen Vorgänge bei einer Grenzregelung zwischen Gonnoi und Herakleion bzw. Kondaia dokumentiert, auch Zeugenaussagen an[40]. Einer dieser Zeugen, ein gewisser Ladikos aus Askyris, Sohn des Harmodios, gab zu Gunsten von Kondaia zu Protokoll, daß er das strittige Land kenne, da er für lange Zeit dort als Hirte Rinder weidete. Er selbst – kein Bürger der Polis Kondaia – habe auch zusätzlich zu den Periegesen der beteiligten Parteien die Richter auf dem betroffenen Gebiet herumgeführt[41]. Die Bürger Halais und Boumelitais wie auch der Hirte Ladikos haben Anteil an einem lokalen Wissensvorrat um die institutionalisierte Anordnung der Grenzpunkte der genannten Poleis. An der pastoralen Tätigkeit des Ladikos wird deutlich, daß es sich um eine Form von Wissen handelt, das für den praktischen Zweck der Orientierung alltägliche und routinierte Anwendung findet. Es ist der für die räumliche Orientierung des Ladikos relevante Teil des gemeinschaftlichen Wissensvorrates[42]. Die Grenze, deren

---

37 C. P. Jones, Pausanias and His Guides, in: S. E. Alcock – J. F. Cherry – J. Elsner, Pausanias. Travel and Memory in Roman Greece (New York 2001) 33–39; M. Pretzler, Pausanias. Travel Writing in Ancient Greece (London 2007) 40; s. a. M. Pretzler, Pausanias and Oral Tradition, CQ 55.1, 2005, 235–249. Zu Grenzen exemplarisch Paus. 1, 38, 1. 8; 2, 28, 2; 2, 35, 2; 5, 6, 3; 6, 26, 10; 8, 35, 2. Vgl. H. Sonnabend, Die Wahrnehmung von Grenzen bei Pausanias, in: E. Olshausen – H. Sonnabend (Hrsg.), Stuttgarter Kolloquium zur historischen Geographie des Altertums 4, 1990 (Amsterdam 1994) 289–299.

38 Autopsie durch Periegesen war ein üblicher Bestandteil von schiedsgerichtlichen Prozessen zu Grenzfestlegungen, so belegt u. a. im Falle Thebes – Halos: Ager a. O. (Anm. 9) Nr. 153 Z. 25–29, Pitane – Mytilene: Ager a. O. Nr. 146 A Z. 29–30, Azoros – Mondaia: Ager a. O. Nr. 118 Z. 14–16, u. a. Eine Ausnahme bilden hier die Grenzfestlegungen zwischen Meliteia und Xyniai, Meliteia-Chalai und Peuma, Pereia-Phyliadon und Peuma, bei denen die Schlichter offenbar nur von einer der Parteien begleitet wurden. Ager a. O. 100–103 widersprochen von Magnetto a. O. (Anm. 9) 183 erklärt dies damit, daß die Periegese zwar mit beiden Parteien stattgefunden habe, doch dies in der Inschrift der einen Partei nicht vollständig angeführt wurde. Vgl. allgemein dazu und zu den Ausnahmen, Daverio Rocchi a. O. (Anm. 11) 73–74. 147; Magnetto a. O. 76 Anm. 3.

39 Ager a. O. (Anm. 9) Nr. 129 Z. 15–25. Die eidliche Bindung, den Richtern nur jene ὅροι zu zeigen, welche ἐξ ἀρχῆς existierten, sollte Versuchen der περιηγούμενοι vorbeugen, die Grenzpunkte zu Gunsten der eigenen Polis zu verändern.

40 Ager a. O. (Anm. 9) Nr. 70. Die neben Kondaia an der Gebietsregelung beteiligte Polis ist unbekannt, da nur die für Kondaia angeführten Zeugenaussagen erhalten sind, doch nimmt L. Piccirilli, L'arbitrato tessalo-perrhebico fra Kondaia e Gonnos (?) alla luce dell'abitrato fra Mondaia e Azoros, ANSP 1970, 313–346 widersprochen von J. Robert – L. Robert, Bull. ép., REG 1973, 104–105 Nr. 241 aufgrund eines Vergleiches mit Ager a. O. Nr. 118 an, daß es sich um Gonnoi gehandelt haben muß. Die regionalspezifische Eigenheit, auch Zeugenaussagen in Inschriften anzuführen, wird allgemein mit der Anwesenheit eines makedonischen Beamten erklärt: Daverio Rocchi a. O. (Anm. 11) 104.

41 Ager a. O. (Anm. 9) Nr. 70 Z. 5–18. Es handelt sich hierbei offensichtlich um einen Hirten, der seine Herden über Polisgrenzen hinweg führte. Das strittige Gebiet wurde wohl von mehreren Poleis als Weideland genutzt, Daverio Rocchi a. O. (Anm. 11) 106. Auf die auswärtige Herkunft des Hirten verweist sein *ethnikon* und der Gegensatz, den er zu den Bürgern von Kondaia aufbaut, verdeutlicht, Ager a. O. Nr. 70 Z. 12–13. 17. Das genannte Askyris ist nach G. Lucas, Askyris. Une cité dans le Bas-Olympe, ZPE 89, 1991, 142 nördlich von Kondaia und Gonnoi zu lokalisieren.

42 Zur Konstruktion und Institutionalisierung von Räumen durch iterierendes routiniertes Handeln, Löw a. O.

Verlauf Ladikos bezeugte, erlebte er bereits als Objektivation. In seiner Zeugenaussage verweist er auf die πρεσβύτεροι, von denen er wichtige Kenntnisse über die Topographie erworben hatte[43]. Er war folglich bereits mit dieser in früherer Zeit institutionalisierten Grenze sozialisiert worden. Die imperfekte Verwendung des Verbes ἀκούειν verweist dabei auf die *oral tradition*, die mündliche Weitergabe des Wissens von den Älteren auf die Nachgeborenen[44].

Jedoch kann auch im Falle antiker Polisbürger nicht davon ausgegangen werden, daß jeder in gleichem Maße über die Lokalisierung der Grenzpunkte Bescheid wußte. Dafür müssen nicht erst für den Einzelnen unüberschaubare Polisstrukturen von der Größe Attikas angeführt werden. Für manche Bürger war dieses Wissen möglicherweise von geringer Relevanz für ihr tägliches Handeln[45]. Zudem handelte es sich bei Grenzland meist um abgelegene, schwer zugängliche und schwach besiedelte Gegenden, sogenannter »déserts-frontières«[46]. Der gesellschaftliche Wissensvorrat erscheint also unterschiedlich distribuiert, verschiedene Individuen haben zu verschiedenen Teilen und auf verschiedene Weise Anteil an ihm[47].

Zur Wahrnehmung und Wahrnehmbarkeit antiker Polisgrenzen müssen folglich zwei Kriterien erfüllt werden: Auf der einen Seite steht die Wahl singulärer, eindeutig identifizierbarer Grenzmerkmale, die sich deutlich im Raum von umgebenden geomorphologischen und anthropogenen Strukturen abheben. Auf der anderen Seite ist die Kenntnis der antiken Landschaft unabdingbar. Dies in zweierlei Hinsicht: Sowohl benötigt der Wahrnehmende das topographische Wissen, wo diese Grenzpunkte in der Landschaft zu finden sind, als auch die Kenntnis über den durch gesellschaftliche Konventionen und deren Akzeptanz geschaffenen, institutionalisierten Raum mit seinen dem gegenständlichen Raum überschriebenen Benennungen, Bedeutungsgehalten und Beziehungen. Die Eingangs gestellte Frage, wie wahrnehmbar diese anhand topographischer Gegebenheiten festgelegten Grenzen waren, stellt sich nun auf eine andere Weise: In den Vordergrund tritt der Aspekt, *wem* diese Grenzen sichtbar waren. Die Kenntnis der Grenzpunkte und somit ihre Sichtbarkeit richtet sich folglich in großem Maße danach, wie verwurzelt jemand in der örtlichen Topographie sowie der lokalen Gesellschaft war, wie viel Anteil er an deren Wissensvorrat hatte und welche Relevanz dieser Kenntnis in seinem alltäglichen Leben zukam.

(Anm. 17) 158–163. Zum Stellenwert dieses auch als pragmatisch bezeichneten Wissens im Wissensvorrat einer Gesellschaft, P. L. Berger – Th. Luckmann, Die gesellschaftliche Konstruktion der Wirklichkeit [21](Frankfurt a. M. 2007) 44. Ein ähnliches Konzept von Gemeinwissen entwirft Daverio Rocchi a. O. (Anm. 11) 64–65.

43 Ager a. O. (Anm. 9) Nr. 70 Z. 13–14; Auf selbe Weise stützte Menippos seine Aussage zu Gunsten Gonnois, Magnetto a. O. (Anm. 9) Nr. 49 I B Z. 20–23.

44 Zur Objektivation von Raum, Löw a. O. (Anm. 17) 164. Zur Objektivation von Institutionen und ihrer Internalisierung durch Sozialisation, Berger – Luckmann a. O. (Anm. 42) 62–67. Vgl. Daverio Rocchi 64–65. Allgemein und grundlegend zur *oral tradition*, D. Boeseker, Amerikanische Oral-Tradition-Forschung, in: J. v. Ungern-Sternberg – H. Reinau (Hrsg.), Vergangenheit in mündlicher Überlieferung (Stuttgart 1988) 34–53.

45 Zur Gliederung des gesellschaftlichen Wissensvorrates durch Relevanzen, Berger – Luckmann a. O. (Anm. 42) 46–47. 67–68.

46 Rousset a. O. (Anm. 14) 118–119 m. Anm. 86–87. Begriff auch entlehnt den *chorai eremoi* (SIG[3] 674).

47 Berger – Luckmann a. O. (Anm. 42) 47.

3 Manifestation von Grenzen und ihre Materialisierung im Raum

3.1 Manifestation der Grenzen im Wissen und Handeln

Dem antiken Menschen, sofern er denn die bereits aufgestellten Kriterien erfüllte, eröffnete sich nun der antike Polisraum, er konnte dessen Grenzen wahrnehmen. Mittels sogenannter *mental maps*, geistig abrufbarer Visualisierungen des Raumes anhand von abstrahierten relationalen Ortseindrücken, hatten die einheimischen Führer bei den beschriebenen Periegesen eine ziemlich genaue Vorstellung von der Gegend und dem Weg, den sie einschlagen wollten. In der Erinnerung ist mit diesen Orten auch das soziokonventionale Wissen über ihre Benennung und Beziehung, ihren Bedeutungsgehalt und ihre tradierte sowie erlebte Vergangenheit verschmolzen[48]. Durch diese Erinnerungsprozesse manifestierte sich vor dem geistigen Auge dieser Führer die antike *chora* mit ihren Grenzpunkten.

Wie bereits ausgeführt, konstituieren sich Grenzen durch iteriertes Handeln, sie leiten aber auch gleichzeitig in ihrer objektivierten, als gegenständliche Wirklichkeit empfundenen Struktur das Handeln der sie wahrnehmenden Menschen. Folglich manifestieren sich Grenzen auch anhand dieser Handlungen. Ein ideales Beispiel hierfür stellen die Periegesen selbst dar: Die Einheimischen führten die fremden Schlichter auf habituellen Routen zu den Grenzzeichen und an ihnen entlang. Durch diese Handlung bekamen die Schlichter Anteil am grenzspezifischen Wissen der Polisgemeinschaft, die Grenzpunkte und deren verbindende -linie wurden für sie wahrnehmbar. Doch nicht nur in Handlungen, die primär dazu bestimmt waren, das Wissen um ihren Verlauf zu vermitteln, konnten sich Grenzen manifestieren. So ließ sich beispielsweise eine Polisgrenze in ihrer fiskalischen Qualität wahrnehmen: Der schon bekannte Hirte Ladikos bezeugte eine Schlucht, die den Kondaiern als Grenzpunkt diente. Um diesen Sachverhalt zu untermauern, führte er an, daß die Kondaier an dieser Stelle über das παραγώγιον, eine Art Durchgangszoll, wachen würden[49]. Er selbst hatte wohl diesen Zoll jedes Mal zu entrichten, wenn er – wie er es schilderte – sein Vieh auf das Land der Kondaier führte, um es dort weiden zu lassen[50]. Durch diese fiskalische Prozedur wurde Ladikos des Grenzverlaufs in der erwähnten Schlucht gewahr, die Existenz der Grenze offenbar.

Die Wahrnehmung und Konstitution einer *chora* und der sie umgebenden Grenze konnte allerdings auch erheblich differieren. Wie M. Löw feststellte, können durch individuell oder gruppenspezifisch institutionalisierte Verknüpfungen derselben oder anderer

---

48 Zur Konstitution von Räumen in der Erinnerung, Löw a. O. (Anm. 17) 199–200; vgl. auch Forbes a. O. (Anm. 16) 41. Graßl a. O. (Anm. 37) bes. 84 verwendet den Begriff *mental maps* im Zusammenhang mit der Orienterungsfähigkeit antiker Menschen. Allgemein zu *mental maps* und geistigen Prozessen räumlicher Orientierung, Y.-F. Tuan, Images and Mental Maps, Annals of the Association of American Geographers 65. 2, 1975, 210–212.

49 Ager a. O. (Anm. 9) Nr. 70 Z. 13–18. Zum *paragogion*, J. France, Les revenues douaniers des communautés, in: Il capitolo delle entrate nelle finanze municipali in occidente ed in oriente. Actes de la Xe rencontre franco-italienne sur l'épigraphie du monde romain, Rome, 27–29 mai 1996 (Rom 1999) 97; A. Bresson, L'économie de la Grèce des cités (fin VIe–Ier siècle a. C.) II, Les espaces de l'échange (Paris 2008) 87; auch, Chr. Le Roy, Une convention entre cités en Lycie du nord, CRAI 1996, 970. 974; D. Rousset, De Lycie en Cabalide. La convention entre les Lyciens et Termessos près d'Oinoanda (Genève 2010) 34–35.

50 Ager a. O. (Anm. 9) Nr. 70 Z. 5–18. Vgl. Bresson a. O. (Anm. 49) 87.

materieller und symbolischer Elemente an demselben Ort unterschiedliche Räume geschaffen werden[51]. Landschaftsmerkmale konnten von verschiedenen Gemeinschaften oder gesellschaftlichen Gruppen mit unterschiedlichen Bedeutungsgehalten institutionalisiert werden, wie auch der Bedeutungsgehalt von Grenzpunkten auf je nach sozialer Gruppierung divergierende Linien von markanten geomorphologischen und anthropogenen Strukturen überschrieben werden konnte. Letzteres ist im Zusammenhang mit Polisgrenzen dort der Fall, wo bislang keine eindeutige Grenze festgelegt worden war oder wo keine Einigkeit über deren Verlauf zwischen zwei Poleis hergestellt und diese somit nicht gemeinsam von deren Bewohnern institutionalisiert werden konnte.

So führt Strabo bezüglich Kollytos und Melite an, daß man zwar sagen könne: »Dies ist Kolyttos, dies aber Melite«, aber die genauen Grenzen nicht angegeben werden könnten[52]. Zumeist waren dies strittige Gebiete, wie ein Landstück zwischen den lokrischen und phokischen Poleis Amphissa und Myania sowie Phlygonion und Antikyra am Parnaß, das von beiden Seiten weidewirtschaftlich genutzt und oftmals zum Ausgangspunkt handfester Konflikte wurde[53]. In diesen Fällen muß man sich wohl ein dynamischeres Modell vorstellen, bei dem sich der Grenzverlauf nach individuellen Kriterien einzelner Bürger richtete, die in diesen Räumen Viehwirtschaft betrieben, und der somit erheblich divergieren konnte[54]. Die Ausdehnung dieser wirtschaftlich genutzten Räume endete vermutlich dort, wo die gewohnheitsmäßigen oder auch nur temporären Weidegebiete eines Bürgers der benachbarten Polis begannen. Es entstanden in einer vermutlich unausgesprochenen Konvention zwischen Hirten zweier Poleis durch das Wissen um das Handeln des anderen temporäre oder auch längerfristigere Grenzen, deren Überschreitung in den bereits erwähnten Konflikten enden konnte[55].

Im Falle der schon thematisierten Streitigkeiten bestand aber oftmals auf beiden Seiten der Polisgemeinschaften eine feste Vorstellung des Verlaufes ihrer Grenze, der den vermittelnden Richtern im Raum aufgezeigt werden konnte[56]. Im selben Gebiet hatten sich also zwei divergierende Grenzlinien institutionalisiert. Die Linie der einen Polis konnte

---

51 Löw a. O. (Anm. 17) 201.

52 Strab. 1, 4, 7. Nach Strabo sei die Abwesenheit festgelegter Grenzlinien auch der Grund für viele Konflikte zwischen griechischen Poleis gewesen.

53 Hell. Oxy. 13, 3. Vgl. Daverio Rocchi a. O. (Anm. 11) 134–135. Nach Daverio Rocchi liegt die Existenz solcher Gebiete in der progressiven Entstehung von Polisterritorien begründet. Durch stetige Pression der Poleis durch Binnenkolonisation vom Zentrum zu den Außengrenzen würden Grenzregionen im Sinne einer progressiven Stabilisation und Besitzergreifung einer *terra nullius* inkorporiert. Ausgenommen aus den hier getätigten Überlegungen sind ausdrücklich sogenannte *koinai chorai*, gemeinsam von den Bewohnern zweier oder mehrerer Poleis genutzte Landstücke, die oftmals durch fest definierte Grenzen eingefaßt waren. In beiden Fällen allerdings deckte sich die Begrenzung des Wirtschaftsraumes der Polis nicht mit ihren politisch-administrativen Grenzen. Zu *koinai chorai*, Daverio Rocchi a. O. 131. 159–160; Daverio Rocchi a. O. (Anm. 25) 103.

54 Zur Unterscheidung eines statischen von einem dynamischen Grenzmodell und weiterführenden Verweisen, J. Pfau, Die totale Grenze. Mobilisierung, Verfolgung und Flucht im nationalsozialistischen Grenzregime, in: M. Eigmüller – G. Vobruba (Hrsg.), Grenzsoziologie. Die politische Strukturierung des Raumes (Wiesbaden 2006) 78.

55 Vgl. Löw a. O. (Anm. 17) 200, die hierbei von flüchtigen (vorübergehend besetzten) bzw. flexiblen und fixierten Orten spricht.

56 Dies wird besonders deutlich durch die Erwähnung in den Inschriften, daß die Schlichter von beiden Parteien geführt wurden. Siehe dazu Anm. 38.

zwar auch Teil des Wissens der anderen Polisgemeinschaft sein und konnte sich somit auch für deren Angehörige im Raum manifestieren, doch aufgrund fehlender Akzeptanz kam dieser Linie für die jeweils andere Seite nicht die Qualität einer Polisgrenze zu.

Anhand der Streitigkeiten und Schiedsgerichte wird aber ebenso deutlich, daß Grenzen auch in temporaler Hinsicht divergieren konnten. Das Wissen um den alten Verlauf einer Grenze blieb auch nach deren Neuregelung durch Schiedsgerichtsverfahren im Bewußtsein und konnte als *mental map* reproduziert als auch durch das Aufsuchen ehemaliger Grenzmerkmale im Raum wahrgenommen werden.

3.2 Manifestation der Grenzen durch Bauwerke

Es wurde schon bemerkt, daß das Territorium einer Polis jener Raum war, in dem ihre Bürger siedelten und Landwirtschaft betrieben, kurz gesagt, den sie kulturell formten. Die Einheit von definiertem Raum und seiner Bewohner sowie deren rechtliche Beschränkung auf diesen läßt folgern, daß alle gegenständlich im Raum platzierten Strukturen nun auch zum größten Teil dieser Bevölkerung zuzuordnen sind. In der Tat galten Besiedlung und landwirtschaftliche Nutzung in den schiedsgerichtlichen Verhandlungen als Beweis für die Zugehörigkeit strittiger Gebiete.

Neben dem schon erwähnten Hirten Ladikos trat in dem Verfahren zur Schlichtung der Grenzstreitgkeiten zwischen Gonnoi und Kondaia auch der Sohn eines Kleoboulos aus Mopseion auf, der sowohl bezeugte, daß die Kondaier im strittigen Gebiet Ackerbau und Viehwirtschaft betrieben hätten, als auch, daß es dort auch ein Turmgehöft gegeben habe[57]. Ein Hirte Menippos führte in einem anderen Grenzstreit mit Herakleion zugunsten Gonnois an, von den πρεσβύτεροι von einer früheren Besiedlung und Bebauung gehört zu haben. Auch nennt er ein Grabmal, das sich in der umstrittenen Gegend befunden hatte[58]. Kultivierendes Handeln sowie materiell erschaffene und hinterlassene Strukturen galten folglich als Indiz für den Landbesitz einer Polis.

In diese Richtung verweist auch ein *senatus consultum* Roms bezüglich eines zwischen den kretischen Poleis Hierapydna und Itanos strittigen Landestückes[59]. Der Senat gab dem Konsul L. Calpurnius Piso den Auftrag, ein Schiedsgericht mit der Klärung des Besitzes als auch der Grenzen zu benennen und durch eine Gesandtschaft festzustellen, ob innerhalb des strittigen Landes Gebäude errichtet worden waren. Diese sollten niedergerissen werden, um die Landschaft gleich einem Palimpsest neu beschreiben zu können[60]. Vor

---

[57] Ager a. O. (Anm. 9) Nr. 70 Z. 28–30. Zur Deutung des Begriffes πύργος als Turmgehöft, Chr. Schuler, Ländliche Siedlungen und Gemeinden im hellenistischen und römischen Kleinasien (München 1998) 68. 83–89.

[58] Magnetto a. O. (Anm. 9) Nr. 49 I B Z. 19. 20–23. Vgl. auch das Zeugnis des Hirten Ladikos zugunsten Kondaias, Ager a. O. (Anm. 9) Nr. 70 Z. 13–14. Allgemein zur Nutzung eines Landstückes als Besitzargument, Daverio Rocchi a. O. (Anm. 11) 59–60.

[59] Mit der römischen Expansion ging einher, daß sich griechische Streitparteien immer öfter an den römischen Senat als Vermittler wandten, Ager a. O. (Anm. 9) 26–29.

[60] R. K. Sherk, Roman Documents from the Greek East. *Senatus consulta* and *epistulae* to the Age of Augustus (Baltimore 1969) Nr. 14 Z. 69–71. Zu den Streitigkeiten der beiden Poleis und weiteren Verweisen, Chaniotis a. O. (Anm. 7) 335–337. Erhalten ist auch ein Brief des Konsuls an die Hierapydnier, in dem er diese direkt aufforderte, alle auf dem strittigen Land errichteten Gebäude zu zerstören, Sherk a. O. Nr. 14, Z. 89–97. Zum Vergleich von Landschaft und Palimpsest, Forbes a. O. (Anm. 16) 13.

diesem Hintergrund stellt sich nun die Frage, ob die Grenzen einer Polis anhand von gegenständlich im Raum platzierten Objekten, wie Gebäuden oder Grabmälern, wahrnehmbar wurden und waren.

Eine positive Antwort kann auf diese Frage allerdings nicht gegeben werden, ohne auf die bereits aufgestellten Wahrnehmungskriterien zu verweisen. Entweder man wußte wie Menippos, der sogar die Namen der Siedler und denjenigen eines im strittigen Gebiet bestatteten Toten nennen konnte[61], um die Zuordnung von Gebäuden oder Gräbern zu einer Polis oder man besaß Kenntnis des Verlaufes von Polisgrenzen, welche die Zuordnung der von ihnen eingefaßten anthropogenen Strukturen ermöglichten. Letzteres wird besonders anhand des Beispieles von Rhaukos deutlich: In einem Vertrag verpflichteten sich die Bürger von Gortyn und Knosos zur gemeinsamen Eroberung dieser, einzig noch unabhängigen Nachbarpolis. Als zukünftige gemeinsame Grenze vereinbarten die beiden Vertragspartner eine Linie, welche das Land von Rhaukos halbierte. Diese zerschnitt auch das ehemalige *asty*. Die Grenzlinie orientierte sich dabei an der Agora und einem Tor, folgte der zentralen Straße und teilte selbst die Akropolis[62]. Der unkundige Betrachter hatte nun die Gebäude eines *asty* vor Augen und wähnte sich wohl eher im Zentrum einer Polis denn an ihren Grenzen.

Dem antiken Betrachter manifestierten sich demnach Grenzen anhand von Bauwerken nur, wenn er ihrer Zuordnung zu einer Polis kundig war. Dies allerdings nicht im Sinne einer genauen Grenzlinie, sondern eher eines breiten Gürtels, in welchem der Besitz der einen Polis endete und jener einer anderen begann. Insbesondere es sich bei Grenzregionen ohnehin meist um dünn besiedelte, von Kultur kaum durchdrungene Randzonen handelte[63].

Im Folgenden sei noch auf zwei spezielle Gebäudetypen eingegangen, die man gemeinhin an einer Grenze vermuten würde. Das sichtbarste Zeichen zur Behauptung eines Territoriums und zum Ausdruck seiner Beherrschung stellen militärische Anlagen wie Festungen und Befestigungen dar, die an strategischen Punkten das Territorium einer Polis umgaben und militärisch strukturierten[64]. A. Chaniotis spricht sogar davon, daß »forts« gemeinsame Grenzen zweier Nachbarpoleis eher sichtbar gemacht hätten als die »natural landmarks« ihrer Definitionen[65].

Bei der Beschreibung einer Feste »auf den südlichen Grenzhöhen« des Koundouratales nahe Athens bemerkte H. Lohmann allerdings: »Je nachdem, von welcher Seite man sich der Festung auf dem Mylos nähert, glaubt man einen attischen oder megarischen Posten

---

61 Magnetto a. O. (Anm. 9) Nr. 49 I B Z. 19. 20–23.

62 Chaniotis a. O. (Anm. 7) Nr. 44 Z. 3–7. Zur Inschrift und zu den Vorgängen bezüglich der Teilung von Rhaukos um das Jahr 167/6 v. Chr., Chaniotis a. O. 296–300.

63 Rousset a. O. (Anm. 14) 118–119 m. Anm. 86–87 spricht in Anlehnung an die *chorai eremoi* (SIG^3 674) von »déserts-frontières«.

64 Vgl. J. Ma, Fighting *poleis* of the Hellenistic World, in: H. Van Wees (Hrsg.), War and Violence in Acient Greece (London 2000) 339–341. Als Beispiel führt er die zumeist epigraphisch belegten Verteidigungsanlagen von Milet an.

65 A. Chaniotis, War in the hellenistic world. A social and cultural history (London 2005) 29. 245.

vor sich zu haben«[66]. Obwohl er sich trotz der unklaren Zugehörigkeit des Tales anhand von verschiedenen Argumenten letztlich für Attika entscheidet, so zeigt dies doch auch im Falle gegenständlicher Militärstrukturen wie »forts« die Schwierigkeit auf, anhand ihrer Präsenz auf den Grenzverlauf einer Polis zu schließen.

Grenzen verliefen zudem auch in Ebenen, wo sich nicht immer ein strategisch geeigneter Ort für Befestigungen und Wehranlagen finden ließ und sich die territoriale Grenze mit der strategischen folglich nicht decken konnte[67]. Aber auch aus anderen Gründen mußten sich »forts« nicht unbedingt an der Grenze befunden haben. Die in den Inschriften genannten φρούρια und χωρία bezeichnen meist eine Mischform aus Festungen und kleineren Ansiedlungen derer, die das Umland bewirtschafteten[68]. Nach J. Ma war ihre Aufgabe, »to protect agriculture in specific parts of the territory« und oft hatten sie die Funktion befestigter Demen[69]. Dies bedeutet, daß diese Festungen in erster Linie auch inmitten landwirtschaftlich genutzter Zonen der Grenzregionen zu erwarten waren und nicht unbedingt in der Nähe der Grenzlinie selbst[70]. So finden auch in den Grenzbeschreibungen militärische Befestigungen selten Erwähnung und wenn, sind diese nicht für die Grenzlinie, sondern für die weitere Grenzregion bezeugt[71]. Die potentielle Verteidigungslinie von der Qualität einer institutionalisierten und objektivierten militärischen Grenze, kenntlich durch eine sichtbare oder gedachte Linie von Grenzbefestigungen, fällt meist ebenso wenig mit der Grenze des militärisch zu verteidigenden Raumes zusammen, wie eine kasuelle Verteidigungslinie im Kriegsgeschehen. Fehlt letzterer die dauerhafte Institutionalisierung, spiegelt erstere nicht die Grenze des institutionalisierten, militärisch kontrollierten Raumes wider.

---

66 H. Lohmann, Das Kastro von H. Giorgios (›Ereneia‹). Zum Verhältnis von Festungswesen und Siedlungsmorphologie im Koundoura-Tal, in: Attische Festungen. Beiträge zu Festungswesen und zur Siedlungsstruktur vom 5. bis zum 3. Jh. v. Chr. (Marburg 1989) 47–53.

67 Ähnlich Daverio Rocchi a. O. (Anm. 25) 105.

68 Schuler a. O. (Anm. 57) 49–53. Ähnlich Ma a. O. (Anm. 64) 342.

69 Ma a. O. (Anm. 64) 342.

70 L. Robert, rez. F. G. Maier, Griechische Mauerbauinschriften, Heidelberg 1959/1961, Gnomon 42, 1970, 599, erläutert, daß diese Festungen weniger »une ligne Maginot ou Siegfried« bildeten, »mais elles couvrent un canton de la région frontière«. Auch in den Grenzbeschreibungen wird selten auf Festungen eingegangen. Ähnlich Rousset a. O. (Anm. 14) 122 m. Anm. 104–5. 106–7, der betont, daß die griechischen Grenzen keine kontinuierlichen Grenzbauten an ihren Verlaufslinien gekannt hatten und sich die militärischen Vorrichtungen zur Überwachung der Grenze eingerückt im Hinterland befanden. Nach Chaniotis a. O. (Anm. 65) 28 befanden sich diese *phrouria, peripolia* und *choria* nahe strategischer Routen, natürlichen Häfen, Straßen, auf Hügelkuppen und Bergspitzen, nahe der natürlichen Grenzen und landwirtschaftlichen Siedlungen.

71 So Rousset a. O. (Anm. 14) 121 m. Anm. 102 zu einem im Vertrag von Itanos und Hierapydna (I.Magnesia 105 Z. 100) genannten *phrourion* und einem, das sich in der Grenzregion von Ambrakia befand, P. Cabanes – J. Andréou, Le réglement frontalier entre les cités d'Ambracie et de Charadros, BCH 109, 1985, 530. 502 A Z. 27. 30. Auch das *phrourion* Karion, um das sich Samos und Priene stritten, scheint bewohnt gewesen und inmitten des Landes gelegen zu haben. Dies legt einerseits die Formel τὸ φρούριον καὶ τὰν περὶ τὸ φρούριον χώραν (I.Priene Nr. 37 Z. 179), mit der beschrieben das umstrittene Gebiet durch die rhodischen Schlichter Priene zugesprochen wurde, nahe, als auch die Tatsache, daß es einst Ort einer Tyrannenherrschaft als auch der Aufstellung von Dekreten war (I.Priene Nr. 37 Z. 88-118). Hinzu kommt, daß die Formulierung οἱ ἐκ τοῦ Καριόυ (I.Priene Nr. 37 Z. 124) nach Schuler a. O. (Anm. 57) 51 auf ein besiedeltes *phrourion* deutet. Andere Grenzabkommen, wie das zwischen Milet und Magnesia zu Beginn des 2. Jh.s v. Chr., enthalten offenbar sogar Klauseln, die den beiderseitigen Verzicht auf die Nutzung eines *phrourions* im Grenzgebiet vorsahen, Ager a. O. (Anm. 9) Nr. 109 Z. 39–44; dazu, Daverio Rocchi a. O. (Anm. 11) 128; vgl. E. Mackil, Wandering Cities. Alternatives to Catastrophy in the Greek Polis, AJA 108, 2004, 497.

Vor diesem Hintergrund ist zwar anzunehmen, daß der antike Reisende um den bevorzugten Verlauf von Grenzen auf Bergrücken und Hügelkuppen wußte[72]. Und ebenso wußte er um die strategische Bedeutung von Höhen und Pässen für die Verteidigung einer Polis. Doch konnte dies für ihn nur ein mehres Indiz für eine Koinzidenz sein. Gesichertes Wissen um den Grenzverlauf und die Zugehörigkeit von »forts« zu einer bestimmten Polis erschließt sich dem ortsunkundigen Fremden nur anhand der Vermittlung lokalen Gemeinwissens. Hatte er nicht schon unterwegs Erkundigungen über seine Wegstrecke eingeholt, so konnte ihm das Wissen um die Zugehörigkeit militärischer Anlagen sowohl durch auf seinem Weg tätige Bauern als auch durch die dort Militärdienst verrichtenden Bürger vermittelt werden[73].

Wurde im einführenden Abschnitt herausgestellt, daß es sich bei dem umgrenzten Territorium einer Polis auch um Zollgebiete handelte, wäre vor unserem heutigen Hintergrund die generelle Annahme, daß dem antiken Reisenden Zollgebäude das Passieren einer Polisgrenze verdeutlichten, naheliegend. In diesen Zollstationen materialisiert wäre eine Grenze fiskalischer Qualität wahrnehmbar gewesen, die durch die Autorität der Polisgemeinschaft in den Handlungsmustern der Zollerhebung und -entrichtung institutionalisiert worden war. In der Tat sind in der Antike derartige Zollstationen belegt. Die Zollinschrift von Ephesos legt fest, daß es Steuerpächtern erlaubt sein soll, Stationen aus der Zeit der Attaliden weiterhin zu nutzen und nach einem festgelegtem Muster neue zu errichten[74]. Zollhäuser sollten sich – abgesehen von jenen am Hafen und im *asty*[75] – nicht weiter als vier Stadien von den Provinzgrenzen Asia minors entfernt befinden. Zu suchen waren diese *epoikiai* oder *teloniai* genannten Gebäude wohl an größeren Straßen des Zolldistriktes, während sich an den kleineren *paraphylakai* genannte Wächterposten befanden[76]. Sollten diese unbesetzt sein, so hatte man in der nächstgelegenen Polis bei deren oberstem Magistraten zu deklarieren[77].

Indes handelt es sich hierbei um Festlegungen für das Zollgebiet der Provinz Asia unter römischer Herrschaft und nicht um Bestimmungen für das Zollwesen klassischer und hellenistischer Poleis, wofür die Quellenlage äußerst dürftig zu nennen ist. Zumindest ist aus den pseudoaristotelischen *Oikonomika* bekannt, daß Zollerträge zu einer der drei

72 Zu deren bevorzugtem Verlauf auf Bergrücken und Hügelkuppen, Rousset a. O. (Anm. 14) 118–119.

73 Chaniotis a. O. (Anm. 65) 20–28 hebt hervor, daß es in den meisten hellenistischen Poleis (auch unter der Herrschaft hellenistischer Könige) noch Bürgerwehren gegeben habe und daß der Militärdienst nach wie vor ein wichtiger Teil bürgerlicher Identität darstellte. Wie die in Grenzfestungen Dienst verrichtenden athenischen Epheben, waren auch auf Kreta Grenzforts durch junge Männer besetzt. Für die ›forts‹ von Kolophon und Milet ist bekannt, daß dort Bürger Dienst taten.

74 H. Engelmann – D. Knibbe, Das Zollgesetz der Provinz Asia. Eine neue Inschrift aus Ephesos, EA 14, 1989, Z. 29–36. 68–72; vgl. O. van Nijf, The Social World of Tax Farmers and their Personnel, in: M. Cottier – M. H. Crawford u. a. (Hrsg.), The Customs Law of Asia, Oxford, 2008, 286–7.

75 Zu Zollämtern in den Poleis, Engelmann – Knibbe a. O. (Anm. 74) Z. 40–42.

76 Engelmann – Knibbe a. O. (Anm. 74) 20–31; Z. 38–40. 42–45. (Die Entfernungsangabe ist ergänzt). Z. 78–79 (für die Gebiete außerhalb des ehemaligen Attalidenreiches wurde eine Maximalentfernung von 8 Stadien festgelegt) 20–31; Z. 94–96. (Zu den Zollstationen und Wächterposten) Z. 22–26. 32; vgl. van Nijf a. O. (Anm. 74) 286–7.

77 Engelmann – Knibbe a. O. (Anm. 74) Z. 42–45; dazu zuletzt, M. Dreher, Das *monumentum ephesenum* und das römische Zollwesen, MBAH 16, 2, 1997, 86.

wichtigsten Einkommensquellen einer Polis zählten[78]. Dies wandelte sich offenbar auch in der veränderten politischen Großwetterlage des Hellenismus und der römischen Kaiserzeit nur unwesentlich[79].

Über die Lokalisierung städtischer Zollhäuser ist abgesehen von jenen, die sich in den Seestädten nahe der Häfen befanden, folglich wenig bekannt[80]. Das kaiserzeitliche Zollgesetz aus Kaunos läßt zumindest noch darauf schließen, daß sich eine Zollstation im *asty* befunden haben muß, da diejenigen Waren, welche in Kaunos nach dem Ateliegesetz bei der Wiederausfuhr von Zöllen befreit waren, beim Stephanophoren, dem eponymen Beamten dieser Polis, deklariert werden sollten[81]. Weitere Stationen, an denen die Ware verzollt werden mußte, vermutet Chr. Marek ohne weitere Belege im Binnenland der *chora*[82].

Wo Zollstationen zu finden waren, hängt nicht zuletzt an der Frage, wie offen, bzw. wie intensiv kontrolliert die Grenzen einer Polis waren. A. Bresson geht davon aus, daß das Territorium einer Polis »n'était nullement un espace ouvert«, zu welchem Fremden folglich der Zugang ohne Einwilligung der Polis verwehrt war: Die Kontrolle der Mobilität von Personen und Güter sei »substantiel de la souveranité de la cité en matière économique« gewesen[83]. Doch die wenigen argumentativ herangeführten Belege seiner These stammen aus Kriegszeiten, in denen ohnehin mit einer verstärkte Kontrolle zu rechnen gewesen wäre, und sind somit wohl für Friedenszeiten nicht zu verallgemeinern[84]. Zudem mußten

78 Aristot. oec. 2, 1, 5 (1346 a 5–8). 2, 2, 21 a (1350 a 7–8) in Bezug auf Mende.

79 So H. Schwarz, Soll oder Haben? Die Finanzwirtschaft kleinasiatischer Städte in der römischen Kaiserzeit am Beispiel von Bithynien, Lykien und Ephesos (29 v. Chr. – 284 n. Chr.) (Bonn 2001), 198. 201. 359–362. 273. 283, die auch das Problem benennt, daß alle Nachrichten über städtische Steuern Ausnahmeregelungen darstellen; Engelmann – Knibbe a. O. (Anm. 74) 115; L. Migeotte, La mobilité des étrangers en temps de paix en grèce ancienne, in: C. Moatti, La mobilité des personnes en méditerranée de l'antiquité à l'époque moderne. Procédures de contrôle et documents d'indentification (Rome 2004) 615. Daß weiterhin Zölle erhoben wurden, läßt sich meist nur indirekt an in Verträgen gewährten Privilegien für Poleis oder auch Individuen belegen. Dazu allgemein, A. Bresson, L'économie de la Grèce des cités (fin VIe – Ier siècle a. C.) 2. Les espaces de l'échange (Paris 2008) 77–82; N. Purcell, The Ancient Mediterranean. The View from the Customs House, in: W. V. Harris (Hrsg.), Rethinking the Mediterranean (Oxford 2005) 216.

80 Bezüglich des in hadrianischer Zeit für Myra bezeugten *demosionion* nimmt A. Schwarz, Anmerkungen zu der Zollinschrift aus Myra, EA 33, 2001, 35 an, daß es sich am Hafen von Andriake und ein zweites auf der Agora in Myra befunden habe. Für eine Verortung von Zollhäusern an der Agora könnte sprechen, daß die in Kaunos gewährte Atelie sich hauptsächlich auf Waren bezog, die in Kaunos selbst gehandelt wurden, Chr. Marek, Die Inschriften von Kaunos (München 2006) 208–209. Dieser vermutet für Kaunos wie auch für Myra eine Zollstation am Hafen, für Myra eine weitere, unbekannte städtische Instanz, gibt jedoch auch zu bedenken, daß der Begriff *demosionion* mit der Bedeutung von »Zollamt« oder »Zollgebäude« zu eng gefaßt sei und möglicherweise mit »Kasse« besser wiedergegeben werden könne. Doch sind diese Beispiele bezüglich städtischer Zölle in klassischer und hellenistischer Zeit nicht nur wegen ihrer Datierung in das 2. Jh. n. Chr. problematisch, sondern auch, da sie nicht allein im Kontext städtischer Fiskalpolitik zu sehen sind. So hat B. Takmer, Lex Portorii Provinciae Lyciae. Ein Vorbericht über die Zollinschrift aus Andriake aus neronischer Zeit, Gephyra 4, 2007, 170–178. bes. 172 aufgrund einer in Andriake entdeckten neronischen Zollinschrift frühere Annahmen über eine lykische Sonderrolle bestätigt, der zufolge die lykischen Poleis, eng verknüpft mit den städtischen, für das Erheben der Zölle des lykischen Bundes verantwortlich waren. Das *koinon* war im Gegensatz zur Provinz Asien mit der Erhebung der Reichszölle betraut.

81 Marek a. O. (Anm. 80) 188. Vgl. die Angaben im Zollgesetz von Ephesos, nach denen die Ware in der nächstgelegenen Polis beim obersten Magistraten zu deklarieren sei, wenn ein Zollhaus unbesetzt, Engelmann – Knibbe a. O. (Anm. 74) Z. 42–45; dazu auch, M. Dreher, Das *Monumentum Ephesenum* und das römische Zollwesen, MBAH 16. 2, 1997, 86.

82 Marek a. O. (Anm. 80) 198.

83 Bresson a. O. (Anm. 79) 72–73. 77.

84 So argumentiert Migeotte a. O. (Anm. 79) 617 m. Anm. 8 bezüglich Aristoph. Av. 1212–1215 mit Thuk. 5, 126, 2; vgl. N. Dunbar, Aristophanes. Birds (Oxford 1997) 196–197 und Ain. Takt. 10, 8–15 entgegen Bresson a. O.

Kontrollen nicht unbedingt an der Grenze, sondern konnten ebenso gut im *asty* oder in anderen über die *chora* verstreuten Siedlungen ausgeübt worden sein. Die Grenze des Bereiches der fiskalischen Erhebung mußte sich nicht zwangsläufig mit der Grenze der Zollhoheit decken. So stellt F. Lefèvre, der Identitätskontrollen von Fremden durch die Poleis untersuchte, heraus, daß die meisten der von ihm untersuchten Personenkontrollen eher im Siedlungszentrum oder auf der *chora* bei den jeweils zuständigen Magistraten ausgeführt worden seien, denn an den Außengrenzen.

Die Aufmerksamkeit wäre vielmehr auf Straßen, Durchgangspunkte oder Orte fokussiert gewesen, welche, wie im Falle von Häfen oder Toren, zwangsläufig zu passieren waren[85]. An ebensolchen Stellen könnte man nun auch die Standorte von Zollhäusern vermuten. Wo Zölle eingezogen wurden, war letztlich auch eine Frage, ob sich dort der Aufwand für Kontrollen lohnte.

Einen solchen »point de passage obligé« vermutet Bresson nun in jener Schlucht, für die der Hirte Ladikos für Kondaia bezeugte, daß dort sowohl die Grenze verlief als auch von jener Polis das *paragogion* eingezogen wurde. Doch läßt sich für diese Schlucht weder ein von Bresson vermutetes »bureaux de douane« nachweisen, noch ist anhand dieser singulären Quellenstelle festzustellen, wie häufig dieser Ort frequentiert wurde, an wie vielen anderen Grenzpunkten diese Gebühren erhoben wurden oder ob sich die Kongruenz von Grenzpunkt, »point de passage obligé« und Zollstation generalisieren läßt[86]. Läßt sich diese Koinzidenz nicht verallgemeinern, so konnte dem ortsunkundigen Fremden eine Zollstation bestenfalls als Indiz für das Überschreiten einer Polisgrenze gelten.

Anthropogene Strukturen wie Bauwerke erfüllen als Manifestationen von Grenzen nur dann ihren Zweck, wenn sich dem Betrachter der Bezug zwischen Gebäude und Grenze erschließt. Die angeführten Beispiele von Zollstationen und militärischen Befestigungen können bestenfalls Indizien für den Verlauf einer Grenze sein, da sie auch an anderen Orten der *chora* erwartet werden können, andere Gebäudetypen sind ohne Kenntnis des Bezuges zur Grenze kaum als Grenzmerkmale tauglich. Bauwerke können folglich nicht als Primärkennzeichen von Grenzen verstanden werden und wurden wohl auch nicht als solche errichtet. Erst durch die Kenntnis des Grenzverlaufes wurden Bauwerke zu einem sekundären Zeichen in einer individuellen *mental map*, welches die Grenzzone wahrnehmbar werden ließ: Wieder entschied das Wissenskriterium.

(Anm. 79) 73–74. Zur Quellenarmut bezüglich der Untersuchung von Identitätskontrollen, F. Lefèvre, Contrôle d'indentité aux frontières dans les cités grecques. Le cas de entrepreneurs étrangeres et assimilés, in: C. Moatti (Hrsg.), La mobilité des personnes en mediterranée de l'antiquité à l'époque moderne. Procédures de contrôle et documents d'indentification (Rom 2004) 120.

85 Für Kontrollen an der eigentlichen Grenze, so die Poleis überhaupt den Anspruch einer systematischen Kontrolle an diesen Orten hatten, sei die Dokumentation absolut gering, Lefèvre a. O. (Anm. 84) 105–107. 115. Für eine Identitätskontrolle in den Siedlungen spricht auch das Vorhandensein von Archiven, in denen sich z. B. gewährte Atelien überprüfen ließen, Lefèvre a. O. 113–114.

86 Ager a. O. (Anm. 9) Z. 8–18; Bresson a. O. (Anm. 79) 87.

3.3 Manifestation der Grenzen durch Inschriften

Erscheinen Gebäude und andere anthropogene Strukturen dem im Raum nicht Sozialisierten grundsätzlich erst einmal bezugslos und einem speziellen Territorium einer Polis nicht zuordenbar, so konnte sich dies durch die Erläuterung und Belehrung von Ortskundigen ändern. Aber auch Inschriften konnten den Bezug zu einer Polis herstellen. Dies durch Bau- oder Weihinschriften, die Vielzahl an Dekreten, welche die beschlußfassenden Organe einer Polis anführen, und nicht zuletzt durch die sich außerhalb von Siedlungen befindlichen Grabinschriften. Mittels letzterer lassen sich, so sie ihrem architektonischen Kontext noch nicht entrissen wurden, noch in heutiger Zeit die ungefähren Ausdehnungen antiker Polisterritorien bestimmen[87].

So veranlaßte die Grabinschrift einer gewissen Pakovia Rufa ihren Entdecker, das Siedlungszentrum des äolischen Aigai mit den in der Nähe des Grabmales befindlichen Ruinen von Sariçam zu identifizieren. Was ihn zu dieser Annahme verleitete, war die Sanktionsformel der Inschrift: Ihr zufolge sollte jeder, der die in der Inschrift angeführten Verfügungen verletzte oder das Grab beschädigte, an den kaiserlichen Fiskus sowie den Rat von Aigai eine festgesetzte Strafe bezahlen. Eine Kopie dieser Inschrift sollte im Archiv von Aigai abgelegt werden[88]. Die Formel ist Ausdruck des Versuchs der Lebenden, ihren Verfügungen auch noch nach ihrem Tode Geltung zu verschaffen. Dazu stellte Pakovia Rufa ihr Grabmal unter den juristischen Schutz der Polis Aigai. Auf deren Territorium mußte sich folglich auch das Grab selbst befunden haben[89]. Indes, der Entdecker irrte: Aigai wird heute mit einer anderen Ruinenstätte identifiziert, doch weiß man seither, daß sich das Territorium der Polis im Südosten bis zum heutigen Sariçam erstreckte[90]. Auf diese Art und Weise gelang es sicherlich auch antiken Ortsunkundigen, sich im Raum zu orientieren. Allerdings muß man sich bei Inschriften gewahr sein, daß diese nur im Ungefähren anzeigen können, daß man sich auf der *chora* der angegebenen Polis befindet. Die genaue Grenzlinie selbst bleibt unsichtbar.

Ein Ausnahmefall stellt hierbei für die Kaiserzeit ein Inschriftentyp dar, auf den D. French hingewiesen hat: Es handelt sich um Meilensteine, die von der ursprünglichen Zählweise abwichen und die Entfernungen hierbei nicht mehr von den großen Zentren wie Ephesos und Pergamon ausgehend angaben[91]. Die in der Regierungszeit Domitians aufkommende

---

[87] So gelang M. Zimmermann, Untersuchungen zur historischen Landeskunde Zentrallykiens (Bonn 1992) 142–167 anhand von in Inschriften genannter Grabbußen eine ungefähre Rekonstruktion der *chorai* zentrallykischer Poleis.

[88] G. Radet – H. Lechat, Notes de géographie ancienne, BCH 11, 1887, 395–6 E Z. 15–23; R. Bohn – C. Schuchhardt, Altertümer von Aegae, JdAI Ergh. 2 (Berlin 1889) 58.

[89] Die zusätzliche Nennung des Archivs von Pergamon sollte dabei nicht in die Irre führen. Das Angeben der Bußstrafe an den kaiserlichen Fiskus verweist darauf, daß sich die Tote zusätzlich mittels der römischen Provinzverwaltung absicherte. Pergamon war der Zentralort des zuständigen Bezirkes (*conventus iuridicus*) römischer Provinzialgerichtsbarkeit.

[90] Bohn – Schuchhardt a. O. (Anm. 88) 58–61.

[91] Zur älteren, noch republikanischen Meilenzählung von den *capites viarum* der Provinz Asia, Ephesos und Pergamon aus (*ab Epheso/a Pergamo ad fines provinciae MP XX*), D. French, The Roman Road-System of Asia Minor, in: H. Temporini, ANRW 9, 2 (Berlin – New York 1980) 707; im Zusammenhang mit der Rekonstruktion von Provinzgrenzen bezogen auf die Provinzen Asia und Kappadokia, D. French, The Definition of Territories: Cappadocia, in: B. Le Guen-Pollet – O. Pelon (Hrsg.), La Cappadoce méridionale jusqu'à la fin de l'époque romaine. Actes du Colloque d'Istanbul 13–14 avril 1987 (Paris 1991) 49–50.

Zählweise erfolgte nach dem Muster *a civitate ad fines civitatis MP XX* und natürlich rückläufig *a finibus civitatis ad civitatem MP XX*[92]. Abzulesen war für den Reisenden folglich sowohl die Entfernung zum *asty* als auch, an welcher Stelle seines Weges er die Grenze zweier Poleis überquerte. Dort, an den Grenzen, kippte die Zählung und wurde rückläufig. French bezeichnet diese Meilensteine als »indirect artifactual evidence« für Grenzen und vermutet, daß einige Meilensteine auch eine intendierte Doppelfunktion als Entfernungsangabe und als Grenzmarkierung gehabt haben könnten[93].

Aus dem Rahmen der hier angeführten Inschriften fallen bezüglich der Wahrnehmung von Grenzen die bereits vielfach erwähnten Verträge mit ihren Grenzbeschreibungen. Durch sie manifestierte sich der Grenzverlauf sekundär im Sinne des Textes einer Inschrift. Mit der öffentlichen Aufstellung der Inschrift konnte sich jeder, der des Lesens kundig war, über die Streckenpunkte eines Grenzverlaufes informieren und diese, bei gutem Kenntnisstand der Landschaft, im Raum wiederfinden. Die Inschriften trugen auf diese Weise auch wesentlich zur Institutionalisierung und Objektivierung einer neu vereinbarten Grenze bei.

Die Poleis selbst maßen dieser Form, das gemeinschaftliche Wissen um die Grenzen zu veröffentlichen, besondere Bedeutung zu. Bereits die Grenzverträge selbst enthielten oft eine Klausel, welche die Materialisierung der bilateralen Abkommen vorsah und die Aufstellungsorte der Inschriften vorschrieb[94]. In einigen Fällen gab es sogar Vereinbarungen zur paritätischen Kostenteilung und einer zeitlichen Frist, in der die Platzierung der Inschriften erfolgen sollte[95]. Aufstellungsorte waren überwiegend die Hauptheiligtümer der Poleis, im Falle eines Schiedsgerichtes auch jene der vermittelnden Städte und zusätzlich oftmals regionale aber auch panhellenische Heiligtümer. Der institutionalisierende Moment einer Neuordnung von Grenzen sollte auf diese Weise von allen Griechen zur Kenntnis genommen werden[96]. Darüber hinaus kam diesen Inschriften eine wichtige Kontroll- und Versicherungsfunktion gegen die Veränderung der Grenzen zu[97]. Bei Grenzkonflikten konnte auf frühere Verträge verwiesen werden und wie im Beispiel des Friedens- und Grenzvertrages zwischen Itanos und Praisos trafen die Schlichter ihre Entscheidung nicht zuletzt auch aufgrund solcher vorzeigbaren Grenzbeschreibungen: So gingen ältere textlich gefaßte Formulierungen in die Grenzbeschreibungen neuer Verträge und Abkommen ein[98].

---

92 Zur Existenz dieser Zählung *a civitate ad fines civitatis* ab dem ausgehenden 1. Jh. n. Chr. und zu ihrem Nutzen für die Rekonstruktion von Polisterritorien, French a. O. (Anm. 91b) 49–50.

93 French a. O. (Anm. 91b) 49–50.

94 Dazu allgemein, Daverio Rocchi a. O. (Anm. 11) 66.

95 Dies ist im Falle des Grenzkonfliktes von Thebes und Halos der Fall. Die Inschriften sollten noch im selben Jahr an den vereinbarten Standorten aufgestellt werden, Ager a. O. (Anm. 9) Nr. 153 Z. 15–16. Im Falle von Charadros und Ambrakia wurden die Kosten nur von der reicheren Polis Ambrakia getragen, Cabanes – Andréou a. O. (Anm. 71) 532 und Daverio Rocchi a. O. (Anm. 11) Nr. 6 B Z. 39–40.

96 So Daverio Rocchi a. O. (Anm. 11) 67–68.

97 Dies zeigt sich wie im Falle von Ambrakia und Charadros oder Thebes und Halos in den Formeln, die Strafen für den Fall androhen, daß die eine oder andere Seite gegen die Vereinbarungen des Vertrages verstoßen sollte, Cabanes – Andréou a. O. (Anm. 71) 532; Ager a. O. (Anm. 9) Nr. 153 Z. 17–19.

98 Chaniotis a. O. (Anm. 7) Nr. 47 Z. 61–65. Im neuen Text zitiert wurde aus dem Grenzvertrag zwischen Dragmos und Itanos aus dem 3. Jh. v. Chr. (Chaniotis a. O. Nr. 4). Diese Beschreibung der Grenze (Chaniotis Nr. 47

3.4 Manifestation der Grenzen durch Grenzsteine

Eine letzte Gattung von Inschriften nun erfüllt alle Voraussetzungen, den Verlauf einer Grenzlinie auch für jene wahrnehmbar werden zu lassen, denen die Teilhabe an einem lokalen, soziotopographischen Wissensvorrat bislang nicht möglich war: Grenzsteine manifestieren und materialisieren für jeden im antiken und teilweise auch noch im heutigen Raum wahrnehmbar die sozial konstituierte Grenzlinie. Die Frage nach der Wahrnehmbarkeit klassischer und hellenistischer Polisgrenzen läßt sich somit nicht zuletzt mit der Häufigkeit beantworten, mit der Poleis die Ausdehnung ihrer *chorai* mit Grenzsteinen markierten.

Grenzbeschreibungen nennen allerdings nur selten Grenzsteine. Unter den 429 von D. Rousset untersuchten Grenzpunkten sind nur 72 Grenzsteine, Stelen oder Felsinschriften. Und von diesen wiederum konzentrieren sich 51 in fünf Inschriften[99]. Auffallend ist auch die relative Armut von Grenzsteinfunden, die auf eine politische Grenze weisen, im Vergleich zu jenen, die heilige Bezirke oder privaten Landbesitz markierten[100].

Im Folgenden soll untersucht werden, ob es möglich ist, die Armut an ὅροι in Grenzbeschreibungen zu erklären und Kriterien aufzustellen, nach denen diese gesetzt wurden. Zunächst könnte man die relativ seltenen Erwähnungen von Grenzsteinen durch die zeitliche Trennung von Grenzbestimmung und der Markierung von Grenzen im Raum als zwei unterschiedliche Vorgänge erklären[101]: Die Grenzlinie wurde folglich in einem ersten Schritt durch Schlichter anhand von topographischen Merkmalen festgelegt und beschrieben, später erst könnte diese Grenzlinie dann durch ὅροι markiert worden sein. Die Grenzsteine wären somit nicht in der Grenzbeschreibung verzeichnet und viel häufiger platziert worden, als es Inschriften suggerieren. Dafür könnten die Vorgänge um die Streitigkeiten zwischen Olous und Lato zum Ende des 2. Jhs. v. Chr. sprechen. Das schiedsgerichtliche Urteil durch Bürger aus Knosos legte im Jahr 115 v. Chr. anhand topographischer Strukturen eine Grenzlinie fest, die in ihrem Verlauf einer älteren folgte, Verschriftlichung fand und im Jahr 113 v. Chr. durch Rom bestätigt wurde[102]. Ein weiteres, in diesem Kontext veröffentlichtes Dokument, erwähnt erst für das Jahr 111/110

---

a. O.) findet sich zusammen mit Zitaten aus dem Grenzvertrag zwischen Hierapydna und Praisos (Chaniotis a. O. Nr. 48), nach kriegerischer Vereinigung letzterer Poleis, im Grenzvertrag zwischen Hierapydna und Itanos wieder (Chaniotis a. O. Nr. 49 Z. 56–61). Ein Verweis auf einen früheren Vertrag findet sich auch bei den Grenzstreitigkeiten zwischen Lato und Lyttos wieder (Chaniotis a. O. Nr. 30 Z. 60–62).

99 Rousset a. O. (Anm. 14) 111. 117.

100 So Rousset a. O. (Anm. 14) 109–110, der allerdings gleichzeitig darauf verweist, daß möglicherweise durch die weitgehende Konzentration der archäologischen Forschungen auf die Stadtzentren bislang nur ein Bruchteil der noch vorhandenen Grenzsteine gefunden wurde.

101 Diese Unterscheidung ist dabei nicht als die bei Daverio Rocchi a. O. (Anm. 11) 158–159 anhand Magnetto a. O. (Anm. 9) Nr. 36 (Ager a. O. (Anm. 9) Nr. 38) II Z. 7–12 herausgearbeitete Trennung von schiedsgerichtlichem Urteil zum Besitz des strittigen Landes von der späteren Festsetzung der Grenzlinie anhand von Landschaftspunkten zu verstehen, sondern als noch hinzukommender und nachfolgender Akt einer Grenzsteinsetzung.

102 Chaniotis a. O. (Anm. 7) Nr. 56 Testimonium a (Grenzbeschreibung) Z. 11–15 (52–56). (zum älteren Grenzverlauf) Z. 10–11 (51–52). Bei den in a. O. (Z. 12–13 (53–54)) genannten ὅροι handelt es sich um die Grenzen, vielleicht auch Grenzsteine, welche das heilige Land des in der Beschreibung erwähnten Tempels bezeichnen. Zur Grenzbeschreibung, H. van Effenterre, Querelles crétoises, REA 44, 1942, 45–51. Zur brieflichen Bestätigung der Grenzen durch Rom, Chaniotis a. O. (Anm. 7) Nr. 56 Testimonium b bes. Z. 9–10 (70–71). Zur Datierung der Ereignisse, M. W. Baldwin Bowsky, Portrait of a *Polis*. Lato Pros Kamara (Crete) in the Late Second Century B. C., Hesperia 58, 1989, 339–441.

v. Chr. milesische ὁροθέται, die, einem römischen *senatus consultum* folgend, Grenzsteine errichteten[103]. Dies scheint die Hypothese zweier zeitlich getrennter Vorgänge zu untermauern. Weiter gestützt werden könnte sie durch den Vertrag zwischen Knosos und Gortyn bezüglich der Aufteilung des Territoriums von Rhaukos. Die ohne Angabe von Grenzsteinen gezogene Grenze führt am Ende ihrer Beschreibung ἐς τὸνς τῶν ϝαξίων ὤρονς[104]. Das Vorhandensein von Grenzsteinen zu den Axiern, könnte ein generelles Setzen von Grenzsteinen suggerieren, das irgendwann nach der Festlegung der Grenze anhand der vereinbarten topographischen Strukturen erfolgt sein könnte. Doch kann dies nicht inschriftlich verifiziert werden, da keine Grenzbeschreibungen der Axier erhalten sind[105]. Außerdem relativiert sich der Aussagegehalt des gezogenen Schlusses, wenn man in Betracht zieht, ὅροι mit der ebenfalls möglichen Bedeutung von »Grenzen« zu übersetzen[106].

Im Falle von Lato ist man nun in der außergewöhnlichen Lage, mehrere Grenzbeschreibungen aus unterschiedlichen Jahren eines beschränkten Zeitraumes vergleichen zu können. So ist neben dem knosischen Schiedsspruch sowohl eine Grenzbeschreibung unmittelbar vor der Grenzsteinsetzung aus dem Jahr 112/111 v. Chr. erhalten – angeführt im Bündnisvertrag zwischen Hierapydna und Lato –, eine weitere aus dem Jahr dieses Vorganges, als auch eine, die im Isopolitievertrag zwischen Lato und Olous des Jahres 110/109 bzw. 109/108 erwähnt und nach der Horothese datiert wird. Der Vergleich zeigt, daß sich die Grenzbeschreibungen fast wörtlich entsprechen, die neu gesetzten Grenzsteine fanden nach der Horothese keine Erwähnung[107]. Dies bedeutet jedoch nicht – die Stimmigkeit der Datierungen vorausgesetzt – daß man generell mit einem Verschweigen von gesetzten oder zu setzenden ὅροι in den Grenzbeschreibungen zu rechnen hat. Das Beispiel Samos – Priene zeigt, daß neu gesetzte Grenzsteine und -inschriften bereits in der aus der Schlichtung resultierenden Grenzbeschreibung erwähnt sein konnten[108]. Bezeugt ist mit dieser Inschrift zusätzlich auch eine relative Gleichzeitigkeit von Grenzdelimitation und Horothese. Für die Zweiteilung des Verfahrens im Falle von Lato und Olous ließen

---

103 Chaniotis a. O. (Anm. 7) Nr. 56 Testimonium c Z. 5–7. Zur Datierung, Baldwin Bowsky a. O. (Anm. 102) 341. Zu *horothetai* allgemein, Rousset a. O. (Anm. 14) 107–108; Daverio Rocchi a. O. (Anm. 11) 77–84.

104 Chaniotis a. O. (Anm. 7) 296. Nr. 44 Z. 11; Zur kretischen Form von ὅρος, Gschnitzer a. O. (Anm. 5) 22. Zum Auslaut -νς, A. Thumb – E. Kieckers, Handbuch der Griechischen Dialekte I ^{2}(Heidelberg 1932) 156 Nr. 18b.

105 Die erhaltenen Verträge der Axier mit anderen Poleis können nurmehr erfolglos herangezogen werden, da sie lediglich in Fragmenten erhalten sind und zu den hier anfallenden Fragen keinerlei Informationen bieten: Chaniotis a. O. (Anm. 7) Nr. 9. 13. 15–16. 78d.

106 Zu dieser im Plural uneindeutigen Doppelbedeutung vgl. Gschnitzer a. O. (Anm. 5) 22; Chaniotis a. O. (Anm. 7) 151 Anm. 943.

107 Chaniotis a. O. (Anm. 7) Nr. 56 Testimonium a Z. 11–15 (52–56). e Z. 7–11; 374–375 (Bündnis- und Isopolitievertrag zwischen Hierapydna und Lato) Nr. 59 Z. 63–66. (Bündnis- und Isopolitievertrag zwischen Lato und Olous) Nr. 61 A Z. 69–72. Zur Datierung, Baldwin Bowsky a. O. (Anm. 102) 340–342; Chaniotis a. O. 351. 376; Zu den Grenzen Latos allgemein und zu Datierungsfragen, H. van Effenterre – M. Bougrat, Les frontières de Lato, Krètika Chronika 21, 1969, 27–36.

108 A. Magnetto, L'arbitrato di Rodi fra Samo e Priene (Pisa 2008) Z. 180–194. Auch kretische Beispiele, wie die fragmentierte Beschreibung der Grenzen von Priansos im Bündnisvertrag zwischen Priansos, Hierapydna und Gortyn, Chaniotis a. O. (Anm. 7) Nr. 27 Z. 20. 22, und jener der Grenzen von Pitane nach einem Streit mit Mytilene, Ager a. O. (Anm. 9) Nr. 146 Z. 111. 113. 114. 115–116, nennen Formeln wie »wie die Grenzsteine sind / liegen« (ἇι οἱ ὦροι ἐντι/κίαται bzw. ὡς αἱ στῆλαι κεῖνται). Vgl. H. van Effenterre – M. van Effenterre, La terminologie des bornages frontaliers, in: E. Olshausen – H. Sonnabend (Hrsg.), Stuttgarter Kolloquium zur Historischen Geographie des Altertums 4, 1990 (Amsterdam 1994) 114.

sich zahlreiche Erklärungen finden, die nicht zuletzt auch auf dem Sonderfall einer römischen Schlichtung fußen könnten. Zusätzlich könnte man auch erwarten, daß die frühere Beschreibung der Grenzen in ihrer textlichen Form einfach in die spätere übernommen worden wäre. Das Einfügen der gesetzten Grenzsteine wäre, da sie der bereits definierten Linie folgen, für eine textliche Manifestation nicht notwendig. Die Erklärungsmöglichkeiten sind folglich vielschichtig und kaum generalisierbar – wenngleich nicht negierbar – ist die Annahme, ὅροι könnten, auch ohne Erwähnung in den Abkommen, im Raum platziert Grenzen materialisiert haben.

Auf einen zweiten Erklärungsansatz verwiesen sowohl D. Rousset als auch G. Daverio Rocchi, die Grenzsteinsetzungen bzw. die Materialisation des Schiedsurteiles im Gelände nur in jenen Fällen vermuteten, in denen die Definition einer Grenzlinie durch topographische Strukturen allein nicht ausreichend war oder natürliche Grenzzeichen fehlten[109]. So stellten auch H. und M. van Effenterre in ihrer Untersuchung kretischer Grenzbeschreibungen heraus, daß die geschätzte mittlere Strecke zwischen zwei Grenzpunkten mit ein bis zwei Kilometern zu lange sei, um, bei Fehlen einer im Gelände gut wahrnehmbaren geographischen Linie, durch zwei Eckpunkte definiert zu werden[110]. Die Vermutung, daß ὅροι zur Vermeidung zu langer Grenzsegmente, verursacht durch die Abwesenheit eindeutig im Raum identifizierbarer topographischer Strukturen, gesetzt wurden, ließe sich durch die Beschreibung der zwischen Orchomenos und wohl Methydrion[111] verlaufenden Grenzlinie stützen. Genannt werden hier die üblichen geomorphologischen und anthropogenen Grenzmerkmale, doch taucht auch an mehreren Stellen die Formel δύο ἀπὸ ... ἰν auf[112]. Dies wird in der Regel als Hinweis auf Grenzsteine gedeutet, die ein längeres Segment dort unterteilten, wo eindeutig identifizierbare Grenzmerkmale nicht oder nicht ausreichend zur Verfügung gestanden hätten[113]. Weitere Bestätigung ließe sich in der Beschreibung eines zwischen Mitylene und Pitane umstrittenen und durch pergamenische Schlichtung letzterer Polis zugeschlagenen Gebietes finden. Dessen Grenze wurde in erster Linie durch geomorphologische und anthropogene Strukturen definiert. Die Richtungsangabe zum nächsten Grenzmerkmal wurde dann jedoch durch die Formel ὡς αἱ

---

109 Rousset a. O. (Anm. 14) 107 bleibt hierbei leider schuldig, was genau er in Bezug auf jene Fälle mit »n'était pas toujours suffisante« bezeichnen will, in welchen topographische Strukturen nicht ausreichten und die Materialisierung folglich notwendig wurde; Daverio Rocchi a. O. (Anm. 11) 53–53. 78; Vgl. K. Freitag, Überlegungen zur Konstruktion von Grenzen im antiken Griechenland, in: R. Albertz – A. Blöbaum – P. Funke (Hrsg.), Räume und Grenzen. Topologische Konzepte in den antiken Kulturen des östlichen Mittelmeerraums (München 2007) 59.

110 Van Effenterre – van Effenterre a. O. (Anm. 108) 115–116 m. Anm. 13–14.

111 G. Thür – H. Taeuber, Prozeßrechtliche Inschriften der griechischen Poleis. Arkadien (Wien 1994) 124–129 lassen das *ethnikon* der durch die Beschädigung der Inschrift unbekannten Grenznachbarn der Orchomenier offen, während Daverio Rocchi a. O. (Anm. 11) 97, wohl A. Plassart, Orchomène d'Acardie, BCH 39, 1915, 57–70. bes. 69 folgend, vermutet, daß es sich um die Polis Methydrion handeln müsse. S. Dušanić, Notes épigraphiques sur l'histoire arcadienne, BCH 102, 1978, 348–355. bes. 355 argumentiert allerdings für das ebenfalls in Frage kommende Torthyneion.

112 Thür – Taeuber a. O. (Anm. 111) Nr. 14 Z. 13–14. 15. 21. Zu ἰν statt ἐν, Thumb – Kieckers a. O. (Anm. 104) 119–120 Nr. 2b.

113 So Thür – Taeuber a. O. (Anm. 111) 126. Daverio Rocchi a. O. (Anm. 11) 97–98 und Plassart a. O. (Anm. 111) 56. 71 vermuten, daß die Elision des Wortes ὅροι nach δύο darauf deutet, daß die anderen Grenzsegmente kürzer und nur durch einen, nicht genannten Grenzstein unterteilt waren.

στῆλαι κεῖνται präzisiert[114]. Diese richtungsweisende Funktion der ὅροι zum nächstdefinierten Grenzpunkt lassen ihren lückenfüllenden Charakter besonders deutlich werden.

Daß sich aber auch diese Vermutung zur Aufstellung von Grenzsteinen nicht generalisieren läßt, zeigen zahlreiche Grenzbeschreibungen ohne Angabe von ὅροι, die bei einer geringen Anzahl von Landschaftspunkten lange Segmente vermuten lassen[115]. In gegenteiliger Hinsicht gewinnen in der Beschreibung der samisch-prienischen Grenze ὅροι eine eigenständige Bedeutung, die Bedeutung der topographischen Merkmale hingegen schwindet zu einer reinen Lokalisierungsangabe dieser Grenzsteine[116]. Dieser Eindruck läßt sich anhand der Grenzbeschreibung zwischen Thronion und Skarpai verstärken, bei der die Lokalisierung der Grenzsteine anhand topographischer Gegebenheiten mittels Entfernungsangaben noch weiter präzisiert wurde[117].

Ein letzter hier erläuterter Erklärungsansatz könnte an die Untersuchungen D. Roussets anschließen. Dieser beobachtete, daß in antiken Grenzbeschreibungen die Quantität anthropogener Grenzpunkte und deren Verhältnis zu Naturpunkten ein Indiz dafür darstelle, wie dicht eine Grenzregion von menschlicher Kultur und Besiedlung durchdrungen war[118]. Verknüpft man dieses Ergebnis mit der Beobachtung G. Daverio Rocchis, daß sich die Existenz der ὅροι, die sich im Abstand von hundert Metern über den Berg Taigeto entlang der messenisch-lakonischen Grenze ziehen, mit der wirtschaftlichen Nutzung des dortigen Geländes erklärten[119], so kann man weiter schließen, daß bei Grenzabschnitten in dicht besiedelten und landwirtschaftlich intensiv genutzten Gegenden verstärkt mit Grenzsteinsetzungen zu rechnen wäre.

Dieser vermutete Zusammenhang läßt sich anhand der freiwilligen Übereinkunft zwischen Thronion und Skarpai bezüglich der Grenzen in dem Chonneia genannten Landstückes ablesen: In einer Ebene, die sich wohl in Meeresnähe befand, wurden Grenzsteine gesetzt. Die Verortung dieser ὅροι erfolgte dabei meist ausgehend von anthropogenen

---

114 Ager a. O. (Anm. 9) Nr. 146 Z. 111. 113. 114. 115–116; vgl. Daverio Rocchi a. O. (Anm. 11) 167–168. Ähnlich bei den Grenzen von Priansos, Chaniotis a. O. (Anm. 7) Nr. 27 Z. 20. 22, und mit Pfählen wohl, Magnetto a. O. (Anm. 9) Nr. 30 (Ager a. O. Anm. 9) Nr. 31) Z. 29.

115 Effenterre – Effenterre a. O. (Anm. 108) 116–117 trafen ihre Berechnungen über die Länge der Strecken nicht zuletzt am Beispiel Lato. Doch wie bereits herausgestellt, war diese Grenze nicht immer durch Grenzsteine im Raum manifest. Andererseits könnte gerade das Fehlen von Grenzsteinen zu den langen Streitigkeiten geführt haben, die letztlich in ihrer Errichtung durch die milesischen *horothetai* Lösung fanden.

116 Magnetto a. O. (Anm. 108) Z. 181–193. Magnetto a. O. 189 erklärt allerdings auch hier das Setzen von Grenzsteinen mit der großen Entfernung der Grenzzeichen. Ob es sich bei diesen ὅροι um I.Priene Nr. 151–153 handelt, kann nur vermutet werden.

117 Ager a. O. (Anm. 9) Nr. 167 V Z. 6–33. Ob wie bei Chaniotis a. O. (Anm. 7) 378–379; Nr. 62 die genaue Vermessung der Grenzsteine mit der Mittlerrolle Roms in Zusammenhang gebracht werden kann, kann nur vermutet werden. Ager a. O. 489 führt an, daß der Streit zwischen Thronion und Skarphai nach anfänglichem Anrufen Roms wohl ohne Schlichter durch die beiden Poleis in freiwilliger Übereinkunft gelöst wurde. Auch bei der Grenzdelimitation zwischen Ambrakia und Charadros wird der Ort der zu setzenden ὅροι durch Landschaftsmerkmale beschrieben und die Lage durch Maßangaben präzisiert, P. Cabanes – J. Andréou, Le règlement frontalier entre les cités d'Ambracie et de Charadros, BCH 109, 1985, 524–530; 501–502 A Z. 17–25. Landschaftsmerkmale treten in den Hintergrund.

118 Rousset a. O. (Anm. 14) 116.

119 Daverio Rocchi a. O. (Anm. 11) 50.

Strukturen, die eine landwirtschaftliche Nutzung dieser Ebene nahelegen[120]. Diesen Eindruck von intensiver landwirtschaftlicher Nutzung und einer vermutlich dichteren Besiedlung verstärkt die Angabe von Entfernungsangaben zur Lokalisierung der Grenzsteine sowie die Übereinkunft, Versuche, die gesetzten Grenzsteine zu entfernen, mit einer Buße von 60 Talenten Silber zu belegen[121]. Entfernungsangaben wie Sanktionsklausel sollten wohl einer befürchteten Vorteilsnahme von dort seßhaften Individuen beider Vertragsparteien vorbeugen.

Auch die bereits angeführte Grenzlinie zwischen Orchomenos und Methydrion führt Viehweiden sowie Kulturland und Landbesitz als Grenzpunkte oder deren Präzisierungen an. Auch jene von Pitane weist eine hohe Dichte anthropogener Strukturen auf[122]. Hinzu kommen Grenzsteinsetzungen entlang von Flußläufen, die in den fruchtbaren Ebenen verhindern sollten, daß ein hochwasserbedingter Wechsel des Flußbettes die festgelegte Grenze zweier Poleis verändern konnte[123].

Jedoch ist auch dieser Zusammenhang von dicht besiedeltem und intensiv kultiviertem Land mit Grenzsteinsetzungen nicht generalisierbar. Einerseits nennen Beschreibungen, wie die der Grenze zwischen Knosos und Gortyn, keine Grenzsteine, obwohl damit gerechnet werden muß, daß das Land um das ehemalige *asty* von Rhaukos intensiv kultiviert wurde[124]. Andererseits lassen sich in den Inschriften auch Grenzsteinsetzungen auf Bergen in weniger zugänglichen Gebieten nachweisen. So kreuzten die in einem längeren Grenzstück als Zeichen zwischen Peuma und Pereia-Phyliadrou angeführten *spoloi* nicht nur eine durch das Tal des Kerkineus verlaufende Straße, sondern führten über weitere Landschaftspunkte bis auf einen Berggipfel hinauf[125]. Auch die Grenze zwischen Samos und Priene, anfangs durch kultiviertes Land, später jedoch in das Mykalegebirge führend, ist – soweit inschriftlich erhalten – durchweg mit Grenzsteinen markiert[126].

---

120 Ager a. O. (Anm. 9) Nr. 167 Z. 6–33. Genannt sind Wege, zwei *choria* im Besitz von Throniern, ein Gehöft, Umzäunungen, Pfade, ein Graben und das Haus eines Skarphers.

121 Ager a. O. (Anm. 9) Nr. 167 Z. 33–38.

122 Plassart a. O. (Anm. 111) 55 Z. 11. 15. 16. 18. 24. Das von Plassart und Daverio Rocchi a. O. (Anm. 11) 97 als Plantage übersetzte ἅλων versieht Liddell – Scott, A Greek-English Dictionary. New Edition (repr. Oxford 1953) 75 s. v. ἅλων mit einem Fragezeichen. Dazu Thür – Taeuber a. O. (Anm. 111) 128 Anm. 8, die mit »Kulturland« übersetzen. Ager a. O. (Anm. 9) Nr. 146 Z. 111–117 nennt für die Grenze Pitanes eine Wiese, ein Grabmahl und einen nahgelegenen Ort Astyrene. Die Erwähnung der Grenzen von Atarneus (Z. 117) und der Kaïkosebene (Z. 120) deutet geographisch gesehen weiter auf landwirtschaftlich genutztes Land in fruchtbarer Ebene.

123 So im Falle Milets und Magnesias, deren Grenzstreit um die sogenannte Peraia durch die Festlegung der Flußgrenze des Hybandos geschlichtet wurde, Syll³. 588 Z. 28–38. Der Vertrag bestimmt, daß beide Parteien ἐν τοῖς αὐτῶν μέρεσιν entlang des gegenwärtigen Flußverlaufes an den von den Schlichtern bestimmten Stellen Steine einrammen und auf diesen Stelen aufstellen sollten, um durch die Fixierung des gegenwärtigen Flußverlaufes eine ewige Grenze festzulegen, Syll³. 588 Z. 33–38. Dazu, Daverio Rocchi a. O. (Anm. 11) 52. bes. 127.

124 Chaniotis a. O. (Anm. 7) Nr. 44.

125 Magnetto a. O. (Anm. 9) Nr. 30 (Ager a. O. (Anm. 9) Nr. 31) Z. 20–29. Der restliche Verlauf der Grenze wurde vermutlich durch Flüsse markiert. Dazu, M. Laurent, Inscriptions de Delphes, BCH 25, 1901, 341. Ebenso nennt die Grenzbeschreibung zwischen Ambrakia und Charadros einen ὅρος auf dem Gipfel eines namentlich nicht mehr rekonstruierbaren Berges, Cabanes – Andréou a. O. (Anm. 117) Z. 21.

126 Auf kultiviertes Land läßt die ἐργάσιμα, wohl kurz für χώρα ἐργάσιμα, schließen, über der sich ein Hügel mit einem Grenzzeichen befand, Magnetto a. O. (Anm. 108) Z. 183. Die Beschreibung nennt bis zum Eintritt in das Mykalegebirge (l. 192) und ihrem erhaltungsbedingten Abbruch durchweg Grenzsteine.

Alle drei untersuchten Erklärungsmöglichkeiten ergaben trotz sich abzeichnender Tendenzen keine generalisierbaren Ergebnisse. Jeder Versuch, Kriterien für das Setzen von Grenzsteinen aufzustellen, muß folglich an der Vielschichtigkeit der Erklärungsmöglichkeiten selbst sowie an der Unkenntnis der einzelnen Umstände und Gegebenheiten scheitern. So ist auch über die Quantität ihrer Aufstellung über das eingangs Angeführte hinaus wenig zu konstatieren. In den Fällen ihrer Aufstellung konnten ὅϱοι jedenfalls eine Grenzlinie auch ortsunkundigen Reisenden im Raum materialisiert sichtbar machen.

Das Wahrnehmen von Grenzsteinen ist jedoch nicht immer gleich auch die Wahrnehmung eines Grenzverlaufes zweier Poleis. Die Varietät von Grenzsteinen reichte von einfachen Steinhaufen und Pfählen, an denen man lediglich den Verlauf einer Grenze feststellen konnte, über tatsächliche Grenzsteine, welche das *ethnikon* der sie aufstellenden Polisgemeinschaft nannten oder auch nur die Aufschrift ὅϱ(ος) trugen, bis hin zu Stelen, auf denen Inschriften über den Vorgang der Grenzdefinition berichten[127]. Grenzmarkierungen, bei welchen das *ethnikon* einer Polis fehlte oder die in Form von Steinhaufen oder Pfählen gesetzt wurden, fehlte die Eindeutigkeit. Ohne das Wissen über die ihnen zukommende Funktion als Zeichen des Grenzverlaufes einer Polis konnten sie leicht als andere, durch Grenzsteine materialisierte Binnengrenzen des Polisraumes oder Grenzen heiligen Landes mißdeutet werden. Ohne eine possesiv bezeichnende Inschrift waren sie folglich wie alle anderen Grenzmerkmale den aufgestellten Wahrnehmbarkeitskriterien unterworfen[128]. Aber auch im Falle von divergierend institutionalisierten und im Raum materialisierten Grenzen konnte die Wahrnehmbarkeit einer Grenze leiden. So hatten die Bürger Halais und Boumelitais ihren Schlichtern, welche den ursprünglichen Grenzverlauf wieder herstellen sollten, Listen aller Grenzsteine zu liefern. Jeweils zehn Bürger mußten schwören, die Richter zu keinem Grenzstein zu führen, der nicht seit alters her die Grenze markierte[129]. Haben M. Sartre und G. Daverio Rocchi mit ihrer Deutung recht, so hätten beide Poleis getrennt voneinander Grenzsteine gesetzt, wobei die nicht kongruenten Linien letztlich zum Streit geführt hätten[130]. Ebenso vorstellbar wären alte Grenzsteine, die bei einer Erweiterung der *chora* zwar ihren Bedeutungsgehalt als Grenzmerkmale verloren

[127] Zu βολεοὶ λίθοι, Magnetto a. O. (Anm. 9) Nr. 69 (Ager a. O. (Anm. 9) Nr. 63); zu *spoloi*, Magnetto a. O. Nr. 30 (Ager a. O. Nr. 31) Z. 25. 29; vgl. H. Frisk, Griechisches etymologisches Wörterbuch II (Heidelberg 1970) 771 s. v. Σπολάς und Gschnitzer a. O. (Anm. 5) 28 Anm. 31. Zu einem Grenzstein mit Grenzbeschreibung, Magnetto a. O. Nr. 15 (Ager a. O. Nr. 16). Zu künstlichen Grenzzeichen allgemein mit weiterführenden Literaturangaben, Daverio Rocchi a. O. (Anm. 11) 53–54 m. Anm. 29.

[128] Zu Binnengrenzen von Poleis vgl. H. Lohmann, Flur- und Demengrenzen im klassischen Attika, in: E. Olshausen – H. Sonnabend (Hrsg.), Stuttgarter Kolloquium zur historischen Geographie des Altertums 4, 1990 (Amsterdam 1994) 279–290: Auch diese Grenzen konnten durchaus mit dem Begriff ὅϱος bezeichnet sein. Zu mit Grenzsteinen markiertem heiligen Land, Chaniotis a. O. (Anm. 11) Nr. 54 Z. 64. Grenzsteine markierten hier den heiligen Bezirk von Dera. Auch die Grenzen des heiligen Landes des Apollon von Delphi waren teilweise durch Grenzsteine markiert, D. Rousset, Le Territoire de Delphes et la terre d'Apollon (Athen 2002) 80–82. Nr. 6 Z. 22–23. Rousset a. O. (Anm. 49) 51. 6–10 Z. 31–91 verwies kürzlich auf eine weitere Kategorie von durch Felsinschriften markierten, zu Tlos gehörigen Landes, das von den oinoandischen Termessiern und der Polis Tlos zur gemeinsamen wirtschaftlichen Nutzung eingegrenzt wurde und dessen Grenzen nach Rousset wohl nicht mit den politischen einer der beiden Poleis zusammenfielen. Allgemein, Daverio Rocchi a. O. (Anm. 11) 40–47.

[129] Ager a. O. (Anm. 9) Nr. 129 Z. 10–13. 15–24.

[130] M. Sartre, Aspects économiques et religieux de la frontière dans les cités grecques, Ktema 4, 1979, 217 m. Anm. 33; Daverio Rocchi a. O. (Anm. 11) 124.

hatten, aber nach wie vor an ihrem Platz die alte Grenzlinie markierten. Deutlich hierbei wird, daß sich zwar durch das Platzieren von Grenzsteinen die Grenze materialisierte und als solche im Raum wahrnehmbar wurde, doch um mit aller Sicherheit eine zu ihrer Zeit gültige Grenzlinie zweier Poleis identifizieren zu können, war eben auch hier ein gewisses Wissen Voraussetzung. Tatsächlich scheinen Grenzsteine eher als Referenzmerkmal zur Vorbeugung von Konflikten und zur Präzisierung der Wahrnehmbarkeit einer Grenze für jene, welche Kenntnis ihres ungefähren Verlaufes hatten, gedient zu haben denn als sichtbares Zeichen eines geographischen Souveränitätswechsels für ortsunkundige Fremde.

Felix Pirson (Hrsg.), Manifestationen von Macht und Hierarchien in Stadtraum und Landschaft, BYZAS 13 (2012) 71-80

Grenzen des Machbaren. Die Bewegung von Großlasten im Altertum

Martin BACHMANN

Einführung

Wenn Grenzen als Mittel zur Unterstreichung eines Machtanspruchs diskutiert werden, dann dürfte zunächst an die konkrete, physische Definition von Territorien oder Räumen gedacht werden. Im Folgenden soll jedoch eine andere Art von Grenzerfahrung im Mittelpunkt stehen. Es soll um die Grenzen des menschlich Machbaren, bezogen auf das einzelne Individuum, und um die Instrumentalisierung ihrer performativ ausgestalteten Überwindungsstrategien gehen. Es kann dabei aufgezeigt werden, daß die Überschreitung dieser natürlichen Grenzen – gerade in ritualisierter Weise – durch alle Epochen hinweg immer wieder herangezogen worden ist, um einen Machtanspruch zu unterstreichen.

Im Zentrum soll dabei die Hebung großer Lasten stehen, die naturgemäß im Bauwesen eine wichtige Rolle spielt. Einzelmomumente – wie etwa Obelisken – bestechen dabei nicht nur im Zustand der Fertigstellung als besonders sinnfälliges Symbol herrschaftlicher Repräsentation. Allerdings wird der performative Aspekt ihrer Aufstellung und deren besondere gemeinschaftswirksame Funktion häufig hintangestellt. Dabei ist die Aufstellung von Obelisken nicht nur im Zeitalter dem sie entstammen[1], sondern auch in den zahlreichen Epochen, die sich diese eminenten Bedeutungsträger aneigneten, immer wieder Thema nicht nur schriftlicher, sondern auch bildlicher Überlieferung gewesen. Besonders dramatische Darstellungen lieferte die neuzeitliche Aufstellung des großen Obelisken auf dem Petersplatz in Rom, die Domenico Fontana 1588 im Auftrag Papst Sixtus V. mit großem Aufwand konzipiert und auch inszeniert hatte[2]. Im Hinblick auf die Selbstdarstellung spätantiker Herrscher sind die Szenen sehr aufschlussreich, die Theodosius I. bei der Aufstellung des Obelisken von Karnak auf dem Hippodrom von Konstantinopel

---

1 Darstellung etwa bei Arnold 1991, 70, Abb. 3. 14, hier ist die symbolische Aufrichtung zweier Obelisken mit Hilfe von Tauen durch Ptolemaios XII Neos Dionysos wiedergegeben.

2 Siehe dazu Hänseroth 1987, 62–75.

Abb. 1 Nordostseite der Basis des Theodosius-Obelisken in Istanbul mit der Bildszene der Aufrichtung des Obeslisken, 1975

in den Bildwerken des neu geschaffenen Sockels wiedergeben ließ. Auf dem unteren Block der Nordostseite des Monuments ist der technische Vorgang des Hebens mit allen Einzelheiten – wie Tauen, Winden und Flaschenzügen[3] – wiedergegeben *(Abb. 1)*. Der Obelisk ist noch in liegendem Zustand zu sehen, der narrative Duktus der Darstellung gliedert das Geschehen in zwei Ebenen und scheint sich dabei an älteren Vorbildern zu orientieren. Bemerkenswerterweise ist in der unteren Ebene rechts eine weitere Szene eingefügt, in welcher der nun aufgestellte Obelisk von den zu seiner Aufrichtung notwendigen Apparaturen befreit wird[4]. Diese Darstellung des fertigen Werks ist gegenüber der Aufstellungsszene miniaturhaft klein. In der unverhältnismäßig größeren Wiedergabe des Obelisken während der Aufstellung wird also spürbar, welche Bedeutung in den Augen der Zeitgenossen und besonders des Auftraggebers – also des Kaisers – diesem grenzüberschreitenden technischen Vorgang beigemessen wurde. Die Wirksamkeit einer solchen Machtdemonstration beruht auf einem allgemein verbreiteten Erfahrungshorizont bezüglich der Last des Steins, der alle Mitglieder einer Gesellschaft umfaßte und in einer hohen Bewußtseinsebene präsent gewesen ist. Es ist also zunächst das Verhältnis des Menschen zum Stein, zu dessen Gewicht und dessen Bewusstseinspräsenz im zeitlichen Kontext der vorantiken Gesellschaften zu betrachten.

---

3 Bruns 1935, 47–53.

4 Bruns 1935, 51.

Großlasten in der vorantiken Baupraxis

Naheliegenderweise könnte das Neolithikum sich in den Vordergrund drängen, wenn es um die vollkommene Durchdringung aller Lebens- und Erfahrungsbereiche durch den Naturstein gehen soll. Es gilt letztlich jedoch für fast alle geschichtlichen Epochen, daß die materielle Kultur in hohem Maße vom natürlichen Gestein bestimmt worden ist, daß dieses Material mit seinen Eigenschaften und seinem Umgang von existenzbestimmender Bedeutung für jedes Individuum gewesen ist und deswegen auch in seinen Besonderheiten und Gesetzmäßigkeiten im Bewußtsein tief verankert war. Besonders in den prähistorischen Kulturen konnte vermutlich jeder Einzelne das Gewicht eines Steines ohne weiteres einschätzen und beurteilen, ob es ihm gelingen würde, ihn zu heben, oder nicht. Es ist deswegen wichtig, dies zu betonen, weil diese elementaren Erfahrungen heute weitgehend verloren gegangen sind. Im Bauwesen spielt der Naturstein nur noch eine marginale Rolle und das Bauwesen seinerseits stellt im gesellschaftlichen Erfahrungsbereich nur noch eine Randerscheinung dar, die allenfalls als störend wahrgenommen wird. Kurioserweise ist das Heben von Steinen zu einer exotischen Freizeitbeschäftigung geworden[5], in der die eigenen Grenzen erst ausgelotet werden müssen. Die Entfremdung der Zivilisationen des 21. Jhs. vom natürlichen Material Stein ist also weit vorangeschritten. Deutlich wird dies etwa bei Filmszenen mit historischen Inhalten, in denen mit Steinblöcken auf höchst unglaubwürdige Weise hantiert wird oder sogar bei Lehrfilmen, die etwa den Bau der Pyramiden zeigen und eine verhältnismäßig geringe Zahl von Personen einen riesigen Steinblock auf einer Rampe nach oben ziehen lassen[6]. An solchen Unstimmigkeiten wird deswegen kein Anstoß genommen, weil diese Vorgänge nur im Erlebnishorizont der wenigsten eine Rolle spielen. Wie stark dagegen die Präsenz von Bauvorgängen bis in die Neuzeit hinein gewesen ist, wird unter anderem an den Metaphern aus diesen Bereichen deutlich, die bis heute unseren Sprachgebrauch bestimmen. Vom ›Stein des Anstoßes‹, der physisch im täglichen Leben kaum mehr jemanden trifft, über die ›aus dem Lot geratenen Verhältnisse‹ reichen diese Bilder bis zur ›soliden Fundamentierung eines Denkgebäudes‹.

Es ist also für die hier diskutierten Fragen von großer Wichtigkeit, daß die Bedeutung des Bauprozesses in den Gesellschaften des Altertums unvergleichlich größer gewesen ist und daß die Baustelle deshalb als Bühne sozialer Interaktion zu gelten hat und auch als solche in besonderem Maße herangezogen worden ist. Im Gegensatz dazu gibt es heute selbst bei einer Großbaustelle kaum mehr wirkliche Berührungspunkte. Der Ort des Geschehens ist von hohen, blickdichten Bauzäunen umgeben *(Abb. 2)*, die Materialien sind vielfältig und komplex und ihr konkreter Einsatz kaum nachvollziehbar. Vor allem aber entstehen die Gebäude in vergleichsweise atemberaubender Geschwindigkeit.

Demgegenüber sind historische Baustellen – und das gilt für fast alle vormodernen Epochen – von geradezu statischer Langsamkeit der Bauabläufe gekennzeichnet gewesen. Sie waren damit aber auch in viel stärkerem Maße Teil des öffentlichen Lebens, zumal ein

---

5 Hingewiesen sei hier auf die alljährlich stattfindenden bayerischen Steinhebemeisterschaften.

6 Vergleiche dazu den ansonsten durchaus informativen Lehrfilm »Die Pyramide« von L. Rees (2003).

Abb. 2 Moderne Großbaustelle im Zentrum von Istanbul, durch großflächige Verkleidungen mit Reklametafeln ist das Geschehen an der belebten Istiklâl Caddesi den Blicken der Öffentlichkeit entzogen, 2009

gesellschaftlich durchaus relevanter Anteil von Protagonisten beteiligt war. Materialien, Bearbeitung und Entstehungsprozeß waren so für jedermann geläufig und nachvollziehbar. Und die Bauvorgänge zogen sich über so lange Zeiträume hinweg, daß das Regelbild etwa einer antiken Stadt von Baustellen bestimmt gewesen sein dürfte. Diese Alltäglichkeit des Handlungsrahmens machte sie für die Szenen der Machtrepräsentation in besonderem Maße tauglich.

Für die Macht konstituierende Bedeutung dieser Bauvorgänge sind bildliche Überlieferungen zu befragen. Überlieferungsgrad und Kenntnisstand sind hier sehr inhomogen. So gibt es in der ägyptischen Bilderwelt eine ganze Reihe von Reliefdarstellungen, die Bauvorgänge zum Inhalt haben und damit auch deren gesellschaftliche Bedeutung und ihr hierarchisierendes Potential widerspiegeln. Offensichtlich geht es besonders um Bildmetaphern, die eine Vielzahl von Arbeitern symbolisieren und damit die Macht des Herrschers unterstreichen. Der technische Vorgang, der meist eher banal ist, tritt demgegenüber in den Hintergrund. So wird in einem Grabrelief der 12. Dynastie aus Bersheh der Transport einer Kolossalstatue auf einem Holzschlitten in eine fünfzeilige, tabellenartige Komposition eingebunden, die es erlaubt, eine Vielzahl der Arbeiter wiederzugeben und diese Vielzahl noch durch Überlagerung der menschlichen Silhouetten ins kaum Zählbare zu steigern[7]. Die Hebung einer großen Last ist wiederum Thema eines Reliefs in einem

7 Wiedergegeben bei Arnold 1991, 61, Abb. 3. 5.

Grab der späten 18. Dynastie aus Saqqara. Auch hier wird deutlich, daß zum Einen die bedingungslose Unterwerfung der beteiligten Protagonisten unter ihr Arbeitslos Macht in einer ganz unmittelbaren Intensität zum Ausdruck bringt, zum Anderen die Aufhebung der Grenzen des Einzelnen durch den kollektiven Einsatz diesem Machtanspruch zu einer sinnfälligen Legitimation verhilft[8].

Die altorientalische Tradition der Bewegung von Großlasten setzte sich auch in den neuassyrischen Kulturen fort, wie es ein Relief aus dem Palast des Sanherib in Ninive zeigt, das den Transport der Großplastik eines geflügelten Stieres zum Inhalt hat[9]. Ganz ähnlich wie auf dem über 1000 Jahre älteren Grabrelief von Saqqara betimmt die Vielzahl der Beteiligten das Bild, ihre internen Hierarchien werden symbolisch durch Größenabstufung ausgedrückt, ihre Vielzahl in der Gesamtheit zeigt die Größe des Herrschers, dem es gelingt, in Ausübung seiner Macht die allen bekannten Grenzen menschlicher Kraft weit zu überschreiten.

Römische Architektur zwischen Innovation und Manifestation

Man muß davon ausgehen, daß auch die antiken Epochen von der unmittelbaren Sinnfälligkeit herrscherlicher Macht, die in solchen Vorgängen liegt, nicht unberührt geblieben sind. Dem scheint allerdings das Wesen der römischen Architektur entgegenzustehen, das einerseits mit seinen technischen Innovationen und mit einem stark rationalen Grundzug gegenüber den Vorgängerepochen abgegrenzt wird, andererseits in der Inszenierung dieser technischen Errungenschaften auch eine transzendente Bedeutung findet[10]. Auch dies gilt bereits für den Bauprozess. So treten in dem berühmten Grabrelief der Haterier[11] (1. Jh. n. Chr.) die Protagonisten gegenüber der Apparatur eines mit einem Tretrad betriebenen Krans, der zum Bau eines tempelartigen Gebäudes herangezogen wird, zurück. Hier wird die Steigerung und Überschreitung menschlicher Möglichkeiten durch die Technik in einer Weise zelebriert, die ihrer Bedeutung in der römischen Gesellschaft zu entsprechen scheint. Zwar muß die Bewegung großer Lasten zwangsläufig auch mit der römischen Architektur in Verbindung gebracht werden, in der Darstellung tritt jedoch die bewegte Last hinter die sie bewegende technische Vorrichtung zurück. Einige Phänomene im Osten des römischen Reichs deuten jedoch darauf hin, daß hier die altorientalische Tradition der Bewegung überschwerer Lasten als herrschaftlicher Manifestation auch in der römischen Epoche ihre Fortsetzung gefunden hatte.

Hier scheint sich eine Kluft zwischen östlicher und westlicher Bautradition des römischen Reichs abzuzeichnen, die mit der Übernahme traditionsreicher Herrschaftsmechanismen zusammenhängen könnte. Zunächst soll am Beispiel des Jupitertempels von Baalbek diesem Phänomenen nachgegangen werden. Die gewaltigen Bauglieder dieser Kultanlage und besonders des Jupitertempels haben immer wieder die Fantasie angeregt und zu

---

[8] Arnold 1991, 58, Abb. 3. 1.

[9] Arnold 1991, 279, Abb. 6. 41.

[10] Drerup 1966, 184–185.

[11] Spague de Camp 1964, 225, Taf. 11.

Abb. 3
Das Trilithon am Podium des Jupitertempels von Baalbek, Aufnahme vor dem 1. Weltkrieg

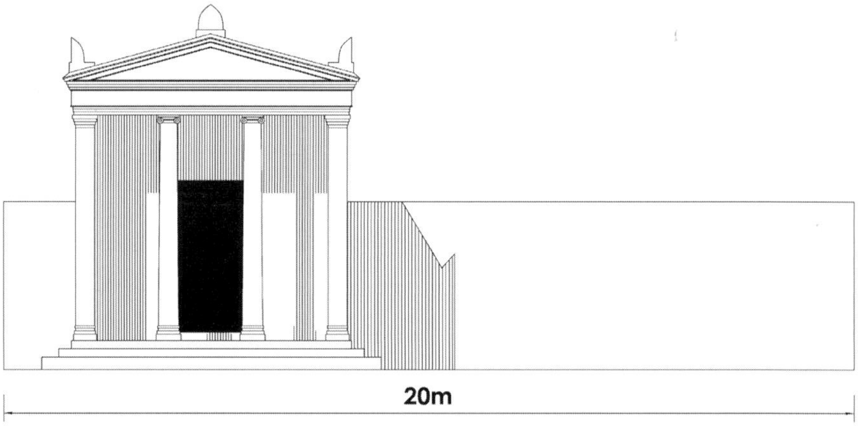

Abb. 4
Einer der Blöcke des Trilithon und die Fassade des Tempels auf der Demeterterrasse in Pergamon im Größenvergleich

widersprüchlichen Deutungen geführt. Besonders gilt dies für drei gewaltige Steinblöcke im Podium des Jupitertempels, das sog. Trilithon[12] *(Abb. 3)*. Das mehr als 60 m breite und 12 m hohe Podium wurde in drei gewaltigen Steinlagen aufgeschichtet, deren mittlere als Läuferschicht mit nur drei Blöcken ausgebildet wurde. So entstanden monumentale Ausmaße der Werkstücke, die Blöcke sind etwa 20 m lang, 4 m hoch und ebenso tief, sie wiegen rund 800 Tonnen. Ein zeichnerischer Vergleich mit dem Tempel des

[12] Freyberger – Ragette 1999, 59–61.

Demeterheiligtums von Pergamon – einem eher kleinen Tempelgebäude – unterstreicht die ungeheuren Dimensionen dieser Bauglieder, die zu den größten im Altertum geschaffenen und bewegten Werkstücken gehören *(Abb. 4)*. Ein noch größerer Block ähnlichen Charakters befindet sich in den antiken Steinbrüchen unweit des Heiligtums von Baalbek, er wiegt offenbar 1000 Tonnen. Der riesige Langquader wurde zwar in seiner Form vollendet, konnte aber nicht mehr zum Bauplatz geschafft werden.

Nicht zuletzt die Präsenz altorientalischer Bautraditionen mitbedenkend wurden die Großquader immer wieder mit einer vorrömischen Bauphase des Heiligtums von Baalbek in Verbindung gebracht. Dafür sprachen eine gut ablesbare Planungsänderung des Heiligtums und ein stärkerer Verwitterungsgrad der Großquader gegenüber den benachbarten Partien. Zu sehr schienen die monströsen Quader den von Rationalität bestimmten römischen Baugepflogenheiten zu wiedersprechen.

Es ist aber andererseits kaum vorstellbar, daß das Podium vor der Gründung der Colonia Berytus im Jahre 15 v. Chr. entstanden ist und jüngere Untersuchungen konnten dem Trilithon in der Folge der Entstehungsphasen des Heiligtums von Baalbek denn auch einen Platz unter den frühen römischen Maßnahmen zuweisen. Demnach wurde in seleukidischer Zeit die bestehende Altarplattform um ein früheres Podium erweitert, das einen großen Peripteros aufnehmen sollte. Die unterbrochenen Arbeiten wurden nach Gründung der römischen Kolonie wieder aufgenommen, allerdings nun mit einem neuen Planungskonzept, dem offenbar das Schema des Augustusforums zugrundelag. Ausgeführt wurden der Tempel selbst, dessen vergrößerter Grundriß das ältere Podium vollständig eingenommen hatte und die Substruktionen und Kolonnaden, mit denen die Altarplattform umgeben wurde, während die den Tempel flankierenden Hallen und ihr Unterbau nicht vollendet werden konnten. Hier kam es zu einer Planungsänderung, nach der das alte Tempelpodium mit den riesigen Quaderlagen verkleidet und so dem Riesenbau ein adäquates, sichtbares Fundament verliehen werden sollte. Auch dieses Vorhaben konnte nicht vollendet werden[13]. Es seht also fest, daß die ›pharaonisch‹ anmutenden Elemente des Bauwesens von Heliopolis seinen römischen Bauphasen zuzurechnen sind.

Wie kann dieses mit den Grundzügen der römischen Architektur kaum vereinbare Phänomen gedeutet werden? Die entwurfliche und damit ästhetische Implikation, dem monumentalen Tempel einen adäquaten Sockel zu verleihen, wurde bereits angedeutet. Aber könnte der Rückgriff auf symbolträchtige Baupraktiken und ihre implizierten Herrschaftsgesten nicht auch dem Wunsch nach einer historischen Legitimation des neu geschaffenen Bauwerks entsprechen? Die Aufnahme alter Bautraditionen würde dann als Adaption uralter Herrschaftspraktiken und ihrer grenzüberschreitenden Prinzipien zu werten sein. Denn Herstellung und Transport der großen Quader waren für die Zeitgenossen sicherlich noch wesentlich spektakulärere Eindrücke als ihr Einbauzustand.

Auch eine der bekanntesten römischen Bauanlagen in Kleinasien weist Eigentümlichkeiten auf, die in diese Richtung weisen. Dic Rotc Hallc in Pergamon gilt als Paradebeispiel für den Transfer römischer Baupraxis nach Kleinasien. Hier wird das für den

[13] Freyberger – Ragette 1999, 66–67.

römischen Osten ungewöhnliche, normierte Ziegelmauerwerk ebenso herangezogen wie die Ingenieurleistung der Kanalisierung des Selinus in zwei großen, parallel geführten Tunnelröhren.

Dennoch gibt es auch irrationale Elemente in diesem Bauwerk, und dies an einem symbolträchtigen Ort. Die Türschwelle, die ins Innere des Heiligtums führt, ist aus einem Stück gefertigt, ein Marmorblock von 70 Tonnen[14], ein Volumen, das sich zwar gegenüber den Werkstücken von Baalbek bescheiden ausnimmt, aber doch einen erheblichen bautechnischen Aufwand bedeutet, der an dieser Stelle nicht unbedingt erforderlich gewesen wäre. Zumal die Schwelle in eingebautem Zustand in ihrer Dimension kaum wahrgenommen wird *(Abb. 5)*.

Aber noch ein anderer Aspekt, der die Bedeutung des Bauprozesses unterstreicht, wird an der Roten Halle deutlich. An einigen Stellen des Ziegelmauerwerks konnte ein nachträglicher Anstrich der Fugen beobachtet werden, der in aufwendiger Weise den Verlauf der Mörtelfugen korrigiert und begradigt. Da das Ziegelmauerwerk später hinter Putz und Inkrustation verborgen wurde *(Abb. 6)*, scheint diese Maßnahme auf den ersten Blick völlig sinnlos. Doch entspringt ein solches Urteil einer modernen Auffassung vom Bauprozeß, der ihn völlig der Fertigstellung des Gebäudes in eindimensionaler Zielrichtung unterordnet. Wenn aber in Betracht gezogen wird, daß viele Großprojekte des Altertums über Jahrzehnte betrieben und damit die Lebensspannen der Erbauer und Initiatoren häufig überschritten wurden, gewinnen die Herstellungsphasen und der Bauprozeß eine ganz andere Bedeutung.

Abb. 5 Freitreppe und monolite Türschwelle aus Marmor am Eingangsportal der Roten Halle in Pergamon, 1935

14 Radt 1999, 203.

Abb. 6 Ziegelmauerwerk der oberen Partien der Roten Halle in Pergamon mit den erhaltenen Gliederungselementen der verlorenen Marmorverkleidung, 2008

Performative Aspekte antiker Großbaustellen

Offensichtlich existiert eine uralte Tradition der Instrumentalisierung des Bauwesens zur Manifestation und Konsolidierung von Machtverhältnissen. Nicht zuletzt damit läßt sich wohl auch der unvollendete Zustand vieler Monumente des Altertums erklären. Wie das unfertige Bauglied als Chiffre eines »Könnensbewusstseins«[15] der Handwerker interpretiert werden könnte, das über einen Stilmanierismus weit hinausgeht[16], so dürfte auch das gesamte, unfertige Bauwerk in seinem Rohzustand bereits als allgemein verständliche Signatur von Machtverhältnissen rezipiert worden sein. Den dynamischen Aspekten und insbesondere der grenzüberschreitenden Bewegung von Großlasten kam dabei durch zahlreiche Epochen hinweg eine besondere Bedeutung zu. Die Fertigstellung stand als Ziel sicherlich im Raum. Aber da viele der Initiatoren sie realistischerweise ohnehin nicht erlebt hätten, muß eine andere Bedeutungsebene in den Vordergrund gerückt werden. Entscheidend waren dabei die mit der Entstehung des Gebäudes eingeleiteten dynamischen Prozesse der Suggestion von Macht. Im Sinne der hierarchischen Abgrenzung dürften wohl die meisten dieser Anlagen ihre Funktion erfüllt haben.

---

[15] Dieser Begriff wurde eingeführt, um das elitäre Selbstverständnis der Protagonisten des Bauwesens in klassisch-griechischer Zeit zu umreißen. Vgl. Höcker 1999, 626.

[16] F. Pirson hat dies anhand einer Säulenbasis des Apollontempels von Didyma nachzuweisen versucht: Pirson 2008, 996.

Literaturverzeichnis

Arnold 1991	D. Arnold, Building in Egypt. Pharaonic Stone Masonry (New York 1991).
Bruns 1935	G. Bruns, Der Obelisk und seine Basis auf dem Hippodrom zu Konstantinopel, IstForsch 7, 1935.
Drerup 1966	H. Drerup, Architektur als Symbol. Zur zeitgenössischen Bewertung der römischen Architektur, Gymnasium 73, 1966, 181–196.
Freyberger – Ragette 1999	K. St. Freyberger – F. Ragette, Stadt des Jupiter Heliopolitanus. Baalbek als Kultzentrum in römischer Zeit, in: M. van Ess – Th. Weber (Hrsg.), Baalbek. Im Bann römischer Monumentalarchitektur (Mainz 1999), 45–67.
Hänseroth 1987	T. Hänseroth, Transport und Versetzen schwerer Lasten von frühesten Zeiten bis zum Ende des 16. Jahrhunderts, in: D. Fontana, Die Art wie der Vatikanische Obelisk transportiert wurde, Kommentarband zum Neudruck von D. Conrad (Hrsg.), Düsseldorf 1987, 62–75.
Höcker 1999	DNP 6 (1999) 626–627 s. v. Könnensbewußtsein (C. Höcker).
Pirson 2008	F. Pirson, Akzidentelle Unfertigkeit oder Bossen-Stil? Überlegungen zur siebten Basis der Ostfront des Apollontempels von Didyma, in: İ. Delemen – S. Çokay-Kepçe – A. Özdizbay – Ö. Turak (Hrsg.), Euergetes. Festschrift für Prof. Dr. Haluk Abbasoğlu zum 65. Geburtstag II (Antalya 2008) 989–1000.
Radt 1999	W. Radt, Pergamon. Geschichte und Bauten einer antiken Metropole (Darmstadt 1999).

Felix Pirson (Hrsg.), Manifestationen von Macht und Hierarchien in Stadtraum und Landschaft, BYZAS 13 (2012) 81-98

Zur architektonischen Fassung von Prozessionswegen

Soi AGELIDIS

Einleitung

Prozessionen stellten in der Antike religiöse Rituale dar, die zu Ehren vieler verschiedener Gottheiten und daher sehr häufig durchgeführt wurden. Die Menge der teilnehmenden Personen sowie die Pracht ihrer Ausstattung ergaben ein prunkvolles Bild, das dem Ruhm der Göttinnen und Götter diente, aber auch die Stärke von Herrschern und Eliten zur Schau stellen konnte. Die Orte, an denen die Pompai stattfanden, waren in der römischen Kaiserzeit vielfach reich geschmückt, so dass gerade marmorne Säulenstraßen – eine für jene Epoche häufige Bauform – vielfach gleichfalls als eine Manifestation der Macht durch die Regenten und die Oberschicht im Rahmen des Rituals bewertet werden. Einer genaueren Betrachtung der Ausstattung von Prozessionswegen über längere Zeiträume jedoch hält diese Auffassung nicht stand. Es wird nämlich oft verkannt, dass die meisten für Pompai genutzten Straßen in ihrer Gestaltung eher bescheiden ausfallen und dass ein Kausalzusammenhang zwischen der Durchführung von Festzügen und aufwendigen Architekturen nicht evident ist. Anhand einer Reihe von Beispielen soll hier daher eine Unterscheidung zwischen der Motivation für die Errichtung von Bauten und ihrer Nutzung vorgenommen werden. Es kann konstatiert werden, dass nicht der bauliche Rahmen, sondern nur die zelebrativen Vorgänge selbst eine Möglichkeit für die Sichtbarmachung von Macht im Kontext der Prozessionen boten.

Festzüge von Kultgemeinden zu festgelegten Feiertagen waren ein wichtiger Aspekt der religiösen Verehrung antiker Gottheiten. Diese Pompai zeichnen sich durch eine große Vielfalt in ihren Bestandteilen aus, so variieren ihre Gestaltung, ihre Umgebung und architektonische Fassung mitunter stark. Die Frage nach einer verbindlichen oder wenigstens charakteristischen architektonischen Ausstattung der Prozessionswege wurde bislang nicht behandelt, sondern vielfach als eindeutiger Sachverhalt dargestellt.

Abb. 1 Pergamon, Hauptstraße unterhalb des Gymnasions

Die weit verbreitete Vorstellung, dass Prozessionswege in der Regel von Hallen gesäumt worden seien, beruht v. a. auf Beispielen aus dem mittleren Osten, wo jedoch die Genese der Säulenstraßen auf ganz andere Umstände zurück zu führen ist, wie G. Bejor und M. Tabaczek deutlich herausgestellt haben[1]. Im westlichen Kleinasien sind Ephesos und Pergamon immer wieder angeführte Beispiele für die vermeintliche Praxis.

Im Folgenden sollen nun die verschiedenen Möglichkeiten der temporären und permanenten Ausstattung von Prozessionswegen aufgezeigt werden, um zeitlich gebundene Tendenzen bzw. quasi verbindliche Vorgaben herauszustellen. Zunächst seien jedoch einige Bemerkungen zu den Routen der Pompai vorangestellt.

Antike religiöse Prozessionen hatten in der Regel ein Heiligtum als Ziel. Die Formation der Festzüge erfolgte nach Möglichkeit an Versammlungsorten, so z. B. oft am Prytaneion, der Stadt. Der Weg dazwischen variierte je nach Lage von Anfangs- und Endpunkt. Vielfach zogen die Pompai durch auch sonst viel benutzte Straßen, zuweilen Hauptverkehrswege innerhalb von Städten oder in ihrer Umgebung. In Pergamon verliefen wohl viele Festzüge über die Hauptstraße (*Abb. 1. 8*). Diese zieht sich am Südhang des Stadtbergs entlang, vorbei an zahlreichen Heiligtümern und öffentlichen Bauten[2]. Auch wenn

---

1 Bejor 1999, passim; Tabaczek 2005, passim. bes. 226–239. 250–262.

2 Bohtz – Albert 1975; Radt 1999, 58 Abb. 12.

uns eindeutige Belege für die Nutzung der Hauptstraße für Prozessionen fehlen, war sie zweifellos Teil des Verlaufs von einigen Pompai, denn die schmalen Treppenstiegen und Querstraßen an den Hängen des Bergs waren zu steil bzw. zu eng, um größeren Menschenmengen mit Gerät oder gar Wagen ein geordnetes Passieren zu ermöglichen [3]. In Ephesos waren die Kathodos, die Kuretenstraße, die Marmorstraße und die Plateia in Koressos Hauptachsen der Stadt, die zu einem Rundgang um den Panayırdağ gehörten und damit für zahlreiche Prozessionen benutzt wurden[4].

Extra- bzw. suburbane Heiligtümer erhielten indessen ihre eigenen Zugangswege, die eben auch für die Festzüge verwendet wurden. Hier ist kein Muster erkennbar: Die Wege können parallel zu Fahrstraßen verlaufen, wie es partiell in Ephesos zwischen Stadt und Artemision der Fall ist[5]. In Didyma hingegen entstand eigens für das Heiligtum eine Straße von Milet über das Gebirge zum Didymaion, obwohl der Seeweg die einfachste und schnellste Verbindung zwischen Stadt und Heiligtum darstellte[6]. In Pergamon wiederum war die Strecke zwischen dem Stadtberg und dem Asklepieion alleine als Zugang zu letzterem interessant und wird – sofern bekannt – von keinen weiteren Wegen begleitet[7].

Bezüglich der Trassen sind schließlich selbstverständlich auch die natürlichen Gegebenheiten von Interesse. Der Weg zwischen Pergamon und dem Asklepieion folgte im Hellenismus sowohl den Geländelinien als auch dem leichten Anstieg des Terrains; erst in der Kaiserzeit, als die Straße reich ausgestattet wurde, begradigte man ihren Verlauf und schnitt sie dafür in das Gelände ein[8]. In Ephesos hingegen drängten die natürlichen Phänomene, nämlich die wiederholten Überschwemmungen, zu einer mehrfachen Modifizierung der Straße in Form einer Erhöhung der Trassen, wobei der Verlauf immer gleich blieb[9].

Kehren wir zur Gestaltung und Ausstattung der Prozessionswege zurück. Für die Durchführung einer Pompe ist das Vorhandensein eines Weges unverzichtbar. So selbstverständlich dies erscheint, stellt die Schaffung eines solchen Zugangs an einigen Orten doch eine große Leistung dar, so beispielsweise in den Meterheiligtümern von Kapıkaya bei Pergamon und von Ephesos.

---

[3] Vgl. Ohlemutz 1940, 71. Konkret wird die Prozession vom Prytaneion – also irgendwo im Stadtzentrum – zum Asklepieion beschrieben (Habicht 1969, 3), ferner zum Heiligtum des Diodoros Pasparos (Hepding 1907, 243–256 Nr. 4 bes. Z. 40–48). Zu den Gassen: Wulf 1994, 137; Pirson 2006, 58 f. 61. 63–67 Abb. 4. 6; 72 f. Abb. 15–16; Pirson 2007, 15–19 Abb. 3–8; 21–26 Abb. 11–17; Pirson 2008, 87–89. 97–101. Die neuesten Forschungen in Pergamon haben gezeigt, dass Querstraßen mit 3,75–4,50 m Breite ausreichenden Platz für einen Festzug aufweisen konnten (Pirson 2007, 16), jedoch ist ihre Eignung aufgrund der steilen Steigung weiterhin fraglich.

[4] Knibbe – Langmann 1993, 11. 28; Knibbe 1999, 449; Pietsch 1999, 455; Thür 1999a, 422; Thür 1999b, 168. 170; Scherrer 1995, Plan; Friesinger – Krinzinger 1999, Plan 1. 2. Wie in Pergamon gibt es für Ephesos kaum Quellen, die eine Beschreibung der Prozessionsrouten enthalten, doch liegt es aufgrund der Disposition von Artemision und Stadt nahe, dass der Rundgang um den Panayırdağ dafür verwendet wurde. Dies unterstützt der in der Inschrift des Salutaris angegebene Verlauf seiner Pompe: MacLean Rogers 1991, 80–126. 136–151; Knibbe 1999, 449.

[5] Knibbe 1999, 452; Pietsch 1999, 455.

[6] Herda 2006, 261. 527 Abb. 9.

[7] Wulf 1994, 148.

[8] Boehringer 1966, 449; Ziegenaus – de Luca 1975, 45. 46. 50–53. bes. 52.

[9] Knibbe 1999, 452.

Abb. 2 Kapıkaya nordwestlich von Pergamon, Lage des Meterheiligtums markiert

Ersteres ist in der schroffen Berglandschaft im Nordwesten Pergamons auf gefährlicher Höhe gelegen und entstand um eine natürliche Höhle mit Quelle (*Abb. 2*)[10]. Für die Bedürfnisse des Kultes wurde stellenweise der Fels abgearbeitet, so z. B. um Stufen für das Ablegen von Votivgaben oder Nischen für das Kultbild bzw. für Weihreliefs zu schaffen[11]. In dieser schroffen Landschaft wurde durch die Abarbeitung des Felsens ferner ein Weg mit einer durchschnittlichen Breite von 1,5 m geschaffen, um die Zugänglichkeit zu verbessern und so das gleichzeitige Dahinschreiten größerer Menschenmengen zu ermöglichen[12].

Weiterhin zeigt das Meterheiligtum von Ephesos am östlichen Ausläufer des Panayırdağ[13] ähnliche in den Felsen geschlagene Vorrichtungen für Votive u. ä. (*Abb. 3. 4*). Gelegen an der eher sanft abfallenden Küste war es besser erreichbar jedoch hat man auch hier den von Süden, aus der Stadt kommenden Weg durch die Abarbeitung des Felsens begradigt und erweitert – eine ebenfalls bemerkenswerte handwerkliche Leistung (*Abb. 5*). Das Heiligtum war aufgrund der Lage in verhältnismäßig geringer Höhe und aufgrund der Beschaffenheit des Geländes recht gut erreichbar, so dass es nahe liegt, die

10 Nohlen – Radt 1978, Taf. 3b; 4a–b; 41; 42; Radt 1999, 19 Abb. 4.

11 Nohlen – Radt 1978, 5–7.

12 Nohlen – Radt 1978, 5 f. Taf. 39. 38.

13 Die Anlage wurde zwar bearbeitet (F. Soykal, Denkmäler des Kybele-Meterkultes in Ephesos, unpubl. Diss. Wien 1998) ist aber nicht publiziert. Einige knappe Informationen in: Scherrer 2005, 62 f.; Scherrer – Trinkl 2006, 263 f.

Abb. 3 Ephesos, Meterheiligtum

Abb. 4 Ephesos, Votivnischen am Meterheiligtum in den Felsen geschlagen

Abb. 5 Ephesos, Weg zum Meterheiligtum in den Felsen geschlagen

Erweiterung des Weges in Zusammenhang mit dem gleichzeitigen Passieren zahlreicher, möglicherweise Gerät mitführender Menschen, also mit der Durchführung von Prozessionen in Verbindung zu bringen.

Die beiden Beispiele belegen, dass auch bei einfachen Kulten mit bescheidenen Heiligtümern für die Veranstaltung von Pompai gewisse Vorkehrungen getroffen wurden. Die hierfür geschaffenen Wege waren zwar bis auf einzelne Felsreliefs nicht permanent ausgeschmückt und muten daher anspruchslos an, doch ist schon ihre Entstehung für das Engagement der Kultgemeinschaft bezeichnend.

Auch wenn die handwerkliche Leistung bei den zuletzt genannten Beispielen aufgrund der Geländebeschaffenheit und der Lage besonders hervorzuheben ist, stellt sich die Situation dort nicht grundsätzlich anders als bei den eingangs betrachteten, außer- und vorstädtischen Heiligtümern von überregionaler Bedeutung dar. Gemeinsam ist ihnen allen, dass ein gesonderter, anderweitig nicht benutzter Weg für sie geschaffen wurde, um überhaupt Zugänglichkeit zu gewährleisten und überdies die Durchführung von Festzügen zu ermöglichen.

Die Ausgestaltung von Straßen kann zum einen ihre besondere Bedeutung unterstreichen, zum anderen ihre Funktion unterstützen. Neben einer Pflasterung, die den Weg selbst kleidet, ist eine Ausstattung durch begleitende Bauten wie Hallen, Altäre, Tore,

Abb. 6 Didyma, Abschnitt der Heiligen Straße mit trajanischer Kalksteinpflasterung

Brunnen usw. möglich. Für die Festzüge sind des Weiteren temporäre Installationen wahrscheinlich, beispielsweise hölzerne Tribünen oder bewegliche Altärchen[14].

Die Prozessionsstraßen zeigen sich bis in die hellenistische Zeit bescheiden in ihrer Gestaltung. Eine Pflasterung über die gesamte Strecke ist ungewöhnlich und tritt wenn überhaupt erst in der mittleren Kaiserzeit auf.

Die Heilige Straße von Milet nach Didyma verlief über Jahrhunderte auf derselben Trasse[15]. Von der archaischen bis zur hellenistischen Zeit wurde für den Weg der anstehende Lehmboden mit kleinteiligem Steinmaterial befestigt. Erst bei der umfassenden Erneuerung der Heiligen Straße in trajanischer Zeit wurde in einem ca. 260 m langen, hinter einem zeitgleich errichteten Straßentor beginnenden Abschnitt in Didyma ein Pflaster aus großen Kalksteinplatten verlegt (*Abb. 6*)[16]. Für den restlichen Teil der Heiligen Straße bis nach Milet ist keinerlei Pflasterung belegt.

14 Eine derartige Funktion ist beispielsweise für die Altärchen für Hadrian möglich, die an verschiedenen Stellen in Pergamon gefunden worden sind: Benjamin 1963, 81 Nr. 189–216 mit weiterer Literatur.

15 Herda 2006, 178. 371 f. 527 Abb. 9. 537 Abb. 17.

16 Tuchelt 1980, 102 f. 109. 117 f.; Tuchelt 1984, 214–225; Tuchelt, 1987; Herda 2006, 371 f.; Bumke 2009, 69. 72.

Abb. 7 Pergamon, Abschnitt des Weges zum Asklepieion mit hadrianischer Pflasterung

Auch der Prozessionsweg von Pergamon in das suburbane Heiligtum des Asklepios behielt im Wesentlichen die gleiche Route über Jahrhunderte bei. Teile der Straße zwischen dem römischen Theater und dem Temenos sind identifiziert und zeigen, dass sie zunächst ebenfalls nur aus Erde bestanden hat. Erst im Zuge der wohl trajanischen Ausstattung des Weges wurde auch ein Pflaster aus Andesitplatten verlegt[17].

Die Festzugstraße zwischen Ephesos und dem Artemision besaß vorwiegend einen Belag aus kleinteiligem Stein- und Ziegelmaterial; lediglich ein nicht datierter Straßenhorizont war mit Steinplatten bedeckt[18].

Eine Pflasterung scheint die einfachste Weise gewesen zu sein, um einen Weg von seiner Umgebung abzuheben und seine Funktion zu unterstreichen. Diese Art der Ausstattung findet sich jedoch bei den genannten außer- bzw. vorstädtischen Beispielen nur partiell in der Nähe der Zielheiligtümer und erst ab der Hohen Kaiserzeit. Auch dabei handelt es sich jedoch nicht um eine selbständige Maßnahme, sondern um einen Teil einer umfangreicheren Ausschmückung der Wege[19].

---

17 Deubner 1938, 23–27; Ziegenaus 1970, 189. 191. Ziegenaus – de Luca 1975, 45.

18 Die Straßenhorizonte sind nicht datiert; das Steinpflaster liegt über 2 m tiefer als das Laufniveau der Damianosstoa (um 200 n. Chr.): Knibbe – Langmann 1993, 36 f.; Knibbe 1999, 452; Scherrer 2005, 64.

19 Dazu s. hier weiter im Text.

Abb. 8 Pergamon, Hauptstraße oberhalb von Bau Z

Teile der Prozessionswege, die innerhalb der Städte verlaufen, weisen zuweilen wesentlich früher eine Pflasterung auf, so z. B. die Hauptstraße von Pergamon (*Abb. 1. 8*). Der schon für die voreumenische Zeit nachgewiesene Straßenbelag aus Andesitplatten ist jedoch nicht nur für die Fahrstraße typisch, sondern findet sich auch auf weiteren Straßen der Stadt[20]. Weiterhin zeichnet die durchschnittliche Breite von 5 m lediglich die Hauptverkehrsader der Stadt aus, die nicht zuletzt für den Transport des Materials für die groß angelegten Baumaßnahmen auf dem Stadtberg benutzt wurde[21]. Pflaster und Breite stehen also in keinem kausalen Zusammenhang mit der Funktion der Hauptstraße als Prozessionsweg.

Indessen fehlen weitere Beispiele für die vorkaiserzeitliche Pflasterung von Wegen innerhalb von Städten. Die wenigen hellenistischen Befunde in Ephesos belegen eine Ausführung von Straßen in Stein nicht vor domitianischer Zeit, und in Milet sind gepflasterte Straßen erst für das 2. Jh. n. Chr. nachzuweisen[22]. Dort wurde um 100 n. Chr. im Zuge einer umfassenden Umbau- und Ausstattungsmaßnahme die Heilige Straße vom

20 Eine genaue Datierung der Straßenpflasterung liegt nicht vor, doch handelt es sich um hellenistische Maßnahmen: Pirson 2007, 16–19 Abb. 4–8. 21–26.

21 Bohtz – Albert 1975, 474; Radt 1999, 83 f. Zum Verlauf der Straße s. ausführlich: Bohtz – Albert 1975.

22 Die Kenntnisse über die Gestaltung und Ausstattung der Straßen innerhalb der Städte von Ephesos und Milet – zumal für die vorkaiserzeitlichen Zustände – sind aufgrund eingeschränkter Erforschung sehr gering. Ephesos: MacLean Rogers 1991, 95; Thür 1999a, 425 f.; Thür 1999b, 170; Scherrer – Trinkl 2006, 18. Milet: Pfanner u. a. 2005, 85.

Delphinion bis zur Agora sowie die Agora selbst in Marmor gepflastert[23]. Verlauf und Beschaffenheit des Straßenabschnitts von der Agora bis zum Heiligen Tor sind unbekannt.

Die beschriebenen Befunde unterstützen erneut die Annahme, dass die Bemühungen der Menschen in Bezug auf die Prozessionswege sich auf das Erschaffen eines ebensolchen konzentrierten, während seine materielle Ausstattung nicht unbedingt von Belang war. Dass die Entstehung der Wege kein Ergebnis der alltäglichen Nutzung, sondern eine wiederholt bewusst durchgeführte Maßnahme war, bezeugt beispielhaft – wie K. Tuchelt bereits herausgestellt hat – die Heilige Straße von Milet nach Didyma mit ihren bis zu 16 Horizonten[24].

Die eingangs betrachteten Routen einiger Prozessionswege demonstrieren, dass religiöse Festzüge viele heterogene Bereiche der Städte und ihrer Umgebung durchzogen und berührten, die ganz unterschiedliche Funktionen aufwiesen. Entsprechend vielfältig waren auch die Straßen säumenden Bauten und Denkmäler.

Suburbane Wege wurden vielfach von Gräbern und anderen Monumenten gerahmt. Die archaischen Branchiden sowie zahlreiche hellenistische bis spätantike Gräber wurden an der Heiligen Straße von Milet nach Didyma zwischen der Kreuzung nach Panormos und dem Didymaion aufgestellt[25], zahlreiche spätklassische Grabreliefs und -bauten säumten den Weg zum pergamenischen Asklepieion[26], ausgedehnte Friedhöfe und einige Ehren(grab)denkmäler begleiteten die ephesische Via Sacra[27]. Die Intention der Stifter war eine möglichst weitgehende Wahrnehmung der Grabstätten, um das Gedächtnis an die Toten zu sichern. Es ist jedoch kaum vorstellbar, dass dies während der Prozessionen geschah, wenn die Menschen sich auf den Vollzug der rituellen Handlungen konzentrierten. Vielmehr wurden die Monumente außerhalb der Festtage gewürdigt, wenn Gläubige zum jeweiligen Heiligtum gingen, um den Kult privat auszuüben. Der Grund für die Wahl dieser Standorte ist nicht in der Funktion der Straße als Prozessionsweg, sondern in ihrer Rolle als Zugangsweg zum Heiligtum zu suchen.

Innerhalb der Städte stellt sich die Situation vielfältiger dar. Die Festzüge streiften bzw. durchquerten auf ihrem Weg zum jeweiligen Heiligtum private sowie öffentliche, darunter politische, gesellschaftliche und religiöse Bereiche. Geschlossene Baukomplexe wie Gymnasien oder – ab dem Hellenismus – von Hallen umschlossene Agorai und Temene hatten keine unmittelbare Funktion oder Wirkung im Rahmen der Festzüge. Wohnviertel und Ladenzeilen boten ebenfalls kaum einen angemessenen Rahmen; in den Lokalen bzw. in den oberen Stockwerken von Häusern können nur wenige Zuschauer den Festzügen beigewohnt haben.

---

[23] Cain – Pfanner 2009, 87 Abb. 6–7; 88. 91 Abb. 11.

[24] Tuchelt 1991, 39.

[25] Schneider 1990; Bumke 2009, 80 f.; Herda 2006, 327-350.

[26] Boehringer 1959, 166 f.; Ziegenaus – de Luca 1975, 45–50; Scheer 1993, 134 f.; Radt 1999, 225. Auch der nicht sicher identifizierte Grabbau (ein Heroon?) an der Südostseite der Hallenstraße reiht sich in diese Tradition ein: Boehringer 1966, 450–455; Ziegenaus – de Luca 1975, 45; Radt 1999, 225 f. Abb. 172.

[27] Knibbe – Langmann 1993, passim; Knibbe 1999, 452 f.; Pietsch 1999, passim; Thür 1999a, 424. 427 f.; Thür 1999b, 170; Scherrer 2001, 61. 66 f.; Scherrer – Trinkl 2006, 267.

Ein anschauliches Beispiel für die Führung des Prozessionsweges durch eine Platzanlage hindurch ist die Obere Agora von Pergamon. Dort durchquert die Hauptstraße (= Prozessionsweg) den Platz, jedoch nicht entlang einer der umgebenden Stoai, sondern mitten über die Freifläche. Ferner ist der Weg vom Platz abgesetzt, denn er verläuft auf einem niedrigeren Niveau und steigt sacht auf die Höhe des Platzes an. Weiterhin gestaltet sich der Durchgang als eine nicht weiter hervorgehobene Öffnung in den südlichen Agorahallen und misst lediglich 3,13 m obwohl die Breite der Straße bis zu diesem Punkt um die 5 m betrug[28]. Der Weg wurde also in der Oberen Agora ausgespart und nicht gerahmt oder integriert[29].

Prinzipiell vergleichbar ist die Lage in den von Hallen umgebenen Heiligtümern. Dort schließen Stoai allmählich die von Tempeln, Altären und Weihungen besetzten Plätze, bleiben aber an den Rändern der Anlagen und damit in einiger Entfernung von den eintretenden Straßen bzw. Pompai[30].

Eine Ausnahme stellen die Bauten der Unteren Agora von Pergamon dar. Der Marktplatz wurde unter Eumenes angelegt und mit Hallen auf allen vier Seiten ausgestattet. Aufgrund des starken Gefälles konnte man aber hier an der Südseite der Südhalle, also an der Außenseite der Agora eine Halle zur Straße hin öffnen[31]. Auch wenn die gesamte Anlage sicherlich nicht als Ausstattung des Weges zu bewerten ist, war die Öffnung nach Süden auf die Straße hin konzipiert.

Stoai stellen grundsätzlich eine funktionale Ausstattung von Wegen dar, die für Festzüge benutzt werden. Sie entsprechen durch ihre beliebig ausdehnbare Länge dem Wesen einer Straße und bieten in ihren offenen Säulenhallen Platz für Zuschauer, die zudem vor der Witterung geschützt werden[32]. Die Stoai von Agorai und Heiligtümern richten sich wie gesehen nicht auf die Straßen aus, sondern schließen die jeweilige Anlage und werden höchstens von Wegen unterbrochen, jedoch sind vielfach auch Hallen belegt, die konkret auf die Straßen bezogen sind und diese über längere Strecken begleiten.

Eine erste derartige Halle könnte an der Heiligen Straße von Milet nach Didyma gelegen haben, ca. 200 m nordwestlich des Apollontempels. Der Bau wird vor 190 v. Chr. datiert, ist aber möglicherweise nicht eigenständig, sondern die Vorhalle eines nach Norden anschließenden Gebäudes. Erst zu Beginn des 1. Jh. v. Chr. wurden dann beide Seiten der Straße mit langen Stoai ausgestattet. Im Osten nahmen sie die Flucht und Tiefe der

---

28 Bohtz – Albert 1975, 496 f. 498; Rheidt 1992, 263 f. Abb. 9; Radt 1999, 90 f. Abb. 39.

29 Das Fehlen eines Tores bestätigt, dass die Straße lediglich durch den Platz geführt wurde, ohne in einer funktionalen Beziehung mit ihm zu stehen. Dazu vgl. Lauter 1986, 97.

30 Das Dionysosheiligtum von Pergamon wird zuweilen als Beispiel für eine von Hallen gesäumte Straße aufgeführt (so z. B. von Hesberg 1990, 236), jedoch handelt es sich auch hierbei um eine Platzanlage, die von Stoai nach allen Seiten abgeschirmt wird. Dass das Heiligtum wie eine Säulenstraße wirkt, ist in der äußerst engen Raumsituation der Anlage begründet. Zeugnis für die Funktion der Hallen als Umfassung des Temenos und nicht als Rahmung einer Straße legt nicht zuletzt das eumenische Eingangstor am südlichen Ende der Terrasse ab (Rheidt 1992, 270 Abb. 11). Die Hallen wie die restlichen Bauten des Heiligtums, so der Tempel, der Altar und das Skenegebäude, ordnen sich mit ihrer Bau- und Anlageform der Enge der Theaterterrasse unter (vgl. Radt 1999, 189–193. 257–262).

31 Radt 1999, 87–89 Abb. 35–36. Zur Datierung s. Pirson 2008, 102–104.

32 Vgl. Lauter 1986, 114 f.

früheren Halle auf, im Westen wurden sie der bestehenden Bebauung[33] vorgeblendet. Die Ausführung erfolgte in Kalkstein und Holz. In trajanischer Zeit wurde im Zuge einer größeren Baumaßnahme – die auch die Pflasterung der Straße einschloss – an Stelle der Westhalle eine marmorne Stoa errichtet. Im späteren 2. Jh. n. Chr. wurde diese wiederum durch eine neue, L-förmige Halle entlang der Heiligen Straße und der abzweigenden Thermengasse ersetzt[34].

In Milet ist mit dem Bau der Capitothermen direkt beim Delphinion am Anfang der Heiligen Straße auch eine auf die Straße hin geöffnete Stoa geplant worden, welche die Fassade von Therme und Gymnasion vereinheitlichte, und die Verbindung zwischen den beiden Gebäudekomplexen herstellte. Der Vollendung des Baus im Laufe der zweiten Hälfte des 1. Jh. n. Chr. folgte um 100 n. Chr. die Errichtung der nach außen in Form einer Halle geöffneten Fassade des Nordmarktes. Etwa gleichzeitig mit der ionischen Stoa im Osten ist wohl auch die Marmorpflasterung ausgeführt worden, die sich von dem Beginn der Heiligen Straße bis zur Agora vor dem Markttor hin erstreckt[35]. So entstand eine Hallenstraße, die den ersten Abschnitt des Prozessionsweges begleitet und auf den zeitnah gepflasterten Platz zwischen dem Nordtor des Südmarkts und dem Nymphäum führt. Im Unterschied zu den folgenden Beispielen ist jedoch diese Anlage weder einheitlich geplant noch in einem Zuge ausgeführt worden[36].

In Ephesos säumten ab domitianischer Zeit die Hauptstraßen der Stadt Hallen, die größere Längen aufweisen und nicht mit dahinter befindlichen Bauten funktional zusammenhängen. Hier wurden tatsächlich die Wege mit einem abschnittsweise einheitlichen Konzept ausgestattet, das auch eine Pflasterung mit einschloss. Auf diese Weise entstanden die für die Kaiserzeit charakteristischen marmornen Prachtstraßen. Einige dieser Wege gehörten auch zu den Routen von Prozessionen, so z. B. die Marmor- oder Kuretenstraße (*Abb. 9*). Außerhalb der Stadt wurde der Weg zum Artemision erst um die Wende vom 2. zum 3. Jh. n. Chr. architektonisch gefasst. Die auf einen Damm erhöhte Straße wurde mit einer Halle überdacht, die von T. Flavius Damianus gestiftet wurde[37].

Der Weg zum Asklepieion von Pergamon wurde wahrscheinlich unter Trajan über eine längere Strecke außerhalb der befestigten Stadt zu einer Via Tecta ausgebaut. Die Trasse wurde im Vergleich zur klassisch-hellenistischen nur geringfügig zur Begradigung geändert und über die Straße wurde eine Halle mit Kreuzgratgewölben aus Gussmauerwerk über gedrungenen Andesitpfeilern errichtet (*Abb. 10*)[38]. Im Zuge der hadrianischen

[33] Die Interpretation als Artemis-Heiligtum ist überzeugend widerlegt worden; eine Funktion des Bereiches als Makellon kommt frühestens ab dem 2. Jh. n. Chr. in Betracht: Bumke 2006, 224–227; Herda 2006, 459 Anm. 3242; Bumke 2009, 74.

[34] Tuchelt 1984, 214–225. 235–240 Abb. 7–12; Schneider 1990; Tuchelt 1991, 26–31 Abb. 42–49. 34 f.

[35] Cain – Pfanner 2009, 87 Abb. 6–7, 88.

[36] Der Verlauf der Prozession innerhalb Milets ist überaus unsicher (vgl. Herda 2006, 260 m. Anm. 1845, 532 Abb. 13, 533 Abb. 14), jedoch erscheint die Rekonstruktion von Gerkans aufgrund der Einbeziehung des Stadtzentrums zumindest für die Kaiserzeit eher überzeugend.

[37] Knibbe – Langmann 1993, bes. 16–27. 47–50 Taf. 24–26. 32; Scherrer 1995, 64 f.; Knibbe 1999, 451 f. Taf. 89, 2–91 Plan 6.

[38] Deubner, 1938, 23–27; Ziegenaus 1970, 189. 191; Ziegenaus – de Luca 1975, 45; Yalman 1989, passim; Radt 1999, 226 f.

Abb. 9 Ephesos, Kuretenstraße

Abb. 10 Pergamon, Reste der Pfeiler aus der via tecta zum Asklepieion

Erneuerung des Heiligtums wurden dann etwa die letzten 140 m des Weges bis zum ebenfalls neu errichteten Propylon von Säulenhallen gesäumt und gepflastert – beides in Marmor ausgeführt (*Abb. 7*)[39].

Aufgrund der formalen Übereinstimmung der von Hallen gesäumten Straßen geraten die vielfältigen Nutzungsmöglichkeiten des Bautypus und damit die Gründe für die Errichtung des jeweiligen Baus aus dem Blick. Die frühe Halle an der Ostseite der Heiligen Straße nach Didyma gehört möglicherweise zu einem nach Norden anschließenden Bau, die Stoai im Westen wurden der bestehenden Architektur vorgeblendet. Auch in Milet sind die Osthalle und die ionische Halle keine selbständigen Bauten[40]: erstere öffnet optisch den Nordmarkt zur Straße hin, die zweite verbindet das Gymnasion mit den Capitothermen, beide gestalten die Fassaden zur Heiligen Straße hin. Die Errichtung der beiden Bauten verringerte jedoch die Breite der Feststraße und ergab eine stark beengte Durchgangsituation im Bereich des Hafentors. Es fällt daher schwer die Anlage der Hallen als eine bewusste Ausstattung des Weges für die Pompai zu sehen. Eher folgte man hier der seit dem späten Hellenismus zunehmenden Tendenz, Baukomplexe nach außen abzuschirmen bzw. das Aussehen von Gebäudeansichten zu vereinheitlichen[41].

Weitere, einheitlich konzipierte Hallenstraßen innerhalb von Städten scheinen der gleichen Intention zu folgen. In Ephesos gestalten die vorgeblendeten Stoai beispielsweise an Kathodos und Marmorstraße die Fassaden zur Hauptstraße hin, indem erstere die heterogene Bebauung am Hang des Bülbüldağ und Panayırdağ verblendet, zweitere eine Schauseite zur Straße hin öffnet. Lediglich die hadrianischen Marmorhallen am pergamenischen Asklepieion können bezüglich ihrer Planung und Umsetzung definitiv auf die Straße bezogen werden.

Die Beispiele demonstrieren, welche Vielfalt die Bauten an Prozessionswegen aufweisen. Daran schließt sich jedoch die eigentliche Frage nach der Nutzung der Gebäude während der Pompe und nach ihrer Wirkung auf das Ritual an.

Während der Pompai gab es bestimmte Ballungspunkte für die Zuschauer, denn nicht die gesamte Strecke der Festzüge wurde von Menschen begleitet, wie auch die baulichen Gegebenheiten zwingend nahe legen. Die von Wohnbauten, Läden und Werkstätten gesäumten Hauptverkehrsstraßen innerhalb der Städte boten kaum Platz für Zuschauer (*Abb. 1*)[42], höchstens von den Gebäuden aus, vielleicht auch auf den höheren Etagen, konnten einige wenige dem Geschehen beiwohnen. Viel eher standen die Gläubigen und Schaulustigen in den Agorai, Gymnasien und Heiligtümern, an denen die Festzüge vorbeizogen bzw. endeten. Es ist anzunehmen, dass auf den Plätzen dann auch ephemere Konstruktionen wie Holztribünen errichtet worden sind, die mehr Menschen das Betrachten des Zuges ermöglichten, auch wenn man davon ausgehen muss, dass lediglich den besser Gestellten das Privileg eines derartigen Platzes vorbehalten war.

---

39 Boehringer 1966, 448 f. Plan 3; Ziegenaus 1970, 181–183 Abb. 11–12; Radt 1999, 230–242.

40 Cain – Pfanner 2009, 87 Abb. 6–7.

41 Lauter 1986, 80–82. 97–99. 99–113. bes. 112 f. 124 f.; von Hesberg 1990, bes. 240 f.; Bachmann 2004.

42 Radt 1999, 85.

Außerhalb der Städte ist nur sporadisch mit Zuschauern zu rechnen. Menschen, die in der Umgebung der Städte und Heiligtümer wohnten, mögen sich entlang der Strecke platziert haben, um den Gottheiten die Ehre zu erweisen, doch die Massen konzentrierten sich gewiss auf Anfang und Ende der Züge. Dies bezeugt deutlich – wenn auch für einen recht späten Zeitpunkt – die Damianosstoa[43]: Die privat gestiftete Halle überdachte ab dem späteren 2. Jh. n. Chr. die gesamte Strecke der Prozessionen zwischen dem Artemision und der Stadt Ephesos, doch die Anlage verbot geradezu das Zuschauen von außen. Die Straße wurde auf einen Damm erhöht, um sie von dem umliegenden sumpfigen Gelände abzuheben und ihre Nutzbarkeit zu gewährleisten. Die niedrige und enge Stoa behinderte jegliche Betrachtung des Geschehens aus der Ferne. Doch auch von Nahem konnte man kaum der Pompai beiwohnen, denn die Räume zwischen den mächtigen Pfeilern der Halle wurden von Sarkophagen und anderen Grabmälern besetzt. So erweist sich die Damianosstoa als ein den Festzug von allen Seiten isolierender Bau. Die Situation an der pergamenischen Via Tecta ist bedingt vergleichbar[44]. Auch hier handelt es sich um eine den Prozessionsweg selbst überdachende Halle mit niedriger Höhe und geringer Breite, doch befand sich die Straße auf einem Niveau mit ihrer Umgebung und es fehlen Indizien für direkt anschließende Gräber.

Die Erbauung von Straßen säumenden Hallen etwa ab trajanischer Zeit bewirkt bis zu einem gewissen Grade das Gegenteil. Sie schaffen zum ersten Mal Platz für Zuschauer, der sogar überdacht war und so Schutz vor Sonne und Regen bot. Die Säulenstraßen schafften eine einheitliche, »würdevolle« Kulisse für das fromme Geschehen. Die Gleichmäßigkeit und Regelmäßigkeit des Bautypus entspricht gewissermaßen dem Erscheinungsbild des Festzugs und trug gewiss zur Rhythmisierung desselben bei. Gleichzeitig isolierte der Bau das Ritual von seiner Umgebung und machte den Ort austauschbar. Dies kann zweierlei bedeuten: der Ritualraum wird von der Sphäre des Alltäglichen abgehoben, die Architektur unterstützt die Wirkung des Rituals, welches den Menschen aus seiner Routine gänzlich heraushebt, oder aber sie uniformiert die Geschehnisse und macht die Ausübung des jeweiligen Kultes zu einem beliebigen zelebrativen Vorgang.

Die Errichtung der Hallen entlang wichtiger Verkehrswege und damit auch einiger Prozessionswege ab der Hohen Kaiserzeit war nicht in der Durchführung von Ritualen in ihnen begründet. Dies ist beispielsweise in Ephesos ersichtlich, wo die wichtigen Straßen, ob in religiöse Vorgänge involviert oder nicht, zuweilen in ihrer vollen Länge mit Säulenhallen ausgestattet wurden. Bezeichnend ist, dass die Trasse des Prozessionsweges dagegen z. T. unscheinbar bleibt und keinerlei bauliche Maßnahmen nach sich zieht, wie z. B. der Abschnitt innerhalb der Tetragonos Agora[45].

---

43 Knibbe – Langmann 1993, bes. 16–27. 47–50 Taf. 24–26. 32; Scherrer 1995, 64 f.; Knibbe 1999, 451 f. Taf. 89, 2–91 Plan 6.

44 Deubner, 1938, 23–27; Ziegenaus 1970, 189. 191; Ziegenaus – de Luca 1975, 45; Yalman 1989, passim; Radt 1999, 226 f.

45 Groh 2006, 71 f. Die für die Umfassung der hellenistischen Agora erbaute östliche Halle konnte während der Festzüge als Unterstand gedient haben, doch ein kausaler Zusammenhang zwischen ihrer Erbauung und dem Verlauf des Prozessionsweges liegt aufgrund ihrer Disposition nicht nahe, vgl. Scherrer – Trinkl 2006, 18.

Das hier gezeichnete Bild entspricht dem Wesen der Pompe. Denn bestimmendes Merkmal eines Festzuges ist neben seiner zeitlichen Eingrenzung – was für alle Rituale gilt – ihr trasitorischer Charakter. So ist es nur konsequent, dass im Mittelpunkt des Interesses die praktisch bedingte Schaffung und nicht die kosmetisch bestimmte, permanente Ausstattung der Wege steht[46]. Anfang und Ende der Prozession werden lediglich temporär durch den Ritualraum verbunden, der Kontinuität schaffende Faktor ist die regelmäßige Wiederholung des Vorganges. Bezeichnend für diesen Umstand ist die Aufstellung der Gylloi vor der Durchführung der Neujahrsprozession von Milet nach Didyma[47]. Die ‚heiligen Grenzsteine' wurden zu einem Zeitpunkt vor der Pompe im Rahmen eines gesonderten Aktes am Anfang – beim Stadttor Milets – und Ende des Weges – an der Temenostür des Didymaion – errichtet. Damit definierten sie zum einen die Heilige Straße in ihrer Länge und kennzeichneten zum anderen jeweils den Übergang von der Stadt in die Chora bzw. von der Chora ins Heiligtum. Die Tatsache, dass diese steinernen Markierungen nicht permanent installiert, sondern für das Ritual aufgestellt wurden, bestätigt m. E. die Marginalität einer dauerhaften Abgrenzung und damit auch Ausstattung des Prozessionsweges. Der von A. Herda überzeugend postulierte gesonderte Vorgang der Aufstellung der Gylloi verdeutlicht den für die Vorbereitung der Pompe betriebenen Aufwand; damit wurden die Voraussetzungen geschaffen, um den Festzug durchführen zu können[48]. Der Ritualraum »Prozessionsweg« wurde also prinzipiell durch die Vorgänge konstituiert und hinterließ keinen dauerhaften, gegenständlichen Rahmen in Stadt und Land.

---

46 Einzigartig ist in diesem Zusammenhang die Tripodenstraße in Athen. Die siegreichen Choregen der Städtischen Dionysien stellten hier mitunter ihre Anatheme für Dionysos auf und statteten damit den in die Prozession des Festes einbezogenen Weg mit relevanten Denkmälern aus. Zum engen Zusammenhang und der Wechselwirkung zwischen Straße und Ausstattung s. ausführlich Agelidis 2009, 112–121.

47 Herda 2006, 10 Z. 25–27; S. 249–259.

48 Vgl. dazu das Ritual im Vorfeld der Städtischen Dionysien in Athen, für die das Kultbild des Dionysos Eleuthereus zunächst aus seinem Heiligtum am Südhang der Akropolis in einen Tempel bei der Akademie gebracht wurde, um am Vorabend des Festes in einer Vorab-Prozession in sein Heiligtum geführt zu werden. Zuletzt Agelidis 2009, 12 mit weiterführender Literatur.

Literaturverzeichnis

Agelidis 2009 — S. Agelidis, Choregische Weihgeschenke in Griechenland (Bonn 2009).

Bachmann 2004 — M. Bachmann, Topographie und Macht. Der Burgberg in Pergamon, in: E.-L. Schwandner – K. Rheidt (Hrsg.), Macht der Architektur – Architektur der Macht, DiskAB 8 (Mainz 2004) 121–131.

Bejor 1999 — G. Bejor, Vie colonnate. Paesaggi urbani del mondo antico, RdA Suppl. 22 (Rom 1999).

Benjamin 1963 — A. S. Benjamin, The Altars of Hadrian in Athens and Hadrian's panhellenic Program, Hesperia 32, 1963, 57–86.

Boehringer 1966 — E. Boehringer, Die Ausgrabungen zu Pergamon im Jahre 1965. Vorläufiger Bericht mit Hinweisen auf Grabungen und Arbeiten früherer Jahre und des Frühjahrs 1966, AA 1966, 415–483.

Bohtz – Albert 1975 — C. H. Bohtz – W.-D. Albert, Die antike Strasse zur Akropolis von Pergamon. Untersuchungen in den Jahren 1968/69, AA 1975, 471–529.

Bumke 2006 — H. Bumke, Die Schwester des Orakelgottes. Zum Artemiskult in Didyma, in: J. Mylonopoulos – H. Roeder (Hrsg.), Archäologie und Ritual. Auf der Suche nach der rituellen Handlung in den antiken Kulturen Ägyptens und Griechenlands (Wien 2006) 215–237.

Bumke 2009 — H. Bumke, Didyma in der Spätantike, in: O. Dally – M. Maischberger – P. I. Schneider – A. Scholl (Hrsg.), ZeitRäume. Milet in Kaiserzeit und Spätantike, Ausstellungskatalog Berlin (Berlin 2009) 68–81.

Cain – Pfanner 2009 — H.-U. Cain – M. Pfanner, Die Agora Milets in der Kaiserzeit und Spätantike, in: O. Dally – M. Maischberger – P. I. Schneider – A. Scholl (Hrsg.), ZeitRäume. Milet in Kaiserzeit und Spätantike, Ausstellungskatalog Berlin (Berlin 2009) 82–95.

Deubner 1938 — O. Deubner, Das Asklepieion von Pergamon. Kurze vorläufige Beschreibung (Berlin 1938).

Friesinger – Krinzinger 1999 — H. Friesinger – F. Krinzinger (Hrsg.), 100 Jahre Österreichische Forschungen in Ephesos. Akten des Symposions in Wien 1995 (Wien 1999).

Groh 2006 — S. Groh, Neue Forschungen zur Stadtplanung in Ephesos, ÖJh 75, 2006, 47–116.

Habicht 1969 — Chr. Habicht, Die Inschriften des Asklepieions, AvP 8, 3 (Berlin 1969).

Hepding 1907 — H. Hepding, Die Arbeiten zu Pergamon 1904–1905. II. Die Inschriften, AM 32, 1907, 241–377.

Herda 2006 — A. Herda, Der Apollon-Delphinios-Kult in Milet und die Neujahrsprozession nach Didyma. Ein neuer Kommentar der sog. Molpoi-Satzung, MilForsch 4 (Mainz 2006).

Knibbe 1999 — D. Knibbe, Via Sacra Ephesiaca, in: Friesinger – Krinzinger 1999, 449–454.

Knibbe – Langmann 1993 — D. Knibbe – G. Langmann, Via Sacra Ephesiaca I, Berichte und Materialien 3 (Wien 1993).

MacLean Rogers 1991 — G. MacLean Rogers, The Sacred Identity of Ephesos. Foundation Myths of a Roman City (London 1991).

Lauter 1986 — H. Lauter, Die Architektur des Hellenismus (Darmstadt 1986).

Nohlen – Radt 1978 — K. Nohlen – W. Radt, Kapıkaya. Ein Felsheiligtum bei Pergamon, AvP 12 (Berlin 1978).

Ohlemutz 1940 — E. Ohlemutz, Die Kulte und Heiligtümer der Götter in Pergamon (Würzburg 1940).

Pfanner u. a. 2005 — M. Pfanner – J. Pfanner – A. Fendt – S. Langer – L. Reichenbach – M. Maischberger, Forschungen im Sumpf. Neue Untersuchungen zum Markttor und zur Agora von Milet, AW 2005/2, 81–85.

Pietsch 1999 — W. Pietsch, Ausserstädtische Grabanlagen von Ephesos, in: Friesinger – Krinzinger 1999, 455–460.

Pirson 2006 F. Pirson, Pergamon – Das neue Forschungsprogramm und die Arbeiten in der Kampagne 2005, AA 2006/2, 55–79.

Pirson 2007 F. Pirson, Pergamon – Bericht über die Arbeiten in der Kampagne 2006, AA 2007/2, 13–70.

Pirson 2008 F. Pirson, Pergamon – Bericht über die Arbeiten in der Kampagne 2007, AA 2008/2, 83–155.

Radt 1999 W. Radt, Pergamon. Geschichte und Bauten einer antiken Metropole (Darmstadt 1999).

Rheidt 1992 K. Rheidt, Die Obere Agora. Zur Entwicklung des hellenistischen Stadtzentrums von Pergamon, IstMitt 42, 1992, 235–285.

Scheer 1993 T. S. Scheer, Mythische Vorväter. Zur Bedeutung griechischer Heroenmythen im Selbstverständnis kleinasiatischer Städte (München 1993).

Scherrer 2005 P. Scherrer (Hrsg.), Ephesos. Der neue Führer (Wien 2005).

Scherrer – Trinkl 2006 P. Scherrer – E. Trinkl, Die Tetragonos-Agora in Ephesos. Grabungsergebnisse von archaischer bis in byzantinische Zeit ; ein Überblick ; Befunde und Funde klassischer Zeit, FiE 13,2 (Wien 2006).

Schneider 1990 P. Schneider, Die Heilige Strasse II. Die Prozessionsstraße innerhalb des Heiligtums, Didyma Wegweiser 25, 1990.

Tabaczek 2005 M. Tabaczek, Zwischen Stoa und Suq. Die Säulenstraßen im Vorderen Orient in römischer Zeit unter besonderer Berücksichtigung von Palmyra (Köln 2002/2005), publiziert am 25.02.2005 <http://kups.ub.uni-koeln.de/volltexte/2005/1380/> (19.06.2009).

Thür 1999a H. Thür, Der Embolos: Tradition und Innovation anhand seines Erscheinungsbildes, in: Friesinger – Krinzinger 1999, 421–428.

Thür 1999b H. Thür, ‚Via Sacra Ephesiaca'. Von der Stadt und in der Stadt, in: P. Scherrer – H. Taeuber – H. Thür (Hrsg.), Steine und Wege, Festschrift für Dieter Knibbe zum 65. Geburtstag (Wien 1999).

Tuchelt 1980 K. Tuchelt, Didyma. Bericht über die Arbeiten der Jahre 1975–1979 mit Beiträgen von Peter Schneider, Ulrike Wintermeyer, Hans Roland Baldus, Wolfgang Günther, Rudolf Naumann, Wolf Schiele, IstMitt 30, 1980, 99–190.

Tuchelt 1984 K. Tuchelt, Didyma. Bericht über die Arbeiten der Jahre 1980–1983 mit Beiträgen von Peter Schneider, Ulrike Wintermeyer, Karin Gödecken, Hans Roland Baldus, Joachim Boessneck und Angela von den Driesch, Wolf Schiele, IstMitt 34, 1984, 193–344.

Tuchelt 1987 K. Tuchelt, Die Heilige Strasse I, Didyma Wegweiser 3, 1987.

Tuchelt 1991 K. Tuchelt, Branchidai – Didyma. Geschichte, Ausgrabung und Wiederentdeckung eines antiken Heiligtums 1765 bis 1990, AW 22 Sondernummer, 1991, 1–54.

von Hesberg 1990 H. von Hesberg, Platzanlagen und Hallenbauten in der Zeit des frühen Hellenismus, in: Akten des 13. Internationalen Kongresses für Klassische Archäologie, Berlin (Mainz 1990) 231–241.

Wulf 1994 U. Wulf, Der Stadtplan von Pergamon. Zur Entwicklung und Stadtstruktur von der Neugründung unter Philetairos bis in spätantike Zeit, IstMitt 44, 1994, 135–175.

Yalman 1989 B. Yalman, Atatürk'ün Asklepion ziyareti ve 1979 Asklepion kutsal yol kazısı, in: IX. Türk Tarih Kongresi, Ankara 21–25 Eylül 1981 (Ankara 1989) 519–534.

Ziegenaus 1970 O. Ziegenaus, Die Ausgrabungen zu Pergamon im Asklepieion. Vorläufiger Bericht über die Abschlussgrabungen der Jahre 1967 bis 1969 im Anschluss an die Arbeitskampagne 1966, AA 1970, 176–192.

Ziegenaus – de Luca 1975 O. Ziegenaus – G. de Luca, Das Asklepieion 2. Teil. Der nördliche Temenosbezirk und angrenzende Anlagen in hellenistischer und frührömischer Zeit, AvP 11, 2 (Berlin 1975).

Felix Pirson (Hrsg.), Manifestationen von Macht und Hierarchien in Stadtraum und Landschaft, BYZAS 13 (2012) 99-111

Die Positionierung von Heiligtümern als Ausdruck der Hierarchisierung von Stadtraum und Landschaft

Soi AGELIDIS

Die Positionierung von Kultstätten im Verhältnis zu der jeweils in Beziehung stehenden Stadt wird vielfach als Ausdruck der Bedeutung und des Ansehens der jeweiligen Gottheit bewertet[1]. Die darin implizierte Gliederung von Gebieten in Stadt, Territorium und weitere Umgebung suggeriert eine Hierarchisierung der Landschaft, indem das Gewicht des jeweiligen Kultes an der Entfernung des Heiligtumes vom Stadtzentrum abzulesen sei.

Eine derartig pauschale Auswertung der Situierung von Kultorten hält einer näheren Betrachtung nicht stand. Ein grundsätzliches Schema für die räumliche Verteilung von Heiligtümern in Stadtraum und Landschaft lässt sich durchaus erkennen. So werden Stadtgottheiten gewöhnlich an prominenten, sehr zentralen Stellen verehrt, Gottheiten mit chthonischem Charakter wiederum eher außerhalb der Stadtmauern. Ferner sind bestimmte Eigenschaften und Funktionen der Göttinnen und Götter ausschlaggebend für ihre Positionierung, beispielsweise die des Zeus Bulaios auf der Agora oder die des Hermes und Herakles im Gymnasion. Dennoch ist es nicht zulässig, aus diesen Regelmäßigkeiten auf starre Bedingungen zu schließen. Vielmehr ist eine gemeinsame Betrachtung der Gründungsumstände, der Umgang von Herrschern und Gemeinden mit dem Kult sowie die – vielfach wechselnde – Bedeutung des jeweiligen Standortes von Heiligtümern für die Stadt unabdingbar.

Um die Bedeutung der Standorte von Heiligtümern im Verhältnis zu den relevanten Städten und Landschaften einzuschätzen, sollen im Folgenden einige Kulte in Bezug auf ihre Gründung, das Wesen der Gottheit, die Positionierung des Heiligtums und die Kultpraxis beleuchtet werden.

---

[1] Vgl. beispielsweise Fränkel 1890, 170 Z. 51; Boehringer 1937, 84 f.

Die Abstammung und Genealogie von Gottheiten wurde in der Antike nur gelegentlich konkret thematisiert und dann meist mit dem Ziel, eine lange Tradition ihrer Verehrung zu suggerieren oder Verbindungen mit illustren Orten und Persönlichkeiten der Geschichte und des Mythos herzustellen. Die Gründung von Kult und Heiligtum der Athena in Pergamon kann aber aller Wahrscheinlichkeit nach Barsine zugeschrieben werden[2], einer Konkubine Alexanders des Großen, die sich zu ihrem Schutze und zu dem ihres Sohnes Herakles in der zweiten Hälfte des 4. Jh. v. Chr. in der Burg von Pergamon aufhielt. Die Bemühungen Alexanders um Athena im nicht allzu fernen Troja legten ihre Wahl für eine neue Kult- und Heiligtumsgründung in Pergamon nahe[3]. Die Nutzung der Akropolis als Baugrund wiederum spiegelt die Stellung von Herakles in Pergamon wider, denn sicherlich waren Bauaktivitäten dort der Elite der Stadt vorbehalten[4]. Der Akt der Kultgründung und die Errichtung des Heiligtums auf der Pergamener Akropolis können somit als Ausdruck des Machtanspruchs des Herakles in der Nachfolge Alexanders gewertet werden.

Abb. 1 Tetradrachme des Philetairos mit dem Bild von Seleukos I. (Vorderseite) und Athena (Rückseite).

Münzen von Lysimachos und Philetairos aus dem ausgehenden 4. und dem ersten Viertel des 3. Jh. v. Chr. bezeugen das Festhalten am Athenakult als Mittel zur Legitimation ihrer Macht in der Nachfolge Alexanders des Großen (*Abb. 1*)[5]. Der Gründer der Attalidendynastie löste sich jedoch allmählich von dieser Tradition und ließ ab ca. 275 v. Chr. keine Münzen mit dem Alexanderbildnis mehr prägen[6]. Nach einer Zeit der politischen Abhängigkeiten zu Beginn seiner Herrschaft zeigte sich nun Philetairos selbstbewusst und betonte seine Verbundenheit mit Pergamon, indem er sich in Inschriften als »Pergameus« bezeichnete[7].

Die Nachfolger des Philetairos förderten den Athenakult auf vielfältige Weise. Eumenes I. erhob die Göttin zur Stadtpatronin, Attalos I. führte die Feier der Nikephorien ein und stattete das Heiligtum mit Bauten und zahlreichen Weihgeschenken aus[8]. Ein umfassendes Programm verfolgte dann Eumenes II.: Seine ausgedehnte Bauaktivität in der Stadt hatte einen Schwerpunkt auf dem Athenaheiligtum, welches durch die Ausstattung mit Hallen und Propylon ein neues Gesicht erhielt und zeitgemäß prunkvoll in Szene gesetzt

---

[2] Die Argumentation von Schalles 1985, 5–22. bes. 15–22 ist m. E. sehr überzeugend. Vgl. dazu auch Scheer 1993, 106. 111 f.; Radt 1999, 24. 25. 159.

[3] von Fritze 1910, 35–38. Vgl. die Strategie der Diadochen in Troja selbst: Schalles 1985, 20.

[4] Das Wohlwollen der Pergamener gegenüber Herakles sowie seine Verknüpfung mit Athena bezeugen ferner städtische Prägungen mit einem Herakleskopf auf der Vorder- und dem Bild der Göttin auf der Rückseite, vgl. Scheer 1993, 106. 110; Schalles 1985, 13–19; von Fritze 1910, 35–38 Taf. 1, 7.

[5] von Fritze 1910, 7 Taf. 2, 1. 2. Lysimachos instrumentalisierte den Athenakult zu Legitimationszwecken auf vielfältige Weise: Lund 1992, 163 f.; Schalles 1985, 20 m. Anm. 124.

[6] Radt 1999, 29.

[7] Scheer 1993, 123.

[8] Zu Eumenes I.: Scheer 1993, 119 f.; Schalles 1985, 49 m. Anm. 314. Zu Attalos I.: Radt 1999, 160–165; Voegtli 1993, 17 Nr. 174–192; Schalles 1985, 53–59. 68–104.

Abb. 2 Pergamon, Modell von H. Schleif: Der Athena-Bezirk von Südwesten.

wurde (*Abb. 2*)[9]. Damit einher ging die Propagierung der Gründung des Kultes durch Auge, der Mutter des mythischen Stadtgründers Telephos[10]. Diese Verbindung von Stadt und Kult bereits zum Zeitpunkt ihrer Gründung sollte die Selbständigkeit des pergamenischen Reiches unterstreichen und kann als Manifestation des Selbstbewusstseins und der Ansprüche der Pergamener gelten.

Der Kult der Athena stellte eine Kontinuität zu der jüngeren Vergangenheit Pergamons her und suggerierte durch die Verflechtung mit dem Gründungsmythos eine jahrhundertealte Geschichte. Zunächst diente er der Verbindung mit dem unangefochtenen Herrscher Kleinasiens, Alexander, ermöglichte dann aber durch eine Verschiebung des Schwerpunktes auf die lokalen Traditionen die Trennung dieser Beziehung und die Stilisierung der Pergamener zu einer quasi autochthonen Macht in Kleinasien. Die Rolle des Heiligtums in diesem Prozess kann nur hypothetisch nachempfunden werden. Seine Platzierung auf der Akropolis, gut sichtbar von der Stadt und der Ebene aus, war gewiss eine Demonstration des Machtanspruches der Gründer[11]. Auch nach der Beseitigung von

9 Radt 1999, 160–162. 165–168. Auch die Errichtung des Großen Altares gehört in diesen Zusammenhang: Radt 1999, 168–190; zuletzt Kästner 2008; Maderna 2008.

10 Neben der Gründung von Kulten durch Telephos war möglicherweise auch die Initiation des Athenakultes durch Auge am Telephosfries dargestellt, vgl. Radt 1999, 178.

11 Die Gründe für die Wahl des genauen Standortes des Tempels sind unbekannt. Es ist jedoch auffällig, dass auf der recht weitläufigen Terrasse der Rand des Felssporns dafür benutzt wurde. Ob diese Positionierung lediglich eine gute Sichtbarkeit von der Stadt und der Ebene aus gewährleisten sollte oder vielmehr die Lage auf der Achse zwischen den Meterheiligtümern auf Kapıkaya und Mamurtkale ausschlaggebend war (dazu s. Wulf 1999, 41–43 m. Abb. 5–7 sowie den Beitrag von F. Pirson in diesem Band), ist unklar.

Barsine und Herakles blieb das Interesse an Kult und Göttin rege, und das Heiligtum wurde mit zahlreichen Weihungen der Herrscher ausgeschmückt[12]. Unter Eumenes II. erfuhr schließlich das Heiligtum eine umfassende Erneuerung und Ausgestaltung. Die Koinzidenz dieser Maßnahmen mit der Propagierung des Telephos-Mythos als Gründungssage von Stadt und Kult unterstreicht die Bedeutung des Heiligtums für das Selbstverständnis der Pergamener als eine Weltmacht, die ihre Legitimation aus ihrer langen, mit Mysien fest verankerten Geschichte bezieht. Die prominente Lage des Temenos auf der Akropolis machte das hohe Alter des Kultes glaubhaft und begünstigte möglicherweise die Wahl Athenas als Stadtgöttin Pergamons ohne jedoch dafür entscheidend zu sein.

Der Kult indigener Gottheiten wurde vielfach von neuen Herrschern unterstützt, um die Bevölkerung für sich zu gewinnen, Vertrauen zu schaffen und sich in die Gesellschaft einzufügen. Die Bedeutung dieser Kulte für den jeweiligen Ort sowie der Umfang ihrer Kultgemeinden variiert dabei sehr stark.

In Ephesos war die einheimische Göttin bereits vor der Stadtgründung präsent und mächtig, ihr Wirkungskreis war nicht nur lokal, sondern reichte weit nach Asien hinein. Die kleineren Siedlungen in der Umgebung ihres Heiligtums waren teils griechisch teils karisch-lelegisch bzw. lydisch[13]. Kroisos vereinte die Siedlungen zu einer neuen Stadt und legte diese in der Nähe des Artemision an. Der von ihm initiierte Synoikismos an dieser Stelle und seine bedeutenden Zuwendungen für das Heiligtum lassen auf eine bewusste Verknüpfung von Wohngebiet und Heiligtum schließen. Es entsteht der Eindruck, dass Kroisos die neu gegründete Stadt der Göttin anvertraute. Für den karischen Herrscher sollte der mächtige Kult der Artemis, die sowohl für die griechische als auch für die einheimische Bevölkerung bedeutend und damit als Schutzgöttin akzeptabel war, die heterogene Bürgerschaft vereinen[14].

Die fortschreitende Versumpfung des Gebietes um das Artemision im Laufe der Zeit hatte entsprechende Konsequenzen für die Lebensqualität der Menschen in der Wohnstadt des Kroisos. Die Gründung einer neuen Stadt am Sattel des Panayırdağ und Bülbüldağ durch Lysimachos war letztlich die einzig adäquate Maßnahme zur Entschärfung der Situation[15]. Die Ephesier haben jedoch anscheinend nur zögerlich Nea Arsinoeia besiedelt[16]. Neben der Trägheit des Menschen Gewohntes für Neues aufzugeben – ungeachtet der damit verbundenen Vorteile – mögen Bedenken gegenüber der Besiedlung eines bisherigen Nekropolengebietes wichtige Gründe für dieses Verhalten gewesen sein[17]. Weiterhin

---

12 Es ist bezeichnend, dass sogar die wenigen für Eumenes I. bezeugten Stiftungen im Heiligtum der Athena aufgestellt waren: Schalles 1985, 48 f. mit weiterführender Literatur. Zu den Weihungen Attalos' I. s. hier Anm. 8.

13 Zu den Vorgängersiedlungen von Ephesos s. Scherrer 1999, bes. Taf. 61.

14 Burkert 1999, 60–64; Scherrer – Trinkl 2006, 267; Scherrer 2001, 61; Scherrer 1999, 382.

15 Vgl. Calapà 2009, 332 f.

16 Ausgehend von der Überlieferung, Lysimachos habe die Kanalisation der Stadt beim Artemision fluten lassen, um die Anwohner zur Umsiedlung nach Nea Arsinoeia zu bewegen, wurde ein Konflikt zwischen Lysimachos und den Ephesiern um die Besiedlung der neuen bzw. dem Verbleib in der alten Stadt beim Artemision konstruiert: Knibbe 1995a, 144 f.

17 Vgl. Knibbe – Langmann 1993, 11. 15.

könnte jedoch diese Skepsis der Ephesier in der Entfernung der Stadt vom Heiligtum und der dadurch verursachten Besorgnis begründet sein, dadurch den Schutz der Artemis zu verlieren. Die räumliche Nähe bzw. Entfernung wurde als fundamental für die Macht der Göttin über die Stadt empfunden[18].

Das weitere Vorgehen der Ephesier scheint diese Annahme zu bestätigen, denn auch in der neuen Stadt hat Artemis bald Präsenz gezeigt und damit ihren Einfluss geltend gemacht[19]. Altäre an verschiedenen Stellen – so etwa an der Nordseite des Panayırdağ, an der Kreuzung nach Ortygia und auf der Sattelhöhe zwischen Panayırdağ und Bülbüldağ, am späteren Standort des Prytaneion – waren Kultorte der Göttin und visualisierten dauerhaft ihre Präsenz in der Stadt (*Abb. 3*)[20]. In Gestalt ihres Bildes zog sie schließlich noch in hellenistischer Zeit in das Zentrum der Stadtverwaltung, ins Prytaneion ein. Die zahlreichen Reminiszenzen gewährleisteten also trotz der Entfernung zu ihrem Heiligtum die dauerhafte Gegenwart der Göttin in ihrer Stadt und hoben damit die räumliche Trennung auf.

Die Zuneigung der pergamenischen Herrscher hat Meter bereits unter Philetairos, dem Dynastiegründer erfahren. Das Heiligtum von Mamurtkale auf dem Aspordenon (heute Yünd Dağ) etwa 30 km südöstlich von Pergamon ließ er mit einem Tempel, einem neuen Altar und Hallen ausstatten[21]. Die Gunst des Herrschers dokumentierte dauerhaft die Stiftungsinschrift am Architrav des Tempels. Wie wichtig die Zuschreibung der Baumaßnahmen an Philetairos war, zeigt die Tatsache, dass bei einer späteren Reparatur des Tempels seine Stiftungsinschrift erneut auf dem Architrav angebracht wurde, wie der Fund von zwei verschieden zu datierenden Architravblöcken mit derselben Inschrift bezeugt[22]. Die Präsenz des Dynastiegründers am Hauptgebäude des Heiligtums demonstrierte die Verbindung zwischen Pergamon und dem Heiligtum von Beginn der attalidischen Herrschaft an. Den Zusammenhang mit der Stadt unterstrich weiterhin die Ausrichtung der gesamten philetairischen Anlage, denn ihre Mittelachse orientiert sich exakt nach Pergamon (*Abb. 4*)[23].

Einen ähnlichen Ausbau wie auf Mamurtkale haben die Attaliden im Heiligtum von Pessinus vorgenommen[24], Wiege des Meterkultes und zu diesem Zeitpunkt in galatischem Territorium gelegen. Das Kultbild dieses Heiligtums, ein anikonischer Meteoritenstein,

---

18 Diese Auffassung scheint auch die von Herodot, Aelian und Polyainos überlieferte Geschichte zu belegen, nach der die Ephesier ihre Stadt durch Seile mit dem Heiligtum der Artemis verbanden, als sie von Kroisos bedroht wurde. Hdt 1, 26; Ail. var. 3, 26; Polyain. 6, 50. Dazu auch: Burkert 1999, 64.

19 Die fingierte Rivalität zwischen Stadt und Heiligtum, welche Knibbe 1995a, 144 f. als essentiellen Faktor für die Stadtentwicklung ansieht, hat Calapà 2009, 329–339 mit zahlreichen Belegen widerlegt.

20 Knibbe 1995a, 144; Knibbe 1995b, 450 f.; Knibbe – Langmann 1993, 11.

21 Agelidis 2009, 49–51; Radt 1999, 243 Abb. 189; Conze – Schazmann 1911, 4. 11. Taf. 1.

22 Conze – Schazmann 1911, 20–22 Abb. 2 Taf. 5–7; Ohlemutz 1940, 176.

23 Wulf 1999, 41–43 m. Abb. 5–7; Nohlen – Radt 1978, 71 m. Anm. 14–16; Conze – Schazmann 1911, 11 Abb. 14 f. s. auch hier Anm. 11. Einschränkend ist dazu anzumerken, dass Pergamon die Tempelrückwand zugewandt ist, die sogar in die geschlossene Seite der Π-förmigen Hallenanlage integriert ist und daher die Sicht in beiden Richtungen verstellt war. Andererseits sollten möglicherweise die 4,20 m bzw. 3,10 m weiten Öffnungen zwischen Tempel und Hallen (s. Plan von P. Schazmann in Conze – Schazmann 1911, Taf. 1) eben jenen Blickkontakt zwischen Stadt und Heiligtum ermöglichen.

24 Strabo 567C.

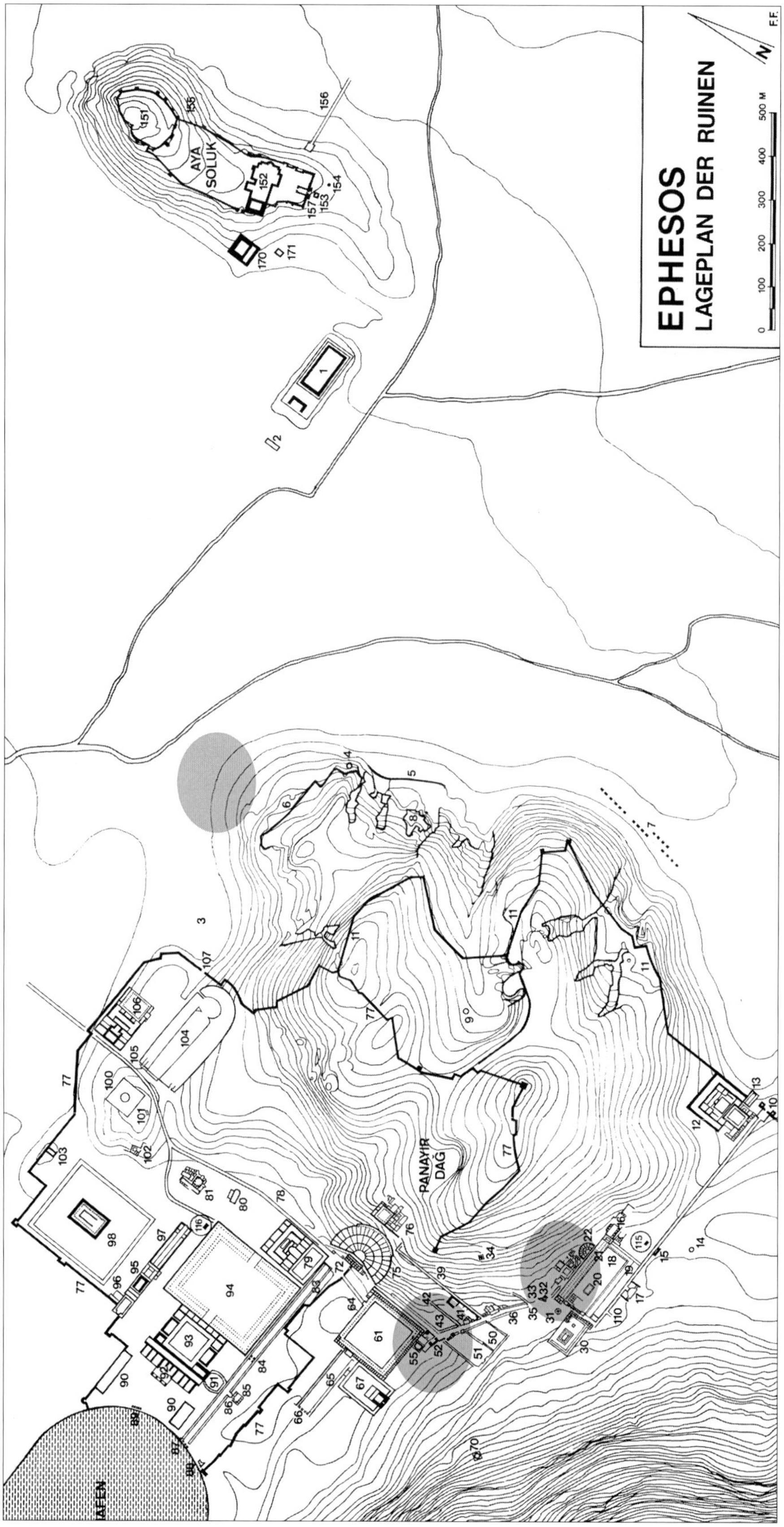

Abb. 3 Plan von Ephesos: ungefähre Standorte der Artemis-Altäre in der Stadt.

Abb. 4 Plan von Mamurtkale mit Meter-Heiligtum und Umgebung: Ausrichtung nach Pergamon.

wurde später wohl zunächst in das pergamenische Megalesion, dann im Jahre 205/4 v. Chr. nach Rom gebracht[25].

Meter und ihre Heiligtümer haben anhaltenden Zuspruch durch die pergamenischen Herrscher erfahren, was Weihungen der Königsfamilie auf Mamurtkale aus der Regierungszeit von Attalos I. bezeugen[26]. Auf der Pergamener Akropolis gibt es ferner eine Reihe von Anhaltspunkten für die Existenz eines Heiligtumes der Meter Basileia in der unmittelbaren Nähe der Paläste[27].

---

25 Suet. Tib. 2, 3; Varro ling. 6, 15; Bömer 1952, 1949 Nr. 180; Radt 1999, 32.

26 Conze – Schazmann 1911, 37 f.; Ohlemutz 1940, 174 f. 178.

27 Ohlemutz 1940, 61–64. 181 f.; Nohlen – Radt 1978, 86; Mandel – Gossel-Raeck 2004, bes. 323–327; Beitrag T. Zimmer in diesem Band S. 256.

Den Kultstätten von Pessinus und Mamurtkale ist die lange anhaltende Verehrung der einheimischen Gottheit vor Ort sowie die Entfernung von Pergamon gemein. Die pergamenischen Herrscher zeigten zunächst durch bedeutende Stiftungen Präsenz und stellten damit eine Verbindung zu Pergamon her. Die prestigeträchtigen Gebäude garantierten eine langandauernde und prominente Gegenwart der Attaliden an den Orten am Rande bzw. außerhalb ihres Territoriums. Damit wurden politische Ansprüche auf diese Gebiete zum Ausdruck gebracht, die beispielsweise zur Einbeziehung von Pessinus in das Territorium Pergamons führten[28]. Die erwähnte achsiale Ausrichtung des Metertempels von Mamurtkale auf den Burgberg hat überdies den erfahrbaren Sichtbezug in eine gestaltete Form übertragen und damit die Verbindung zwischen Stadt und Heiligtum betont.

Die Gründung von Meterheiligtümern innerhalb der Stadt wie das Megalesion unter Philetairos oder Eumenes I.[29] war eine weiterere Demonstration der herrscherlichen Verehrung sowie ein Mittel zur Anknüpfung an den Glauben der Einheimischen und deren außerhalb der Stadt gelegenen Heiligtümer. Wie wichtig der Meterkult für die Pergamener und der Bevölkerung des unmittelbaren Umlands war, bezeugt eine Reihe von gesicherten Heiligtümern der Göttin, so z. B. auf Kapıkaya[30], ferner der Fund von zahlreichen Kybelestatuetten im Stadtgebiet und im Bereich des Asklepieion[31].

Der Umgang der Herrscher mit dem Standort der Heiligtümer kann im Falle der Meter nur sehr bedingt nachvollzogen werden. Die Kultstätten von Mamurtkale, Kapıkaya und Pessinus bestanden bereits seit vorattalidischer Zeit. So konnten die herrschaftlichen Gönner keinen Einfluss auf die Einrichtung und damit auf die Positionierung der Kulte nehmen, sondern lediglich auf ihre Ausstattung. Die Positionierung und die Anlagen der von den Attaliden gegründeten Meterheiligtümer in den Basileia und des Megalesion, deren Bestimmung wohl ihnen oblag, sind hingegen nicht gesichert[32], so dass das Vorgehen der pergamenischen Herrscher in diesen Punkten unbekannt bleibt.

Es zeigt sich also, dass die etwas entfernt, zuweilen auch außerhalb des Territoriums gelegenen Kulte mit längerer Tradition zunächst durch ihre Lage und Geschichte keine Anknüpfungspunkte zu den nahe gelegenen Städten hatten. Eine Verbindung wurde durch die Herrscher erst initiiert und intensiviert. Durch die prominente Anwesenheit der Machthaber wurde das geförderte Heiligtum in das kultische Territorium der fördernden Stadt einbezogen, politische Ansprüche konnten damit zumindest angedeutet werden. Sicht- und Achsenbezüge konnten überdies als Mittel zur Betonung eines engen Verhältnisses genutzt werden.

---

28 Territorium Pergamons zur Zeit des Philetairos: zentrales Kaikos-Tal und angrenzende Gebirgsabhänge. Radt 1999, 29. Gebietszuwachs unter Eumenes I.: nach Norden bis zum Berg Ida (heute Kaz Dağ, bei Edremit), nach Osten bis zum oberen Kaikostal, nach Westen am Meer große Teile des Golfs von Elaia südlich der Kaikos-Mündung, etwa bis Myrina. Die Küstenstädte blieben frei. Sommerey 2008, 140–142; Radt 1999, 29 f.

29 Ohlemutz 1940, 183 f. m. Anm. 36; Varro ling. 6, 15.

30 Zuletzt zusammenfassend Agelidis 2009, 51 f.

31 Karagöz 2004; Mandel – Gossel-Raeck 2004; de Luca 1984, 56 Nr. 600. 97 S12 Taf. 37. 97 S13 Taf. 37; Nohlen – Radt 1978, 86; Ziegenaus – de Luca 1975, 64 Nr. 17 Taf. 49, 8. 76 Nr. 160. 81 Nr. 218 Taf. 50, 1. 81 Nr. 219; Ziegenaus – de Luca 1968, 131 f. Nr. 206 Taf. 46. 132 Nr. 207 Taf. 46; Pirson 2010, 197.

32 Ohlemutz 1940, 181–183 (Meter Basileia). 183–185 (Megalesion).

Den Umgang mit neu eingeführten, fremden Gottheiten sollen zwei Beispiele verdeutlichen. Im 4. Jh. v. Chr. wurde der Kult des Asklepios durch einen pergamenischen Privatmann, von Epidauros ausgehend, in Pergamon eingeführt[33]. Sein Heiligtum wurde etwa 2 km außerhalb der Stadt angelegt, an einer Stelle, an der bereits kultische Verehrung für eine andere Gottheit statt fand[34]. Ausschlaggebend für die Wahl des Ortes war gewiss das Vorhandensein der als Kultmal markanten Felsbarre und einer Quelle, welche für einen Heilkult elementar wichtig ist.

Die Zugänglichkeit des Heiligtums von Pergamon aus wurde durch eine Straße gewährleistet, die aufgrund ihres weitgehend geraden Verlaufs und ihrer fehlenden Fortsetzung jenseits des Temenos sicherlich eigens für diesen Zweck errichtet wurde[35]. Die Bedeutung der Straße für einen bestimmten Personenkreis unter den Pergamenern bezeugen Grabdenkmäler, die bereits im späten 4. Jh. v. Chr. am Wegesrand errichtet wurden. Die pergamenischen Herrscher zeigten sich zurückhaltend in ihren Zuwendungen. Erst als der Kult einen größeren Rahmen erreicht hatte, nämlich unter Attalos I., erhielt er den Status eines »Staatskultes« und das Bild des Asklepios erschien fortan auf den pergamenischen Münzen[36]. Eine Erklärung für das späte Interesse der pergamenischen Herrscher an Kult und Heiligtum des Heilgottes ist in zwei Faktoren zu sehen: zum einen gehörte der Standort des Temenos bereits zum pergamenischen Territorium, als der Kult eingerichtet wurde (und damit auch zu Beginn der attalidischen Herrschaft), und zum anderen gewann Asklepios erst in der zweiten Hälfte des 3. Jh. v. Chr. eine stattliche Zahl an Verehrern, die seinem Kult ein gewisses Gewicht in der pergamenischen Gesellschaft verlieh. Durch die Position des Heiligtums im Territorium Pergamons war also keine demonstrative Präsenz der Herrscher nötig. Ihr später gezeigtes Interesse war in dem wachsenden Zuspruch der Pergamener begründet, deren Wohlwollen sich die Könige sichern wollten.

Ein nachweislich durch die pergamenischen Herrscher gegründeter Kult war hingegen der des Zeus Sabazios. Der von der Königsgattin Stratonike in Pergamon eingeführte kappadokische Gott Sabazios wurde der Athena zur Seite gestellt. Aus den Quellen geht hervor, dass er im außerhalb der Stadtmauer gelegenen Nikephorion verehrt wurde und von den Attaliden große Zuwendung erfuhr. Ein Brief Attalos' III.[37] unterrichtet uns über die Einrichtung von Opfer, Prozessionen, Mysterien sowie den Einsatz eines Priesters, der bezeichnenderweise identisch mit dem Priester des Dionysos Kathegemon war[38]. Dem nicht-griechischen Gott wurde ferner ein griechischer Name angefügt, nämlich Zeus, um ihn der pergamenischen Bevölkerung verständlich zu machen und seine Akzeptanz zu fördern[39].

---

33 Pausanias 2, 26, 8–9. Dazu: Agelidis 2009, 47; Radt 1999, 220; Scheer 1993, 130 f.; Allen 1983, 162 f.; Habicht 1969, 1.

34 Agelidis 2009, 47; Scheer 1993, 103. 108 f.; Ziegenaus – de Luca 1975, 92. 145.

35 Zu Anlage und Ausstattung des Weges zum Asklepieion s. hier den Beitrag der Verfasserin S. 81–98.

36 Dazu ausführlicher Agelidis 2009, 48.

37 Fränkel 1890, 164–171 Nr. 248. hier 165 f. 170 f. Z. 45–61.

38 Ohlemutz 1940, 269–271.

39 Ohlemutz 1940, 271 f.

Die hier vorgestellten Beispiele lassen einen durchaus variablen Umgang mit Kulten und der Positionierung von Heiligtümern erkennen. Die Lage der Kultorte in der Landschaft und ihr Abstand zum jeweiligen Stadtzentrum allein sagt dabei über die Bedeutung und Wertschätzung der Gottheiten und ihrer Verehrung wenig aus[40]. Vielmehr sind die natürlichen Gegebenheiten, so z. B. das Vorhandensein von Naturmalen oder die Beschaffenheit der Landschaft, für die Einrichtung der Kulte ausschlaggebend. Auch die Zuwendung von Gläubigen und Herrschern ist von der Entfernung zwischen Siedlung und Heiligtum nicht abhängig, obwohl die räumliche Nähe von Stadt und Gottheit für die Sicherung und die Demonstration der gegenseitigen Verbundenheit von Bedeutung ist. Daher wird die räumliche Entfernung durch die Errichtung von Reminiszenzen an Gottheiten in der Stadt – wie in Ephesos – oder an Herrscher in den entlegenen Heiligtümern – wie auf Mamurtkale – teilweise aufgehoben. Die Bauten demonstrierten die permanente Präsenz der Gottheiten bzw. der Euergeten auf eine dauerhafte Art und Weise.

Die recht bescheidene Materialbasis und Quellenlage lässt das zuverlässige Aufzeigen von zeitgebundenen Veränderungs- und Entwicklungstendenzen nicht zu. Gleichwohl zeigen unsere Beispiele, die aus unterschiedlichen Zeiten stammen, einen ähnlichen Umgang mit der Positionierung von Kulten in Stadt, Territorium und Landschaft.

Die Bemühungen von Herrschern, Eliten und einfacher Bevölkerung, ihre Verbundenheit mit bedeutenden Heiligtümern unabhängig von ihrer Position im Stadtraum bzw. in der umgebenden Landschaft zu demonstrieren, beschränkt sich freilich nicht auf die Errichtung von dauerhaften Denkmälern und architektonischer Ausstattung, sondern erstreckt sich zudem auf performative Akte in religiösem Kontext. Eine besonders hohe Bedeutung haben in diesem Zusammenhang haben die Prozessionen.

Es liegt in der Natur von Prozessionen, dass sie sich über eine längere Distanz erstrecken und damit größere, sich ständig verändernde Raumabschnitte in Anspruch nehmen und formen. Innerhalb der Städte waren diese meist für den Festzug selbst nicht signifikant gestaltet, lediglich Punkte, die für den jeweiligen Kult von Bedeutung waren – wie z. B. Altäre – markierten dauerhaft kultische Orte[41]. Die in der Kaiserzeit auftretende Ausstattung von einigen Straßen, darunter auch Prozessionswege mit Hallen wie Embolos und Marmorstraße in Ephesos oder Hallenstraße und Via Tecta in Pergamon, hebt die Hauptverkehrsstraßen im Stadtbild hervor und trägt zur atmosphärischen Gestaltung der Pompai bei, ohne jedoch kultisch erforderlich zu sein.

Außerhalb der Städte waren die Verhältnisse etwas anders. Wege markierten Zugänge von Heiligtümern, und damit auch die Strecke der Pompai, und stellten zuweilen eine dauerhafte Verbindung zwischen Stadt und Heiligtum her. Wenn ein solcher Weg auf keiner verkehrswichtigen Strecke liegt, wie am hellenistischen Asklepieion Pergamons, dann ist

---

40 Die Einrichtung von Herrscherkulten in städtischen wie suburbanen Heiligtümern in Pergamon (z. B. Temenos für den Herrscherkult auf der Oberburg, Attalos III. als Synnaos des Asklepios) ist m. E. bezeichnend für geringe Relevanz des Standortes für die Wertigkeit eines Kultes.

41 Zur Ausstattung von Prozessionswegen s. hier den Beitrag der Verfasserin »Zur Architektonischen Fassung von Prozessionswegen«, S. 81–98.

er eine permanent sichtbare Markierung dieses Zugangs und damit auch des Prozessionsweges. Besonders deutlich wird dieses Phänomen bei der Heiligen Straße zwischen Milet und Didyma, die in der Tat keine günstige Verkehrsverbindung zwischen den beiden Orten darstellt, jedoch als Zugangs- und Prozessionsweg mit Kultstätten und weiteren bescheidenen Bauten ausgestattet wurde. Die Ringstraße, die vom Artemision nach Ephesos und um den Panayır Dağ zum Heiligtum zurück führt, entspricht hingegen weitgehend dem Verlauf der für die Stadt wichtigen Straßen, setzt sich jedoch – zumindest nach der Errichtung der Damianosstoa – von den Hauptverkehrswegen ab und läuft teilweise parallel zu ihnen, jedoch auf einer getrennten Trasse.

Eine so prominente Ausstattung der Zugangs- und Prozessionswege stellt eher eine Ausnahme dar. Doch bereits das Vorhandensein der Verbindungsstraße bezeugt den Bund zwischen Stadt und Heiligtum, auch wenn nur in einem bescheidenen Rahmen. Gleiches gilt für die kaiserzeitliche Hallenstraßen, die wiederum als Markierung des Weges in eng gebauten Gebieten fungieren.

Die Verknüpfung zwischen Stadt und Heiligtum wird jedoch erst mit der Durchführung einer verbindenden Prozession prominent in Szene gesetzt. Bei den wenigen Beispielen von nicht-kreisförmigen Prozessionen, bei denen wir Ausgangspunkt, Strecke und Ziel des Festzuges kennen, beginnen die Züge am Prytaneion der jeweiligen Stadt und enden am Heiligtum in der Umgebung[42]. Das Prytaneion steht als Zentrum der städtischen Verwaltung stellvertretend für die gesamte Bürgerschaft und Stadt. Der Beginn der Prozession an diesem Punkt verdeutlicht den Anspruch des Zuges als Vertreter der gesamten Gesellschaft zu agieren. Damit ist eine politische Komponente zu fassen, denn die Bedeutung der Pompe ist der Auszug einer gesamten Stadt zu einem Heiligtum. Aufgrund der Erstreckung des Festzuges vom Stadtzentrum zu einem extra- bzw. suburbanen Temenos und der Menge an Menschen, die mitschreiten bzw. zuschauen, stellt die Prozession ein starkes visuelles Medium zur Demonstration der Zusammengehörigkeit von Heiligtum und Stadt dar.

Von ähnlicher kommunikativer Kraft sind Pompai mit Auszug des Kultbildes, also der Gottheit, aus dem Heiligtum in die Stadt. Auch hier wird die Verbindung stark visualisiert und die Einheit von Stadt und Heiligtum demonstriert.

Zusammenfassend ist festzuhalten, dass die Verteilung von Heiligtümern in einer Stadt, in ihrer unmittelbaren Umgebung und in ihrem Territorium keinem festen Schema folgte, dem eine Hierarchisierung der Landschaft zugrunde gelegen hätte. Die Positionierung von Kulten hing hingegen von den natürlichen Gegebenheiten, ihre Wertschätzung und Akzeptanz sowie von ihrem Wesen ab. Dennoch wurde eine ideelle Nähe zwischen Gott und Gläubigen bzw. Stiftern als fundamental angesehen und über Bauten, Weihungen und Rituale hergestellt. Von besonderer Bedeutung sind in diesem Zusammenhang die Pompai, welche als kollektiver, zelebrativer Akt ein starkes visuelles Zeichen der Verbundenheit setzten.

---

42 So z. B. die Prozessionen für Diodoros Pasparos und Attalos III.: Hepding 1907, 243–256 Nr. 4; OGIS I Nr. 332 Z. 15–17.

Literaturverzeichnis

Agelidis 2009 — S. Agelidis, Cult and Landscape at Pergamon, in: Ch. Gates – J. Morin – Th. Zimmermann (Hrsg.), Sacred Landscapes in Anatolia and its Neighbouring Regions – an international symposium, Bilkent Üniversitesi Ankara 18.–21. Oktober 2007, BARIntSer 2034 (Oxford 2009) 47–54.

Allen 1983 — R. E. Allen, The Attalid kingdom. A constitutional history (Oxford 1983).

Boehringer 1937 — E. Boehringer, Das Temenos für den Herrscherkult. 'Prinzessinnen-Palais', AvP 9 (Berlin 1937).

Bömer 1952 — RE XXI (1952) 1878–1994 s. v. Pompa (F. Bömer).

Burkert 1999 — W. Burkert, Die Artemis der Epheser: Wirkungsmacht und Gestalt einer großen Göttin, in: H. Friesinger – F. Krinzinger (Hrsg.), 100 Jahre Österreichische Forschungen in Ephesos. Akten des Symposions in Wien 1995 (Wien 1999) 59–70.

Calapà 2009 — A. Calapà, Das Stadtbild von Ephesos in hellenistischer Zeit, in: A. Matthaei – M. Zimmermann (Hrsg.), Stadtbilder im Hellenismus, Die hellenistische Polis als Lebensform 1 (Berlin 2009) 322–347.

Conze – Schazmann 1911 — A. Conze – P. Schazmann, Mamurt-Kaleh. Ein Tempel der Göttermutter unweit Pergamon, JdI Ergh. 9 (Berlin 1911).

de Luca 1984 — G. de Luca, Das Asklepieion 4. Teil. Via Tecta und Hallenstraße, die Funde, AvP 11, 4 (Berlin 1984).

Fränkel 1890 — M. Fränkel (Hrsg.), Die Inschriften von Pergamon, AvP 8, 1 (Berlin 1890).

Habicht 1969 — C. Habicht, Die Inschriften des Asklepieions, AvP 8, 3 (Berlin 1969).

Hepding 1907 — H. Hepding, Die Arbeiten zu Pergamon 1904–1905. II. Die Inschriften, AM 32, 1907, 241–377.

Karagöz 2004 — Ş. Karagöz, Die Kybele-Statuetten von Kestel bei Pergamon, IstMitt 54, 2004, 351–357.

Kästner 2008 — V. Kästner, Pergamon – Der antike Ort und sein Altar, in: D. Grassinger – T. de Oliveira Pinto – A. Scholl (Hrsg.), Die Rückkehr der Götter. Berlins verborgener Olymp, Ausstellungskatalog Berlin (Regensburg 2008) 362–381.

Knibbe 1995° — D. Knibbe, Via Sacra Ephesiaca. New Aspects of the Cult of Artemis Ephesia, in: H. Koester (Hrsg.), Ephesos. Metropolis of Asia (Valley Forge PA 1995) 141–155.

Knibbe 1995b — D. Knibbe, Via Sacra Ephesiaca, in: H. Friesinger – F. Krinzinger (Hrsg.), 100 Jahre Österreichische Forschungen in Ephesos. Akten des Symposions in Wien 1995 (1999) 449–454.

Knibbe – Langmann 1993 — D. Knibbe – G. Langmann, Via Sacra Ephesiaca I, Berichte und Materialien 3 (Wien 1993).

Lund 1992 — H. S. Lund, Lysimachus. A study in early Hellenistic kingship (London 1992).

Maderna 2008 — C. Maderna, Der Pergamonaltar und der Mythos der Gigantomachie, in: D. Grassinger – T. de Oliveira Pinto – A. Scholl (Hrsg.), Die Rückkehr der Götter. Berlins verborgener Olymp, Ausstellungskatalog Berlin (Regensburg 2008) 382–401.

Mandel – Gossel-Raeck 2004 — U. Mandel – B. Gossel-Raeck, Votivterrakotten von der pergamenischen Oberburg, IstMitt 54, 2004, 311–330.

Nohlen – Radt 1978 — K. Nohlen – W. Radt, Kapıkaya. Ein Felsheiligtum bei Pergamon, AvP 12 (Berlin 1978).

Ohlemutz 1940 — E. Ohlemutz, Die Kulte und Heiligtümer der Götter in Pergamon (Würzburg 1940).

Pirson 2010 — F. Pirson, Pergamon – Bericht über die Arbeiten in der Kampagne 2009, AA 2010/2, 139–239.

Radt 1999 — W. Radt, Pergamon. Geschichte und Bauten einer antiken Metropole (Darmstadt 1999).

Schalles 1985 — H.-J. Schalles, Untersuchungen zur Kulturpolitik der pergamenischen Herrscher im 3. Jh. v. Chr., IstForsch 36 (Tübingen 1985).

Scheer 1993 — T. S. Scheer, Mythische Vorväter. Zur Bedeutung griechischer Heroenmythen im Selbstverständnis kleinasiatischer Städte (München 1993).

Scherrer 1999 — P. Scherrer, Bemerkungen zur Siedlungsgeschichte von Ephesos vor Lysimachos, in: H. Friesinger – F. Krinzinger (Hrsg.), 100 Jahre Österreichische Forschungen in Ephesos. Akten des Symposions in Wien 1995 (1999) 379–387.

Scherrer 2001 — P. Scherrer, The historical topography of Ephesos, in: D. Parrish (Hrsg.), Urbanism in Western Asia Minor. New Studies on Aphrodisias, Ephesos, Hierapolis, Pergamon, Perge and Xanthos, JRA Suppl. 45 (Portsmuth 2001) 56–87.

Scherrer – Trinkel 2006 — P. Scherrer – E. Trinkl, Die Tetragonos-Agora in Ephesos, FiE 13,2 (Wien 2006).

Sommerey 2008 — K. M. Sommerey, Die Chora von Pergamon. Studien zu Grenzen, Siedlungsstruktur und Wirtschaft, IstMitt 58, 2008, 135–170.

Voegtli 1993 — H. Voegtli, Die Fundmünzen aus der Stadtgrabung von Pergamon, PF 8 (Berlin 1993).

von Fritze 1910 — H. von Fritze, Die Münzen von Pergamon (Berlin 1910).

Wulf 1999 — U. Wulf, Vom Herrschersitz zur Metropole – Zur Stadtentwicklung von Pergamon, in: E.-L. Schwandner – K. Rheidt, Stadt und Umland. Neue Ergebnisse der archäologischen Bau- und Siedlungsforschung. Bauforschungskolloquium in Berlin vom 7. bis 10. Mai 1997 veranstaltet vom Architektur-Referat des DAI, DiskAB 7 (Mainz 1999) 31–49.

Ziegenaus – de Luca 1968 — O. Ziegenaus – G. de Luca, Das Asklepieion 1. Teil. Der südliche Temenosbezirk in hellenistischer und frührömischer Zeit, AvP 11, 1 (Berlin 1968).

Ziegenaus – de Luca 1975 — O. Ziegenaus – G. de Luca, Das Asklepieion 2. Teil. Der nördliche Temenosbezirk und angrenzende Anlagen in hellenistischer und frührömischer Zeit, AvP 11, 2 (Berlin 1975).

Felix Pirson (Hrsg.), Manifestationen von Macht und Hierarchien in Stadtraum und Landschaft, BYZAS 13 (2012) 113-150

Sanctuaries as turning points in territorial formation. Lagina, Panamara and the development of Stratonikeia

Christina WILLIAMSON

Introduction[1]

More than just the extent of land, its borders and its resources, the territory of the ancient *polis* was especially composed of the communities who lived in the wider regions, away from the urban center. Drawing these people into the fabric of civic life, whether they actually resided within the *chora* of the city or in a neighboring region, reinforced its social network and thus ensured the position of the *polis* in the surrounding landscape. The key to this relationship lay in the sanctuaries that were important to these communities; common ground was created when these sanctuaries were incorporated into the sphere of the city, their gods claimed as tutelary deities, and their festivals turned into major civic and political events.

This is one of the reasons why sanctuaries in outlying areas were so vital to the *polis* even though they were located miles away from the city proper. Though sometimes designated as frontier sanctuaries[2], in Asia Minor these religious centers were generally at the heart of the communities that surrounded them, either locally or more regionally. They held a power and authority of their own. Integrating these sanctuaries into the social and political makeup of the city naturally led to the integration of their communities into the *polis* as well. Promoting the sanctuaries to civic cult centers, however, took this even further, anchoring the very identity of the *polis* to the power and place of the deity and thus transforming both sacred and political space. In this way sanctuaries were turning points in the

---

[1] I would like to thank Prof. Felix Pirson for his comments and suggestions. I am also grateful to Prof. Ahmet Tırpan for his kind generosity in Turgut and for sharing his views and data on the sanctuary at Lagina and its environment. Prof. Riet van Bremen kindly read a draft of this paper and I am indebted to her for her keen observations. Any errors remain my own. All dates are BC unless otherwise mentioned.

[2] Most of the studies on outlying sanctuaries are based on Archaic Greece, and focus on borders, either of the territory or of the town center, e. g. Vallet 1968, Edlund-Berry 1988, de Polignac 1995.

territorial formation of the *polis*, depending on how their networks were engaged and how their relationship with the *polis* was etched onto the mental maps of the community.

This paper uses Stratonikeia and the sanctuaries of Hekate at Lagina and Zeus at Panamara to examine the various means used by the *polis* to appropriate these distant places of cult, and how this was critical to the constitution, the expansion, and consolidation of the *chora*, or civic territory. Below I will first give a framework of the historical development of the sanctuaries in relation to the *polis*. Then I will examine in more detail the ways that this relationship was solidified and communicated; it will become apparent that several avenues were used to create a pattern of association between cult, place, and *polis* in the mindset of the wider community, so that the territorial incorporation of these sanctuaries and the areas within their scope will have seemed natural and inevitable. Finally, I will interpret the motives behind this transformation and its impact on the sacred and political landscape around them, but especially on the communities that lived and worked in them.

Lagina and Panamara and the territorial composition of Stratonikeia

Stratonikeia, located in Karia in southwest Asia Minor (*Fig. 1*), has a rich but somewhat ambiguous history[3]. Founded by the Seleukids, it may have began as a 'settlement of Macedonians', as Strabo calls it, yet is now considered to have been more of an agglomeration of the surrounding local communities that were incorporated into the new *polis* as demes, either from the beginning or within a few generations[4]. Foremost among these communities were Hierakome, Koranza, Koliorga, Koraia and Lobolda (*Fig. 2*). Hierakome, or 'sacred village' is believed to be situated near Stratonikeia, probably named for the community close to the sanctuary of Zeus Chrysaoreus[5]. Koranza and Koliorga are to the north[6], and Koraia and Lobolda have not yet been identified with any certainty. At least two of these communities, Koranza and Koliorga, had once been independent *poleis* in their own[7].

[3] Stratonikeia was named after Queen Stratonike, wife of Antiochos I and later of her step-son Antiochos II. The foundation of the *polis* is generally attributed to one or the other; Ma argues for the latter, which would place it somewhere in the mid third century BC, Ma 1999, 277–278.

[4] Strabo 14, 2, 25. The composition of local villages is primarily based on the regular appearance of five communities in the demotics on the inscriptions from Stratonikeia, three of which already appeared in a fourth century inscription from Sekköy, Blümel 1990, no. 12. This was first observed by Cousin – Diehl 1887, 33 and later developed by Şahin 1976, and more recently in Şahin 2010, 1–8, who argued that Hierakome should be located near Stratonikeia, rather than Lagina, contra Robert 1937, 558. He is generally followed by Debord 1994 and van Bremen 2000.

[5] Magie 1950, 995–996, n.33, and Şahin 1976, 1–15 (contra Robert 1937, 558 who believed it to be at Lagina). The sanctuary for Zeus Chrysaoreus was the center of the Chrysaoric League, and Şahin plausibly argues that the Seleukids selected this site for their new *polis* because of its proximity to this Ptolemaic leaning organization. The location of the sanctuary of Zeus Chrysaoreus has not yet been identified.

[6] Two alternative sites heve been proposed for Koliorga, both based on inscriptions: Aydaş 2006 places it at Börükçü, between Stratonikeia and Koranza, while Debord 1994 and Şahin 2008a, 79–81, and more recently Şahin 2010, 7, locate it on the hill of Maltepe at Gurbet Köy, roughly 7 km west-southwest of Stratonikeia; Şahin further locates Koraia at Çatlı, roughly 15 km east of Stratonikeia (2008b, 82, 86; 2010, 7).

[7] Blümel 1990, no.12 is a fourth century inscription from Sekköy listing Koranza and Koliorga as *poleis*. Şahin believes that by analogy the other communities may also have been referred to as poleis, 2010, 2–3.

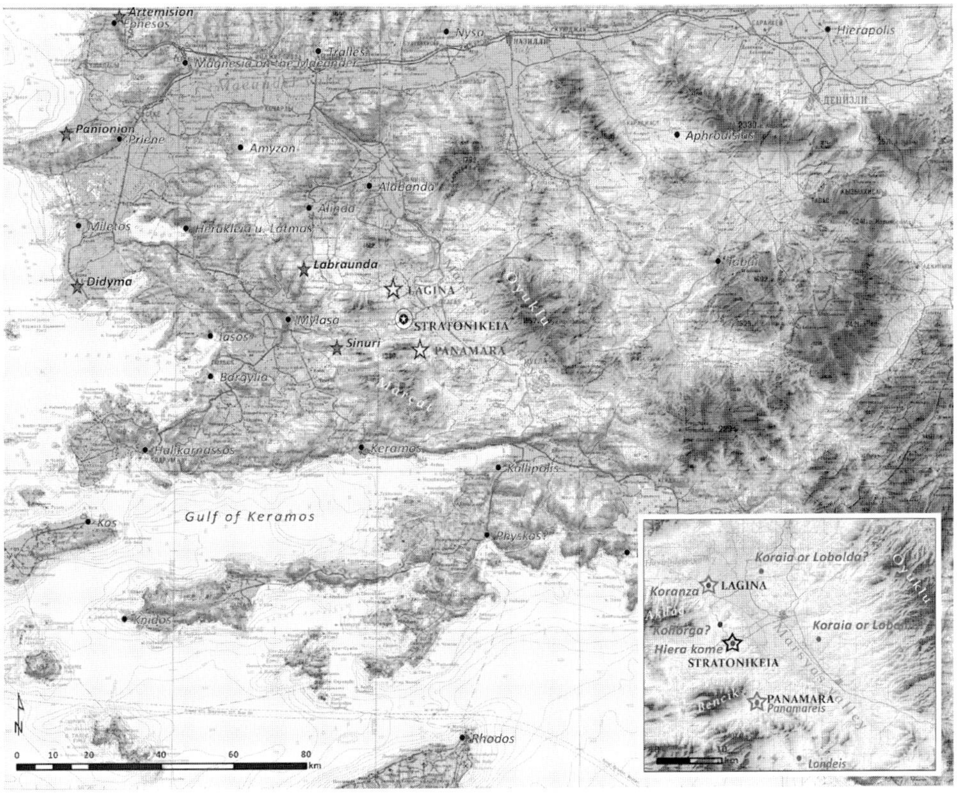

Fig. 1 Western Karia with Stratonikeia, Lagina and Panamara in the inset.

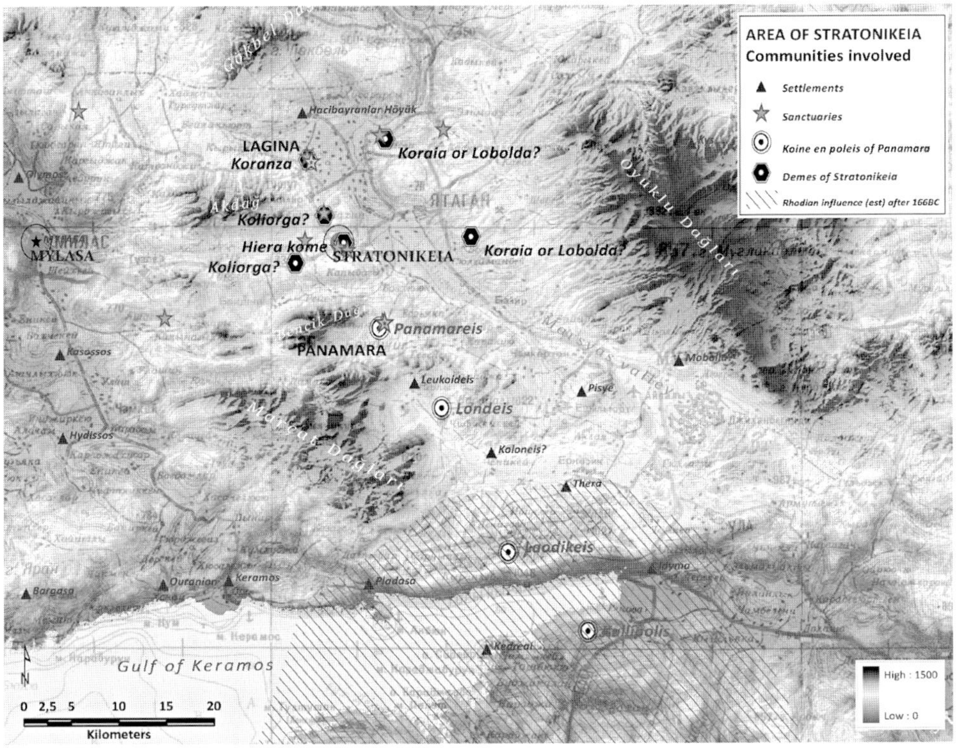

Fig. 2 Map of local communities involved with Stratonikeia and Panamara. The octagons show those that were later incorporated into Stratonikeia as demes (the suggested locations for Lobolda/ Koraia are based on Debord 1994). Communities known to have worshiped at Panamara are in circles. General settlement locations in southern Karia are based on Debord – Varinlioğlu 2001.

Koranza covered an extensive area that includes Lagina and continues northwest to the southern rim of the Hayırlıdere valley. Although the character of this *polis* is unclear, whether there was an urban center or more of a distributed settlement pattern, inscriptions show that Koranza did have a political decision-making body, with two archons[8]. Furthermore, it comprised a number of demes of its own, one of which was Lagina[9].

Close to modern Turgut (Leyne), Lagina is situated on the northeast perimeter of the lower foothills of the Akdağ as they descend towards the Hayırlıovasi area between Lagina and the Çine (Marsyas) river to the east. North of these foothills is the Hayırlıdere river that empties into the Çine. The general area is quite fertile, and today the sanctuary is nestled among groves of olive trees on a gentle slope between rivulets and springs.

The antiquity of the cult of Hekate at Lagina is unknown but some of the earliest finds related to the sanctuary include part of a sacrificial decree from the fourth century BC[10], as well as some terracotta fragments, small golden discs that once adorned clothing, and loomweights from the third or early second century[11]. A few tombs, just north of the sanctuary, coincide with this initial phase[12]. The sanctuary does not appear to have been architecturally embellished in this early period.

Roughly 500 meters northwest of Lagina are the remains of Koranza's sanctuary of Artemis and Apollo, situated along the northern edge of the plateau that looks across the Hayırlıdere valley directly to the mountains in the north. The several architectural fragments indicate the monumentality of this sanctuary at the edge of the plateau[13]. Two fourth century inscriptions were discovered here, one is an honorific decree and the other a dedication of land to the gods, listing representatives from each of Koranza's five demes[14]. Both inscriptions thus concern the composition of the *polis* of Koranza in a sacred context; this combined with the monumental architecture point to the function of the sanctuary of Apollo and Artemis as the religious and political center of Koranza.

---

8 I.Stratonikeia 501, from 323 BC, refers to a grant of tax exemption (*ateleia*) made by Maussollos and Koranza; I.Stratonikeia 503 is an honorific decree from 318 BC issued by Koranza, together with the main assembly (*kyrias ekklesias*) and the sacred heralds (*hierokerukes*), during the archonship of Hyssollos and Obrakon; see also below.

9 I.Stratonikeia 502 is a fourth century inscription from Koranza listing its demes as Hythybira, Patarousa, Angorra, Lagina and Ondra.

10 I.Stratonikeia 1417 (=Şahin 2002, no. 1) is a sacrificial decree by a certain Leros and his spouse. Şahin dates this inscription to the second half of the fourth century BC, based on analogous letter types with especially I.Stratonikeia 502. The inscription fragments were discovered during the excavations of the temple cella between 1998 and 2001.

11 Found in the fill of the late second century temple cella, Tırpan – Söğüt 2005, 3.

12 At Yayalar, between Lagina and Koranza, burials were found dating from the Classical period to the first century AD, Tırpan 1996, 313–320.

13 I.Stratonikeia 502 and 503; see further Şahin 1973. Several marble architectural fragments are still visible today. Also Archaic painted terracotta architrave fragments were found in this area (now in Turgut), Tırpan – Söğüt 2005, 54–55.

14 I.Stratonikeia 503, is an honorific decree for Konon, son of Poseidippos, who had shown goodwill towards the polis of Koranza; he is rewarded with citizenship and the right to own land. The heading of this inscription mentions that the decision was taken in the sixth year of the reign of Philip, during the satrapy of Asandros, 318 BC. I.Stratonikeia 502 is a dedication of land by Skoarenos and his wife, listing the ten delegates who were responsible for the inscription; it also shows the land as bordering on land already belonging to Artemis – whether Hekate also owned any land is unknown.

One can only guess as to why exactly Hekate became Stratonikeia's tutelary deity, but it is clear that her cult at Lagina began to blossom with the rise of the *polis*, quickly overshadowing the nearby sanctuary of Apollo and Artemis at Koranza. Even while Stratonikeia was under Rhodian rule, the sanctuary at Lagina was used to exhibit political goodwill through the addition of a cult to Helios/Rhodes at Lagina[15]. Just as significant is an honorific decree by the local Chrysaoric League, whose headquarters were at the sanctuary of Zeus Chrysaoreus just outside Stratonikeia. But it was at Lagina that they honored a Stratonikeian who had shown benevolence towards the *polis* Alabanda, making reference to an alliance between Stratonikeia and Rhodes during the occupation of the area by Philip V in the Second Macedonian War[16]. Obviously by the early second century BC Lagina was already considered the appropriate place to display ruler support and to honor citizens of Stratonikeia.

After Stratonikeia's liberation from Rhodes by Rome in 167/166 BC, Hekate began to appear on the coins of Stratonikeia. By the end of the century her sanctuary was fitted with a monumental stoa complex, altar, and a state-of-the-art temple bearing the well-known frieze with its many allegories of war, peace and the natural order of things. After the Mithridatic Wars, the sanctuary became an overt symbol of solidarity with Rome. The Senatus Consultum de Stratonicensibus of 81 BC[17], with all its privileges and grants, was carved on the temple walls at Lagina for all to see, and the goddess Roma Thea Euergetes was worshiped together with Hekate, who was now known as Hekate Soteira Epiphaneia. A pan-Hellenic festival, the Hekatesia-Romaia, or *pentaeteria*, was held every five years in honor of both goddesses, and cities throughout the Greek world were invited to participate and thus recognize the *asylia* of this sanctuary near Stratonikeia. This was probably the occasion of the *kleidos pompe*, the procession in which Hekate's sacred key was carried into the center of town.

The identity of Hekate became thoroughly interwoven with Stratonikeia and this must be why her sanctuary at Lagina was attacked by Labienus and his Parthian troops during their invasion in 40 BC; unable to take the town, they desecrated the sanctuary instead. Although the degree to which the sanctuary suffered is unclear, it did not last long. In fact this destruction only served to provide yet another opportunity to strengthen ties with Rome when Augustus restored the sanctuary and Stratonikeia responded by adding the imperial cult to the pantheon in the city and at Lagina, solidifying once more the relationship between city, sanctuary, and ruler, and now empire[18].

---

15 I.Stratonikeia 504 states that Menophilos Leon, priest of Hekate, is also charged with the priesthood of Helios/Rhodes; Helios was the tutelary deity of Rhodes.

16 I.Stratonikeia 1418 (=Şahin 2003, 2). This inscription was painstakingly pieced together from over eighty fragments, found in the cella fill. This highly significant inscription is the second earliest known of the Chrysaoric League, after I.Labraunda 43, from 267 BC. There is not enough space to go into all of the ramifications of this current inscription, but it is interesting that it is posted in Lagina, while the inscription states that it is to be erected in the sanctuary of Zeus Chrysaoreus. Furthermore, it implies an alliance between Rhodes and Stratonikeia that is later dispelled during Stratonikeia's 'liberation' from Rhodes by Rome in 167 BC, when Rhodes was expelled from Karia after the Battle of Pydna (Polybius 30, 21, 3 f.). It also indicates that Rhodes controlled Stratonikeia prior to Philip V's invasion as well, e. g. Ma 1999, 277–278 and Reger 1999, 82–85.

17 I.Stratonikeia 505 with Sulla's reward to Stratonikeia for her loyalty and compensation for her losses incurred during the war.

18 A temple to the Divine Augustus was erected on a platform overlooking the theater in Stratonikeia, Tırpan 1998; at Lagina a naiskos to the imperial cult was found between the temple and the altar, probably dating from

While Lagina began as a local shrine but grew with the *polis* to become its religious center, the sanctuary of Zeus Karios at Panamara already enjoyed fame as a more regionally recognized cult center in southern Karia; however, it too was gradually drawn into the orbit of Stratonikeia to become the second major civic sanctuary of the *polis*.

Panamara is located south of the modern village of Bağyaka and nearly ten kilometers southeast of Stratonikeia (*Fig. 2*). The sanctuary is situated on a hilltop, 770 meters in elevation, defined on the northwest by a ravine that separates it from the highlands of the Bencik Dağı and from Bağyaka, and on the southwest by a valley. Both ravine and valley empty into the Kapız river that runs further downhill to the east, beyond this is a view of the wide Çine (Marsyas) valley and the Muğla-Yatağan highway.

Panamara and its wider region have unfortunately not been subject to the same systematic archaeological investigations as Lagina, and much of the original landscape in the area has already been lost in the exploitation of lignite. Hence we know much less about this sanctuary and its environment than we do for Lagina. Fortunately, however, the communities involved with the sanctuary at Panamara chose to inscribe the things that mattered to them in stone; hundreds of inscriptions provide several insights into the way in which the sanctuary was gradually shaped according to the needs of Stratonikeia. Riet van Bremen in particular has recently done a great deal of research on the inscriptions of Panamara, and this present study draws from many of her ideas, especially with regard to how Panamara was used as a fulcrum for Stratonikeia's territorial expansion in the second century BC[19].

The cult of Zeus Karios at Panamara initially had a regional scope, serving the communities in its radius south towards the gulf of Keramos. The sanctuary was administered by the *koinon*, or community, of the Panamareis[20]. One of the earliest datable inscriptions shows that it was monumentalized, probably with a temple[21]; this same inscription shows how the Panamareis used the sanctuary as a podium for their endorsement of Philip V, who exploited the natural strategic setting for his garrison. The Panamareis would later do the same for the Rhodians who ruled the area until they were expelled by Rome in 167/166[22].

Sometime after its liberation from Rhodes, a priest from Stratonikeia, Leon, breathed new life into the cult by encouraging several of the involved communities to once again acknowledge the ancient rights of inviolability (*asylia*), for both the sanctuary and the *koinon* of the Panamareis[23]. The recognition of these rights already gave the sanctuary of Zeus a

this period, Tırpan – Söğüt 1999, 156. Also an agonistic inscription was found referring to the games of the 'Hekatesia and Kaisaria and Romaia', I.Stratonikeia 547.

19 See especially van Bremen 2004 on the honorific decrees at Panamara for Leon, priest of Stratonikeia, discussed below.

20 *Koina* were common in Karia, the word is loosely used to indicate some form of federated identity, ranging from dispersed households to villages, to clusters of communities, see Debord 2003. The nature of settlement of the *koinon* of the Panamareis is as of yet unknown.

21 I.Stratonikeia 3 is an honorific decree for Philip V, dated to 201; line 12 specifies that it was to be inscribed on the doorposts (*parastas*), probably of the temple.

22 A Rhodian territorial security commander was among those honored at Panamara, I.Stratonikeia 9; I.Stratonikeia 5 and 6 are inscriptions honoring Rhodians at Panamara; Şahin dates these to the second century prior to the expulsion of Rhodes by Rome, although van Bremen argues for a date in the first half of the third century BC, van Bremen 2010a, 1415–1420.

23 I.Stratonikeia 19 may be Stratonikeia's recognition of the *asylia*.

prestigious place in the region, but Leon went even further by asking the communities, including Stratonikeia, to increase the splendor of their participation and investment in the sacrifices. At the end of his priesthood, Leon was honored for his efforts by the Panamareis, but also by the *polis* of Kallipolis and the *koinon* of the Laodikeis, still in Rhodian territory[24].

These inscriptions reveal many aspects of this transitional period for Panamara and Stratonikeia, who were now both independent from Rhodes. First, the reception of Leon's initiatives and the reference to the past shows that Panamara had apparently slipped into decline under Rhodian rule. Second, Stratonikeia was obviously able to appoint Leon as priest at this sanctuary, several kilometers away, and, third, the *koinon* of the Panamareis heartily welcomed this intervention; Leon had certainly done them a great service as well. Yet, as van Bremen argues, Leon was probably not acting on his own behalf. Panamara is roughly midway between Stratonikeia and the Gulf of Keramos where Stratonikeia's ambitions lay[25]. Stratonikeia had a vested interest in this area and, free from Rhodian rule, was now at liberty to pursue her own agenda. Enhancing the sanctuary, while creating a Stratonikeian presence there, was an excellent means to connect to the communities in this area, creating a corridor based on sacred ties through territory still held by Rhodes to the coastal areas. Eventually much of this area, including the *polis* of Keramos, fell to Stratonikeia, through a territorial expansion granted by Sulla in the Senatus Consultum posted at Lagina after the Mithridatic wars[26].

During the latter part of the second century and throughout the first century BC, the link between the *polis* and the sanctuary grew tighter and tighter by the festivals that drew the entire population out towards the remote hilltop sanctuary. Hera was joined to the cult, with a temple of her own, and the festivals of the Komyria, for men, and the Heraia, for women, were held in alternating years.

Finally, a major turning point in the sanctuary came after the attack by Labienus and the Parthian troops in 39 BC, and the miraculous intervention of Zeus who protected Stratonikeia and drove off the invading forces; from this time Zeus bore the toponymic epithet 'Panamaros'. Like Lagina before, the sanctuary gained the recognition of superpower Rome through another Senatus Consultum[27], and this together with the miracle that saved the city was probably the trigger for the third festival, the Panamareia. This took place in town, however, and the processions, like Hekate's *kleidos pompe*, moved in the opposite direction from the others, bringing the image of the god down from the hilltop sanctuary into the urban center.

24 I.Stratonikeia 7 is a fragment of an honorific decree by the *koinon* of the Panamareis; the other two decrees are by Kallipolis (I.Stratonikeia 1401 (=Şahin 1995, no. 1)) and by the *koinon* of the Laodikeis (I.Stratonikeia 1402 (=Şahin 1995, no. 2)). The discovery of the inscriptions from Kallipolis and Laodikeis complement the dedication by the Panamareis, with the important addition of the identification of the priest as being from Stratonikeia (I.Stratonikeia 7, line 23). A thorough discussion of these documents is given in van Bremen 2004.

25 This is one of the main tenets of van Bremen 2004. Stratonikeia's interest in this area is shown for example the later grant of territory including Keramos in the Senatus Consultum after the Mithridatic wars, I.Stratonikeia 505, esp. lines 54–58.

26 I.Stratonikeia 505.

27 I.Stratonikeia 11–12 is the Senatus Consultum de Panamara, from 15 August of 39 BC.

By the second and especially first centuries BC, both Hekate of Lagina and Zeus of Panamara had become in every sense the chief civic gods of Stratonikeia, and the *polis* came to rely on them more than any other deity that resided within the urban context. Drawing these two deities, who each had their own histories and networks, into such a tight relationship with the *polis* of course realigned the fabric of the social, political, and sacred landscapes in the area of these sanctuaries. In order to address this issue, it is important to first examine in greater detail the ways in which this relationship was made manifest.

Manifestations of Stratonikeian presence at Lagina and Panamara

The relationship between Stratonikeia and the sanctuaries at Lagina and Panamara took on various forms. Some of these have left a clear material residue, such as architecture, inscriptions, and coins, while others were more ephemeral, such as festivals and processions. A more important distinction, however, is the way in which the relationship was actually stamped onto the physical landscape and the way in which it was imprinted onto the minds of the community. This second category is critical for the success of the first; the relationship between the *polis* and the deities of these outlying places had to be shaped in the collective imagination while it was being articulated in the visible landscape for it to become meaningful and real. People understood the landscape and its features through their mental maps, which were populated with social, political, and sacred realities. The imagery on the coins that passed from hand to hand, the legends of salvation that were retold each generation, and the epithets attached to the gods' names all echoed the same interlocking pattern of city, god, place and deed into the memories of the population. This is the cognitive baggage that people brought with them as they crossed the territory during processions, took part in the festivals, read the inscriptions, appraised the architecture, and experienced the landscape before them.

In this section I will discuss some of these forms with respect to their expression of the relationship between city and sanctuary, both at Lagina and Panamara, primarily in the bloom during late Hellenistic period.

Coinage

Coinage is one of the most ubiquitous forms of material evidence, with its imagery and associations making a direct visual appeal to the public at large. Although less directly connected to place, its emblematic usage of the gods of Lagina and Panamara was perhaps one of the most solid ways of cementing and advertising the relationship between these sanctuaries and Stratonikeia. The coinage of the *polis* depicts both deities until well into the Roman period. Zeus and Hekate are portrayed on the earliest coins, issued some time after Stratonikeia's independence from Rhodes (*Fig. 3*); Meadows dates them to the period between 160 and 130 BC (Group 1)[28]. Hekate is shown on the reverse

[28] BMC Caria was the leading source on Stratonikeian coinage until the discovery of the Muğla hoard in 1965, with 290 silver coins from the second and early first century BC, considerably extended the base for the typology of the Hellenistic coinage; this was first published in von Aulock 1967 and SNG von Aulock. Meadows has recently done more extensive analyses of this hoard together with other known specimens and has revised the chronology, discerning four typological groups for the silver issues in the Hellenistic and early Imperial period;

Fig. 3 Tridrachm from Stratonikeia. Obverse: head of Zeus laureate facing right. Reverse: Hekate with polos and crescent, frontal and standing contraposto, with arms extended, phiale in left hand and torch in right, ΣΤΡΑΤΟΝΙΚΕΩΝ ΜΕ[ΛΑ]ΝΘΙΟΣ inscribed around her within a wreath. Dated to the period between 160s–130s BC. (Meadows 2002, 80: Group 1, specimen 1a)

standing frontally, wearing a polos, and holding a torch in her right hand and a phiale in her left. Stratonikeia is shown abbreviated or in the genitive, as ΣΤΡΑΤΟΝΙΚΕΩΝ, encircling Hekate; the name of the civic magistrate appears as well. Although Hekate rarely appears on coins, her identity here is unmistakable due to her attributes, particularly the torch. Her frontal stance and outstretched arms may be indicative of a cult image.

Hekate is later portrayed on the obverse, starting with Meadows' Group 2, as smiling and crowned with her crescent, with an alighting Nike on the reverse, extending a wreath and holding a palm branch (*Fig. 4a*). These coins clearly aim to associate the concept of victory with Hekate and Stratonikeia. Meadows connects Group 2 with the Aristonikos wars, but they may also anticipate or even coincide with the major construction activity at Lagina towards the end of the second century BC[29]. Group 3, a strongly devaluated version of Group 2, is placed by Meadows in the context of the Mithridatic wars in the early first century BC[30]. Hekate had a very high profile in this period; the Senatus Consultum for Stratonikeia was posted at Lagina, and her enigmatic epiphany may have been related to this turbulent period[31]. In any event, most of the coins known from this period depict Hekate rather than Zeus and repeat the familiar pattern of goddess, city, and victory.

The identity of Zeus, however, is a different matter. Although Meadows assumes this to be Zeus of Panamara, Head thinks it more likely to have been Chrysaorean Zeus, the god of the Chrysaoric League, whose sanctuary was somewhere near Stratonikeia, based on similarities with coins from Keramos, also a member of the League (*Figs. 4b and c*)[32]. Head, however, was actually describing the coins that Meadows assigns to the later Group 2 (140/130–125/110 BC) or Group 3 (80s BC). Both of these groups depict Zeus, bearded and laureate on the obverse, with an eagle on a thunderbolt on the reverse. Comparisons with other *poleis* show that a similar laureate male bust with a beard is a rather generic depiction of some resident Zeus[33]. In the absence of clear indicators it is impossible to

Meadows 2002. During the 1999–2002 excavations at Lagina, another 188 coins were found, more than half of which were minted by Stratonikeia; Tırpan – Söğüt 2007, 394.

29 Meadows 2002, 101–107.

30 Meadows 2002, 107–111.

31 An epiphany of Hekate is mentioned in I.Stratonikeia 512, see below.

32 BMC Caria, lxix: »Whether these types refer to Zeus Chrysaoreus or Zeus Panamaros is doubtful, but the fact that the same types occur on the contemporary hemidrachms of Ceramus… seems to indicate Zeus Chrysaoreus, whose cultus was common to all Carians…« Keramos was a prominent member of the Chrysaoric League, Strabo 14, 2, 25 and Gabrielsen 2000, 159. Magie simply assumes Zeus Chrysaoreus, Magie 1950 II, 1031–1032, n. 77, while Meadows assumes it to be Zeus Panamaros, Meadows 2002, 98; neither give a motivation. Meadows apparently also assumes that Panamara already belonged to Stratonikeia in the period he gives for the first issues (160–130 BC).

33 Although Keramos, with Zeus on the obverse and an incuse eagle on the reverse, shows the closest parallels in its coinage with Stratonikeia, other similar curly-haired, bearded, laureate Zeus depictions appear on the Late Hellenistic coins from Euromos, Herakleia Salbake, Tabai, Myndos, and Orthosia.

Fig. 4
Late second century coins showing Hekate or Zeus. a) Plinthophoric drachm from Stratonikeia. Obverse: head of Hekate, with crescent. Reverse: Nike advancing with wreath and palm leaf between ΣT-PA, and below ΠΑΙΟΝΙΟΣ (magistrate), dolphin symbol lower right, all within incuse square. Dated to c.130s–125. (Meadows 2002, 81: Group 2, specimen 4a). b) Plinthophoric hemidrachm from Stratonikeia. Obverse: head of Zeus laureate. Reverse: eagle on thunderbolt with open wings, between Σ-T, and below EKATΩN (magistrate), double-axe symbol lower right, all within incuse square. Dated to c.130s–125. (Meadows 2002, 82: Group 2, specimen 15a). c) Plinthophoric bronze from Keramos. Obverse: head of Zeus laureate. Reverse: eagle standing with wings closed, on either side K-EPAMIH – ΔΙΟΝΥ (magistrate?), in incuse square. Dated 2nd–1st cent BC (BMC Caria, 77). (Photo courtesy of Münzen und Medaillen GmbH)

determine with any certainty which Zeus is depicted on the earliest coinage, but the later issues surely represent Zeus of Panamara, since the *polis* was heavily involved with his cult at this time.

Fig. 5 Drachm from Stratonikeia. Obverse: laureate bust of Hekate facing right, crowned with a crescent, ΖΩΠΥΡΟΣ (magisrate) to the left, symbol (mint mark?) to the lower right. Reverse: Zeus on horseback moving to the right, holding sceptre and reins, ΣΤΡΑ below. Dated to the second half of the first century BC. (Meadows 2002, 95: Group 4a, type i). (Photo courtesy of Classical Numismatic Group, Inc.)

Although Zeus appears less frequently than Hekate during the Mithridatic wars, he makes a strong comeback on the coins issued in the wake of the attacks by Labienus in 40 BC (Meadows' Group 4), where he is shown on horseback[34], as he would be throughout the rest of the coinage issued in the Roman period. This equestrian Zeus is widely interpreted as Zeus Panamaros, after his epiphany during the Labienus' wars[35]. Some of the coins from this later period unite the gods again, this time with Hekate on the obverse and equestrian Zeus on the reverse (*Fig. 5*).

It seems clear that the depiction of the deities on the coins reflects their significance for Stratonikeia at the time of their issue. This had everything to do with their sanctuaries and the events that transpired there, which was interwoven with the history of Stratonikeia.

[34] Meadows 2002, 111–113.

[35] See e. g. Head in BMC Caria, lxxii; LIMC VIII, 381 no. 116; this makes it especially tempting to project this interpretation back to the bearded heads on the earlier coins. His equestrian appearance may have arisen from some sort of fusion with the cult of the Thracian equestrian god Sabazios, who had made his way into Karia by this time. E. g. at Pisye (Debord – Varinlioglu 2001, 131) and Mylasa (I.Mylasa 34 and 330). See also equestrian Zeus (Labraundos?) on a coin from Apollonia Salbake: II Classical Numismatic Group, Inc. <http://www.cngcoins.com/Coin.aspx?CoinID=95070> [30.07.2009], and on the later coins of Attuda as Zeus Sabazios (SNGvon Aulock 2495).

Impressing the images of these tutelary deities onto the coins was not only a way of sanctifying the circulation, but also a way of publicly advertising these gods and their tight bond with the *polis*.

Epiphanies and epithets

Whereas myth embodies the cosmic roles of the gods, legends weave their actions into the historical space of humans. Epiphanies are a kind of legend since they present a divine appearance in the real world, with eye-witnesses, intervening in the affairs of humans and changing the course of events. Epiphanies of both Hekate and Zeus were recorded in the inscriptions of Stratonikeia[36]. Hekate's epiphany is mentioned in an elusive inscription that is not otherwise dated, except for stating that the goddess appeared and intervened in times of danger and sacrilege to the land and the sacred property. It is tempting to associate this with her epiphany-like appearance on the frieze, especially in the gigantomachy section. If her epiphany is related to the construction of the temple, then this would place it towards the end of the second century BC, and would probably refer to the Aristonikos uprising; yet this would only make sense if the area around Stratonikeia or Lagina had actually been under attack, as Robert and Rostovtzeff believed, but has since been repudiated by others[37]. The area certainly was under attack, however, during the occupation of Stratonikeia by Mithridates VI Eupator; at this time Hekate was given the title of 'Soteira Epiphaneia', making this episode a more likely context for her epiphany[38].

In any event, her new epithet of 'savior' ('Soteira') is certainly another indication of her intimate relationship with Stratonikeia, and points to her role as religious or even spiritual focus, by means of an epiphany, during the hardships endured by the community.

In 39 BC, after the attacks by Labienus, an account of the epiphany of Zeus was recorded in detail in an inscription at Panamara[39]. For the Stratonikeians it was this epiphany that saved their *polis* from the continuous onslaught by the Parthian troops – after the city successfully withstood the attacks, Labienus ransacked Lagina instead, and then turned to do the same at Panamara. Unlike Lagina, however, Panamara was not taken thanks to the epiphany of Zeus, whose miraculous intervention day after day through fire, thunderstorms, fog and hallucinations eventually brought total confusion upon Labienus' troops,

---

[36] Hekate's epiphany is referred to in I.Stratonikeia 512, discussed among others in Robert 1937, 461–462, Rostovtzeff 1941, 809, Laumonier 1958, 354–355; and more recently Marek 1988, 297–298.

[37] Robert 1937, 459–465 and Rostovtzeff 1941, 809 believed Karia to have been a theater of this war, based on Aristonikos' attacks in the Myndus peninsula and the interpretation of Stratonikeia in Karia as the place of his capture (Eutr. 4, 20 and Oros. 5, 10, 1, both fourth century AD). Yet this could also be Stratonikeia on the Kaikos, in Lydia, e. g. Broughton 1934, Magie 1950 II, 1038–1039. More recently Marek 1988, 297–298, sees no reason for Karia to have been involved in the wars at all, since it was beyond the area of Aristonikos' claims. Errington however observes that Rome had much more support outside the province of Asia than within, Errington 1987.

[38] I.Stratonikeia 507, a continuation of I.Stratonikeia 505 as the fifth column on the temple anta, see below.

[39] I.Stratonikeia 10. This inscription is one of the few surviving accounts of an epiphany where so much detail is preserved (see also the Lindian Chronicles and Pausanias' account of the epiphany at Delphi during the Gallic invasions, 10, 23, 1–10). It further describes the general setting of the sanctuary, its fortress, and the topographical difficulties Labienus' troops encountered in their attack, including the steep sides of the ravine. Further discussions in Oppermann 1924; Roussel 1931; Merkelbach 1968. Graf 2004, 118–122 observes that collective epiphanies typically involve meteorological phenomena rather than anthropomorphic manifestations; also Pritchett 1979, 11–46 on military epiphanies.

ultimately driving them off into the mountains where they suffered heavy losses; all the while the lamps in Zeus' temple burned brightly, showing the god's presence. The event is told in great detail and color and was most likely inscribed on the temple walls[40].

An important part of this inscription is the great shouting of the people 'Great is Zeus Panamaros'[41]. This marks one of the earliest uses of this epithet that would eventually replace the older and more regional name of Karios. Renaming the god in this way is a highly conscientious act and it can hardly be a coincidence that it occurred at one of the most critical moments in the history of Stratonikeia[42]. Emphasizing the place of the cult through the epithet of *Panamaros*, rather than the wider scope indicated by *Karios*, was in effect a way of annexing *that very* sanctuary on *that very* hilltop a half a day away from town.

On the Stratonikeian coins from this time on, Zeus appears on horseback, symbolic of his epiphany at Panamara (*Fig. 5*). The fact that this image continues well into the Roman period is an indication not only of the political importance of this epiphany, which was one of the grounds for the recognition by Rome of the sanctuary and the grant of *asylia*, but of its historical importance as well; like a legend, this event was meant to be kept alive through time, to be retold, reread, and relived each year[43].

This epiphany repeats again the interlocking pattern of deity, city, and place, this time combined with the idea of salvation. Remembering the epiphany through inscriptions, festivals, probably songs, and even coins was another way to imprint this pattern of inseparability onto the collective imagination and memory, and thereby onto the mental maps as well of the Stratonikeians but also of the surrounding communities.

Inscriptions

Inscriptions not only provide some of the most detailed information on the relationship between the *polis* and its sanctuaries, but are also themselves active agents of this relationship by nature of the conspicuous places where they were positioned. Although inventories and record-keeping are prevalent, a number of public honors or special events were also inscribed at these sanctuaries, underscoring their function as a public space[44]. The epiphany of Zeus Panamaros, for example, was inscribed at the sanctuary where it all took place; this is a natural place to record the divine appearance of the god, but it was also a place where generations of citizens and foreigners would visit and where they could reread and thus relive the miraculous events inscribed in stone. The resulting Senatus

40 Cousin – Deschamps 1888, 104.

41 I.Stratonikeia 10, line 13.

42 Contra Oppermann 1924, 85, followed by Magie 1950, 997–998, n. 34, and Laumonier 1958, 241, who believe the epithet switch was a resurgence of the indigenous cult, with 'Karios' initially used in Macedonian contexts to distinguish him from Greek Zeus.

43 On embedding epiphanies into local history, see Rostowzew 1920, who relates the records of epiphanies at Lindos with the Chersonesean honorific decree (IosPE I^2 no. 344). This late third century BC decree honors the historian Syriskos for writing down all of the epiphanies of the goddess Parthenos in relationship with the *polis* of Taurian Chersonesos, the Bosporan kingdom and the other important *poleis*. I am indebted to Vladimir Stolba who pointed this out to me.

44 Honorific decrees and statues were especially prevalent at Lagina, e. g. I.Stratonikeia 523–543, and the long monument to Menekles and Epainetos just in front of the propylon next to the west stoa, I.Stratonikeia 1426 and 1427 (=Şahin 1997, nos. 3–4), probably from the later first century BC.

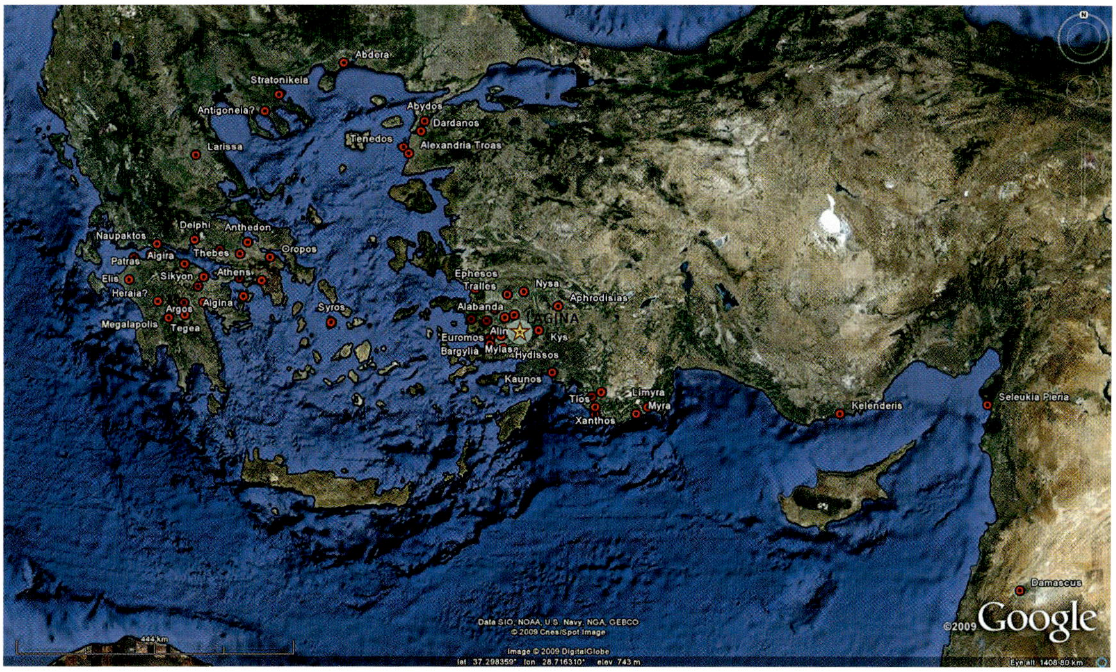

Fig. 6 Social network of Lagina. Map of the cities listed on the temple walls (I.Stratonikeia 508) as recognizing the *asylia* of Lagina after the Senatus Consultum de Stratonicensibus of 81BC and participating in the Hekatesia-Romaia festivals.

Consultum, conferring *asylia*, and a list of the cities probably recognizing the *asylia* were both inscribed here as well[45].

At Lagina, a more extensive Senatus Consultum recognizing Stratonikeia's loyalty to Rome during the Mithridatic wars, and listing the compensations for their losses and grants, was a political document kept safe in one of the most sacred places the *polis* had to offer[46]. This document was confirmation of the status of *asylia* for Lagina, and also described the territorial expansion of Stratonikeia, down to Keramos along the coast, all granted by Rome. Inscribing this document on the walls of the temple was thus at the same time a public, political, and sacred act. Of course the extension of *asylia* was directly relevant to the sanctuary itself, as was the list of the cities throughout the Greek world that further recognized the importance of the sanctuary[47]. These cities were apparently also represented in the festivals of the Hekatesia-Romaia, indicating an 'international' social network that was involved at Lagina, with clusters not only in Karia and Ionia, but also Lykia, the Dardanelles, Thrace, the Peloponnese, and even the Eastern Mediterranean (*Fig. 6*). This inscription thus acted as a kind of contract of peace between these *poleis* and the sanctuary, and by direct implication, Stratonikeia.

45 I.Stratonikeia 11–12 is the Senatus Consultum de Panamara of 39 BC; a heavily fragmented list of cities in east central Karia is given in I.Stratonikeia 21.

46 I.Stratonikeia 505 is the Senatus Consultum de Stratonicensibus of 81 BC; according to van Bremen 2010b, 493–495, this document and the following list of cities recognizing the asylia (I.Stratonikeia 507–508) were inscribed on the southwest anta of the temple of Hekate.

47 I.Stratonikeia 507–508.

These are two very high profile examples of events that had to do with both sanctuary and city that were inscribed in these distant sacred places. Public honors also belong to this category, and these were erected at both sanctuaries as well. But especially at Panamara there is a third category pertaining to the individual actions of priests that were recorded. The honors given to Leon for reviving the cult have been discussed above, but there is another, intriguing set of letters written by an unknown priest from Panamara to foreign cities, inviting them to participate in the cult[48]. These letters are highly unusual, not only because they were recorded here at Panamara, but also because they were personally sent by the priest; neither Stratonikeia nor the *koinon* of the Panamareis are mentioned. Rather than being formulaic, the invitations were tailored to the situation, implying a personal history with each invited *polis*. Also, the invitations were explicitly extended to the entire population, not just envoys, *theoroi*, or other forms of representation. Hatzfeld observed that the objective was to get as much of the surrounding population as possible involved with cult activities[49].

These letters give an indication of the wide social network of Panamara, but unfortunately, only a few names of the cities have been preserved: the Rhodians (including those living in Karia), Alinda, Iasos, Miletos, Smyrna, and Nysa (who was already participating in the festivities of Hekate). These were areas which roughly border on the wider region of Panamara and Stratonikeia (*Fig. 7*). Strangely enough, the letters stress a common (but invented) ancestral bond or *syngeneia*, also referring to the sacred things which they shared[50]. The shared heritage was presumably stressed in order to strengthen the ties with these communities, obliging them to take part in the cult. Although the reasons behind this are unknown, the effect would have been not only a boost to the local economy through offerings, as well as a heightened profile of the sanctuary in the region, but perhaps most important, the creation of a friendly buffer zone around Stratonikeia's territory.

Most scholarly opinion places these letters in the second half of the first century BC, probably after the epiphany by Zeus[51]. If this is true, then there may have been a second priest who followed in Leon's footsteps by getting the surrounding communities more involved in the cult. Curty suggests as much, and goes even further by stating that it was through the sanctuary at Panamara that Stratonikeia was able to expand its orbit[52].

Besides inventories and archives, inscriptions also relate the social standing of Stratonikeians through those honored at the sanctuary, but they further expose the way the networks of cult were used to negotiate and establish Stratonikeia's scope in the region. Both Panamara and Lagina had a gateway function for the *polis* through participation in her festivals.

---

48 I.Stratonikeia 22 through 39b, discussed in Hatzfeld 1927, 71–73, and Curty 1995, 167–175. No particular festival is mentioned in these letters, only mysteries and banqueting.

49 Hatzfeld 1927, 72.

50 E. g. I.Stratonikeia 22, the letter to the Rhodians, refer to their cities as 'πρὸς ἀλλήλας συγγέ- | νιαν καὶ τῶν ἱερῶν κοινωνίαν' (lines 6–7).

51 Hatzfeld 1927, 71–73, and Curty 1995, 173–175. Especially the invitation extended to Rhodes is an argument against dating these letters to the period just after the independence of Stratonikeia from Rhodes, since Rhodes is shown to 'hate' Stratonikeia, I.Iasos 612.

52 Curty 1995, 175: 'Ce sont les legends de cette Confédération [the *ieron koinon* in the text] qui permettent de rattacher à Stratonicée des cités dont les mythes ressortissent à des sytèmes fort different.'

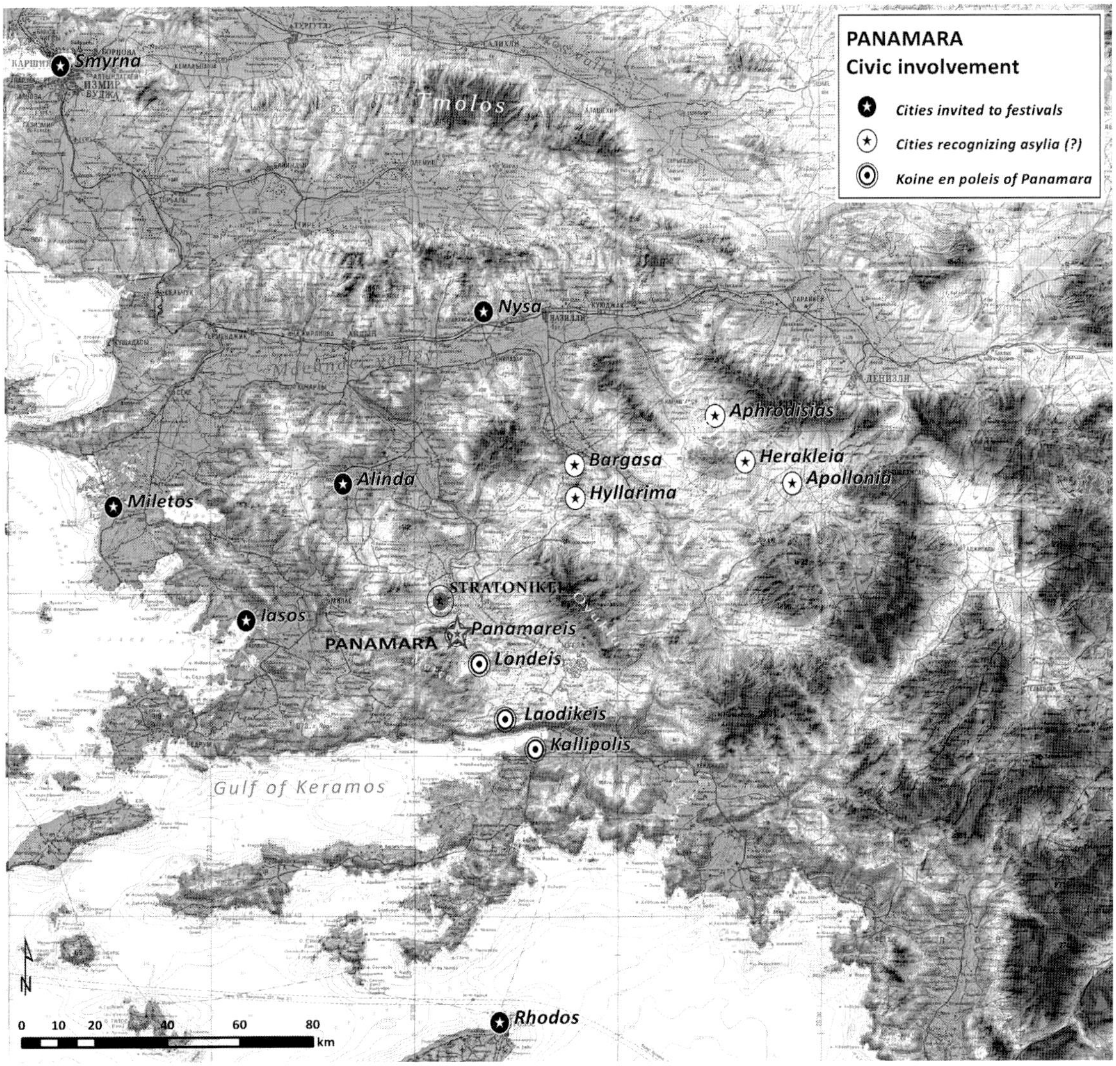

Fig. 7 Social network of Panamara. Map of the identifiable communities involved in the worship of Zeus at Panamara at different times, testified by inscriptions. The communities to the south (concentric circles) generally appear in inscriptions prior to the first century BC. Cities in east central Karia (light circles) are mentioned in a fragmented single inscription (I. Stratonikeia 21), perhaps recognizing the *asylia* after the Senatus Consultum de Panamara. Eighteen cities and communities were invited to participate in the cult (I. Stratonikeia 22–39); only six could be identified (dark circles).

Festivals and processions

Festivals physically established the bond between community and sanctuary, but they also served to mark this bond in the calendar year and in the cyclical life of the *polis*. They furthermore provided a platform for public relations; both citizens and figures of authority could be honored during festivals and peer communities were invited to join in the celebrations.

Processions were literally the vehicle of festivals, connecting the urban center and the distant sanctuary. The roads which carried them were often paved, such as the road connecting Stratonikeia and Lagina, which until recently was still the major access road going

Fig. 8 A paved section of the sacred way between Stratonikeia and Lagina, south of Yeşilbacılar. (Photo author)

north from the village of Eskihisar (Stratonikeia) (*Fig. 8*). Parts of the sacred road to Panamara were found near the sanctuary; the rest of the route has not yet been traced and may have already disappeared under the mines near modern Bağyaka.

The major civic festivals and processions of Lagina and Panamara will be discussed below with regard to purpose and scope and the way they integrated the community of the *polis* with its environment.

The festivals at Lagina

After the recognition of *asylia* by Rome, as publicly declared in the Senatus Consultum of 81 BC posted at Lagina, Stratonikeia responded by establishing a joint festival for Roma Thea Euergetes and Hekate Soteira Epiphaneia[53]. Combining the worship of Hekate, who gave the people of Stratonikeia hope during the hardships they endured under Mithridates VI, with the personification of Rome, who brought them deliverance, must have seemed like a logical and natural following step to the Stratonikeians. At the same time, it was the religious expression of a political reality.

53 I.Stratonikeia 507, see above. For the cult of Rome in Asia Minor in general, Errington 1987. Hekates' epithets of Soteira and Epiphaneia may provide the context for I.Stratonikeia 512 as being in the Mithridatic Wars.

The celebration of the union of these goddesses was not just for the people of Stratonikeia; a *pentaeteria* was to be held as a pan-Hellenic festival including games, every four years. The impressive list of cities that actually attended this festival and acknowledged the *asylia* of the Hekateion shows the manpower invested by Stratonikeia in making this festival known throughout the Greek world (*Fig. 6*)[54]. Though not strictly arranged, the list begins with cities around Karia, including Mylasa[55], then Asia Minor, but also includes Delphi, Olympia (Elis), Athens, Argos, but also Damascus and Seleukia Pieria among many others.

Many inscriptions also mention the *kleidos pompe*, an annual procession in which Hekate's sacred key was carried into the center of town by the *kleidophoros* (key-bearer), a high civic honor usually assumed by the daughter of the priest[56]. It may have been part of the Hekatesia-Romaia, or *pentaeteria*, but otherwise little is known about what actually took place during this event, e. g. which sacred key was brought into town (presumably Hekate's key to the underworld?), or what kind of mysteries were involved[57]. Yet one aspect that is certain is the direction of the procession, moving from the sanctuary some eight kilometers to the north into the heart of the town. This is primarily where extensive banqueting took place, in various public buildings, with the climax probably in the *bouleuterion*, where in the later Imperial period an inscription was carved in its walls pertaining to the *hymnodes* at the festivals of both Hekate and Zeus[58]. Although there presumably was a corresponding procession out towards the sanctuary, it is especially this centripetal movement inwards that is interesting; the community was not only assembled at the sanctuary, but was also collectively drawn in across the countryside along the sacred road towards the urban center. This was certainly an enactment of the unification of the religious center and the administrative center with the surrounding countryside (also the economic base), ensuring a tight and harmonious relationship in the *polis* with its territory.

Although open-mining has eradicated much of the sacred road, enough is left or was already known to reconstruct its path; in some places the paved surface may still be seen, large colorful smooth stones, lined with smaller stones at the edges (*Fig. 8*). Several sections of it have been found between Stratonikeia and Lagina, showing that it largely corresponds with the more recent road between Turgut and Eskhisar (*Fig. 9*)[59]. Thick sediment has covered much of the road near the propylon of the sanctuary of Hekate at Lagina, but the *kleidos pompe* would certainly have first passed the large circular water reservoir,

---

54 I.Stratonikeia 508, although incomplete, lists 57 cities recognizing the *asylia* of the sanctuary and participating in the Hekatesia-Romaia. During 1999–2002 several coins were also found at the site from Alabanda, Bargylia, Rhodes, Ephesos, and Miletos, Tırpan – Söğüt 2007, 394.

55 Stratonikeia and Mylasa had a border conflict in the mid second century BC; I.Mylasa 134, see below.

56 The *kleidos pompe* is mentioned in I.Stratonikeia 1048 II.2 (fragment); it is usually shown going 'into town' (*en tei polei*), e. g. I.Stratonikeia 701 (lines 8–9), sometimes called the *kleidos agoge en tei polei*, I.Stratonikeia 685 (lines 8–9) and 735 (lines 3–4). Several inscriptions mention the *kleidophoroi*, e. g. I.Stratonikeia 701–702, 708–713; a *parapompos* who accompanied the *kleidophoros* is mentioned in I.Stratonikeia 683.

57 See Johnston 1990, 41–42; Kraus 1960, 48–50; Nilsson 1995, 400–401; and Laumonier 1958, 398–404 who discusses it in a wider context of the festivals for Hekate and Zeus Panamaros.

58 I.Stratonikeia 1101, with specifications on the *hymnodes* of the festivals in gratitude for the many miraculous interventions by Zeus and Hekate. Laumonier 1958, 388 mentions an altar dedicated in the third century AD by M. Sempronius Clemens, with statues to Zeus Panamaros, Hekate, Artemis, Asklepios and Hygeia.

59 On the sacred road, its pavement and its course, see Tırpan – Söğüt 2005, 52–54 and 71.

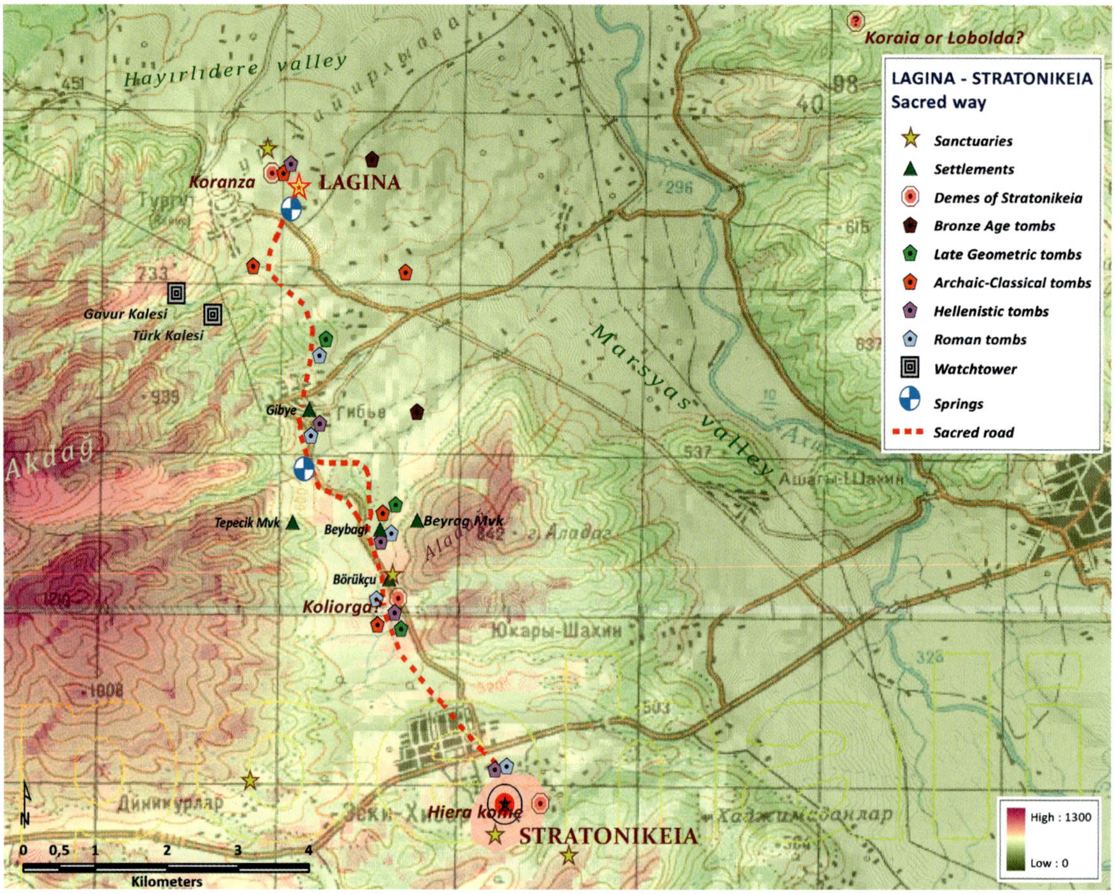

Fig. 9 Map of Stratonikeia and Lagina, showing the ancient road and infrastructure.

roughly 200 meters to the south. This spring-fed reservoir, roughly 10 meters across, stems from the Late Hellenistic or early Imperial period, and is interpreted as a sacred pool[60]. Purification rituals may well have taken place here and the several inscriptions and monumental size certainly point to its public function[61]. The procession would then continue southwest, roughly along the Archaic-Classical tombs of Emirler; to the southwest were two watchtowers, from the Hellenistic and later Roman period, controlling both the northern part of the territory, but also this road and the traffic it carried[62]. Further to the south, at Bozukbağ, are some Late Geometric graves, with more graves, this time Hellenistic, near Yeşilbağcılar (Gibye). South of Yeşilbağcılar is an edified natural spring, with material dating from the Archaic period, indicating the use of this road long before the foundation of Stratonikeia[63]. This spring marks a gentle bend in the road to the southeast, passing Beybağı which was occupied from the Late Geometric to Roman times, with a peak in

60 The pool was discovered during cleaning activities in 1994, Tırpan 1995, 214–215.

61 The inscriptions are published in (I.Stratonikeia 1401 and 1402 (=Şahin 1997), nos. 1 and 2). I.Stratonikeia 1401 is restored as a dedication to Zeus Panamaros, based on the masculine superlatives typically associated with him. Van Bremen however, argues that the office of priesthood at Panamara was not for life, which this inscription mentions; van Bremen 2003.

62 Türk Kalesi is from the Hellenistic period, Gavur Kalesi is late Roman, see Tırpan – Söğüt 2005, 60.

63 Tırpan – Söğüt 2006, 606.

the Classical period; in the early Roman period the road appears to have been diverted around a field[64]. Roughly a half kilometer to the south, along a wadi at Börükçü, is another major settlement which has been identified as Koliorga, a deme which was once a *polis* in its own right; workshops and tombs line the road with a sanctuary ('megaron') to Apollo nearby[65]. This settlement seems to have diminished somewhat after the second century BC, although there are a few tombs from the later Hellenistic and Roman periods[66]. From here the road passed further south through the valley between the Akdağ and the Aladağ peaks north of Stratonikeia and continued, tomb-lined, to the north gate of town.

The sacred way was already an important access route between Koranza and Koliorga and the other communities in the area long before its role as a processional route to Lagina. It seems that with the rise of Stratonikeia, settlement activity along the road dwindled; although this is a tentative conclusion, it could correlate with the absorption of the once independent communities into the new *polis*, discussed above, and the general lure of the urban center with its attractions and enterprises. The processional route however, continued to draw the citizen population across this road, and the passage along the various settlements, local workshops and especially the tombs, must still have formed a kinetic axis for the community, connecting its past with its present. Besides the pure necessity of transporting Hekate's key to town, the procession may also have been a symbolic reenactment of the formation of the *polis*, beginning in the 'ancient' town of Koranza and ending in 'modern' Stratonikeia.

The festivals at Panamara

Although there were festivals or at least communal sacrifices for Zeus Karios at Panamara prior to its incorporation into Stratonikeia, most of the inscriptions that mention festivals date from the late Hellenistic and Roman period, when the sanctuary was already a major focus for the *polis*. Separate festivals were held in alternate years at Panamara for Zeus Panamaros, the Komyria, and the Heraia for Hera Teleia; the festival of Hera was generally used as the chronological framework for the priesthoods[67]. Although we have very few clues as to what went on at these festivals in this early phase, the many inscriptions from the later Imperial period show that they took place in and around the sanctuary and were open to the entire population, whether citizen, foreigner or slave. The Komyria, however, involved mysteries that were restricted to men, with rituals of drinking wine and dedicating locks of hair going on inside the temenos, while the women waited outside, perhaps in the large level area at the northern part of the sanctuary (*Fig. 10*). Here they were tended to with wine and olive oil. The Heraia was similarly exclusive to women, of all classes, but they were also accompanied by the men who waited outside

---

64 Tırpan – Söğüt 2007, 398.

65 Aydaş 2006, on the identification of Börükçü as Koliorga; results from the investigations at Börükçü are reported in KST, Tırpan – Söğüt 2004, Tırpan – Söğüt 2006, Tırpan – Söğüt 2007.

66 On the period of activity at Börükçü, Tırpan – Söğüt 2004, 380 and Tırpan – Söğüt 2006, 605–606.

67 I.Stratonikeia 127 is an interesting example that lists a priest (from Koliorga) who served during the Heraia which fell together with the Pentaeteria, Hekate's major festival in Lagina. Nearly a third of the 178 priestly (hiereus) inscriptions at Panamera refer to the Heraia.

Fig. 10 Panamara and the large terraced area at the northern part of the sanctuary. (Photo author)

the temenos. During this festival gifts of wine, oil and money were also given to all the participants[68].

As stated above, the exact route of the processions towards Panamara is unknown, but some stretches of a road leading to the sanctuary were discovered by Laumonier during his travels in 1933[69]. One stretch, roughly 3 m wide, continues for over a half a kilometer long close to the ravine that separates the hilltop from the Bencik mountain to the north-west. He believes this to have been the sacred road connecting the sanctuary to Stratonikeia, thus going around the ravine and eventually approaching the sanctuary from the more gentle southwestern side where it wound back towards the northern side of the hilltop , climbing up to the heart of the sanctuary. Fig. 11 shows the terrain between Stratonikeia and Panamara, with possible trajectories of the processional route that connected them.

Although it is unknown when the major festivals began, it is tempting to associate them with the Senatus Consultum after the Mithridatic Wars, when Stratonikeia was granted a

[68] An extensive description of both festivals, based mostly on inscriptions from the Imperial period, is given in Hanslik-Andrée 1949, much of which may be read in I.Stratonikeia 202–203, and 205, and the dedication of hair during the Komyria in 401–500. Over the Heraia see also Lozano 1991–92. Nearly all the priestly inscriptions from the Imperial period show that the annual priesthood was held by a couple, with the male priest presiding over both festivals.

[69] Laumonier 1936, 325. I was able to confirm his findings in October, 2011.

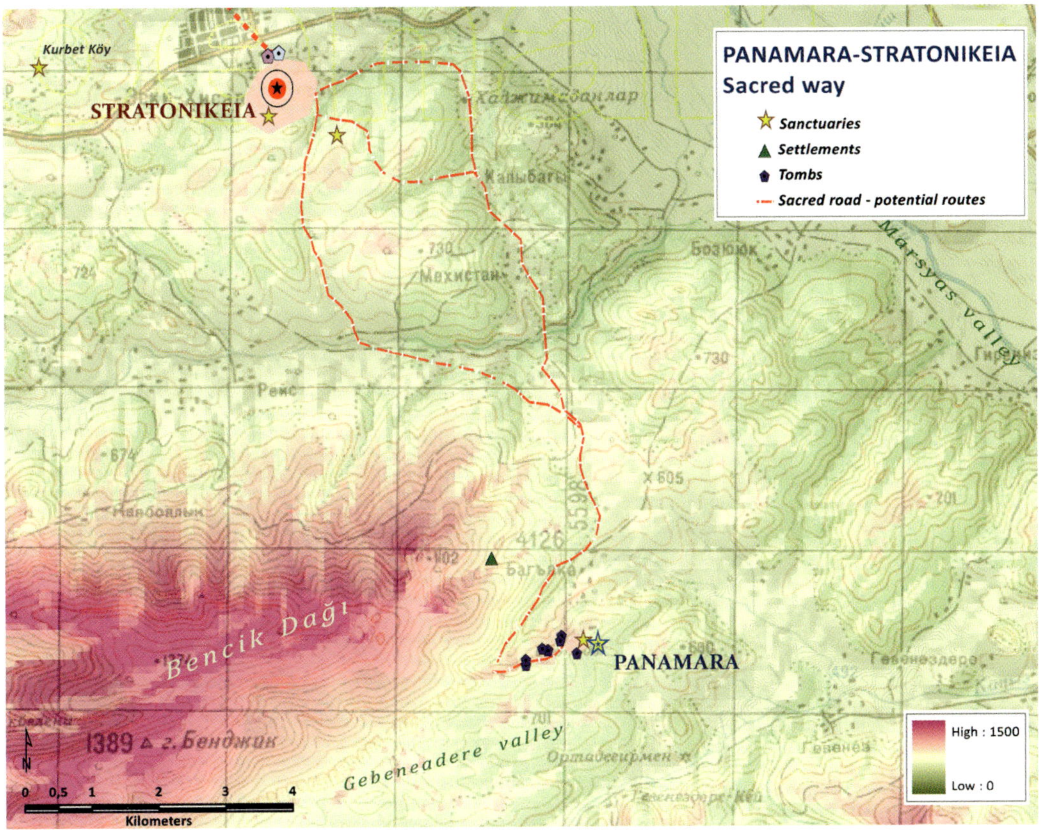

Fig. 11 Map of Stratonikeia and Panamara.

vast expansion of territory to the south, down to the Gulf of Keramos. These festivals and their processions certainly enacted Stratonikeia's territorial ambitions, but they are much more than a political claim. They are the result of a major reorganization of the sanctuary at Panamara by Stratonikeia, reflecting the very intimate relationship between the *polis* and its community which was expressed at this remote place. The inclusion in the celebrations of all classes of men and women, slave, free, citizen or foreigner, must have created a strong degree of social cohesion. Inscriptions prove that Stratonikeia was always highly conscious of its deme divisions, and who came from where, yet the festivals and processions here brought unification to the whole population. Panamara, remote as it was from the administrative center, may have been an ideal 'neutral zone', where the participants could focus on the basic things they had in common – their gender and their identity as the Stratonikeians.

While these festivals consolidated the social component of the community, there was yet another festival here that was overtly political. This was the Panamareia, which marked a turning point in the life of the cult after the epiphany of Zeus of Panamaros that saved Stratonikeia from Labienus' invasions in 40 BC. The Panamareia was an annual event of great significance for the *polis*. Oppermann observed the term 'succession of the crown', mentioned in several inscriptions, as an indicator that the Panamareia was probably the most significant civic festival for Stratonikeia[70]. It was in any event one of the longest, lasting ten days, and involved intensive banqueting and anointing the population with oil[71]. Much went on in the countryside too and one inscription even includes the sanctuary of Hekate at Lagina as a scene of festivity during the Panamareia, showing the collaboration of both tutelary deities during this major festival [72].

Yet the most interesting facet of this festival within the context of this study is that, like Hekate's festival, it was primarily celebrated in Stratonikeia, not in Panamara. The image of Zeus was brought from Panamara into town in a procession, possibly on horseback, to reside in the *bouleuterion* during the festival; afterwards it was returned to the sanctuary during the festival of the *anabasis*[73]. For Stratonikeia it was apparently critical to have some token or representation of the gods physically in the urban center for a period of time; this will be further discussed below.

None of the inscriptions referring to the festival of the Panamareia can securely be dated to the pre-Roman phase of Stratonikeia, the majority in fact seem to have been written in an Imperial context. Although Oppermann believes the Panamareia may have begun after the Mithridatic wars[74], it is more plausible to connect this festival, as we know it, to the epiphany of the god that saved the *polis* from Labienus and his Parthian troops in 40 BC. By this time Panamara was thoroughly integrated with Stratonikeia, and Zeus Panamaros had come to represent, and to protect, the *polis.*

Architecture

Monumental architecture at these distant places of cult was a highly visible statement of the relationship between *polis* and sanctuary; a great deal of effort and expense obviously went into these structures. Lagina, for example, apparently did just fine without architecture prior to the late second century BC, when the temple complex was built (*Fig. 12*). Yet the complex created at the same time both inner space as well as an external visual landmark, articulating the cult both horizontally and vertically in the environment. Similarly, the frieze, for which the temple is famous, added a new layer of meaning and representation at the sanctuary. All of these elements together formed a tremendous vortex, attracting the attention of those far away and drawing it in towards and around the temple and altar, the focal points of the sanctuary.

---

70 Oppermann 1924, 58. The 'παραλήψι τοῦ στεφάνου' is mentioned among many others in I.Stratonikeia 247, 312, 341.

71 I.Stratonikeia 242, lines 11–14: '...ἀλείψαντες δὲ καὶ τῇ τοῦ στεφάνου π[α]- | [ραλ]ήψει καὶ τοὺς ἄνδρας καὶ τὰς γυναῖκας, γ[υ]- | [μ]νασιαρχήσαντες δὲ καὶ τῇ ἑορτῇ καὶ πα- | νηγύρει τοῦ θεοῦ ἐπιρρύτῳ ἐλαίῳ...' . The festival length of ten days is attested in I.Stratonikeia, lines 14–15.

72 I.Stratonikeia 266 II, lines 13–15: '...τῶν ἑορταζόν- | τῶν ἔν τε τῇ πόλι καὶ ἐν τῷ ἱερῷ τῆς Ἑ- | κάτης καὶ ἐπὶ τῆς λοιπῆς χώρας..."

73 I.Stratonikeia 266 II, also shows the procession into town lines 18–22: '... ὅστις | πρῶτον ἐλθὼν τότε ἰς τὴν πόλιν ἐν τῇ | ἀγομένῃ πομπῇ ὡδήγησεν τὸν ἱε- | ρέα ἰς τὸ βουλευτήριον καὶ μετὰ τὰς | θυσίας εὐθὺς ἐχωρίσθη...'; I.Stratonikeia 309 mentions the horse in the procession, and the return, or 'ἀναβάσις τοῦ θεοῦ' is mentioned in I.Stratonikeia 295a/b, and 341.

74 Oppermann 1924, 83: 'dies Fest ist also nicht viel älter als Sulla'. Oppermann dates the annexation of Panamara by Stratonikeia to the territorial expansion granted in the Senatus Consultum after the Mithridatic Wars; the Panamareia could then have followed this event.

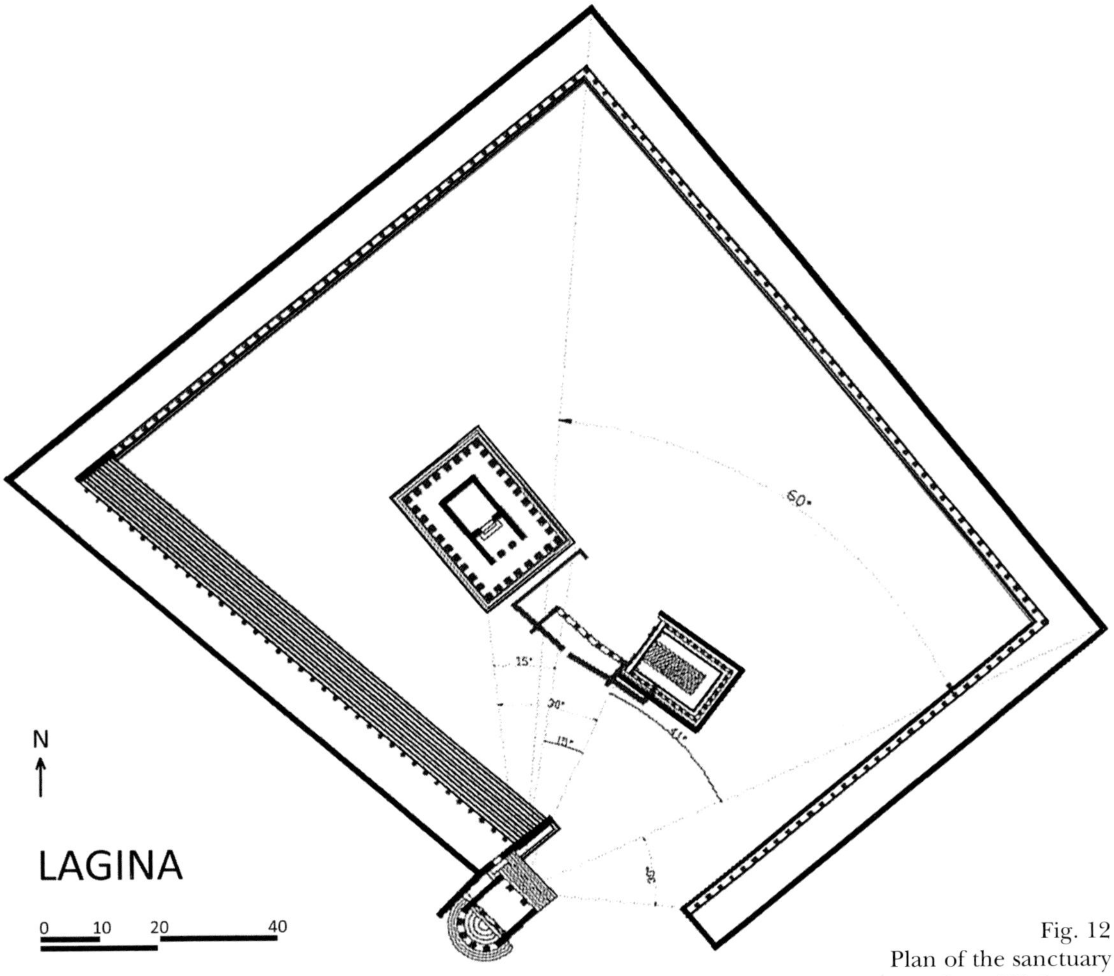

Fig. 12
Plan of the sanctuary complex of Hekate at Lagina by the first century BC. (After Tırpan and Söğüt 2007, Plate 2)

The effect at Panamara must have been even more spectacular, since this sanctuary is located on one of the hills overlooking the Marsyas valley, from where its white marble architecture would have been visible, if only from a distance. Unfortunately however, this sanctuary has not been systematically excavated or even researched; besides the blocks of architecture that may still be observed on the hilltop, most of the information comes from inscriptions and Laumonier's description of the site during his travels in the 1930s[75].

Although due to the state of research we know much more about the architecture at Lagina than of that at Panamara, the architecture of both sanctuaries will be considered here with regard to their role as spatial and political landmarks.

Hekate, goddess of the crossroads and marginal areas, is seldom associated with monumental temple architecture, yet as civic goddess of Stratonikeia she could hardly do without. Even so, the remarkable construction given to her temple here is puzzling; it certainly

75 Laumonier 1936, 324–327, Plate 41.

Fig. 13 Sanctuary complex of Hekate at Lagina.
a) View of the propylon seen from the altar; the Akdağ peak is visible through the doorframe; to the right the monument base for Menekles and Epainetos (right). (Photo author)
b) Temple and altar, with the Aladağ peak in the distance to the left. (Photo courtesy of Prof. Tırpan)

is a mixture of traditional and innovative styles and techniques. The somewhat squat stylobate supported a pseudo-dipteral 8 x 11 ring of Corinthian columns (an early example of the exterior use of this order), surrounding an almost square cella with a pronaos that was nearly as large, and no opisthodomos. A continuous frieze ran around the entablature;

this frieze drew considerable attention to the sanctuary after its discovery, and became one of the founding pieces in the collection of the Istanbul Archaeological Museum[76].

The temple was connected to an altar by a paved road, and the ensemble was enclosed by by a stoa complex in the Doric order, demarcating an area of roughly 140 x 130 m; the north, east and south stoas, built in a Π-shape formation, may be contemporary as they are in alignment with the temple, while the west stoa seems contemporary with the propylon and the altar, both of which were apparently rebuilt in the Augustean period[77].

The temple and complex both follow an unusual southeast orientation. Since the conditions of the gentle slope hardly make any demands on the layout of the architecture, an explanation must be sought elsewhere. Parallels with other temples of Hekate are lacking, but the orientation may be related to ritual activities involving certain astronomical phenomena, such as a lunar cycle (the goddess is typically crowned by a lunar crescent). It is, however, interesting to observe that the temple axis points towards the Aladağ peak while the propylon faces the Akdağ mountain (*Fig. 13*); perhaps these two mountains, watching over the passage towards Stratonikeia and almost at 90 degrees from Lagina, determined the orientation of the complex (*Fig. 14*).

Whether driven by ritual, geographical, or political demands, the design of the temple complex will have been part of a wider construction program that seems to have commenced after Stratonikeia's liberation from Rhodes[78]. The *polis* of Stratonikeia would also have been responsible for the unusual frieze on the entablature of the temple. One of the earliest studies of this frieze was by Schober[79], who drew attention to the 'north' frieze and its depiction of soldiers and Amazons, who are not engaged in battle as they would be in a regular amazonomachy, but instead enjoy cordial relations, shaking hands and clasping shoulders (*Fig. 15*). Differences of opinion as to the date of this frieze, and thereby the temple, have since been based on the interpretation of the frieze and its context[80]; for the present I will adhere to the findings of Peter Baumeister, who recently did a meticulous

---

76 Osman Hamdi Bey excavated at Lagina in the fall of 1891 and 1892; he sent the sections of the frieze to the 'Imperial' (Archaeological) Museum in Istanbul where they are now on display.

77 The propylon was restored by Augustus, recorded in the architrave, I.Stratonikeia 511, lines 1–2: 'Αὐτοκράτωρ Καῖσαρ θεοῦ υἱὸς θεὸς Σεβαστὸς πατὴρ πατρίδος καὶ εὐσεβείᾳ | ἅπαντας διενένκας, τῆς θεᾶς Ἑκάτης ἀσεβηθείσης...'. The altar and west stoa follow the same general orientation as the propylon and may have been rebuilt at the same time, Tırpan – Söğüt 2007, 592–593. Professor Tırpan believes the altar must have been one of the earliest structures, but was rebuilt in its present form under Augustus, personal communication, 15 April, 2009 and the internal reports of 2008, listing the late Hellenistic and early Roman finds from the excavations in the altar.

78 The Gymnasium was probably one of the first buildings erected; Mert 2008, 16–20 and 156–166, dates it to shortly before the mid second century BC based on inscriptions as well as the style of the Corinthian capital. Rumscheid 1994, 139–140, however, dates it to the same period as the temple of Hekate, based on the similarity of the Corinthian capitals; he dates both temple and gymnasium thus to the early first century BC.

79 Schober 1933. Perhaps it is because the frieze was studied before the entire temple was excavated that the section above the entrance, showing the birth of Zeus, is called the 'east' frieze, when in reality the entrance faces more south than east, while the long sides are dubbed 'north' and 'south', but are really more east and west, and the opposite end is more north than 'west'. However, I will follow the conventional naming for the sake of reference.

80 Schober 1933 believed the frieze to date after the Aristonikos uprising; Junghölter 1989 connected the temple and frieze to the Mithridatic wars, based on the Senatus Consultum (I.Stratonikeia 505) inscription carved on the walls of the temple, followed by Rumscheid 1994, 139–140. It goes beyond the scope of this paper to discuss all of these views and their ramifications, but for a good review, see Baumeister 2007, 35–40.

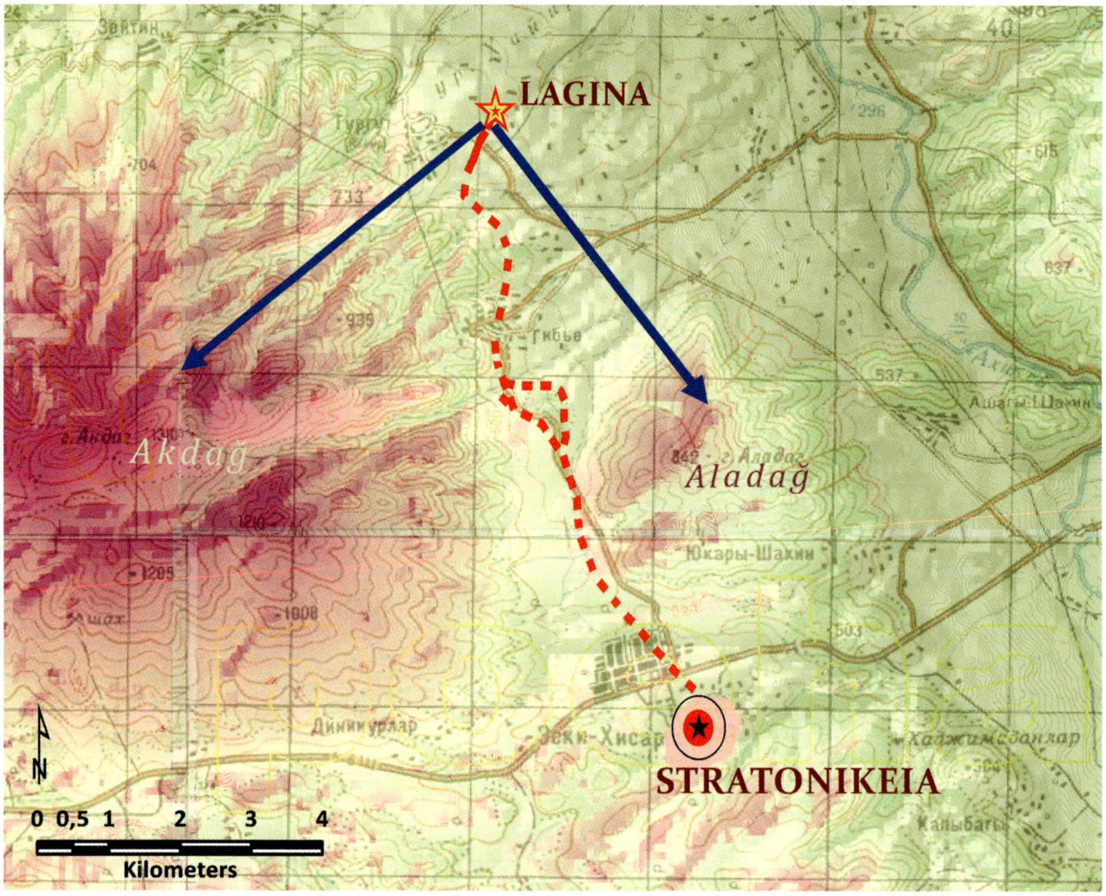

Fig. 14 Map showing the view angles from Lagina towards the Akdağ and Aladağ peaks.

Fig. 15
Section of the 'North frieze' from the temple of Hekate at Lagina, showing Amazons and Greek soldiers in amiable relations. (Photo courtesy of Prof. Tırpan)

study of the style, content, and context of the frieze, and proposed a date in the late second century BC, based primarily on stylistic comparisons[81]. Baumeister believes the evocative 'north' frieze is either an historical reference to an alliance between Karia (the soldiers) and some of the cities of west and northwest Asia Minor (the Amazons), several of which had mythical Amazon founders, or it could be an allegorical depiction of the new paradisiacal age of peace that was made possible by the intervention of Rome during the Aristonikos uprising, and the beginning of the Roman province of Asia[82]. This second interpretation could explain the cosmic presence in the rest of the frieze, with the assembly of gods, heroes, and nature personifications shown on the 'south' side, the rather bloodless gigantomachy on the 'west' side with Hekate at the center, and the birth of Zeus, assisted by Hekate, on the 'east' side[83].

If this frieze is a pro-Roman statement, it would be in keeping with Stratonikeia´s general attitude towards Rome. Stratonikeia had shown nothing but loyalty to Rome since her liberation from Rhodes in 167/166 BC, and seemed to take every opportunity to underscore these good relations, starting with the iconography that crowned this temple and continuing with the installation of the cult for the goddess Roma in Hekate's sanctuary. The temple may be seen as a marker of formal Stratonikeian civic presence in this area of her territory, while the frieze may indicate an extension of this territorial claim to physical and political space by its inclusion of Rome in the natural order of things, in an international appeal to both peers and superpower.

The situation at Panamara is clouded by our poor knowledge of the architectural situation and development, but it is clear that the sanctuary with its bulwark long held a commanding position in the landscape, which Philip V exploited at the end of the third century BC. When Stratonikeia took control of Panamara, there must have been a corresponding transfer of power on the mental maps of the surrounding communities, later reinforced by the divine manifestation of Zeus that delivered Stratonikeia from her enemy and his appearance on her coinage. The sanctuary came to stand for Stratonikeian presence in this area west of the Marsyas valley and between the *polis* and the sea.

The hilltop sanctuary was built up further by Stratonikeia, as Hera was joined with Zeus and was provided with her own temple, which was also attacked by Labienus'

---

81 Baumeister 2007, 11–33 and 219–220 on the date of the temple and frieze, with supportive parallels in the similarly 'retrospective' architecture at the pseudo-dipteral temples of Apollo Smintheios in Chryse and Apollo Isotimos in nearby Alabanda, both mid to later second century BC, Baumeister 2007, 154–155. Van Bremen, 2010b, 502, believes the temple likely dated from the years of peace and prosperity after the liberation of Stratonikeia from Rhodes and before the Aristonikos revolt, i. e. roughly coinciding with the first coin issues of Stratonikeia, Meadows 2002 Group 1 (between 160 and 130 BC) which may have reflected the cult image of Hekate (see above, Fig. 3).

82 Baumeister 2007, 'These I' and 'These II', 53–61. The main problem with dating the frieze within the context of the Aristonikos uprising is that the impact that this war actually had on Stratonikeia, or Karia for that matter, is very unclear; Marek 1988, 297–298, sees no reason for Karia to have been involved in the wars at all, nor was it included in the province of Asia until after the Mithridatic wars. Errington observes, however, that Karia was generally pro-Roman after the eviction of Rhodes in 167 BC, perhaps lending a great deal of support, Errington 1987. But see also van Bremen 2010b, 503, who believes the frieze has more to do with Hekate's position in Karian mythology than Rome.

83 Baumeister 2007, 61–65. The gods on the south side also probably include Zeus Panamaros and Hera Teleia, on block 201, as well as Aphrodite and Athena, Ares, and Apollo on block 202 of the 'south' side.

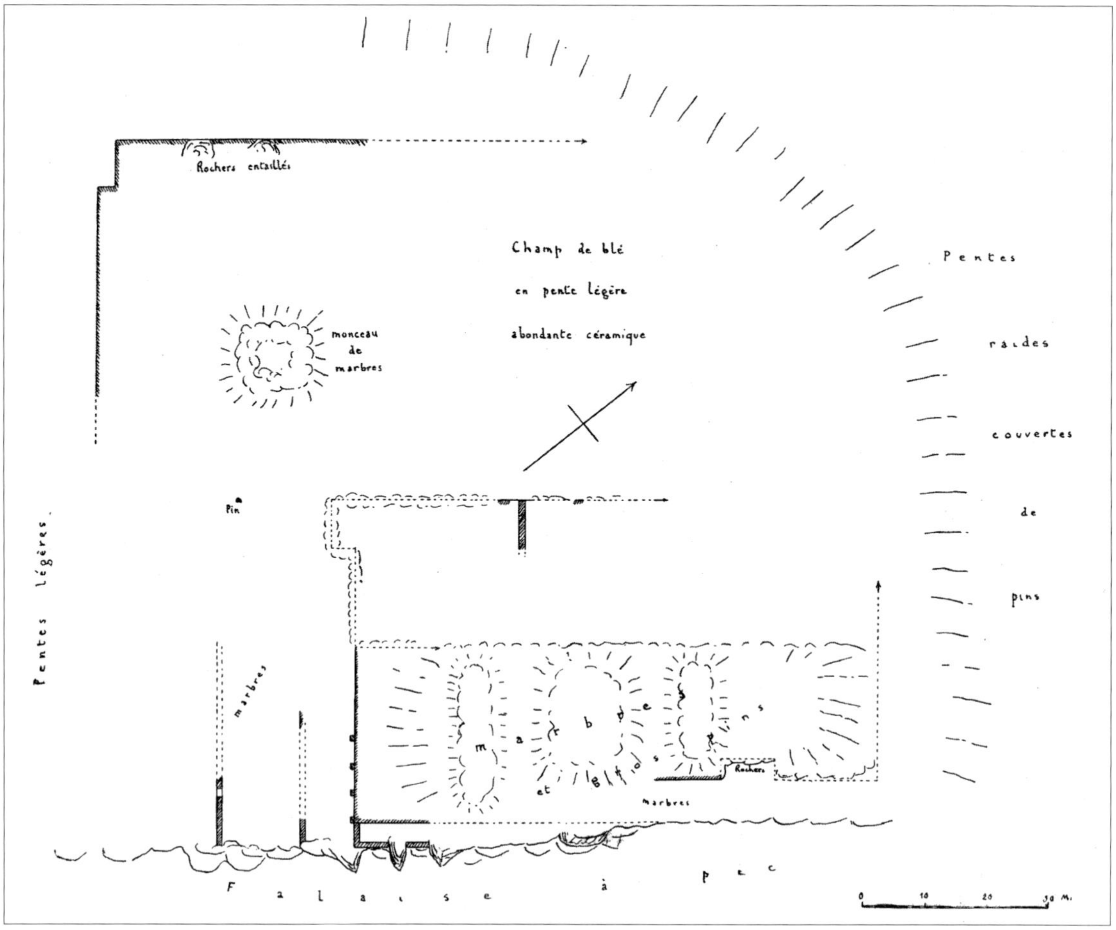

Fig. 16 Sketch by Laumonier of the sanctuary at Panamara. (*BCH* 60, 1936, Plate 41)

troops[84]. Since it was targeted separately, it may have been located at some distance from the temple of Zeus, perhaps in a more vulnerable spot although the attackers needed ladders to get to it[85].

In 1933 Alfred Laumonier recorded several stretches of walls, constructed in 'Cyclopean', i. e. polygonal style, around the highest point of the hilltop at Panamara and designated them as the temenos walls, enclosing an area of roughly 100 x 85 m (*Fig. 16*) [86]. According to him the center of the sanctuary was located at the peak, where several piles of marble blocks indicated an elongated enclosure, stretching 50m along the walls of the southeast cliff. The robust exterior wall on this side was interrupted by five 'contraforts'; Laumonier describes the complex as having the appearance of a terraced fortress. In the western corner of the temenos was a quadrangular structure, roughly 10m long, with another pile of marble blocks; he tentatively identified this as the altar. He interpreted the level area just north of the complex, open and free of stones, as a gathering place for the processions, festivals, and games (*Fig. 10*).

84 I.Stratonikeia 10, lines 25–26, mention the temple of Hera.

85 I.Stratonikeia 10, line 28.

86 Laumonier 1936, 324–327 on the description and layout of Panamara, with a sketch on Plate 41.

Although the sanctuary and its temples have yet to be investigated, Laumonier's description and the several gleaming white marble architectural blocks that may still be seen today at the top of the hill indicate the very conspicuous nature of this sanctuary, making a sharp contrast against the dark green of the surrounding forest.

Besides creating spaces for ritual, both sanctuaries served as markers in the landscape, either set up deliberately by Stratonikeia, as at Lagina, or by embellishing the structures that were already there, as at Panamara. The architecture certainly gave the sanctuaries a high profile in the truest sense, and the *polis* as well by virtue of association. They were landmarks on the physical environment but also on the mental map, anchoring the idea of the *polis* to these more remote places in her territory.

Visibility and viewsheds

As tightly as these sanctuaries were connected to the urban center of Stratonikeia, and as much as they were monumentalized and turned into landmarks for the environment, neither sanctuary could actually be seen from the town itself. The Aladağ peak and its western foothills blocked the view towards Lagina, probably even before Börükçü/Koliorga. The countryside between Panamara and Stratonikeia is very hilly, and the sacred road probably wound its way through numerous valleys before it reached its destinations; prominent and fortified as it was, the sanctuary would not have been visible from the north until the valley of modern Bağyaka.

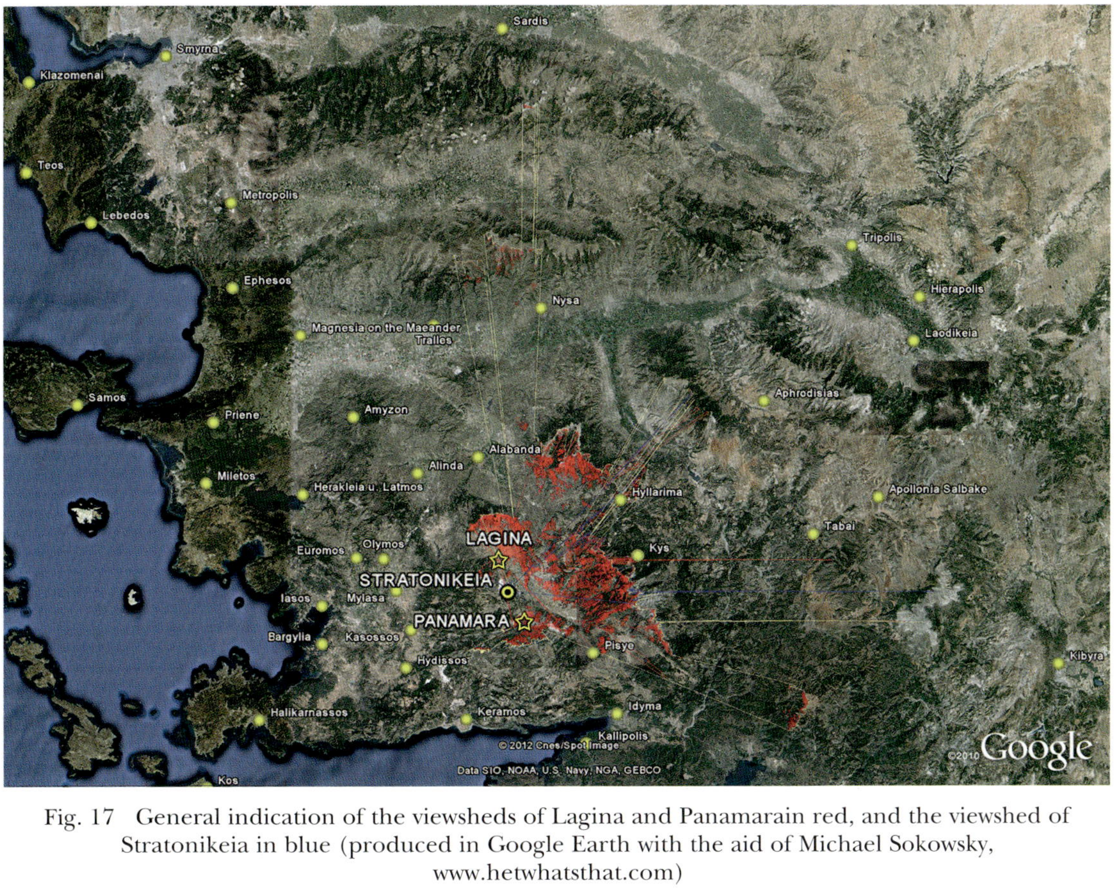

Fig. 17 General indication of the viewsheds of Lagina and Panamarain red, and the viewshed of Stratonikeia in blue (produced in Google Earth with the aid of Michael Sokowsky, www.hetwhatsthat.com)

Fig. 18 View across the Hayırlıovasi area towards the Marsyas valley from Lagina. (Photo author)

Fig. 19 View from Panamara towards the southeast with the Oyuklu hills to the left in the distance. (Photo author)

Yet there were several other places from which these sanctuaries were visible. Both sanctuaries enjoyed a wide perspective of views (*Fig. 17*). Lagina is situated on a hillside in a curve where the Hayırlıdere valley to the north opens onto the Çine (Marsyas) valley to the east, perhaps at a sort of crossroads that may have been the domain of Hekate. Although the hillside itself blocks the view to the nearby sanctuary of Apollo and Artemis, it does afford a wide panorama to the north, the east in particular, and the southeast (*Fig. 18*). Directly north across the Hayırlıdere was the Archaic site of Hacibayramlar Höyük; the view continues to the Gökbel mountains farther to the north and west along the valley, to the hills beyond Turgutlar, midway between Lagina and the sanctuary at Labraunda. On the opposite side, just across the Marsyas, the sanctuary of Aphrodite Epekoos at Yava would have been clearly visible. Far beyond this, to the northeast, are the peaks of Heşimler and Madranbaba, west of the valley of the Akçay (Dandalos); this is the area of the highland Karian towns of Bargasa and Hyllarima. The view from Lagina extends across the Marsyas valley towards the Oyuklu range dominating the eastern side of the valley, near ancient Kys, and continues south beyond Muğla and Pisye; several hills along the western side of the Marsyas valley are also visible, including the range that separates the valley from Panamara. The northern flank of Bencik Dağı, between Panamara and Stratonikeia, is also visible from Lagina. North of Stratonikeia, both the Aladağ peak and the Akdağ mountain, which leads down to the foothills at Turgut and Lagina, are well within view and may even have determined the southwest and southeast axes of the sanctuary, as discussed above.

Panamara is more enclosed in the mountains, yet there is an excellent view to the south, along the Gebeneadere valley between Bencik Dağı and the Marçat Dağları; just across these mountains are the settlements of the Leukoideis (Çırpı) and Londeis (Çiftlik)[87]. The view to the west extends until the Gübremenladağ, 12 km away. Looking to the east, a stretch of the Marsyas valley can be seen near Bozarmut, the lower foothills obscure much of the rest of the valley floor (*Fig. 19*). Higher up on the eastern side, however, the Oyuklu mountain range is clearly visible, as are the Madranbaba Dağları, some 40 km to the northeast. The view north of the sanctuary is channeled by the foothills of Bencik Dağı to the west. The hill just east of Stratonikeia is visible, although the town itself is blocked from view. Farther to the north there is a good view of the Gökbel mountains across the Hayırlıdere valley.

Several natural features that were important to the *polis*, such as access routes, economic resources, and boundaries with neighboring communities, were common elements to the visual landscape of either or both sanctuaries, thereby greatly expanding the field of vision for the *polis*. This improvisational reconstruction of the viewsheds from both sanctuaries already shows that there are many places where the views overlap: the Gökbel mountains to the north, the Madranbaba far away to the northeast, sections of the Marsyas valley, and especially the Oyuklu mountain range east of this valley[88]. This last area is of particular interest, as these highlands offer a series of vantage points that encompass not only both sanctuaries, but the urban town center as well, all three of which were blocked from direct visual contact with one another. Although it is difficult to tell how visible any of these structures actually would have been from this distance, 15 to 20 km away, nevertheless the area would certainly have been understood to be Stratonikeian, due to the many associations already transmitted through coins, legends, festivals, and probably with the noisy processions that must have reverberated through the valley.

Territorial expansion and the transformation of the sacred landscape

The landscape between the Hayırlıdere valley in the north to the Marçat mountains in the south once contained several independent communities, from Koranza to the *koinon* of the Panamareis (*Fig. 2*). Yet with the rise of Stratonikeia in the middle, these communities found themselves in a new subordinate role as demes, and their identities eventually merged with that of the *polis*. Drawing the two remote sanctuaries into orbit, and placing their gods at the heart of civic life, was an act that bound the *polis*, sanctuary and territory together in a locked relationship. Stratonikeia connected to the older communities north of town through the sanctuary of Hekate at Lagina; at the same time this gave it a strong presence in the area overlooking the Marsyas valley. Panamara was located in the hill country south of town, with a good view to the Marsyas valley as well, but also with its own

---

87 Debord – Varinlioglu 2001, nos. 36–38 (139–147) on Leukoideis and nos. 39–40 (148–151) on Londeis; no. 39 is a dedication to Zeus Karios; see also the map on 87, which identifies the area between the Marçat mountains and the coast at Akbük as comprising the *koinon* of the Pisyetai and Pladaseis.

88 Debord suggested that two of the demes of Stratonikeia may well have been located across the Marsyas valley, Debord 1994 (see also this article Fig. 2).

ties to the communities in the southern Marçat mountains. Gaining control over this sanctuary was a large step for Stratonikeia in the direction of the Gulf of Keramos, opening up new economic avenues of commerce for the landbound city. Both Lagina and Panamara were in their own ways thus determining factors in the territorial development of the *polis* in the Hellenistic period.

The second century BC was a critical time for Stratonikeia, with two basic concerns: the *polis*' relationship with the overarching powers in the region, and its territorial composition. Both sanctuaries were critical in this regard. The sanctuary of Hekate at Lagina was targeted from the beginning as the prime expression of Stratonikeia's political course. Perhaps it was chosen because of Hekate's wide appeal, or because of the sanctuary's closeness to Koranza, one of the largest demes of Stratonikeia; promoting this sanctuary could have been a way of recognizing the influence of this large constituent, without taking over its main sanctuary of Apollo and Artemis. But it may well have been chosen for its strategic location in the 'crossroads' zone where the Hayırlıdere valley meets the Marsyas valley. In any event, it is clear that already by the late third or early second century the sanctuary was used to articulate Stratonikeia's relationship with external forces. Early on this included not just Rhodes but also the Chrysaoric League, as one of the inscriptions from shortly after the period of Philip V shows. Stratonikeian support for Rhodes was shown at Lagina by the inclusion of the cult of Helios and Rhodes at the sanctuary. Later, after Rome expelled Rhodes from the area, Stratonikeia was free to create its own political identity, with Hekate at the foreground, already representing the city on its earliest coins in the mid second century BC. From this time on the sanctuary was used to express Stratonikeian endorsement of Rome, through architecture and inscriptions, but especially through the festivals for Hekate and the goddess Roma; this channeled contact with the rest of the Greek world through their participation. The resulting political and religious network was thus the base for determining Stratonikeia's place in the world and in the minds of her peers.

At Panamara a similar course of events occurred with the chief difference being that the sanctuary for Zeus Karios was much more widely known, already enjoying a network in its own right before Stratonikeia appeared on the scene sometime in the second century. Although the fortified sanctuary certainly occupies a strategic position in the landscape, already exploited by Philip V, Stratonikeia was probably just as interested in securing the goodwill of the cultic network when she advanced her citizen Leon as priest of the sanctuary. His ambitions of revival and expansion of the cult were well received by this network, opening the way for further Stratonikeian involvement at the sanctuary. With their interests in the region, it is little wonder that this cult of Zeus Karios was quickly drawn in as another major cult for the *polis*; the legend of Zeus' miraculous salvation of Stratonikeia propelled the relationship between deity and city into the realm of myth, and something which demanded acknowledgment from the ultimate superpower Rome, and peers through their participation in the festivals (*Fig. 6*).

Territorial expansion must have been on the agenda of Stratonikeia in the formation of its new political identity in the mid second century, in the vacuum left by the withdrawal of Rhodes. This is indicated by a possible *sympoliteia* with Keramos, a peaceful prelude to its later takeover in the first century BC[89], but also the territorial disputes with Mylasa[90], and Rhodes who expressed its feeling of 'hatred' (*apechtheia*) towards Stratonikeia[91]. Various explanations have been sought as to why Stratonikeia, which was already considerable in size, felt the need to increase its territory. Gabrielsen believes that the main purpose in accruing territory was to acquire more villages and thus gain weight in the Chrysaoric League, since representation was based on the village count for each member city[92]. Van Bremen, however, sees Stratonikeia's interest in the south as rising more out of economic or military objectives, with the goal of establishing a corridor to the Gulf of Keramos through territory still held by Rhodes[93].

Whatever the motive may have been, Stratonikeia clearly felt compelled to expand and its cults were crucial in realizing this goal. But this was not just about territory. The sanctuaries were of course hubs in a network of relationships. At both Panamara and Lagina the human factor was certainly taken into account by the polis; there was no blunt takeover, but considerable effort was made to gain the support of the communities in the area who identified with the sanctuary. This would not only ensure the success of retaining the sanctuary, but would also create a kind of 'buffer zone' of sympathy and support for the polis, certainly important in this turbulent era. The best way to realize this was to continually demonstrate the importance of the gods for the *polis*, by displaying them on the coins, by changing their epithets and incorporating them into civic mythology, by building up their sanctuaries and using them as podiums of civic honor, and by holding festivals that crossed the territory and involved the entire population. All of these manifestations continuously reiterated the pattern of *polis*, place and cult, so much so that the sanctuaries became an *Ersatz* target for attacks on Stratonikeia, as was the case during the war with Labienus in 39 BC which resulted in destruction at Lagina and prompted the miraculous intervention of Zeus at Panamara. Yet even such disasters had a positive outcome, giving Stratonikeia extra leverage for recognition by Rome and triggering a new phase of life in the sanctuaries themselves; cities throughout the Greek world signed on to recognize the right of *asylia* and to participate in the festivals that celebrated the Stratonikeians, giving them an even wider audience than ever before. Their involvement in these sanctuaries, and the deities' involvement with the *polis*, is what engraved the territory onto the mental maps of the communities involved.

Both cults were thus pivotal to the expansion and subsequent cohesion of the community, by virtue of their pre-existing networks and their inherent mechanisms of sacred authority and nested dependencies. The focus of both deities, whose initial scope was either local

---

89 I.Keramos 6 line 3 implies a *sympoliteia* between Stratonikeia and Keramos that preceded the grant by the Roman senate in 81 BC, in which Keramos was ceded to Stratonikeia, I.Stratonikeia 505.

90 I.Mylasa 134 discussed in Ager 1996, no. 101. Mylasa had expansionist tendencies of its own, and much land was invested in the sanctuaries, probably as some kind of security, e. g. as at the sanctuary at Sinuri, with an increase in land leases etc., I.Sinuri 45–72.

91 I.Iasos 6, discussed in Ager 1996, no. 161; this concerns a (territorial?) dispute between Rhodes and Stratonikeia, arbited by a citizen from Bargylia, dated to the later second century BC, during the Aristonikos wars.

92 Gabrielsen 2000, 156–161; vote count in the league is recorded in Strabo 14, 2, 25. See also above.

93 Van Bremen 2004, 237.

or regional, was thus drawn towards the young urban *polis* and the needs of its population. The sanctuaries at both places were monumentalized, much more so than before. Hekate was given a beautiful marble temple and large complex, while at Panamara Zeus was accompanied by Hera, with monumental temples for both and several other facilities on and around the hilltop.

Yet perhaps the most conspicuous symbol of their new role in civic life was the sacred road that joined either sanctuary with the urban core of Stratonikeia. These roads were conduits of the festivals that celebrated both the deities. In the case of Lagina it passed through some of the older independent communities that had now become demes, and united the entire population in enacting the bond between city and sanctuary by ritually crossing the ancient territory that connected the two (*Fig. 8*). This territory was rich in personal histories and was, on the one hand, the ground in which most of their forebears were buried, but on the other was the source of much of their livelihoods. For Panamara, as a new addition to the territory of Stratonikeia, this road will have had a different meaning, yet here new personal histories were being created as well, through participation in the processions and festivals that annually united all those who made up the community of the *polis*. Although the actual trace of the sacred road here is unknown (*Fig. 11* shows possible routes), still the locals would have noticed the boisterous annual processions that drew the entire population out to the hilltop, and were probably even involved in it as well.

But of particular interest are the festivals for both deities in which the cult image of Zeus and the sacred key of Hekate were actually brought into town, to reside at the *bouleuterion* for some time, after which they were returned to the temple. This shows that the action not only went out to the sanctuaries, but was centripetally drawn in towards the center as well[94]. The significance of these remote deities residing in town cannot be emphasized enough. They show that the Stratonikeians literally needed their tutelary gods to regularly be there ›physically‹ in the urban and administrative center. Perhaps there were political rituals or decisions in the central nervous system in the *bouleuterion* that required their presence. More likely, however, the need was much more deep-seated. Hekate and Zeus, who had both already protected and delivered the city through epiphanies in the dire times of the first century BC, were probably simply felt to be too far away in their remote sanctuaries, which could not be seen from the civic center. Welcoming them to the heart of the *polis* was a symbolic act not just for the benefit of the Stratonikeians, but also for anyone who might have noticed how isolated the sanctuaries were from the center of power.

---

[94] Graf 1996 discusses centrifugal and centripetal processions, i. e. those leading out from the center to the countryside and those drawing the countryside in to the center. A number of his associations with this are drawn from core/periphery models, e. g. urban-civilized-communal order vs. rural-wild-individual quest, and are simply not applicable in the context of Stratonikeia. Nonetheless the idea of the target and direction of movement lending meaning to the procession is valid and helps interpret the situation at both Lagina and Panamara.

Conclusion

Stratonikeia may not have been entirely the foreign 'Macedonian colony' dropped onto the landscape as Strabo would indicate, but it was a new *polis* that developed in an environment that was already socially, politically and religiously well articulated. The best way for it to succeed was to integrate the pre-existing communities in such a way that they could retain their identity while being incorporated into the larger citizen body of the *polis*. This was achieved not only by retaining their communities as the new demes of the *polis*, but also by creating a new common sacred focus where their various backgrounds could coalesce into a common citizen identity. Initially Lagina and later Panamara provided excellent outlets where this could take place.

Yet these sanctuaries were not only, perhaps not even primarily, chosen for their social neutrality. They both also occupied strategic positions in the landscape and would have been the first visible signs of the polis for travelers through the Marsyas valley: Lagina had an excellent view over the Marsyas valley with access to the Hayırlıdere valley; Panamara also had a good view towards the Marsyas, but especially to the southern Marçat mountains and the communities that lived there. This area was particularly of interest in as it lay between the *polis* and the sea to the south. For Stratonikeia, the 'vecteur religieux' was extremely effective, much more so than aggression or warfare, in expanding its influence in both the social and economic-political landscapes[95]. Stratonikeia went on to become one of the chief cities of Karia in the Roman period, and even though its hold on the Gulf of Keramos was short-lived, the areas around Lagina and Panamara remained firmly Stratonikeian.

Nevertheless, despite real territorial concerns, Lagina and Panamara were not 'frontier' sanctuaries, although these sanctuaries were in distant parts of the *chora*. There were many other issues at stake here besides the actual boundaries of the territory. Community-building, territorial ambition, and regional networking all must have been involved in Stratonikeia's choice to lay her identity in the gods of these two distant sanctuaries. But this could only take hold when the surrounding communities clearly understood that these gods, their sanctuaries, and the city were now inseparable. Coins, legends, inscriptions, architecture, and especially festivals and processions were the carriers of this message, repeated over and over again until the pattern was commonplace. The sanctuaries thus acted as turning points for the perception of the landscape. By shifting the focus of the sacred landscape to the *polis* itself, Stratonikeia simultaneously realigned the political composition of this area along the Marsyas as well, with the *polis* at the logical center of both the physical and the cognitive environment.

---

95 See Debord-Varinlioglu 2001, 191: 'On le voit après 167/166 par l'influence du sanctuaire de Zeus Karios de Panamara, qui rayonnait sur les cités ou *koina* pourtant soumis à l'influence de Rhodes... et même encore à l'époque impériale par l'invitation particuliere lancée par ce sanctuaire aux Rhodes de Carie... Cette prêtrise exercée à Lagina par des *Tarmianoi* [*in the region of Muğla*] témoigne donc du rayonnement de Stratonicée, et, par l'utilisation de vecteur religieux, on peut soupçonner les velléites de Stratonicée de mettre la main sur des *koina* relevant traditionnellement de l'orbite rhodienne. Que ces velléites aíent été courennées de succès est une autre affaire.'

Reference works

BMC Caria	B.V. Head, Catalogue of the Greek coins of Caria, Cos, Rhodes, &c (London 1897)
I.Iasos	W. Blümel, Die Inschriften von Iasos (Bonn 1985)
I.Keramos	E. Varinlioglu, Die Inschriften von Keramos (Bonn 1986)
I.Labraunda	J. Crampa, Labraunda. Swedish excavations and researches. Vol. III. Part 2. The Greek inscriptions Part II. 13–133 (Lund 1972)
I.Mylasa	W. Blümel, Die Inschriften von Mylasa (Bonn 1987)
I.Sinuri	L. Robert – P. Devambez, Le sanctuaire de Sinuri près de Mylasa. 1 Les inscriptions grecques (Paris 1945)
I.Stratonikeia	M. Ç. Şahin (Hrsg.), Die Inschriften von Stratonikeia, Teil 1: Panamara, Inschriften Griechischer Städte aus Kleinasien 21 (Bonn 1981).
	M. Ç. Şahin (Hrsg.), Die Inschriften von Stratonikeia, Teil 2, 1: Lagina, Stratonikeia und Umgebung, Inschriften Griechischer Städte aus Kleinasien 22, 1 (Bonn 1982).
	M. Ç. Şahin (Hrsg.), Die Inschriften von Stratonikeia, Teil 2, 2: Neue Inschriften und Indices, Inschriften Griechischer Städte aus Kleinasien 22, 2 (Bonn 1990).
	M. Ç. Şahin (Hrsg.), The Inscriptions of Stratonikeia, Teil 3, Inschriften Griechischer Städte aus Kleinasien 68 (Bonn 2010).
IosPE I^2	B. Latyshev, Inscriptiones antiquae orae septentrionalis Ponti Euxini graecae et latinae, Vol. 1, 2nd ed., Inscriptiones Tyriae, Olbiae, Chersonesi Tauricae (St. Petersburg 1916)
SNG von Aulock	H. von Aulock – P.R. Franke, Sammlung v. Aulock. Nachträge III. Ionien, Karien, Lydien. Nr. 7759–8298 (Berlin 1968)

Bibliography

Ager 1996	S. L. Ager, Interstate arbitrations in the Greek world, 337–90 B.C. (Berkeley 1996).
Aydaş 2006	M. Aydaş, Three inscriptions from Stratonikeia in Caria, EpigrAnat 39, 2006, 111–112.
Baumeister 2007	P. Baumeister, Der Fries des Hekateions von Lagina. Neue Untersuchungen zu Monument und Kontext (Istanbul 2007).
Blümel 1990	W. Blümel, Zwei neue Inschriften aus Mylasa aus der Zeit des Maussollos, EpigrAnat 19, 1990, 29–42.
Broughton 1934	T. R. S. Broughton, Stratoniceia and Aristonicus, ClPhil 29, 1934, 252–254.
Cousin – Deschamps 1888	G. Cousin – G. Deschamps, Inscriptions de temple de Zeus Panamaros, BCH 12, 1888.
Cousin – Diehl 1887	G. Cousin – C. Diehl, Inscriptions de Lagina, BCH 11, 1887, 33–34.
Curty 1995	O. Curty, Les parentés légendaires entre cités grecques : catalogue raisonné des inscriptions contenant le terme syngeneia et analyse critique (Genève 1995).
de Polignac 1995	F. de Polignac, Cults, territory, and the origins of the Greek city-state (Chicago 1995).
Debord 1994	P. Debord 'Essai sur la géographie historique de la région de Stratonicée', in M.-M. M. É. Geny (ed.), Mélanges Pierre Lévêque. 8, Religion, anthropologie et société (Paris 1994) 107–121 carte.
Debord 2003	P. Debord, Cité grecque - village carien. Des usages du mot koinon, Studi ellenistici 15, 2003, 115-180.
Debord – Varinlioğlu 2001	P. Debord – E. Varinlioglu, Les hautes terres de Carie (Bordeaux 2001).
Edlund-Berry 1988	I.E.M. Edlund-Berry, The gods and the place. The location and function of sanctuaries in the countryside of Etruria & Magna Graecia (700–400 B. C.) (Stockholm 1988).

Errington 1987 M. Errington, Θεὰ Ῥώμη und römischer Einfluss südlich des Mäanders im 2. Jh. v. Ch, Chiron 17, 1987, 97–118.

Gabrielsen 2000 V. Gabrielsen, The Rhodian Peraia in the third and second centuries B. C., ClMediaev 51, 2000, 129–183.

Graf 1996 F. Graf ''Pompai' in Greece. Some considerations about space and ritual in the Greek polis', in: R. Hägg (ed.), The role of religion in the early Greek polis. Proceedings of the third international seminar on ancient Greek cult, organized by the Swedish Institute at Athens, 16–18 October 1992 (Jonsered 1996) 55–65.

Graf 2004 F. Graf, Trick or treat ? On collective epiphanies in antiquity, IllinClSt 29, 2004, 111–130.

Hanslik-Andrée 1949 J. Hanslik-Andrée 's. v. Panamaros', in: G. Wissowa – W. Kroll – K. Mittelhaus (ed.), Paulys Real-Encyclopädie der classischen Altertums-wissenschaft. Neue Bearbeitung (Stuttgart 1949) 450–455.

Hatzfeld 1927 J. Hatzfeld, Inscriptions de Panamara, BCH 51, 1927, 57–122.

Johnston 1990 S. I. Johnston, Hekate Soteira. A study of Hekate's roles in the Chaldaean oracles and related literature (Atlanta 1990).

Junghölter 1989 U. Junghölter, Zur Komposition der Lagina-Friese und zur Deutung des Nordfrieses (Frankfurt 1989).

Kraus 1960 T. Kraus, Hekate. Studie zu Wesen und Bild der Göttin in Kleinasien und Griechenland (Heidelberg 1960).

Laumonier 1936 A. Laumonier, Archéologie carienne, BCH 60, 1936, 286–335.

Laumonier 1958 A. Laumonier, Les cultes indigènes en Carie (Paris 1958).

Lozano 1991-92 A. Lozano, Las mujeres y su participación en las festividades religiosas de Panamara (Estratonicea, Caria), Veleia 8–9, 1991–92, 139–144.

Ma 1999 J. Ma, Antiochos III and the cities of Western Asia Minor (Oxford 1999).

Magie 1950 D. Magie, Roman rule in Asia Minor, to the end of the third century after Christ (Princeton 1950).

Marek 1988 C. Marek 'Karien im Ersten Mithridatischen Krieg', in: P. Kneissl – V. Losemann (ed.), Alte Geschichte und Wissenschaftsgeschichte. Festschrift für Karl Christ zum 65. Geburtstag (Darmstadt 1988) 285–308.

Meadows 2002 A. R. Meadows, Stratonikeia in Caria. The Hellenistic city and its coinage, NumChron 162, 2002, 79–134.

Merkelbach 1968 R. Merkelbach, Zum Mirakel des Zeus Panamaros, ZPE 2, 1968, 39–40.

Mert 2008 İ. H. Mert, Untersuchungen zur hellenistischen und kaiserzeitlichen Bauornamentik von Stratonikeia, IstForsch 50 (Tübingen 2008).

Nilsson 1995 M. P. Nilsson, Griechische Feste von religiöser Bedeutung. Mit Ausschluss der Attischen (Stuttgart 1995).

Oppermann 1924 H. Oppermann, Zeus Panamaros (Gießen 1924).

Pritchett 1979 W. K. Pritchett, The Greek state at war. Part III. Religion (Berkeley 1979).

Reger 1999 G. Reger,The relations between Rhodes and Caria from 246 to 167 B. C., in V. Gabrielsen – P. Bilde – T. Engberg-Pedersen – L. Hannestad – J. Zahle (ed.), Hellenistic Rhodes. Politics, culture, and society (Aarhus 1999) 76–97.

Robert 1937 L. Robert, Études anatoliennes. Recherches sur les inscriptions grecques de l'Asie mineure (Paris 1937).

Rostovtzeff 1941 M. I. Rostovtzeff, The social and economic history of the Hellenistic world (Oxford 1941).

Rostowzew 1920 M. Rostowzew, Ἐπιφάνειαι, Klio 16, 1920, 203–206.

Roussel 1931 M. Roussel, Le miracle de Zeus Panamaros, BCH 55, 1931, 70–116.

Rumscheid 1994 F. Rumscheid, Untersuchungen zur kleinasiatischen Bauornamentik des Hellenismus (Mainz 1994).

Şahin 1973 — M. Ç. Şahin, Two new inscriptions from Lagina (Koranza), Anadolu 17, 1973, 187–195.

Şahin 1976 — M. Ç. Şahin, The political and religious structure in the territory of Stratonikeia in Caria (Ankara 1976).

Şahin 1995 — M. Ç. Şahin, Two Hellenistic Decrees from Panamara, EpigrAnat 25, 1995, 83–86.

Şahin 1997 — M. Ç. Şahin, New inscriptions from Lagina, EpigrAnat 29, 1997, 83–106.

Şahin 2002 — M. Ç. Şahin, New inscriptions from Lagina, Stratonikeia and Panamara, EpigrAnat 34, 2002, 1–21.

Şahin 2003 — M. Ç. Şahin, A Hellenistic decree of the Chrysaoric Confederation from Lagina, EpigrAnat 35, 2003, 1–7.

Schober 1933 — A. Schober, Der Fries des Hekateions von Lagina (Baden bei Wien 1933).

Tırpan 1995 — A. A. Tırpan, Lagina kazısı 1993–1994, KST 17, 1995, 209–227.

Tırpan 1996 — A. A. Tırpan, Lagina Hekate temenosu, KST 18, 1996, 309–336.

Tırpan 1998 — A. A. Tırpan, Stratonikeia I. Augustus İmperatorlar Tapınağı (Konya 1998).

Tırpan – Söğüt 1999 — A. A. Tırpan – B. Söğüt, Koranza kazıları 1998, KST 21, 1999, 153–162.

Tırpan – Söğüt 2004 — A. A. Tırpan – B. Söğüt, Lagina ve Börükçü 2003 yılı çalı çalışmaları, KST 26, 2004, 371–386.

Tırpan – Söğüt 2005 — A. A. Tırpan – B. Söğüt, Lagina (Yatagan 2005).

Tırpan – Söğüt 2006 — A. A. Tırpan – B. Söğüt, Lagina ve Börükçü 2005 yılı çalı çalışmaları, KST 28, 2006, 591–612.

Tırpan – Söğüt 2007 — A. A. Tırpan – B. Söğüt, Lagina ve Börükçü 2006 yılı çalı çalışmaları, KST 29, 2007, 387–410.

Vallet 1968 — G. Vallet 'La cité et son territoire dans les colonies grecques d'Occident', in: P. Romanelli (ed.), La città e il suo territorio (Naples 1968) 67–142.

van Bremen 2000 — R. van Bremen, The demes and phylai of Stratonikeia in Karia, Chiron 30, 2000, 389–401.

van Bremen 2003 — R. van Bremen, Notes on some new inscriptions from Lagina, EpigrAnat 35, 2003, 15–19.

van Bremen 2004 — R. van Bremen 'Leon son of Chrysaor and the religious identity of Stratonikeia in Caria', in: S. Colvin (ed.), The Greco-Roman East (Cambridge 2004) 207–244.

van Bremen 2010a — R. van Bremen, La communauté de Panamara entre Rhodes et Stratonicée de Carie. Autour de la date d'un décret des Panamaréens dans le Fonds Louis Robert, CRAI 2010, 1405–1420.

van Bremen 2010b — R. van Bremen, The inscribed documents on the temple of Hekate at Lagina and the date and meaning of the temple frieze, in R. van Bremen – J.-M. Carbon (ed.), Hellenistic Karia. Proceedings of the First International Conference on Hellenistic Karia – Oxford, 29 June – 2 July 2006 (Bordeaux 2010) 483–503.

von Aulock 1967 — H. von Aulock, Zur Silberprägung des karischen Stratonikeia, JNG 17, 1967, 7–16.

Felix Pirson (Hrsg.), Manifestationen von Macht und Hierarchien in Stadtraum und Landschaft, BYZAS 13 (2012) 151-165

Natur als Bühne der Kultur? Der Einfluss des Naturraums auf Ort und Gestalt von Priene

Axel FILGES

Im Folgenden werden verschiedene Aspekte des naturräumlichen Bezugs von Priene erörtert. Dazu gehören die Ortslage als solche, der Einfluss der topographischen Einbettung auf die Begrenzung und Binnenstruktur der Stadt sowie der Einbezug geogener Zonen in die Siedlungsfläche selbst. Derartige Fragen wurden bislang nicht oder nur in Ansätzen gestellt. Anders ist dies bei den Interpretationen, die das Wechselspiel von Natur und Kultur in Priene evoziert hat. Die in modernen Augen so deutliche Diskrepanz zwischen ungeeignetem, zumindest technisch schwierig zu gestaltendem Siedlungsplatz und der überaus strengen und von den naturräumlichen Vorgaben losgelösten Strukturierung des städtischen Binnenraums scheint danach zu verlangen, auf einer übergeordneten Ebene erklärt zu werden. Das hat dazu geführt, den Stadtplan auf den Einfluss politischer oder philosophischer Systeme zurückzuführen und derartige Konnotationen auch als antike Aussageabsicht zu plausibilisieren. Diese Thesen werden in Zusammenhang mit den Ergebnissen für die oben genannten Punkte erneut diskutiert und ein alternativer Erklärungsansatz vorg eschlagen.

Im Falle von Priene ist der Kontrast der regelmäßigen, wohl-geordneten Struktur der Stadt und dem ungefügen und deshalb für eine derartige Stadtanlage ungeeignet erscheinenden Umgebungsraum besonders evident (*Abb. 1*)*. Die kleine, wissenschaftlich auch

* Das Manuskript stellt die leicht überarbeitete und um den wissenschaftlichen Apparat bereicherte Fassung eines am 9.11.2007 im DAI Istanbul gehaltenen Vortrags im Rahmen des Netzwerkes »Manifestationen von Macht und Hierarchien in Stadtraum und Landschaft« dar.

Außer den Sigeln des DAI (Stand 2006) werden hier folgende Abkürzungen verwendet:

Fehr 1980	B. Fehr, Kosmos und Chreia. Der Sieg der reinen über die praktische Vernunft in der griechischen Stadtarchitektur des 4. Jhs. v. Chr., Hephaistos 2, 1980, 155–185.
Hoepfner – Schwandner 1994	W. Hoepfner – E.-L. Schwandner, Haus und Stadt im klassischen Griechenland[2] (München 1994).
Rumscheid 1998	F. Rumscheid, Priene. Führer durch das "Pompeji Kleinasiens" (Istanbul 1998).
Wiegand – Schrader 1904	Th. Wiegand – H. Schrader, Priene. Ergebnisse der Ausgrabungen und Untersuchungen in den Jahren 1895–1898 (Berlin 1904).

Abb. 1 Ansicht der Mykale mit Teloneia und darunter gelegener Siedlungsfläche aus dem Mäandertal (W. Raeck 2007)

aufgrund dieses Phänomens aber bedeutende Stadt gilt geradezu als Paradebeispiel für mit Stadtlagen zu verbindende übergeordnete inhaltliche Konnotatione [1].

Auch wenn mit dieser Kurzdarstellung der Pfad von der Natur bis zur Kultur bereits von einem zum anderen Ende durchwandert ist, rät einiges dazu an, das Themenfeld in kleineren Schritten und vorsichtiger zu erschließen: Daher nähere ich mich mit den Fragen der Stadt von außen und versuche zunächst, geographisch-topographische Konstanten als Rahmenbedingungen herauszuarbeiten sowie die gegenseitigen Bedingtheiten von Natur und Kultur nachzuvollziehen, um erst am Ende auf das schwierige Feld antiker theoretischer Konzepte für Stadtanlagen am Beispiel Prienes einzugehen.

Besonders diskutierenswert erscheinen folgende Bereiche, die alle das Verhältnis von Stadt und Naturraum auf einer anderen Ebene zu problematisieren versuchen:

1. Wie lässt sich der am Ende gewählte spezifische Ort der spätklassischen Stadt Priene im Hinblick auf andere mögliche Stadtlagen am südlichen Mykalehang begründen?

[1] Neben Fehr 1980 und Hoepfner – Schwandner 1994 s. hier allgemeine Werke wie F. Kolb, Die Stadt im Altertum (München 1984) 120: »demokratischer Charakter«; W. Müller-Wiener, Griechisches Bauwesen in der Antike (München 1988) 188: »Inkongruenzen zwischen Plan und Gelände«; H. Knell, Architektur der Griechen[2] (Darmstadt 1988) 258: »Idealstadtschema der Topographie gleichsam aufgezwungen«; M. A. Levi, La città antica (Rom 1989) 218: »calcolo politico« und »concetto ideale di aggregazione urbana«; W. Hoepfner, in: ders., Geschichte des Wohnens (Stuttgart 1999) 338: »Stadt als Gesamtkunstwerk«; W. Koenigs, in: Rumscheid 1998, 28: »Vorstellung von Gerechtigkeit«.

2. Gibt es einen Zusammenhang zwischen der Einbettung in den Naturraum und der Struktur der Stadt?
3. Wieweit ist im von der Stadtmauer umschlossenen Bereich Natur erhalten und warum wurde diese bewahrt?
4. Besaßen antike, philosophisch-politische Leitbilder Einfluss auf Stadtlagen und -gestaltungen, und sind Stadtanlagen nachträglich als Teil der antiken Gedankenwelt plausibel zu machen?

Vor der Auswertung des Verhältnisses von Natur und Kultur in Priene soll aber zunächst das Besondere der Stadtgründung Prienes an sich herausgestellt werden: Es gab eine aus antiken Zeugnissen, nicht aber topographisch zu fassende frühere Stadt Priene, als deren Nachfolgerin im Sinne antiker Poleis, also der Bürgerstadt als auch der Territorialmacht, das bekannte Priene bei dem modernen Ort Güllübahçe im Kreis Söke anzusehen ist. Die archaische Stadt wird wohl in nicht allzu weiter Entfernung von der spätklassischen Nachfolgegründung gelegen haben[2].

Die chronologische Einordnung der Neugründung Prienes am heutigen Ort ist jüngst eingehend untersucht worden[3]. Das Ergebnis bestätigt die schon bislang präferierten Jahre um 350 v. Chr. als den Zeitraum[4], ab dem eine größere Konzentration von Funden nachzuweisen ist. Damit gehört das zweite Priene zu den wenigen Städten, deren Gründungsdaten relativ gut zu bestimmen sind.

Die Bewohner mussten oder wollten aus uns unbekannten Gründen die frühe Siedlung verlassen; sie und/oder zusätzlich beauftragte Handwerker sowie sonstige denkbare Helfer (wie etwa Soldaten?) errichteten deshalb die neue Stadt. Diese ist unter einem Praktikabilitäts- oder Mobilitäts-Aspekt fehlgeplant, da sie vom Zentrum zu drei Seiten stark abfällt und zur vierten ansteigt. Priene gehört zu den sehr steilen antiken Städten; die Nord-Süd-Gassen besitzen Steigungen von durchschnittlich 20 %, das Anlegen von großen öffentlichen und notwendigerweise ebenen Plätzen erforderte deshalb ungeheure Kraftakte[5]. Zudem drohte von dem Gebirgszug der Mykale beständig die Gefahr herabfallender Felsbrocken, deren Realität die heute im Stadtgebiet liegenden Exemplare bezeugen[6].

---

[2] So zuletzt nach Gewichtung der diversen älteren Verortungen W. Raeck, Priene. Neue Forschungen an einem alten Grabungsort, IstMitt 53, 2003, 321.

[3] S. Prillwitz, Frühe Funde aus Priene (unveröffentl. Magisterarbeit Frankfurt a. M. 2007) passim. Resümieren lässt sich, dass zwar einige Fundobjekte schon in die erste Hälfte des 4. Jhs. v. Chr. zu datieren sind, eine deutlich veränderte Befundsituation aber erst ab der Mitte des 4. Jhs. festzustellen ist. Da ist nämlich die Anzahl funktional unterschiedlicher Gefäße ungleich größer als vor der Jahrhundertmitte. Die früher zu datierenden Objekte könnten etwa Erbstücke sein oder mit langer Nutzung erklärt werden. – Hieran schließen sich weitere Fragen an: 1. Was genau bedeutet der Zeitpunkt um 350 v. Chr.? Begannen die Arbeiten dann erst oder standen um die Mitte des 4. Jhs. schon Teile der Stadtmauer und etwa des Athenatempels? 2. Wie lang zog sich die Errichtung der großen Architekturen wie der privat genutzten Wohninsulae hin? Dauerte dies nur wenige Jahre oder gar ein halbes Jahrhundert, da die Masse der frühen Funde erst dem frühen Hellenismus angehört? 3. Zog die Bevölkerung auf einen Schlag um, oder lebte sie über längere Zeit an zwei Orten, dem alten und dem neuen Priene? - Ähnliche Fragen sprechen auch Hoepfner – Schwandner 1994, 314 an.

[4] Zu einer späteren Datierung nach 334 v. Chr. s. Fehr 1980, 167.

[5] Hoepfner – Schwandner 1994, 194.

[6] Wiegand – Schrader 1904, 51 gingen davon aus, dass im Norden gepflanzte Baumreihen erfolgreich als Pufferzone dienten.

1. Ortswahl

Warum wurde dieser Flecken für die Stadtneugründung ausgewählt und nicht andere potentiell geeignete, die weiter im Westen oder Osten der Mykale liegen?

Zunächst steht außer Frage, dass der Siedlungsplatz am Südhang des etwa 1000 m hohen Gebirgszugs der Mykale liegen sollte, auch wenn dessen Nordseite ebenso zum prienischen Territorium gehörte[7]. Theoretisch bestand ja für das zweite Priene die Chance, die Stadt irgendwo im bereits bestehenden und gefestigten Territorium anzusiedeln, d.h. Prozesse der Territoriumsformung brauchten im Unterschied zur frühen Siedlung Priene nicht berücksichtigt zu werden (*Abb. 2*).

Es lassen sich mehrere Gründe für die Anlage der Stadt an ihrem spezifischen Ort plausibel machen: Die Anbindung an das reiche Zentralionien und die karische Region sowie an Städte wie Milet, Magnesia und Herakleia scheint wie schon beim archaischen Priene für wichtiger befunden worden zu sein als die Hinwendung zu den nördlichen Landstrichen mit Städten wie etwa Ephesos. Zudem verbreiterte sich das Territorium im Süden wesentlich stärker als im Norden und besaß mehr Anbauflächen, so dass auch aus dieser Perspektive Priene im Süden der Bergkette vorteilhafter situiert war und die Bewohner den größeren Teil des Gebietes bequem erschließen und kontrollieren konnten.

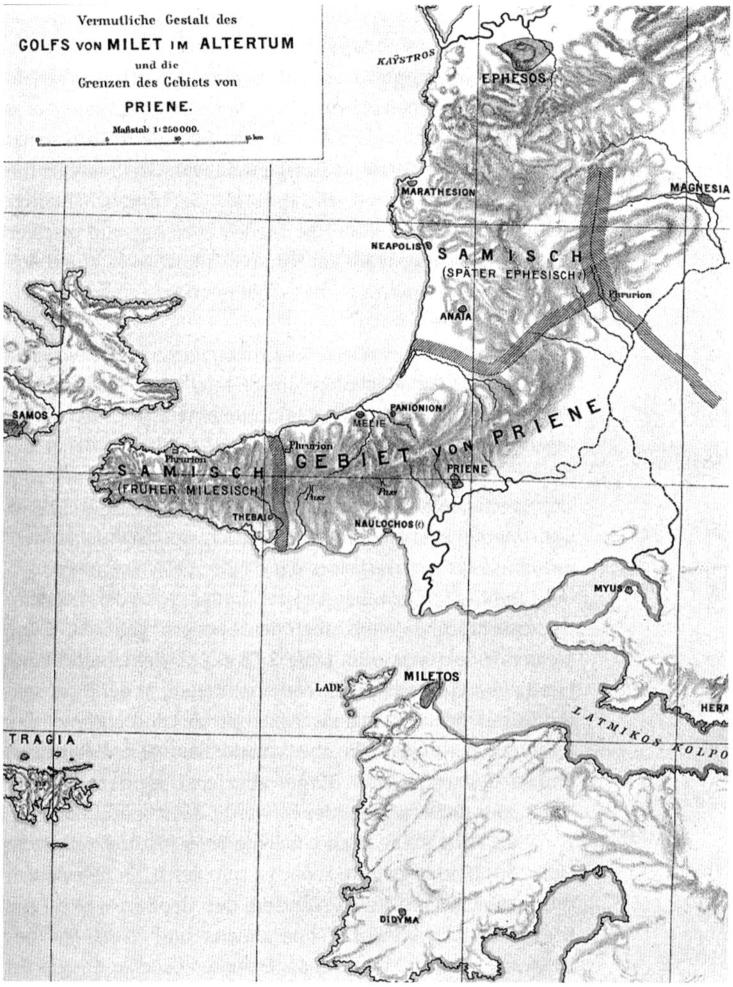

Abb. 2 Territorium von Priene in spätklassischer Zeit (nach Wiegand – Schrader Taf. 1)

Dies ist ein möglicher Erklärungsansatz. Ein zweiter Punkt sind die mikroklimatischen Verhältnisse, die wohl ebenso ausschlaggebend waren: Vermutlich war in der Antike wie heute der Nordhang der Mykale

7 Das Territorium von Priene bei Wiegand – Schrader 1904, 28–31 Taf. 1; Rumscheid 1998, 15 f. Abb. 12.

Abb. 3 Stadtberg Teloneia von Süden aus dem Stadtzentrum aufgenommen (Verf. 2007)

einem sehr viel wechselhafteren Wettereinfluss ausgesetzt als der Südhang. Für Wohnlagen war der Süden sicher besser geeignet. Diese Lage entsprach zudem den in der Antike als ideal empfundenen Verhältnissen mit der Ausrichtung der Wohnhäuser nach Süden[8].

So hat die naturräumlich-klimatische Situation die grundsätzliche Lage des neuen Priene innerhalb seines Territoriums wohl genauso bestimmt wie politische oder ökonomische Überlegungen.

Viel diskutiert wurde die letztendliche Wahl eines relativ steil abfallenden Geländes mit sumpfigem Vorland und von den Seiten über den Stadtmauerrand hinaus einsehbarer Binnenfläche, die modernen Betrachteraugen zunächst als völlig ungeeignet für eine Stadtanlage erscheint[9]. Bisherige Erklärungsmodelle suchten die Lösung im Stadtberg – in antiken Quellen als Teloneia bezeichnet –, der als wichtiger Fluchtort gewertet wird (*Abb. 3*)[10]. Dass bei einer Notsituation die Massenwanderung auf die Felsfläche jedoch ein unlösbares logistisches Problem dargestellt hätte, macht diese These in meinen Augen unwahrscheinlich. Denn der Aufstieg ist früher wie heute nicht leicht, der Transport von

[8] Wiegand – Schrader 1904, 46 f.; Hoepfner – Schwandner 1994, 193. 318–320.

[9] Wiegand – Schrader 1904, 36; Fehr 1980, 168. – Fehr 1980, 169 führt weitere Nachteile des Standortes an wie die Steinschlaggefahr, die auf einem anderen Hügel der Mykale einfach zu umgehen gewesen wäre.

[10] Hoepfner – Schwandner 1994, 193; W. Hoepfner, in: ders., Geschichte des Wohnens (Stuttgart 1999) 339.

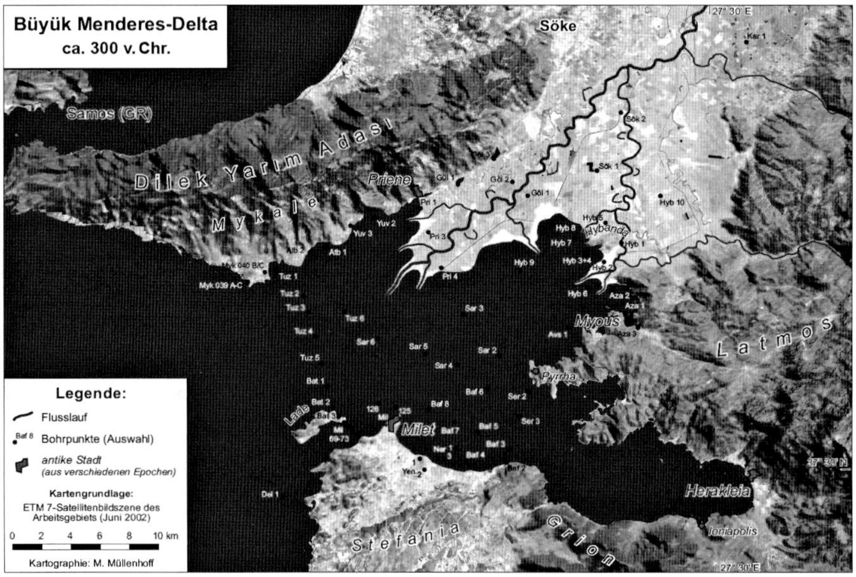

Abb. 4 Verlandungssituation des Mäanderdelta im 4. Jh. v. Chr. (nach M. Müllenhoff, Geoarchäologische, sedimentologische und morphodynamische Untersuchungen im Mündungsgebiet des Büyük Menderes (Mäander), Türkei (Marburg 2005) Abb. 50)

Gütern kommt so gut wie nicht in Betracht, und der enge Weg verlangt ein geordnetes In-der-Reihe-Gehen. In Schreckensmomenten ist von einer derartigen Selbstdisziplin jedoch nicht unbedingt auszugehen. Außerdem ist die Teloneia von Norden her genauso gut zugänglich wie die untere Stadt und wird auch nur von derselben Stadtmauer geschützt, so dass von einer besseren defensiven Situation als im Stadtzentrum gar nicht gesprochen werden kann.

Ich möchte nun ein Erklärungsmodell entwickeln, das ebenso simpel ist, aber mehr Wahrscheinlichkeit beanspruchen darf. Die Bürger von Priene wollten den direkten Zugang zum Meer, Priene sollte Hafenstadt sein. Dass dies im Widerspruch zur älteren Forschungsmeinung möglich war, geht aus der Auswertung von Bohrkernen hervor: Es wurde jüngst nachgewiesen, dass im Südwesten des spätklassisch-hellenistischen Priene das Meer wenige Meter unterhalb der Stadt anbrandete (*Abb. 4*)[11]. Der Mykalezug östlich von Priene schied für die Stadtanlage aus, da er nach denselben Untersuchungen im 4. Jh. v. Chr. bereits versumpft bzw. vollständig verlandet war. Es blieb von der Meeresbucht bis zum samischen Territorium im Westen aber ein immerhin 12 km langes Hangstück der Mykale übrig, an dem die Stadt auch hätte gebaut werden können. An vielen Stellen wäre sogar eine sanftere Hangneigung vorhanden gewesen, was der Anlage der Stadt und vor allem ihrer Nutzung entgegen gekommen wäre (*Abb. 5*).

Welche Gründe sprechen nun für den spezifischen Ort[12]? Ich gehe bei der Erläuterung von demselben Ausgangspunkt wie auch Hoepfner und Schwandner aus, der einzigen

---

11 M. Müllenhoff, Geoarchäologische, sedimentologische und morphodynamische Untersuchungen im Mündungsgebiet des Büyük Menderes (Mäander), Türkei (Marburg 2005) 72. 193–196 Abb. 50.

12 Drei positive Gründe für die Stadtanlage an dieser Stelle nennt W. Koenigs in: Rumscheid 1998, 26 f.: Akropolis/Teloneia als Art Wachturm, gute Wasserversorgung, Distanz zu mückenverseuchter Mäanderebene. Alle diese Faktoren, besonders die Wasserversorgung, sind von Bedeutung. Da sich die wissenschaftliche Diskussion aber auf die Rolle der Teloneia konzentriert, möchte ich mich auf diesen Punkt beschränken.

Abb. 5 Mykalehang westlich von Priene (W. Raeck 2007)

Besonderheit, die die am Ende gewählte Lage auszeichnet, nämlich dem auf etwa 380 m Höhe gelegenen, tafelartigen Felsabsatz der Teloneia. Ich möchte aber eine alternative Interpretation dieser topographischen Besonderheit vorschlagen: Was zunächst verteidigungstechnisch ungünstig erscheint, da das Plateau von Norden, also den darüber gelegenen Mykalehängen, extrem gut einsehbar ist (*Abb. 6*), erweist sich bei näherer Betrachtung als kluges Kalkül.

Während an anderen Stellen der Mykale der Hang vom Gipfelrücken kontinuierlich und sacht abfällt, existiert bei Priene eine stufenartige Geländemorphologie. Durch den Einbezug der Teloneia in die Verteidigungsanlage der Stadtmauer wurde eine günstige Situation geschaffen, einen von Norden, von der Mykale herabsteigenden Feind in Schach halten zu können. Dies wurde durch das lange Vorfeld der nördlichen Stadtmauer möglich, das im Bereich des südlichen Mykalehanges einmalig ist. Zwar konnte der Gegner von weiter oben auf die Teloneia herabschauen, aber bei einem direkten Angriff war man hier als Verteidiger mit dem anstürmenden Kontrahenten auf einer Höhe oder befand sich sogar etwas über ihm (*Abb. 7*). An jeglichen anderen Stellen des Gebirgszuges hätte sich der Feind dichter an der Stadt auf einem höheren Niveau befunden und von dort auch Fern- bzw. Nahwaffen besser einsetzen können.

Mir scheint deshalb die grundsätzliche Lage von Priene – neben der notwendigen Wasserversorgung – vor allem verteidigungstechnisch begründet und konkret durch das sehr tiefe Vorfeld nördlich der Teloneia – und nicht durch diese selbst – motiviert gewesen zu sein. Die naturräumliche Situation des südlichen Mykalehanges bot in diesem Bereich die besten Verteidigungsmöglichkeiten durch die natürliche Geländeabtreppung. Dazu fügte sich überaus glücklich, dass genau an dieser Stelle am Fuß der Mykale noch ein Zugang zum Meer vorhanden war.

Abb. 6
Teloneia von Norden aus der Mykale aufgenommen (U. Ruppe 2008)

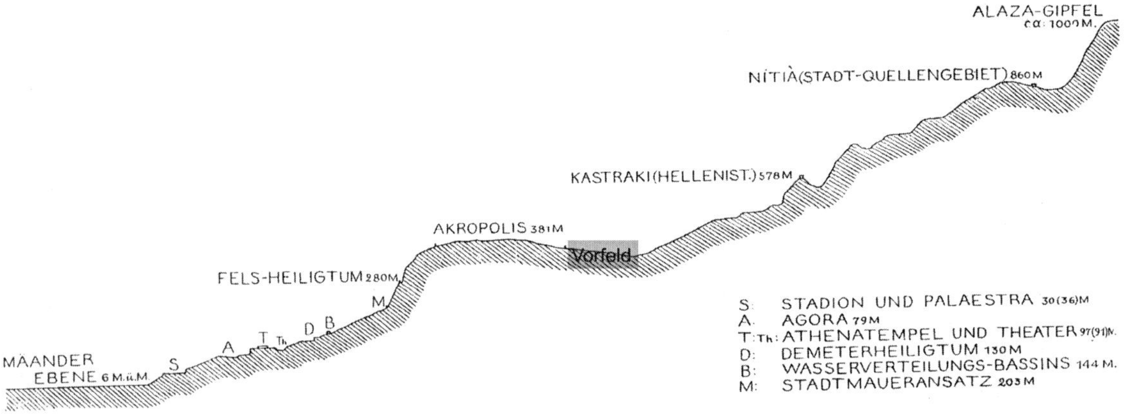

Abb. 7 Schnitt durch den Mykalehang mit Markierung des Vorfeldes (nach Wiegand – Schrader Abb. 19; modifiziert vom Verf.)

2. Einfluss des Naturraums auf die Gestalt der Stadt

Nun zur zweiten Frage, dem eventuellen Zusammenhang von naturräumlicher Situation und Stadtstruktur. Stadtstruktur lässt sich am leichtesten auf einer zeichnerischen Aufnahme erkennen. Der Blick auf die Kartierung der bis heute ergrabenen Gebäude, der Straßen und Plätze lässt bei Priene die Vermutung, es mit einer Hangstadt zu tun zu haben, eigentlich gar nicht aufkommen. Die Binnenflächen sind in ihrer zweidimensionalen Gestalt fast ausnahmslos streng geometrisch komponiert, Reaktionen auf äußere naturräumliche Einflüsse sind nicht auszumachen. Fehlen auf einem Plan von Priene die Höhenlinien, entsteht der Eindruck, Priene liege auf planem Terrain (*Abb. 8*).

Die antiken Stadtplaner und -bauer haben es also geschafft, die Aufsicht der Stadt einem streng strukturierten geometrischen Optimum anzupassen. Zugleich schufen sie dauerhafte, fast unmenschliche Steigungsverhältnisse und somit physische Belastungen für die

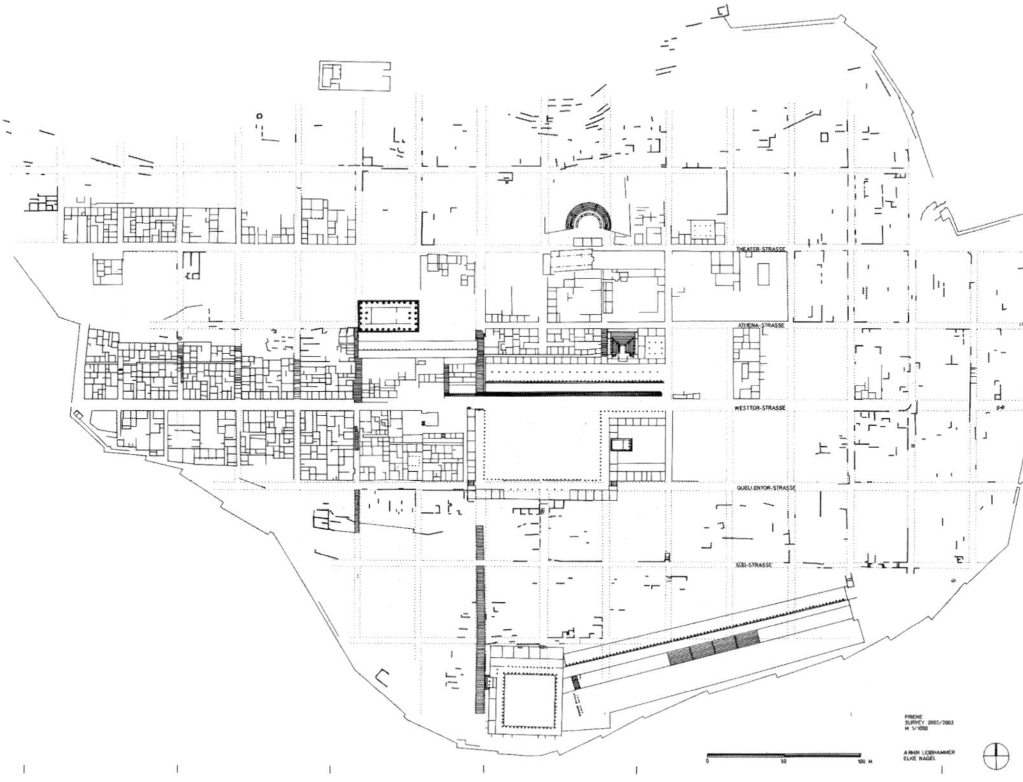

Abb. 8 Topographischer Plan von Priene ohne Höhenlinien
(E. Nagel – A. Leibhammer 2002/2003)

Bewohner in einer Stadt, in der Wagen nicht in Hangrichtung fahren und höchstens Esel als Transportmittel benutzt werden konnten[13].

Dieser Kontrast von konsequent rationaler Erscheinung und geringer Praktikabilität regt zu weiteren Fragen an[14]: Denn wer überhaupt konnte die gleichmäßige Verteilung der Insulae, die stimmigen Größenverhältnisse der öffentlichen Plätze und Einrichtungen wahrnehmen? Oder anders: Wer sollte – unterstellen wir einmal einen zeitgenössisch intendierten positiven Eindruck des orthogonalen Rastersystems – beeindruckt werden, auf wen konnte und sollte die Macht der Geordnetheit wirken? Eigentlich auf niemanden,

---

13 Fehr 1980, 169. 172 zum schwierigen Gelände; W. Hoepfner, in: ders., Geschichte des Wohnens (Stuttgart 1999) 339.

14 Ich klammere bewusst aus, dass die ‚Stadtplan-Mode' des 4. Jhs. v. Chr. großen Einfluss besessen haben könnte. In dieser Zeit wurden Rastersysteme bevorzugt, waren aber nicht die einzige gebräuchliche Möglichkeit. Diagonal den Hang schneidende Straßen wären eine mögliche und übliche Option gewesen. – Wird aber davon ausgegangen, dass an dem orthogonalen System im 4. Jh. v. Chr. einfach nicht ‚vorbeigegangen' werden konnte, wollte man eine halbwegs moderne Stadtanschauung erreichen, erübrigen sich fast sämtliche der unten genannten Hypothesen zur übergeordneten Aussage der Stadtanlage. Aber auch hier ist es so, dass die in der Fachliteratur nachzulesenden Stellungnahmen ausnahmslos diejenigen sind, die den Stadtplanern mehr unterstellen als das bloße Abarbeiten eines dutzendfach kopierten ‚Schema F'. So gesehen erscheint die Auseinandersetzung mit den Thesen sinnvoll und notwendig.

der sich ohne vorherige Kenntnis des grundlegenden Stadtplans als Besucher in der Stadt aufhielt. Denn erst von Ferne wird die Wohlstrukturiertheit sichtbar (s. S. 152 *Abb. 1*)[15]. Vielleicht offenbarte sie sich dem von Süden über das Meer Anreisenden, sicher zeigte sie sich dem von der Teloneia Herabblickenden[16]. Sind der große bauliche Mehraufwand und die negativen Folgen für die Nutzer aber durch diese zwei Blicke auf die Stadt gerechtfertigt gewesen? Wohl nicht, vielmehr scheint ein grundsätzliches Verständnis des geordneten Stadtbildes nur bei denen vorhanden gewesen zu sein, die ohnehin von dem Planungskonzept wussten, den Bürgern. Ich möchte nach diesem Versuch einer Sensibilisierung für die Problematik zunächst einer detaillierteren Antwort ausweichen und auf das Thema später zurückkommen.

Das bisher Gesagte über die Wohlgeordnetheit gilt nur für einen bestimmten Teil der Gesamtanlage, nämlich die Binnenstadt. Die Grenze von gebauter Stadt zum Umland wurde durch die Stadtmauer markiert. Und diese fügt sich im Unterschied zu den Insula-Flächen sehr wohl den Vorgaben des Naturraumes ein, sie ist exakt an den Höhenlinien orientiert[17]. Für die Fortifikationsanlage wurde kaum Gelände begradigt, stattdessen wurde die Mauer in ihrer Höhe den verteidigungstechnischen Anforderungen angepasst (*Abb. 9*).

Funktionalität vor Repräsentation – so könnte im Vergleich mit der Geordnetheit des innenstädtischen Bereichs die Devise für das Monument gelautet haben, das immerhin als erstes von Besuchern wahrgenommen wurde. Und damit eigentlich auch den größten Repräsentationsanspruch besessen haben sollte. Aber genau bei der Mauer spielte die Geometrie und die Ordnung eine untergeordnete Rolle[18], verglichen jedenfalls mit der Insula-Strukturierung. Diese Diskrepanz fällt auf und reizt zum Nachfragen.

Wie oben lautet eine mögliche Antwort, dass Priene als Gesamtkonzept eben nicht (allein) unter dem Aspekt der Außenwirkung auf Fremde errichtet wurde. Seine geordnete Binnenstruktur muss keineswegs ausschließlich als Aushängeschild für Besucher gedeutet werden, sondern Ziel der Anstrengungen könnte genauso das Wissen der Bürger, ihre Stadt nach einem Grundmuster, nach einem Modulus geplant und gestaltet zu haben, gewesen sein.

Und auch hier gilt ergänzend das oben Formulierte, was als eine wesentliche Modifikation der bisherigen Theorien zur Standort- und Gestaltungsfrage von Priene anzusehen ist:

---

[15] Ich provoziere mit dieser Antwort bewusst. Vermutlich war es den durch die Straßen und Gassen Spazierenden von einigen Punkten aus möglich, einen Blick in die schnurgraden Wegverläufe zu werfen und so zumindest eine Ahnung von der übergeordneten Rasterkomposition zu gewinnen. – Allerdings betont W. Koenigs, in: Rumscheid 1998, 32, dass Durchblicke und optische Bezüge nicht Ziel des regelmäßigen Systems gewesen wären und Blickachsen an Stellen wie etwa dem Propylon des Athena-Heiligtums praktischen Erwägungen zum Opfer gefallen seien. s. als Beispiel Rumscheid 1998, Abb. 94.

[16] Vgl. ähnliche Überlegungen zu Athen und Alexandria aus der Vogelperspektive bei H. Lauter, Die Architektur des Hellenismus (Darmstadt 1986) 89.

[17] Irritierend W. Koenigs, in: Rumscheid 1998, 27, der Stadtmauer und Straßensystem unzulässig verbindet, obgleich die Bereiche bei der Planung ganz offensichtlich unterschiedlichen Prämissen unterlagen.

[18] Fehr 1980, 161 sieht durch den Kontrast von horizontalen Mauerfugen und unregelmäßigem Gelände den Versuch, auch bei der Mauer trotz des unregelmäßigen Verlaufes auf eine künstlich geschaffene Ordnung hinzudeuten.

Abb. 9 Stadtmauer im Südwesten Prienes von außen (U. Ruppe 2009)

An erster Stelle stand die Sicherheit der Stadt, ablesbar an der generellen Lage wie auch der Stadtmauerführung. In einem zweiten Schritt wurde dann von der Freiheit Gebrauch gemacht, besondere Stadtplanungs-Konzepte umzusetzen – dies aber nur für das individuelle Wissen der Stadtbürger, wenn man so will, für deren innere Wohlverfasstheit.

Der umgebende Naturraum hat Einfluss auf die Situierung von Priene und die durch die Stadtmauer markierte Form der Ansiedlung besessen; im städtischen Binnenraum jedoch ist die Natur durch die artifizielle Aufbereitung des Geländes bis auf wenige Ausnahmen fast vollständig negiert worden.

3. Natur in der Stadt

Damit wird zum dritten Punkt übergeleitet, der Bestandsaufnahme der wenigen geogenen Situationen im Stadtinneren. Was die Bewohner von Priene für die orthogonal strukturierte Stadt am Hang in Kauf nahmen, ist erstaunlich. Sie mussten ungeheure Erdbewegungen im Binnenbereich vornehmen (*Abb. 10*)[19], um für größere Flächen ein planes Niveau zu erzeugen, wie das Beispiel der Agora zeigen kann: Im Bereich der westlichen Seite wurde der gewachsene Fels bis zu fünf Meter abgearbeitet, auf der östlichen Seite wurden drei Meter tiefe Felsklüfte zunächst offengelassen und erst Jahrzehnte nach der Stadtanlage mit den ersten großen Keramik-Müllhaufen der Stadt stabil verfüllt[20]. Es genügte also nicht, das Areal durch Reduktion für die Aufnahme von Straßen und Plätzen vorzubereiten, an manchen Stellen musste hinzugefügt, aufgefüllt, erhöht und planiert werden.

---

19 Wiegand – Schrader 1904, 186 f.; Hoepfner – Schwandner 1994, 194.

20 s. dazu L. Heinze, Ein spätklassisch-frühhellenistischer Grabungsbefund unter der „Heiligen Halle" in Priene (unveröffentl. Magisterarbeit Frankfurt a. M. 2006).

Abb. 10 Westliches Stadtgebiet von Westen (nach Wiegand – Schrader Taf. 5)

Am Ende war das Gebiet im Zentrum an die Bedürfnisse der Bewohner angepasst und das ursprüngliche Landschaftsbild künstlicher Gestaltung gewichen. Zu den Rändern, also der Stadtmauer hin, wurden in manchen Bereichen stärker naturbelassene Zonen zugelassen. Aber auch an bestimmten Stellen im Zentrum zeigt sich deutlich, dass die geogenen Strukturen nicht angetastet wurden[21]. Vor allem die Felsrücken des Athena- und des Demeterheiligtums (s. S. 155. 156 *Abb. 3. 4*) ragen weithin sichtbar auf und tragen auf ihren höchsten Stellen jeweils bedeutende Sakralgebäude. Die fehlende künstliche Formung kann mit einem gewissen Pragmatismus begründet werden oder aber mit spezifischen Absichten. Bei dem hohen Grad an Gestaltungswillen im bewohnten Stadtgebiet erscheint Letzteres wahrscheinlicher. Eine Idee ist, dass es den Planern darauf ankam, den Athenatempel möglichst hoch über der Wohnstadt zu errichten[22]. Das ist sicher ein guter Vorschlag, er erklärt aber nicht den Einbezug von Natur gerade bei den zwei wichtigsten Götterkulten. Denn man hätte den Felsen ja auch von Anfang an mit Mauerquadern verkleiden können, wie es auf der Südseite des Athenatempels dann im 2. Jh. v. Chr. geschehen ist[23]. Sollte durch den gewollten Kontrast zwischen Natur und Sakralarchitektur die Beherrschung der Natur durch die Bürger versinnbildlicht werden oder ging es um das Herausstellen einer besonders heiligen und ortsverhafteten Aura, die mehr in der ursprünglichen Natur als in neuer Architektur verkörpert gedacht war[24]?

Eine Antwort ist kaum zu geben, jedoch bestehen mehrere Möglichkeiten einer Annäherung wie etwa die Analyse der anderen prienischen Heiligtümer. Nur bei Asklepios auf der Agora und den ägyptischen Gottheiten im Ostviertel sind keinerlei Naturelemente in den zugehörigen Temene nachzuweisen. Anders liegt der Fall bei der Kybele in der Weststadt, deren Heiligtum außer einer Umfassungsmauer im Inneren naturbelassen war[25].

21 S. A. Filges, Überlegungen zu einer Systematisierung der physischen und sozialen Grenzen sowie der Hierarchisierung von Wohnlagen in Priene, in diesem Band auf S. 167–186.

22 H. Lauter, Die Architektur des Hellenismus (Darmstadt 1986) 83; Hoepfner – Schwandner 1994, 202.

23 A. Hennemeyer, Athenaheiligtum von Priene. Die Nebenbauten – Altar, Halle und Propylon – und die bauliche Entwicklung des Heiligtums (München 2006) 76 f. 200–202 Taf. 171. 172, Online-Publikation unter http://mediatum2.ub.tum.de/node?id=625569.

24 Hoepfner – Schwandner 1994, 194 stellen fest, dass die westlich an den Athenatempel anschließende Felsrippe »in dieser Naturform Element der Planung« gewesen sei. Warum, wird bedauerlicherweise nicht erörtert.

25 Zu den Heiligtümern Rumscheid 1998, 60–67 (Asklepios); 189–194 (Heiligtum der ägyptischen Gottheiten); 98 f. (Kybele).

Es zeichnet sich nach den aktuellen Untersuchungen der Kampagne 2007 ferner ein nördlich des bewohnten Stadtgebietes west-östlich gerichteter Streifen vom Demeterheiligtum bis zur östlichen Stadtmauer ab. Dieser war wohl mit diversen sakralen Anlagen ausgestattet, die sämtlich eher als Naturheiligtümer zu verstehen sind denn als architektonisch gefasste Temene – das Demeterheiligtum verbindet als einzige Kultstätte beide Gestaltungsformen.

Verständlich wird die Verortung von Kulten in der Peripherie durch die Natur-Aspekte der Gottheiten. Bei Demeter als Ackerbaugöttin ist dies genauso plausibel wie bei Kybele. Wie sieht es aber bei Athena aus? Ist sie eine Naturgöttin, die gerne im wilden Freien verehrt wurde? Wohl nicht, sie ist vielmehr die bedeutendste Gottheit der Stadt Priene, ihr Kopf wurde auf die Stadtmünzen geprägt. Auch spricht die prononzierte architektonische Gestaltung des Temenos deutlich dagegen. Die Naturbelassenheit des Heiligtumhangs ist vermutlich nur ein untergeordneter Aspekt – der dennoch Erklärungsbedarf besitzt. Könnte es sein, dass darin eine Erinnerung bewahrt werden sollte an die Zeit vor der Stadtgründung oder den Neugründungsprozess[26]?

4. Visualisierung übergeordneter Leitbilder in Form von Städten?

Nun zum abschließenden Thema, der Frage nach der Verkörperung von philosophisch-politischen Leitbildern in Stadtlage und -gestaltung, die in der Kontrastwirkung von Kultur und Natur wahrzunehmen seien. Zugleich scheint dies auch die geeignete Stelle zu sein, um über den Machtaspekt der Beziehung von Kultur gegenüber Natur an sich nachzudenken.

Hoepfner und Schwandner sahen in der gleichmäßigen Aufteilung und den Proportionen der Insulae und öffentlichen Plätze Zahlenverhältnisse, die von naturphilosophisch-pythagoräischen Vorstellungen abhängig seien[27]. Der berühmte Architekt Pytheos, der nach Vitruv den Athenatempel entworfen hat, wurde auch zum Planer der gesamten Stadtanlage gemacht – was aus den Quellen aber nicht einmal implizit hervorgeht. Es wurde von der städtischen Binnenstruktur demnach auf eine philosophisch-ethische Orientierung des hypothetisch postulierten Entwerfenden rückgeschlossen. Heute kann diese These als überholt gelten[28].

Ebendort wurde die angebliche Gleichverteiltheit von Wohngrundstücken auch als Indiz für die demokratische Verfasstheit der Stadt erachtet, die wiederum gleich große Grundstücke für die Bürger erfordere[29] – diese Art von Beweisführung neigt zum Zirkelschluss und ist deshalb problematisch.

---

[26] Interessant ist der mündliche Vorschlag von K. Nikolai (Frankfurt a. M.), dass der prienische Fels mit dem Heiligtum der Stadtgöttin der athenischen Akropolis mit dem Tempel der Athena Polias nachempfunden wurde. Diese Hypothese besitzt weitreichende historisch-politische Implikationen, auf die hier nicht eingegangen werden kann.

[27] Hoepfner – Schwandner 1994, 310–312.

[28] Gegen derart weitreichende Überlegungen im Allgemeinen und die Vorstellung von Pytheos als Stadtplaner im Spezifischen s. W. Raeck, Hippodamos und Pytheos. Zum Bild des Stadtplaners in der griechischen Klassik, in: B. Brandt (Hrsg.), Synergia. Festschrift für Friedrich Krinzinger (Wien 2005) 339–342.

[29] Hoepfner – Schwandner 1994, 196. 210. 312 f.; W. Hoepfner, in: ders., Geschichte des Wohnens (Stuttgart 1999) 338 f.; in der Hauptaussage zustimmend W. Koenigs, in: Rumscheid 1998, 28.

Am intensivsten hat sich Burkard Fehr in dem Aufsatz »Kosmos und Chreia« mit der Diskrepanz von schwer zugänglichem Naturraum und penibler städtischer Binnenstrukturierung beschäftigt. Seine Thesen seien hier zusammengefasst: Für Fehr zeigt sich in dem orthogonalen Straßensystem Prienes ein Streben nach rationaler Ordnung, was dem Endprodukt, der geformten Stadt, in den Augen der Zeitgenossen letztlich das Prädikat der Schönheit verliehen habe. Vorgaben aus den griechischen Staatstheorien bei Platon und Aristoteles würden zeigen, dass Praktisches und Nützliches als unwürdig gelte und im Gegensatz dazu das Rationale das Schöne sei[30]. Die für die künstliche Gestaltung notwendige *techne* stehe (nach Aristoteles, mech. 847 a. b) gegen die Natur. Die *techne* helfe dem Menschen vielmehr, sich von der Natur zu emanzipieren[31]. Fehrs Ausgangspunkt ist deshalb, dass die Stadtanlage nicht Ergebnis praktischer Überlegungen sei, sondern Priene bewusst an einer auffälligen und baulich schwierig zu meisternden Stelle geplant worden sei, da diese als eine würdige Herausforderung gegolten habe[32].

Dann wendet sich Fehr von den theoretischen Vorüberlegungen der Stadtwerdung ab und fragt nach den Implikationen für die Bürger der bereits fertiggestellten Stadt: Das Bewusstsein, die technischen Schwierigkeiten gemeistert zu haben, wäre danach eine der hauptsächlichen Identifikationsstützen für die Priener innerhalb des in dieser Zeit allgemein ausgedienten Polis-Systems gewesen[33].

Oben ist ein ähnlicher Punkt bereits angesprochen und in dem Sinne geschlossen worden, dass das durch die Naturbeherrschung entstandene Ergebnis – die Stadt mit regelmäßiger Binneneinteilung – in erster Linie der Selbstwertschätzung der Bürger und weniger einem allgemeinen Repräsentationsaspekt gedient habe. Fehr gelangte mit seinem Ansatz der Selbstherausforderung der Bürgerschaft zu einem fast identischen Ergebnis.

Beiden Thesen gemein ist, dass die Adressaten der in der Stadtsituierung und -struktur enthaltenen Botschaft – die als bewusst impliziert vorausgesetzt wird – nicht von außen kamen, sondern die Stadtbewohner selbst waren.

Der artifizielle Gesamtkomplex Priene kann damit weniger als Ausdruck städtischer Macht mit repräsentativer Außenwirkung gelten denn als Selbstbeweis bzw. -bestätigung seiner Bürger. Um dieses Phänomen mit einem Schlagwort fassen zu können, eignet sich vielleicht der jüngst – übrigens auch am Beispiel von Priene – modifizierte Begriff des Meierschen »Könnens-Bewusstsein«[34].

---

30 Fehr 1980, 173.

31 Fehr 1980, 160.

32 Fehr 1980, 169.

33 Fehr 1980, 176. – Nebenbei konnte die Bewältigung der Natur durch die griechischen Siedler im Angesicht der hekatomnidisch-persischen Zeitgenossen sowohl als Sinnbild der generellen Überlegenheit als auch speziell der des politischen Systems, der Demokratie, gesehen werden (Fehr 1980, 167 f.).

34 Entwickelt wurde der Begriff von Chr. Meier, Zur Entstehung des Politischen bei den Griechen (Frankfurt a. M. 1980) 435–499; erweiterte Definition des Terminus durch U. Ruppe, Die Stadtmauer von Priene – Zweckbau, Identifikationsobjekt oder Machtsymbol?, in: J. Lorentzen - F. Pirson – P. I. Schneider – U. Wulf-Rheidt (Hrsg.), Aktuelle Forschungen zur Konstruktion, Funktion und Semantik antiker Stadtbefestigungen, Byzas 10 (Istanbul 2010) 141–163.

Resümee

Für Fehr, der sich am eingehendsten mit der inhaltlichen Konnotation der Stadtanlage auseinandergesetzt hat, ist die Situierung Prienes in einer widrigen Natur allein griechischen theoretischen Konzepten von Intellekt, Schönheit und Würde geschuldet.

In Ergänzung dazu konnte hier gezeigt werden, dass praktische Erwägungen besonders fortifikatorischer Art vielleicht noch entscheidenderen Einfluss auf die Ortslage als auch die äußere Gestalt besessen haben werden.

Städte sind nicht nur Konzeptkunst, sondern auch Teil von Lebenswelt. Auch wenn die Binnengestaltung eindeutig Züge eines übergeordneten theoretischen und nicht an der Geländemorphologie orientierten Planungskonzeptes aufweist, gehörten zu einer Stadt auch Faktoren wie Wehrhaftigkeit und Lebenssicherheit, die nicht vollständig Aspekten intellektueller Schönheit geopfert wurden.

Landschaft und Stadt – Natur und Kultur bilden die zwei Pole, zwischen denen sich die Planung und Nutzung von Priene erstreckte. Je weiter sich das Gebaute vom vorgefundenen Natürlichen entfernte, desto mehr kam nach antiker Vorstellung der Schönheits- und Intellektualitäts-Aspekt zur Geltung. Akzeptierte Ausnahmen hiervon waren aber die allem übergeordnete Stadtsicherheit und kultische Bedingtheiten.

Mit Macht hat die Gesamtanlage nur soviel zu tun, als sie den Bürgern im Sinne eines defensiven Instruments Schutz gewähren sollte, nicht aber um nach außen repräsentative Wirkung zu entfalten. Allenfalls könnte die regelmäßige Binnenstrukturierung im schwierigen Gelände als Selbstbeweis der Gründungsbürger gelten, die sich gegenseitig ihrer eigenen Fähigkeiten und somit in gewisser Weise auch ihrer Macht erfolgreich versicherten.

Felix Pirson (Hrsg.), Manifestationen von Macht und Hierarchien in Stadtraum und Landschaft, BYZAS 13 (2012) 167-186

Überlegungen zu einer Systematisierung der physischen und sozialen Grenzen sowie der Hierarchisierung von Wohnlagen in Priene

Axel FILGES

Für die antike Kleinstadt Priene lassen sich Grenzsituationen im Stadtbild aufzeigen und in verschiedene – moderne – Kategorien einteilen. Dabei ergeben sich drei Möglichkeiten: 1. physische Grenzen, 2. symbolische Grenzen und 3. auf sozialen Konventionen beruhende Grenzen. Zusätzlich soll der Versuch unternommen werden, der räumlichen Kategorie Distanz anhand von Wohnlagen eine Rolle für die Bestimmung und Verortung sozialer Hierarchien zuzuweisen.

Diese Annäherungsweise erhebt nicht den Anspruch, Teile der antiken Lebenswelt besser begreifen zu können, wohl aber bietet sie ein Instrumentarium, antiken städtischen Raum systematisch zu erfassen und vergleichbar zu machen. Erst dann wird ein fruchtbarer, interdisziplinärer Austausch mit denjenigen Nachbarfächern möglich, die Fragen zu Raum und Hierarchie formulieren.

1. Grenzen als Forschungsneuland der Altertumswissenschaften

Der Referent sieht sich bei der wissenschaftlichen Annäherung an die *Grenzen Prienes* mit dem reizvollen Problem konfrontiert, dass eine Themenstellung wie die im Titel vorgegebene forschungsgeschichtliches Neuland darstellt. Zwar ist die Grenze als Trennlinie räumlicher wie politischer Bereiche auch im Standardnachschlagewerk »Der Neue Pauly« vertreten[1], jedoch ist der abstraktere, wegen der Vielzahl von konnotierbaren

Das Manuskript stellt die leicht überarbeitete und um den wissenschaftlichen Apparat bereicherte Fassung eines am 8.2.2007 im DAI Istanbul gehaltenen Vortrags im Rahmen des Netzwerkes »Manifestationen von Macht und Hierarchien in Stadtraum und Landschaft« dar.

Außer den Sigeln des DAI (Stand 2006) werden hier folgende Abkürzungen verwendet:

Hoepfner – Schwandner 1994	W. Hoepfner – E.-L. Schwandner, Haus und Stadt im klassischen Griechenland² (München 1994).
Gaertringen 1906	F. Frhr. Hiller von Gaertringen, Inschriften von Priene (Berlin 1906).
Rumscheid 1998	F. Rumscheid, Priene. Führer durch das "Pompeji Kleinasiens" (Istanbul 1998).
Wiegand – Schrader 1904	Th. Wiegand – H. Schrader, Priene. Ergebnisse der Ausgrabungen und Untersuchungen in den Jahren 1895-1898 (Berlin 1904).

1 DNP 12/2 (2002) 982 s. v. Grenze (G. Daverio Rocchi).

Bedeutungen im Plural zu verwendende Begriff der Grenzen[2] als Forschungsaspekt in den Altertumswissenschaften bisher kaum berücksichtigt worden[3].

2. Räume, Grenzen und soziale Hierarchien in der Klassischen Archäologie

Bevor ich auf Priene eingehe, ist es deshalb unumgänglich, das in der Klassischen Archäologie etablierte Verständnis von Raum, Grenze und sozialer Hierarchie vorzustellen[4]. In der deutschsprachigen Einführung in das Fach, die sich am ausführlichsten mit dem Thema Raum befaßt, ist u. a. zu lesen, dass »die Aufteilung der Siedlung und ihre architektonische Gestaltung [...] eng mit der politischen, wirtschaftlichen und gesellschaftlichen Situation verknüpft« sei[5]. Dass Grenzen immateriell-symbolischer Natur sein können, wird erwähnt[6], Hierarchien kommen nicht zur Sprache.

Konkret auf Hierarchien innerhalb von Gesellschaften ging 1984 der Prähistoriker Colin Renfrew ein, der auch die möglichen Einwände gegen ein solches Forschungsthema diskutiert: Gesellschaftliche Hierarchien seien aus dem archäologischen Material gar nicht abzuleiten; sie seien vielmehr eine moderne Kategorie, die in der Antike nicht existiert habe[7]. Renfrew schlägt vor, die verschiedenen hierarchischen Ebenen (wie etwa Gruppen/Stämme/Staaten) insgesamt gegen eine Klassifizierung auszutauschen, die auf der räumlichen Gliederung von Gesellschaft beruht – was nichts anderes ist als der Einbezug von Raum oder eben der Begrenzung von Räumen[8]. Auch wenn die Klassische Archäologie aufgrund der Schriftquellen verbindlichere Aussagen zu Hierarchien als die Vorgeschichte machen kann, stellt dieser Ansatz vielleicht eine lohnende, weitere Möglichkeit für die Erschließung hierarchischer Verhältnisse dar.

---

[2] Zur aktuellen Diversifizierung der Begrifflichkeiten für räumliche Bezüge s. M. Schroer, Räume, Orte, Grenzen. Auf dem Weg zu einer Soziologie des Raumes (Frankfurt am Main 2006) 222–226.

[3] Die wissenschaftlichen Disziplinen, die mit dem Begriff der materiellen als auch der immateriellen Grenzen bislang arbeiten, sind nicht ohne Grund solche, die auf sozialgeschichtliche Quellen zurückgreifen können wie vor allem die Humangeographie, Soziologie und Kulturanthropologie (s. das ausführliche Literaturverzeichnis der soziologischen Diplomarbeit von L. Frers unter http://userpage.fu-berlin.de/~frers/mdp/literatur.html).

[4] Die ersten intensiveren Beschäftigungen in den 70er und 80er Jahren konzentrierten sich auf den Komplex ‚Architektur und Gesellschaft': A. Bammer, Architektur und Gesellschaft in der Antike (Wien 1974); P. Gros (Hrsg.), Architecture et société de l'archaisme grec à la fin de la république romaine, Actes Colloque international Rome 1980 (Rom 1983). – Relativ neu zum Thema ‚räumliche Organisation und soziales Verhalten' ist L. C. Nevett, House and Society in the Ancient Greek World (Cambridge 1999).

[5] F. Lang, Klassische Archäologie. Eine Einführung in Methode, Theorie und Praxis (Tübingen 2002) 265. – Ausnahmen blieben in der deutschen Archäologie Versuche wie der von T. Hölscher, Athens: Space, Symbol, Structure, in: A. Molho – K. Raaflaub – J. Emlen (Hrsg.), City States in Classical Antiquity and Medieval Italy (Stuttgart 1991) 355–380. In der Einleitung ebenda 355 f. werden verschiedene Möglichkeiten der Analyse von Stadtstruktur und Stadtbevölkerung angeboten, darunter auch die These, dass das soziale Leben durch die architektonischen Formen widergespiegelt würde – s. stellvertretend für den theoretischeren anglo-amerikanischen Zugang J. Thomas, Archaeologies of Places and Landscape, in: I. Hodder (Hrsg.), Archaeological Theory Today (Cambridge 2001) 165–186.

[6] Lang a. O. (Anm. 5) 268.

[7] C. Renfrew, Approaches to Social Archaeology (Edinburgh 1984) 41. – Der Begriff Hierarchie stammt erst aus dem 5. Jh. n. Chr. (DNP 5 [1998] 534 f. s. v. Hierarchie [V. Rosenberger]).

[8] Renfrew a. O. (Anm. 7) 41.

Wie festzustellen sein wird, ist es insgesamt problematisch, für die antike Zeit Aussagen zu Wahrnehmung von und zum Umgang mit Grenzen und Hierarchien zu formulieren. Es besteht die Gefahr, dass modernes Verständnis unsensibel über antike Sachverhalte gebreitet wird. Andererseits ist es zeitgemäß – und unter Umständen auch bereichernd –, mit einer aus anderen Fachdisziplinen rekrutierten Fragestellung an Probleme der klassischen Altertumswissenschaften heranzugehen[9]. Denn Fragen zu stellen, die nicht beantwortet werden können, bedeutet in umgekehrter Richtung, Aspekte der Antike überhaupt erstmals wahrzunehmen, die vorher in einer selbstauferlegten Zensur aufgrund der geringen Erfolgsaussicht oder der verständlichen Furcht, große wissenschaftliche Angriffsflächen zu bieten, ausgeklammert worden waren.

Selbst wenn die vorliegende Abhandlung aus *einem* Blickwinkel als positivistische Aneinanderreihung von Fakten wie auch willkürlicher Interpretationsansatz wirken mag, hoffe ich dennoch, für die aktuelle Forschung nutzbringende methodische Perspektiven aufzeigen zu können. Das im Folgenden Dargelegte kann und will nicht mehr sein als die systematische Analyse materieller Überreste und der daran gekoppelte Versuch, aus archäologischen Befunden Aussagen zu Raum, Grenzen und Hierarchien von Priene zu formulieren.

Die eingeschränkte Aussagekraft einer solchen Auswertung soll nicht bestritten werden: Der Klassifizierungsversuch von Grenzsituationen ist eine moderne Herangehensweise, da die hier vorzustellenden Grenzen in antiker Zeit vermutlich nicht oder nicht so wahrgenommen worden sind. Der Nutzen des Unterfangens besteht deshalb auch weniger in der Erschließung antiker Lebenswelten, sondern eher in einer modernen wissenschaftlichen Kategorisierung, die wiederum dazu dienen kann, Aspekte antiker Städte vergleichbarer mit denen anderer Regionen und Epochen zu machen[10].

3. Grenzen, Struktur und Funktionsräume der Stadt Priene

Nach dieser Einleitung möchte ich nun versuchen, mich dem vergleichsweise gut erforschten Priene zu nähern[11]. Die Schriftquellen und epigraphischen Zeugnisse führen für die Aufgabenstellung nur minimal weiter. Stützen muss ich meine Überlegungen deshalb vor

9 s. die Beurteilung der aktuellen deutschen Klassischen Archäologie und ihrer methodischen und konzeptuellen Grundlagen bei M. K. H. Eggert, Archäologie. Grundzüge einer Historischen Kulturwissenschaft (Tübingen 2006) 110–132.

10 Eine ähnliche Umschreibung der wissenschaftlichen Aufgaben der Grenz- und Raumforschung findet sich auch bei St. Franke, Rezension zu M. Braig u. a. (Hrsg.), Grenzen der Macht – Macht der Grenzen. Lateinamerika im globalen Kontext (Frankfurt am Main 2005), in: H-Soz-u-Kult, 18.06.2007, http://hsozkult.geschichte.hu-berlin.de/rezensionen/2007-2-166. – Bereits 1974 formulierte H. Lefebvre die Aufgabe, den Raum der antiken Polis in seiner Genese und Form bezüglich der verschiedenen Zentren sowie der Rhythmen des Alltagslebens zu untersuchen, um diese Ergebnisse als »Wegmarke« für andere Studien zu nutzen: H. Lefebvre, Die Produktion des Raums, in: J. Dünne – St. Günzel (Hrsg.), Raumtheorie. Grundlagentexte aus Philosophie und Kulturwissenschaften (Frankfurt am Main 2006) 331.

11 Die Stadtfläche ist zu ca. 40 % freigelegt (W. Raeck, Priene. Neue Forschungen an einem alten Grabungsort, IstMitt 53, 2003, 316); es existieren zahlreiche Inschriften mit offiziellen als auch halböffentlichen Texten. – Die Beurteilungen von I. Svolos, A Modern Approach to Ancient Asia Minor, in: C. Ferla u. a., Priene (Athen 2000) 36: »Ionian Priene, the city-state in Asia Minor, is one of those rare cases in archaeology where a single excavated site provides almost complete information about life in an ancient Greek city« und B. Fehr, Kosmos und Chreia. Der Sieg der reinen über die praktische Vernunft in der griechischen Stadtarchitektur des 4. Jhs. v. Chr., Hephaistos 2, 1980, 155 (»nahezu vollständig ausgegraben«) sind dennoch schlicht übertrieben.

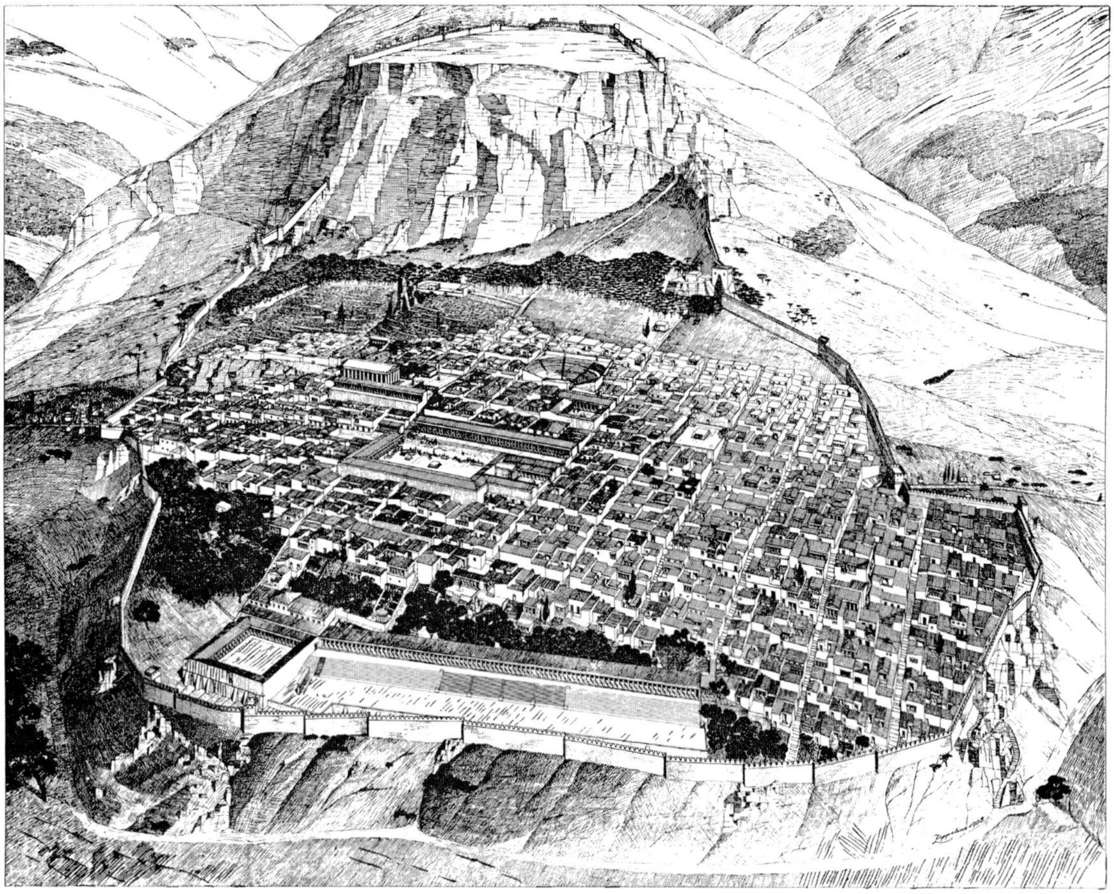

Abb. 1 Rekonstruierte Ansicht des späthellenistischen Priene (nach M. Schede, Die Ruinen von Priene [2](1964) Abb. 11 [A. Zippelius])

allem auf die ausgegrabene und rekonstruierte antike Stadt[12]. Die methodische Prämisse ist, die materielle Basis als determinierend auch für gesellschaftliche Verhältnisse anzusehen (und umgekehrt). Dies wird ergänzt durch das Postulat, dass letztere durch die Analyse der städtischen Binnenstruktur zumindest teilweise erschlossen werden können[13].

In diesem Beitrag soll der Focus speziell auf Grenzsituationen gerichtet sein. Es wird sich zeigen, dass physische wie symbolische Grenzen auch Aspekte des sozialen Lebens und der hierarchischen Bevölkerungsschichtung erklären können[14]. Zugrundegelegt werden dabei soziologische Modelle, die gesellschaftliche Grenzen als Rahmung für den innerlichen

12 In diesem Beitrag können nicht sämtliche Grenzsituationen innerhalb Prienes zur Sprache kommen. Interessant wäre etwa die Untersuchung des Verhältnisses und der Abgrenzung von Stadt und Stadtberg, der Teloneia. Wie war die Verbindung zur Stadt, wie waren die Kontrollmöglichkeiten, wo begann die Teloneia?

13 Zu einer ähnlichen Vorgehensweise für die Erschließung städtischer sozialer Verhältnisse s. C. Renfrew – P. Bahn, Archaeology. Theories, Methods and Practice[3] (London 2000) 207. – Auch nach M. Löw, Raumsoziologie (Frankfurt a. M. 2001) 178 müssen räumliche Strukturen als Varianten gesellschaftlicher Strukturen verstanden werden.

14 Zum Zusammenhang von Raum und Hierarchie s. etwa P. Bourdieu, Ortseffekte, in: ders. u. a. (Hrsg.), Das Elend der Welt (Konstanz 1997) 160: »In einer hierarchisierten Gesellschaft gibt es keinen Raum, der nicht hierarchisiert wäre und nicht Hierarchien und soziale Abstände zum Ausdruck brächte.«

Zusammenschluss einer Sozietät verstehen. Somit sind Grenzen nicht nur Endpunkte einer physischen oder sozialen Einheit, sondern dienen gleichzeitig der (Selbst-)Definition von Gemeinschaften[15] und erzeugen so Stabilität und Übersichtlichkeit in sozialen Verhältnissen[16].

Priene ist eine im mittleren 4. Jh. v. Chr. geplante und errichtete Stadt mit *insulae*, die in einem rechtwinkligen System angeordnet sind (*Abb. 1*)[17]. Die Morphologie des nach Norden ansteigenden Stadtgeländes eignet sich nicht für das, was dort errichtet wurde, nämlich die Rasterstadt. Es gibt keine Gasse, auf der man schräg zum Hang sanft den Anstieg meistern könnte. Stattdessen sind die Nord-Süd-Gassen durch ihre Orientierung am Rastersystem zwangsweise auf den steilsten Weg berechnet. Hier war wohl nicht der Bewohner Maß der Architektur, sondern die Geometrie und Ästhetik des Bebauungsplans[18].

Die innerstädtischen Grenzsituationen möchte ich einteilen in

A. Großflächig-markante, materiell-funktionale Grenzzonen wie Monumentalgebäude, Umfassungsmauern von Freiflächen oder das Aufeinandertreffen von Kultur- und Naturraum (physische Grenzen).

B. Materiell-symbolische Grenzmarkierungen diffuser Schärfe wie einzelne Monumente, die stellvertretend für eine funktional-differierende Zone innerhalb des übergeordneten Raums stehen (symbolische Grenzen).

C. Immaterielle, ausschließlich auf zeitbedingten Konventionen beruhende und durch soziale Praxis gebildete Grenzen. Dazu gehört etwa die Erlaubnis, bestimmte physische Räume zu nutzen oder aber diese nicht betreten zu dürfen, obgleich sie unverschlossen sind (soziale Grenzen). Eine andere Möglichkeit ist die Zugehörigkeit oder Nichtzugehörigkeit zu einer ausschließlich über ihre Mitglieder definierten Gruppe.

A. Markante, materiell-funktionale Grenzzonen

Zu unterscheiden ist hierbei zwischen Grenzsituationen von:

1. Öffentlichem und privatem Raum;
2. Anthropogen genutzten Flächen (Kulturraum) und Naturraum in der Stadt;
3. Unterhaltungs-, Kult- und merkantil genutzten Bauten als funktional-differierenden öffentlichen Räumen.

---

15 In Anlehnung an G. Simmel, Soziologie. Untersuchungen über die Formen der Vergesellschaftung, Gesamtausgabe 11 (Frankfurt am Main 1992) 694.

16 Schroer a. O. (Anm. 2) 69.

17 Die äußere Form der Stadtanlage richtet sich aber nach den naturräumlichen Vorgaben, da abweichend von der Binnengliederung die Stadtmauer nicht aus rechtwinklig zueinander orientierten Kurtinen besteht, sondern sich der Geländemorphologie anpaßt. Auf die Vorstellung der Stadtmauer als markanter Grenze (etwa zwischen kollektivem und individuellem Wohnen) soll an dieser Stelle verzichtet werden.

18 Ausführlich dazu Fehr a. O. (Anm. 11) 155–161. 168 f. 175–178. Relativierend W. Koenigs, Stadtanlage, in: Rumscheid 1998, 26–28; Literatur dazu bei Rumscheid 1998, 229.

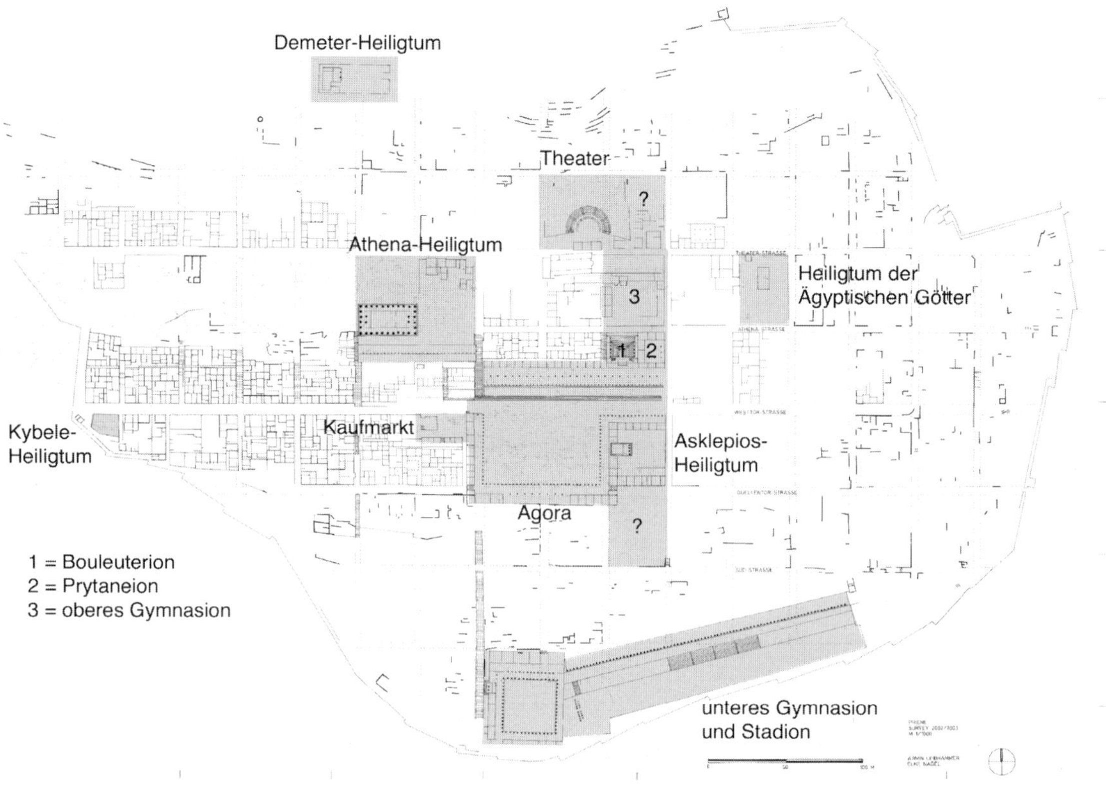

Abb. 2 Stadtgebiet, grau eingefärbt die wichtigsten öffentlichen Bereiche
(Grundlage topographischer Plan von E. Nagel – A. Leibhammer 2002/2003; modifiziert vom Verf.)

Zu 1.: Durch die summarische Darstellung auf den topographischen Grabungsplänen[19] wird deutlich, wo und in welcher Anordnung öffentlicher und privater Raum situiert ist (*Abb. 2*). Geometrisches Zentrum der *insula*-Gesamtstruktur ist der Altar auf der Agora[20]. Direkt westlich befindet sich der Kaufmarkt, nordwestlich das Temenos der Athena, umgrenzend die Agora mit nördlich anschließendem Bouleuterion und Prytaneion. Über einige *insulae* hinweg liegen in nordöstlicher Richtung das obere Gymnasion, das Theater und noch weiter im Osten das Heiligtum der Ägyptischen Götter. Einige der erwähnten

[19] An dieser Stelle sei nur darauf hingeweisen, dass sämtliche Pläne von Priene (bis auf den 1897 von G. Kummer erstellten [Wiegand – Schrader 1904, Taf. 3]) aufgrund der zweidimensionalen Darstellung notwendigerweise einen stark verfälschenden Eindruck vom Gelände erzeugen. Die Regelmäßigkeit des bewohnten Areals wird überinterpretierend abgebildet, indem die *insula*-Gliederung oder konkrete Hausmauern in breiten Linien eingetragen sind. Schematisch überdeckt diese Fläche die in den übrigen Planabschnitten vorhandenen Höhenlinien, so als ob hier die regelhafte Polis die Natur außer Kraft setzen würde. Es gibt keinen einzigen Plan von Priene, auf dem die tatsächlich existenten Höhendifferenzen innerhalb eines Grundstücks eingezeichnet sind. Auf der bekannten Stadtrekonstruktion von Zippelius von 1908, später durch E. Wolfsfeld aquarelliert (Th. Wiegand, Priene. Ein Begleitwort zur Rekonstruktion von A. Zippelius, Neue Jahrbücher für das klassische Altertum, Geschichte und Literatur 25, 1910, 545 f. Taf. 1; M. Schede, Die Ruinen von Priene² [Berlin 1964] Abb. 11) kommt die wirkliche Hangneigung nicht zum Ausdruck. Eher ist dies der Fall bei dem dreidimensionalen Modell von H. Schleif im Pergamonmuseum Berlin (Schede ebenda Abb. 12).

[20] Wiegand – Schrader 1904, 47.

Funktionsbereiche wurden wohl schon zur Stadtgründungszeit dort angelegt, manche wie etwa das Heiligtum der Ägyptischen Götter[21] aber vielleicht erst später bzw. wie das Bouleuterion im Hellenismus von einem unbekannten Ort hierher verlagert. Diese Neubesetzung von Arealen mit öffentlichen Bauten könnte gut auch für das Stadion und das untere Gymnasion zutreffen, die wohl erst im 2. Jh. v. Chr. errichtet worden sind[22].

Letztlich ist es gleich, um welche Phase der Stadtbebauung es sich handelt[23], deutlich wird in jedem Falle, dass sich die öffentlichen Bereiche zum überwiegenden Teil in der Stadtmitte befinden. Setzt man voraus, dass der geometrische Mittelpunkt einen Raum mit besonderer Bedeutung markiert, wird deutlich, dass die öffentlichen Areale – siedlungstopographisch gesprochen – Bereiche einer ‚höheren Wertigkeit' besetzen als dies die *insulae* mit Wohnbebauung tun.

Aber auch die Freiräume zwischen den *insulae*, die Straßen und Gassen, waren optische ‚Marker'. Zumindest bei einigen ist anzunehmen, dass sie desto breiter waren, je näher sie zum imaginären Mittelpunkt der Stadt lagen[24].

Der Übergang zwischen öffentlichen und privaten Bereichen wurde durch die unterschiedliche architektonische Fassung von Wohninsula-Außenmauern (kleinteilig mit Türen und Fenstern) und öffentlicher Architektur wie Temenosmauern (große homogene Flächen) oder langgestreckten Hallenrückwänden oder -fronten (Rapport von Säulen als halbdurchlässige Fläche) deutlich. Durch Aufbau und Struktur der Mauern wurde den antiken Zeitgenossen vermittelt, welche Zugangsberechtigung man jeweils für den dahinter liegenden Bereich benötigte[25].

Zu 2.: Priene ist mit durchschnittlich 20 % Steigung eine der steilsten antiken Rasterstädte überhaupt[26]. Die Nord-Südgassen waren aufgrund des Anstiegs fast ausschließlich als Treppen anzulegen. Macht sich schon so der ursprüngliche, nun aber überformte und kultivierte Naturraum bemerkbar, wurden manche Bereiche der Binnenstadt sogar von imposanten Felsstrukturen eingenommen. Interessanterweise wurden zwei dieser west-östlich verlaufenden Barrieren im Stadtgebiet in die architektonische Präsentation von öffentlich-sakralen Bereichen einbezogen[27]: Zum einen das Athena-Temenos, dessen

---

21 A. Hennemeyer, Das Heiligtum der ägytischen Götter in Priene, in: A. Hoffmann (Hrsg.), Ägyptische Kulte und ihre Heiligtümer im Osten des römischen Reiches. Internationales Kolloquium 5./6. September 2003 Bergama (Istanbul 2005) 139–153.

22 Rumscheid 1998, 199. 210.

23 Diese Aussage gilt für das gesamte Vorgetragene. Es geht mir nicht um eine zeitliche Einordnung der Phänomene, sondern um den Umgang mit Räumen und Grenzen während der gesamten Nutzungsdauer Prienes.

24 Wiegand – Schrader 1904, 47 f.; Hoepfner – Schwandner 1994, 198 Abb. 182; W. Koenigs, in: Rumscheid 1998, 30.

25 Mit ganz ähnlichem Tenor H. Arendt, Der Raum des Öffentlichen und der Bereich des Privaten, in: J. Dünne – St. Günzel (Hrsg.), Raumtheorie. Grundlagentexte aus Philosophie und Kulturwissenschaften (Frankfurt am Main 2006) 430: »Innerhalb des Öffentlichen erscheint das Private als ein Eingegrenztes und Eingezäuntes, und die Pflicht des öffentlichen Gemeinwesens ist es, diese Zäune und Grenzen zu wahren, welche das Eigentum und Eigenste eines Bürgers von dem seines Nachbarn trennen und ihn sicherstellen. Was wir heute Gesetz nennen, bedeutete zumindet bei den Griechen ursprünglich so etwas wie eine Grenze...«

26 Hoepfner – Schwandner 1994, 194.

27 Zur eingeschränkten Sichtbarkeit s. W. Koenigs, in: Rumscheid 1998, 119.

Abb. 3
Nordseite des Felszuges mit Athena-Heiligtum (DAI Istanbul, nach Rumscheid Abb. 70)

Tempel vielleicht als Ausgangspunkt für den Stadtplan zu gelten hat[28]. Die Vorderseite des Plateaus im Süden wurde spätestens ab dem 2. Jh. v. Chr. mit einer gewaltigen Mauer verkleidet[29], doch blieb auf der Nordseite der Felsen stets sichtbar (*Abb. 3*). Und zum anderen das Demeter-Heiligtum (*Abb. 4*), das oberhalb der regelhaft bebauten Stadtfläche errichtet wurde. Es ist zu vermuten, dass die Positionierung von Sakralarchitektur auf Felszügen die bewusste Schaffung von Grenzsituationen wiederspiegelt. In diesem Fall ging es wohl nicht um eine Verdeutlichung von Zugänglichkeit wie unter Nr. 1, also die Differenzierung von öffentlichem und privatem Raum, sondern um ein übergeordnetes Repräsentationsbedürfnis in Form von Natur-Beherrschung durch die Bürger der Stadt. Die geogenen Strukturen dienten im Wortsinn als Basis für die anthropogenen. Sichtbar wurde diese Konnotation durch den Kontrast, die Grenze zweier unterschiedlich gestalteter Bereiche.

In den übrigen Arealen, vor allem den Wohngebieten, existierten solche Grenzen aufgrund der dichten Flächennutzung nicht. Hier hatte scheinbar die Natur nichts mehr verloren, sondern der Bürger zur Gänze gesiegt.

Zu 3.: Zurückkehrend zur Strukturierung der öffentlichen Flächen möchte ich diese im Folgenden nach Funktionen gliedern, wobei das Aufeinandertreffen unterschiedlicher Funktionen als potentieller Grenzbereich untersucht werden soll (*Abb. 1*). Hier sind also Grenzen gemeint, die sich nicht unmittelbar erkennen lassen, sondern erst durch Handlungsangebot und -möglichkeiten erfahrbar werden. Als Beispiel sei darauf verwiesen, dass etwa Kaufmarkt und Agora im Süden beide von Hallen eingefasst wurden oder die Nordseiten von Bouleuterion und Prytaneion wohl sehr ähnlich gestaltet waren.

Im städtischen Gefüge der späthellenistischen Zeit sind die sakralen Flächen relativ weit im Stadtgebiet verstreut, was im Fall der geplanten Stadt nicht mit älteren Kulttraditionen,

[28] Zur Einbindung des Athena-Tempels in die *insula*-Gliederung s. W. Koenigs, in: Rumscheid 1998, 29.

[29] A. Hennemeyer, Athenaheiligtum von Priene. Die Nebenbauten – Altar, Halle und Propylon – und die bauliche Entwicklung des Heiligtums (München 2006) 76 f. 200–202 Taf. 171. 172, Online-Publikation unter http://mediatum2.ub.tum.de/node?id=625569.

Abb. 4 Felsabsatz des Demeter-Heiligtums vom Felszug des Athena-Heiligtums (Foto Verf. 2007)

sondern eher mit Naturgegebenheiten oder für andere Nutzungen ungeeigneten Lagen zu erklären ist. Im Umfeld dieser Großarchitekturen existieren unterschiedliche Grenzsituationen: Die Temene von Athena und Asklepios sind zwischen merkantilen Nutzflächen, Bereichen wie der Agora sowie den politischen Funktionsbauten Bouleuterion und Prytaneion eingefügt, sie stoßen zumindest an einer Seite aber auch an Wohngebiete. Das Areal der Ägyptischen Götter ist – aufgrund der relativ späten Anlage des Heiligtums (?) – isoliert von den anderen sakralen Bereichen ausschließlich von Wohninsulae umgeben, wie auch der institutionalisierte Kybele-Kult an die Peripherie (zwischen Stadtmauer am Westtor und Wohnareal) gerückt ist und der von Demeter und Kore – wie bei den Orten der Göttin üblich – außerhalb des ‚standardisierten' Bereichs in den suburbanen Bereich ausgegrenzt wurde.

Mit den Kult- und Unterhaltungsgebäuden wie Theater und Stadion verhält es sich anders. Hier wurden bewusst Bereiche mit landschaftlichen Verhältnissen gewählt, die die Anlage so großer Flächen erleichterten oder überhaupt erst ermöglichten, so dass Grenzsituationen rein lagebedingt sind. Das obere Gymnasion, das eine *insula* einnimmt und an jedem anderen Ort der Stadt hätte untergebracht werden können, wurde jedoch offensichtlich zwischen Theater und politischen Bereich eingeschoben[30], wohl um hier keine

[30] Zur Lage von Gymnasien in klassischer und hellenistischer Zeit (5. Jh. = zentrumsfern, 4./3. Jh. = zentrumsnah, 2. Jh. = zentrumsfern) s. H. von Hesberg, Das griechische Gymnasion im 2. Jh. v. Chr., in: M. Wörrle – P. Zanker (Hrsg.), Stadtbild und Bürgerbild im Hellenismus, Kolloquium München 1993 (München 1995) 13–18.

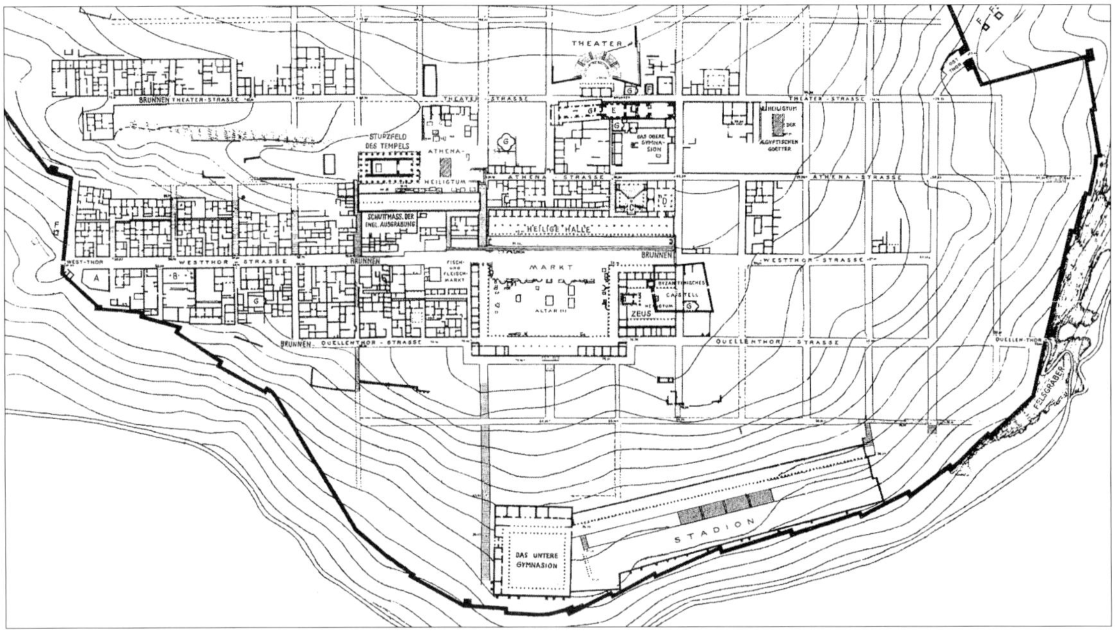

Abb. 5 Byzantinisches Kastell = trapezoide Struktur östlich von Agora bei Asklepios-Heiligtum (nach Schede, Beilage [G. Kummer – W. Wilberg])

‚überflüssige' Grenze zur Wohnbebauung zu schaffen[31]. Der *insula*-Streifen vom Theater im Norden bis zum Asklepios-Heiligtum im Süden (und vielleicht darüber hinaus) sollte also – was den Kontrast von öffentlich und privat anbelangt – ‚grenzenlos' sein[32]. Die funktionalen Unterschiede (= Grenzen) innerhalb dieses Streifens öffentlicher Einrichtungen scheinen demnach nicht als so gravierend gewertet worden zu sein wie die unmittelbare Nachbarschaft zu privaten Bereichen. Interessant erscheint mir, dass auch in byzantinischer Zeit eine Wahrnehmung des Zentrums vorhanden war, da das Kastell, in das verschiedene Bauten wie der frühere (?) sog. Apsidenbau[33] integriert waren, sich genau in diesem Bereich befindet (*Abb. 5*). Dabei wäre es ein Leichtes gewesen, an einer anderen Stelle vorhandene Bauten wie etwa das obere Gymnasion als Verwaltungs-Kernbau umzunutzen.

[31] F. Kolb, Die Stadt im Altertum (München 1984) 133 geht davon aus, dass seit dem 4. Jh. v. Chr. Gymnasien zunehmend für die Söhne der Oberschichten gebaut wurden, die dann auch für die Unterhaltskosten aufkamen. – Ob gymnasiale Aktivitäten auch im Hellenismus noch Bestandteil vor allem des aristokratischen Lebens waren, wurde erst kürzlich problematisiert: H.-J. Gehrke, Die Entwicklung des Gymnasions zur Institution der Sozialisierung in der Polis, in: P. Scholz – D. Kah (Hrsg.), Das hellenistische Gymnasion (Berlin 2004) 414. 417 f. Bei einer Deutung als zugangsbeschränkte (s. dazu J. Kobes, Teilnahmeklauseln beim Zugang zum Gymnasion, in: Scholz – Kah, Gymnasion a. O. 240–245) Eliten-Architektur würde die Anlage des prienischen Baukomplexes in einer Reihe mit halböffentlichen Flächen wie Theater und Bouleuterion eine besondere, gewissermaßen anti-demokratische Bedeutung gewinnen. – Feststellen läßt sich auf breiterer archäologischer Basis bislang aber nur, dass Gymnasien ab der Mitte des 2. Jhs. v. Chr. als Aufstellungorte bürgerlicher Ehrenstatuen besonders beliebt wurden: R. von den Hoff, Ornamenta γυμνασιωδη? Delos und Pergamon als Beispielfälle der Skulpturenausstattung hellenistischer Gymnasien, in: Scholz – Kah, Gymnasion a. O. 392 f. Bei diesen Stiftern und Geehrten ist natürlich von einer Zugehörigkeit zur ‚Elite' auszugehen.

[32] Dieses Phänomen könnte auch als *Zonierung* bezeichnet werden; zum Begriff und seiner Anwendung s. den Beitrag von F. Pirson in diesem Band.

[33] s. dazu vorläufig A. von Kienlin, in: W. Raeck, Priene. Neue Forschungen an einem alten Grabungsort, IstMitt 53, 2003, 347–349 Abb. 17.

Innerhalb Prienes existiert demnach ein nordsüdlich-gerichteter Bebauungsstreifen, der das öffentliche Rückgrat der Stadt darstellt. Dies ist schon immer so gesehen worden[34]. Wichtig erscheint mir unter der vorgegebenen Fragestellung die Aussage, dass funktionale Unterschiede im öffentlichen Bereich, die äußerlich oft nicht direkt sichtbar waren, auch nicht als markante Grenzsituationen verstanden worden waren, wohl aber die Nachbarschaft zu Wohninsulae[35].

Zusammenfassend zur Struktur Prienes lässt sich festhalten, dass Grenzen zwischen ‚öffentlichen' und ‚privaten' Arealen aufgrund ihrer materiellen Beschaffenheit und ihrer Gestaltung deutlich in Erscheinung traten und vielleicht auch so wahrgenommen wurden, solche funktionaler Art dagegen wohl von untergeordneter Bedeutung waren. Naturelemente wurden als Mittel der Kontrastierung, also der betonten Grenzsetzung und -akzentuierung benutzt.

B. Materiell-symbolische Grenzmarkierungen diffuser Schärfe

Mit dieser Gruppe von Grenzmarkern sind sehr unterschiedliche, zeichenhaft verwendete Objekte gemeint, bei denen der Bezug zum räumlichen Umfeld nur manchmal deutlich ist, die aber stets für eine andere als die sichtbare Funktion des primären Raumes stehen.

Ich möchte hier unterscheiden zwischen

1. Grenzmarkern, die an sich funktionslos, deutlich ein Innen und ein Außen separieren;
2. solchen, die den Eintritt in einen inhaltlich differierenden Raum andeuten; und
3. Kleinmonumenten, die gebaute Strukturen über architektonische Grenzen hinaus durch ihre visuelle Präsenz vergrößern.

Zu 1.: Gut einzuordnen ist der Marktbogen nördlich des Asklepios-Heiligtums und südlich der östlichen Begrenzung der Nord- oder Heiligen Halle (*Abb. 6. 7*)[36]. Er weist in seiner Funktion als Durchgang auf abgegrenzte und funktional differierende Bereiche vor und hinter dem Bogen. Dass sich dahinter die Agora mit ihren zahlreichen Bauten befindet, war den Stadtbewohnern bewusst, nicht aber unbedingt den fremden Besuchern. Ihnen wurde durch das kleine, zugleich abschließende und einladende Monument vermittelt, dass hier ein größeres Anderes beginnt. Die Grenze ist in diesem Fall extrem deutlich. Eine Durchgangssituation wäre auch ohne ihn gegeben und das Weitergehen in jedem Falle möglich. Nicht allerdings das Empfinden von Außen und Innen. Der Bogen ist deshalb meines Erachtens mehr Symbol für den Wechsel von Räumen als selbständiges Monument.

---

34 Hoepfner – Schwandner 1994, 199; W. Koenigs, in: Rumscheid 1998, 28. 30 f.

35 Wobei der Begriff der Grenze oder Grenzsituation nicht nur in diesem Fall auf seine antike Relevanz überprüft werden müsste.

36 K. Dornisch, Die griechischen Bogentore (Frankfurt a. M. 1992) 208–211; A. von Kienlin, Die Agora von Priene (München 2004) 42–44. 181–185 Taf. 15, Online-Publikation unter http://deposit.ddb.de/cgi-bin/dokserv?idn=973923229 (zip-Datei).

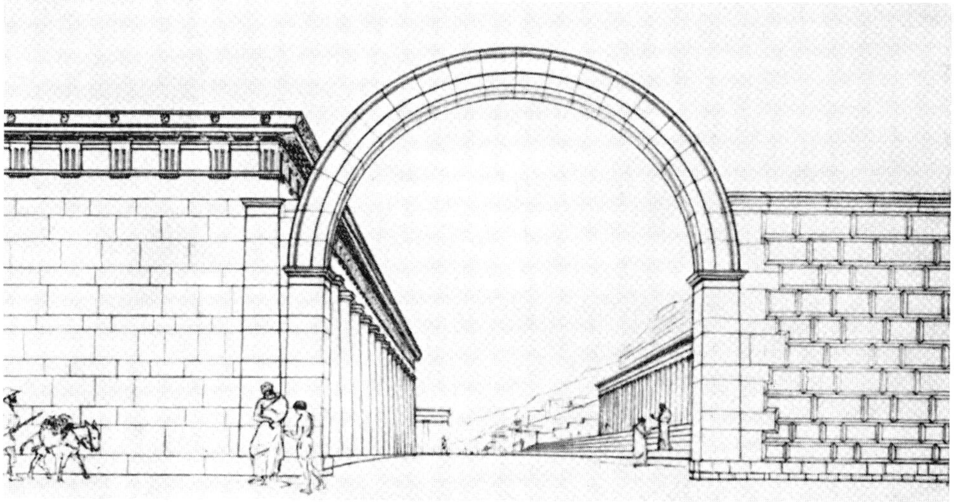

Abb. 6 Marktbogen von Osten mit Blick in Agora
(nach Schede, Ruinen Abb. 66 [F. Krischen])

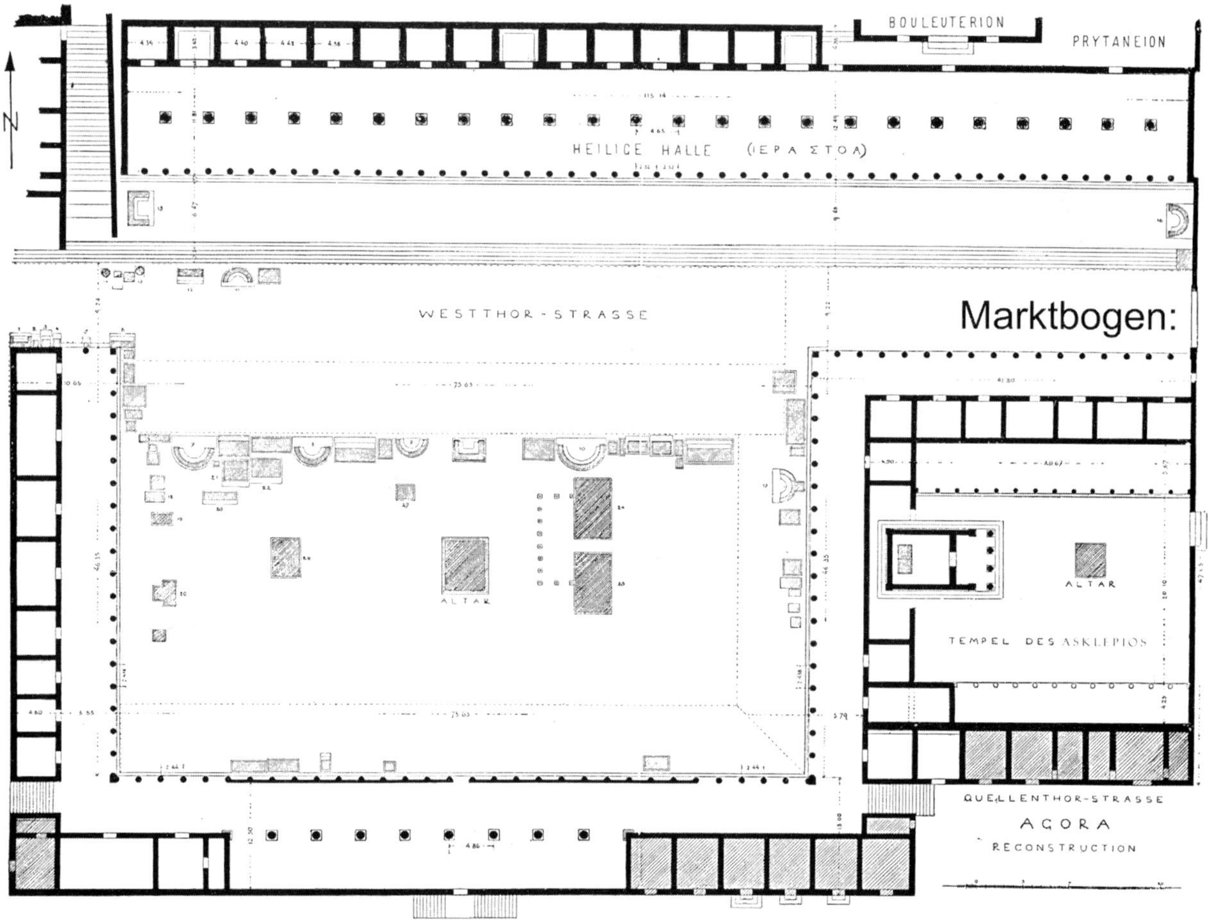

Abb. 7 Agora mit Marktbogen am östlichen Zugang (nach Schede, Priene Abb. 57)

Abb. 8
Horosstein in Bauverband mit oberem Gymnasion (Foto Verf. 2007)

Abb. 9 Straßenkreuzung nordöstlich des Horossteins (Foto Verf. 2007)

Zu 2.: Zu den kleinformatigen symbolischen Markern von multiplen Raumnutzungen, ohne dass diese durch materielle, zweckgebundene Strukturen ersichtlich gemacht worden wären, zählen etwa Horos-, also Grenzsteine. Ein solcher befindet sich beispielsweise an der Ostecke der nördlichen Mauer des oberen Gymnasions (*Abb. 8. 9*)[37]. Seiner

[37] Rumscheid 1998, 181. – Weitere existieren etwa für das Temenos der Athena (Gaertringen 1906, Nr. 167. 168).

Abb. 10 Statue der Hegeso bzw. Nikeso vor dem Eingang des im Hintergrund befindlichen Demeter-Heiligtums (nach Wiegand – Schrader Abb. 118)

Funktion nach separiert dieser einen sakralen von einem profanen Bereich. Da aber in seiner unmittelbaren Nähe keine bauliche sakrale Struktur vorhanden ist, auf die der Horosstein bezogen werden könnte, und darüber hinaus eine spezifische Angabe der Gottheit fehlt (ΟΡΟΣ ΙΕΡΟΥ), gibt er uns heute Rätsel auf[38]. Die antiken Zeitgenossen werden dieses Problem vermutlich nicht gehabt haben. Interessant ist in jedem Fall die Konstellation von Raum, Funktion und Grenzen: An einer zentralen Straßenkreuzung, die zum Theater und zum Heiligtum der Ägyptischen Götter leitet, aber auch zum gesamten nordöstlichen Wohnviertel führt, überlappen sich die vordergründige, zweckgebundene Funktion der profanen Straßenkreuzung mit einer räumlich nicht einzugrenzenden sakralen Funktion. Die antiken Fußgänger waren sich bewusst, dass sie an dieser Ecke eine Zone betraten oder verließen, die nicht mehr nur Straße war, sondern in der Göttliches immateriell manifestiert war.

Zu 3.: Eine andere Möglichkeit, gebaute Grenzen abzuschwächen und durch akzentuelle Gestaltung auf eine unbestimmte Fläche auszuweiten, sind etwa die Statuen (*Abb. 10. 11*), die östlich außerhalb des Eingangs zum Temenos der eleusinischen Göttinnen aufgestellt waren. Diese verweisen symbolisch auf den hinter der Umfassungsmauer liegenden sakralen Bereich, indem die Inschriften von Priesterinnen der Demeter und Kore berichten[39]. Die Statuen (Priesterin oder Göttin?) hoben dabei – anders als die Mauern des Temenos – imaginär die festen Begrenzungen auf und verschoben in einer Art sakralem Vorfeld die Grenzen des Heiligtums bis zu jenem Punkt, von dem aus sie erstmals den Herannahenden erkennbar waren.

38 A. Hennemeyer verdanke ich den Hinweis, dass die Abarbeitung des zweiten Steinblocks unterhalb des Inschriftensteines möglicherweise für eine hier anschließende Schwelle gedacht war, die dann jedoch eine außergewöhnlich geringe Tiefe besessen hätte. Die Grenze wäre in diesem Fall zwar deutlicher artikuliert, dennoch aber ohne direkten Bezugspunkt, da eine ganze Anzahl von umliegenden Großarchitekturen (z. B. Theater, oberes Gymnasion, sog. Heroon, das etwas entferntere Heiligtum der Ägyptischen Gottheiten) mit ihr in Zusammenhang gestanden haben könnten.

39 Gaertringen 1906, Nr. 172. 173; Wiegand – Schrader 1904, 147–151 Abb. 118. 119; Rumscheid 1998, 151 f.

Abb. 11 Plan des Demeter-Heiligtums, östlich des Eingangs die Statuenbasen A und B (nach Wiegand – Schrader Abb. 119)

C. Immaterielle, ausschließlich durch soziale Praxis und zeitbedingte Konventionen gebildete Grenzen

Für diesen Punkt können keine Bauwerke, Kleinmonumente oder funktionale Verteilungsschemata herangezogen werden. Stattdessen seien hier allgemeine Überlegungen zu Grenzen, die sich die Bevölkerung Prienes oder ein Teil von dieser als Ordnungsprinzipien gegeben hat, angestellt. Wie bekannt, bestanden innerhalb der antiken Gesellschaft etwa Status[40]-, Geschlechter[41]- und Altersgrenzen[42], die es stets nur einem Teil der Gesamtsozietät erlaubte, in bestimmten räumlichen Umgebungen zu kommunizieren[43].

Innerhalb bestimmter und gegenüber anderen sozialen Gruppierungen waren die Grenzen wohl recht fest. Wichtig ist aber die Unterscheidung von öffentlicher und privater Umgebung, da die Grenzen des und der Einzelnen kontextuell und situativ veränderlich waren[44]. Während im Rahmen der Familie Bürger, Ehefrauen und Kinder sowie Sklaven zusammenkamen, herrschte außerhalb der Wohnung, deren Mauern in jedem Fall die Grenze zum öffentlichen Bereich darstellten, eine strengere Unterteilung zwischen dem, was Frauen wo taten und dem, was erwachsenen Männern gestattet war. Letztere nutzten den öffentlichen Bereich zur Gänze, nicht aber den privaten Bereich anderer. Nur selten wurde die Wertigkeit von öffentlichem und privatem Raum für fest definierte, also gegenüber anderen abgegrenzte soziale Gruppen außer Kraft gesetzt.

---

40 DNP 11 (2001) 766 f. s. v. Sozialstruktur (H.-J. Gehrke).

41 DNP 4 (1998) 1008-1012 s. v. Geschlechterrollen (B. Wagner-Hasel; I. Stahlmann).

42 DNP 6 (1999) 1207-12121 s. v. Lebensalter (G. Binder – M. Saiko).

43 Ausnahme war vielleicht nur die Katastrophe (egal ob Kriegsfall oder Erdbeben), die alle Bewohner der Stadt – dann allerdings ungeordnet – zusammenbrachte.

44 Bis hin zur Auflösung des Begriffspaares »Öffentlich« und »Privat« in der Gegenwart: V. Flusser, Räume, in: J. Dünne – St. Günzel (Hrsg.), Raumtheorie. Grundlagentexte aus Philosophie und Kulturwissenschaften (Frankfurt am Main 2006) 283. s. für die Moderne die m. E. nicht auf die Antike zu übertragenden Erörterungen zu Öffentlichkeit und Privatheit bei H. Häussermann – W. Siebel, Stadtsoziologie. Eine Einführung (2004) 55–66.

Verwunderlich erscheint es deshalb, dass Stephanephoren nicht nur ausgewählte Kreise, sondern sämtliche Bürger, Paroikoi und Fremde zu sich nach Haus einzuladen hatten, wenn man die häufige Erwähnung solcher Feiern in den Inschriften als Dokumentation statusgemäßer gesellschaftlicher Rituale versteht[45]. Als These kann gelten, dass im Fall einer für die Stadt besonders wichtigen Person wie einem Stephanephor, bedingt durch dessen offiziell-städtisches Amt, privater Wohnbereich zeitweise zu öffentlichem Stadtraum wurde. Vielleicht sollte damit die besondere Identifikation eines Einzelnen mit der Polisgemeinschaft, für die er stellvertretend agiert, in Form eines Rituals symbolisiert werden.

Auf weitere derart allgemeine Überlagungen sei an dieser Stelle verzichtet und stattdessen von den genannten Grenzsituationen – die stellvertretend für Raum stehen – nun zum anderen Teilthema des Netzwerks, nämlich Hierarchie, übergeleitet, wobei der Versuch gewagt werden soll, die topographisch-stadträumliche Situierung von Wohnlagen in hierarchischen Kategorien auszuwerten.

4. Distanz als Grenzform: Wohnlagen als Indikator hierarchischer Gliederung

Wir wissen nicht, wie die Verteilung der Wohngrundstücke in der Stadtgründungsphase vonstatten gegangen ist, doch wird übereinstimmend angenommen, dass zwischen den Arealen zunächst nicht unterschieden wurde, obgleich sie bezüglich Hangneigung, Anbindung an das Stadtzentrum, Aussicht, Mikroklima, Gefährdung durch Felsstürze etc. sehr verschieden bewertet werden konnten[46]. Hier wird ein streng demokratisches Prinzip unterstellt, das weniger aus antiken Schriftquellen denn sekundär aus der Struktur der Stadt mit den gleichmäßigen *insulae* und deren Binnengliederung erschlossen worden ist[47].

Dass sich der innerstädtische Grundstücksbesitz innerhalb weniger Generationen änderte, belegt in Priene die Vergrößerung von Häusern wie dem bekannten Haus 33, das exemplarisch auf seine einzelnen Phasen untersucht wurde[48]. Auch wenn es in der Antike zumindest für landwirtschaftliche Nutzflächen häufig das Verbot der Veräußerung gegeben hat[49], ist nicht belegt, ob ein solches auch für innerstädtische Grundstücke in Priene existiert hat. Aber selbst wenn dies der Fall gewesen wäre, ist es leicht vorstellbar, wie sich durch ‚Härtefälle' wie Vererbung etc. allmählich die Besitzverhältnisse veränderten[50].

45 Gaertringen 1906, Nr. 108, 254 ff. (Moschion); 109, 192 ff. (Herodes); 111, 173 ff. 238 ff. (Krates); s. zu den Einladungen der prienischen Stephanephoren in späthellenistischer Zeit F. Quaß, Die Honoratiorenschicht in den Städten des griechischen Ostens. Untersuchungen zur politischen und sozialen Entwicklung in hellenistischer und römischer Zeit (Stuttgart 1993) 292–296. Diese Sitte scheint auch in anderen Städten verbreitet gewesen zu sein: Quaß 295.

46 Hoepfner – Schwandner 1994, 196; W. Koenigs, Stadtanlage, in: Rumscheid 1998, 28.

47 Etwa A. Wasowicz, Le programme urbain de la polis grecque, in: P. Gros (Hrsg.), Architecture et société de l'archaisme grec à la fin de la république romaine, Actes Colloque international Rome 1980 (Rom 1983) 88; Chr. Tietze, Rekonstruktion einer antiken Stadtplanung, Das Altertum 34, 1988, 221; Hoepfner – Schwandner 1994, 196; W. Hoepfner, in: C. Ferla u. a., Priene (Athen 2000) 18.

48 Wiegand – Schrader 1904, 297–300; Rumscheid 1998, 140–146; ders., in: W. Raeck, Priene. Neue Forschungen an einem alten Grabungsort, IstMitt 53, 2003, 349–358.

49 N. Cahill, Household and City Organization at Olynthus (New Haven 2002) 18 f.

50 W. Hoepfner u. a., Geschichte des Wohnens 1 (Stuttgart 1999) 350. – Zur relativ großen Frequenz von

So entstand auch im demokratischen Priene ein binnenräumliches Abbild der hierarchisierten städtischen Gesellschaft, wobei ich unterstelle, dass sich die einflussreichen und vermögenden Familien im Laufe der Zeit die besten Wohnlagen sicherten. Während heute etwa je nach Lebensphase eine Wohnung im Stadtzentrum, am Stadtrand oder auf dem Lande erstrebenswert erscheint, könnte dieses Spektrum von unterschiedlichen Angeboten in der Antike nicht als tatsächliche Option bestanden haben.

Wohnverhältnisse beinhalten auch Grenzsituationen für die Bewohner[51], einmal die direkten zu den Nachbarn der angrenzenden Grundstücke, und andererseits die indirekten zu den entfernt wohnenden Verwandten und Freunden oder öffentlichen Einrichtungen.

Beziehungen zwischen Besuchtem und Besucher wurden in der Antike zum Teil durch räumliche Distanz[52], einer anderen Art von Grenze, mitbestimmt[53]. Anders gesagt, liegen die Wohnungen weit auseinander, oder ist dazwischen eine Wegstrecke, die aus verschiedenen Gründen als unangenehm empfunden wird, wird die Distanz zur Barriere, der extremen Form von Grenze. Genauso bestimmt die Lage der Wohnung die Möglichkeit, öffentliche Einrichtungen ohne oder nur mit Aufwand zu besuchen[54].

Untersuchungen in Olynthos belegen anhand von Inschriften aus der ersten Hälfte des 4. Jhs. v. Chr., dass es in der Antike wohl nur eine gute Wohnlage gab: nämlich die im Zentrum. Der Preis von Häusern orientierte sich zwar auch an der Wohnfläche, aber genauso an der Entfernung zur Agora[55]. Auf Priene übertragen würde dies bedeuten, dass die am weitesten im Westen und Osten liegenden *insulae*, rein formal betrachtet, die unbeliebtesten Wohnlagen waren. Aber im Unterschied zu Olynth ist Priene eine Hangsiedlung, deren Geländemorphologie sicher nicht geringen Anteil an der Bewertung von Grundstücken besaß[56].

Hausverkäufen in Olynth s. L. Nevett, A Real Estate Market in Classical Greece? The Example of Town Housing, BSA 95, 2000, 338–340. 342.

51 Grenzsituationen herrschten bereits in der kleinsten architektonischen Einheit, dem Wohnhaus. Fehr a. O. (Anm. 11) 170 macht deutlich, dass das in Priene gewählte Prostashaus unkommunikativer sei als das Pastashaus mit seinem offenen Hof als allen zugänglichem Zentrum. Also scheint schon diese Mikrostruktur in Priene eine über das übliche städtische Maß hinausgehende Schaffung von sozialen Grenzen darzustellen.

52 Nach Simmel ist die Distanz in entwickelten städtischen Gesellschaften notwendig, um dem Einzelnen einen Rückzugsort zu ermöglichen und Konflikte zu vermeiden: Schroer a. O. (Anm. 2) 74 f. Dieser im soziologischen Sinne funktionale Aspekt von Grenze soll im Folgenden aber unberücksichtigt bleiben, mir geht es bei Distanz vor allem um eine erschwerte Kommunikationsmöglichkeit.

53 Laut P. Bourdieu, Ortseffekte, in: ders. u. a. (Hrsg.), Das Elend der Welt (Konstanz 1997) 162 hat die »wiederholte Erfahrung von räumlicher Distanz« »die unmerkliche Einverleibung der Strukturen der Gesellschaftsordnung« zur Folge.

54 Allgemein zur räumlichen Gestaltung als Bühne der Möglichkeiten menschlichen Handelns: A. Rapoport, Human Aspects of Urban Form. Towards a Man-Environment Approach to Urban Form and Design (Oxford 1977) 2 f. 13. 18 f. 265. 267. – Ebenda 169–174 zur subjektiv empfundenen Distanz von Wegen. – Für Fehr (Anm. 11) 160. 168 f. 172 ist es gerade der Gegensatz von Funktionalität und Ordnung (kosmos), der in Priene die griechische Überlegenheit gegenüber den indigenen oder persischen Nachbarn hervorheben sollte.

55 Nevett a. O. (Anm. 49) 336–338. 341 Abb. 3. 4. – Dazu schon F. Kolb, Die Stadt im Altertum (München 1984) 137–139. – Zu Kaufverträgen aus weiteren Städten s. D. Hennig, Kaufverträge aus der Chalkidike und Amphipolis, Chiron 17, 1987, 143–169.

56 Vielleicht weicht aber die »subjektive empfundene Morphologie« (Rapoport a. O. [Anm. 53] 298) von der naturräumlichen ab?

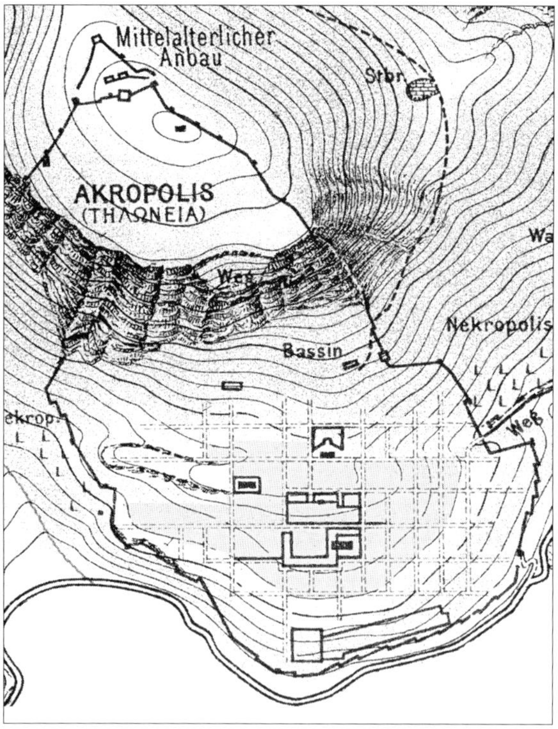

Abb. 12 Topographischer Plan mit Höhenlinien, grau eingefärbt der zentrale, halbwegs ebene Bereich (Wiegand – Schrader Taf. 3 [G. Kummer])

Der zentrale Bereich der Agora war räumlicher Schnittpunkt der diversen Wege, die etwa im Laufe eines Tages zurückgelegt wurden. Einigermaßen horizontal, also mit wenig Mühe, konnten nur die Bewohner der Westtorstraße sowie die der mittleren Bereiche der Athena- und Theaterstraße in den zentralen Bereich gelangen (*Abb. 12*)[57]. Ist es ein Zufall, dass genau diese städtische Region – nach Funden in Häusern des Ostviertels zu urteilen – noch bis mindestens in das 13. Jh. n. Chr. bewohnt war[58]? Isoliert waren die *insulae* im sog. Nordwestviertel, das vielleicht auch aus diesem Grund nach einer Naturkatastrophe um 130 v. Chr. nicht wieder besiedelt wurde[59]. Ohnehin waren diese Häuser zwischen Teloneia-Hang und der Felsrippe des Athena-Heiligtums ‚eingequetscht', und die Bewohner konnten einzig über die Theaterstraße am Athena-Heiligtum vorbei in das Zentrum gelangen, wobei sie, gleich in welche Richtung, einmal auch bergauf gehen mußten. Südlich der Quellentorstraße fällt das Gelände steil ab. Von hier bis zur Agora zu gelangen, bedeutete trotz der kurzen Wege eine durchaus schweißtreibende Betätigung (*Abb. 13*). Resümierend darf postuliert werden, dass sich die Wohnhäuser der ‚Elite' spätestens im Hellenismus im mittleren, halbwegs ebenen Bereich befunden haben, diejenigen der ‚Anderen' dagegen in den entlegeneren Gebieten tief unten oder oben im Stadtgebiet. Ableiten lassen sich davon Ideen zur einer sehr unterschiedlichen Teilhabe am gemeinschaftlichen Leben, bedingt durch die Wohnsituation.

Diese These einer stark zu differenzierenden Bewertung der Beteiligung am alltäglichen städtischen Leben steht in Gegensatz zu dem bis heute gültigen Bild der griechischen Polis als politischer und räumlicher Einheit[60].

Exemplarisch ist die Bestimmtheit der Wohnlagen durch die hierarchische Gesellschaftsgliederung an dem die späteste Bebauungsphase zeigenden Ausgrabungsplan nachzuvollziehen (*Abb. 5*). Die am engsten bebauten *insulae* befinden sich im westlichen Abschnitt

---

[57] Ungemein störend erweist sich für das heutige Verständnis der Topographie die riesige Abraumhalde östlich des Asklepios-Heiligtums (Wiegand – Schrader 1904, Taf. 8). Die räumlich benachbarte Lage von Agora und Ostviertel ist nicht nachzuvollziehen.

[58] W. Raeck, Die Arbeitskampagne in Priene 2005, KST 28/1 (2007) 150.

[59] s. hierzu vorläufig F. Rumscheid, in: W. Raeck, Priene. Neue Forschungen an einem alten Grabungsort, IstMitt 53, 2003, 358.

[60] Zu den modernen Modellen der angeblich homogenen antiken Gemeinwesen s. Schroer a. O. (Anm. 2) 236 f.

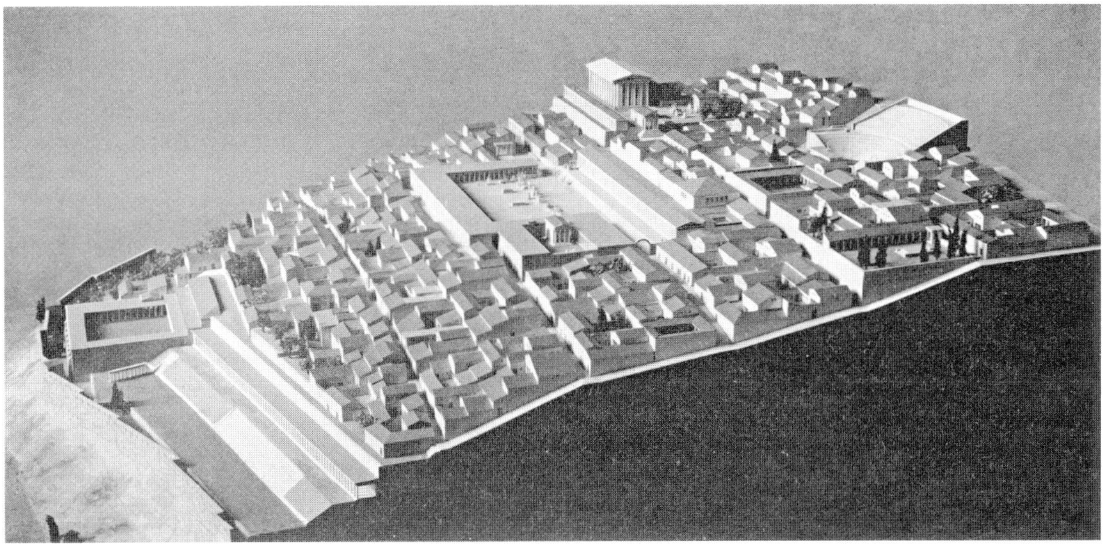

Abb. 13 Priene-Modell von H. Schleif, Ansicht von Osten (nach Schede, Ruinen Abb. 12)

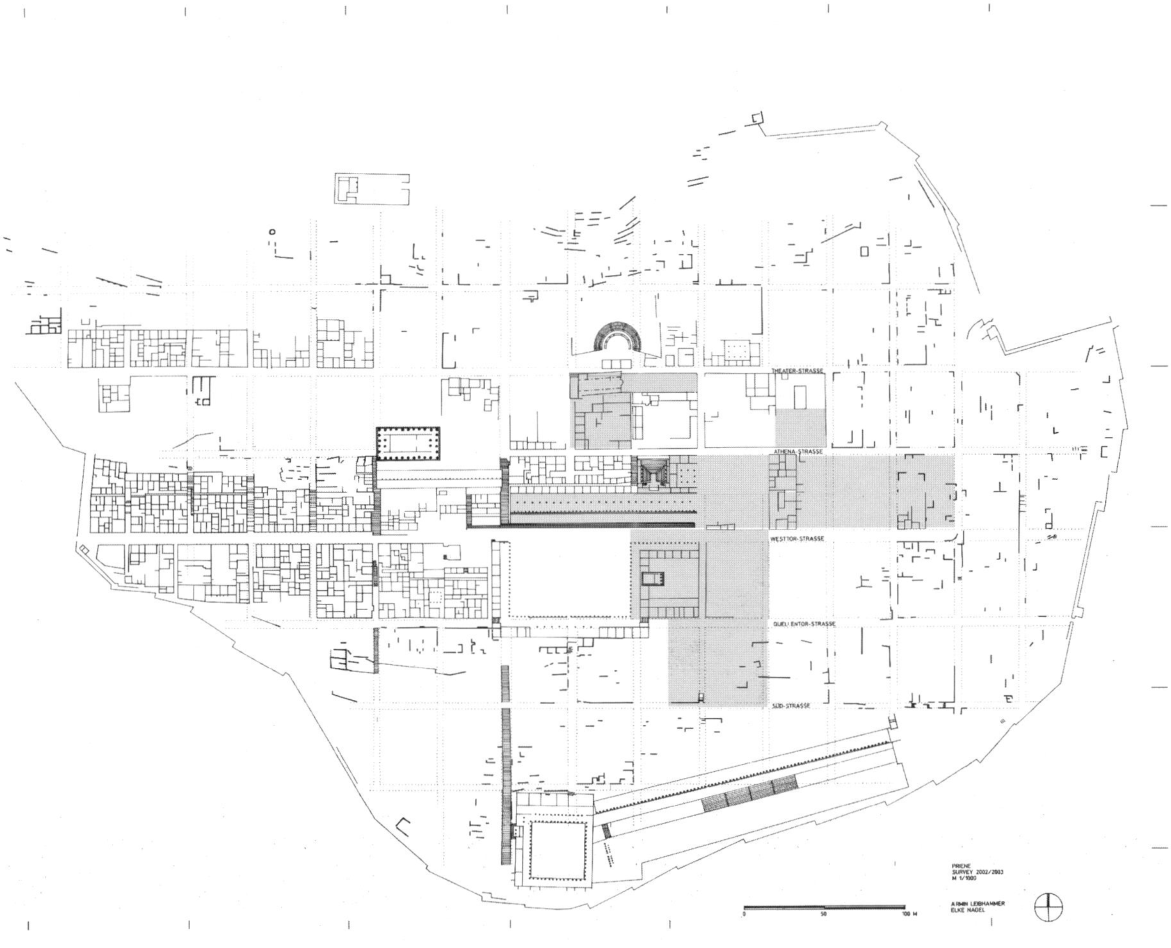

Abb. 14: Nach aktuellem Kenntnisstand byzantinisch genutzte Areale
(Grundlage topographischer Plan von E. Nagel – A. Leibhammer 2002/2003; modifiziert vom Verf.)

der Theaterstraße und im westlichen Bereich der Nordseite der Westtorstraße. Großzügige Aufteilungen dagegen sind auf der Südseite der Westtorstraße und bei den wenigen im Ostviertel ausgegrabenen Häusern zu beobachten. Für den kleinteilig bebauten nördlichen Bereich der Westtorstraße ist das Steinschlagrisiko als Argument für eine schlechtere Wohnlage heranzuziehen.

Aus dem Vorgebrachten läßt sich auch eine thematisch unmittelbar mit dem Teilprojekt der Priene-Grabung »Strukturwandel des öffentlichen Raumes im spät- und nachantiken Priene« in Zusammenhang stehende These ableiten: Im Laufe der Jahrhunderte und besonders seit der Spätantike, die allgemein mit Stadtflucht in Verbindung gebracht wird[61], rückten die Bewohner aus den peripheren Wohnlagen etwa im Stadtmauerbereich immer mehr ins flache Zentrum vor, um schließlich – eine entsprechend geringe Bevölkerungszahl vorausgesetzt – sich dort zu konzentrieren, während die übrigen Bereiche, die tief oder hoch am Hang lagen, entvölkert wurden (*Abb. 14*)[62]. Und noch weiter spekuliert hieße das, dass die an den Wohnlagen ablesbare gesellschaftliche Hierarchie ab der Zeit, in der die Bevölkerungszahl rückläufig war, wieder in Bewegung geriet und aufs Neue, wie zur Zeit der Stadtgründung, zu einer Nachbarschaft von Unter- und Oberschichten führte.

61 s. etwa M. Whittow, Recent Research on the Late Antique City in Asia Minor. The Second Half of the 6th C. Revisited, in: L. Lavan (Hrsg.), Recent Research in Late-Antique Urbanism, JRA Suppl. 42 (Portsmouth, Rhode Island 2001) 151 (Bewohner der ländlichen Städte ziehen in die Metropolen); Chr. Ratté, New Research on the Urban Development of Aphrodisias in Late Antiquity, in: D. Parrish (Hrsg.), Urbanism in Western Asia Minor, JRA Suppl. 45 (Portsmouth, Rhode Island 2001) 147.

62 Zu einem ganz ähnlichen Ergebnis, fußend allerdings auf anderen Belegen, gelangte schon W. Müller-Wiener, Mittelalterliche Befestigungen im südlichen Ionien II, IstMitt 11, 1961, 48 Abb. 10.

Felix Pirson (Hrsg.), Manifestationen von Macht und Hierarchien in Stadtraum und Landschaft, BYZAS 13 (2012) 187-232

Hierarchisierung des Raumes? Überlegungen zur räumlichen Organisation und deren Wahrnehmung im hellenistischen Pergamon und seinem Umland

Felix PIRSON

Einleitung

Der Stadtberg von Pergamon wird seit den Anfängen seiner Erforschung bis heute in erster Linie als »Burgberg«[1] oder »Attalidenresidenz«[2] wahrgenommen (*Abb. 1*).

Abkürzungsverzeichnis:

Bielfeldt 2010	R. Bielfeldt, Wo nur sind die Bürger von Pergamon? Eine Phänomenologie bürgerlicher Unscheinbarkeit im städtischen Raum der Königsresidenz, IstMitt 60, 2010, 117–201.
Lorentzen 2010	J. Lorentzen, Die Stadtmauern des hellenistischen Pergamon. Neue Forschungen an der sog. Philetairischen Stadtmauer, der sog. Eumenischen Stadtmauer sowie der Akropolisbefestigung, in: dies. – F. Pirson – P. Schneider – U. Wulf-Rheidt (Hrsg.), Aktuelle Forschungen zur Konstruktion, Funktion und Semantik antiker Stadtbefestigungen. Kolloquium Istanbul 2007, Byzas 10 (Istanbul 2010) 107–139.
Pirson 2007	F. Pirson, Pergamon – Bericht über die Arbeiten in der Kampagne 2006, AA 2007/2, 13–70.
Pirson 2008	F. Pirson, Pergamon – Bericht über die Arbeiten in der Kampagne 2007, AA 2008/2, 83–115.
Pirson 2008a	F. Pirson, Das Territorium der hellenistischen Residenzstadt Pergamon. Herrschaftlicher Anspruch als raumbezogene Strategie, in: C. Joechner (Hrsg.), Räume der Stadt. Von der Antike bis heute (Berlin 2008) 27–50.
Pirson 2009	F. Pirson, Pergamon – Bericht über die Arbeiten in der Kampagne 2008, AA 2009/2 129–213.
Pirson 2010	F. Pirson, Pergamon – Bericht über die Arbeiten der Kampagne 2009, AA 2010/2, 139–236.
Radt 1999	W. Radt, Pergamon. Geschichte und Bauten einer antiken Metropole (Darmstadt 1999).
Raeck 2004	W. Raeck, Das hellenistische Pergamon als Residenzstadt und Polis. Kenntnisstand und offenen Fragen, IstMitt 54, 2004, 23–34.
Wulf 1994	U. Wulf, Der Stadtplan von Pergamon. Zur Entwicklung und Stadtstruktur von der Neugründung unter Philetairos bis in spätantike Zeit, IstMitt 44, 1994, 135–175.

1 Siehe z. B. Buchtitel wie E. Rohde, Burgberg und Altar (Berlin 1982) oder H. Koester (Hrsg.), Pergamon. Citadel of the Gods (Harrisburg 1998).

2 A. Conze, Pro Pergamo: Vortrag gehalten in der Berliner Archäologischen Gesellschaft am 9. Dezember 1897 (Berlin 1898) 8. An anderer Stelle ist wiederholt von der »Königsstadt« (ebenda 6), der »Attaliden-Stadt« (ebenda 7) und der »Königsburg« (ebenda 18) die Rede. Daß sich auch Conze der Bedeutung Pergamons als städtischem Ensemble voll bewußt war, geht aus der Verwendung der Begriffe »Großstadt-Individuum« (ebenda 4) und »Stadtberg« (ebenda 10) hervor. An anderer Stelle vergleicht er die Stadt mit einer Statue, deren Erforschung

Abb. 1
Pergamon. Ansicht des Stadtberges von Südosten

Demgegenüber gerät die Bedeutung der Stadt als Polis der Bürger leicht in Vergessenheit, auch wenn in jüngerer Zeit eine schrittweise Revision dieser einseitigen Sichtweise zu beobachten ist[3]. Die Fokussierung auf das Gipfelplateau und die dort angesiedelte Basileia mit den Palästen, militärischen Einrichtungen und Heiligtümern findet ihren Ausdruck auch in der touristischen Besichtigungspraxis, die – abgesehen vom hellenistischen Theater – ganz von der Wahrnehmung der Stadt als Herrschersitz geprägt ist. So gelangt kaum ein Besucher über die Terrasse des Großen Altars hinaus in die mittleren und unteren Bereiche des Stadtberges mit den Wohnquartieren, dem Gymnasion oder der Unteren Agora (*Abb. 2*).

Die Differenzierung in »Hoch-« und »Unterstadt«[4] ist freilich nicht nur ein Produkt moderner Rezeption, sondern wird auch von der architektonischen Gliederung des Stadtberges vorgegeben. So endet die Zone der großen öffentlichen Baukomplexe, die auf eigenen Terrassen gleichsam fächerförmig um das hellenistische Theater herum angeordnet sind, nach Süden mit der Oberen Agora. Daran schließt der ausgedehnte, in großen Teilen noch unausgegrabene Bereich der hellenistischen Oberstadt an, deren südliche Quartiere in den letzten dreißig Jahren unter Leitung von Wolfgang Radt freigelegt und erforscht worden sind[5]. Prominente Bauterrassen fehlen in diesem Gebiet, weswegen wir auch in den unausgegrabenen Bereichen von einer eher kleinteiligen, überwiegend zum Wohnen und Arbeiten genutzten Bebauung ausgehen können, die sich die sanfte Neigung des Südhangs zunutzte machte. Nach Süden wird sie vom Demeterheiligtum und von den mächtigen Terrassen des Gymnasions mit dem Heraheiligtum begrenzt.

sich auch nicht nur auf den Kopf, d. h. die Oberstadt, beschränken dürfe, sondern auch den Körper, d. h. den städtischen Gesamtorganismus, miteinbeziehen müsse (ebenda 21).

[3] So trägt der Titel des Handbuches von W. Radt, Pergamon. Geschichte und Bauten einer antiken Metropole (Darmstadt 1999) der Bedeutung Pergamons als urbanem Zentrum über mehrere Epochen hinweg Rechnung. Zum »ambivalenten Charakter der Stadt als Polis und monarchischer Residenz« siehe zuletzt Raeck 2004, 27. Siehe auch Bielfeldt 2010.

[4] Conze a. O. (Anm. 2), 12.

[5] Radt 1999, 54–57 Abb. 8; zuletzt ders., Pergamon. Abschlußbericht über die Kampagnen 1999–2004 mit einer Übersicht über die Arbeiten ab 1972, AA 2005/1, 83 f.

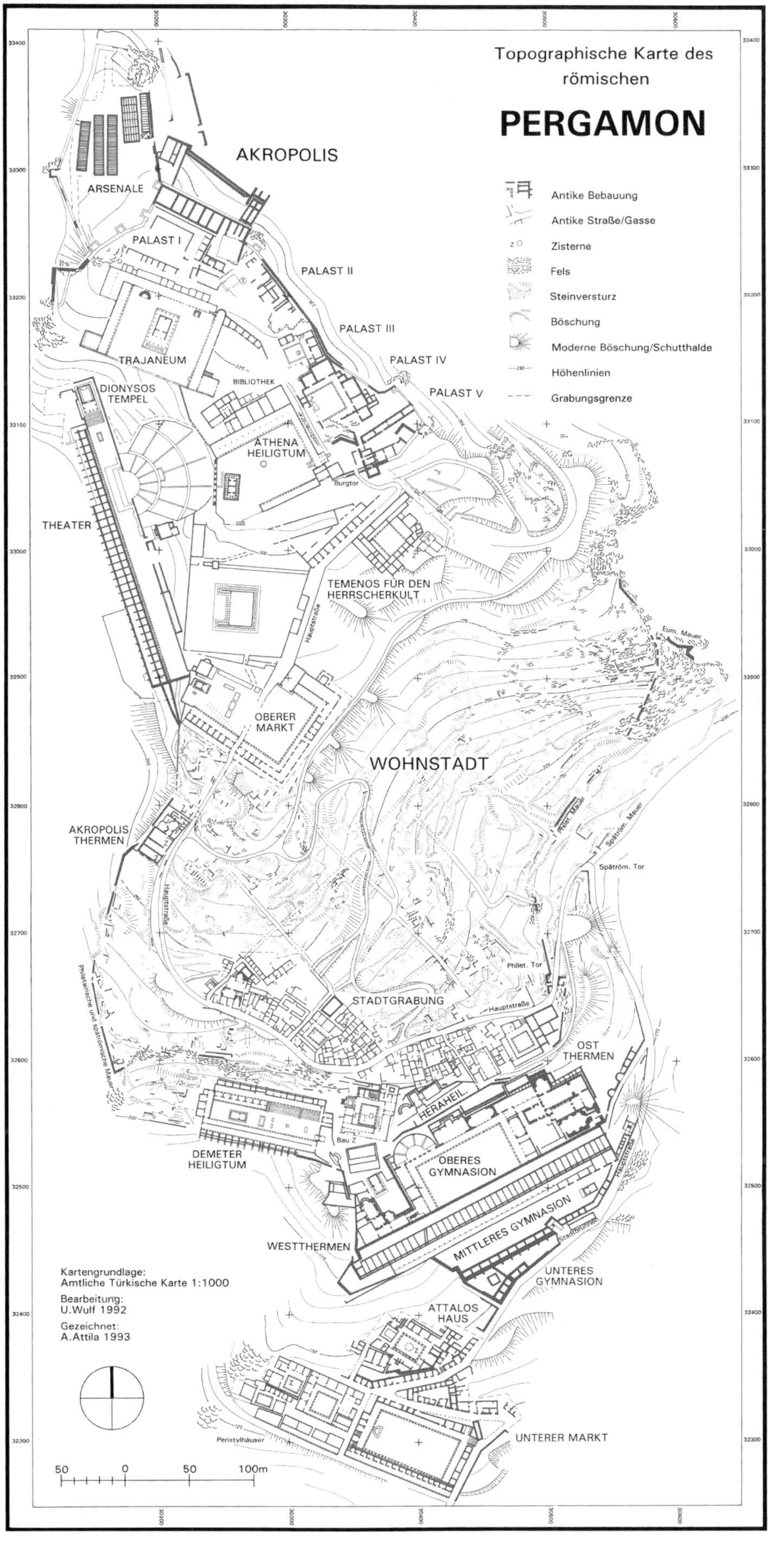

Abb. 2
Pergamon.
Plan des
ausgegrabenen
Stadtgebiets
(Stand 1994)

Das Heiligtum der Demeter wurde bereits in frühhellenistischer Zeit vor den Mauern der nach dem Gründer der Attalidendynastie Philetairos (281–263 v. Chr.) als Philetaireia benannten Oberstadt errichtet, während das Gymnasion zu den Schlüsselmonumenten der großen Stadterweiterung unter Eumenes II. (197–159 v. Chr.) zählt[6]. Die damals entstandene hellenistische Unterstadt, die auch den unteren Markt und die angrenzende aufwendige Wohnbebauung umfaßt, reicht im Süden, Westen und Osten etwa bis an den Fuß des Stadtberges und ist von der römischen Unterstadt in der südwestlich anschließenden Ebene zu unterscheiden[7]. Dort gab es schon in hellenistischer Zeit eine vorstädtische Besiedlung[8], doch eine geschlossene urbane Bebauung entstand offenbar erst in der römischen Kaiserzeit.

Die architektonische Gestaltung des Stadtberges orientierte sich an dessen Morphologie, die dem Betrachter auch ohne bauliche Zutaten eine Differenzierung in Ober- und Unterstadt nahelegt (*Abb. 3*). Nach Norden, aber auch nach Westen und Osten weist der Berg stellenweise extrem steile Flanken auf, denen die Stadt einerseits ihre verteidigungstechnische Gunstlage verdankt, andererseits ihre bauliche Erschließung erschwerte. Und auch der Südhang ist nur im oberen Bereich, wo das Gelände spürbar flacher abfällt, für die Anlage von Wohnbauten ohne aufwendige Terrassenkonstruktionen geeignet. Schon die Südgrenze der Oberstadt verläuft wieder in steilerem Terrain, und die anschließenden Komplexe des Gymnasions, des Attaloshauses und der Unteren Agora sind ohne die für Pergamon typische Terrassenbauweise nicht denkbar. Allein das Gipfelplateau des Stadtberges bot einen weitestgehend ebenen Bauplatz, der sich durch eine beherrschende Position nicht nur in Bezug auf den Stadtberg selbst, sondern auch auf die umgebende Landschaft auszeichnet. Unter dem Eindruck dieser topographischen Voraussetzungen resümiert Wulf Raeck zur Grundstruktur der Stadtanlage des attalidischen Pergamon: »Wie die Ritterburg über dem mittelalterlichen Städtchen, thront der Herrscherpalast über der Wohnstadt von Pergamon – dort, wo auf der Akropolis der autonomen griechischen Polis die Götter als übergeordnete Instanz ihre Tempel haben. So scheint die Topographie der Hauptstadt die sozialen Strukturen von Herrschern und Beherrschten abzubilden«[9].

Mit diesem Urteil möchte es Raeck jedoch nicht bewenden lassen. Er fragt nach Ausdehnung und Beschaffenheit der Basileia, d. h. nach den Grenzen der herrschaftlichen und der bürgerlichen Sphäre, und verweist auf eine mögliche schrittweise Perforation der architektonischen Trennung zwischen Königsburg und Bürgerstadt[10]. Die Beantwortung solcher Fragen setzt weitere Grabungen im Bereich der Basileia und auf der Terrasse zwischen Athenaheiligtum und Großem Altar voraus, die derzeit nicht auf dem Programm der Pergamongrabung stehen. Allerdings haben sich im Rahmen des Netzwerkes »Manifestationen von Macht und Hierarchien in Stadtraum

---

[6] Radt 1999, 57–59 Abb. 11. Zur Datierung der großen hellenistischen Stadterweiterung zuletzt F. Pirson, Pergamon – Bericht über die Arbeiten in der Kampagne 2006, AA 2007/2, 34.

[7] Radt 1999, 59 Abb. 11.

[8] Pirson 2008a, 35 f.

[9] Raeck 2004, 30.

[10] Raeck 2004, 30–32.

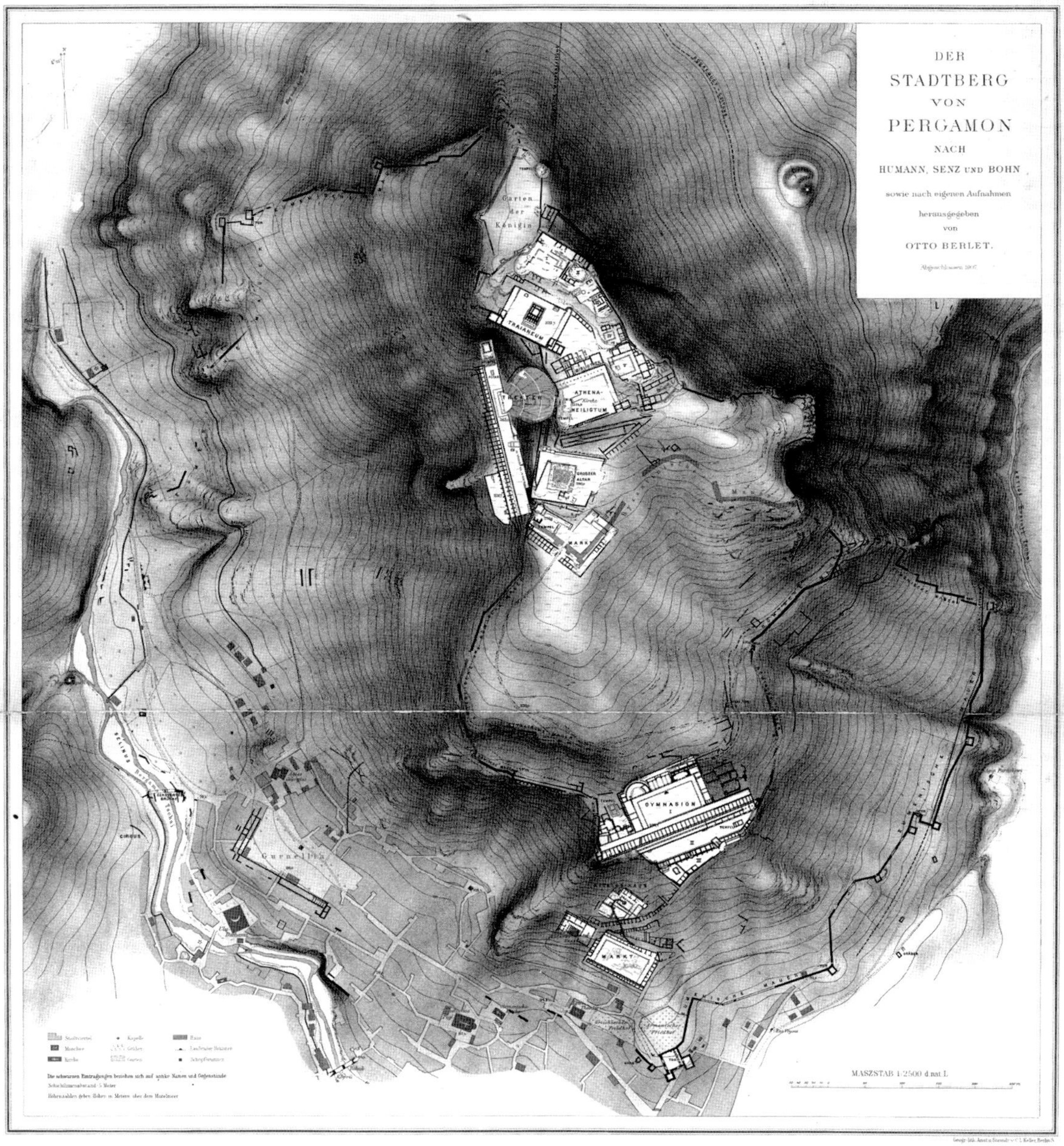

Abb. 3 Pergamon. Morphologie des Stadtberges mit Stand der Ausgrabungen 1907

und Landschaft« zwei Dissertationsprojekte mit der Basileia und ihrer Befestigung beschäftigt[11]. Von beiden Studien erhoffen wir uns neue Erkenntnisse, die in ein zukünftiges Grabungsprojekt auf der Oberburg einfließen könnten.

Auch wenn das Verhältnis zwischen Basileia und Zivilstadt einer Neubewertung bedarf, entsteht aufgrund der beherrschenden Position des Königssitzes doch der Eindruck, als sei die Hierarchisierung städtischer Räume ein für die urbanistische Gestaltung Pergamons signifikantes Phänomen. Um diesen Eindruck auf einer breiteren Basis zu überprüfen, soll im folgenden über das Verhältnis zwischen »Hoch-« und »Unterstadt« hinaus eine

---

11 Es handelt sich um die Dissertationsvorhaben von Torsten Zimmer (Paläste und Basileia) und Janet Lorentzen (Hellenistische Stadtmauern).

mögliche Zonierung des hellenistischen Stadtgebietes sowie das Vorhandensein physischer oder visueller Grenzen zwischen unterschiedlichen Stadträumen diskutiert werden. Diese Überlegungen zu Hierarchisierungen des Raumes machen nicht an den Mauern der großen hellenistischen Stadterweiterung halt, sondern beziehen auch das Umland Pergamons mit ein und fragen in diesem Zusammenhang nach der funktionalen und symbolischen Besetzung des westlichen Kaikostales und der anschließenden Küstenstreifen. Bei diesen ersten Versuchen einer Neubewertung raumbezogener Strategien in Pergamon und Umgebung soll es nicht allein um architektonische Manifestationen der Strukturierung und Differenzierung von Stadtraum und Landschaft gehen, sondern auch um deren potentielle Wahrnehmbarkeit durch die zeitgenössischen Betrachter. Denn daß Stadtorganismen bereits in der griechischen Antike und insbesondere im Hellenismus als »betrachtenswerte Gesamtkomposition(en)« angesehen und dabei auch die Beziehungen zur umgebenden Landschaft berücksichtigt wurden, steht außer Frage[12]. Ausgeklammert werden muß aus Platzgründen hingegen die performative Strukturierung von Raum, z. B. durch Prozessionen, öffentliche Auftritte der Herrscher, Wachwechsel oder Militärparaden, die wirksam zur Hierarchisierung von Räumen beitragen konnten.

1. Das Stadtgebiet

Die hierarchische Gliederung eines Stadtgebietes kann auf verschiedene Art und Weise erfolgen, wobei die in Pergamon evidente Differenzierung zwischen Oben und Unten spezifische topographische Gegebenheiten voraussetzt und insofern nur eine von vielen Möglichkeiten darstellt. Auch die Wertigkeit eines innerstädtischen Bauplatzes hängt von sehr unterschiedlichen Faktoren wie klimatischen Bedingungen und ästhetischen Qualitäten (z. B. Ausblick), der Nähe zu den Zentren öffentlichen und religiösen Lebens oder zu den wirtschaftlichen Brennpunkten, d. h. Märkten, Häfen oder belebten Geschäftsstraßen, ab. Dabei ist die Qualität einer städtischen Lage keine absolute Größe, sondern richtet sich nach der jeweiligen Nutzungsabsicht. So kann ein Bauplatz für die Anlage eines repräsentativen Wohnhauses attraktiv sein, während er sich für bestimmte Handwerke und Gewerbe nicht eignet. Inwiefern aus dem Nebeneinander unterschiedlich qualitätvoller Lagen und verschiedenartiger Funktionsbereiche eine hierarchische Gliederung des Stadtgebietes abgeleitet werden kann, hängt davon ab, ob sich Zonen unterschiedlichen Rangs definieren lassen, die hinsichtlich ihre Wertigkeit und Funktion voneinander differenzierbar sind.

Die schematische Darstellung von Städten nach funktional und sozial differenzierten Zonen geht auf das Modell Chicagos von Robert Park und Ernest Burgess aus den 1920er-Jahren zurück (*Abb. 4*)[13]. Im sektorialen Modell ist die Zonierung gemäß unterschiedlicher Mietpreise für städtisches Land dargestellt, wobei sich vom Zentrum ausgehend so

[12] H. Lauter, Die Architektur des Hellenismus (Darmstadt 1986) 88–92, das Zitat S. 90; M. Heinle, Stadtbilder im Hellenismus – Wahrnehmung urbaner Strukturen in hellenistischer Zeit, in: A. Matthaei – M. Zimmermann (Hrsg.), Stadtbilder im Hellenismus. Die hellenistische Polis als Lebensform 1 (Berlin 2009) 41–69, insbesondere 58–61.

[13] R. Park – E. W. Burgess – R. D. McKenzie, The City (Chicago 1925). Zur Anwendung dieses Modells in der archäologischen Stadtforschung siehe u. a. A. Wallace-Hadrill, Houses and Society in Pompeii and Herculaneum (Princeton 1994) 78 mit Anm. 29 Abb. 4. 10.

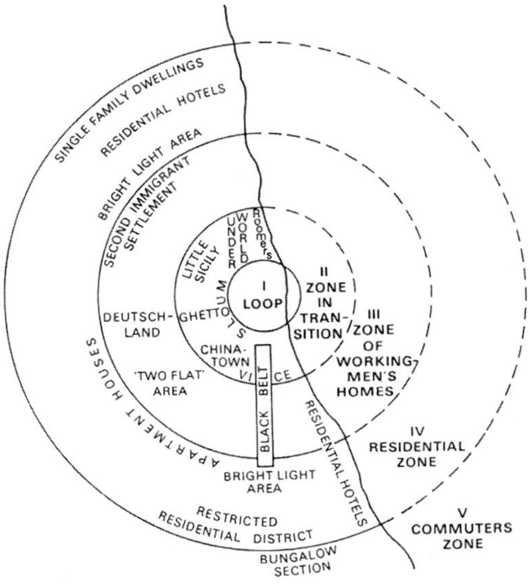

Abb. 4 Chicago. Sektoriales Modell von Robert Park und Ernest Burgess

genannte Transportkorridore entwickeln. Die Anwendung dieser Methode der modernen Stadtforschung in den Altertumswissenschaften ist jedoch mit zahlreichen Schwierigkeiten verbunden, die sich vor allem aus der für die Antike generell lückenhaften Quellenlage ergeben. Insofern verwundert es nicht, daß die auf Park und Burgess zurückgehende Methode bisher vor allem für das antike Pompeji rezipiert worden ist, das dank seiner Verschüttung durch den Vesuv eine überdurchschnittlich gute Überlieferungssituation bietet. Dabei diente die schematische Darstellung eines sozial klar differenzierten Siedlungsbildes vor allem als Gegenmodell zu den Verhältnissen in den Vesuvstädten, deren Bebauungsstruktur durch das Nebeneinander von Groß und Klein bzw. Reich und Arm gekennzeichnet ist[14].

Wir können also grundsätzlich davon ausgehen, daß eine klare wirtschaftliche und soziale Zonierung der Städte erst mit der industriellen Revolution des 19. Jhs. einsetzte somit und für die Antike keinen Modellcharakter hat. Voraussetzungen für die Entstehung sozial differenzierter Wohngebiete waren die Trennung von Wohn- und Arbeitsstätte und die Möglichkeit, zwischen beiden Orten zu pendeln. Neben einer Gliederung des Stadtgebietes nach gesellschaftlichen Gruppen ist auch eine funktionale Zonierung denkbar, d.h. zwischen Bereichen, die primär zu religiösen, wirtschaftlichen, kulturellen oder militärischen Zwecken genutzt wurden. Allerdings lassen sich Fragen der Zonierung und der sozialen Segregation in einer nur etwa zu einem Viertel freigelegten Stadt wie Pergamon höchstens auf sehr allgemeinem Niveau diskutieren. Die derzeit in Pergamon durchgeführten Oberflächenuntersuchungen an den bislang unerforschten Ost- und Westabhängen der Eumenischen Stadt werden die Grundlagen dafür zwar deutlich verbessern[15], erreichen aber nicht annähernd die Informationsdichte von Flächengrabungen wie in Pompeji.

Der ersten Annäherung an eine etwaige funktionale Gliederung des hellenistischen Stadtgebietes von Pergamon dient die Kartierung der Primärfunktionen einzelner Bauten und Gebäudeensembles im Bereich des ausgegrabenen Stadtgebietes (*Abb. 5*). Dabei wurde nach folgenden Kategorien differenziert: (1) Wohnen, (2) Handel und Gewerbe, (3) Religion und Kult, (4) Kultur und Sport, (5) Militär und Verteidigung, (6) Wasserversorgung. Das methodische Hauptproblem dieses Verfahrens besteht in der

14 Wallace-Hadrill a. O. (Anm. 13) sowie R. Laurence, Roman Pompeii. Space and Society (London 1994) 18 f.; F. Pirson, Mietwohnungen in Pompeji und Herkulaneum. Untersuchungen zur Architektur, zum Wohnen und zur Sozial- und Wirtschaftsgeschichte der Vesuvstädte. Studien zur antiken Stadt 5 (München 1999) 163 f.

15 F. Pirson, Pergamon. Das neue Forschungsprogramm und die Arbeiten in der Kampagne 2005, AA 2006 2, 2006, 56–59; Pirson 2007, 22–26; Pirson 2008, 98–100.

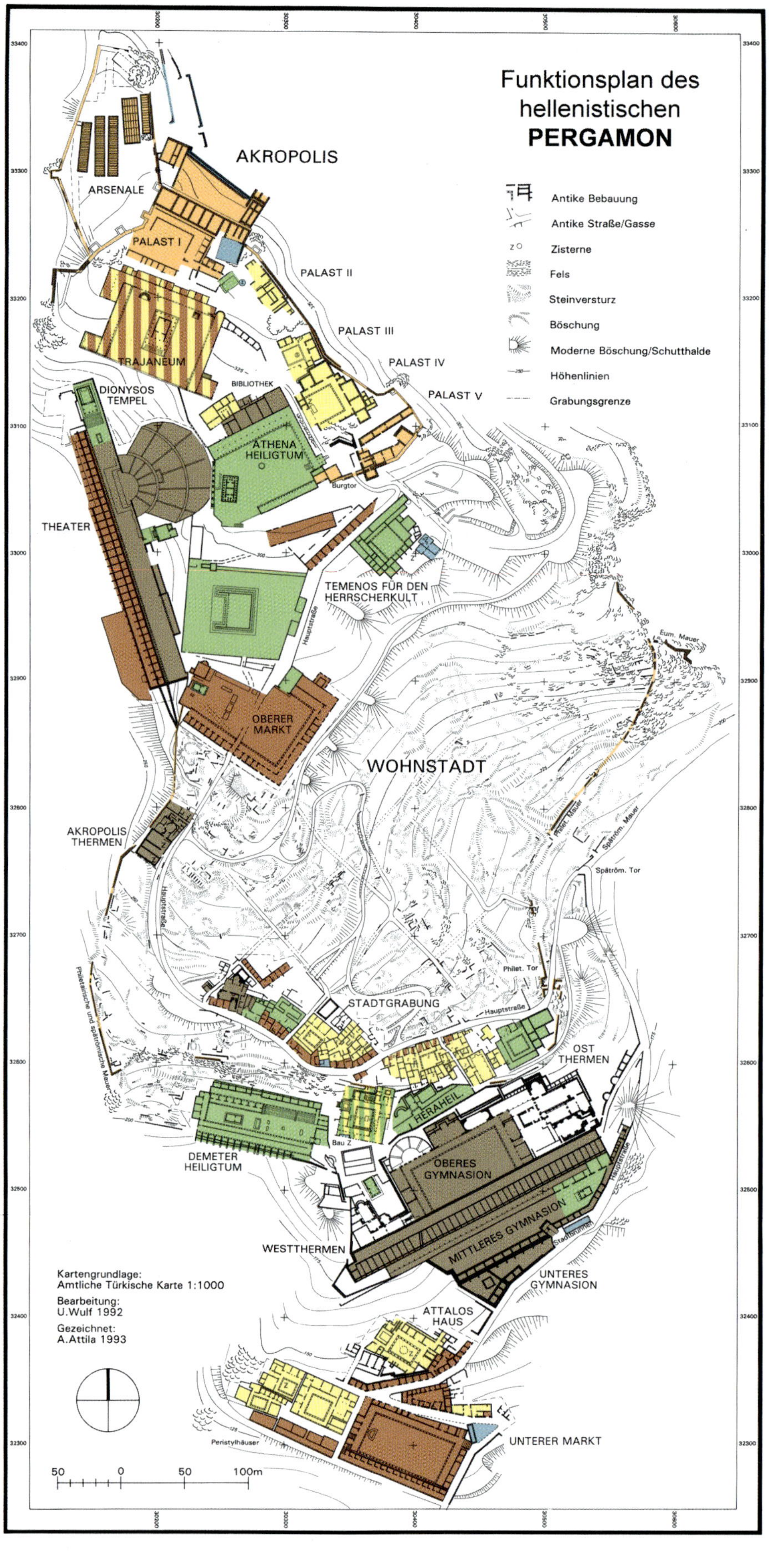

Wohnen

Handel; Gewerbe

Religion; Kult

Kultur; Sport

Wasserversorgung

Militär; Verteidigung

Abb. 5
Pergamon.
Kartierung der
Primärfunktionen
einzelner
Bauten und
Gebäudeensembles
im Bereich des
ausgegrabenen
Stadtgebietes

Notwendigkeit, sich bei jedem Gebäude für eine der sechs Kategorien zu entscheiden. Im Bereich des Trajaneums, wo die ältere hellenistische Bebauung nur in einzelnen Ausschnitten erfaßt ist, erfolgt die Zuordnung zu den Kategorien (1) und (2), da es im Grabungsbefund Hinweise auf Wirtschaftsgebäude, Werkstätten und möglicherweise auch Wohnräume gibt[16]. Die Klassifizierung von Bau Z als Wohn- und Kultgebäude spiegelt den aktuellen Stand der Diskussion um die Interpretation dieses Peristylgebäudes zwischen Demeter- und Heraheiligtum wider[17]. Doppelzuschreibungen wären z. B. auch im Fall des Gymnasions (4 und 3) oder der Oberen und der Unteren Agora (2 und 3) möglich gewesen. Um jedoch die Klarheit der bewußt plakativ gehaltenen Darstellung nicht zu beeinträchtigen, wurde auf eine weitere Differenzierung verzichtet. Ähnliches gilt für die Annahme spezifischer Funktionen bereits in den hellenistischen Nutzungsphasen einzelner Gebäude. So ist im Fall des Bades in der Wohnstadtgrabung eine funktionale Bestimmung als Therme erst für die römische Kaiserzeit gesichert, eine Nutzung als Palästra mit Waschgelegenheit für den späten Hellenismus aber zumindest denkbar[18]. Vor diesem Hintergrund sollte der hier vorgelegte Plan nur als allgemeine Darstellung der wesentlichen Funktionen einzelner Gebäude und Gebäudekomplexe auf Basis des aktuellen Forschungsstandes verstanden werden[19].

Betrachtet man den Funktionsplan unter diesen Voraussetzungen, wird deutlich, daß das ausgegrabene Stadtgebiet nicht durch eine funktionale Zonierung, sondern im Gegenteil durch eine relativ gleichmäßige Verteilung der Funktionsbereiche gekennzeichnet ist. So finden sich auf dem des oberen Stadtberg neben Palästen, Heiligtümern und Bauten des kulturellen Lebens auch Flächen für Handel und Gewerbe. Allein die Konzentration militärischer Einrichtungen auf der Oberburg unterscheidet die Zone von der funktionalen Durchmischung des übrigen Stadtgebietes. Die Präsenz von Arsenalen, Kasernen (?) und Torwachen ist Ausdruck eines besonderen Sicherheitsbedürfnisses, das sich mit der wiederholten militärischen Bedrohung Pergamons im 3. und 2. Jh. v. Chr. erklären läßt[20]. Konzentrationen wirtschaftlich genutzter Flächen treten entlang der befahrbaren Hauptstraße auf. Dies gilt für die Untere und die Obere Agora, die von der Hauptstraße umfahren bzw. geschnitten werden, ebenso wie für die Ladenreihen, die Wohnhäusern und öffentlichen Gebäuden in verschiedenen Bereichen des Stadtgebietes vorgeblendet sind und bis vor die Tore der Oberburg reichen. Die Nähe wirtschaftlicher Nutzflächen zur Hauptverkehrsader entspricht den Notwendigkeiten des Warentransports und sicherte zugleich einen ausreichenden Kundenstrom.

Eine weitere auffällige Konzentration stellt die Aneinanderreihung von Heiligtümern zwischen der südlichen Grenze der hellenistischen Altstadt und der großen Stadterweiterung mit dem Gymnasion dar (*Abb. 2*). Während die Identifikation von Demeter- und Heraheiligtum zweifelsfrei gesichert ist, ist die Nutzung von Bau Z (s. o.) und des

---

16 Radt 1999, 213 Abb. 166.

17 Radt 1999, 104–109.

18 Radt 1999, 139. Zuletzt Pirson a. O. (Anm. 15) 73 f.

19 D. h. gemäß der Angaben in Radt 1999.

20 Siehe M. Klinkott, Die eumenische Befestigung von Pergamon, IstMitt 54, 2004, 147 mit Anm. 4.

sogenannten Megaleisions[21] nicht völlig geklärt; zumindest im Fall des Megaleisions können wir jedoch mit einiger Sicherheit von einer kultischen Funktion ausgehen. Die älteste der vier Anlagen, das Demeterheiligtum, hatte man wegen des chthonischen Charakters des Kultes im 4. Jh. v. Chr. offenbar bewußt außerhalb der Stadt angelegt[22]. Auch in frühhellenistischer Zeit lag das Heiligtum noch jenseits der Stadtmauer der Oberstadt und wurde erst im Rahmen der großen hellenistischen Stadterweiterung in der ersten Hälfte des 2. Jhs. v. Chr. ins Stadtgebiet einbezogen. Bau Z hingegen ist erst nach Aufgabe der frühhellenistischen Befestigung entstanden und gehört in die Zeit des ambitionierten Bauprogramms, das Eumenes II. und seinem Bruder und Nachfolger Attalos II zugeschrieben wird[23]. Bezüglich seiner Ausrichtung orientiert sich das Gebäude allerdings weder am Gymnasion, noch an der nördlich anschließenden Wohnstadt, sondern am älteren Demeterheiligtum. Demgegenüber ist das nach Osten auf der nächst unteren Terrasse anschließende Heiligtum der Hera räumlich dem Gymnasion zugeordnet, das von der geringfügig jüngeren Kultstätte – einer Stiftung Attalos II. – gleichsam bekrönt wird[24]. Das Megaleision schließlich liegt noch innerhalb der älteren hellenistischen Stadtbefestigung und folgt auch in seiner Ausrichtung den Fluchten der Wohnstadt.

Aus dieser knappen Übersicht geht deutlich hervor, daß wir nicht von einem geplanten Heiligtumsgürtel am südlichen Ende der Philetaireia ausgehen dürfen. Bei der Wahl der Bauplätze für Bau Z und Heraheiligtum war vermutlich vorrangig das Vorhandensein von freiem Baugrund in exponierter Lage ausschlaggebend. Daß die Nähe weiterer Heiligtümer und damit die schrittweise Entstehung einer ›sakralen Zone‹ die Attraktivität der Lage für die Errichtung weiterer Kultstätten erhöhte, liegt auf der Hand. Wenn diese Zone auch nicht das Produkt einer langfristigen städtebaulichen Planung ist, so müssen die vier Heiligtümer für den von Süden kommenden Betrachter dank ihrer exponierten Lage am unteren Rand der kleinteilig bebauten Oberstadt doch einen eindrucksvollen Anblick geboten haben, der die Grenze zwischen Alt- und Neustadt markant akzentuierte.

Im Funktionsplan von Pergamon lassen sich somit drei signifikante Konzentrationen homogener Nutzungen ausmachen, die jedoch nicht das Produkt einer gezielten, primär auf die Schaffung segregierter Funktionsbereiche abzielenden Planung sind. Vielmehr standen offenbar ganz praktische Bedürfnisse, wie die militärische Sicherung des Herrschersitzes oder die Nähe von Handel und Gewerbe zu den Hauptverkehrswegen, im Vordergrund. Im Fall der Heiligtümer dürften kultspezifische Erwägungen und die Suche exponierter Bauplätze für repräsentative Stiftungen ausschlaggebend gewesen sein. Während die funktionale Zonierung des Stadtgebietes also kein vorrangiges Ziel der hellenistischen Städteplaner gewesen sein kann, stellt sich doch die Frage, wie die zuletzt beschriebenen funktionsspezifischen Zonen von den Bewohnern und Nutzern der Stadt

21 Zur Deutung des Peristylgebäudes am südöstlichen Rand der Stadtgrabung als Megaleision (Heiligtum der Kybele) siehe Radt a. O. (Anm. 3) 247 f. sowie ders., Pergamon. Vorbericht über die Kampagne 1981, AA 1982, 528–534.

22 Radt 1999, 180.

23 Zur so genannten Eumenischen Stadterweiterung zuletzt Raeck 2004, 28–30; Pirson 2007, 34; F. Pirson, Das Eumenische Bauprogramm: Ein epochaler Wandel im pergamenischen Städtebau? (in Druckvorbereitung).

24 Radt 1999, 186–188 Abb. 63.

wahrgenommen wurden. Denn die Existenz primär wirtschaftlich oder kultisch geprägter Bereiche und die besondere militärische Sicherung der Oberburg sind evidente räumliche Phänomene, die sowohl den Charakter einer Stadt als Lebensraum prägen, als auch die politischen, sozialen und wirtschaftlichen Verhältnisse manifestieren und damit zugleich zu deren Stabilisierung beitragen können. Darauf soll weiter unten nochmals eingegangen werden.

Zunächst gilt es jedoch zu klären, ob innerhalb der in den Grenzen der hellenistischen Stadt bisher freigelegten Wohnbebauung eine Differenzierung in reichere und ärmere Quartiere bzw. bessere und schlechtere Lagen nachweisbar ist. Kriterien für die Wertigkeit sind dabei die Hausgrößen und das Vorhandensein von Peristylen als besonders aufwendige Elemente der Wohnarchitektur[25]. Zum Vergleich bieten sich drei Zonen an: Die Paläste der Oberburg[26] (*Abb. 6*), das Gebiet der Wohnstadtgrabung (*Abb. 7*)[27] und die Häuser im Umfeld der Unteren Agora mit dem Attalos-Haus (*Abb. 2. 8*)[28].

Hinsichtlich Größe und Ausstattung übertreffen die Paläste I und V selbst die aufwendigsten unter den bisher bekannten privaten Wohnhäuser so deutlich, daß wir von einer bewußten Hierarchisierung ausgehen können, die bestimmte räumliche Dimensionen und materiellen Luxus in der Ausstattung dem Herrscherhaus vorbehielt. Auf der anderen Seite besteht durchaus eine Schnittmenge zwischen beiden Kategorien: So liegt die Ausdehnung von Palast IV (ca. 940 m^2) deutlich unter den größten Privathäuser wie z. B. Haus I westlich der Unteren Agora (1500 m^2) oder dem Attaloshaus (ca. 1300 m^2). Betrachtet man die beiden bisher ausgegrabenen Viertel mit Wohnhäusern, d. h. die so genannte Stadtgrabung am Südrand der Philetaireia und die Zone westlich der unteren Agora mit dem Attalos-Haus (*Abb. 7* und *2. 8*), zeichnet sich ein scheinbar eklatanter Unterschied zwischen der Ober- und Unterstadt bzw. der hellenistischen Alt- und Neustadt ab: Dort ein Konglomerat aus sehr unterschiedlich dimensionierten Wohn- und Gewerbeeinheiten, hier das geordnete Nebeneinander weitestgehend orthogonal ausgerichteter Peristylhäuser. Der ausschnitthafte Charakter beider Befunde erlaubt es freilich nicht, diese Differenzierung auf alle übrigen Bereiche von Alt- und Neustadt zu übertragen. So zeigen die aktuellen Untersuchungen am Osthang des Stadtberges, daß es innerhalb der hellenistischen Neustadt deutliche Unterschiede in der Besiedlungsstruktur einzelner Abschnitte gegeben haben muß[29]. Dennoch können wir festhalten, daß im Viertel westlich der Unteren Agora andere Ansprüche in Bezug auf die Größe der Grundstücke und die Homogenität der Hausformen herrschten als im Bereich der Stadtgrabung. Auch wird die soziale Durchmischung in einem mit kleinen und kleinsten Wohnhäusern sowie Gewerbebetrieben durchsetzten Viertel wie am Südrand der Oberstadt stärker gewesen sein als westlich der Unteren Agora. In Anbetracht der heterogenen Zusammensetzung der

---

[25] Siehe die Übersichten bei Radt 1999, Abb. 42 (Maßstäbe ungenau) sowie bei U. Wulf, Die Stadtgrabung. Die hellenistischen und römischen Wohnhäuser von Pergamon, AvP 14, 3 (Berlin – New York 1999) 163 f. (Tabelle 2) Abb. 71. 73. 74. 75.

[26] G. Kawerau – Th. Wiegand, Die Paläste der Hochburg, AvP 5, 1 (Berlin 1930); Radt 1999, 63–76 Abb. 14. 15.

[27] U. Wulf a. O. (Anm. 25); Radt 1999, 95–110; ders. a. O. (Anm. 5) 83–89.

[28] D. Pinkwart – W. Stamnitz, Peristylhäuser westlich der Unteren Agora, AvP 14 (Berlin 1984); Radt 1999, 95–110.

[29] Pirson 2009, 150 f. 160 f.

Abb. 6
Pergamon.
Plan der Akropolis
mit der Basileia

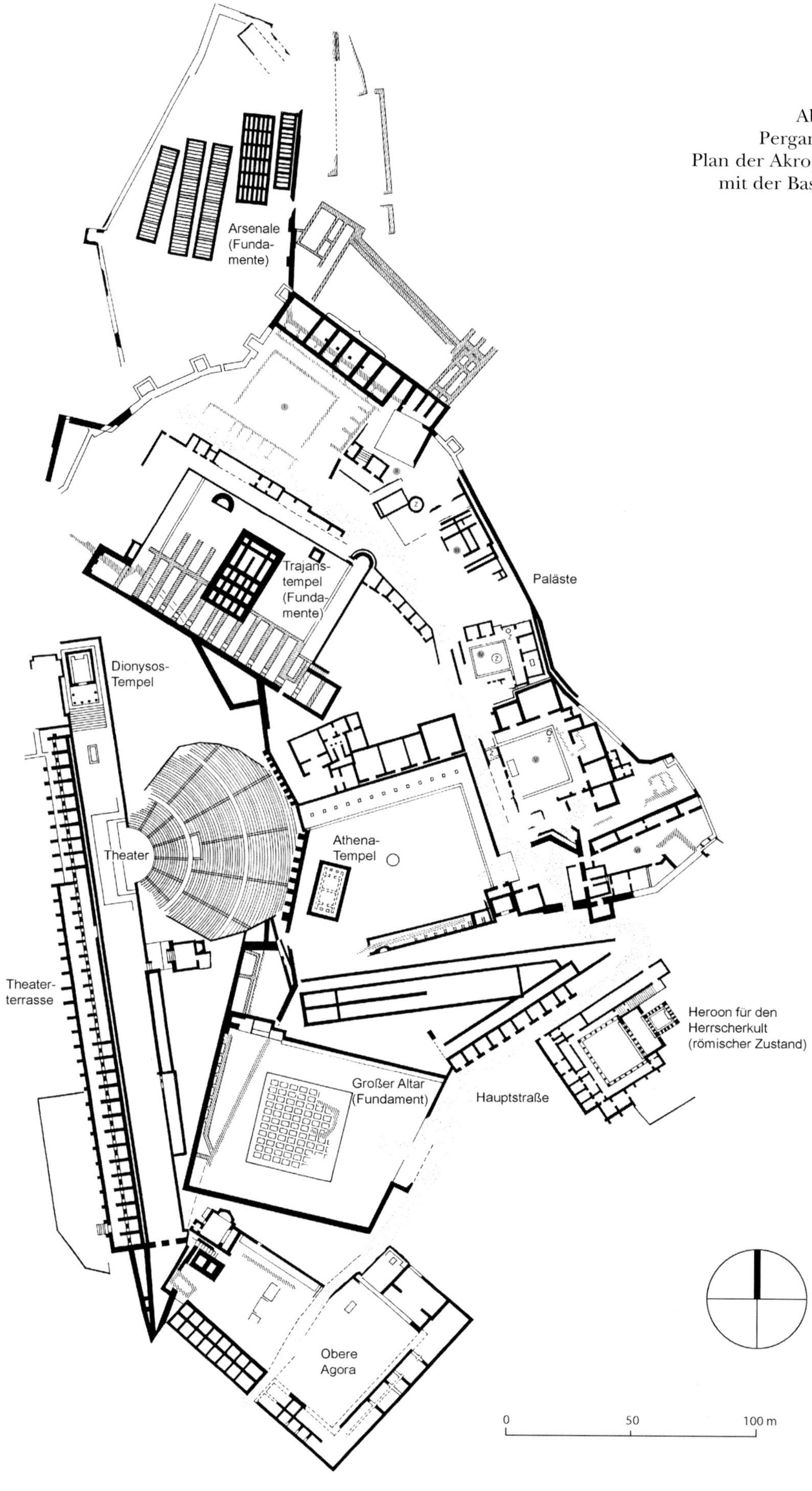

Bewohnerschaft großer Häuser in der Antike[30] dürfen wir freilich auch hier nicht von einem homogenen Oberschichtsquartier im modernen Sinn ausgehen. Die Nähe zur Unteren Agora und zum Gymnasion und damit die zentrale Position in der Unterstadt machte das Viertel aber zweifelsohne zu einer besonders attraktiven Lage, die auf die wirtschaftlich und politisch aktive gesellschaftliche Elite und ihr Gefolge eine große Anziehungskraft ausgeübt haben dürfte.

Als Fazit dieser noch sehr allgemeinen Betrachtungen zu einer möglichen sozialen Differenzierung innerhalb der Wohnarchitektur und der Wohnquartiere Pergamons läßt sich festhalten, daß zwischen verschiedenen Lagen durchaus Unterschiede in der Größe der Häuser und ihrer Ausstattung ebenso wie im städtebaulichen Anspruch und in der sozialen Durchmischung zu beobachten sind. Daß dies im Fall der Paläste als der ›Krone‹ pergamenischer Wohnarchitektur durchaus hierarchische Gründe hatte, liegt auf der Hand. Der Unterschied zwischen dem Bereich der Stadtgrabung und dem Viertel westlich der Unteren Agora reflektiert hingegen die veränderten städtebaulichen Ansprüche zwischen Alt- und Neustadt und spricht zudem für die hohe Attraktivität von Parzellen nahe den öffentlichen Zentren der hellenistischen Unterstadt.

Nach dem bisher Gesagten können wir festhalten, daß das Bedürfnis nach sozialer oder funktionaler Segregation als Faktor bei der städtebaulichen Gestaltung des hellenistischen Pergamons keine wesentliche Rolle gespielt haben kann. Das bedeutet freilich nicht, daß es keine Unterschiede in der Nutzung oder der Wertigkeit einzelner städtischer Lagen gegeben hätte. Diese Differenzen sind jedoch das Ergebnis einer Vielzahl von Faktoren, wie z. B. das besondere Sicherheitsbedürfnis der Herrscher, das wirtschaftliche Potential belebter Verkehrswege oder die Attraktivität von Wohnlagen in der Nähe der Zentren des öffentlichen Lebens. Sie sind aber nicht Ausdruck eines übergeordneten Willens zur Segregation. Dieser Negativbefund führt zu der Frage, ob und in welcher Form das hellenistische Stadtbild Pergamons räumlich gegliedert war und was dies für die Wahrnehmung der Stadt durch ihre Bewohner bedeutete. Im folgenden sollen zunächst die Elemente räumlicher Differenzierung vorgestellt und auf ihre mögliche Rezeption durch die Nutzer der Räume hin befragt werden. In einem zweiten Schritt wird dann diskutiert, inwieweit über die Differenzierung hinaus auch von einer Hierarchisierung des Raumes die Rede sein kann.

Befestigungsanlagen begrenzen Städte nach außen und gliedern sie im Fall von Diateichisma auch im Inneren. Diese Aufgaben wurden im hellenistischen Pergamon von der sog. philetairischen Stadtbefestigung (4. Jh. – 1. H. 3. Jh. v. Chr.), vom Mauerring der großen hellenistischen Stadterweiterung (1. H. 2. Jh. v. Chr.) sowie von der Mauer der Oberburg bzw. Basileia (vorhellenistisch-hellenistisch) übernommen (*Abb. 9*)[31]. Die repräsentative Bedeutung von Stadtbefestigungen als »Schale und feste Haut des Stadtkörpers, der durch sie Grenze und damit Gestalt erhält, anstatt sich amorph zu verlieren« (H. Lauter)

---

30 Wallace-Hadrill a. O. (Anm. 13) 91–117.

31 Radt 1999, 53–59; Klinkott, Die eumenische Befestigung von Pergamon, IstMitt 54, 2004, 147–159; Raeck 2004, 27–30; Pirson 2007, 34; Lorentzen 2010.

Abb. 7 Pergamon. Plan der Wohnstadtgrabung

30400
30450
30500
hellenistisch
hell. Mauern, röm. wiederverwendet
römisch
Türöffnung
Türöffnung zugesetzt
Stützmauer
Felskante
Zisterne
Brunnen
Kanal
Straße / Gasse
Grabungsgrenze
Hauptstraße
Phiiletairisches Tor
32650
Hauptstraße
Phiiletairische Stadtmauer
MEGALESION?
gr. Peristylhaus
Hofhaus
kl. Peristylhaus
HESTIA - HEILIGTUM
32600
Philetairische Stadtmauer
HERA - HEILIGTUM
10 0 10 20 30 40 50m
AA/WU
32550

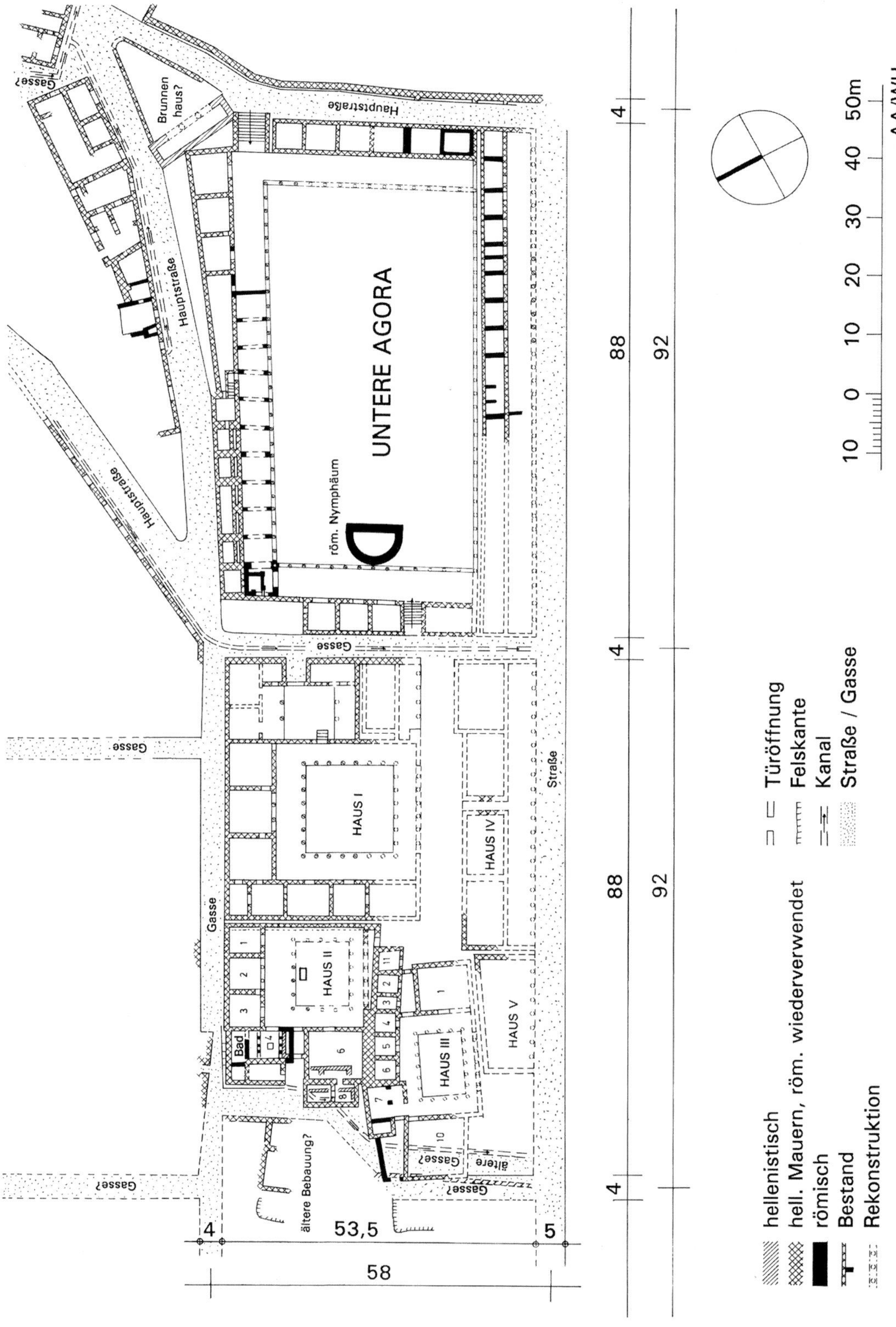

Abb. 8 Pergamon. Plan der Unteren Agora und der nach Westen anschließenden Wohnbebauung

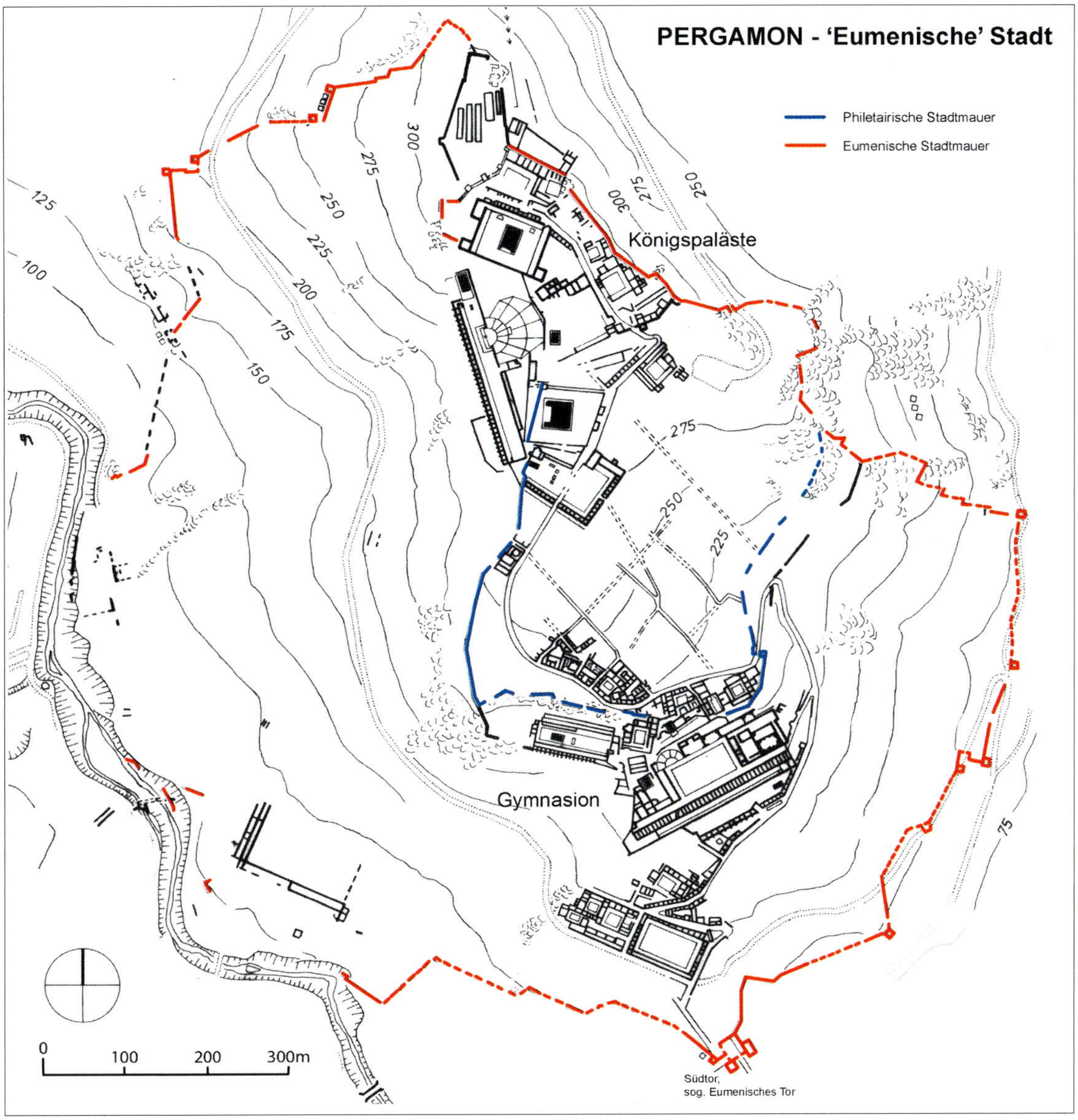

Abb. 9 Pergamon. Plan des Stadtberges mit den antiken Stadtbefestigungen

ist ein altbekanntes Faktum, das zuletzt auch für Pergamon nochmals betont wurde[32]. Allein schon durch ihre Länge von über vier Kilometern, durch die Anpassung an ein ausgesprochen schwieriges Gelände sowie durch ein Haupttor, das nach Janet Lorentzen von »ausgeprägte[n] architektonische[n] Ambitionen« zeugt, wurde der Stadtgrenze des hochhellenistischen Pergamon eine Form gegeben, die zur Wahrnehmung des Stadtkörpers als gestalteter Einheit aufforderte. Schutz und Zusammenhalt des Stadtkörpers waren aber nicht die einzigen Botschaften, die vom äußeren Mauerring ausgingen. Durch seine Öffnung über Tore, an die Ausfallstraßen und Brücken anschlossen, wurde die Beziehung

32 Lauter a. O. (Anm. 12) 73. Zu Pergamon Lorentzen 2010, 134–136 contra M. Klinkott, Pergamon als Kleinasiatische Großmacht und die Aussage der attalidischen Architektur, in: E.-L. Schwandner – K. Rheidt, Macht der Architektur – Architektur der Macht. Bericht Kolloquium Berlin 2002, DiskAB 8 (Mainz 2004) 144.

zum vorstädtischen Bereich und zum Umland sinnfällig zum Ausdruck gebracht. Auf diesen wichtigen Punkt soll weiter unten nochmals eingegangen werden.

Die so genannte Philetairische Mauer aus spätklassischer oder frühhellenistischer Zeit war im Zuge der großen hellenistischen Stadterweiterung Pergamons entweder überbaut oder abgetragen worden, oder man nutzte sie als Stützmauer[33]. Ihre Reste blieben für den aufmerksamen Betrachter aber als Reminiszenzen einer älteren Stufe der Stadtentwicklung erkennbar, zumal sich an ihrer Grenze auch das Straßensystem änderte (s. u.) und der Verlauf der Hauptstraße in deren oberen Abschnitt die Linie der Philetairischen Mauer nach innen versetzt wiederholt (*Abb. 2*). Für die Differenzierung zwischen Alt- und Neustadt blieb die Mauer also auch nach ihrer Aufgabe als Befestigung von Bedeutung.

Den deutlichsten Akt der Gliederung des Stadtgebietes und der Abgrenzung eines Teilbereiches stellt die separate Ummauerung der Basileia dar (*Abb. 10. 21*), die bis in vorhellenistische Zeit zurückreicht. Offenbar im Zuge der großen hellenistischen Stadterweiterung wurde der älteren Befestigung eine neue Mauer vorgesetzt oder vorgeblendet, was sich heute noch an der Nordost- und an der Südseite besonders gut nachvollziehen läßt[34]. Während die hoch aufragenden Mauern der Akropolis vor allem nach Norden und Osten Fernwirkung erzielten (s. u.), beschreibt Lorentzen den Eindruck der gleichfalls erneuerten Südmauer folgendermaßen: »Die neuen Mauern der Akropolis wurden dadurch zu einer weithin sichtbaren Fassade, die gemeinsam mit dem Athenatempel eine eindrucksvolle Kulisse für den Großen Altar gebildet haben müssen und den Herrschersitz gegenüber der Polis inszenierten«[35]. Eine solche bewußte Inszenierung der Basileia hat man vor dem Hintergrund der Vorstellung eines ›bürgerlichen‹ Königtums der Attaliden zuletzt zu relativieren versucht. So verweist Henner von Hesberg auf die Einlassung von Nischenräumen und Exedren in die Außenseite der Mauer, »die die Bürger zum Verweilen einluden«[36]. Er sieht die Befestigungsanlagen weniger als architektonischen Ausdruck der Beherrschung der Stadt durch die Attaliden, sondern eher als Verweis auf deren Rolle als Hüter griechischer Kultur, der sie unter anderem durch die Aufnahme der Bibliothek in den geschützten Bereich der Basileia nachkamen. Manfred Klinkott konstatiert für die Architektur der Attaliden ganz allgemein ein Widerstreben gegen offene Machtdemonstrationen[37]; die Befestigung der Basileia wird von ihm in diesem Zusammenhang aber nicht weiter diskutiert.

Inwieweit der Ausbau der Befestigung der Oberburg von Pergamon neben einem evidenten Sicherheitsbedürfnis auch dem Willen der Attaliden zur machtvollen Geste geschuldet war, wird sich abschließend kaum klären lassen. Unübersehbar ist jedoch, daß Pergamon erst durch die Ummauerung der Akropolis architektonisch zu einer Residenzstadt wurde. Denn die übrigen Bestandteile der Basileia, d. h. Peristylhäuser und Heiligtümer sowie

---

[33] Lorentzen 2010, 118 f.

[34] Lorentzen 2010, 133 f. Abb. 26.

[35] Lorentzen 2010, 134.

[36] H. von Hesberg, Privatheit und Öffentlichkeit der frühhellenistischen Palastarchitektur, in: W. Hoepfner – G. Brands, Basileia. Die Paläste der hellenistischen Könige. Bericht Kolloquium Berlin 1992 (Mainz 1996) 92.

[37] Klinkott a. O. (Anm. 32).

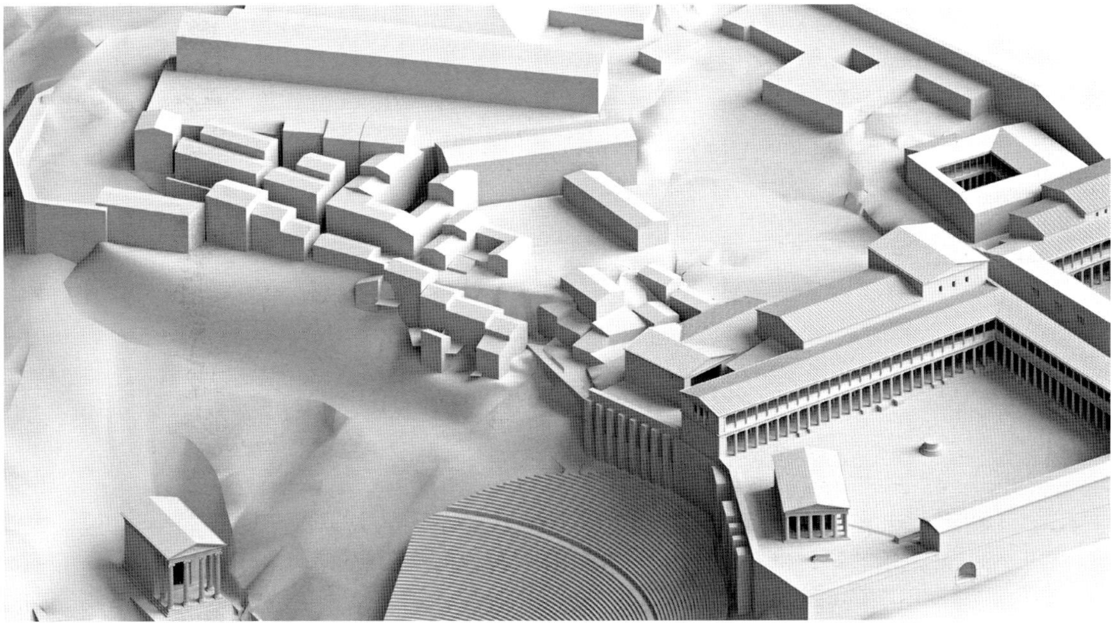

Abb. 10 Pergamon. Neue computergestützte Rekonstruktion des Stadtberges. Ausschnitt der Akropolis mit Basileia in hellenistischer Zeit von Südwesten

militärische Einrichtungen, wären auch in einer bürgerlichen Polis ohne Herrschersitz denkbar. So faßt die Befestigungsanlage das Ensemble auf der Oberburg sinnfällig zur Basileia zusammen und trägt damit wesentlich zur Wahrnehmung Pergamons als Residenzstadt bei.

Im Gegensatz zu den Stadtmauern liegt die primäre Funktion des innerstädtischen Straßen- und Wegenetzes nicht in der Abgrenzung, sondern in der Herstellung von Verbindungen. Dennoch sind auch Wegenetze und Straßensysteme geeignet, zu Trägern räumlicher Differenzierung innerhalb eines Stadtgebietes zu werden. Nach den Suchgrabungen unter Radt im Gebiet der Oberstadt liegt nun eine verläßliche Rekonstruktion der Wegeführung im älteren Teil Pergamons vor (*Abb. 2*)[38]. Es handelt sich um ein System aus mehreren, in einem Abstand von 60–70 m annähernd parallel geführten Gassen, die von Quergassen im rechten Winkel gekreuzt werden. Das Bemühen um einen rasterförmigen Aufbau ist unverkennbar, doch zeigen zahlreiche Abweichungen von einem echten Raster, daß unterschiedliche Vorgaben durch das Gelände oder ältere Wegeführungen berücksichtigt worden sind. Die Gassen, die hangaufwärts getreppt sind, erreichen in der Regel Breiten von nur 2 m, d. h. es konnten nicht einmal zwei beladene Lasttiere aneinander vorbei geführt werden.

Für die große hellenistische Stadterweiterung, d. h. für das Gebiet zwischen der Philetairischen und der Eumenischen Mauer, hat Ulrike Wulf ein streng orthogonales Straßenraster vorgeschlagen, dessen Grundmodul den Maßen der Unteren Agora

[38] Wulf 1994, 136–141 Beil. 2; dies., Vom Herrensitz zur Metropole – Zur Stadtentwicklung von Pergamon, in: E.-L. Schwandner – K. Rheidt (Hrsg.), Stadt und Umland, Bericht Kolloquium Berlin 1997, DiskAB 7 (Berlin 1999) 34–44 Abb. 4; Radt 1999, 83 f. Abb. 8; ders., Pergamon. Abschlußbericht über die Kampagnen 1999–2004 mit einer Übersicht über die Arbeiten ab 1972, AA 2005/1, 99.

entspricht[39]. Die in sich überzeugende Rekonstruktion, die nicht auf Untersuchungen im Gelände, sondern auf städtebaulichen Überlegungen basiert, ist weithin akzeptiert worden[40]. Im Rahmen des neuen Forschungsprogramms der Pergamongrabung zum Gesamtorganismus der hellenistischen Stadt werden seit 2005 am Osthang des Stadtberges Untersuchungen durchgeführt, die ein ganz anderes Straßensystem nachgewiesen haben (*Abb. 11*)[41]. Hauptunterschied zu der älteren, hypothetischen Rekonstruktion ist die wesentlich deutlichere Orientierung an den Vorgaben des teilweise sehr schwierigen Terrains. Das System setzt sich aus mehreren Gruppen von annähernd parallel geführten, hangaufwärts nach Nordwesten orientierten Straßen zusammen, die wegen der Steilheit des Geländes in einzelnen Abschnitten getreppt gewesen sein müssen. Die Gruppen sind gegeneinander leicht versetzt und folgen damit der Morphologie des Stadtberges. Im mittleren Bereich des Osthangs haben sich drei *insulae* rekonstruieren lassen, die mit Abmessungen von ca. 35 x 45m auffällig klein ausfallen. In Anbetracht des sehr steilen Geländes ist ein kleines Grundmodul für die Bebauung jedoch durchaus sinnvoll. Weiter im Süden, d. h. im Anschluß an die Untere Agora, nehmen im flacheren Gelände die Abstände zwischen den Straßen zu (*Abb. 11*, Straßen 1–3), so daß wir hier von größeren *insulae* ausgehen können. Eine solche Differenzierung der Insulagrößen gemäß der Vorgaben durch das Gelände kennen wir z. B. auch aus Milet, wo der hügelige Nordteil der Stadt mit dem Kaletepe und dem Humeitepe kleinere Insulae aufweist als der ebene Südteil[42]. Bemerkenswert sind die Breiten der hangaufwärts führenden Straßen am pergamenischen Osthang, die in verschiedenen Sondagen nachgewiesenen werden konnten: Sie variieren zwischen 3,5 und 4,5 m. Querstraße Nr. 14, die als nord-südliche Hauptachse des Osthangs das Stadtgebiet mit dem Tal des Ketios verband, hat im ergrabenen Abschnitt eine Breite von 4,3 m. Damit übertreffen die Straßen der Neustadt die Abmessungen der Altstadtgassen (s. o.) deutlich und erreichen die Dimensionen der Hauptstraße, die sich als befahrbare Trasse serpentinenartig den Stadtberg empor windet[43].

Die Erschließung des Osthangs mit einem System aus relativ breiten, steil bergan geführten Achsen, die Sichtbezüge zu markanten Punkten des hellenistischen Gymnasion herstellen[44], zeugt von einem städtebaulichen Anspruch, der über die Gestaltung der Altstadt deutlich hinausgeht. Dieser Unterschied muß auch für die Zeitgenossen wahrnehmbar gewesen sein, so daß wir davon ausgehen können, daß die Differenzierung zwischen Alt- und Neustadt zu den bleibenden räumlichen Eindrücken zählte, die das hellenistische Pergamon bei seinen Bewohnern und Besuchern hinterlassen hat. Allerdings darf man sich die Neustadt, d. h. die großen unausgegrabenen Flächen am West- und Ostabhang des Stadtberges, nicht als homogen erschlossenes und bebautes Terrain vorstellen.

---

39 Wulf 1994, 142–149 Beil. 6; dies. a. O. (Anm. 38) 44–46 Abb. 9.

40 Siehe u. a. Radt 1999, 84; Raeck 2004, 26; S. Groh, Neue Forschungen zum Stadtplan von Ephesos, ÖJh 75, 2006, 59.

41 Pirson 2007, 98–100 Abb. 19. 20; Pirson 2009, 155 f. Abb. 7.

42 H. von Hesberg, Milet. Die Stadt vom 5. bis zum 1. Jh. V. Chr. in: O. Dally – M. Maischberger – P. I. Schneider – A. Scholl (Hrsg.), Zeiträume. Milet in Kaiserzeit und Spätantike. Katalog Ausst. Berlin 2009 (Regensburg 2009) 31.

43 Deren Breite beträgt im Durchschnitt zwischen 4–5 m; siehe Radt 1999, 84.

44 Pirson 2007, 26.

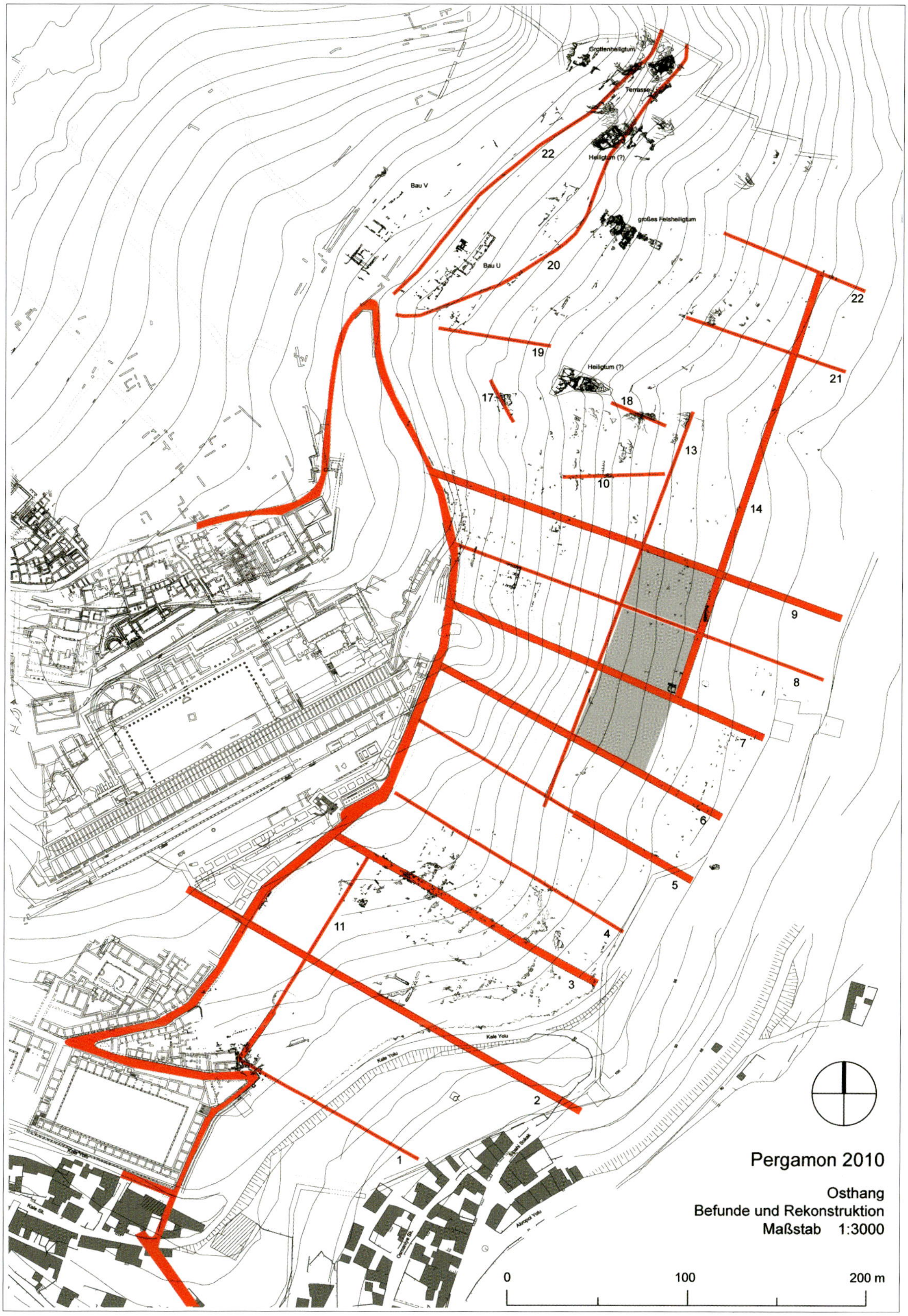

Abb. 11 Pergamon. Neue Rekonstruktion des Straßensystems am Ostabhang (Stand 2010)

So weist schon der Osthang eine Differenzierung in einen südlichen Abschnitt mit vermutlich größeren Insulae (s. o.), einen mittleren Abschnitt mit den oben beschriebenen kleinen Insulae und einen nördlichen Abschnitt auf, der nicht mehr systematisch erschlossen war (*Abb. 11*). Diese Gliederung ist nicht zuletzt Ausdruck der unterschiedlichen topographischen und klimatischen Verhältnisse[45]. Denn während der südliche Abschnitt des Osthangs etwas flacher ist und das Gelände nach Südosten hin abfällt, wird das Gelände nach Norden hin steiler, ist nach Osten orientiert und vor allem stärker mit Felsen durchsetzt. Unter diesen Voraussetzungen bietet der südliche Teil des Osthangs mit den größeren Insulae gute bis sehr gute Voraussetzungen für die Errichtung anspruchsvoller Wohnhäuser, die zudem von der Nähe zur Unteren Agora profitieren konnten[46]. Nach Norden nimmt die Attraktivität des Hangs als Bauplatz hingegen ab, was noch dadurch verstärkt wird, daß die Nordostwinde hier die Intensität von Stürmen erreichen und der Ausblick nach Osten durch den etwa 230 m hohen İlyastepe verstellt wird, der vom Ostufer des Ketios aus steil ansteigt. Unter diesen Voraussetzungen verwundert es nicht, daß der nördliche Abschnitt des Osthangs bis auf die Bau U und Bau V in unmittelbarer Nähe der Hauptstraße (*Abb. 11*) keine großzügige Quaderarchitektur aufweist. Vielmehr lassen die Oberflächenbefunde auf eine kleinteilige Bebauung vielleicht handwerklicher Zweckbestimmung schließen[47]. Daß das Gelände in ganz anderer Hinsicht doch die Aufmerksamkeit der Pergamener auf sich zog, zeigen der Nachweis eines Felsheiligtums an dieser Stelle und die Präsenz weiterer potentieller Kultstellen[48].

Wir können also festhalten, daß die Befestigungsanlagen, die verschiedenen Straßensysteme und die unterschiedliche Strukturierung der Wohn- und Gewerbebebauung eine differenzierte Gliederung des Stadtgebietes erkennen lassen, wobei die drei Bereiche: Basileia, Altstadt und Neustadt (bzw. Ober- und Unterstadt) nur Kategorien ersten Grades darstellen. Innerhalb dieser Bereiche fanden weitere Ausdifferenzierungen statt, die für den Osthang jetzt schon erkennbar sind. Wie weiter oben bereits ausgeführt, darf diese Gliederung nicht mit einer sozial oder wirtschaftlich motivierten Zonierung verwechselt werden. Ob die Differenzierung des Stadtgebietes von den Bewohnern und Nutzern der Stadt als Ausdruck einer Hierarchisierung des Raumes aufgefaßt werden konnte bzw. sollte, wird weiter unten in Zusammenhang mit der räumlichen Organisation der Vorstadt und des Umlands diskutiert.

Neben der bisher erörterten großräumlichen Ebene und der Binnenstruktur einzelner Gebäude oder Gebäudeensembles, die hier nicht behandelt werden kann, stellt das Verhältnis der Straßenräume zu den großen Anlagen des öffentlichen und des religiösen Lebens eine weitere Ebene der Analyse dar. Dabei geht es vor allem um die Frage der Übergänge bzw. Grenzen zwischen den beiden Raumkategorien und den sich daraus ergebenden Folgen für die Wahrnehmung des öffentlichen Raumes.

---

45 Pirson 2009, 150–152. 160 f.; Pirson 2010, 157–159. 160 f.

46 Zu den Vorteilen einer Südlage bei der Errichtung von Peristylhäusern siehe W. Hoepfner – E.-L. Schwandner, Haus und Stadt im klassischen Griechenland ²(München 1994) 318–320.

47 Pirson 2009, 160 f.

48 Pirson 2009, 152–155; Pirson 2010, 143–156.

Für die hellenistische Architektur des 2. und 1. Jhs. v. Chr. konstatiert von Hesberg »die Aufgliederung des ursprünglichen Kontinuums des öffentlichen Raumes in eine Fülle kleinerer, architektonisch geschlossener Räume«[49], die sich durch »versteinerte Monumentalität« und »konzentrierte Abgeschlossenheit« auszeichnen[50]. Das Stadtbild Pergamons liefert zahlreiche Beispiele für eine solche Parzellierung, die in einigen Fällen mit der aufwendigen architektonischen Inszenierung der Eingänge einherging. Während Umfassungsmauern für alle größeren innerstädtischen Heiligtümer nachweisbar sind, haben sich Propyla nur am Athena- und am Demeterheiligtum gut erhalten (*Abb. 12. 13*)[51]. Im Fall des Großen Altars ist die Gestaltung der Zugänge an der Nord- und Ostseite der umgebenden Platzanlagen nicht sicher rekonstruierbar; wir können jedoch zumindest von architektonisch akzentuierten Eingangslösungen ausgehen[52]. Für das Hera-Heiligtum fehlen Informationen zur exakten Lage und Gestaltung der Zugänge.

Daß die architektonische Einfassung der Heiligtümer keine religiös motivierte Notwendigkeit war und im Umfeld Pergamons auch alternative Lösungen existierten, zeigt das Heiligtum der Meter von Marmurt Kale im Aspordenon-Gebirge südöstlich von Pergamon[53]. Die unter Philetairos ausgebaute Anlage besteht aus einem Tempel, dessen Vorplatz U-förmig von zwei Hallen eingefaßt wird (*Abb. 14*). Anders als bei den innerstädtischen Heiligtümern fehlt jedoch eine durchgehende Umfassungsmauer, wie man sie bei einer Anlage in wilder Berglandschaft eher erwarten würde als im städtischen Kontext. Wir haben es bei der Ummauerung der urbanen Heiligtümer also mit einem primär städtebaulichen Phänomen zu tun, das – wie wir gleich sehen werden – nicht auf kultische Anlagen beschränkt ist.

Zu letzteren kann man noch die Theater-Terrasse mit dem Dionysos-Tempel als nördlichem Abschluß rechnen, die spätestens in der ersten Hälfte des 2. Jhs. v. Chr. mit einer zweiten, talseitigen Halle ausgestattet wurde, die das Ensemble nach außen abgrenzte und einen weiteren geschlossenen städtischen Innenraum schuf (*Abb. 15*)[54]. Der Zugang im Süden setzt sich aus zwei überwölbten Durchgängen zusammen, deren Bögen als faszierte Archivolten gestaltet waren[55].

Nach außen abgeschlossene Bauensembles sind auch die beiden bisher bekannten pergamenischen Agorai, d. h. zwei Anlagen, deren Funktion eigentlich eine größtmögliche

---

49 H. von Hesberg, Formen privater Repräsentation in der Baukunst des 2. und 1. Jhs. v. Chr (Köln 1994) 120. Siehe auch M. Zimmermann, Stadtraum, Architektur und das öffentliche Leben in der hellenistischen Stadt, in: Matthaei – Zimmermann a. O. (Anm. 12) 25 f.

50 H. von Hesberg, Platzanlagen und Hallenbauten in der Zeit des frühen Hellenismus, in: Akten des 13. Internationalen Kongresses für Klassische Archäologie Berlin 1988 (Mainz 1990) 234.

51 Athenaheiligtum: Radt 1999, 160; V. Kästner, Klassisches Vorbild und hellenistische Form. Die Rekonstruktion des Athena-Nikephoros-Propylons auf der Pergamenischen Burg, in: Schwandner – Rheidt a. O. (Anm. 32) 132–143. Demeterheiligtum: C. H. Bohtz, Das Demeter-Heiligtum, AvP 13 (Berlin 1981) 17–20 Taf. 45. 46; Radt 1999, 182 f. Abb. 129.

52 H. Kähler, Der Grosse Fries von Pergamon (Berlin 1948) 15–17 Taf. 66.

53 A. Conze – P. Schazmann, Mamurt-Kaleh. Ein Tempel der Göttermutter unweit Pergamon, Ergh. JDI 9 (Berlin 1911); Radt 1999, 243 f.

54 Zuletzt M. Bachmann, Topographie und Macht: Der Burgberg in Pergamon, in: Schwandner – Rheidt a. O. (Anm. 32) 126 f. Abb. 5

55 R. Bohn, Die Theater-Terrasse, AvP 4 (Berlin 1896) 24–26 Taf. 17. 18.

Abb. 12 Pergamon. Propylon des Athenaheiligtums (Bohn).

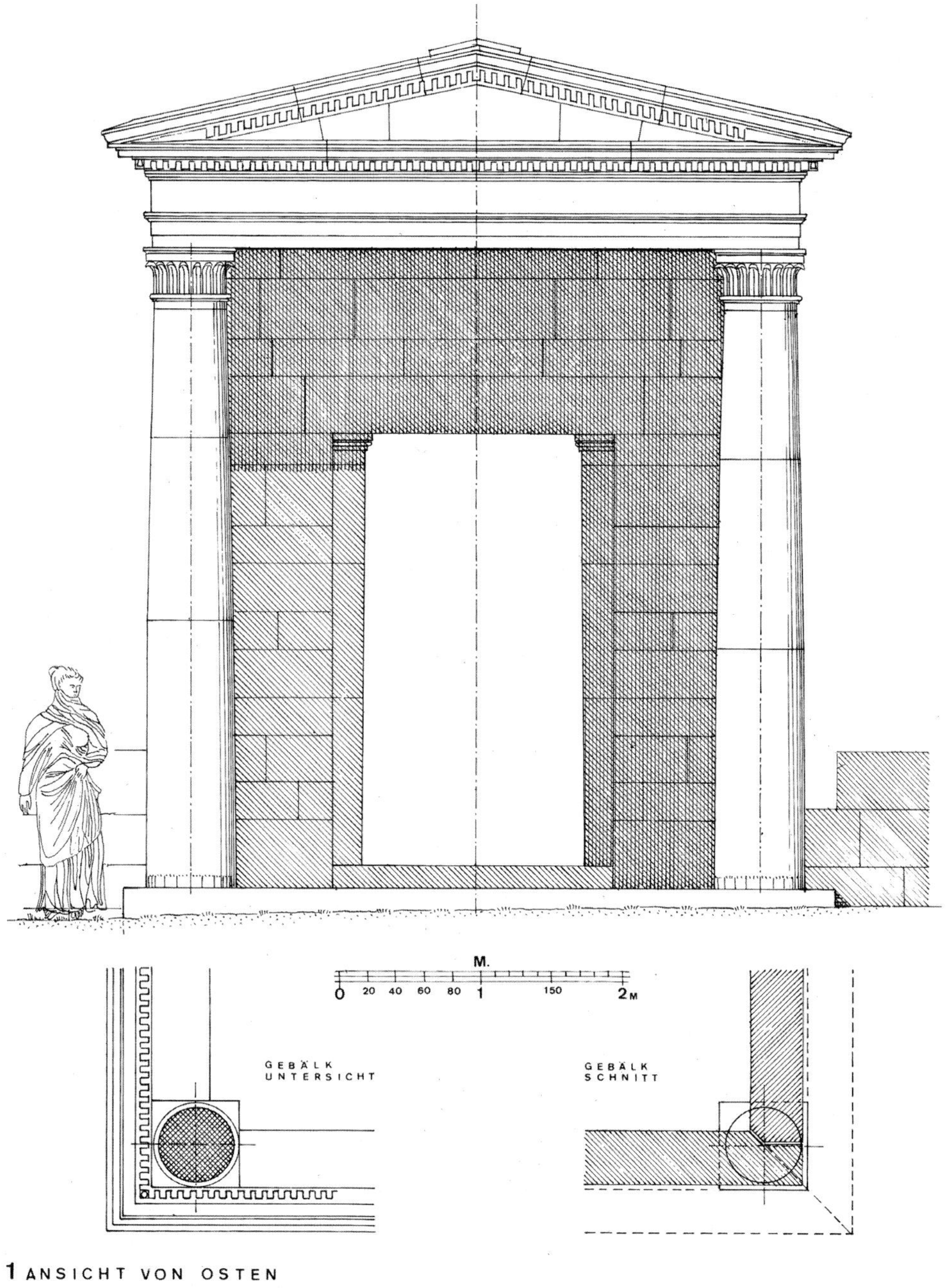

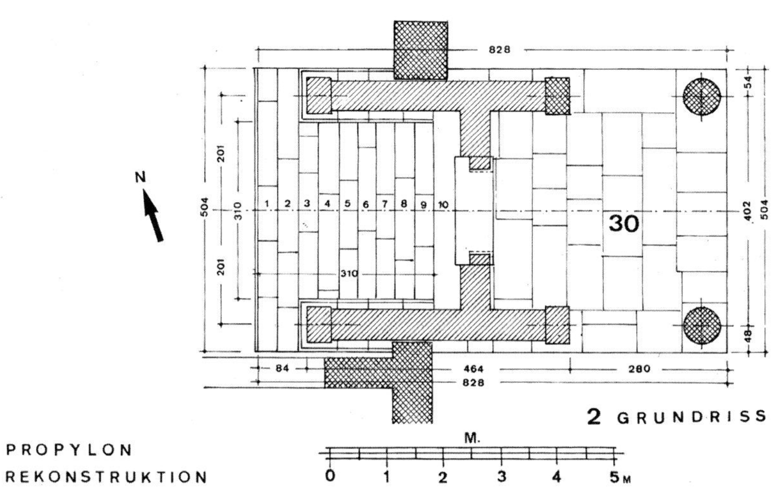

Abb. 13
Pergamon.
Rekonstruktion
des Propylons
des Demeterheiligtums.
Ansicht von Osten
(Bohtz)

Abb. 14 Mamurt Kale. Grundriß des Heiligtums der Meter-Kybele

Öffnung in Bezug auf die innerstädtischen Verkehrsflächen erwarten läßt. Wenden wir uns zunächst der Oberen Agora (*Abb. 16. 17*) zu, die in der Forschung als eine Art ›Staatsmarkt‹ angesprochen wird, während man der Unteren Agora eher merkantile Funktionen zuschreibt[56]. Diese idealtypische Differenzierung, die auf Aristoteles zurückgeht[57], ist für Pergamon zu Recht kritisiert worden, da eine wirtschaftliche Nutzung aufgrund zahlreicher Ladenlokale auch im Fall der Oberen Agora evident ist, während sich

56 K. Rheidt, Die Obere Agora. Zur Entwicklung des hellenistischen Stadtzentrums von Pergamon, IstMitt 42, 1992, 267. 280. Zurückhaltender Radt 1999, 93.

57 Arist. Pol. 5, 12.

Abb. 15 Pergamon. Rekonstruierte Ansicht der Theaterterrasse mit dem Dionysostempel (Hoepfner – Arvanitis)

Verwaltungsgebäude nicht sicher haben nachweisen lassen[58]. Im Zuge der tiefgreifenden Umgestaltung der Oberen Agora in der 1. Hälfte des 2. Jhs. v. Chr., die Teil des Ausbaus des repräsentativen Zentrums der Oberstadt unter Eumenes II. war, wurde das gesamte Platzareal mit Hallenbauten und hohen Terrassenstufen umgeben[59]. Von Süden erfolgte der Zugang durch einen zweistöckigen Hallenbau, dessen Untergeschoß – das zugleich als Substruktion für die Südhalle des Marktplatzes diente – aus einer Reihe zweiräumiger Ladenlokale bestand (*Abb. 18*). Ohne ein Propylon oder eine anderweitige architektonische Gestaltung wurde die Hauptstraße durch die Südhalle und ihre Substruktionen geführt, weswegen man dem gesamten Platz »Durchgangscharakter« attestiert hat[60]. Dabei wird jedoch übersehen, daß auf die Trennung zwischen Straßen- und Platzraum viel Wert gelegt wurde: Die schräg ansteigende Straße läuft über weite Strecken entweder unterhalb des Platzniveaus oder auf einer Rampe oberhalb desselben (*Abb. 17*). Die Pflasterungen von Straße und Platz sind nicht identisch und waren zudem durch »schmale[n] Bordsteinschwellen aus hochkantig gestellten Platten« voneinander getrennt[61]. An den Kanten des Einschnittes der Hauptstraße in die südliche Platzhälfte sind mit guten Gründen steinerne Brüstungen rekonstruiert worden (*Abb. 16. 17*). Es entsteht also mitnichten der Eindruck einer platzartigen Erweiterung der Hauptstraße, sondern es wird vielmehr das Bemühen deutlich, die ungleichen räumlichen Kategorien »Straße« und »Platz« trotz ihrer unvermeidlichen Überschneidung im Bereich der Oberen Agora – für deren Ausbau keine anderen Flächen zur Verfügung standen – zu differenzieren.

---

58 Bielfeldt 2010, 172.

59 Rheidt a. O. (Anm. 56) 263–269 Abb. 15 d.

60 Bielfeldt 2010, 169.

61 J. Schrammen, Der Grosze Altar. Der Obere Markt, AvP 3, 1 (Berlin 1906) 95 Taf. 24.

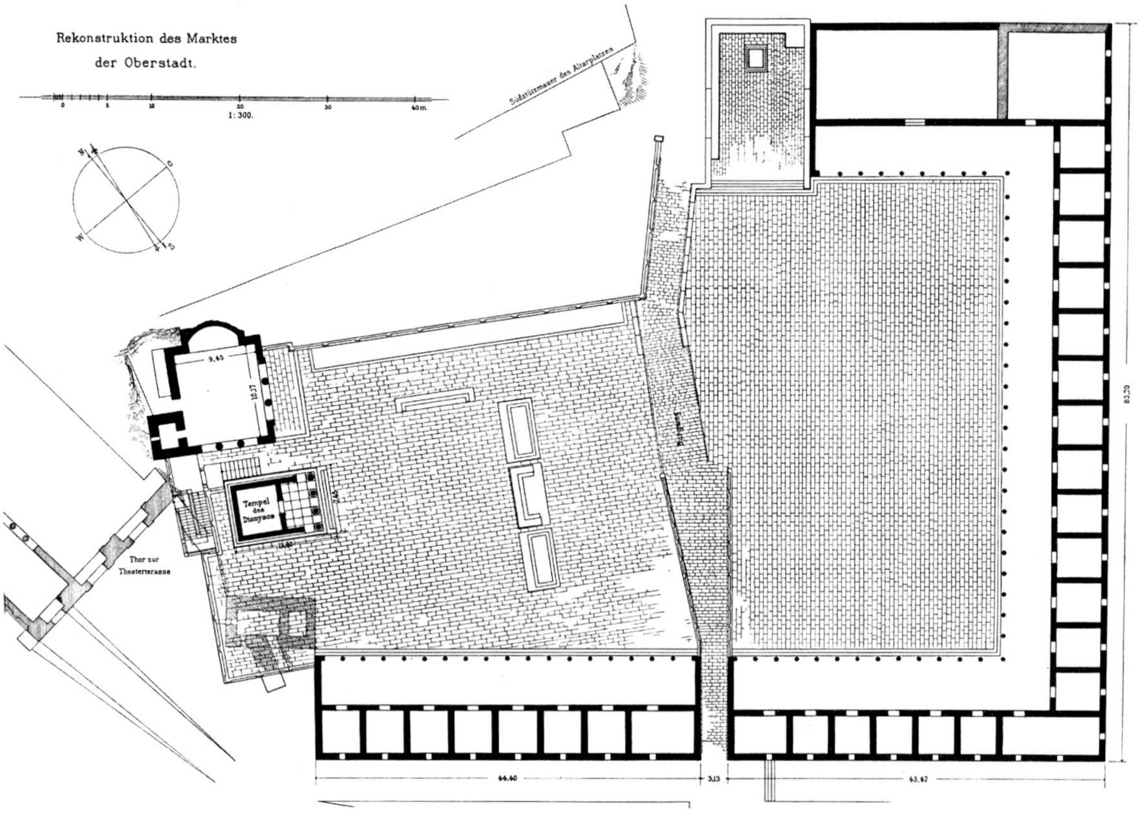

Abb. 16 Pergamon. Rekonstruierter Grundriß des Oberen Markts (Schrammen)

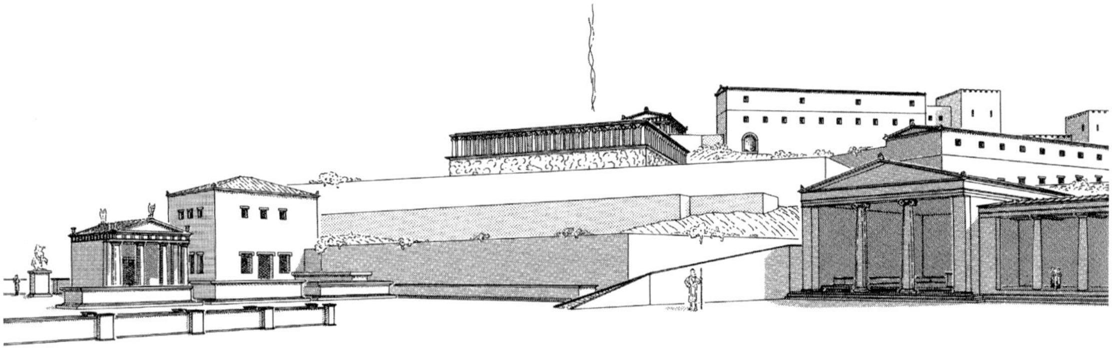

Abb. 17 Pergamon. Rekonstruierte Ansicht des Oberen Markts und der Akropolis (Rheidt)

Besser ist dies im Fall der Unteren Agora gelungen, die völlig vom Straßenraum abgetrennt ist (*Abb. 8*)[62]. Der Verlauf der Hauptstraße ist bei Erschließung des Umfeldes der Agora im Rahmen der Eumenischen Stadterweiterung so gelegt worden, daß eine ausreichend große Parzelle für den zweiten Markt oberhalb des neuen Südtores der Stadt blieb[63]. Der Hauptzugang der als doppelstöckiges Peristyl mit durchgehenden Ladenreihen im Westen und Osten sowie weiteren Räumlichkeiten im Norden gestalteten Anlage

62 Radt 1999, 87–89; zuletzt Pirson 2008, 102–104.

63 Vgl. Radt 1999, 83.

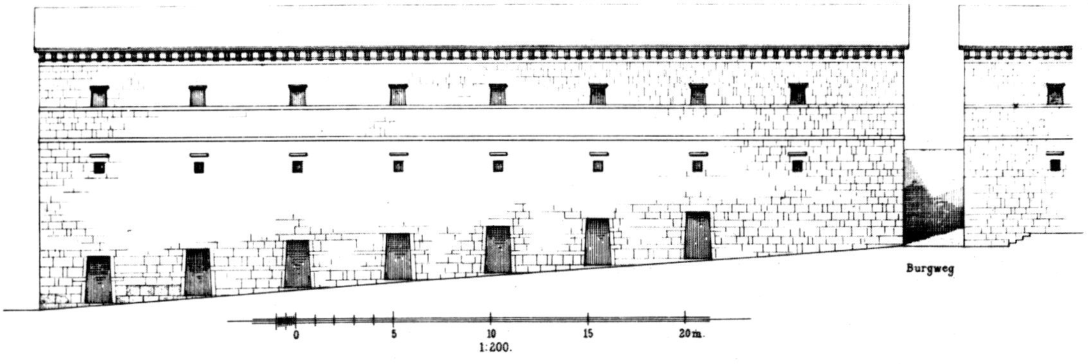

Abb. 18 Pergamon. Rekonstruierte Ansicht der Südfront des Oberen Marktes (Schrammen)

erfolgte von Osten über eine breite Treppe. Ein Nebeneingang öffnete sich im Westen auf die rückwärtige Gasse. Hinweise auf eine aufwendige architektonische Gestaltung konnten an keinem der beiden Eingänge nachgewiesen werden, doch dürfte die breite Treppenanlage des östlichen Zugangs, die an einem Knick der Hauptstraße geringfügig in diese hineinragt, den besonderen, vom Verkehrsraum abgehobenen Charakter der Anlage verdeutlicht haben[64]. So trug auch die Untere Agora zur Aufgliederung der Stadt in autonome Teilräume bei, die die Wahrnehmung der Stadt schon kurz nach Durchschreiten des Südtores bestimmten.

Das gleiche raumplanerische Prinzip fand auch am Großen Gymnasion von Pergamon Anwendung, der wohl bedeutendsten Anlage der hellenistischen Stadterweiterung[65] (*Abb. 19. 21*). Wiederum lag der Bauplatz zwischen zwei Teilstücken der in Serpentinen geführten Hauptstraße. Die Erschließung des Gymnasions erfolgte über zwei relativ schmale Zugänge in der mittleren Terrasse, die im Süden der Anlage an die Hauptstraße angrenzen. Während der östliche der beiden Eingänge architektonisch nicht hervorgehoben und deswegen wohl nur von nachgeordneter Bedeutung war[66], ist dem westlichen eine Säulenstellung und ein Vorhof in Form eines Viertelkreises vorgestellt, von dem auch eine Tür in die untere Terrasse abging[67]. Die Motivation für die ungewöhnliche Formgebung des Vorhofes ist nicht unmittelbar ersichtlich, scheint jedoch im gleichen Zusammenhang zu stehen wie die auffällige Schrägstellung des Treppenhauses: Wie die aktuellen Forschungen gezeigt haben, bestehen planerische Bezüge zwischen den Zugängen des Gymnasions und den hangaufwärts geführten Straßen des Osthangs des Stadtberges (s. o.), an deren Ausrichtung sich das westliche Treppenhaus orientierte. Wir können also davon ausgehen, daß die beiden erwähnten Zugänge des Großen Gymnasions als städtebauliche

64 Vgl. W. Dörpfeld, Die Arbeiten zu Pergamon 1900–1901, AM 27, 1902, 17; Radt 1999, 88. Es gilt allerdings zu berücksichtigen, daß die Bearbeitung und Publikation der Unteren Agora bisher über den Vorbericht der Ausgräber nicht hinausgegangen ist.

65 Radt 1999, 113–134; zuletzt R. von den Hoff, Hellenistische Gymnasia: Raumgestaltung und Raumfunktionen, in : Matthaei – Zimmermann a. O. (Anm. 12), 247–275, insbesondere 267 f.; ders., in: Pirson 2008, 106–110. Das Große Gymnasion wird derzeit von V. Stappmanns im Rahmen ihres Dissertationsprojektes neu bearbeitet (siehe Beitrag Stappmanns S. 233–250).

66 P. Schazmann, Das Gymnasion. Der Tempel der Hera Basileia, AvP 6 (1923) 30 f.

67 Ebenda 20 f. 24 f. Taf. 5. 7. 8.

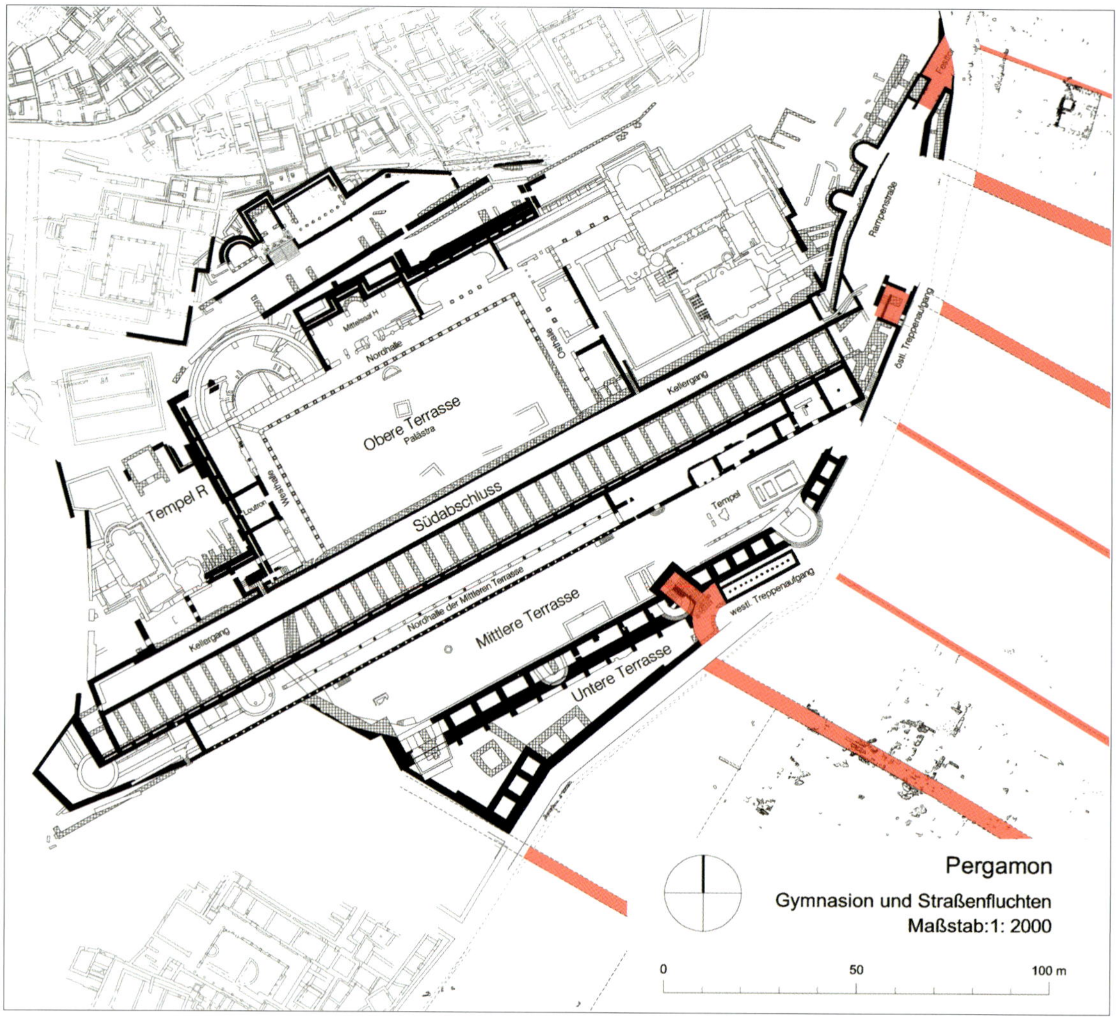

Abb. 19 Pergamon. Plan des Großen Gymnasions (die Zugänge sind rot markiert)

Bezugspunkte inszeniert waren (*Abb. 11. 19*). Diese und weitere Beobachtungen sprechen dafür, daß Straßensystem und Gymnasion Bestandteile der großen Stadterweiterung unter Eumenes II. waren[68]. Etwas später, vermutlich im späten 2. oder im 1. Jh. v. Chr., wurde dann ein weiterer Zugang, der von Osten über eine Rampe direkt auf die obere Terrasse führte, mit einem Propylon – dem so genannte Festtor – aufwendig ausgestattet[69]. Trotz der gestalterischen und städtebaulichen Hervorhebung der Eingänge des Gymnasions zeichnet sich die Gesamtanlage insgesamt durch einen geschlossenen Charakter aus. Ursachen für diese Wirkung sind neben der relativ geringen Größe der Zugänge an der Südseite vor allem die hoch aufragenden Stützmauern im Süden, die Begrenzungsmauern des Gymnasions nach Westen und Osten sowie die Gestaltung der oberen Terrasse mit der Palästra als Peristyl, d. h. als ein nach Innen orientierter Baukörper. Im Fall des Gymnasions ließe sich die Geschlossenheit auch funktional begründen, war der Zugang

[68] Siehe Anm. 23.

[69] Radt 1999, 134 Abb. 78.

doch nicht frei, sondern auf die Bürger beschränkt[70]. Zunächst ist jedoch unübersehbar, daß das Große Gymnasion dem gleichen übergeordneten städtebaulichen Prinzip der Anlage geschlossener urbaner Teilräume folgte, das ab dem 2. Jh. v. Chr. in Pergamon bei neuen Bauvorhaben ebenso wie bei Umgestaltungsmaßnahmen konsequent angewandt wurde. Den damit verbundenen architektonischen Entwurfsgedanken könnte man mit Martin Bachmann als »introvertiert«, d. h. »vornehmlich auf die stadträumliche Wirkung im Inneren des entstehenden Bauensembles« abzielend, bezeichnen[71]. Introvertiertheit ist in diesem Zusammenhang freilich nicht gleichbedeutend mit Zurückhaltung. Denn in den Fällen, in denen sich Propyla erhalten haben, stimmen sie den vom Straßenraum Eintretenden auf das folgende Architekturerlebnis ein und unterstützen somit das erst im Wechselspiel von Abgrenzung und Öffnung ausgeprägte Moment der Steigerung, das in der Wahrnehmung der Stadt eine wesentliche Rolle gespielt haben muß.

Das hier anhand des Beispiels Pergamon nochmals im Detail beschriebene, ab dem 2. Jh. v. Chr. für den hellenistischen Städtebau insgesamt charakteristische Phänomen der Parzellierung des öffentlichen Raums hat in der archäologischen und althistorischen Forschung unterschiedliche Wertungen erfahren. Nach von Hesberg »dient der architektonische Rahmen dazu, öffentlichen Raum bis in Details zu gliedern, Bewegungs- und Wahrnehmungsvorgänge stärker als bisher zu regeln und für die unterschiedlichen Ereignisse entsprechend auf die Nutzung abgestimmte Teilräume zu schaffen«[72]. Dadurch geht das Primat der Lebenspraxis, d. h. der Volks- und Gerichtsversammlungen, Feste und Märkte, bei der Konstituierung des öffentlichen Raumes zugunsten von Bauten verloren, die die öffentlichen Rituale »architektonisch fixieren«[73]. Für die hellenistischen Könige und die städtische Oberschicht ergaben sich aus der neuen Vielzahl an Exedren, Torbauten etc. zahlreiche Gelegenheiten zur Selbstdarstellung als Stifter, während der breiten städtischen Öffentlichkeit politische Entfaltungsmöglichkeiten im öffentlichen Raum entzogen wurden[74]. Demgegenüber betont Martin Zimmermann, daß die zahlreichen Teilräume der hoch- und späthellenistischen Städte »in der Wahrnehmung und Alltagspraxis der Bürger« wieder zusammengeführt wurden[75]. Dies geschah durch die Verteilung fester und performativer Elemente von Ehrungen über das gesamte Stadtgebiet, durch Prozessionen und durch die Verortung privater Feste im öffentlichen Raum. Für das öffentliche Auftreten der Bürger wurden hohe ästhetische Standards definiert, die im Zusammenspiel mit den neuen Architekturen zum glanzvollen Erscheinungsbild der Städte beitragen sollten. Auf dieser Basis soll die hellenistische Stadt »aus der Perspektive ihrer Bürger und in deren räumlichen Praktiken« als »dichtes Gewebe von einander überlappenden Raumbildern« erschienen sein[76].

70 Siehe von den Hoff a. O. (Anm. 65) 253 f. mit Anm. 32.

71 Bachmann a. O. (Anm. 54) 127.

72 Hesberg a. O. (Anm. 49) 121.

73 Ebenda 122.

74 Zimmermann a. O. (Anm. 49) 25 f. mit Bezug auf v. Hesberg a. O. (Anm. 50) 241.

75 Zimmermann a. O. (Anm. 49) 32–39.

76 Ebenda 39.

Die von Zimmermann rekonstruierte Vernetzung der architektonisch separierten Stadträume zu einem identitätsstiftenden Ganzen setzt freilich die aktive Teilhabe der Bürger am politischen und öffentlichen Leben voraus. Ein wesentlicher Indikator dafür ist die Rolle des Demos und seiner Mitglieder als Stifter und Empfänger von Ehrungen. In einer Residenzstadt wie Pergamon ist dies aber keine Selbstverständlichkeit. So kommt eine aktuelle Studie von Ruth Bielfeldt zur Präsenz des Demos im königszeitlichen Pergamon zu dem Schluß, daß in der Mitte des 3. Jhs. v. Chr. zwar ein »Bemühen bürgerliche Souveränität im Angesicht der erstarkenden Dynastie neu auszuhandeln« festzustellen ist, während »für die Regierungszeiten Attalos' I. und Eumenes' II. (...) von einer weitgehenden bürgerlichen Abstinenz gesprochen werden« muß[77]. Erst in den letzten drei Jahrzehnten der Attalidenherrschaft und besonders während der Regierungszeit Attalos III. (138–133 v. Chr.) traten die Bürger im städtischen Herrscherkult, in den Statuenweihungen sowie als Euergeten im Gymnasion in Erscheinung, während parallel dazu das Engagement des Königs und seiner Philoi als Stifter spürbar nachließ. Die von Bielfeldt konstatierte Unscheinbarkeit des pergamenischen Demos in langen Phasen der Attalidenherrschaft hält sie für den Ausdruck »einer grundsätzlich distanzierten Haltung der Attaliden gegenüber der Institution Polis«[78]. Städtebaulich findet diese Haltung in Pergamon ihren Niederschlag in einer »ästhetischen Hierarchisierung« zwischen den bürgerlichen Zentren auf der einen, den Kultbauten und Siegesdenkmälern auf der anderen Seite, wobei Bielfeldt vor allem auf die relative Einfachheit der Ausstattung und auf das Fehlen von Marmorarchitektur – bis auf den Zeus-Tempel auf der Oberen Agora – auf den Agorai und im Gymnasion im Verhältnis zum Großen Altar, dem Athena-Heiligtum und den Palästen hinweist[79]. Während ihre Beobachtung einer ästhetischen Hierarchisierung grundsätzlich das Richtige trifft, darf nicht übersehen werden, daß das Gymnasion allein wegen seiner schieren Größe ein höchst beeindruckender Bau gewesen ist, der den bürgerlichen Zentren im Stadtbild ein erhebliches Gewicht verliehen hat.

Bei der Gestaltung öffentlicher Zweckbauten und Heiligtümer als abgeschlossene, nach innen orientierte Bauensembles handelt es sich zunächst um ein architektonisch-städtebauliches Phänomen, das mit Agorai, Theatern, Gymnasien und Heiligtümern ganz unterschiedliche Funktionsbereiche betraf. Primäres Anliegen war, die einzelnen Anlagen vom Verkehrsraum zu differenzieren und gegen die umgebenden Stadträume abzuschließen. Daß dahinter das Bedürfnis nach räumlicher Distinktion und Steigerung stand, ergibt sich aus der aufwendigen Gestaltung der Anlagen im Inneren und ihren zum Teil repräsentativen Einganglösungen, die sowohl die Trennung von den einfachen Verkehrsflächen markieren als auch auf die Höherwertigkeit der anschließenden Räume hinweisen. Aus städtebaulicher Sicht ist es also angemessen, in der Parzellierung des öffentlichen Raumes zugleich eine hierarchische Differenzierung zwischen verschiedenen Stadträumen zu sehen. Daß damit nicht unbedingt eine räumliche Hierarchisierung des politischen und gesellschaftlichen Lebens einhergehen muß, hat die aktuelle Diskussion um die historische Interpretation der Parzellierung des öffentlichen Raumes im Hellenismus gezeigt.

77 Bielfeldt 2010, 189.

78 Bielfeldt 2010, 191.

79 Bielfeldt 2010, 191.

So ist deutlich geworden, daß wesentliche Elemente des politischen Lebens in den Städten – wie z. B. die Verleihung und der Empfang von Ehrungen – die architektonisch von einander abgesetzten Teilräume in der Lebenspraxis wieder vernetzen konnten. Ob die bürgerlichen Akteure, deren Teilhabe am politischen und gesellschaftlichen Geschehen für die von Zimmermann rekonstruierte Vernetzung unerläßlich ist, in der Phase des Ausbaus Pergamons unter Eumenes II. eine wesentliche Rolle spielten, muß nach der Untersuchung von Bielfeldt allerdings bezweifelt werden. Insofern kann die Parzellierung des öffentlichen Raumes in Pergamon auch weiterhin als Ausdruck einer – phasenweise unterschiedlich stark ausgeprägten – politischen und gesellschaftlichen Hierarchisierung des Stadtraumes angesehen werden.

2. Vorstadt und Umland

Ebensowenig wie das Stadtgebiet einer antiken Polis an ihren Befestigungsmauern endet, kann die Beschäftigung mit der Hierarchisierung von Räumen in Pergamon die Vorstädte und das Umland ausklammern. Im Fall einer Residenzstadt gilt dies um so mehr, da der uneingeschränkte Zugriff auf ein inneres Herrschaftsgebiet, das wesentliche Ressourcen sicherte und die Anbindung an die Hauptverkehrs- und Kommunikationswege gewährleistete, für eine hellenistische Herrschaft überlebenswichtig war. Da ich mich zu dieser Thematik bereits ausführlich geäußert habe und dies an anderer Stelle noch weiter vertiefen werde[80], können hier einige zusammenfassende Bemerkungen genügen.

Für die Frage nach räumlichen Hierarchien zwischen der Residenzstadt Pergamon und der sie umgebenden Landschaft ist vor allem von Interesse, wie der Anspruch auf das innere Herrschaftsgebiet zum Ausdruck gebracht wurde. Die Analyse der dabei eingesetzten Mittel macht deutlich, daß zwischen Stadt und Landschaft ein hierarchisches Verhältnis in dem Sinne bestand, daß die Zuordnung der Landschaft zum urbanen Zentrum und Sitz der Herrschaft auf verschiedenen Ebenen sinnfällig zum Ausdruck gebracht wurde.

Im Fall von Pergamon umfaßt das oben erwähnte innere Herrschaftsgebiet das Tal des Kaikos und die angrenzenden Höhenzüge sowie die Küsten zwischen Atarneus im Norden und Elaia im Süden (*Abb. 20*). Die Lage der Stadt auf einem vorgeschobenen Ausläufer des Pindasos-Gebirges am Nordrand des mittleren Kaikos-Tales war nicht nur aus strategischen Gründen vorteilhaft, sondern sicherte Pergamon auch eine prominente Position in der äußeren Wahrnehmung. Dies gilt besonders für von Westen, d. h. vom Meer kommende Besucher. Sie erblickten den Stadtprospekt, der sich von Westen nach Südosten um den Stadtberg herum ausbreitet (*Abb. 21*), in seiner ganzen Fülle.

Das bereits in der Antike besonders gelobte Architekturensemble[81] entwickelte seine Wirkung vor allem aus der Plazierung von Hallenbauten und kunstvollen Architekturen wie dem Großen Altar auf Terrassen mit hoch aufragenden Stützmauern. Ob bei der

---

80 Pirson 2008a, 27–50; ders., Die Inklusion der aiolischen Polis Elaia in das Territorium Pergamons: Funktion und Semantik (in Druckvorbereitung befindlicher Vortrag, gehalten auf dem Plenarkolloquium »Inklusion und Exklusion in der hellenistischen Polis« des DFG-geförderten Schwerpunktprogramms 1209 in München 27.–28.11.2009).

81 Aristeid. 23, 13 p. 35.

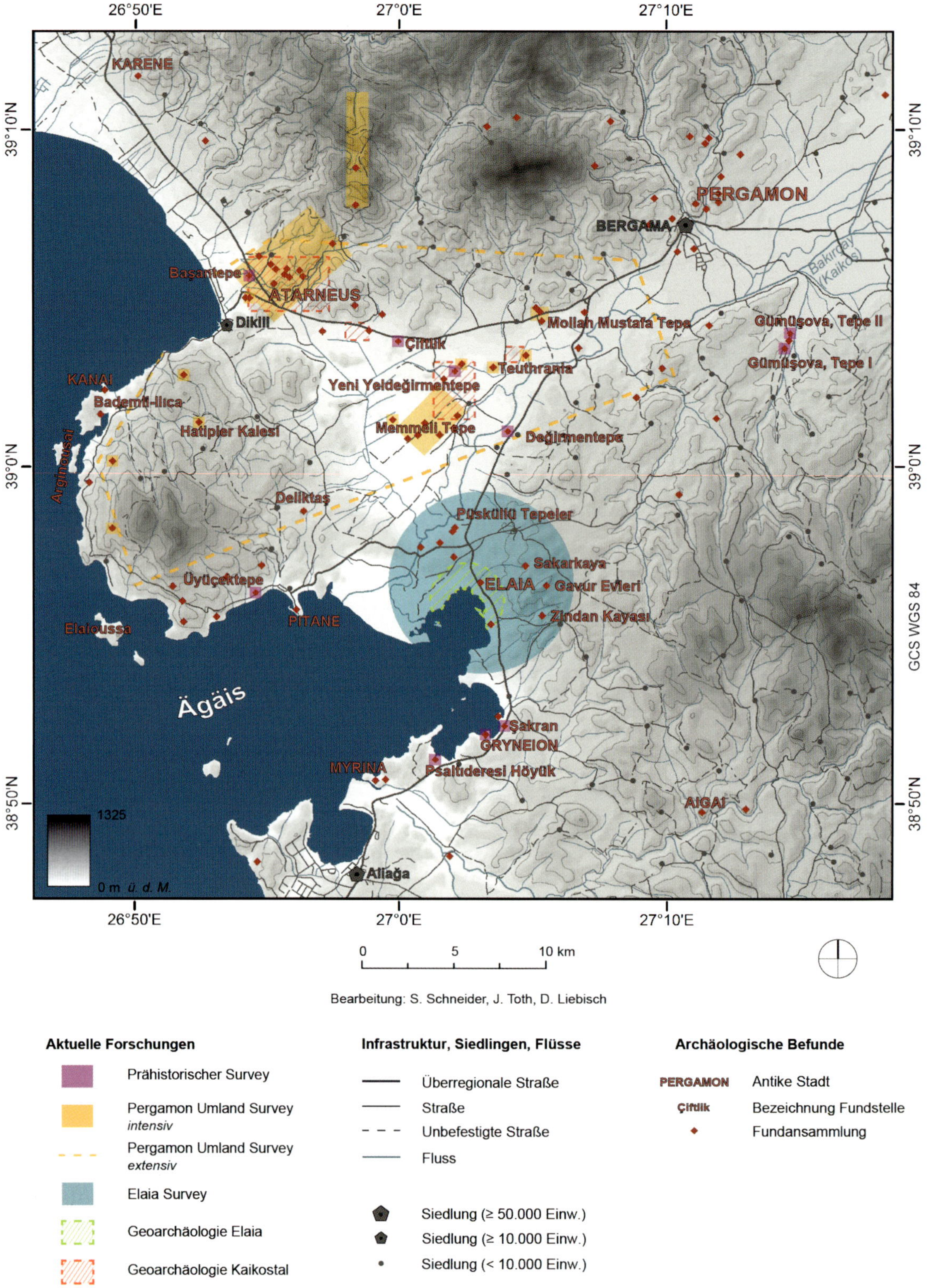

Abb. 20 Pergamon, Umland. Neue archäologische Karte der pergamenischen Landschaft als Bestandteil des GIS-Pergamon (Stand 2010).

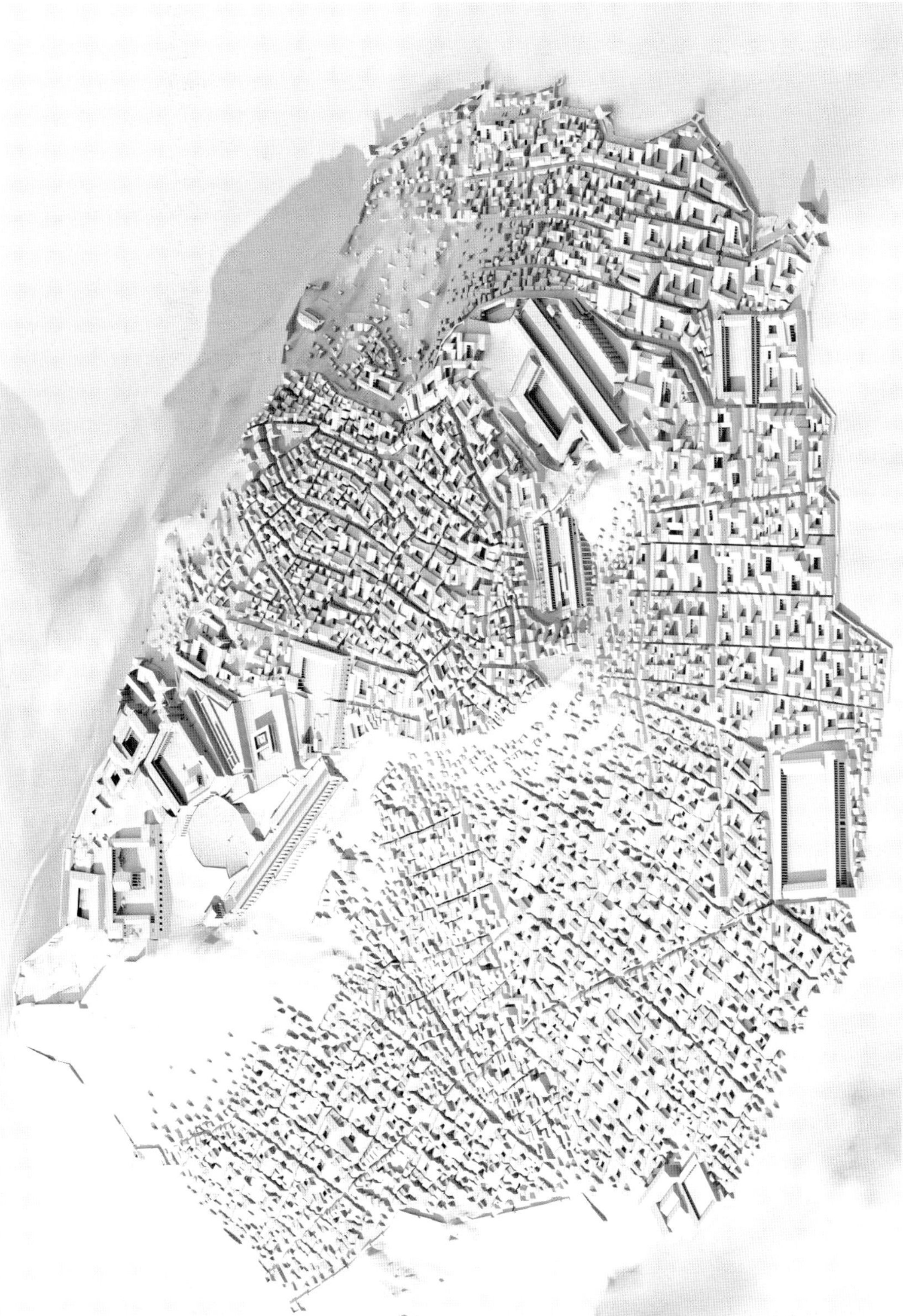

Abb. 21 Pergamon. Neue computergestützte Rekonstruktion des Stadtberges. Ansicht von Süden.

Planung die Erzielung einer größtmöglichen Fernwirkung eine entscheidende Rolle spielte, oder ob nicht doch eher das Bedürfnis nach geschlossenen urbanen Innenräumen die talseitige Hallenbauten und damit auch erweiterte Terrassen mit hohen Stützmauern erforderlich machten, ausschlaggebend war, ist jüngst ausführlich diskutiert worden[82]. Unzweifelhaft ist hingegen, daß der Stadtprospekt Pergamons, der von der vier Kilometer langen und streckenweise in extrem steilem Gelände geführten Eumenische Stadtmauer eingefaßt wurde (*Abb. 9*), eine eindrucksvolle Wirkung entfaltet haben muß und somit das visuell-ästhetische Zentrum des inneren Herrschaftsgebietes bildete.

Für die Wahrnehmung der Zugehörigkeit des Umlandes zur Stadt sind die Zusammenführung des lokalen Wegenetzes im Stadtkörper und die Führung von Straßen aus den Toren der Stadt heraus von grundlegender Bedeutung (*Abb. 22*). Das logistische Ausgreifen der Stadt ins Umland kommt noch sinnfälliger zum Ausdruck, wenn neben Toranlagen auch Brücken die Wegeführung akzentuieren. Für Pergamon sind am Fuße des Stadtberges bis zu vier Flußübergänge aus hellenistischer Zeit überliefert. Besonders bemerkenswert ist in diesem Zusammenhang, daß das Haupttor der hellenistischen Stadt parallel zur Ausrichtung zweier Brücken über den Selinos orientiert ist[83], wodurch die Bezüge zwischen der Stadt und der Erschließung des Umlandes nochmals akzentuiert wurden.

Über den vorstädtischen Bereich hinaus sind es vor allem die verschiedenen Grabhügel hellenistischer Zeit, die den Anspruch Pergamons und der Attaliden auf das Umland unterstreichen (*Abb. 22*). Für den von Süden Kommenden wirkte der mächtige Yığmatepe, der vermutlich aus hellenistischer Zeit stammt und somit als Grabstätte eines der Attaliden in Frage kommt, wie eine Ouvertüre des Stadtberges (*Abb. 23*). Eine räumliche Beziehung zwischen Tumulus und Basileia scheint bereits bei der Wahl des Platzes für den Tumulus eine Rolle gespielt zu haben. So hat Wolfram Hoepfner für den Yığmatepe eine Flucht in der Achse des Athenatempels und des Zentrums des Tumulus beobachtet[84]. Eine ähnliche Flucht postuliert Markus Kohl in der Achse des Heratempels und des Mittelpunktes des Tavşan Tepe[85]. Beide Beobachtungen, die von der Forschung angezweifelt worden sind[86], haben wir nun anhand geodätischer Neu-Vermessungen überprüft (*Abb. 22*)[87]. Sie haben ergeben, daß die Achse Athenatempel-Yığmatepe nur um ca. 21m vom Mittelpunkt des Yığmatepes abweicht, was über eine Distanz von 3 km durchaus tolerabel ist. Beim Tavşan Tepe könnte die Abweichung auf einer kürzeren Distanz hingegen bis zu 46 m betragen haben, was die bewußte Konstruktion einer Achse eher unwahrscheinlich macht. Während also ein planerischer Bezug zwischen dem Yığmatepe und dem älteren Athenatempel sehr wahrscheinlich ist, stellt sich doch die Frage, inwieweit eine solche Achse auch in der

---

82 Bachmann a. O. (Anm. 54).

83 Wulf 1994, 148 Beil. 6.

84 W. Hoepfner, Von Alexandria über Pergamon nach Nikopolis. Städtebau und Stadtbilder hellenistischer Zeit, in: Akten des 13. Internationalen Kongresses für Klassische Archäologie Berlin 1988 (Mainz am Rhein 1990) 282, Beil. 1.

85 Markus Kohl, Architecture, sculpture, espace, in: F.-H. Massa-Pairault – G. Sauron (Hrsg.), Images et modernité hellénistiques, CEFR 390 (Rom 2007) 120 f.

86 Wulf 1994, 158 mit Anm. 147.

87 Dafür sind die beiden Grabhügel mit dem GPS vermessen worden, während die Altpläne des Athena-Heiligtums neu georeferenziert wurden (Kooperation mit TU und Hochschule Karlsruhe). Eine noch höhere Genauigkeit ließe sich nur auf Basis einer völligen Neuaufnahme des Athenatempels erzielen.

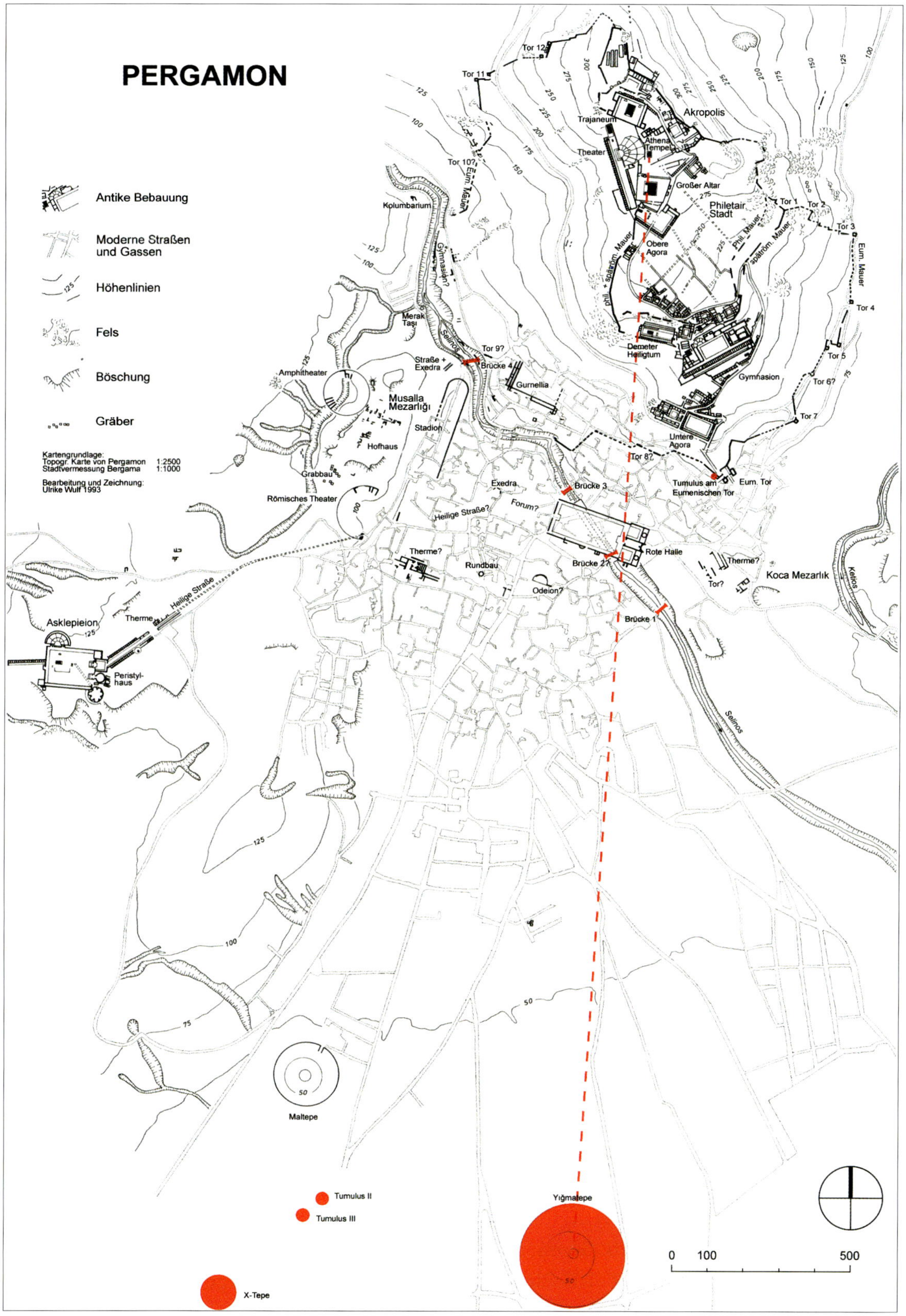

Abb. 22 Pergamon. Karte der antiken Stadt und ihres Umlandes. Die hellenistischen Brücken und Grabhügel sowie die Achse Athenatempel – Yığmatepe sind rot markiert.

Abb. 23 Pergamon. Ansicht des Yığmatepe von Süden. Im Hintergrund der Stadtberg.

alltäglichen Wahrnehmung zur Geltung kam. Denn eine echte Sichtachse, die den Blick zwischen Ausgangspunkt und Ziel an Zwischenstationen entlang weiter lenkt, liegt hier nicht vor. In der Praxis dürfte dem Besucher des Athenaheiligtums, der an den Langseiten des Tempels vorbei in die Ebene schaute, der Yığmatepe zwar unmittelbar ins Auge gefallen sein. Einen exakten planerischen Bezug konnte er jedoch nicht erkennen. Wir sollten also zwischen zwei Kategorien von Achsen differenzieren: Sichtachsen steuern den Blick auf ein Ziel, während planerische Achsen zwei oder mehrere Objekte in einen räumlichen Bezug zueinander stellen, der aus verschiedenen Positionen heraus unterschiedlich intensiv wahrgenommen werden konnte. Die Achse Athenatempel – Yığmatepe, die zu letzterer Kategorie gehört, drückt also zum einen durch den Bauherren des Grabmals intendierte inhaltliche Verbindungen zwischen Athenatempel und Grabdenkmal aus. Zum anderen konstruiert sie allgemein wahrnehmbare räumliche Bezüge zwischen dem Hauptheiligtum der Stadt und der Kaikosebene, die ihrerseits inhaltlich konnotiert sind. Solche Verbindungen sind im Hellenismus kein Einzelfall. So beschreibt Hans Lauter inszenierte Bezüge zwischen der Akropolis von Lindos auf Rhodos und zwei Grabmälern in der Umgebung der Stadt[88].

Achsbezüge scheinen auch beim räumlichen Verhältnis zwischen der Residenzstadt Pergamon und zwei Heiligtümern in ihrem Umland eine Rolle gespielt zu haben. So hat Wulf, Bezug nehmend auf ältere Beobachtungen, noch einmal gezeigt, daß die beiden unter Philetairos ausgebauten Kybele-Heiligtümer in Kapıkaya und Mamurt Kale, die in ca. 5 bzw. 30 km Entfernung von der Stadt liegen, über eine Achse mit dem Athenatempel verbunden waren[89]. Ein neu entdecktes Felsheiligtum am Osthang des Stadtberges von Pergamon, das

---

[88] H. Lauter, Kunst und Landschaft – Ein Beitrag zum rhodischen Hellenismus, AntK 15, 1972, 51 Taf. 14, 6.

[89] Wulf a. O. (Anm. 38) 41–44.

vermutlich auch der Meter-Kybele geweiht war, scheint seinerseits auf das Heiligtum von Mamurt Kale orientiert zu sein[90]. Aufgrund der großen Distanz stellt sich allerdings die Frage der Sichtbarkeit zwischen den städtischen und den außerstädtischen Heiligtümern, zumal in Kapıkaya und Mamurt Kale kein Marmor Verwendung fand, der im Sonnenlicht über weite Strecken sichtbar gewesen wäre. So kann man sich die Blickbeziehung noch am ehesten als bewußte Inszenierung, z. B. bei Feuerschein, vorstellen. Auch erscheint fraglich, ob die Ortswahl der beiden Kybele-Heiligtümer, die sich als Naturheiligtümer bekanntlich besonders stark an lokalen Gegebenheiten orientierten, durch die Position des älteren Athenatempels auf der pergamenischen Akropolis bestimmt gewesen sein kann.

Trotz dieser Einschränkungen bleibt die Beobachtung bestehen, daß die Achse zwischen den drei Heiligtümern die Inszenierung räumlicher Bezüge zwischen der Residenz und ihrem Territorium ermöglichte. Insofern liegt die Vermutung nahe, daß der erste Herrscher Pergamons insbesondere solche Plätze ausbauen ließ, die über Blickbeziehungen mit der Stadt verbunden waren und insofern deren Einflußnahme auf das Umland sinnfällig vor Augen führten.

Ein wesentliches Interesse der Attaliden muß der militärischen Sicherung ihres inneren Herrschaftsgebietes gegolten haben, die die Besetzung und den Ausbau strategisch bedeutsamer Plätze erforderlich machte. Für den südwestlichen Bereich des Kaikostales und den angrenzenden Küstenstreifen können wir dank der Untersuchungen der letzten Jahre schon ein erstes, vorläufiges Bild entwerfen: Die Hauptverbindungsstraße von Pergamon zur Küste orientierte sich in ihrem Verlauf an den nordwestlichen Ausläufern des Aspordenon (Yüntdağ) und passiert etwa auf der Hälfte der Strecke nach Elaia den Erigöl Tepesi (*Abb. 20. 24. 25*), einen im flachen Kaikostal weithin sichtbaren Granitkegel. Auf seinem Gipfel befinden sich die Reste einer hellenistischen Festung, am Fuße des Hügels eine offenbar antike Brücke über den Kaikos[91]. Damit erfüllte die militärische Anlage auf dem Erigöl Tepesi zweierlei Funktionen: Die Sicherung der Küstenstraße auf dem Weg nach Pergamon und die Setzung einer weiteren signifikanten Landmarke, die den Anspruch der Attaliden auf das Tal des Kaikos über den Tumulus Yığmatepe hinaus weiter nach Süden symbolisierte.

Den nächsten Knotenpunkt in diesem funktionalen und symbolischen Netzwerk von Orten bildete Elaia, der Haupthafen Pergamons (*Abb. 20*). Die alte aiolische Polis, deren Ursprünge nach unseren Forschungen bis in das 3. Jt. v. Chr. zurückreichen, wurde im 3. – 2. Jh. v. Chr. ausgebaut und neu befestigt sowie mit umfangreichen Hafenanlagen ausgestattet (*Abb. 26*)[92]. Damit wurde sie nicht nur zum maritimen Satelliten der Pergamener mit wichtigen wirtschaftlichen und militärischen Funktionen, sondern sicherte zugleich den südlichen Zugang in das Tal des Kaikos, in dem sie den an dieser Stelle besonders schmalen Küstenstreifen bis an die westlichen Ausläufer des Aspordenon heran nahezu vollständig besetzte.

---

90 Pirson 2010, 150.

91 A. Conze – O. Berlet – A. Philippson – C. Schuchhardt – F. Gräber, Stadt und Landschaft, AvP 1 (Berlin 1912/1913) 116 f. Siehe auch Pirson 2008a, 34. 37 f. Abb. 4. 5.

92 Siehe zuletzt Pirson 2010, 188–220.

Abb. 24 Erigöl Tepesi. Ansicht von Südwesten.

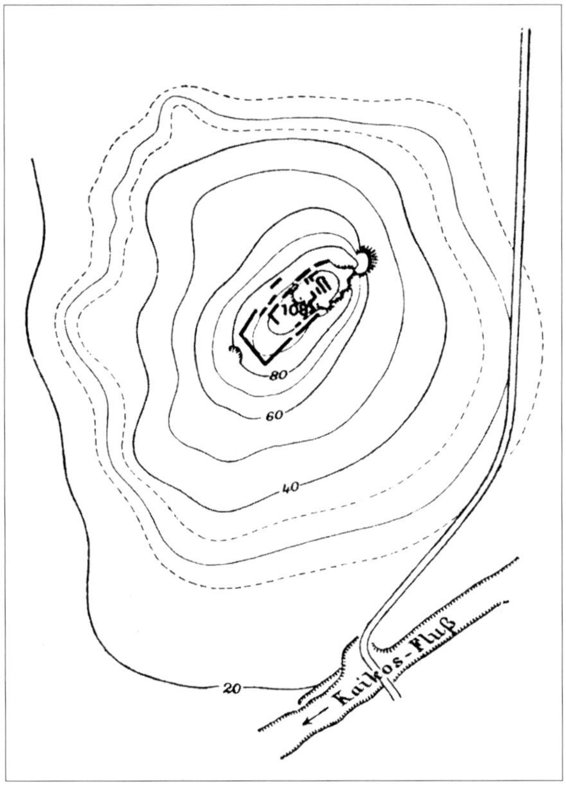

Abb. 25 Erigöl Tepesi.
Plan mit der hellenistischen Befestigungsanlage und der Brücke

Die Bedeutung der militärischen Sicherung der Südgrenze des inneren Herrschaftsgebietes der Pergamener wird noch durch die Präsenz mutmaßlicher Festungen Festungen südöstlich von Elaia in den Ausläufern des Aspordenon unterstrichen, deren Untersuchung allerdings noch nicht abgeschlossen ist[93]. Im Fall der so genannten Gavur Evleri und der Befestigung auf dem Sakarkaya (*Abb. 20. 27*) ist aufgrund ihrer auffälligen Gestalt bzw. ihrer Platzierung auf einem markanten Bergsporn anzunehmen, daß sie über ihre Funktionen in der Überwachung und militärischen Sicherung der Bucht von Elaia und der küstenseitigen Täler des Aspordenon hinaus auch wirkungsvolle Zeichen pergamenischer Macht und territorialer Ansprüche setzten.

Eine ähnliche Situation scheint am nördlichen Zugang in das Tal des Kaikos, d. h. in Atarneus und Umgebung, bestanden

93 Pirson 2010, 200 f. Siehe auch Pirson 2008a, 38.

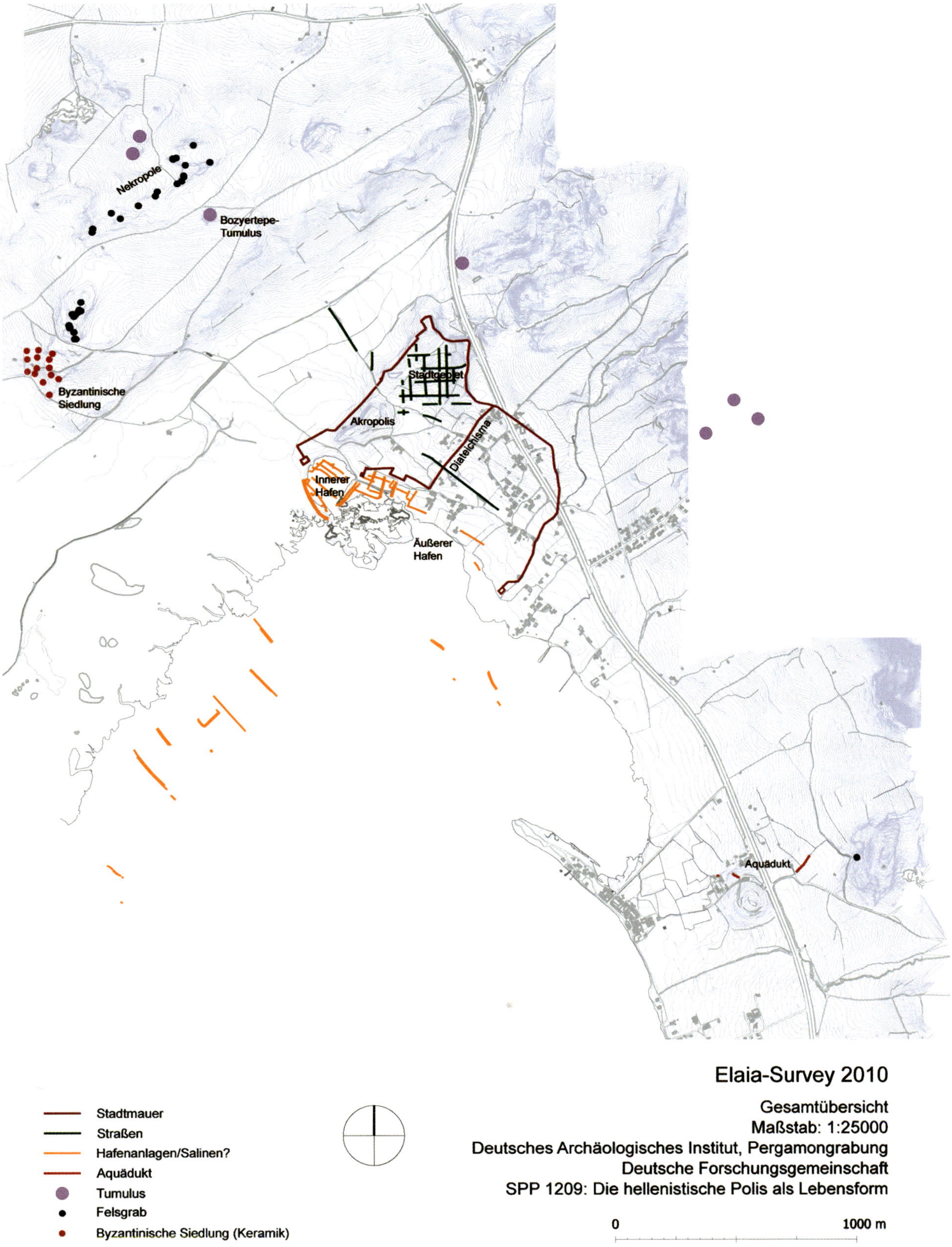

Abb. 26 Elaia. Plan der antiken Stadt und ihrer Umgebung (Stand 2010)

Abb. 27 Gavur Evleri und Sakarkaya. Ansicht von Westen mit dem Sakarkaya im Hintergrund

Abb. 28 Atarneus: Ansicht des Stadtberges von Südwesten

zu haben (*Abb. 20. 28*) So legen die jüngsten Untersuchungen unter der Leitung von Martin Zimmermann nahe, daß die einstmals bedeutende Polis Atarneus unter wachsendem Einfluß Pergamons im 3. – 2. Jh. v. Chr. zu einem militärischen Vorposten der Residenzstadt ausgebaut wurde, bevor man sie im 1. Jh. v. Chr. – vielleicht infolge der mithridatischen Kriege – ganz aufgab[94]. Im Umfeld von Atarneus konnten – ähnlich wie in Elaia – die Reste von hellenistischen Festungen festgestellt werden, die ebenfalls zu einem von Pergamon aus kontrollierten Netzwerk militärischer Sicherung gehört haben dürften.

Aus dem bisher Gesagten wird deutlich, daß das innere Herrschaftsgebiet der Pergamener durch Wegeführungen, militärische Anlagen, Grabmäler und Heiligtümer auf verschiedenen funktionalen und symbolischen Ebenen mit der Residenzstadt verknüpft war, die mit ihrem beeindruckenden Architekturprospekt und als Ausgangs- und Zielpunkt von Wegen und Sichtverbindungen innerhalb des beschriebenen Netzwerkes eine zentrale Position innehatte. Neben Pergamon existierten wichtige Subzentren wie z. B. Elaia und Atarneus oder auch das Perperene im Pindasosgebirge (*Abb. 20*)[95], die nicht ausschließlich auf Pergamon orientiert waren, sondern über eigene territoriale Bezugsysteme verfügten, die in die Zeit vor der pergamenischen Herrschaft zurückreichen[96]. Diese Bezugssysteme wurden in das neue, übergeordnete Netzwerk integriert. Durch die Vereinnahmung und Umgestaltung älterer Polis sowie durch die Neuanlage von Festungen, Heiligtümern und monumentalen Grabanlagen ist es den Attaliden gelungen, ihr inneres Herrschaftsgebiet zu definieren und zu konsolidieren und somit eine wesentliche Voraussetzung für den Erhalt und Ausbau ihrer Territorialherrschaft zu schaffen.

3. Die Hierarchisierung des Raumes und ihre Wahrnehmung

Wie in den meisten vormodernen Städten, so ist auch in Pergamon keine Zonierung des Stadtgebietes feststellbar, d. h. das Bedürfnis nach sozialer Segregation oder nach funktionaler Gliederung war kein bestimmendes Element der Stadtplanung. Dies bedeutet jedoch nicht, daß der Stadtorganismus von Pergamon ein homogenes Gefüge ohne Differenzierungen in der räumlichen Organisation gewesen wäre. Vielmehr gibt schon die Topographie des Burgberges eine Gliederung in Oben und Unten vor, die sich die attalischen Herrscher geschickt zu Nutze machten. So war die Besetzung des oberen Plateaus und seines Umfeldes mit der Basileia nicht nur ein Zeichen von Dominanz innerhalb der Stadt, sondern sorgte auch für die Sichtbarkeit der Repräsentationsbauten der jungen Dynastie, wie z. B. des Athenaheiligtums oder des Großen Altars, bis weit in das Umland der Metropole hinein. Die separate Ummauerung der Basileia bot den Wohn- und Repräsentationsbereichen der Herrscherfamilie militärischen Schutz und kennzeichnete sie zugleich als herausgehobene Orte. Auf diese Weise wurde ein eindrückliches Zeichen königlicher Macht in der Stadt selbst und weit darüber hinaus gesetzt. Somit ist die

94 M. Zimmermann, in: Pirson 2010, 180–182.

95 Pirson 2008a, 43–45.

96 Zu den Chorai von Pergamon und den Städten in seiner Umgebung siehe K. Sommerey, Die Chora von Pergamon. Studien zu Grenzen, Siedlungsstruktur und Wirtschaft, IstMitt 58, 2008, 135–170.

Errichtung einer eigens befestigten Basileia auf der Spitze des Stadtberges von Pergamon der evidenteste Ausdruck einer hierarchischen Gliederung des Stadtraumes. Dieser Eindruck wird noch dadurch verstärkt, daß die Basileia spätestens ab dem 2. Jh. v. Chr. durch architektonisch anspruchsvolle und aufwendig ausgestattete Anlagen wie das Theater mit der Theaterterrasse, den Großen Altar und den Temenos für den Herrscherkult umgeben war und damit von den Wohnvierteln der Bürger, die ursprünglich bis nahe an die Basileia heranreichten[97], weiter abgegrenzt wurde (*Abb. 21*). Diese Differenzierung brachte man nicht nur durch architektonische Maßnahmen zum Ausdruck. Auch die Konzentration von Militär im Umfeld der Herrscher muß im Kontext eines ansonsten funktional stark durchmischten Stadtgebietes ins Auge gefallen sein.

Die herausgehobene Stellung der Herrscherfamilie allein reicht freilich noch nicht aus, um hierarchisierende Züge als charakteristische Elemente der pergamenischen Stadtplanung zu konstatieren. Der Vergleich zwischen den Wohnbauten der Stadtgrabung und dem Viertel westlich der Unteren Agora legt für das 2. Jh. v. Chr. zumindest eine Differenzierung in der Attraktivität einzelner Wohnlagen nahe. So ist im Umfeld des Zentrums der hellenistischen Unterstadt eine Konzentration großer Peristylhäuser zu beobachten. Auch wenn die relative Homogenität dieser Häuser nicht als Ausdruck sozialer Segregation im modernen Sinne gewertet werden kann, so wird doch deutlich, daß die Nähe zur Unteren Agora und zum Gymnasion eine privilegierte Lage war, die auf Mitglieder der führenden Schicht der Stadt eine hohe Anziehungskraft ausübte. Insofern können wir davon ausgehen, daß die soziale Stratifizierung der pergamenischen Gesellschaft ihren Ausdruck auch in der räumlichen Organisation des Stadtgebietes fand, dessen besonders attraktive Lagen – die den politisch und wirtschaftlich einflußreichen Bürgern ein ausreichendes Maß an öffentlicher Wahrnehmung und an Räumen für die eigene Selbstdarstellung sicherten – der Oberschicht vorbehalten waren.

Über die Besetzung einzelner prominenter Positionen des Stadtgebietes durch die Herrscherfamilie und Angehörige der Oberschicht hinaus ließen auch die Befestigungsanlagen, die verschiedenen Straßensysteme und die Konglomerate von Heiligtümern und öffentlichen Gebäuden im Umfeld der Basileia und am Übergang zwischen Ober- und Unterstadt eine differenzierte Gliederung des Stadtgebietes erkennen. Diese Gliederung ist Ausdruck einer gelenkten städtebaulichen Gestaltung, die auch einem schwierig zu bebauenden Terrain wie dem Stadtberg von Pergamon ihren ordnenden Stempel aufgedrückt hat. Dies bedeutet freilich nicht, daß zu allen Zeiten ein Masterplan bestanden hätte, an dem sich der Ausbau der Stadt orientierte. Aber durch die Verfügungsgewalt über prominent gelegene Grundstücke oder durch Maßnahmen wie der Stadterweiterung unter Eumenes II. konnten die Herrscher über einzelne Stiftungen hinaus Einfluß auf das Erscheinungsbild des städtischen Gesamtorganismus nehmen. Darin liegt ein unverkennbarer Ausdruck königlicher Macht, der von den Stadtbewohnern selbst, aber auch durch von Ferne kommende Besucher wahrgenommen werden mußte. Denn schon in

---

97 So z. B. im Bereich des Temenos für den Herrscherkult, auf der späteren Altarterrasse oder im Bereich der Oberen Agora. Siehe E. Boehringer – F. Kraus, das Temenos für den Herrscherkult, AvP 9 (Berlin u. Leipzig 1937) 12–33; K. Rheidt a. O. 279 f. (Anm. 56 Abb. 15 a–d).

hellenistischer Zeit war man für die Schönheit geordneter und auf Fernwirkung hin angelegter Stadtanlagen sensibilisiert[98].

Ein wesentliches Charakteristikum hellenistischer Architektur, das auch das Stadtbild Pergamons bestimmte, ist die Parzellierung des Stadtraums, d. h. das Nebeneinander mehrerer in sich geschlossener Baukomplexe, die durch Straßen miteinander verbunden waren. Damit entstand eine stadträumliche Atmosphäre, die sich deutlich von den uns vertrauten mittelalterlichen oder neuzeitlichen Städten Europas mit ihren zahlreichen Platzanlagen unterscheidet. Man bewegte sich auf verhältnismäßig schmalen Straßen und Gassen, die sich nur punktuell an Straßenkreuzungen zu kleinen platzartigen Flächen erweiterten. Die großen Heiligtümer und öffentlichen Anlagen wurden durch ihre Umfassungsmauern und Substruktionen als mächtige Baukörper wahrgenommen, die man gezielt betreten mußte. Tat man dies, eröffneten sich völlig andere räumliche Eindrücke als auf den Straßen. Einerseits stieß man auf große, rechteckige Freiflächen und langgestreckte Terrassen, andererseits war der Ausblick in die Umgebung oftmals durch Mauern und Hallen verstellt, die allerdings punktuell geöffnet sein konnten und somit die Umgebung gezielt mit einbezogen[99]. Die räumliche Wirkung der großen innerstädtischen Komplexe beruhte also nicht zuletzt auf dem Moment der Steigerung gegenüber dem Straßenraum, d. h. dem alltäglichen Verkehrsweg. Die in einzelnen Fällen erhaltenen Propyla stimmten den vom Straßenraum Eintretenden auf das folgende Architekturerlebnis ein und unterstützen somit die erst im Wechselspiel von Abgrenzung und Öffnung erfahrbare Steigerung, die in der Wahrnehmung der Stadt eine wesentliche Rolle gespielt haben muß.

Das durch Grenzen gekennzeichnete Nebeneinander unterschiedlicher Räume bedeutete zugleich eine Hierarchisierung des Stadtraums. Denn die Räume der Fortbewegung und die ihnen angegliederten Ladenzeilen wurden kontrastiert mit den aufwendig gestalteten Räumen der Götter und des öffentlichen und religiösen Lebens der Polis, in denen auch immer die Herrscher präsent waren. Es wäre jedoch verfehlt anzunehmen, daß zwischen den Straßen und den großen Anlagen ein beziehungsloses Nebeneinander bestanden hätte, das nur auf Abgrenzung ausgerichtet gewesen wäre. So zeigt die neue Rekonstruktion des Straßensystems am Osthang (*Abb. 11*), daß sich die hangaufwärts verlaufenden Straßen nicht an den Stadttoren, sondern eher an den Eingängen und Gebäudeecken des Gymnasiums orientierten[100]. Damit wurde der Gebäudekomplex zum Blickfang und Orientierungspunkt, d. h. zum Teil einer übergeordneten Planung. Andererseits war auch das Gymnasion bewußt vom Straßenraum und den umgebenden Quartieren abgegrenzt. Es war also offenbar der Gegensatz von städtebaulicher Einbindung und fernwirksamer Präsenz auf der einen, Abgrenzung auf der anderen Seite, der die besondere Wertigkeit der großen sakralen und öffentlichen Anlagen im städtischen Gesamtorganismus hervorhob.

---

98 Siehe zuletzt M. Heinle, Stadtbilder im Hellenismus – Wahrnehmung urbaner Strukturen in hellenistischer Zeit, in: Matthaei – Zimmermann a. O. (Anm. 12) 41–69, insbesondere 58–61.

99 Heinle a. O. (Anm. 97) 59.

100 Pirson 2007, 26.

Durch die Besetzung prominenter Lagen mit aufwendig gestalteten Baukomplexen wurde innerhalb der Stadt eine raumbezogene Hierarchie in Hinblick auf Größe, architektonischen Aufwand und Ausstattung einzelner Baukomplexe geschaffen. Daß Anlagen wie das Athenaheiligtum oder der Große Altar innerhalb dieser Hierarchie an der Spitze standen, entspricht dem königlichen Rang ihrer Stifter. Die Abgrenzung der Anlagen und damit auch die Parzellierung des Stadtraumes mag zwar durch performative Elemente des politischen Lebens überwunden worden sein. Das Nebeneinander profaner Verkehrs- und Gewerbeflächen, unterschiedlich aufwendig ausgestatteter öffentlicher Gebäude und Heiligtümer sowie von Wohnhäusern verschiedenartiger Standards blieb jedoch bestehen und manifestierte Unterschiede in der Verfügungsgewalt über attraktive Bauplätze und in den Mitteln zu deren Bebauung. An der Spitze dieser Ordnung stand die Herrscherfamilie, die nicht nur das Haupt des Stadtberges für sich beanspruchte, sondern deren Mitglieder als Bauherrn und Stifter auch die räumliche Organisation der Stadt, d. h. die unterschiedlichen Befestigungs- und Straßensysteme sowie die Lage, Gestaltung und Ausstattung der öffentlichen Gebäude beeinflußten und damit Kontrolle über die Räume des religiösen, politischen und wirtschaftlichen Lebens ausüben konnten. Vor diesem Hintergrund können wir für die Residenzstadt Pergamon durchaus von einer hierarchischen Organisation des Stadtraumes sprechen, in deren Rahmen städtebauliche Elemente zu Ausdruckträgern von Macht und Einfluß wurden.

Der Zugriff auf Räume und deren funktionale und symbolische Gestaltung endet nicht an den Stadtmauern, sondern ist auch im Umland von Pergamon klar faßbar, wobei bislang primär die Herrscher als Akteure nachweisbar sind. Ihnen sind die großen Grabhügel, der Ausbau der Heiligtümer, die Einrichtung eines Netzes militärischer Anlagen sowie die Besetzung und der Ausbau von Städten wie Elaia, Atarneus und Perperene zuzuschreiben. Um über die Ebene der religiösen, logistischen und militärischen Funktionalität hinaus auch territoriale Ansprüche zu markieren, müssen diese Maßnahmen von außen gut wahrnehmbar gewesen sein, was bei auffälligen Grabdenkmälern, über Sichtachsen miteinander verbundenen Heiligtümern und stark befestigten Stadtanlagen als selbstverständlich vorauszusetzen ist.

Wir können somit festhalten, daß die gestalterische Auseinandersetzung mit dem Stadt- und Landschaftsraum und seine Eingliederung in ein hierarchisches System, an dessen Spitze der Stadtberg von Pergamon und die Basileia standen, eine wesentliche Manifestation der Herrschaft der Attaliden darstellte. Dieses System war freilich nicht nur vertikal aufgebaut, sondern funktionierte durch die Integration älterer, lokaler Netzwerke aus Poleis und deren Umland auch auf einer horizontalen Ebene, die für die militärische Kontrolle und wirtschaftliche Auswertung der inneren Herrschaftsgebietes der Attaliden von großer Bedeutung gewesen sein muß.

Felix Pirson (Hrsg.), Manifestationen von Macht und Hierarchien in Stadtraum und Landschaft, BYZAS 13 (2012) 233-250

… das Mögliche wirklich werden lassen… Zu Standort, Entwurf und Konstruktion des hellenistischen Gymnasions von Pergamon[1]

Verena STAPPMANNS

Die Ruinen des Gymnasions von Pergamon geben noch heute ein eindrucksvolles Bild von der einstigen Bedeutung des Großbaus für die Stadt. Mit seinen mehr als 200 m langen Stützmauern und einer Gesamtfläche von über 20.000 m² bildete es nicht nur den größten zusammenhängenden Baukomplex der Residenzstadt, sondern eines der größten hellenistischen Gymnasia überhaupt. Aus seiner fast 500-jährigen Nutzungsgeschichte haben sich zahlreiche Spuren erhalten, die von einem engen Bezug zwischen den Herrschenden und der Institution zeugen. Hervorzuheben ist der durch Statuen und Inschriften belegte Herrscherkult[2], der im Hellenismus wichtiger Bestandteil der kultischen Praxis von Gymnasia war[3]. Es liegt daher nahe, auch in der Architektur des Baus nach Hinweisen auf Manifestationen von Macht und Hierarchien zu suchen. Dabei stellt sich die Frage, wie sich das soziale Phänomen ›Macht‹ in der Architektur materialisiert. Die Definition des Philosophen und Wirtschaftsethikers Peter Koslowski von Macht als dem »*Vermögen, das Mögliche wirklich werden zu lassen*«[4] gibt Anlass, den Entstehungsprozess des Gymnasions

---

[1] Das von der DFG im Rahmen des SPP 1209 (Die hellenistische Polis als Lebensform) geförderte Forschungsprojekt »Das Gymnasion von Pergamon: die visuelle und funktionale Gestaltung eines urbanen Raumes in hellenistischer Zeit« steht unter der Leitung von Ralf von den Hoff (Universität Freiburg). Von 2006–2009 wurden in Kooperation mit der Pergamongrabung (Leitung Felix Pirson) Arbeitskampagnen vor Ort durchgeführt. Die Verfasserin ist an den neuen Forschungen zum Gymnasion von Pergamon mit einem Dissertationsvorhaben zu Bau- und Funktionsgeschichte beteiligt. Für die kollegiale Zusammenarbeit und die regen Diskussionen möchte ich Marianne Mathys und Ralf von den Hoff herzlich danken.

[2] von den Hoff 2004, 383–389 und Mathys – von den Hoff 2011, 40. Hinweise auf Ehrenmonumente für die Attaliden befinden sich vor allem auf der oberen Gymnasionsterrasse. Hervorzuheben ist in diesem Zusammenhang besonders die halbrunde Nische im Mittelsaal H, in dem sich sekundär verbaut Fragmente mehrerer Statuen gefunden haben. Sie lassen die Vermutung zu, dass in der Exedra überlebensgroße Bildnisse der Attalidenherrscher (genannt werden Philetairos und Eumenes II., später auch Attalos III.) zusammen einer Statue des Gymnasiongottes Herakles aufgestellt waren. Der Herrscherkult lässt sich auch nach dem Ende der Königsherrschaft 133 v. Chr. belegen, u. a. durch die Restaurierung der Kultstatuen durch Diodoros Pasparos 69 v. Chr.

[3] Zum Herrscherkult in hellenistischen Gymnasia: Delrome 1960, 342–346; Aneziri – Damaskos 2004, 262–268.

[4] Koslowski 1989, 43.

aus diesem Blickwinkel zu beleuchten. Der Bauprozess, d. h. vom Beginn der Planung, bis zur Fertigstellung des Bauwerks, markiert für Joseph Maran den Beginn der dynamischen Beziehung zwischen Architektur und sozialer Praxis, da sich hier für die Verantwortlichen die Möglichkeit ergibt, ihren Anspruch und ihre soziale Stellung gegenüber dem Betrachter auszudrücken[5].

Die Schwierigkeit dieser These aus der Sicht des Bauforschers liegt darin, dass dessen Arbeit dort beginnt, wo das Bauwerk aufgehört hat als Ganzes zu existieren. Aus den Befunden werden in einer Rekonstruktion Aussagen zur Baugestalt und Nutzung entwickelt. Darauf aufbauend werden mit aller Vorsicht Rückschlüsse auf den Entwurf und die Intention des Bauherrn gezogen. Diese sind für die Analyse eines sich in der Architektur manifestierenden Herrschaftskonzepts und Machtanspruchs das eigentliche Ziel. In diesem Beitrag soll der Versuch unternommen werden, den Planungs- und Bauvorgang für das Gymnasion von Pergamon nachzuzeichnen. Ein Schwerpunkt liegt auf der Beziehung zwischen den planungsrelevanten Grundlagen, darunter den natürlichen Gegebenheiten des Bauplatzes und der architektonischen Gestalt. Folgende Fragen bilden den Kern der Untersuchung:

1. Wer ist der Bauherr?
2. Wo wird gebaut? Wie wird der Standort ausgewählt? Welche Konsequenzen ergeben sich aus den naturräumlichen Gegebenheiten des Bauplatzes?
3. Was wird gebaut? Welche Funktionsbereiche waren für die Nutzung des Bauwerks notwendig?
4. Wie wird gebaut? Welche konstruktiven und gestalterischen Mittel werden zur Verwirklichung des Baus eingesetzt?

Dass diese Fragen in umgekehrter Reihenfolge behandelt werden müssen, ergibt sich aus dem ›rückwärts‹ verlaufenden Erkenntnisgewinn der Bauforschung.

1. Das Bauwerk

Das Gymnasion liegt am Südhang des Stadtberges, der hier weniger steil als an den anderen Flanken abfällt (*Abb. 1*). Repräsentativ an der Fahrstraße gelegen, die das Haupttor mit den Bauten der Akropolis verband, war es vom gesamten Stadtgebiet aus gut erreichbar. Die Lage am Hang bedingte, dass es auf drei Terrassen angelegt wurde, die in ihrer Größe und Gestaltung unterschiedlich ausfielen (*Abb. 2*). Gewaltige Stützmauerkonstruktionen, die bergseitig das abgegrabene und talseitig das aufgeschüttete Terrain abstützten, bildeten Plattformen für die aufgehende Architektur. Diese Verfahrensweise findet sich in Pergamon nicht nur an den Großbauten, sondern musste auf Grund der steilen Topographie des Stadtberges bei allen Bauvorhaben angewandt werden. Sie lässt sich in einfacherer Ausführung schon an den frühen Bauten der Akropolis beobachten. Unter den Attalidenherrschern wurde die Bautechnik weiter entwickelt[6] und ermöglichte eine

---

[5] Maran 2006, 10.

[6] Zur Entwicklung der Stützmauerkonstruktionen: Klinkott 1991.

Abb. 1 Lageplan

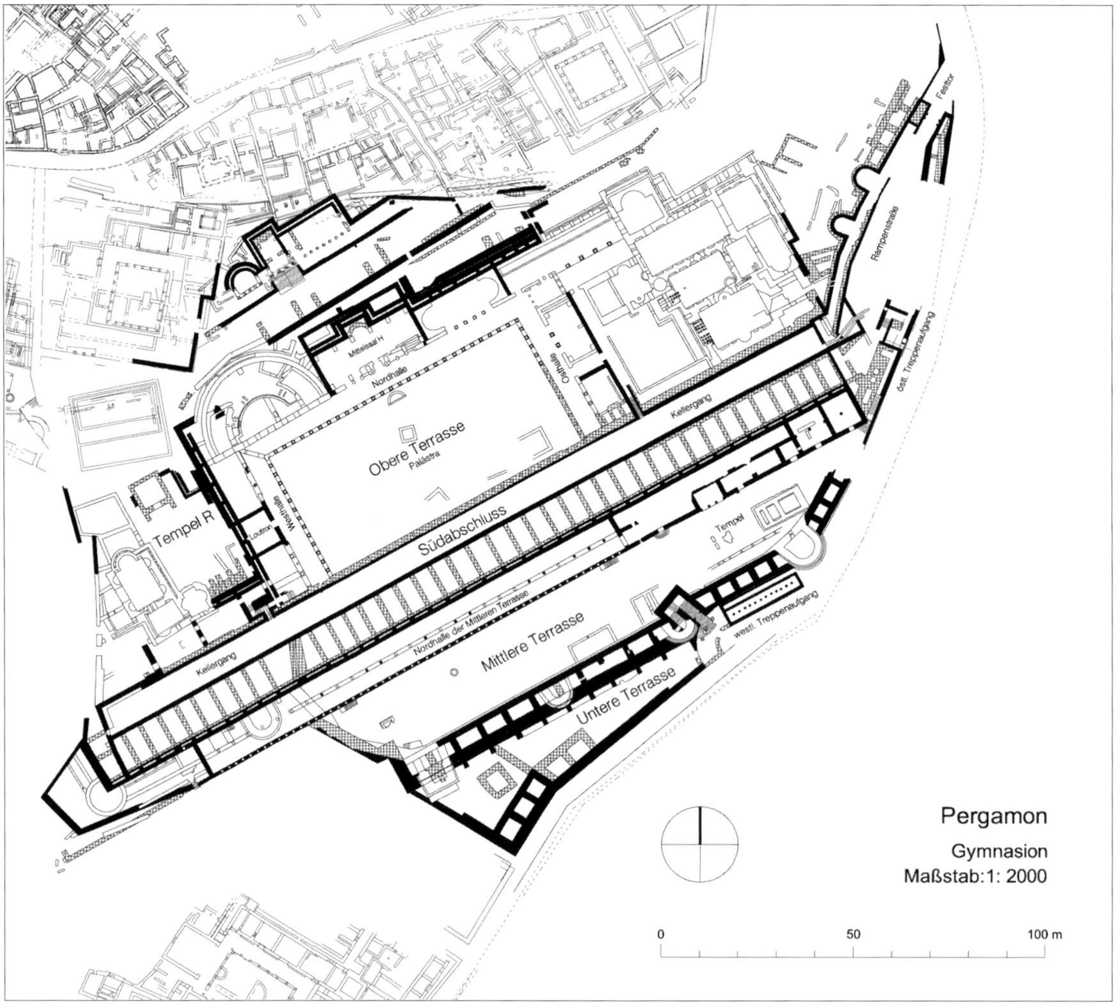

Abb. 2 Gesamtplan des Gymnasions

zunehmende Unabhängigkeit von den naturräumlichen Gegebenheiten. Die Terrassenanlagen stellen für das Gymnasion nicht nur ein konstruktiv prägendes, sondern vor allem das funktional gliedernde Element dar.

Die mittlere und insbesondere die obere Terrasse bildeten komplexe Bauensembles mit unterschiedlichen Funktionsbereichen. Mit einem weitläufigen Peristylhof und den daran angrenzenden Räumen stellte die obere Terrasse den Kern der Anlage dar. Nach Süden schloss sie mit einem langen, schmalen Bereich ab, der zu beiden Seiten über den Hof hinausragte. Gegen diesen Südabschluss lehnte sich die Nordhalle der mittleren Terrasse. Sie öffnete sich auf eine langgestreckte Freifläche, an deren östlichem Ende ein kleiner Tempel stand; sie weist damit eher Parallelen zu griechischen Heiligtümern als zu gymnasialen Anlagen auf. Die untere Terrasse wird aus einer ›Restfläche‹ zwischen den Stützmauern der mittleren Terrasse und der Fahrstraße gebildet, von ihrer aufgehender Architektur hat sich fast nichts erhalten. Drei Zugänge erschlossen den Bau von der Fahrstraße aus und bildeten durch ihre aufwendige Architektur Orientierungspunkte im städtischen

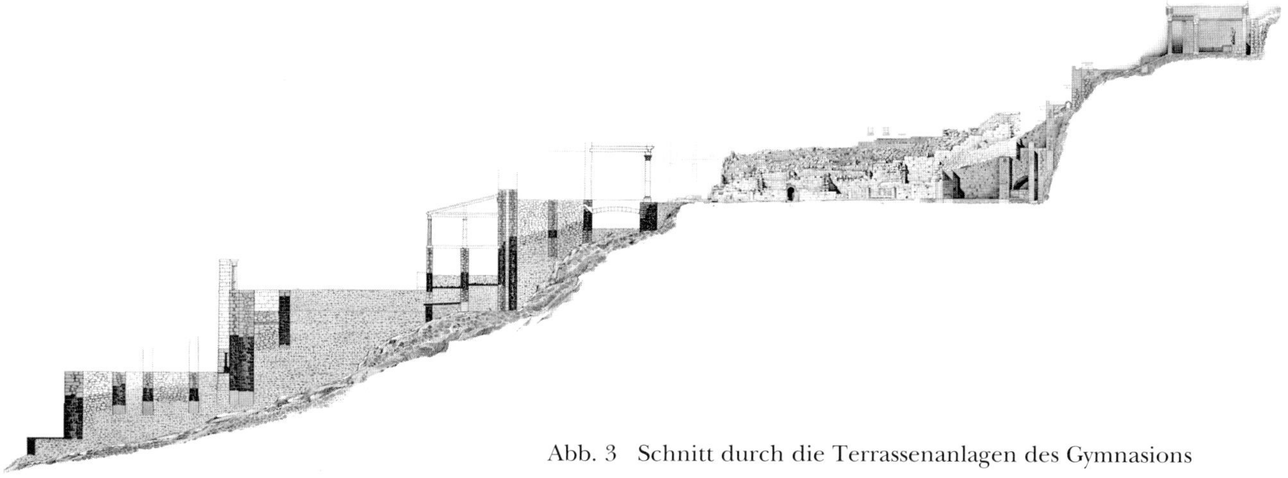

Abb. 3 Schnitt durch die Terrassenanlagen des Gymnasions

Gefüge[7]. Die untere und die mittlere Terrasse wurden durch eine viertelkreisförmige Toranlage erschlossen, die zusammen mit einem großen Fließbrunnen einen kleinen Platz im Straßenraum formte. Dahinter führte ein überwölbter Treppenaufgang auf das Niveau der mittleren Terrasse. Ein ähnlich gestalteter Treppenaufgang verband weiter östlich die Fahrstraße mit dem Zugangsbereich zu oberen Terrasse. Diese wurde durch das sogenannte Festtor mit dem anschließenden Rampenweg betreten (*Abb. 3*).

Frühere Bearbeiter sahen in den drei Terrassen getrennte Übungsplätze für die im Gymnasion vertretenen Altersgruppen – die Knaben (Paides), die Jugendlichen (Epheben) und die jungen Männer (Neoi)[8]. Von dieser Vorstellung wurde in der neueren Forschung Abstand genommen[9]. Eine Aufteilung nach funktionalen Gesichtspunkten scheint dagegen wahrscheinlich. Nur auf der oberen Terrasse finden sich die auch aus anderen hellenistischen Gymnasia bekannten Räume für Sport und Unterricht, während die mittlere Terrasse von Kultbauten geprägt war. Für die untere Terrasse zeichnet sich keine konkrete Nutzung ab. Wichtigster Fund ist jedoch eine Stele[10], deren Datierung in die Jahre 146/5 v. Chr. auf eine Entstehung des Bauwerks in die 1. Hälfte des 2. Jhs. v. Chr. schließen lässt[11].

---

7 Pirson 2008a, 40. In den neuen Untersuchungen zur eumenischen Stadterweiterung konnte eine Orientierung der Straßenfluchten auf markante Punkte des Gymnasions nachgewiesen werden. Dazu auch der Beitrag von F. Pirson.

8 Dörpfeld u. a. 1907, 190; Schazmann 1923, 10. Beide schlagen folgende Nutzung der drei Terrassenanlagen vor: das Gymnasion der Paides soll sich auf der unteren Terrasse befunden haben, das der Epheben auf der mittleren und das der Neoi auf der oberen Terrasse. Dabei sollen die einzelnen Altergruppen die Bereiche wechselseitig genutzt haben, da bestimmte Funktionsbereiche nur auf bestimmten Terrassen vorkamen.

9 Radt 1999, 113. Radt nähert sich der Frage nach der Nutzung der Terrassen über die aus Inschriften bekannten Namen der Gymnasia in Pergamon. Überliefert sind die beiden Namen ›Gymnasion Panegyrikon‹ und ›Gymnasion der Neoi‹, welche wahrscheinlich das in diesem Beitrag behandelte Bauwerk bezeichnete. Die Überlegungen zur funktionalen Unterteilung wurden im Rahmen des neuen Forschungsprojekts (s. Anm. 1) erarbeitet. Dazu auch Stappmanns 2011, 31 f.

10 Schöder u. a. 1904, 170–171, Nr. 14. Die in drei Teile zerbrochene Stele enthält eine Weihung der Epheben an den späteren Attalos III. Die Inschriften von Pergamon werden derzeit in einem Projekt von Helmut Müller (Kommission für Alte Geschichte und Epigrahik des Deutschen Archäologischen Instituts) neu bearbeitet. Dieser schlägt eine Datierung der Inschrift in die Jahre 145/144 v. Chr. vor.

11 Dörpfeld u. a. 1904, 126–129; Schazmann 1923, 22.

Am Beispiel der Stützmauerkonstruktionen des Südabschlusses lassen sich die technische Komplexität und der materielle Aufwand aufzeigen, mit denen der Bauprozess verfolgt wurde. Die gegenseitige Abhängigkeit von natürlichen Gegebenheiten, technisch-konstruktiven Maßnahmen, architektonischer Gestalt und Nutzung werden dabei deutlich.

Den Südabschluss der oberen Gymnasionsterrasse bildet eine 212 m lange und 22 m breite Plattform, die im Osten und im Westen jeweils etwa 70 m über die Palästra hinausragt. Erhalten hat sich von diesem Bereich ein 6,70 m breiter Gang, der 4,20 m unter dem antiken Laufniveau des Palästrahofes liegt und im Folgenden als Kellergang bezeichnet wird. Seine Nordmauer wird durch eine geböschte Polygonalmauer aus lokalem Andesitgestein gebildet, die zum Kellergang hin mit einer Quaderschale, ebenfalls aus Andesit, verkleidet war. Die Südmauer des Kellergangs ähnelt in Mauertechnik und Steinformaten der Verblendungsschale der Nordmauer. Gegen sie wurde an der Südseite ein Stützmauersystem mit 41 Kammern gesetzt, das zur mittleren Terrasse mit einer Doppelmauer abschloss. Das antike Laufniveau dieses 11 m breiten Kammersystems lag höher als das des Kellergangs; seine exakte Höhe lässt sich nicht mehr feststellen.

Die Rekonstruktion des Südabschlusses der oberen Terrasse bildet in der Forschung ein viel diskutiertes Thema, da sein Aussehen die Außenwirkung der gesamten Anlage wesentlich mitbestimmte.

Wilhelm Dörpfeld, unter dessen Leitung das Gymnasion zwischen 1902 und 1913 freigelegt wurde, ging von einer Säulenhalle über dem Kellergang als südlichem Abschluss der Palästra aus[12], ohne dabei die Befunde für eine solche Rekonstruktion genau zu diskutieren. Paul Schazmann, der als Bauforscher 1906 die Dokumentation und Publikation des Baukomplexes übernommen hatte, nahm an, dass der Hof nur an drei Seiten von Säulenhallen umgeben war und sich im Süden zum Tal hin öffnete. Er argumentierte, dass die polygonale Nordmauer zwischen Palästra und Kellergang nicht breit genug und zudem an einigen Stellen zu hoch für den Stylobat einer umlaufenden Halle sei. Die Verblendschale identifiziert er auf Grund von Mörtelspuren erst als eine römische Ergänzung[13]. Diese Annahmen konnten durch die neuen Untersuchungen widerlegt werden. Die Verblendungsschale der Nordmauer stammt aus hellenistischer Zeit. Die Mörtelreste lassen sich auf die römische Umgestaltung des Kellergangs zurückführen. Zusammen mit der Verblendungsschale, die durch die genaue Anpassung an die abgetreppte Polygonalmauer konstruktiv relevant ist, bietet die Mauerkrone ausreichend Platz für einen Stylobat. Auch bestätigte sich durch die Messungen nicht, dass Teile der Mauerkrone höher als die Fundamente des Stylobats der liegen. Alle späteren Bearbeiter, die sich mit der Rekonstruktion des Südabschlusses beschäftigen – Hans Schleif[14], Jean Delorme[15],

---

[12] Dörpfeld u. a. 1907, 211.

[13] Schazmann 1923, 46 f.

[14] Im Rahmen des noch heute im Pergamonmuseum in Berlin ausgestellten Modells des oberen Stadtberges von Pergamon, fertigte Schleif zwischen 1930–32 auch ein Modellausschnitt des Gymnasions. Diese, nur in Fotographien erhaltene Rekonstruktion zeigt eine vollständige Überbauung sowohl des Kellergangs als auch den anschließenden Kammern.

[15] Delorme 1960, 175.

Abb. 4
Der Kellergang am Südabschluss während der Ausgrabungen

Manfred Klinkott[16] und Wolfang Radt[17] – gehen wieder von Aufbauten über dem Kellergang aus. Sie stützen sich dabei weitgehend auf die Pläne von Dörpfeld und Schazmann und nicht auf eine neue Untersuchung des Baus. Da sich keine Reste einer aufgehenden Architektur dem Südabschluss zweifelsfrei zuordnen lassen, bleibt die Frage nach Aufbauten ungeklärt. Besser erhalten haben sich die Substruktionen des Südabschlusses, deren neuerliche Untersuchung einen Einblick in die Entstehungszeit des Bauwerks ermöglichte.

Nach der Freilegung des Kellergangs (*Abb. 4*) unternahm Wilhelm Dörpfeld im Jahr 1908 Tiefgrabungen unterhalb des antiken Laufniveaus um die Baugeschichte dieses Bereichs zu klären. Dabei stieß er auf mehrere Quermauern unterschiedlicher Breite, die sich in unregelmäßigen Abständen auf weiten Teilen des Kellergangs nachweisen ließen. Die Arbeiten wurden nicht zu Ende gebracht. Die wichtigsten Erkenntnisse dieser Grabungen hielt Dörpfeld in seinem Tagebuch fest: »*Es hat sich gezeigt, dass die Mauer zwischen dem Kellerstadion und dem Hofe des Gymnasions eine mehrmals abgetreppte Stützmauer war, an die erst später [die] Quadermauer angefügt worden ist. [...] Vor der Erbauung des Kellerstadions hatte die abgetreppte Stützmauer, die als Fundamentmauer nicht sichtbar war, nicht nur einige Quermauern, sondern auch noch eine dicke südliche Parallelmauer; von beiden haben sich schon Reste gefunden. Beide sind bei der Herstellung des Kellerstadions abgebrochen worden.*« [18]

Da eine weitere Dokumentation dieser Arbeiten fehlt, wurden 2008 mehrere Oberflächensäuberungen[19] vorgenommen um wenigstens einen Teil der Mauern zeichnerisch

[16] Klinkott 1989, 276 f. Klinkott 1991, 134 f. Klinkott 2004, 145.

[17] Radt 1999, 124.

[18] W. Dörpfeld, Tagebuch 1908, 4. Woche 5. – 11. Okt. 1908.

[19] Säuberung 07, R. von den Hoff, in: Pirson u. a. 2009, 166.

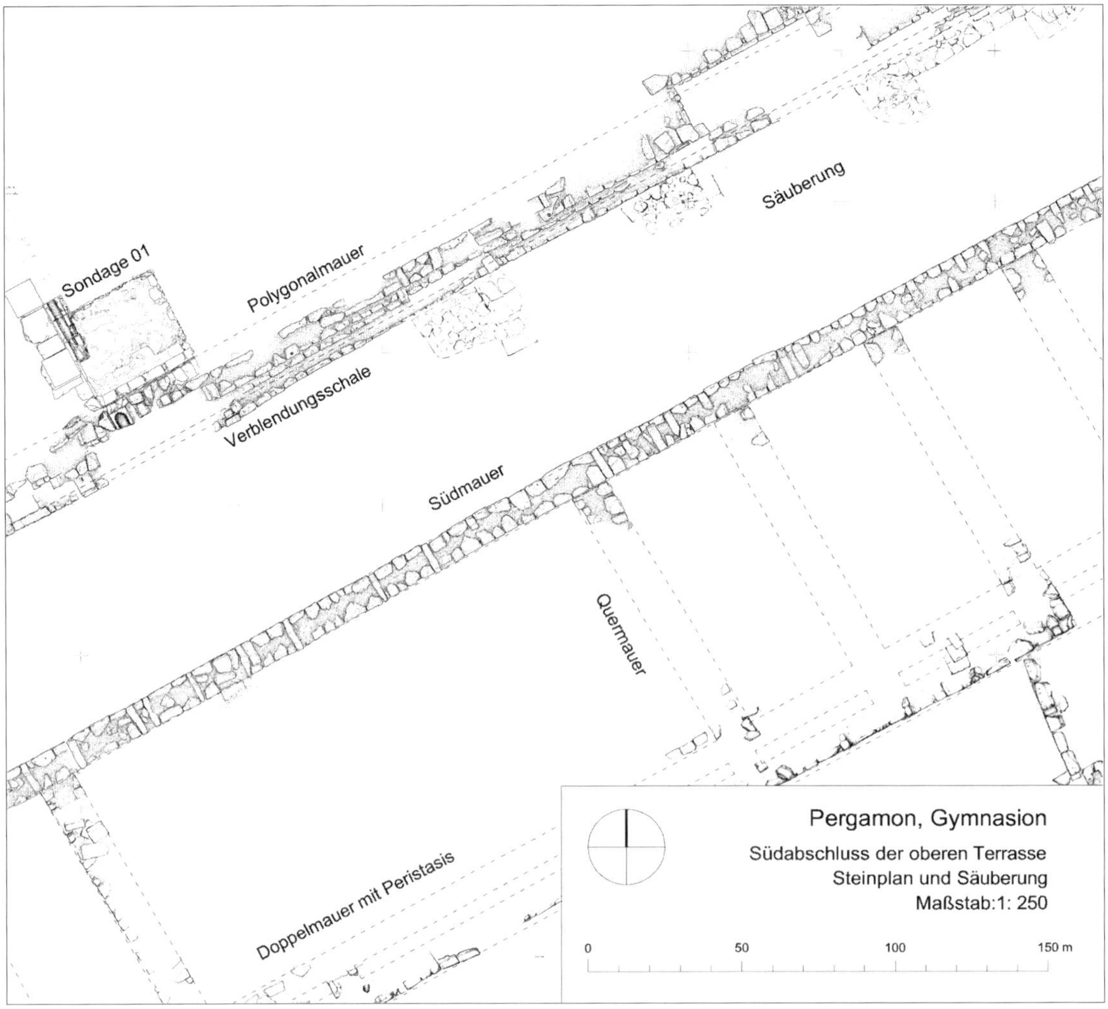

Abb. 5 Steinplan des Kellergangs (Ausschnitt) im Bereich der Säuberung 07

dokumentieren zu können (*Abb. 5*). Die Beobachtungen Dörpfelds konnten bestätigt werden. Die freigelegten Quermauern bestehen aus zwei Bruchsteinschalen, der Mauerkern ist mit Erde und Gesteinsbrocken verfüllt. Sie binden in das Fundament der Polygonalmauer ein. Ihre unregelmäßig erhaltene Maueroberseite weist auf einen späteren Abriss der Mauern hin. Ebenfalls 2008 wurde eine Sondage[20] in der Südecke der Palästra angelegt, um das Verhältnis zwischen dem Stylobat der westlichen Palästrahallen und der oben beschriebenen Polygonalmauer zu klären. Dabei zeigte sich, dass der Stylobat nach der Polygonalmauer eingebracht worden war. Die Beobachtungen legen nahe, die Polygonalmauer als eine der frühesten Baumaßnahmen des Gymnasion anzusprechen. Sie gehörte zu einem älteren Stützmauersystem aus zwei parallelen Mauern mit Quermauern. Die wenig sorgfältige Mauertechnik und der spätere Teilabriss verweisen die Stützmauer in die Bauzeit des Gymnasion. Sie dienten wahrscheinlich der Stabilisierung des Terrains während der Erdarbeiten für die Palästra. Nach deren Abschluss wurden die eigentlichen

[20] Sondage 01, R. von den Hoff, in: Pirson u. a. 2009, 164 f.

Substruktionen für den aufgehenden Bau unter Verwendung der älteren Mauern errichtet. Hierfür wurde die Parallelmauer mit den Quermauern abgetragen und eine Quaderschale vor die Polygonalmauer gesetzt. Diese passt sich den Vorsprüngen der älteren Mauer an ohne in sie einzubinden. Im selben Schritt wurde wahrscheinlich die Südmauer des Kellergangs errichtet. Erst nach deren Fertigstellung konnte der konstruktiv aufwändigste Bauabschnitt in Angriff genommen werden: das 11m breite Mauersystem, das die Terrasse nach Süden abschließt. Die Substruktion besteht aus der südlichen Mauer des Kellergangs, 41 mit Erde und Gesteinsbrocken verfüllte Kammern und einer durch eine Peristatsis (Trockenhalteschacht) getrennten Doppelmauer. Ältere Forschungen sahen in diesem Bauabschnitt eine nachträgliche Änderung des Entwurfs, als Reaktion auf statische Instabilitäten, die beim nahe gelegenen Demeterheiligtum aufgetreten waren[21]. Die neuen Forschungen konnten diese These widerlegen und beweisen, dass die Baumaßnahmen einem einheitlichen Plan folgten. Zwei Sondagen in den Kammern des Stützmauersystems zeigten, dass es keine Änderungen im Entwurf gab, sondern kleine Anpassungen in der Konstruktion. Diese Modifizierungen lassen sich vor allem im östlichen Teil der Kammern nachweisen. Hier findet sich im Bereich der ersten 11 Kammern noch eine Bruchsteinmauer, die vor die Südmauer des Kellergangs gesetzt wurde. Grabungen im Jahr 2007[22] ergaben, dass diese Bruchsteinmauer weniger tief als die Südmauer gründet und ohne Fundamente gesetzt wurde. Dass sie eine spätere erst während des Bauprozesses anlegte Zutat ist, zeigen die Quermauern (*Abb. 6*). Diese waren schon bis zu einem gewissen Niveau aufgemauert, als die Bruchsteinmauer notwendig wurde. Danach wurden die Quermauern bis zu ihrer endgültigen Höhe fertig gestellt, ohne in die Bruchsteinmauer einzubinden. Die Gründe für diese Vorgehensweise ließen sich nicht eindeutig klären. Möglicherweise wurde der Untergrund in diesem Gebiet als unsicher betrachtet, da der Fels nach Osten hin abfällt. Aber auch Aufbauten, für die die Südmauer verstärkt werden musste, kommen als Möglichkeit in Frage. Gegen die These einer Entwurfsänderung sprechen die Ergebnisse der zweiten Sondage[23] die 2008 im Westen des Stützmauersystems angelegt worden war. In diesem Bereich liegt keine zusätzliche Bruchsteinmauer vor der Südmauer des Kellergangs, so dass deren südliche, den erdverfüllten Kammern zugewandte Schale durch die Grabungen offengelegt wurde. Es zeigte sich, dass die südliche Mauerschale weniger sorgfältig gearbeitet ist, als die nördliche, zum Kellergang orientierte. Die südliche Mauerschale war zu keinem Zeitpunkt als Ansichtsseite vorgesehen. Schon die ursprüngliche Planung beabsichtigte, diese Mauerschale durch das Stützmauersystem zu verdecken.

Der einheitliche Planungs- und Bauvorgang am Südabschluss weist auf eine spezielle Nutzung der langen Terrasse hin; der dafür betriebene Aufwand auf die Wichtigkeit, die dieser Nutzung eingeräumt wurde.

Schon Wilhelm Dörpfeld sah während der Ausgrabungen in dem 212 m langen Südabschluss einen Bereich für Laufübungen und bezeichnete den unterirdischen Gang als

---

21 Klinkott 1991, 135.

22 Sondage 17, R. von den Hoff, in: Pirson u. a. 2008b, 109.

23 Sondage 02, R. von den Hoff, in: Pirson u. a. 2009, 165 f.

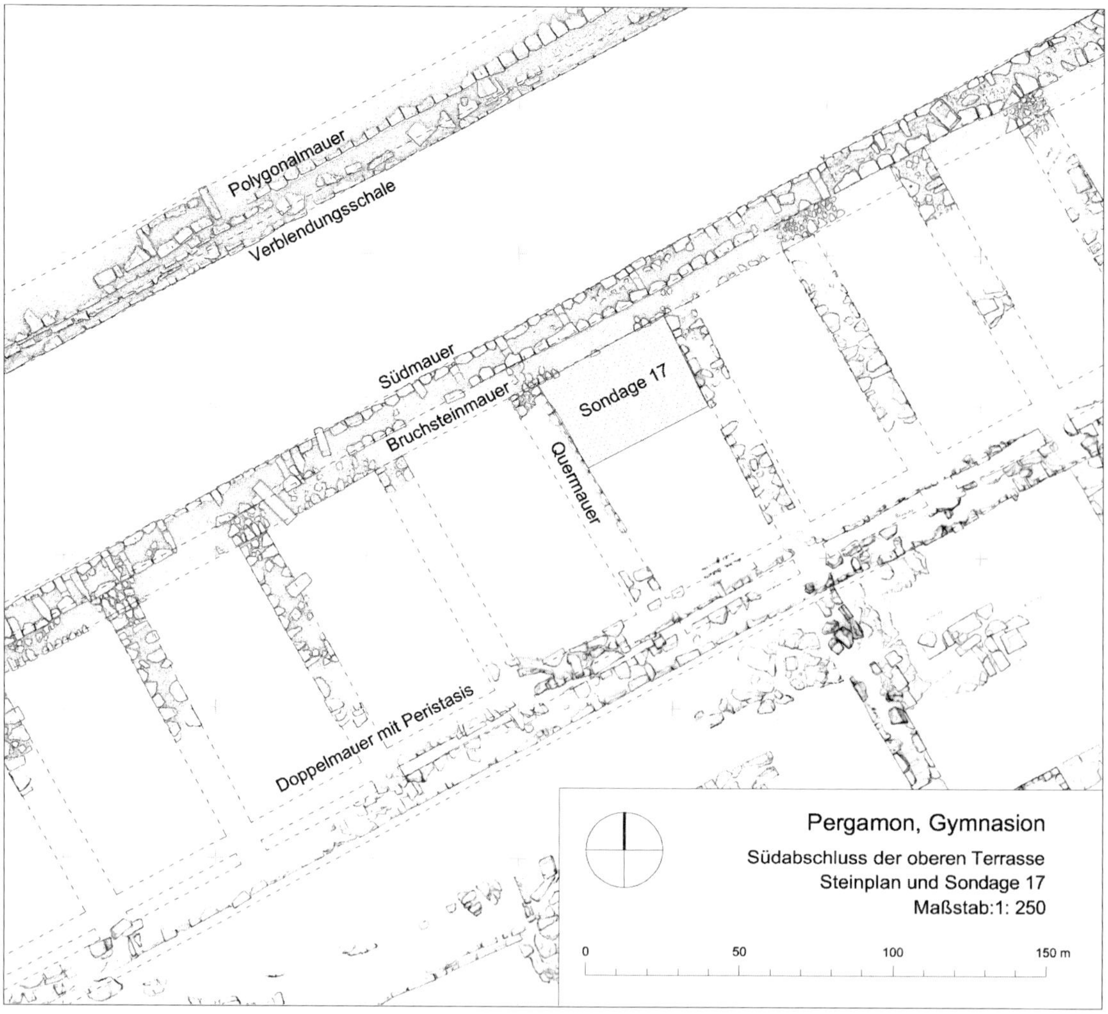

Abb. 6 Steinplan des Kellergangs (Ausschnitt) im Bereich der Sondage 17

›Kellerstadion‹. Die Existenz einer solchen Übungsstätte wird durch zwei Inschriften überliefert, die sowohl eine gedeckte (*xystos*)[24] als auch eine offene Laufbahn (*paradromis*) nennen[25]. Dass im Rahmen der neuen Untersuchung die Identifizierung des Kellergangs als der genannte Xystos ausgeschlossen werden musste[26], spielt für die hier behandelte Fragestellung eine untergeordnete Rolle. Wichtig ist festzuhalten, dass im Süden der Palästra unter hohem technischem und sicherlich auch finanziellem Aufwand ein gesonderter Bereich für Laufübungen geschaffen wurde, der es den Athleten ermöglichte, Laufdisziplinen über die Länge eines ganzen Stadions (Stadionlänge plus An- und

[24] Schröder in Dörpfeld u. a. 1904, 152–160 Nr. 1 Z. 42. Im frühes 1. Jh. v. Chr. ließ Diodoros Pasparos am Xystos die Statue eines ptolemäischen Herrschers aufstellen. Von den Hoff 2004, 388 f.

[25] Hepding in Dörpfeld u. a. 1907, 273–278 Nr. 10 Z. 35–36 = IvP 252. Im späten 2. Jh. v. Chr. wurde vom Demos eine Statue des Gymnasiarchen Metrodoros an der Paradromis aufgestellt. Von den Hoff 2004, 386.

[26] Da der Kellergang für die Aufstellung der in Anm. 24 genannten Statue nicht in Betracht kommt, muss es sich bei dem in der Inschrift genannten Xystos um eine andere geschlossene Anlage für Laufübungen handeln. Dieser in den älteren Forschungen nicht berücksichtigte Zusammenhang wurde durch die erneute Auswertung der Skulpturenfunde und Inschriften durch Ralf von den Hoff deutlich.

Ablauf) zu praktizieren. Solche Anlagen finden sich auch in anderen Gymnasia, wie in Olympia, Delos und Delphi. Anders als in Pergamon, bilden sie einen räumlich von der Palästra getrennten Bereich. Die Notwendigkeit am steilen Hang die Plattformen für die Bauten künstlich herzustellen, verlangte gestalterische Innovation in der Disposition der Funktionsbereiche. Die enge Verzahnung von Laufbahnen und Palästra ist in der hellenistischen Architektur einmalig. Solche Sonderlösungen zeigen die Abhängigkeit von bestimmten Anforderungen, die an das Bauwerk gestellt werden. Ob es tatsächlich ein ›Raumprogramm‹ für das hellenistische Gymnasion gab, ist nicht überliefert. Ein Blick auf deren Entwicklung stellt das Gymnasion von Pergamon in einen übergeordneten Kontext und lässt Rückschlüsse auf die ausgeführten Funktionsbereiche zu.

2. Planungsparameter und Raumprogramm

Anders als für andere öffentliche Großbauten wie Theater oder Tempel bildete sich für Gymnasia bis ins späte 4. Jh. v. Chr. kein fester Bautypus heraus. Auch später findet sich das grundlegende bauliche Element – ein Peristylhof mit umliegenden Räumen – in vielen anderen Bauten wieder, so dass die Identifizierung schwierig ist und häufig erst durch Schriftquellen verifiziert werden kann. Im Hinblick auf Bauform und Größe bestimmt ein großer Variantenreichtum das Bild des griechischen Gymnasions und erschwert die Vergleichbarkeit der Bauten untereinander[27].

Ab dem 5. Jh. v. Chr. entwickelte sich das griechische Gymnasion von einer in die Natur eingebundene Übungsstätte *extra muros* zu einer städtischen Institution mit baulich differenzierten Nutzungsbereichen[28]. Mit dieser Architektonisierung ging ab dem späten 4. Jh. v. Chr. eine Verlagerung der Bauten in die urbanen Zentren einher, die Henner von Hesberg als eine »*neue Qualität von Bildung als Prestigezeichen*« sieht[29].

Als allgemeine Entwicklung stellt Ralf von den Hoff[30] eine Zunahme der Größe und der räumlichen Komplexität der Gymnasia im 3. und 2. Jh. v. Chr. fest. Als Ursache für den wachsenden Raumbedarf sieht er eine zunehmende Bedeutung für das städtische Leben und eine damit verbundene größere Zahl an Benutzern. Auch die Sichtbarkeit der Bauten im Stadtraum wird verstärkt. Sie manifestiert sich jedoch mehr durch die Wirkung der Anlagen als Gesamtkomplexe und weniger durch aufwendige Architekturen im Außenraum[31]. Grundelement der gymnasialen Anlagen ist die Palästra, ein von differenzierten Räumen umgebener Peristylhof. Die Räume nahmen die aus Schrift- und Bildquellen bekannten Tätigkeiten des gymnasialen Betriebs auf – Unterricht, Umkleide und

---

[27] Von Hesberg 1995, 13. Als Beispiele für die unsichere Identifizierung werden besonders das Peristyl im Asklepiosheiligtum in Epidauros und die Anlage am Theater von Aigai genannt, für die eine eindeutige Zuweisung noch aussteht. Ein Beispiel der neueren Forschung stellt eine große Platzanlage im antiken Blaundos dar, dessen Zuweisung als Gymnasion oder Agora diskutiert wird. Roos – Filges 2006.

[28] Dazu ausführlich von den Hoff 2009, 245–275.

[29] Hesberg 1995, 15.

[30] Von den Hoff 2009.

[31] Von den Hoff 2009, 251–253.

Körperpflege, Bankette und Kult[32]. Die sportlichen Aktivitäten fanden vor allem im Hof statt. Im Hellenismus gehörten eigene Räume für Körperpflege – vor allem Kaltbäder (loutra), teilweise aber auch Schwitzbäder[33] – immer häufiger und mit wachsendem Aufwand zur Ausstattung der Gymnasia[34].

Seit dem späten 3. Jh. v. Chr. wurden die Bereiche für Laufübungen zunehmend architektonisch gefasst, wie die Xysta in Delos[35], Delphi[36] und Olympia[37] zeigen[38]. In einigen Städten wie in Priene oder Messene wurden Gymnasia in enger Verbindung mit Stadien errichtet.

Die Beschreibung Vitruvs eines Idealgymnasions[39], lässt nur bedingt Rückschlüsse auf das Raumprogramm hellenistischer Gymnasien zu, da das Werk aus der frühen Kaiserzeit stammt und die Sicht des römischen Architekten auf das griechische Gymnasion abbildet[40]. Obwohl es sich bei den Ausführungen Vitruvs nicht um ein eine Analyse[41] des idealen griechischen Gymnnasions, sondern vielmehr um die idealisierte Beschreibung ein realen zeitgenössisches und damit römisches Bauwerks[42] handelt, enthalten sie dennoch wichtige Informationen zur Benennung der Räume und ihrer Nutzung. So beschreibt Vitruv die Palästra als einen Hof mit umgebenen Säulenhallen, deren Länge zusammengenommen zwei Stadien betragen soll. Hinter den Säulenhallen sollen mit Bänken ausgestatte Exedren Raum für ›wissenschaftliche Erörterung‹ bieten. Für einige Räume empfiehlt Vitruv eine konkrete Lage im Gebäude und bestimmte Raumqualitäten: Das *ephebeum* – »*ein sehr weiträumiger Anbau mit Sitzen für die jungen Leute*«[43] - soll mittig hinter der Nordhalle liegen und über ein Seitenverhältnis von zwei zu drei verfügen. Rechts des *ephebeums* sollen das *koryceum* (ein Aufbewahrungsraum für die in der Palästra verwendeten Gerätschaften), das *konisterium* (ein Raum in dem sich die Athleten mit Sand bestäubten) und das *loutron* (Kaltwaschraum), zur linken Seite das *elaeothesium* (Aufbewahrungsort für Öl und Auskleideraum), das *frigidarium* (ein weiterer Baderaum[44]) und das *propnigeum* (wahrscheinlich ein beheizter Vorraum für ein Warmbad) und ein Schwitzbad liegen.

---

32 Von den Hoff 2009, 247.

33 In einem Vortrag während des Kolloquium »Das kaiserzeitliche Gymnasion« im November 2007 stellte M. Trümper den Einbau von Schwitzbädern in hellenistischen Gymnasia im 3. und 2. Jh. v. Chr. fest. Trümper 2012 (im Druck).

34 Von den Hoff 2009, 251. 255.

35 Delorme 1960, 115–117; Audiat 1970; Moretti 2001.

36 Jannoray 1953; Delorme 1960, 76–81.

37 Curtius – Adler 1892, 113–128; Delorme 1960, 102–114; Wacker 1996.

38 Wacker 2004, 353 f. zeigt diese Entwicklung an den Beispielen aus Delphi, Olympia und Delos auf.

39 Vitr., 5, 11.

40 Wacker 2004, 351. 354.

41 Delorme 1960, 496 bezweifelt, dass Vitruv die Möglichkeit hatte, die Architektur außerhalb Italiens zu studieren und sieht Gymnasionsanlagen der Magna Greca, z. B. in seiner campanischen Heimat oder in Sizilien, als Vorbilder der Beschreibung.

42 Wacker 2004, 354–356 schlägt das nur aus Beschreibungen bekannte »lakonische Schwitzbad«, einem Vorgängerbau der Agrippathermen vor, an dem möglicherweise Vitruv als Architekt beteiligt war.

43 Vitr., 5, 11, 2.

44 Der genaue Unterschied zwischen Loutron und Frigidarium ist umstritten. Vitr. Anm. 318, 553.

Außerhalb der Palästra beschreibt Vitruv Wettkampfstätten die einerseits *xystos* (gedeckte Laufbahn) und *paradromis* (offene Laufbahn), andererseits Zuschauerplätze (Stehplätze) und von Bepflanzungen gesäumte Spazierwege umfassen[45].

Die zunehmende architektonische Ausdifferenzierung der einzelnen Nutzungsbereiche im Hellenismus spiegelt sich auch im Gymnasion von Pergamon wider. Der große Bau verfügte über eine Vielzahl von Räumen, einigen – wie dem *loutron* – können konkrete Nutzungen zugewiesen werden. Die seit dem späten 3. und frühen 2. Jh. v. Chr. zu beobachtende Ausstattung mit Laufbahnen wird am Gymnasion von Pergamon zu einem maßgeblichen Gestaltungselement. Die Verwirklichung eines solchen ›Raumprogramms‹ ist abhängig von dem zur Verfügung stehenden Baugrund. Neben dem großen Flächenbedarf müssen weitere Parameter, wie die Erschließung, die Wasserversorgung oder die Ausrichtung des Bauwerks berücksichtigt werden.

3. Standort

Die Untersuchung der Substruktionen und deren Bedeutung für den Bau gab Anlass, die Entscheidung für den Standort des Bauwerks genauer zu untersuchen und dabei die naturräumlichen Gegebenheiten mit anderen Faktoren, wie die Lage innerhalb des urbanen Gefüges, die Anbindung an städtische Infrastrukturen oder die Sichtbarkeit von außen abzugleichen.

Der gesamte Burgberg besteht aus vulkanischen Trachyten (Andesit), die nicht nur einen stabilen Baugrund gewährleisteten, sondern auch das Material für den Bau selbst stellten[46]. Die ältesten Bauten Pergamons wurden auf der relativ flachen Kuppe des Stadtberges erbaut. Erst ab dem frühen 2. Jh. v. Chr. wurde die Stadt im Rahmen einer großangelegten Erweiterung auf die steileren Hangbereiche ausgedehnt (s. S. 235, *Abb. 1*). Von den neu erschlossenen Gebieten fällt nur der Südhang weniger steil ab. Ost- und Westhang weisen besonders unterhalb der älteren ›philetairischen‹ Stadtmauer erhebliche Steilabfälle auf und eigen sich kaum für die Anlage von Großbauten. Erst im unteren Hangverlauf, in Richtung der beiden Flüsse und hin zur neuen ›eumenischen‹ Stadtmauer werden sie wieder flacher. Diese unteren Hangbereiche hätten sich durchaus als Bauplatz für das Gymnasion angeboten. Doch nicht nur die Hangneigung scheint als Faktor für die Auswahl des Standorts entscheidend gewesen zu sein.

Die Ausrichtung nach Süden wurde als günstig empfunden, da sie eine natürliche Belichtung und Erwärmung der Räume ermöglichte und gleichzeitig auch der Wetterseite abgewandt war[47].

Die gravierenden Eingriffe in die natürliche Topographie des Baugrundes machen eine umfassende Rekonstruktion des Naturraumes auf dem das Gebäude errichtet wurde unmöglich. Doch gibt der oberflächlich anstehende Fels im Gebäudeinneren einige

45 Vitr. 5, 11, 4.

46 Conze 1913, 151.

47 Vitr. 5, 11, 1.

Abb. 7
Felsbarre und Nordhalle auf der mittleren Terrasse

Hinweise auf den natürlichen Geländeverlauf. Im Westen wird die Palästra auf der oberen Terrasse von einem hohen Felsrücken begrenzt, auf dem der Tempel R errichtet wurde. Sondagen[48] in den Räumen des Westflügels zeigten, dass der natürliche Fels ursprünglich über dem antiken Laufniveau angestanden haben muss und für die Einbringung der Fundamente und die Errichtung des aufgehenden Mauerwerks abgearbeitet wurde. Im östlichen Teil der mittleren Terrasse liegt ebenfalls eine größere Felsformation (*Abb. 7*), die für den Bau der Nordhalle nur teilweise abgetragen, teilweise ummauert wurde. Genauere Untersuchungen der Bodenbeschaffenheit wären für eine abschließende Aussage notwendig, doch lässt sich annehmen, dass die felsige Bodenbeschaffenheit bei der Standortwahl eine Rolle gespielt hat, bietet sie doch für die massiven Substruktionen eines solchen Großbaus einen stabilen Untergrund. Auch lässt sich annehmen, dass die Ausrichtung des Baus dem natürlichen Geländeverlauf folgte. Die Felsbarre von Tempel R im Westen und die der mittleren Terrassen im Osten markieren topographische Gelenke, an denen der Hang von Südwest nach Südost, bzw. von Südost nach Ost umgelenkt wird. Mehr als das Gelände und die Untergrundbeschaffenheit, hebt sich der Bauplatz durch seine Lage im Stadtgebiet hervor. Die zentrale Lage unmittelbar an der antiken Hauptstraße ermöglicht die Erschließung des Baus über mehrere Zugänge. Die aufwendig gestalteten Torbauten und die fast 250 m langen, mächtigen Außenmauern räumen dem Bau eine große Präsenz im Stadtraum ein. Das Gymnasion liegt zwar wie ein Scharnier zwischen den älteren Stadtteilen und der Erweiterung. Doch die Wahl des Bauplatzes weit oben am Hang ermöglicht nicht nur die Nähe zu den älteren Stadtteilen, sondern macht das Bauwerk auch weithin sichtbar. Dieser Effekt wird durch die Substruktionen, die es aus dem natürlichen Hangverlauf hervorheben, verstärkt.

---

48 R. von den Hoff, in: Pirson u. a. 2008b, Sondagen 15 und 21, 108 f.; R. von den Hoff, in: Pirson u. a. 2009, Sondage 03, 164 f.

Den Vorzügen des Standortes stehen die bekannten Nachteile gegenüber. Das steile Gelände stellte eine enorme Herausforderung für die Errichtung eines Großbaus dar und es ist davon auszugehen, dass allein der Bau der Substruktionen enorme Geldsummen erforderte. Die Frage, wer hinter diesem Bauvorhaben stand, ist also naheliegend.

4. Bauherr

Eine Bauinschrift, die den Stifter des Gymnasions benennt und den Bau somit einer bestimmten Person eindeutig zuschreibt, wurde nicht gefunden. Anhand anderer Quellen lässt sich die Bauzeit des Gymnasions jedoch gut eingrenzen, was wiederum Rückschlüsse auf die Bauherrenschaft zulässt. Auf der untersten Terrasse des Baus wurde eine Stele gefunden, die die Namen von 180 Knaben enthält, die im 14. Regierungsjahr Attalos II. – also 146/5 – unter die Epheben des Gymnasions aufgenommen wurden[49]. Der Bau muss zu diesem Zeitpunkt bereits fertig gestellt gewesen sein. Da auf Grund des Bauvolumens von einer längeren Bauzeit ausgegangen werden muss, wurde der Bau schon seit seiner Freilegung Eumenes II. (197–159) zugeschrieben[50]. Im Rahmen der neuen Forschungen zum hellenistischen Gymnasion konnte Keramik der 1. Hälfte des 2. Jhs. v. Chr. aus bauzeitlichen Verfüllungsschichten[51] geborgen werden, die eine Datierung in die Regierungszeit Eumenes II. bestätigt. Einen indirekten Hinweis gibt die Beschreibung Pergamons durch Strabon: »*Er [Eumenes II] war es, der die Stadt ausgebaut … und Kultmale und Bibliotheken und die heutige sich so weit erstreckende Wohnstadt Pergamons aus Prachtliebe hinzugefügt hat*«[52]. Diese Aussage wird mit der Erweiterung der hellenistischen Stadt von 21 auf 90 Hektar in Verbindung gebracht, in deren Bereich auch das Gymnasion liegt. Neben der Stadterweiterung werden Eumenes II. noch eine ganze Reihe bedeutender Bauprojekte in und außerhalb der Residenzstadt zugeschrieben. Für fast alle pergamener Großbauten konnten Bautätigkeiten in der Regierungszeit Eumenes II. nachgewiesen werden[53].

Geht man davon aus, dass Eumenes II. der Bauherr des Gymnasions ist, dann steht es zwar in einem direkten Bezug zum Herrscher, die Intension für seine Errichtung lässt sich davon aber nicht ableiten. Das Gymnasion als königliches Geschenk an die Bürger Pergamons zu sehen, das dem wichtigen Identifikationsort der hellenistischen Polis einen angemessenen architektonischen Rahmen geben sollte[54], kommt einer Beantwortung dieser Fragen am nächsten. Trotz der noch unvollständigen Kenntnis der eumenischen Stadterweiterung wird die herausragende Stellung des Gymnasions in diesem Bauprogramm deutlich. Gemeinsam mit der Unteren Agora bildet es einen Kristallisationspunkt des städtischen Lebens in der Neustadt, ein städtebauliches Gegengewicht zu den

---

49 IvP AM 29, 1904, Nr. 14; dazu z. B. Wörrle 2007, 504; zur Datierung des Regierungswechsels von Eumenes II auf Attalos II. Hopp 1977, 3 f.

50 Schazmann 1923, 10 f.

51 R. von den Hoff, in: Pirson u. a. 2009, 166.

52 Strab. 13, 4, 2, Übersetzung nach Stefan Radt, 2004, in: Wörrle 2007, 504.

53 Dazu u. a. Radt 1999, 79–81 und Hansen 1971, 245–298.

54 Wörrle 2007, 508.

Repräsentationsbauten der Oberburg. Dies verdeutlicht vor allem die Wahl des Standortes. Der vorteilhaften Ausrichtung, der zentralen Lage an der Schnittstelle zwischen Alt- und Neustadt und nicht zuletzt der visuellen Präsenz in der Außenansicht wurde eine hohe Priorität eingeräumt. Dafür wurden naturräumliche Bedingungen in Kauf genommen, die den Bauvorgang aus konstruktiver wie auch aus finanzieller Sicht deutlich aufwendiger gestalteten. Diese Faktoren spielten offensichtlich eine untergeordnete Rolle, denn neben den monetären Ressourcen verfügte man auch über das technische Wissen eine solche Bauaufgabe bewältigen zu können. Das gigantische Bauvolumen zeigt dies ebenso wie die Ausstattung mit vielfältigen Funktionsbereichen. Die große Palästra, ein Kaltbad, möglicherweise auch ein Schwitzbad, *paradromis* und *xystos* stellen das Gymnasion von Pergamon mit den größten uns bekannten Gymnasia der hellenistischen Welt gleich.

Die immensen Bauleistungen lassen sich nicht auf die Funktionalität der Anlage reduzieren. Die Aussage Alexander Demandts, dass die Funktionen eines Baus ebenso einen Symbolwert besitzen, wie auch der Symbolwert zu dessen Funktionen gehöre[55], trifft auf das pergamenische Gymnasion besonders zu. Die langen, durch Stützmauern über das Gelände erhöhten Anlagen für die Laufbahnen repräsentieren diese Funktion weit hin sichtbar und werden somit zum Symbol der Bauleistung. Die Symbolfunktion von Stützmauern und Terrassenanlagen im Zusammenhang mit Macht und Herrschaftsanspruch stellt ein vielfach diskutiertes Thema dar[56]. Für die hier behandelten Aspekte, muss der Hinweis auf die unterschiedliche Beurteilung der Substruktionen als Funktions- oder Symbolträger genügen. Ihre Bedeutung für die im Bauprozess getroffenen Entscheidungen dagegen ist klar, in ihnen materialisiert sich das Vermögen, das Mögliche wirklich werden zu lassen.

---

55 Demandt 1982, 50.

56 Vgl. Fehr 1970, 32–35; Kolb 1984, 127; Bachmann 2004; Klinkott 2004; Pirson 2008a, 38–40.

Literaturverzeichnis

Aneziri – Damaskos 2004 — S. Aneziri – D. Damaskos, Städtische Kulte im hellenistischen Gymnasion, in: D. Kah – P. Scholz (Hrsg.), Das hellenistische Gymnasion (Berlin 2004) 247–271.

Audiat 1970 — J. Audiat, Le gymnase, Délos 28 (Paris 1970).

Bachmann 2004 — M. Bachmann, Topographie und Macht. Der Burgberg in Pergamon, in: E.-L. Schwandner – K. Rheidt (Hrsg.), Macht der Architektur – Architektur der Macht (Mainz 2004) 121–131.

Conze 1913 — A. Conze, Stadt und Landschaft, AvP 1, 2 (Berlin 1913).

Curtius – Adler 1892 — E. Curtius – F. Adler (Hrsg.) Olympia. Die Ergebnisse der von dem Deutschen Reich veranstalteten Ausgrabung. Textband 2: Die Baudenkmäler (Berlin 1892).

Delorme 1960 — J. Delorme, Gymnasion. Étude sur le monuments consacrés à l'éducation en Grèce (Paris 1960).

Demandt 1982 — A. Demandt, Symbolfunktionen antiker Baukunst, in: D. Papenfuss, Dietrich, V. M. Strocka (Hrsg.), Palast und Hütte – Beiträge zum Bauen und Wohnen im Altertum (Mainz 1982) 49–62.

Dörpfeld u. a. 1904 — W. Dörpfeld – B. Schröder – H. Schrader – W. Kolbe – W. Altmann, Die Arbeiten zu Pergamon 1902–1903, AM 29, 1904, 113–207.

Dörpfeld u. a. 1907 — W. Dörpfeld – H. Hepding – W. Kolbe, Die Arbeiten zu Pergamon 1904–1905, AM 32, 1907, 161–469.

Fehr 1970 — B. Fehr, Plattform und Blickbasis, in: MarbWPr 1969, 1970, 31–67.

Hansen 1971 — E. V. Hansen, The Attalids of Pergamon (Ithaca/London 1971).

von Hesberg 1995 — H. von Hesberg, Das griechische Gymnasion im 2. Jh. v. Chr., in: M. Wörrle – P. Zanker (Hrsg.), Stadtbild und Bürgerbild im Hellenismus (München 1995) 13–27.

von den Hoff 2004 — R. von den Hoff, Ornamenta γυμνασιώδη? Delos und Pergamon als Beispielfälle der Skulpturenausstattung hellenistischer Gymnasien, in: D. Kah – P. Scholz (Hrsg.), Das hellenistische Gymnasion (Berlin 2004) 374–405.

von den Hoff 2009 — R. von den Hoff, Hellenistische Gymnasia: Raumgestaltung und Raumfunktionen, in: M. Zimmermann – A. Matthaei (Hrsg.), Stadtbilder im Hellenismus (Berlin 2009) 246–275.

Hopp 1977 — J. Hopp, Untersuchungen zur Geschichte der letzten Attaliden (München 1977).

Jannoray 1953 — J. Jannoray, Le gymnase, FdD II 4 (Paris 1953).

Klinkott 1989 — M. Klinkott, Die 'ambulationes pensiles' in der pergamenischen Stadtbaukunst, in: IstMitt 39, 1989, 273–280.

Klinkott 1991 — M. Klinkott, Hellenistische Stützmauern in Pergamon, in: A. Hoffmann (Hrsg.), Bautechnik der Antike (Mainz 1991) 131–136.

Klinkott 2004 — M. Klinkott, Pergamon als kleinasiatische Großmacht und die politische Aussage der attalidischen Architektur, in: E.-L. Schwandner – K. Rheidt (Hrsg.), Macht der Architektur – Architektur der Macht (Mainz 2004) 144–152.

Kolb 1984 — F. Kolb, Die Stadt im Altertum (München 1984).

Koslowski 1989 — P. Koslowski, Ethik gegen Ideologien, in: Die Zeit, Nr. 20, 1989, 43.

Maran 2006 — J. Maran, Architecure, Power and Sozial Practice – An Introduction, in: J. Maran – C. Juwig – H. Schwengel – U. Thaler (Hrsg.), Constructing Power. Architecture, Ideology an Social Practice (Hamburg 2006) 9–14.

Mathys – von den Hoff 2011 — M. Mathys – R. von den Hoff, Statuen im Gymnasion: (Vor-) Bilder im städtischen Raum, in: L. Petersen – R. von den Hoff (Hrsg.), Skulpturen in Pergamon. Gymnasion, Heiligtum, Palast. Ausstellungskatalog Freiburg (Bönen 2011) 39–45.

Moretti 2001 — J.-C. Moretti, Le stade et les xystes de Délos, in: Constructions publiques et programmes édilitaires en Grèce entre le IIe siècle av. J. C. et le Ier siècle ap. J. C., BCH Supl. 39, Paris 2001, 349–370.

Pirson 2008a — F. Pirson, Das Territorium der hellenistischen Residenzstadt Pergamon. Herrschaftlicher Anspruch als raumbezogene Strategie, in: C. Jöchner (Hrsg.), Räume der Stadt. Von der Antike bis heute (Berlin 2008) 27–50.

Pirson u. a. 2008b — F. Pirson – M. Bachmann – R. von den Hoff – U. Mania – W. Radt – M. Zimmerman, Pergamon – Bericht über die Arbeiten in der Kampagne 2007, AA 2008/2, 83–155.

Pirson u. a. 2009 — F. Pirson – M. Bachmann – H. Brückner – S. Feuser – R. von den Hoff – B. Horejs – A. Sarıoğlu – F. Schäfer – M. Seeliger – M. Zimmermann, Pergamon – Bericht über die Arbeiten in der Kampagne 2008, AA 2009/2, 129–213.

Radt 1999 — W. Radt, Pergamon. Geschichte und Bauten einer antiken Metropole (Darmstadt 1999).

Roos – Filges 2006 — D. Roos – A. Filges, Eine große Platzanlage im Nordosten: Gymnasion oder Agora?, in: A. Filges (Hrsg.), Blaundos. Berichte zur Erforschung einer Kleinstadt im lydisch-phygischen Grenzgebiet (Tübingen 2006) 135–141.

Schazmann 1923 — P. Schazmann, Das Gymnasion – der Tempelbezirk der Hera Basileia, AvP 6 (Berlin/Leipzig 1923).

Stappmanns 2011 — V. Stappmanns, Das Gymnasion von Pergamon: Architektur und Nutzungsgeschichte, in: L. Petersen – R. von den Hoff (Hrsg.), Skulpturen in Pergamon. Gymnasion, Heiligtum, Palast. Ausstellungskatalog Freiburg (Bönen 2011) 29–37.

Trümper 2012 — M. Trümper, Modernisation and change of funktion of Hellenistic gymnasia in the Imperial period: Case-studies Pergamon, Miletus, and Priene, in: W. Habermann – P. Scholz – D. Wiegandt (Hrsg.), Das kaiserzeitliche Gymnasion (Berlin vorauss. 2012).

Wacker 1996 — C. Wacker, Das Gymnasion in Olympia. Geschichte und Funktion (Würzburg 1996).

Wacker 2004 — C. Wacker, Die bauhistorische Entwicklung der Gymnasien. Von der Parkanlage zum ıIdealgymnasionİ des Vitruv, in: D. Kah – P. Scholz, (Hrsg.), Das hellenistische Gymnasion (Berlin 2004) 349–362.

Wörrle 2007 — M. Wörrle, Zu Rang und Bedeutung von Gymnasion und Gymnasiarchie im hellenistischen Pergamon, Chiron 37, 2007, 501–516.

Felix Pirson (Hrsg.), Manifestationen von Macht und Hierarchien in Stadtraum und Landschaft, BYZAS 13 (2012) 251-259

Zur Lage und Funktion der Basileia in Pergamon

Torsten ZIMMER

Wenn antike Quellen über die Nachfolger Alexanders des Großen und deren Residenzen berichten, so verwenden diese die Bezeichnungen ὁ οἶκος, ἡ αὐλή und den Pluralbegriff τὰ βασίλεια[1]. Während der Begriff des οἶκος das Haus, den Haushalt im wirtschaftlichen Sinne und den Privatbereich des Herrschers umschreiben soll, steht αὐλή für den Hof. Letzterer Begriff ist nur lokal und nicht im Sinne der dort versammelten Ämter- und Würdenträger zu verstehen, obwohl man durchaus von einer Hofgesellschaft in hellenistischer Zeit sprechen kann[2]. Die βασίλεια/Basileia erscheinen als eine Art Oberbegriff für die Gesamtheit der Herrscherbauten, wörtlich der königlichen Bauten. Man könnte auch von Palastbezirk sprechen.

Im Falle der hellenistischen Residenzstädte Alexandria und Antiochia am Orontes erstreckten sich die Basileia über weite Teile des Stadtgebietes. In Alexandria war bis zu einem Fünftel der Gesamtfläche des Stadtareals der Basileia vorbehalten und in Antiochia ein Viertel der Orontes-Insel. Die sog. Paläste der Hochburg in Pergamon bezeichnen in der Forschung zunächst nur die sechs Baugruppen, die sich an der Ostseite der Pergamener Akropolis in nord-südlicher Richtung erstrecken[3]. Diese forschungsgeschichtlich bedingte Begrenzung des Palastareals reicht jedoch nicht aus, wenn man auch den Begriff der Basileia in Pergamon anwenden und deren Ausmaße

---

Die folgenden Ausführungen entstanden im Rahmen eines Dissertationsprojekts zu den Hellenistischen Palastanlagen Pergamons welches durch Prof. Dr. H. Mielsch (Rheinische Friedrich-Wilhelms-Universität Bonn) und Prof. Dr. F. Pirson (DAI Istanbul) betreut wird. Die Arbeiten zur Dissertation sind noch nicht abgeschlossen, weshalb einige der vorgelegten Ausführungen in verkürzter Form wiedergegeben sind. Für Hinweise und Anregungen möchte ich an dieser Stelle S. Agelidis, H. Fahlbusch, J. Lorentzen, M. Mathys, F. Pirson, F. F. Schäfer und K. Wellbrock danken.

1 Funk 1996, 44–55; Hoepfner 1996, 1.

2 Weber 1997, 29–32; Weber 2007, 103–104.

3 Dieser Bereich wurde während der 3. Grabungskampagne 1883–1886 freigelegt und sollte zunächst von Richard Bohn, später von Georg Kawerau bearbeitet werden. Beide verstarben jedoch frühzeitig, so dass Theodor Wiegand die Publikation der Paläste übernahm und erst im Jahr 1930 vorlegte: Kawerau – Wiegand 1930.

beschreiben möchte[4]. Im Folgenden soll der weiter gefasste Bereich des Palastbezirks mit seinen Bauten und Funktionen sowie das angrenzende Umfeld betrachtet werden, um zu klären, welche Bereiche zu den Basileia zu rechnen sind und welche Funktionen hier vereint werden (*Abb. 1*).

Der Bereich der Pergamener Oberburg wird heute zu Recht als Burg bezeichnet, denn sie wird durch einen eigenen befestigten Mauerring sowie schroff abfallende, natürliche Abhänge gesichert[5]. Die Zugänglichkeit wurde durch eine Pforte im Nordwesten, eine kleine in den Fels gehauene unterirdische Treppe zwischen Theater und Athena-Heiligtum sowie eine 3 m breite Toranlage im Süden, die den Hauptzugang bildet, gewährleistet. Diese Umwehrung beschreibt auch zugleich den Bereich der Basileia und umfasst somit weitaus mehr als nur die Palast-Baugruppen I–VI.

Im Norden der Oberburg liegen die Arsenale, fünf langrechteckige Magazinbauten, die zur Aufnahme von Getreide geeignet waren und somit der Grundversorgung dienten sowie eine Vorratshaltung für den Fall einer Belagerung ermöglichten. Daneben stammt aus dem Umfeld der Arsenale auch eine große Anzahl von hellenistischen Geschützkugeln sowie Katapultpfeilen, die den militärischen Charakter der Burg manifestieren[6].

Südöstlich der Arsenale schließt sich die Baugruppe I an, deren älteste Strukturen einen Bau mit Peristylhof bilden, welcher jedoch vermutlich im 2. Jh. v. Chr. einem bislang als Kaserne gedeuteten langrechteckigen Bau weichen musste[7].

Südlich der Baugruppe I befinden sich ein in seinen Ursprüngen hellenistischer Hallenbau, der später in den rückwärtigen Bereich des Trajaneums integriert wurde, sowie Reste von zum Teil hellenistischer Vorgängerbebauung[8] mit teilweise wirtschaftlich genutzten sowie zu Wohnzwecken ausgestatteten Bereichen. Im 2. Jh. n. Chr. wurden die Substruktionskammern errichtet, die eine ebene Platzanlage ermöglichten, auf welcher der Tempel zu Ehren des Trajan und des Zeus Philios errichtet wurde. Neben Zeus und Trajan wurde dort auch nachträglich Hadrian geehrt, der durch eine ebenda gefundene Panzerstatue repräsentiert wurde. Das sog. Ostdenkmal und die Attalos-Exedra im rückwärtig zum Trajaneum gelegenen Hof sind zwei königszeitliche Denkmäler, die hierher jedoch in Zweitaufstellung gelangten[9].

---

4 Raeck 2004, 30–34; Pfrommer 2004, 161–172.

5 Rombock 1972, 108–115; Lorentzen 2010, 133–134; Janet Lorentzen befasst sich im Rahmen einer Dissertation zur hellenistischen Befestigung Pergamons auch mit den Mauern der Oberburg.

6 Die Anzahl der Geschützkugeln wird von W. Radt mit 961 Exemplaren beziffert. s. Radt 1999, 77 f.; von Szalay – Boehringer 1937.

7 Radt 1999, 65. Die Deutung als Kaserne resultiert aus dem Fund zahlreicher Pfeil- und Lanzenspitzen sowie Mahlsteinen für Getreide.

8 Bei der archäologischen Untersuchung der Fundamentkammern des Trajaneums in den 1980er Jahren sind Reste der Vorgängerbebauung des Tempels zutage getreten. Diese Vorgängerbebauung wird in sieben Baukomplexe unterteilt, welche ihrerseits verschiedene Bau- sowie Nutzungsphasen aufweisen. Die ältesten Bauphasen werden in das 2. Jh. sowie in das 1. Jh. v. Chr. datiert. W. Raeck hat die Ergebnisse bislang in zwei Vorberichten dargelegt: Raeck 1999a; Raeck 2000.

9 Zum Kaiserkult in Pergamon vgl. Raeck 1999b.

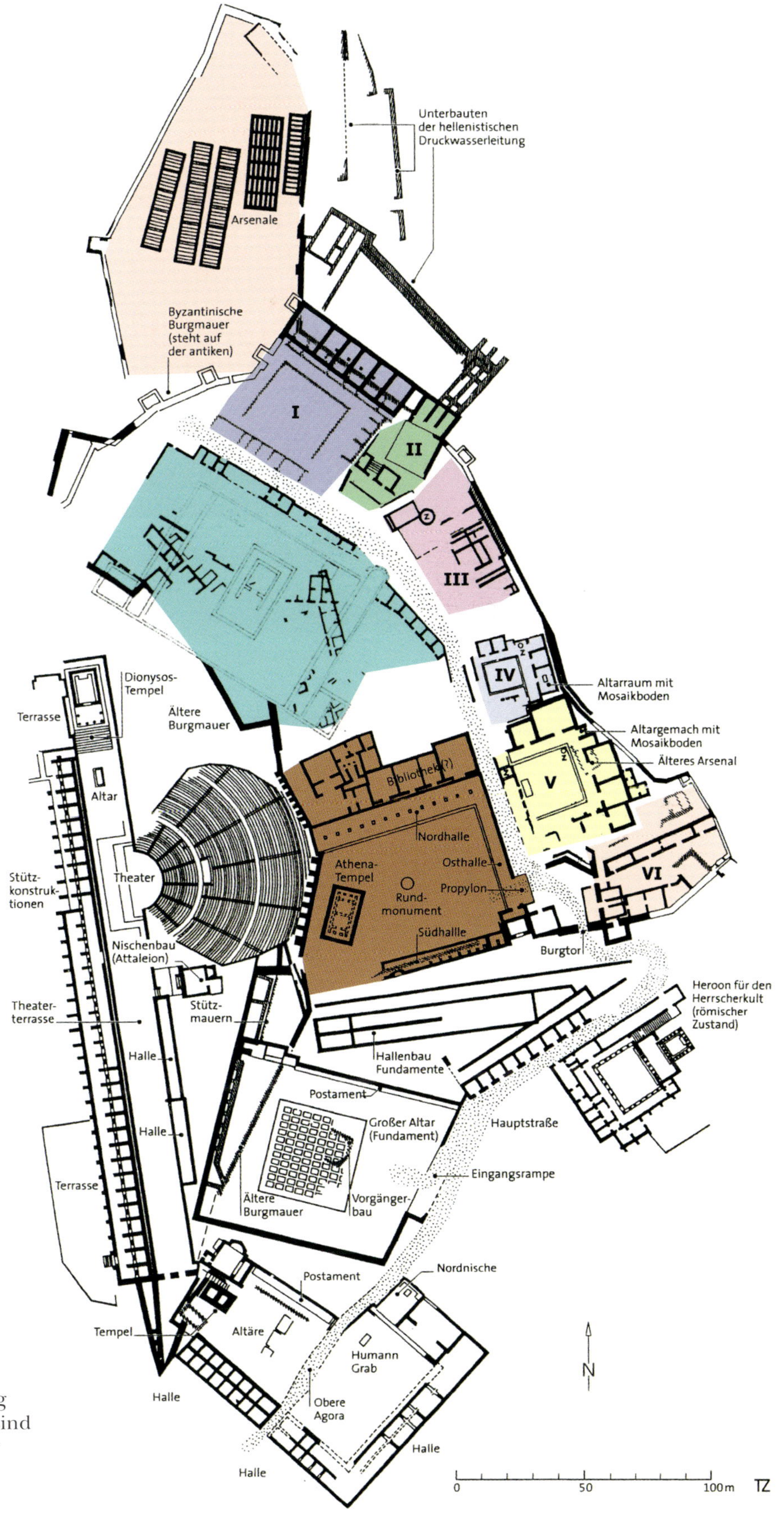

Abb. 1
Pergamon,
Oberburg. Farbig
hervorgehoben sind
die Bereiche der
Basileia.

Abb. 2
Pergamon,
Baugruppe II.

Abb. 3
Pergamon,
Baugruppe III.
Langrechteckiges
Fundament neben
der Großen
Zisterne.

Der Bereich der Baugruppe II wird durch eine Felskuppe dominiert, die eine nahezu quadratische Struktur trug (*Abb. 2*)[10]. Südlich hiervon finden wir eine Fundamentierung eines kleinen langrechteckigen Baus, der als Tempelfundament gedeutet wurde, in jüngster Zeit jedoch zusammen mit der angrenzenden Zisterne als Wasserverteiler angesprochen wird (*Abb. 3*)[11]. In unmittelbarer Nähe wird jedoch die von Norden herangeführte hellenistische Druckwasserleitung den östlichen Burgmauerring durchstoßen haben.

[10] Nur wenige Steinsetzungen und Felsabarbeitungen dienen als Beleg für diese Baustruktur, die teils als Wohnturm teils als Wasserreservoir gedeutet wurde. Vgl. Kawerau – Wiegand 1930, Taf. 2. Der Felssporn bildet zugleich den höchsten Punkt des Burgbergs.

[11] Für den Deutungsvorschlag als Wasserverteiler und die damit zusammenhängende Diskussion vor Ort sei Henning Fahlbusch und Kai Wellbrock an dieser Stelle gedankt.

Baugruppe III bietet zwar eine größere Anzahl zueinander ausgerichteter Grundmauern, jedoch lassen sich diese weder zu einem bestimmten Bautyp ergänzen noch einer bestimmten Funktion zuordnen. In dem nach Südosten hin abfallenden Gelände befinden sich die Baugruppen IV und V, deren Grundrisse sich sehr gut als Peristylhäuser rekonstruieren lassen. In diesen sind sicher die Wohnräume der Königsfamilie zu identifizieren, die auch repräsentativen Zwecken, wie etwa Gastmahlen und Empfängen, gedient haben. Bei beiden Hausgrundrissen ist die Raumanordnung im Westen sowie im Südwesten der Peristylhöfe unklar. Bei Baugruppe V bietet die Westseite mit dem nahe gelegenen Burgweg nicht genügend Platz für eine Raumreihe, weshalb nur an drei Seiten des Peristylhofs Räume angebunden sein konnten. In beiden Häusern wurde eine reiche Ausstattung gefunden, die u. a. Mosaikböden, Marmorverkleidung sowie Wandmalerei umfasst[12]. Durch Beobachtung und zeichnerische Aufnahme von Felsabarbeitungen konnte in jüngster Zeit festgestellt werden, dass Baugruppe V sicher nicht über eine Art Propylon im Südwesten des Hofes betreten wurde, wie vormals in einem Rekonstruktionsvorschlag angenommen wurde[13]. Südlich von Baugruppe V zeichnen sich Strukturen ab, die für ein gen Burgtorhof gerichtetes Nymphäum sprechen und damit den angenommenen Zugang über die Südwestecke des Baues unmöglich machen. Vermutlich war Baugruppe V am südlichen Ende der Ostseite des Peristyls zu betreten, wobei der Besucher wohl über einen Treppenaufgang von Baugruppe VI heraufgeführt wurde[14]. Weiterhin bestätigte sich durch die Beobachtung von in den Fels geschlagenen Bettungen für Wasserrohre der Verlauf des Burgwegs zwischen Burgtor und Baugruppe II, welcher sich somit in etwa mit dem Verlauf des heutigen Weges deckt.

Baugruppe VI beherbergte den dort gefundenen Vorratsgefäßen[15], Pfeil- und Lanzenspitzen sowie steinernen Geschützkugeln zufolge Magazinräume für Militär und Verpflegung. Aufgrund der Nähe zum Burgtor wurde für Baugruppe VI die Unterbringung einer Wachmannschaft vorgeschlagen.

Westlich der Baugruppe VI ragte das Propylon des Athenaheiligtums empor, das in einen von drei Seiten mit Hallen flankierten Hof führte. Die nördliche Halle bot in ihrem Obergeschoss Zugang zu vier Räumen, deren Benennung als Bibliothek zwar möglich ist, aber dennoch nicht als gesichert gelten kann[16]. Kernstück des Athenaheiligtums ist sein Tempel, dessen Errichtung bereits in die 320er Jahre v. Chr. zu datieren ist, und der auf eine Stiftung der persischen Prinzessin Barsine, einer Konkubine Alexanders des Großen zurückgeht[17]. Während Alexander Barsine zusammen mit ihrem gemeinsamen Sohn in Pergamon untergebracht hat, muss Pergamon bereits über eine starke Befestigung verfügt

[12] Zur Ausstattung der Baugruppen IV und V s. Zimmer 2010.

[13] Hoepfner 1996, 21 Abb. 16; 26 Abb. 20.

[14] Während der Grabungskampagnen 2006 bis 2008 konnte der Verf. die erwähnten Beobachtungen fotografisch und zeichnerisch aufnehmen. Diese Ergebnisse werden jedoch ausführlich in der Dissertationsarbeit des Verf. vorgestellt und können daher hier nur verkürzt dargelegt werden.

[15] Zu den dort gefundenen Resten von Amphoren und Vorratsgefäßen vgl. Börker 1998.

[16] Zur Diskussion um die Lokalisierung einer Bibliothek im Athena-Heiligtum vgl. Mielsch 1995.

[17] Vgl. Beitrag von S. Agelidis in diesem Band S. 100–102.

haben[18]. Das Athena-Heiligtum wurde unter Eumenes II. einer Umgestaltung unterzogen, bei der die Säulenhallen und das Propylon errichtet wurden. Diese korrespondieren in ihrer Ausrichtung nicht mit dem Athenatempel, sondern mit der etwas später errichteten Baugruppe V der Paläste. Zu dem eumenischen Bauprogramm gehören ebenso der Bau des großen Altars und die Erweiterung seiner Terasse sowie die Umgestaltung der Oberen Agora[19].

Auch wenn diese Bauten nicht in den befestigten Bereich der pergamenischen Basileia integriert waren, so müssen doch auch das Theater, der Große Altar, die Obere Agora sowie der Temenos für den Herrscherkult als benachbarte Anlagen Erwähnung finden[20], da diese nicht unwesentlich das religiöse und gesellschaftliche Leben am Hof des Königs mitbestimmt haben.

Abb. 4 Marmorbasis mit der Inschrift eines Mysten der Meter Basileia (Fränkel 1895, Nr. 334).

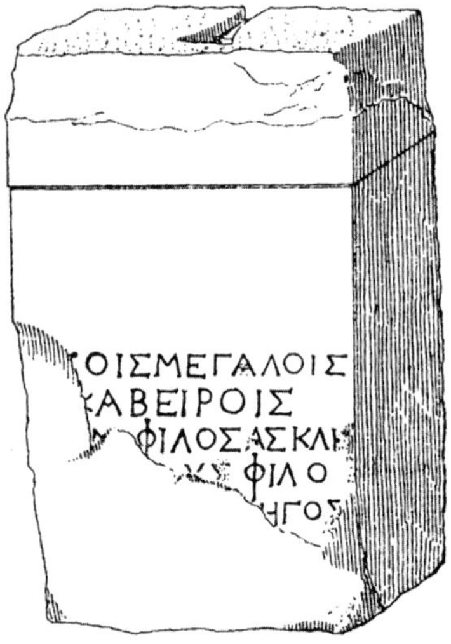

Abb. 5 Marmorstele mit Weihinschrift an die Kabiren (Fränkel 1895, Nr. 332).

Somit wäre also der Palastbezirk und seine angrenzenden Bereiche grob umrissen. Es gibt des Weiteren Hinweise auf heilige Bezirke und Kulte, die bislang nicht mit Bauten auf der Oberburg in Verbindung gebracht werden konnten. So weisen gleich vier Inschriften auf einen im Bereich der Oberburg zu lokalisierenden Kult der Meter hin (*Abb. 4*)[21] und zwei Inschriften bezeugen einen Kult der Korybanden bzw. Kabiren (*Abb. 5*)[22]. Alle Inschriften wurden im Palastbezirk gefunden, können jedoch nicht konkret mit Bauten in Zusammenhang gebracht werden, da sie zum Teil zweitverwendet wurden. Einer Kultlegende zufolge, überliefert im sog. Pestorakel des Apoll von Klaros[23], wurde Zeus durch Meter unter dem Beisein der Kabiren auf dem höchsten Punkt des pergamenischen Burgbergs geboren. Nähme man diese Überlieferung wörtlich, so wäre dies der Fels der Gebäudegruppe II. Das bereits oben erwähnte langrechteckige Fundament südlich der Gebäudegruppe II wurde als möglicher Tempel der Meter ins Gespräch gebracht (*Abb. 3*)[24]. Jedoch sind die

[18] Radt 1999, 25.

[19] Zusammenfassend zum eumenischen Bauprogramm Radt 1999, 78–81, der auch Umbauten am Theater und am Temenos für den Herrscherkult hiermit in Verbindung bringt.

[20] M. Pfrommer geht sogar weiter und bezieht die genannten Bauten in seine Definition der Basileia mit ein: Pfrommer 2004.

[21] Zu Meter Basileia: Fränkel 1895, 247 Nr. 334; 322–323 Nr. 481–483 und Ohlemutz 1940, 181–183. Außerdem wurden im Bereich des Trajaneums Votivfiguren für Meter gefunden: s. Mandel – Gossel-Raeck 2004.

[22] Zu den Korybanden bzw. Kabiren: Fränkel 1890, 53 Nr. 68; Fränkel 1895, 244 Nr. 332 sowie Ohlemutz 1940, 194–196.

[23] CIG 3538.

[24] Radt 1999, 67; Ohlemutz 1940, 181–183.

erhaltenen Reste zu gering, um hieraus einen kleinen Tempel zu rekonstruieren und zudem wird diese Struktur neuerlich mit wasserbaulichen Einrichtungen in Verbindung gesetzt[25]. Im Umfeld des Felsens um Baugruppe II befinden sich jedoch noch weitere Baureste die einem kleinen Kultbezirk für Kabiren und Meter genügen würden, wenn man aus den Weihungen nicht gleich einen Tempel postulieren mag. Schließlich reicht gerade für die Verehrung von Meter ein natürlicher gewachsener Fels wie er im Bereich der Baugruppe II emporragt vollkommen aus, um hier einen Kult zu etablieren. Dies wird auch durch das Naturheiligtum der Kybele/Meter von Kapıkaya deutlich[26].

Der Palastbezirk Pergamons vereinigt neben den Wohn- und Repräsentationsräumen des attalidischen Königshauses (Baugruppen IV und V) auch Magazine für Militär und dessen Versorgung (Arsenale und Baugruppe VI). Ob die Baugruppe I wirklich als Kaserne oder vielleicht auch nur zur Unterbringung von Gästen oder Angehörigen der Hofgesellschaft diente oder vielleicht einem ganz anderen Zweck, wird sich archäologisch nicht zweifelsfrei beweisen lassen[27]. Eine Bewertung des Grundrisses der Baugruppe III muss ebenso offen bleiben. Weiterhin sind wirtschaftlich genutzte Bereiche und Wohnbauten zu verzeichnen, welche später dem Trajaneum weichen mussten. Die berühmte Bibliothek der pergamenischen Könige befand sich vielleicht auf der Oberburg, sicher jedoch das der Athena Polias geweihte Hauptheiligtum der Stadt, welches im Kern mit seinem Tempel den ältesten Bau aus dem 4 Jh. v. Chr. stellt, aber unter Eumenes II. im 2. Jh. v. Chr. einem völligen Umbau unterzogen wurde[28]. Da der Großteil der pergamenischen Inschriften im Athenaheiligtum aufgestellt war, darf das Heiligtum ebenso als Staatsarchiv und Stätte für Bekanntmachungen gelten. Daher ist anzunehmen, dass das Heiligtum für jeden Bürger zugänglich war, auch wenn der befestigte Mauerring der Oberburg vielleicht ein anderes Bild suggeriert. Zudem muss betont werden, dass der Athenakult auf der Oberburg bereits etabliert wurde, lange bevor Attalos I. die Königswürde annahm. Gleiches dürfte ebenso für die Kulte des Zeus, der Meter und der Kabiren gelten, auch wenn die archäologische Überlieferung uns hier nicht weiterhilft. Durch die in den Palastbezirk integrierten heiligen Bezirke bot sich zudem eine willkommene Bühne zur Selbstdarstellung, die sich beispielsweise in der Aufstellung von Weihgeschenken oder Siegesanathemen widerspiegelt, wie etwa den berühmten Denkmälern für die Siege über die Gallier[29].

In Bezug auf die Frage der Öffentlichkeit des Palastbezirks muss auch auf die berühmte Bibliothek und Kunstsammlungen der pergamenischen Herrscher eingegangen werden. Auch wenn wir die Bibliothek nicht zweifelsfrei lokalisieren können, ist doch schon das Wissen um ihre Existenz ein Indiz für einen offenen Charakter des Königshofes, da damit auch der Wille verbunden war, Gelehrte und Küstler nach Pergamon zu holen.

---

25 s. o. Anm. 11.

26 Vgl. Radt 1999, 243–244.

27 Lorentzen 2010, 134 merkt zurecht an, dass die letzte Bauphase in Baugruppe I mit großer Sorgfalt und erheblichem Aufwand errichtet wurde und stellt daher die Nutzung als Kaserne in Frage.

28 Die Neugestaltung des Heiligtums der Athena und die Errichtung der Baugruppe V liegen zeitlich nicht weit auseinander. Die Grundrisse der Säulenhallen und von Baugruppe V liegen in der gleichen Ausrichtung und lassen nur Platz für einen schmalen Weg weiter hinauf zu den dahinter gelegenen Anlagen.

29 Vgl. Radt 1999, 281–284, bes. 161.

Der Begriff der Kunstsammlung darf nicht gleichgesetzt werden mit dem, was wir heute darunter verstehen. Zahlreiche Objekte sind in Form von Kriegsbeute nach Pergamon gelangt und dürften entsprechend als Weihung aufgestellt worden sein[30]. Doch ist uns literarisch überliefert, dass im Gemach des Königs eine Statuengruppe der drei Grazien des Künstlers Bupalos von Chios aufgestellt war[31]. Auch wenn der Autor nicht persönlich das Gemach betreten hat, so wird doch aus der Überlieferung deutlich, dass auch die Privatgemächer der Könige in einer sicherlich reglementierten Weise einem ausgewählten Besucherkreis zugänglich waren.

Empfänge und Gastmähler des Königs sind denkbare Anlässe zu denen ein größerer Besucherkreis Zugang in die Privatbereiche hatte[32]. Dies mag auch ein Detail in der Türschwelle zum sog. Altargemach in Palast V erklären. Hier fanden sich Einlassungen zur Befestigung eines Gittertores[33]. Das kleine Altargemach war mit einem Mosaikfussboden mit Theatermasken und einem Alexandersittich ausgestattet und wird als Hausaltar zu Ehren des Dionysos gedeutet. Das Gitter sollte wohl hier den Besuchern den Zugang verwehren und gleichzeitig einen Einblick gewähren.

Im Alltag waren sakrale Areale, ob nun privat oder öffentlich, sicher ebenso stark frequentiert wie etwa so elementare Bereiche wie die Wasserversorgung.

Eine weitere Errungenschaft die den Bauherren viel Bewunderung eingebracht haben dürfte, ist die hellenistische Druckwasserleitung, die vom 42 km entfernten Madradağ bis auf die Spitze des Burgbergs führte und deren Wasser von dort verteilt und weitergeleitet wurde. Es darf angenommen werden, dass dies in Form von Nymphäen oder ähnlichen Wasserspielen geschah[34].

Zusammenfassend kann festgehalten werden, dass sich die Basileia Pergamons zwar nicht über einen ähnlich großen Bereich wie in anderen hellenistischen Residenzstädten erstrecken, aber durch ihre exponierte Lage auf dem etwa 330 m hohen Burgberg eine wörtlich zu nehmende herausgehobene Stellung über dem Stadtgebiet Pergamons und den umliegenden Ebenen einnehmen. Diese Position bietet nicht nur einen sehr guten Ausblick in die Täler und Ebenen des Selinus, Ketios und Kaikos sondern ermöglicht auch den Betrachtern aus den Ebenen heraus eine Ansicht der Basileia, die gewissermaßen die Inbesitznahme und den Machtanspruch des Attalidengeschlechts verdeutlichen.

Der Befestigungsring der Oberburg schützte die Residenz nicht nur vor äußeren Feinden sondern setzte sie auch von dem übrigen Stadtgebiet ab. Mit der Integration wichtiger Heiligtümer wurde jedoch einer allzu großen Abgrenzung durch sakrale öffentliche Räume entgegengewirkt[35].

---

30 Vgl. Radt 1999, 282; Kunze 1996, 117–120.

31 Paus. 9, 35, 6. Kunze 1996, 119; Radt 1999, 282.

32 Vgl. allgemein hierzu Vössing 2004, 92–178.

33 Kawerau – Wiegand 1930, 31.

34 Radt 1999, 149–158, bes. 154 sowie Garbrecht 2001, 39 f. 123–126.

35 Betonen möchte ich nochmal, dass das Athenaheiligtum bereits vor dem Palastbezirk dort lokalisiert war. Parallelen zum Haus des Augustus auf dem Palatin zu ziehen, erscheint mir etwas gewagt, z. B. Pfrommer 2004.

Literaturverzeichnis

Börker 1998	Ch. Börker, Die hellenistischen Amphorenstempel aus Pergamon, PF 11 (Berlin 1998).
Fränkel 1890	M. Fränkel, Die Inschriften von Pergamon. Bis zum Ende der Königszeit, AvP 8, 1 (Berlin 1890).
Fränkel 1895	M. Fränkel, Die Inschriften von Pergamon. Römische Zeit, AvP 8, 2 (Berlin 1895).
Funk 1996	B. Funk, Beobachtungen zum Begriff des Herrscherpalastes und seiner machtpolitischen Funktion im hellenistischen Raum, in: W. Hoepfner – G. Brands (Hrsg.), Basileia. Die Paläste der hellenistischen Könige (Mainz 1996) 44–55.
Garbrecht 2001	G. Garbrecht, Stadt und Landschaft. Die Wasserversorgung von Pergamon, AvP 1, 4 (Berlin 2001).
Hoepfner 1996	W. Hoepfner, Zum Typus der Basileia und der königlichen Andrones, in: W. Hoepfner – G. Brands (Hrsg.), Basileia. Die Paläste der hellenistischen Könige (Mainz 1996) 1–43.
Kawerau – Wiegand 1930	G. Kawerau – Th. Wiegand, Die Paläste der Hochburg, AvP 5, 1 (Berlin 1930).
Kunze 1996	Ch. Kunze, die Skulpturenausstattung hellenistischer Paläste, in: W. Hoepfner – G. Brands (Hrsg.), Basileia. Die Paläste der hellenistischen Könige (Mainz 1996) 109–129.
Lorentzen 2010	J. Lorentzen, Die Stadtmauern des hellenistischen Pergamon, in: J. Lorentzen – F. Pirson – P. I. Schneider – U. Wulf-Rheidt (Hrsg.), Aktuelle Forschungen zur Konstruktion, Funktion und Semantik antiker Stadtbefestigungen, Byzas 10 (Istanbul 2010) 107–139.
Mandel – Gossel-Raeck 2004	U. Mandel – B. Gossel-Raeck, Votivterrakotten von der pergamenischen Oberburg, IstMitt 54, 2004, 311–329.
Mielsch 1995	H. Mielsch, Die Bibliothek und die Kunstsammlung der Könige von Pergamon, AA 1995, 765–779.
Ohlemutz 1940	E. Ohlemutz, Die Kulte und Heiligtümer der Götter in Pergamon (Würzburg 1940).
Pfrommer 2004	M. Pfrommer, Die Basileia von Pergamon, Alexandria und das Haus des Augustus, IstMitt 54, 2004, 161–172.
Radt 1999	W. Radt, Pergamon. Geschichte und Bauten einer antiken Metropole (Darmstadt 1999).
Raeck 1999a	W. Raeck – A. Gorys – B. Gossel-Raeck, Untersuchungen zur Vorgängerbebauung des Tajaneums von Pergamon, IstMitt 49, 1999, 333–361.
Raeck 1999b	W. Raeck, Ein Gott für den Kaisertempel. Archäologisches vom Trajaneum in Pergamon, AW 20, 1999, 105–111.
Raeck 2000	W. Raeck – A. Gorys – B. Gossel-Raeck, Untersuchungen zur Vorgängerbebauung des Tajaneums von Pergamon, IstMitt 50, 2000, 307–364.
Raeck 2004	W. Raeck, Das hellenistische Pergamon als Residenzstadt und Polis, IstMitt 54, 2004, 23–34.
Rombock 1972	U. Rombock, Zur Befestigung der Akropolis, in: E. Boehringer (Hrsg.), Pergamon. Gesammelte Aufsätze, PF 1 (Berlin 1972) 108–115.
von Szalay – Boehringer 1937	A. von Szalay – E. Boehringer, Die Hellenistischen Arsenale, ›Garten der Königin‹, AvP 10 (Berlin/Leipzig 1937).
Vössing 2004	K. Vössing, Mensa Regia. Das Bankett beim hellenistischen König und beim römischen Kaiser (München/Leipzig 2004).
Weber 1997	G. Weber, Interaktion, Repräsentation und Herrschaft. Der Königshof im Hellenismus, in: A. Winterling (Hrsg.), Zwischen „Haus" und „Staat" : antike Höfe im Vergleich (München 1997).
Weber 2007	G. Weber, Die neuen Zentralen. Hauptstädte, Residenzen, Paläste, Höfe, in: G. Weber (Hrsg.), Kulturgeschichte des Hellenismus (Stuttgart 2007).
Zimmer 2010	T. Zimmer, Repräsentatives Wohnen am Beispiel der Palastanlagen von Pergamon, in: S. Ladtstätter – V. Scheibelreiter (Hrsg.), Städtisches Wohnen im östlichen Mittelmeerraum 4. Jh. v. Chr. – 1. Jh. n. Chr. (Wien 2010) 155–166.

Felix Pirson (Hrsg.), Manifestationen von Macht und Hierarchien in Stadtraum und Landschaft, BYZAS 13 (2012) 261-276

Im Glanz der Attaliden
Aspekte der bürgerlichen Repräsentation im späthellenistischen Pergamon[1]

Marianne MATHYS

»In der Antike müssen Bildwerke aller Art und insbesondere auf öffentlichen Plätzen aufgestellte Statuen eine ungleich höhere Wirkungskraft und Bedeutung besessen haben als heutzutage. In einer Welt, in der man viel stärker in der Öffentlichkeit lebte, in der aber die meisten Menschen nur wenig oder gar nicht lesen konnten, dienten Bildnisse als eines der Hauptmedien zur Verbreitung allgemeiner Wertvorstellungen, zur Verdeutlichung der Sozialstruktur einer Gemeinde sowie zur Hervorhebung der führenden Männer dieser Gesellschaft und ganz besonders ihrer Herrscher. Statuen und andere Bildwerke wurden somit zu einem der wichtigsten Kommunikationsmittel in den römischen Städten, auf deren Plätze sich ganze Wälder von Skulpturen befanden.«[2] Diese Einleitung, die Ch. Witschel seiner Untersuchung von Statuen auf römischen Platzanlagen voranstellt, basiert auf den Äußerungen antiker Autoren wie zum Beispiel Plinius dem Älteren oder Dion Chrysostomos[3]. Die literarischen Quellen sowie die Evidenz der archäologischen Befunde zeigen deutlich, dass Statuen zur Visualisierung des sozialen Gefüges der griechischen und römischen Gesellschaft von herausragender Bedeutung waren[4]. Für die Erörterung der Frage nach Manifestation von Macht und Hierarchie sowie der sozialen Interaktion in

---

[1] Folgende Ausführungen sind Einzelaspekte des Dissertationsprojekts der Verfasserin zur Repräsentation der städtischen Elite im späthellenistischen und kaiserzeitlichen Pergamon und entspricht den im November 2008 im Rahmen des Netzwerktreffens vorgetragenen vorläufigen Ergebnissen. Wie in der Einleitung zu diesem Sammelband dargelegt, versteht sich der Inhalt dieses Beitrages als »work in progress«. Die Dissertation ist in das Teilprojekt »Das hellenistischen Gymnasion von Pergamon« unter der Leitung von R. von den Hoff (Universität Freiburg i. Br.) zum Schwerpunktprogramm »Die hellenistische Polis als Lebensform« der DFG eingebettet. Herzlich gedankt sei an dieser Stelle F. Pirson für die lehrreiche Zeit auf der Pergamongrabung und die Möglichkeit zur Teilnahme am Netzwerk »Manifestation von Macht und Hierarchie in Stadtraum und Landschaft« des DAI Istanbul. Ebenso großer Dank gebührt T. Zimmer, der bei unzähligen Problemen im Rahmen der Projektarbeit sowie der Grabungsvorbereitungen stets routinierte Hilfe leistete. Für die kritische Durchsicht des Manuskripts danke ich R. von Kaenel, K. Sporn, R. von den Hoff und M. Zimmermann.

[2] Witschel 1995, 332.

[3] Witschel 1995, 332 Anm. 1 bezieht sich auf Plin. nat. 34, 17; Dion Chrys. 31, 149.

[4] Vgl. dazu auch Krumeich – Witschel 2009, 173 f. mit Anm. 1 zu weiteren aktuellen Untersuchungen zu diesem Thema.

gebauten Räumen bilden Ehrenstatuen auf öffentlichen Platzanlagen und in städtischen Heiligtümern also wichtige Indikatoren[5].

Ein zentraler Aspekt bei der Erforschung der Repräsentation[6] von Mitgliedern der Oberschicht im späthellenistischen und kaiserzeitlichen Pergamon im öffentlichen Raum der Stadt ist die Frage nach visueller Anknüpfung an die königliche Vergangenheit. Anhand von zwei Befund-Ensembles soll im Folgenden dieser Frage nachgegangen werden. Konkret geht es also darum abzuklären, ob im 1. Jh. v. Chr. mit Hilfe von öffentlich verliehenen Ehrenstatuen für verdiente Bürger der Stadt sowie für römische Machthaber versucht wurde, an die königliche Vergangenheit anzuschließen, in welchen städtischen und damit öffentlichen Räumen dies geschah und was damit beabsichtigt wurde. Um diese Befunde besser einordnen zu können, soll eine historische Kontextualisierung anschließen[7].

Eine Ehrenstatue im Tempel der Hera

Der erste Befund führt in das Heiligtum der Hera, das auf zwei schmalen Terrassen über dem Gymnasion von Pergamon liegt[8]. Der Tempel ist mit Hilfe der erhaltenen Bauinschrift König Attalos II. als Bauherrn und der Göttin Hera Basileia als Inhaberin zugewiesen[9]. In der Cella wurden neben der Kultbildbasis, die die gesamte Breite des Raumes einnimmt, mehrere Statuenbasen *in situ* sowie Fragmente von zugehörigen Statuen gefunden[10]. An die westliche Seite der Kultbildbasis schließt die Basis für eine Ehrenstatue an, die nachträglich, in der Mitte des 1. Jhs. v. Chr., errichtet wurde (*Abb. 1*)[11]. Der Text

5 Bei der Behandlung des Teilaspekts »Gebaute Räume« wurden von den Teilnehmern des Netzwerkes folgende Richtlinien als Vorgaben zur allgemeinen Verständigung ausgegeben: »Es soll um gebaute Räume als Orte sozialer Interaktion gehen. Dabei gilt es, die Konstituierung der Räume aus gebauten Hülsen, festem und beweglichen Inventar, aus ihrer Nutzung durch Menschen und aus der Rezeption durch den Betrachter (bzw. aus den Rezeptionsvorgaben, die die Räume machen) zu beschreiben und die Funktion der Räume in Bezug auf die Kernfrage zu analysieren: Welchen Beitrag leisten die behandelten Räume zur Manifestation von Macht und Hierarchie? Kann anhand der Analyse der behandelten Räume etwas über die soziale Praxis der Manifestation von Macht und Hierarchie ausgesagt werden?« Die methodischen Grundlagen liefern M. Löw, Raumsoziologie (Frankfurt a. M. 2001) und C. Jöchner (Hrsg.), Politische Räume. Stadt und Land in der frühen Neuzeit (Berlin 2003). – Zur Deutung und Bedeutung von Ehrenstatuen in der römischen Gesellschaft vgl. die allgemeinen Ausführungen von Fejfer 2008, 48–51.

6 Zur Verwendung und Bedeutung des Begriffs »Repräsentation« in den Altertumswissenschaften vgl. die Ausführungen von Weber – Zimmermann 2003, 36 f. 39 f.

7 Die städtebauliche Entwicklung Pergamons wurde jüngst von H. Halfmann eingehend untersucht. Seine Ergebnisse bilden die Grundlage für das Dissertationsprojekt der Verfasserin. Bedingt durch den althistorisch-prosopographischen Ansatz sind die Resultate Halfmanns jedoch für die Fragestellung in manchen Aspekten am archäologischen Befunde zu überprüfen. Vgl. Halfmann 2001; Halfmann 2003.

8 Vorberichte zu den Grabungen der Jahre 1910–1911 bei Dörpfeld u. a. 1912, 256–269 Abb. 3 Taf. 17. 18. 22. 22a; Funde: Ippel , in: Dörpfeld u. a. 1912, 315–328 Abb. 11–15 Taf. 25–27; Hauptpublikation: Schazmann 1923, 102–110 mit Beibl. 6. 7 Taf. 1. 2. 4–8. 10. 11. 18. bes. 32–35; Zum Kult: Ohlemutz 1940, 251–258; Allg. Überblick: Radt 1999, 186–188 Abb. 131.

9 Fragmente der Architravinschrift wurden bei den Ausgrabungen im Raum H der Oberen Terrasse des Gymnasions gefunden und sind bei Jacobsthal 1908, 402 Nr. 27 mit Taf. 23, 2 publiziert. Durch den Fund des östlichen Eckarchitravs im Jahre 1911 konnte die Inschrift schließlich von Ippel, in: Dörpfeld u. a. 1912, 283 Nr. 6 vollständig rekonstruiert werden: [Βασι]λεὺς Ἄτταλο[ς βασιλέως Ἀττ]άλου | Ἥραι β[ασιλείαι]. Rekonstruktionszeichnung der Architravblöcke mit Inschrift bei Dörpfeld u. a. 1912, 264.

10 Zur Befundsituation vgl. Ippel, in: Dörpfeld u. a. 1912, 316–326 Abb. 11. – Zur Kultbildbasis: Jacob-Felsch 1969, 153 f.

11 Ippel, in: Dörpfeld u. a. 1912, 294–296 Nr. 20 Abb. 5; Maße: H (Standplatte) 0.64 m; H (Gesimsstück) 0.325 m; B (ohne Gesims) 1.05 m; T 0.92 m davon die marmorne Frontplatte 0.20 m; BH 0.030–0.034 m; Text: ὁ δῆμος

Abb. 1
Pergamon, Hera-Tempel: Statuenbasis für Adobogiona, Ansicht von Osten, Frontseite mit Inschrift (D-DAI-ATH-Perg. 1944)

auf der Basis ist gut erhalten. Der Demos ehrte Adobogiona, die Ehefrau des Brogitaros, der als Tetrarche der galatischen Trokmer bekannt ist[12]. Aus den literarischen, epigraphischen und numismatischen Quellen sind mindestens zwei, vielleicht auch drei, galatische Adelige mit dem Namen Adobogiona als historische Persönlichkeiten fassbar[13]. Im Zusammenhang mit Pergamon ist eine Frau namens Adobogiona wichtig, da sie für einige Zeit mit einem hochrangigen Pergamener namens Menodotos verheiratet gewesen sein soll[14]. Menodotos ist aus dem epigraphischen Material Pergamons nicht bekannt. Der gemeinsame Sohn Mithridates[15] war ein Freund und Gefolgsmann von C. Iulius Caesar und wurde im Gymnasion mit zwei Ehrenstatuen geehrt[16]. Dass es sich bei der vom Demos geehrten Adobogiona tatsächlich um die Mutter des Mithridates handelt, ist nicht eindeutig, da ihr in einem allgemeinen Wortlaut für Wohltaten gegenüber der Stadt gedankt wird, ohne diese weiter zu präzisieren. Der literarisch überlieferte pergamenische Ehemann Menodotos wird in der Inschrift auf der Statuenbasis nicht erwähnt. Betont werden vielmehr die galatischen Verwandtschaftsbeziehungen der Adobogiona. Dieser Widerspruch lässt sich aufheben, wenn die hier Geehrte nicht mit der Mutter des Mithridates identifiziert wird,

| Ἀδο[βο]γιώναν Δηιοτάρου | γυναῖκα δὲ Βρογιτάρου τοῦ Δηι|οτάρου Γαλατῶν Τρόκμων | τετράρχα ἀρετῆς ἕνεκεν καὶ | εὐεργεσίας τῆς εἰς ἑαυτόν. – Zur Basis Jacob-Felsch 1969, 175.

12 Brogitaros war von 62 bis 52 v. Chr. Tetrarch des galatischen Stamms der Trokmer und ab 58 v. Chr. führte er den Königstitel, den er von seinem Schwiegervater übernahm, vgl. Coşkun 2004, 690 f. mit Anm. 12 (Lit. Quellen); Weitere Lit.: Hübner 1986, 136–137; Allgemein zu den Galatern in Kleinasien vgl. Strobel 1991; Strobel 2007.

13 Eine Zusammenstellung der Quellen zu Adobogiona und der Problematik zur Identifizierung vgl. Hübner 1986, 136–139 (mit Stemma). Dank schulde ich H. Müller (AEK München), der mich vor einem Missverständnis bewahrt hat und dem ich zahlreiche weitere Hinweise verdanke.

14 Heinen 1994, 66–70. – Zur Problematik der Identifizierung der Adobogiona in den zeitgenössischen Quellen s. u. Anm. 17.

15 Gemäß den Angaben antiker Autoren soll Mithridates ein uneheliches Kind von ihr und Mithridates VI. Eupator gewesen sein, der im Haus von Adobogiona und Menodotos in Pergamon ein willkommener Gast gewesen sei, vgl. Strab. 13, 4, 3. Ob dies der historischen Realität entsprach oder ob damit für den Sohn Adobogionas eine Verwandtschaftsbeziehung konstruiert werden sollte, entzieht sich unserer Kenntnis.

16 Hepding 1909, 329–340; Magie 1975, 405 f.; Heinen 1994, 63–79. – Lit. Quellen zu Leben, Familie und Verdienste des Mithridates von Pergamon: Bell. Alex. 26, 1; 78, 2; Strabo 13, 4, 3 C 625.

Abb. 2
Pergamon, Hera-Tempel: Statuenbasis für Adobogiona, Oberseite mit Einlassung für eine Marmorstatue, Foto: M. Mathys (2011)

sondern es sich um dessen Tante handelt[17]. Die Statue der Adobogiona ist verloren, doch zeigt die Einlassung auf der Oberseite der Basis, dass es sich um einen Statue aus Marmor gehandelt haben muss (*Abb. 2*)[18]. Das Besondere am Befund aus dem Heraion ist die Tatsache, dass zur Aufstellung der Ehrenstatue für Adobogiona die rückwärtige Kultbildbasis in der Cella an der Westwand »um die Ecke« verlängert wurde. So musste nach diesem Anbau der Eindruck entstehen, dass Adobogiona als Gefährtin der Statuen auf der rückwärtigen Kultbildbasis auftritt. Die Bedeutung der Ehrenstatue für Adobogiona wird somit erst verständlich, wenn die Statuen auf der Kultbildbasis identifiziert sind. Durch den risalitartigen Vorsprung in der Mitte der Kultbildbasis muss von einer drei Statuen umfassenden Gruppe ausgegangen werden, die von Anbeginn als solche konzipiert war[19]. Dabei wird in der Mitte Hera, die Inhaberin des Tempels, in einem Sitzbild dargestellt gewesen sein, die zu beiden Seiten von je einer stehenden Figur flankiert wurde. Das Bildnis der Hera, in etwa doppelter Lebensgröße, lässt sich aufgrund eines kolossalen Fragments ihrer linken Hand, das bei den Ausgrabungen in der Cella gefunden wurde, nachweisen und rekonstruieren[20]. Das wichtigste Fundstück aus dem Bereich des Hera-Heiligtums ist

[17] In einer Inschrift aus Didyma wird Adobogiona als Schwester des Brogitaros bezeichnet: Reim 1968, 277 f. Nr. 475 Z. 36–38. Eine andere Interpretation der Inschrift wäre, dass die Geschwister zeitweise miteinander verheiratet gewesen waren, was jedoch weiter nicht belegt ist. Diesen Hinweis verdanke ich H. Müller. – Vgl. auch die Bemerkungen und Zusammenstellung der Quellen in RE Suppl. VII (1958) 82 f. s. v. Brogitaros (W. Kroll); Strobel 2007, 543 mit Anm. 91. 96.

[18] Die weibliche Büste aus Marmor (Arch. Museum Izmir Inv. 354), die im Heraion von Pergamon im östlich an die Halle G anschließenden Raum gefunden wurde, kann aus formalen Gründen nicht mit der Ehrenstatue für Adobogiona in Verbindung gebracht werden, vgl. dazu Fittschen 2001.

[19] Schmidt 1995, 97; Fröhlich 1998, 124; Damaskos 1999, 138 Taf. 5 Abb. 9. – In ähnlicher Weise gestaltet ist die Kultbildbasis im Tempel R, westlich über dem Gymnasion von Pergamon, für welche in der Mitte eine sitzende, männliche Gottheit nachgewiesen ist, Radt 1999, 131 Abb. 78 (mit weiterer Lit. auf S. 344). Zu einer weiteren Kultbildbasis mit sitzenden Kultbildern in Despoina-Tempel in Lykosura (Arkadien) vgl. ausführlich Laubscher 1960, 138–142; Jacob-Felsch 1969, 152 f.; Damaskos 1999, 141 Anm. 82. – Formale Hinweise und das verwendete Material lassen darauf schließen, dass es sich bei den erhalten Fragmenten aus dem Heratempel von Pergamon um eine Kultbildgruppe handelt, Damaskos 1999, 142.

[20] Ippel, in: Dörpfeld u. a. 1912, 325 f. (Inv. Nr. S 17); Damaskos 1999, 142 Abb. 11 mit folgenden Maßangaben: erhaltene Länge der Hand ohne Finger bis zum Anfang des Unterarms ca. 0.23 m. Max. Breite des Handtellers ca. 0.15 m. Die Hand ist im 45 Grad Winkel nach Innen gebogen. Durchmesser des Gelenks ca. 0.14 m. Der Unterarm wird von zwei einfachen Armreifen geschmückt. Der Zeigefinger war ursprünglich angedübelt.

jedoch die überlebensgroße männlich Marmorstatue, die sich heute im Archäologischen Museum in Istanbul befindet[21]. Die Statue wurde in zwei Teile zerbrochen in Sturzlage vor dem westlichen Drittel der Kultbildbasis gefunden; der getrennt gearbeitete Kopf und der hoch erhobene rechte Arm sind verloren[22]. Die Statue ist gemäß Fundlage und Körperhaltung an der rechten Seite der Hera auf der Basis zu platzieren (*Abb. 3*). Sie kann aufgrund des statuarischen Motivs mit nacktem Oberkörper und einem Mantel um den Unterkörper, sowie den elaboriert gearbeiteten Sandalen, entweder als Zeus oder als hellenistischer Herrscher gedeutet werden[23]. Entscheidend war bislang die Frage nach der Frisur. Seit A. Ippel die wenigen erhaltenen Locken im Nacken der Statue als die Reste einer Kurzhaarfrisur deutete und dies für einen Zeus als ungewöhnlich bezeichnete, sind ihm die Meisten in seiner Deutung gefolgt, dass nämlich neben Hera ein hellenistischer Herrscher, wohl der Bauherr des Tempels, Attalos II., in Anlehnung an Zeus stand[24]. Dennoch gab es auch Kritiker, die anführten, das Haar sei für einen hellenistischen Herrscher in dieser Form zu lang[25]. Für beide Möglichkeiten lassen sich jeweils Parallelen anführen[26]. Es scheint sich also anhand der Frisur keine eindeutige Benennung der Statue aus der Cella des Hera-Tempels herleiten zu lassen[27]. Vielmehr bietet sich eine Lösung des Identifikationsproblems an, die über eine inhaltlich-kontextuelle Deutung der Skulpturengruppe abgeleitet wird. Die Statue der Hera ist durch ihre zentrale Anordnung auf der Basis sowie durch ihre Größe und durch die Weihinschrift auf dem Architrav des Tempels

---

21 Archäologisches Nationalmuseum Istanbul, Inv. Nr. 2767; Maße: H mit Plinthe 2.31 m; ohne Plinthe 2.10 m. Die derzeit besten Abbildungen (Vorderansicht) finden sich bei Smith – Ertuğ 2001, 156; Vgl. auch Queyrel 2003, 50–53 Taf. 68, 2; 69; 70, 1–3 (mit vollständiger Lit. bis 2000); Fröhlich 1998, 124–126; 271–273 Kat. Nr. 12 Abb. 17.

22 Ippel, in: Dörpfeld u. a. 1912, 316–325 Abb. 11–15 Taf. 26. – Zum Typus der Statue sowie statuarischen Vorbildern bzw. Repliken vgl. Kranz 2004, 89–91 mit Abb. 75. 76; Fröhlich 1998, 124 f.

23 Motivisch lässt sich die Statue beispielsweise mit dem Zeus im Ostfries auf dem Pergamon-Altar vergleichen: Scholl – Platz-Horster 2007, 270 Kat. Nr. 157. 7; 274 f. Abb. 18; 280 f.

24 Ippel, in: Dörpfeld u. a. 1912, 324. Anders Dörpfeld u. a. 1912, 261, der von einer Statue des Zeus ausging – Detailaufnahmen der Haarlocken im Nacken der Statue bei Schmidt-Dounas 1993-94, 136 Abb. 2; Damaskos 1999, Taf. 5 Abb. 10. – Deutung als hellenistischer Herrscher z. B. Kreikenbom 1992, 132 f. Kat. I 32 (Attalos II. oder Attalos I.); Fröhlich 1998, 124–129 (Attalos II. mit Zeusangleichung, 140 v. Chr.); Damaskos 1999, 137–149; (Attalos I. und Apollonis); Schmidt-Dounas 1993-94, 105–107 (Attalos II. mit Stratonike); Radt 1999, 187 (Attalos II.); Queyrel 2003, 50–53 (Attalos II. oder Attalos I. posthum und Apollonis) dort mit kompletter Lit. bis zum Jahr 2000.

25 Schober 1951, 139 f. (Zeus Megistos); weitere Vertreter dieser These aufgelistet bei Damaskos 1999, 139 Anm. 74; Identifikation als Zeus bei Schwarzer 1999, 295–298.

26 So bereits gesehen von Laubscher 1960, 146.

27 Ein weiterer Diskussionspunkt ist die Frage nach einer möglichen Bärtigkeit der Statue. Fröhlich 1998, 125 f. weist darauf hin, dass im Bereich unterhalb der Stoßfuge für den Kopf, auf der rechten Halsseite, die Oberfläche ungeglättet und somit vermutlich nicht sichtbar war. Somit ließe sich auf relativ lange seitliche Haare oder einen Bart schließen. Oder anders formuliert: es lässt sich nicht ausschließen, dass die Statue bärtig war, da der Bereich unterhalb des Kinns für eine Überprüfung des Befundes zu schlecht erhalten ist. In den Tagebüchern der Ausgräber ist zu den Fundumständen der Statue vermerkt, dass »die beiden Skulpturen sich bald als die zwei Hälften einer marmornen Kolossalstatue heraus stellten, wahrscheinlich den Zeus darstellend. Der Kopf fehlt leider, nur ein Stück eines Bartes wurde gefunden«, W. Dörpfeld im Tagebuch auf S. 33 zu den Ausgrabungsarbeiten 1911 in der 5. Woche (unpubliziert, Pergamon-Archiv DAI Berlin). Die Existenz eines Bartfragments wird im Vorbericht verschwiegen. Das Stück scheint heute verschollen zu sein, so dass sich weder Größe noch Aussehen überprüfen lassen, weshalb eine Unsicherheit, was seine Benennung als Bart betrifft, bleibt. Als alternative Deutung des Fragments kommt eine angestückte Haarlocke in Frage. Rundplastische Porträts für hellenistische Herrscher mit Bart sind sehr selten belegt. Die wenigen Münzbilder, die hellenistische Herrscher mit Bärten zeigen, werden allgemein als Trauerbärte oder als Thronanwärterbärte gedeutet. Beide Möglichkeiten dürfen für den vorliegenden Befund ausgeschlossen werden, vgl. Linfert 1976, 157. 167; Smith 1988, 46.

Abb. 3
Pergamon, Hera-Tempel: Ende der Ausgrabung 1909. Die männliche Figur müsste gemäß Fundsituation weiter nach links platziert werden. Die Gewandstatue auf der Basis der Adobogiona gehört vermutlich zur Basis rechts im Bild (D-DAI-ATH-Perg. 1930).

(s. o.) herausgehoben. Dass sich mit der rechts anschließenden Statue der Göttervater Zeus seiner Gattin, statuarisch und kultisch, unterordnen sollte, scheint mehr als fraglich[28]. Das Standbild des Zeus wäre bei dieser Rekonstruktion nämlich der zweiten, Hera links flankierende Begleitgottheit, gleichgestellt, was m. W. ohne Parallelbefund bleiben würde[29]. Vielmehr scheinen sowohl die formalen als auch die inhaltlichen Argumente für eine Herrscherstatue mit Zeus-Angleichung zu sprechen. Dass der Herrscher nicht im militärischen Habitus sondern im Mantel dargestellt ist, hängt mit dem Aufstellungskontext zusammen, da nicht die »irdischen Qualitäten« des Dargestellten betont werden sollen[30]. Konsequenter Weise wäre dann in der weiblichen Statue, die links neben Hera stand, eine pergamenische Königin zu sehen[31]. Somit ergibt sich eine Dreiergruppe bestehend aus einer mittig angeordneten Gottheit, nämlich Hera, und seitlich flankierende Vertreter des pergamenischen Königshauses[32]. Dass die Göttin in ihrem Heiligtum das Epitheton Basileia trägt, stützt den archäologischen Befund zusätzlich. Es bleibt also zu fragen, welcher Herrscher und welche Herrscherin als Begleiter der Hera dargestellt waren. Naheliegend

[28] Wie bereits Ohlemutz 1940, 78 f. feststellte, reicht die Erwähnung des Zeus Megistos in einer Inschrift auf einem Altar (Jacobsthal 1908, 402 Nr. 28) nicht aus, um einen institutionalisierten Kult und somit ein Standbild des Zeus als Synnaos auf der Kultbildbasis zu rekonstruieren. Ihm folgte auch Laubscher 1960, 146; anders sieht es Schwarzer 1999, 295 Anm. 291.

[29] Eine Zusammenstellung der Befunde und deren Auswertung bei Laubscher 1960, 149 f.; Schmidt-Dounas 1993–94, 129 f. Vgl. auch die von Pausanias geschilderte Situation im Hera-Tempel von Olympia, in welchem Hera und Zeus als gleichwertige Figuren nebeneinander stehen, Schmidt-Dounas 1993–94, 72 f.

[30] Schmidt-Dounas 1993–94, 115.

[31] Dieser Figur rechnet Damaskos 1999, 143 Abb. 13 das Fragment eines linken Oberarms mit Bekleidung und Armreif zu (S 314). Ebenfalls zu dieser Statue gehört das Fragment einer rechten Hand (S 775), das in ganz ähnlicher Weise gearbeitet ist wie die Hand der Hera, jedoch deutlich kleiner dimensioniert, Damaskos 1999, 142 Abb. 12. Dort mit folgenden Maßangaben: max. Länge (ohne Finger) 0.13 m und max. Breite 0.12 m.

[32] Weitere Beispiele für ein hellenistisches Herrscherpaar und eine Gottheit sind bekannt. Z. B. Antiochos III. und Laodike im Dionysos-Tempel von Teos, vgl. Damaskos 1999, 302 (mit weiteren Bsp.); Schmidt-Dounas 1993–94, 79 f. 114. In Alexandria flankierten die Statuen von Ptolemaios IV. und seiner Schwestergattin Arsinoë III. den Gott Serapis, wobei diese Statue in einem größeren Format gearbeitet war und sich die beiden Herrscher dem zentralen Götterbild zuwandten, Kyrieleis 1980, 383–387 Taf. 168–174; Kreikenbom 1992, 24 (Kat. I 17. 18).

und in der Forschung immer wieder aufgenommen ist die These, dass der Bauherr Attalos II. und seine Gattin Stratonike als Begleiter der Hera erscheinen[33]. Eine ansprechende Alternative wäre, in den beiden Begleitfiguren die verstorbenen Eltern des Bauherrn, Attalos I. und Apollonis, zu sehen[34]. Letztlich lässt sich eine schlüssige Identifizierung ohne die fehlenden Porträtköpfe der Statuen nicht herstellen[35]. Fest steht jedoch, dass das Kultbild der Hera von zwei Herrscherstatuen flankiert wurde, die wie σύνναοι θεοί auftraten[36]. Hinweise auf eine kultische Verehrung der Herrscher gemeinsam mit Hera sind nicht vorhanden, jedoch wird dieser Eindruck durch die Aufstellung auf einer gemeinsamen Kultbildbasis hervorgerufen[37]. Zu einem späteren Zeitpunkt wurde diese verlängert, die Statue der Adobogiona, die nun hinzutritt, ist durch die Inschrift eindeutig als Ehrenstatue zu erkennen[38]. Sie wird auf der visuellen Ebene sowohl als Begleiterin der Göttin und auch der pergamenischen Herrscher wahrgenommen worden sein. Formal war ihr Standbild eine von öffentlicher Seite beschlossene und errichtete Ehrung. Dadurch wird eine gewisse Doppeldeutigkeit (bewusst?) evoziert[39]. Die Statue der Adobogiona steht unmittelbar neben den attalidischen Herrschern, was als Anknüpfungspunkt an die hellenistische Vergangenheit gedeutet werden kann. Nicht zu übersehen ist jedoch der Bezug zu Hera, der in der Inschrift durch die dort erwähnte Arete der Geehrten hervorgehoben wird[40].

Der Raum der Cella des Hera-Tempels wurde in der Kaiserzeit um mindestens eine weitere Ehrenstatue bereichert. Gegenüber der Statuenbasis für Adobogiona steht eine freistehende Statuenbasis, die heute stark beschädigt ist (*Abb. 4*). Eine Priesterin, sicherlich die der Hera, wurde geehrt, weil sie dieses Amt 22 Jahre lang auf fromme und eifrige Weise ausgeübt hatte[41]. Aufgrund formaler Charakteristika lässt sich die Basis mit Hilfe

---

33 Vgl. die Zusammenstellung der Lit. bei Queyrel 2003, 50–53.

34 Die Selbst-Divinisierung noch zu Lebzeiten scheint im attalidischen Herrscherhaus, anders als bei anderen hellenistischen Monarchen, nicht belegt, vgl. Damaskos 1999, 140 f.; Schwarzer 1999, 251; Hansen 1971, 455; Taeger 1957, 253. 339. – Hansen 1971, 457 spricht sich für Apollonis und ihren Sohn Attalos II. als Begleiter der Hera aus.

35 Ein grundsätzliches Problem dabei bleibt bestehen, da sich aufgrund der vorhandenen Materialgrundlage die Porträts der Attaliden mit wenigen Ausnahmen nur schwer zuweisen lassen. Dies gilt auch für die in der Forschung weitgehend akzeptierte Identifizierung des Porträts Attalos I. in Berlin vgl. dazu Gans 2006, 19–42 Taf. 4 f. (mit vollständiger Literatur bis 2006 auch mit anderen Zuschreibungen); Queyrel 2003, 96–108 Taf. 12–14.

36 Eine zeitlich differenzierte Errichtung der Statuen auf der Kultbildbasis ist nicht erkennbar, vielmehr muss mit Schmidt-Dounas 1993–94, 114 davon ausgegangen werden, dass sie gemeinsam aufgestellt wurden. Dies würde bedeuten, dass im vorliegenden Fall ein neuer Tempel für eine Kultgemeinschaft bzw. Tempelgemeinschaft geschaffen wurde, was singulär zu sein scheint.

37 Schmidt-Dounas 1993–94, 112. 115 f.

38 So auch gesehen von Damaskos 1999, 303.

39 Zur Unsicherheit der Benennung und der Frage nach Kult bei Ehrenstatuen vgl. Schmidt-Dounas 1993–94, 112 f.; Damaskos 1999, 303.

40 Diesen Hinweis verdanke ich K. Sporn.

41 Ippel, in: Dörpfeld u. a. 1912, 296 f. Nr. 21 Abb. 6 auf S. 295; Maße: H 0.733 m; B (am Gesims) 0.70 m; T 0.423; BH (Z. 1–6) 0.027–0.030 m; BH (Z. 7) 0.006–0.008 m; Text: AI [- - -] | γ[υναῖκα δὲ? -] | Ποδαίθου ἱερα[τεύσα-] |σαν ἔτεσιν κβ΄ | εὐσεβῶς καὶ φιλο[τί-]|μως. | Καρπόδωρος Ἀθηναῖος ἐποίει. Der Name der Priesterin ist leider nicht überliefert, lediglich der Name ihres Vaters oder Gatten ist noch zu erkennen, wobei es sich hierbei möglicherweise um einen galatischen Namen handelt. Diesen Hinweis verdanke ich A. Coşkun, Institut für Alte Geschichte der Universität Trier.

Abb. 4 Pergamon, Hera-Tempel: Statuenbasis für eine Priesterin, Ansicht von Westen, Frontseite mit Inschrift (D-DAI-ATH-Perg. 1942)

von guten Parallelen ins 2. Jh. n. Chr. datieren. Vermutlich stand auf dieser Basis die weibliche Gewandstatue, die im Pronaos des Hera-Tempels gefunden wurde (*Abb. 3*)[42].

Um den Befund im Hera-Tempel besser einordnen zu können, lohnt sich ein kurzer Blick in das Demeter-Heiligtum von Pergamon[43]. Zwei Statuenbasen aus späthellenistischer Zeit für die Demeter-Priesterinnen Philotera und Menestrate wurden südlich vor der Mitte des Demeter-Tempels gefunden[44]. Falls sie tatsächlich dort aufgestellt waren, war dies für die Sichtbarkeit der Statuen während des Opfergeschehens zwar ungünstig, sie waren aber besonders aus der langen Südhalle des Heiligtums gut zu sehen[45]. Eine zweite Statuenbasis für Philotera wurde im Tempel selbst gefunden[46]. In der Inschrift werden die Söhne der Philotera als ausführende Stifter der Statue im Tempelinneren genannt. Der Text zitiert eine Weihung von Attalos II. an seine Mutter Apollonis, die im Athena-Heiligtum gefunden wurde[47]. Dies verdient im Kontext des Demeter-Heiligtums zusätzliche Beachtung, da dort in hellenistischer Zeit u. a. die Mütter der Attaliden verehrt wurden und sich diese zugleich im Heiligtum als Stifterinnen in besonderer Weise hervortaten[48]. In formal anderer Weise als im Hera-Heiligtum zeigt sich aber auch im Demeter-Heiligtum die Tendenz, dass in den ersten Jahrzehnten nach

[42] Ippel, in: Dörpfeld u. a. 1912, 326. Heute im Archäologischen Museum von Bergama (Inv. 2178).

[43] Das Athena-Heiligtum und die in ihm aufgestellten Ehrenstatuen für Priesterinnen werden an dieser Stelle nicht diskutiert. Erste Ergebnisse, die im Rahmen des Dissertationsprojektes der Verfasserin entstanden sind, Mathys 2009, 232–234, Allg. Eule 2001, 93–96.

[44] Rundbasis für die Marmorstatue der Philotera: Hepding, in: Dörpfeld u. a. 1910, 465 f. Nr. 47; Maße: H 0.998 m; Dm oben 0.575 m; BH 0.017–0.018 m; ZA 0.01–0.012 m; Text: Ὁ δῆμος ἐτίμησεν | Φιλωτέραν Λιμναίου διά τε τὰς Λιμναίου | τοῦ πατρὸς αὐτῆς πρὸς τὸν δῆμον εὐεργεσίας | καὶ διὰ Κυνίσκου τοῦ ἀνδρὸς αὐτῆς ἀρετὴν | καὶ πρὸς τὸν δῆμον εὔνοιαν καὶ διὰ τὴν αὐτῆς | τῆς Φιλωτέρας πρός τε θεοὺς εὐσέβειαν | καὶ τὴν πρὸς Κυνίσκον τὸν ἄνδρα καὶ | πρὸς τὰ τέκνα φιλοστοργίαν. – Zusammengesetzte Statuenbasis für Menestrate: Hepding, in: Dörpfeld u. a. 1910, 470 f. Nr. 54; Maße: H 0.685 m; B 0.585 m; T 0.37 m BH 0.017 m; ZA 0.004–0.005 m; Text: Ὁ δῆμος | Μενεστράτην Ἀσκληπίδου τὴν | Μηνοφῶντος τοῦ Μενεστράτου | γυναῖκα ἀρετῆς ἕνεκεν καὶ σ[ω-]|φροσύνης καὶ τῆς πρὸς θεοὺς | εὐσεβείας καὶ τῆς τοῦ ἀνδρὸς | αὐτῆς εἰς τὰ κοινὰ φιλαγαθίας.

[45] Eule 2001, 121 f.

[46] Hepding, in: Dörpfeld u. a. 1910, 466 Nr. 48.

[47] Fränkel 1890, 106 f. Nr. 169.

[48] Zur Bedeutung des Demeter-Heiligtums unter den Attalidinnen vgl. Thomas 1998, 283–288.

dem Ende der Attalidenherrschaft eine bewusste Anknüpfung an bestehende pergamenische Tradition betrieben wurde.

Eine anschauliche Parallele bezüglich möglicher Aufstellungskontexte[49] im Innern von Tempeln oder Kulträumen bietet sich im Artemision von Messene, das im Westflügel des Asklepios-Heiligtums untergebracht ist[50]. Im Innern des Kultraumes waren elf Basen für Statuen halbkreisförmig zu beiden Seiten der zentral vor der Rückwand aufgestellten kolossalen Kultstatue der Artemis Ortheia angeordnet[51]. Bei den Statuen handelt es sich einerseits um solche für Priesterinnen der Göttin, welchen auf diese Weise für ihre Verdienste gedankt wurden[52]. Andererseits ließen Eltern für ihre jugendlichen Töchter Statuen errichten, die besonders mit Artemis verbunden waren. Statuarisch sind die Mädchen im langen, unter der Brust gegürteten, Peplos dargstellt, in ihren Händen hielten sie teilweise kleine Kultbilder der Göttin[53]. Die Statuengallerie scheint im Laufe der Zeit angewachsen zu sein. Einige Statuen gehören ins 2. Jh. v. Chr., die jüngste wurde vermutlich im frühen 1. Jh. n. Chr. errichtet[54].

Aufstellungskontexte im Gymnasion von Pergamon[55]

Auf der Oberen Terrasse des Gymnasions von Pergamon lassen sich trotz der zahlreich erhaltenen Statuenbasen für Ehrenstatuen die antiken Aufstellungskontexte im Allgemeinen lediglich vage rekonstruieren. Grundsätzlich muss angenommen werden, dass ursprünglich fast vor jeder Säule des Palästra-Hofes eine Statue stand, da sich im nördlichen und östlichen Bereich jeweils die Fundamente erhalten haben[56]. Unklar bleibt jedoch, ob dies auch für die West- und Südseite der Palästra zutrifft. Chronologisch lassen sich die Basisfundamente vor den Säulen nicht differenzieren. Ergiebiger für die Frage der Statuenausstattung des Gymnasions ist die Situation in bzw. vor Raum H. Dieser Raum besitzt in der Rückwand eine große Nische, in die eine halbrunde Basis eingebaut war (*Abb. 5*). Wie eine Sondage vor dieser Nische zeigen konnte, gehört sie zum ursprünglichen Bestand des Raums, der sich seit der 2. Hälfte des 2. Jhs. v. Chr. bis in die späteKaiserzeit

49 Eine weitere Parallele ist die Situation vor und im Heraion von Olympia. Dort wurden im Pronaos und vor den Säulen der Ringhalle des Tempels mehrere kaiserzeitliche Basen *in situ* und die zugehörigen Marmorstatuen für Eleerinnen unweit davon entfernt gefunden, Treu 1897, 252–254 Abb. 288–290 Taf. 62–65; Krumeich 2008, 77–86 Abb. 2–5 Taf. 14 f.

50 Themelis 2003, 74–76 Abb. 40. 41. 56–60; Connelly 2007, 147–157.

51 Themelis 2003, Abb. 57; Connelly 2007, Abb. 5.15 f.

52 Themelis 2003, 75.

53 Connelly 2007, Abb. 5.17–20.

54 Themelis 2003, 76.

55 Erste Beobachtungen zum Gymnasion: R. Bohn, Das Gymnasium, in: Conze u. a. 1880, 207–210 sowie H. G. Lolling, Die Inschriften vom Gymnasium, in Conze u. a. 1880, 210–219; Vorberichte zu den Grabungen von 1902–1913 in Dörpfeld u. a. 1904, 121–150; Dörpfeld u. a. 1907, 190–214; Dörpfeld u. a. 1908, 328–357; Hauptpublikation: Schazmann 1923, 1–102; allgemeine Literatur und Zusammenfassendes: Delorme 1960, 171–191; Radt 1999, 113–134; von den Hoff 2004, 382–391; Radt 2005a; Wörrle 2007, 501–516. – Vorberichte zu den neuen Untersuchungen im Rahmen des DFG SPP 1209 »Das hellenistische Gymnasion von Pergamon« in: Radt 2005b, 101; von den Hoff 2006; von den Hoff 2007; von den Hoff 2008; von den Hoff 2009, 267 f. (mit Lit.) Abb. 6.

56 R. Bohn, Das Gymnasium, in: Conze u. a. 1880, 210; Dörpfeld u. a. 1907, 192; Schazmann 1923, 51.

Abb. 5
Pergamon, Gymnasion, Obere Terrasse: Raum H und vorgelagerte Exedra (D-DAI-ATH-Perg. 1359).

hinein nur geringfügig verändert hatte[57]. Beim Abbruch der spätantiken Mauern in Raum H wurden verschiedene Skulpturfragmente und Statuenbasen geborgen. Mit großer Wahrscheinlichkeit handelt es sich beim Fundort der Skulpturen auch um deren letzten Aufstellungsort, so dass davon ausgegangen werden kann, dass es sich bei diesen Stücken um die Reste der hellenistisch-römischen Statuenausstattung des Raumes handelt. Hierzu gehören die Fragmente von zwei kolossalen Panzerstatuen hellenistischer Könige, die vermutlich in der Mittelnische des Raumes Platz fanden[58]. Falls dieser Rekonstruktionsvorschlag zur hellenistischen Statuenausstattung von Raum H zutrifft, darf dieser Raum mit Sicherheit als der prominenteste Platz der gesamten Gymnasions-Anlage gedeutet werden. Dies lässt sich nicht nur am architektonischen Konzept sondern auch an der Ausstattung erkennen. Somit bietet Raum H eine hervorragende Folie, vor der Manifestation von Macht und Hierarchie auch nach dem Ende der Monarchie weiter zelebriert werden konnte. Vor Raum H, exakt in der Mittelachse des Palästra-Hofes, liegen die Fundamente einer freistehenden halbrunden Basis (*Abb. 5*)[59]. Ihr kommt durch die prominente Lage besondere Bedeutung zu. Der Aufbau der Basis lässt sich teilweise rekonstruieren, wodurch deutlich wird, dass sie nicht als Sitzbank, sondern zur Aufstellung von Statuenbasen genutzt wurde[60]. Im Scheitel der Exedra ist ein nach hinten ausgreifender Block angefügt, der an die dahinter liegende Säule stößt. Dadurch wurde an dieser Stelle eine große Standfläche für eine zentral angeordnete Statue gewonnen[61]. Einen Hinweis zum statuarischen Schmuck der halbrunden Basis sowie deren Funktion liefern die Fragmente

---

57 von den Hoff 2008, 108.

58 Zur Rekonstruktion der überlebensgroßen Panzerstatuen und ihrer Zuweisung zum Aufstellungsort in der Mittelnische von Raum H vgl. Dörpfeld u. a. 1908, 333; Delorme 1960, 188; Radt 1999, 127; wieder aufgegriffen bei von den Hoff 2004, 383 f.; R. von den Hoff wird demnächst eine Rekonstruktion und Interpretation der Stücke vorlegen .

59 Durchmesser 5.20 m; rekonstruierte Höhe: 2.60 m (weitere Maße s. Schazmann 1923, Taf. 14, 14. 15).

60 Schazmann 1923, 48 Taf. 14, 11–15.

61 Vgl. z. B. die Exedra der Ciceronen auf Samos, bei von Thüngen 1994, 151–153 Taf. 84, 1 Beil. 59.

einer Statuenbasis, die aufgrund ihrer Abmessung und Form als rechter Abschluss der Stirnseite einer halbkreisförmigen Basis angesprochen wurden[62]. Aus der zugehörigen Inschrift geht hervor, dass der Arzt Ἀμαλώιος im 2. Jh. n. Chr. eine Statue des mythischen Stadtgründers Telephos weihte[63]. Aus inhaltlichen Gründen wurde vorgeschlagen, symmetrisch auf der gegenüberliegenden Seite der Basis eine Statue für Herakles zu ergänzen[64]. Für eine kultisch-sakrale Deutung der Basis spricht der ca. 1 Meter südlich liegende rechteckige Unterbau eines Altars, der exakt in der Mittelachse der Basis liegt[65]. Mit Telephos und Herakles als mythischen Ahnherren ist es durchaus nahe liegend, an eine Verehrung im Rahmen des pergamenischen Herrscherkults zu denken. Diese Vermutung erhält durch die überlebensgroßen Marmorstatuen attalidischer Herrscher in der rückwärtigen Mittelnische von Raum H, also im größeren Prospekt der halbrunden Basis, zusätzliches Gewicht (*Abb. 5*)[66]. Wie gestaltet sich aber die Situation an dieser prominenten Stelle im 1. Jh. v. Chr.? Hinweise darauf können drei Basen für Ehrenstatuen liefern, die Bildnisse von prominenten Personen der späten Republik und der frühen Kaiserzeit trugen. Es handelt sich um eine Basis für das Standbild des Augustus[67], eine weitere für C. Iulius Caesar[68] und eine für Apollophanes[69], einen epikureischen Philosophen, der sich bei einer Gesandtschaftsreise nach Rom für die pergamenischen Angelegenheiten mit Erfolg eingesetzt hatte. Die drei Basen wurden verbaut in einer spätantiken-frühbyzantischen Mauer vor Raum H gefunden. Die unterschiedlichen Maße sowie die Form der Statuenbasen legen nicht zwingend eine gemeinsame Aufstellung nahe. Es gilt jedoch zu bedenken, dass die statuentragende Deckplatte – und möglicherweise auch der Fuß – bei allen Basen fehlt. Zusammenfassend lässt sich demnach vermuten, dass in der Nische in Raum H kolossale Standbilder attalidischer Dynasten standen, die durch die offene Säulenstellung des Raumes von der Palästra sichtbar gewesen sein müssen (*Abb. 5*). Möglicherweise wurde zu einem späteren Zeitpunkt eine Exedra in der Mittelachse vor dem Raum errichtet.

---

62 Jacobsthal 1908, 404 f. Nr. 33: vier Bruchstücke einer Marmorbasis; Breite der Stirnfläche 0.435 m; 1906 beim Abbruch der byzantinischen Mauer vor dem Mittelsaal. Foto: D-DAI-ATH-Perg. 1359. Datierung: späthellenistisch-römisch; Aufgrund der Skizze im Fund-Tagebuch lassen sich folgende Maße errechnen: L ca. 1.75 m; T ca. 0.725 m. Für diese Hinweise danke ich R. von den Hoff. Zur Deutung: Scheer 1993, 150 Anm. 470 a.

63 Ohlemutz 1940, 231; von den Hoff 2004, 391; Scheer 1993, 71–152. – Aufgrund paläographischer Anhaltspunkte scheint eine Datierung ins 2. Jh. n. Chr. plausibel.

64 Ohlemutz 1940, 231.

65 Dörpfeld u. a. 1907, 192 mit Taf. 18 (6). Dieser Unterbau besteht aus wieder verwendeten Marmorblöcken, was die These einer späteren Umnutzung bestätigen würde.

66 Zum Herrscherkult im Gymnasion von Pergamon vgl. von den Hoff 2004, 386–388.

67 Jacobsthal 1908, 411 Nr. 45; Foto: D-DAI-ATH-Perg. 1311; Maße: H 0.43 m; B 1.03 m; T 0.145. Jetzt im Garten des Archäologischen Museums von Bergama, dort von der Verf. nicht auffindbar. Text: Ὁ δῆμος | Αὐτοκράτορα Καίσαρα Θεοῦ υἱὸν Θεὸν | Σεβαστὸν τὸν ἑαυτοῦ μέγιστον εὐεργέ|την καὶ κτίστην. Darunter sind mehrere Graffiti eingeritzt, in der Mitte untereinander [Γό]ργων, Μενάνδρου, Ἀττάλου, Μίδα sowie verteilt über die untere Hälfte des Steins Σάτυρος, Μίδα, Ἀπολλοδώρου.

68 Jacobsthal 1908, 410 Nr. 44; Maße: H 0.31 m; B 0.75 m; T 0.19 m; BH 0.020–0.023 m; ZA 0.009–0.012 m; Text: ὁ δῆμος | Γάιον Ἰούλιον Γαίου υἱὸν Καίσαρα | τὸν αὐτοκράτορα καὶ ἀρχιερέα, ὕπατον τὸ δεύτερον, | τὸν ἑαυτοῦ πάτρωνα καὶ εὐεργέτην, | τῶν Ἑλλήνων ἁπάντων σωτῆρα καὶ εὐεργέτην | εὐσεβείας ἕνεκα καὶ δικαιοσύνης.

69 Jacobsthal 1908, 408 Nr. 38; Maße: H 0.20 m; B 0.63 m; T 0.415 m; BH 0.015 m; ZA 0.009 m; Text: ὁ δῆμος ἐτίμησεν | Ἀπολλοφάνην Δημητρίου φιλό[σοφον] | Ἐπικούρειον πάσης ἀρετῆς ἕνεκεν [ἐν] | πολλο[ῖ]ς καὶ ἀναγκαίοις καιροῖς ἐν [Ῥώ-]|μηι κ[ατορθ]ώσαντα τὰ τῆς πατρίδος | πράγματα.

Abb. 6 Pergamon, Gymnasion, Obere Terrasse, Statuenbasis für T. Flavianus Florus (D-DAI-ATH-Perg. 816)

Die aufgestellten Statuen prominenter Wohltäter oder mythischer Ahnherren der Stadt gliedern sich so in den Prospektein.

In der Kaiserzeit scheint sich aufgrund des Anbaus der Ostthermeme der Schwerpunkt der Statuenaufstellung teilweise verlagert zu haben[70]. Die Statuenbasis für T. Flavius Florus, den Sohn eines Gymnasiarchen, steht sehr wahrscheinlich *in situ* und flankiert einen Nebenzugang zur Ostthermeme (*Abb. 6*)[71]. Die Ehrenstatue für seinen Bruder C. Iulius Flavianus könnte auf der anderen Seite des Durchgangs gestanden haben. Darauf weisen die stark zerstörten Fragmente einer Statuenbasis mit identischem Text hin, die im Gymnasion gefunden wurden[72].

Schlussfolgerungen

M. Wörrle hat in einem Aufsatz zu einer Gruppe von Ehrendekreten in den Jahren nach 133 v. Chr. festgestellt, dass in Pergamon die königliche Vergangenheit in der ersten Generation nach den Attaliden bewusst ausgeklammert wurde[73]. Dies lässt sich in ähnlich deutlicher Weise an den Architekturstiftungen aus dieser Zeit ablesen. Es kann diesbezüglich festgehalten werden, dass **diejenigen** Bauten verschönert oder renoviert wurden, die für das Selbstverständnis der veränderten gesellschaftspolitischen Ordnung eine tragende Rolle spielten, wie beispielsweise das Gesetzesarchiv auf der Oberen Agora oder ein Parodos-Tor im Theater auf

---

70 Zur Entstehungszeit und zu den Zugängen der Ostthermeme: Schazmann 1923, 47. 84 f.

71 Hepding, in: Dörpfeld u. a. 1907, 331–333, Nr. 64; Maße: H 0.80 m; B und T 0.593 (ohne Profile); BH 0.024 m; ZA 0.020 m; Text: Ἡ βουλὴ καὶ ὁ δῆμος | τῶν πρώτων › νεωκόρων | Περγαμηνῶν ἐτίμησε | Τίτον Φλάουιον Φλῶρον | ἥρωα, | υἱὸν Φλαουίου Μηνοφάντου | τοῦ γυμνασιάρχου καὶ | ἀρχιερέως τῆς Ἀσίας › καὶ τὰς | λοιπὰς ἀρχὰς πάσας ἀξίως | τῆς πατρίδος πεπληρωκότος | διά τε τὸ τοῦ πατρὸς ἀξίωμα | καὶ τὴν τοῦ Φλώρου | ἀρετήν. – Zu Raum C als Nebenzugang zur Ostthermeme: Schazmann 1923, 53; zu den Grabungsergebnissen in Raum C vgl. von den Hoff 2007, 36–38 Abb. 30. 31.

72 Hepding, in: Dörpfeld u. a. 1907, 333–335 Nr. 65, Abb. 5.

73 Wörrle 2000, 554–557.

dem Burgberg. Die Stifter dieser Verschönerungsmaßnahmen stammten aus dem Kreis der pergamenischen Bürger und in den Bauinschriften wird jeweils das politische Amt betont, in dessen Zusammenhang die Stiftung erfolgte[74]. Nach den Wirren der Mithridatischen Kriege in den 80er-Jahren des 1. Jhs. v. Chr. tritt dann mit Diodoros Pasparos eine Einzelperson in Erscheinung, die sich sowohl als Stifter von Architektur als auch als Bewahrer der attalidischen Kulte in Szene setzte[75]. So war er es, der sich für den Kult der Attaliden im Gymnasion besonders hervortat, indem er mehrere ihrer Statuen renovieren ließ[76]. Die Dankbarkeit der Pergamener war beispiellos, keine andere Person wurde in dieser Form mit Ehrungen aller Art überhäuft[77]. Wie stark in der Mitte des 1. Jhs. v. Chr. die Bewahrung der eigenen Tradition akzentuiert wurde, zeigen die drei zeitgleichen Ehrenstatuen für die Meter Basileia Priesterin Phila, die gemeinsam im Bereich der Palastgruppe V auf dem Burgberg von Pergamon gefunden wurden[78]. Zusammen mit den beiden vorgestellten Befunden aus dem Hera-Heiligtum und dem Gymnasion ergibt sich so ein Bild, dass für das Selbstverständnis und die Selbstdarstellung der Oberschicht im späthellenistischen Pergamon eine konkrete Richtung vorgibt und in späteren Phasen der Geschichte der Stadt nicht in derselben Deutlichkeit hervortritt: Die Manifestation von Macht und Legitimation ist in Pergamon in der Mitte des 1. Jhs. v. Chr. eng an die königliche Vergangenheit gebunden, anders als dies noch zwei Generationen früher, unmittelbar nach dem Ende der Monarchie der Fall gewesen war. Das Gymnasion ist seit 133 v. Chr. **der** zentrale Ort der bürgerlichen Selbstdarstellung. Gerade die Befundsituation im Bereich der öffentlichen Plätze und Heiligtümer auf der Akropolis von Pergamon machen dies deutlich: Denn zur selben Zeit wie Adobogiona im Hera-Heiligtum vom Demos geehrt wird, werden im Athena-Heiligtum und auf der Altar-Terrasse Mitgliedern der provinzialen Führungsschicht Ehrenstatuen vom Demos verliehen[79]. Es scheint folglich, dass sich in den verschiedenen öffentlichen und sakralen Räumen der Stadt unterschiedliche Hierarchien bezüglich der öffentlichen Repräsentation ihrer Bürger abzeichnen[80]. Durch das Heranrücken von besonders verdienten Personen oder Angehörigen von »Helden der Stadt« konnte ein Anknüpfungspunkt an die Verdienste der einstigen Herrscher und damit an die eigene Vergangenheit geschaffen werden. Die Manifestation von Macht und die Visualisierung von Hierarchie im Gefüge einer Stadt in der Phase ihrer Selbstfindung waren damit für den antiken Betrachter deutlich zu erkennen.

---

74 Erste Ergebnisse des Dissertationsprojektes der Verfasserin in Mathys 2009, 228–232. 238 f.

75 Zum Leben und Wirken des Diodoros Pasparos vgl. unten Anm. 77.

76 von den Hoff 2004, 388 mit Anm. 108.

77 Zusammenstellung der Fakten aber mit veralteter Datierung: RE Suppl. XII (1970) 224–232 s. v. Diodoros Pasparos (D. Kienast); Diskussion der zeitlichen Einordnung der Dekrete: Jones 1974, 183–205; Musti 1999; Canali de Rossi 1999, 84–86; Jones 2000; Müller 2003, 433–445. Allgemein zu den Stiftungen und Ehrungen sowie zur historischen Einordnung: Chankowski 1998, 159–199; Ameling 2004, 143–145; von den Hoff 2004, 388–390.

78 Fränkel 1895, 322 f. Nr. 481–483. Die Statuenbasen für Phila lassen sich anhand des in der Ehreninschrift erwähnten Ehemanns der Priesterin in die Mitte des 1. Jhs. v. Chr. datieren. Vgl. dazu das Dekret im Asklepieion von Pergamon bei Habicht 1969, 21–23 Nr. 1. – Die Interpretation der Nachnutzung der Paläste liegt in der Bearbeitung von T. Zimmer, Berlin.

79 Vgl. dazu die Ausführungen der Verfasserin in Mathys 2009, 237–239.

80 Dazu jetzt auch die Untersuchungen zur Akropolis und zur Agora von Athen durch Krumeich – Witschel 2009.

Literaturverzeichnis

Ameling 2004	W. Ameling, Wohltäter im hellenistischen Gymnasion, in: D. Kah – P. Scholz (Hrsg.), Das hellenistische Gymnasion, Wissenskultur und gesellschaftlicher Wandel 8 (Berlin 2004), 129–161.
Canali de Rossi 1999	F. Canali de Rossi, Attalo III e la fina della dinastia pergamena, EA 31, 1999, 83–93.
Chankowski 1998	A. S. Chankowski, La procédure législative à Pergame au Ier siècle av. J.-C.: à propos de la chronologie relative des décrets en l'honneur de Diodoros Pasparos, BCH 122, 1998, 159–199.
Connelly 2007	J. B. Connelly, Portraits of a Priestess (Princeton 2007).
Conze u. a. 1880	A. Conze – C. Humann – R. Bohn – H. Stiller – G. Lolling – O. Raschdorff, Die Ausgrabungen zu Pergamon und ihre Ergebnisse. Vorläufiger Bericht 1878/79, Jahrbuch der königlich preußischen Kunstsammlungen 1 (1880) 127–224.
Coşkun 2004	A. Coşkun, Die tetrarchische Verfassung der Galater und die Neuordnung des Ostens durch Pompeius (Strab. 12, 5, 1 / App. Mith. 560), in: H. Heftner – K. Tomaschitz (Hrsg.), Ad fontes! Festschrift Gerhard Dobesch (Wien 2004) 687–703.
Damaskos 1999	D. Damaskos, Untersuchungen zu hellenistischen Kultbildern (Stuttgart 1999).
Delorme 1960	J. Delorme, Gymnasion. Étude sur les monuments consacrés à l'éducation en Grèce (Paris 1960).
Dörpfeld u. a. 1904	W. Dörpfeld – B. Schröder – H. Schrader – W. Kolbe – W. Altmann, Die Arbeiten zu Pergamon 1902–1903, AM 29, 1904, 114–207 Taf. 7–21.
Dörpfeld u. a. 1907	W. Dörpfeld – H. Hepding – W. Kolbe, Die Arbeiten zu Pergamon 1904–1905, AM 32, 1907, 161–469 Taf. 14–20.
Dörpfeld u. a. 1908	W. Dörpfeld – P. Jacobsthal – P. Schazmann, Die Arbeiten zu Pergamon 1906–1907, AM 33, 1908, 327–441 Taf. 18–26.
Dörpfeld u. a. 1910	W. Dörpfeld – H. Hepding, Die Arbeiten zu Pergamon 1908–1909, AM 35, 1910, 345–526 Taf. 15–29.
Dörpfeld u. a. 1912	W. Dörpfeld – A. Ippel – P. Schazmann – G. Darier – S. Loeschke, Die Arbeiten zu Pergamon 1910–1911, AM 37, 1912, 233–408 Taf. 16–30.
Eule 2001	J. Cordelia Eule, Hellenistische Bürgerinnen aus Kleinasien. Weibliche Gewandstatuen in ihrem antiken Kontext (Istanbul 2001).
Fejfer 2008	J. Fejfer, Roman Portraits in Context (Berlin 2008)
Fittschen 2001	K. Fittschen, Von Einsatzbüsten und freistehenden Büsten: Zum angeblichen Bildnis der „Keltenfürstin Adobogiona" aus Pergamon, in: C. Evers – A. Tsingarida (Hrsg.), Rome et ses provinces. Genèse et diffusion d'une image de pouvoir. Festschrift J. C. Balty (Bruxelles 2001) 109–117.
Fränkel 1890	M. Fränkel, Die Inschriften von Pergamon. 1. Bis zum Ende der Königszeit, AvP 8, 1 (Berlin 1890).
Fränkel 1895	M. Fränkel, Die Inschriften von Pergamon. 2. Römische Zeit, AvP 8, 2 (Berlin 1895).
Fröhlich 1998	B. Fröhlich, Die statuarischen Darstellungen der hellenistischen Herrscher (Hamburg 1998).
Gans 2006	U.-W. Gans, Attalidische Herrscherbildnisse. Studien zur hellenistischen Porträtplastik Pergamons (Wiesbaden 2006).
Habicht 1969	Ch. Habicht, Die Inschriften von Pergamon. 3. Die Inschriften des Asklepieions, AvP 8, 3 (Berlin 1969).
Halfmann 2001	H. Halfmann, Städtebau und Bauherren im römischen Kleinasien. Ein Vergleich zwischen Pergamon und Ephesos, IstMitt Beih. 43 (Tübingen 2001).
Halfmann 2003	H. Halfmann, Bürgerlicher Gestaltungswille: Pergamon und Ephesos, in: Deutsches Archäologisches Institut (Hrsg.), Die Stadt als Großbaustelle. Von der Antike bis zur Neuzeit (Berlin 2003) 48–55.
Heinen 1994	H. Heinen, Mithridates von Pergamon und Caesars bosporanische Pläne, in: R. Günther – S. Rebenich, E fontibus haurire. Beiträge zur römischen Geschichte und zu ihren Hilfswissenschaften (Paderborn 1994) 63–79.

Hepding 1909	H. Hepding, Mithradates von Pergamon, AM 34, 1909, 329–340.
Hübner 1986	G. Hübner, Der Porträtkopf. Überlegungen zu pergamenischer Porträtplastik von 2. Jh. v. Chr. bis in augusteische Zeit in: Filgis – Radt 1986, 125–145 Taf. 44–51.
Jacob-Felsch 1969	M. Jacob-Felsch, Die Entwicklung griechischer Statuenbasen und die Aufstellung der Statuen (Wildsassen 1969).
Jones 1974	C. P. Jones, Diodoros Pasparos and the Nikephoria of Pergamon, Chiron 4, 1974, 183–205.
Jones 2000	C. P. Jones, Diodoros Pasparos Revisited, Chiron 30, 2000, 1–14.
Kranz 2004	P. Kranz, Pergameus Deus. Archäologische und numismatische Studien zu den Darstellungen des Asklepios in Pergamon während Hellenismus und Kaiserzeit (Möhnesee 2004).
Kreikenbom 1992	D. Kreikenbom, Griechische und römische Kolossalporträts bis zum späten ersten Jahrhundert n. Chr., JdI Ergh. 27 (Berlin 1992).
Krumeich 2008	R. Krumeich, Vom Haus der Gottheit zum Museum? Zu Ausstattung und Funktion des Heraions von Olympia und des Athenatempels von Lindos, AntK 51, 2008, 73–95 Taf. 14–16.
Krumeich – Witschel 2009	R. Krumeich – C. Witschel, Hellenistische Statuen in ihrem räumlichen Kontext: Das Beispiel der Akropolis und der Agora von Athen, in: A. Matthaei – M. Zimmermann (Hrsg.), Stadtbilder im Hellenismus, Die hellenistische Polis als Lebensraum 1 (Berlin 2009), 173–226.
Kyrieleis 1980	H. Kyrieleis, Ein hellenistischer Götterkopf, in: Stele, Festschrift Nikolaos Konteleon (Athen 1980) 383–387 Taf. 168–174.
Laubscher 1960	H. P. Laubscher, Hellenistische Kultbilder (Diss. Ruprecht-Karl-Universität Heidelberg 1960).
Linfert 1976	A. Linfert, Bärtige Herrscher, JdI 91, 1976, 157–174.
Magie 1975	D. Magie, Roman Rule in Asia Minor. To the End of the Third Century After Christ ^{3}(New York 1975).
Mathys 2009	M. Mathys, Der Anfang vom Ende oder das Ende vom Anfang? Strategien visueller Repräsentation im späthellenistischen Pergamon, in: A. Matthaei – M. Zimmermann (Hrsg.), Stadtbilder im Hellenismus, Die hellenistische Polis als Lebensraum 1 (Berlin 2009), 227–242.
Müller 2003	H. Müller, Pergamenische Parerga, Chiron 33, 2003, 419–445.
Musti 1999	D. Musti, I Nikephoria e il ruolo panellenico di Pergamon, RFIC 126, 1998 (1999) 5–40.
Ohlemutz 1940	E. Ohlemutz, Die Kulte und Heiligtümer der Götter in Pergamon (Giessen 1940).
Queyrel 2003	F. Queyrel, Les portraits des Attalides. Fonction et représentation (Paris 2003).
Radt 1999	W. Radt, Pergamon. Geschichte und Bauten einer antiken Metropole (Darmstadt 1999).
Radt 2005a	W. Radt, Eine antike Wasseruhr im Gymnasion von Pergamon, IstMitt 55, 2005, 179–190.
Radt 2005b	W. Radt, Pergamon. Abschlussbericht über die Kampagnen 1999–2004, AA 2005/1, 81–115.
Reim 1968	A. Reim, Die Inschriften, in: Th. Wiegand (Hrsg.), Didyma, 2. Teil (Berlin 1968).
Schazmann 1923	P. Schazmann, Das Gymnasion. Der Tempelbezirk der Hera Basileia, AvP 6 (Berlin 1923).
Scheer 1993	T. S. Scheer, Mythische Vorväter. Zur Bedeutung griechischer Heroenmythen im Selbstverständnis kleinasiatischer Städte (München 1993).
Schmidt 1995	I. Schmidt, Hellenistischer Statuenbasen (Frankfurt a. M. 1995).

Schmidt-Dounas 1993-94 B. Schmidt-Dounas, Statuen hellenistischer Könige als Synnaoi Theoi, Egnatia 4, 1993–94, 71–141.

Schober 1951 A. Schober, Die Kunst von Pergamon (Wien 1951).

Scholl – Platz-Horster 2007 A. Scholl – H. Platz-Horster (Hrsg.), Die Antikensammlung. Altes Museum. Pergamonmuseum (Mainz 2007).

Schwarzer 1999 H. Schwarzer, Untersuchungen zum hellenistischen Herrscherkult in Pergamon, IstMitt 49, 1999, 249–300.

Smith 1988 R. R. R. Smith, Hellenistic Royal Portraits (Oxford 1988).

Smith – Ertuğ 2001 R. R. R. Smith – A. Ertuğ, Sculptured for Eternity. Treasures of Hellenistic, Roman and Byzantine Art from Istanbul Archaeological Museum (Istanbul 2001).

Strobel 1991 K. Strobel, Die Galater im hellenistischen Kleinasien: Historische Aspekte einer keltischen Staatenbildung, in: J. Seibert (Hrsg.), Hellenistische Studien, Gedenkschrift für Hermann Bengtson (München 1991) 101–134.

Strobel 2007 K. Strobel, Galatien, die Galater und die Polis der Galater: Historische Identität und ethnische Tradition, in: H. Birkhan (Hrsg.), Kelten-Einfälle an der Donau, DenkschrWien 345, 2007, 529–548.

Taeger 1957 F. Taeger, Charisma. Studien zur Geschichte des antiken Herrscherkults (Stuttgart 1957).

Themelis 2003 P. G. Themelis, Das Antike Messene (Athen 2003).

Thomas 1998 C. Thomas, The Sanctuary of Demeter at Pergamon: Cultic Space for Woman and Its Eclipse, in: H. Koester (Hrsg.), Pergamon, Citadel of the Gods. Archaeological Record, Literary Description, and Religious Development, Harvard Theological Studies 46 (Harrisburg 1998), 277–298.

von Thüngen 1994 S. F. von Thüngen, Die frei stehende griechische Exedra (Mainz 1994).

Treu 1897 G. Treu, Die Bildwerke von Olympia in Stein und Thon, Olympia 3 (Berlin 1897).

von den Hoff 2004 R. von den Hoff, Ornamenta γυμνασιώδη? Delos und Pergamon als Beispielfälle der Skulpturenausstattung hellenistischer Gymnasien, in: D. Kah – P. Scholz (Hrsg.), Das hellenistische Gymnasion, Wissenskultur und gesellschaftlicher Wandel 8 (Berlin 2004), 373–406.

von den Hoff 2006 R. von den Hoff, Gymnasion, in: F. Pirson, Pergamon - Das neue Forschungsprogramm und die Arbeiten in der Kampagne 2005, AA 2006/2, 68–72.

von den Hoff 2007 R. von den Hoff, Gymnasion 2006, in: F. Pirson, Pergamon – Bericht über die Arbeiten in der Kampagne 2006, AA 2007/2, 35–40 Abb. 29–33.

von den Hoff 2008 R. von den Hoff, Gymnasion 2007, in: F. Pirson, Pergamon – Bericht über die Arbeiten in der Kampagne 2007, AA 2008/2, 106–111 Abb. 27–30.

von den Hoff 2009 R. von den Hoff, Hellenistische Gymnasia: Raumgestaltung und Raumfunktion, in: Matthaei – Zimmermann 2009, 245–275.

Weber – Zimmermann 2003 G. Weber – M. Zimmermann, Propaganda – Selbstdarstellung – Repräsentation. Leitbegriffe des Kolloquiums in der Forschung der frühen Kaiserzeit, in: Dies. (Hrsg.), Propaganda – Selbstdarstellung – Repräsentation im römischen Kaiserreich des 1. Jhs. n. Chr. (Stuttgart 2003) 11–40.

Witschel 1995 Ch. Witschel, Statuen auf römischen Platzanlagen unter besonderer Berücksichtigung von Timgad (Algerien), in: K. Stemmer (Hrsg.), Standorte. Kontext und Funktion antiker Skulptur. Ausstellungskatalog Berlin (Berlin 1995).

Wörrle 2000 M. Wörrle, Pergamon um 133 v. Chr., Chiron 30, 2000, 543–576.

Wörrle 2007 M. Wörrle, Zu Rang und Bedeutung von Gymnasion und Gymnasiarchie im hellenistischen Pergamon, Chiron 37, 2007, 501–516.

Felix Pirson (Hrsg.), Manifestationen von Macht und Hierarchien in Stadtraum und Landschaft, BYZAS 13 (2012) 277-298

Byzantinisches Leben im Naturraum Troas: Siedlungsverdichtung vs. Einöde

Beate BÖHLENDORF-ARSLAN

»...... *Wir gingen voraus zum Schiff und fuhren nach Assos, wo wir Paulus an Bord nehmen sollten .... weil er selbst zu Fuß gehen wollte*« *(Ap 20, 14)*

Einleitung

Die Troas war in der Antike ein wichtiges Bindeglied zwischen Kleinasien und Europa. Archäologische und historische Forschungen registrierten jedoch in der nachantiken und byzantinischen Zeit nur wenige Siedlungsspuren. Durch neue Untersuchungen konnten nun zahlreiche Neugründungen in naturräumlich begünstigten Lagen, an Flussläufen, Küstenlinien oder Straßentrassen, nachgewiesen werden. Hiermit wird aufgezeigt, dass man in der Nachantike trotz teilweise großer Bedrohung von außen verstärkt auf die Nähe zu wirtschaftlichen Ressourcen, weniger auf verteidigungstechnische Gegebenheiten Wert legte.

Die hier vorgestellten Beobachtungen und Ergebnisse beruhen auf zwei Surveyprojekten: Der Begehung der nördlichen Troas (Provinzen Lampsakos und Çan) und der südlichen Troas in den Provinzen Ezine, Bayramiç und Ayvacık. Die offizielle Genehmigung für die Durchführung des Oberflächensurveys in der südlichen Troas verdanke ich dem Türkischen Kultusministerium (T.C. Kültür ve Turizm Bakanlığı, Kültür Varlıkları ve Müzeler Genel Müdürlüğü) und seinen Mitarbeitern. Die Finanzierung der Felduntersuchung übernahm freundlicherweise die Gerda Henkel Stiftung. Tatkräftige Hilfe erfuhren wir auch von DÖSSIM und der Ausgrabung Assos. Teile der Auswertung und Vorbereitung der nachfolgenden Kampagnen wurden durch ein zehnmonatiges Auslandsstipendium des DAI, Abteilung Istanbul, ermöglicht, wofür ich den Verantwortlichen großen Dank schulde. Den Regierungsvertreterinnen Günay Karakaş (2006, Museum Edirne), Ayşe Akman (2007, Museum Muğla), Zerrin Akdoğan (2008, Kultusministerium Ankara) Hasan Taylan (2009, Museum Kırklareli) und Safiye Dönmez (2010, Kultusministerium Ankara) danke ich für ihre gute Zusammenarbeit. Besonderen Dank möchte ich den Mitarbeitern des Surveyteams aussprechen, die mit großem Engagement an dem Projekt teilnahmen. Von diesen seien besonders Martin Dennert und Nurettin Arslan erwähnt, die mir mit Rat und Tat immer zur Hilfe standen. Dieser Beitrag wurde Ende 2009 verfasst; Literatur, die danach veröffentlicht wurde, konnte nur noch vereinzelt berücksichtigt werden.

Abgekürzte Literatur:

Böhlendorf-Arslan 2008a — B. Böhlendorf-Arslan, Çanakkale İli, Bayramiç, Ezine ve Ayvacık İlçelerindeki Bizans Dönemi Yerleşmeleri/Byzantinische Siedlungen in den Landkreisen Bayramiç, Ezine und Ayvacık (Provinz Çanakkale), Arkeoloji ve Etnografya Dergisi 8, 2008, 1–14.

Böhlendorf-Arslan 2008b — B. Böhlendorf-Arslan, Assos in byzantinischer Zeit, in: E. Winter (Hrsg.), Vom Euphrat bis zum Bosporus. Kleinasien in der Antike. Festschrift für Elmar Schwertheim zum 65. Geburtstag. Asia Minor Studien 65 (Bonn 2008) 121–132.

Lief Paulus durch eine verlassene Landschaft[1]? Und war in den nachfolgenden byzantinischen Jahrhunderten die Troas nur noch sporadisch besiedelt? Wie sah die Landschaft aus, die Paulus durchwanderte?

Schon für die römische Zeit zeigen die bisherigen Forschungen nur wenig ländliche Ansiedlungen außerhalb der großen antiken Städte[2]. Aus der spätantiken und byzantinischen Epoche sind außerhalb der zwölf aus den Verzeichnissen bekannten Bischofssitze nur wenige weitere Städte und Dörfer belegt[3]; von einer flächendeckenden Besiedlung der Troas wurde daher bisher nicht ausgegangen.

Die Landschaftsbezeichnung »Troas« erscheint zum ersten Mal bei Homer, allein die Ausdehnung und Größe dieses Gebietes variiert je nach Auslegung. Das Gebiet der Troas erstreckt sich weit über die bekannte Ebene um Troia hinaus und teilt sich in einen südlichen und nördlichen Teil[4]. In römischer Zeit war die Troas Teil der Provinzen Mysien und Asien, in früh- und mittelbyzantinischer Zeit gehörte sie zuerst zum Bezirk Hellespontus und Asia, dann zum Thema Ägäische Inseln, im Kaiserreich von Nikaia zur neu geschaffenen Provinz Skamander.

Auch wenn die Troas noch in byzantinischer Zeit eine Brückenfunktion zum Übersetzen nach Europa innehatte und vor allem wichtige Häfen an der Westküste und in den Dardanellen auf dem Weg nach Konstantinopel bot[5], verlor sie schon in der Spätantike

---

Böhlendorf-Arslan 2008c	B. Böhlendorf-Arslan, Der Landkreis Ayvacık in byzantinischer Zeit, in: A. Akdemir u. a. (Hrsg.), Ayvacik Değerleri Sempozyumu, 25–31 Ağustos 2008 (Çanakkale 2008) 105–116.
Böhlendorf-Arslan 2009	B. Böhlendorf-Arslan, Byzantinische Siedlungen in der südlichen Troas: Kampagne 2007, 26. AST 2 (Ankara 2009) 311–328.
Böhlendorf-Arslan 2010	B. Böhlendorf-Arslan, Byzantinische Siedlungen in der südlichen Troas: Kampagne 2008, 27. AST (Ankara 2010, 232–240).
Böhlendorf-Arslan 2011	B. Böhlendorf-Arslan, Yılında Ezine, Bayramiç ve Ayvacık İlçelerinde Bizans Dönem Yerleşmeleri / Byzantinische Siedlungen in der südlichen Troas (Ezine, Bayramiç, Ayvacık), Survey-Kampagne 2009, 28. Araştırmaları Sonuçları Toplantısı 1 (Ankara 2011) 261-281.
Böhlendorf-Arslan – Koçyiğit 2008	B. Böhlendorf-Arslan – O. Koçyiğit, Çanakkale İli Bayramiç, Ezine ve Ayvacık İlçelerindeki Bizans Dönemi Yerleşmeleri 2006 Yılı Yüzey Araştımaları, in: V. Tolun (Hrsg.), Çanakkale – Troas Arkeoloji Buluşması V (Çanakkale 2008) 93–100.
Cook 1973	J. M. Cook, The Troad. An Archaeological and Topographical Survey (Oxford 1973).

[1] Zur Route durch die Troas nach Alexandreia Troas: R. Jewett, Mapping the route of Paul's. Second Missionary Journey' from Dorylaeum to Troas, Tyndale Bulletin 48.1, 1997, 1–22.

[2] Für einen Fußmarsch von Alexandreia Troas, dem Ausgangspunkt von Paulus, nach Assos sind mehrere Tage anzunehmen. Es ist damit zu rechnen, dass Paulus für die Nächte Unterkunft in einer *mansio*, *mutatio* oder zumindest in einem Dorf fand. Leider gibt es noch keine Untersuchungen zum Straßennetz der Troas in antiker Zeit. Siehe zu diesem Thema bsp. K. Belke, Von der Pflasterstrasse zum Maultierpfad? Zum kleinasiatischen Wegenetz in mittelbyzantinischer Zeit, in: S. Lampakis (Hrsg.), Byzantine Asia Minor (6th–12th cent.) (Athen 1998) 267–284.

[3] Cook 1973, 368–374.

[4] Es gibt verschiedene antike Angaben für die Ausdehnung der Troas. Bei Strabon beispielsweise reicht die Troas von Kyzikos im Norden bis Antandros (Altınoluk) im Süden (Strabon 12, 4, 6; 13, 1, 1–4), nach Eudoxos beginnt sie dagegen erst in Priapos, nach dem Geographen Damastes reicht die Troas nur von Parion bis Lekton, s. RE VII A (1912) 525–584 s. v. Troas (W. Ruge).

[5] Bsp. bei: H. Ahrweiler, Byzance et la mer (Paris 1966); J.-C. Cheynet – F. Blusin, Du monastère Ta Kathara à Thessalonique. Théodore Stoudite sur la route de l'exil, REByz 48, 1990, 193–211; D. M. Nicol, Byzantium and Venice. A Study in Diplomatic and Cultural Relations (Cambridge 1988) 59–61; R.-J. Lilie, Handel und Politik

immer mehr an Bedeutung[6], was auf einen eher strukturschwachen, wenig besiedelten Raum deuten könnte. Die Ergebnisse unserer Begehungen in den letzten Jahren zeigen allerdings ein anderes Bild auf: Besonders an strategisch wichtigen oder naturräumlich begünstigten Lagen findet sich ein teilweise dichtes Netz an kleineren Städten, dörflichen Niederlassungen oder Landsitzen.

Naturraum, Landschaft und Ressourcen

In der Geographie umfasst der Naturraum sowohl abiotische (Klima, Relief, Wasserhaushalt, Boden und Geologie) als auch biotische Größen (Flora und Fauna). Der Mensch schafft sich innerhalb der von der Natur vorgegebenen Grenzen »Lebensräume« die er als Siedel- und Wirtschaftsfläche nutzt und formt. Somit entsteht ein Wechselspiel: Der antike und mittelalterliche Mensch siedelt nur dort, wo günstige Lebensbedingungen, d. h. ein vorteilhafter Naturraum, vorhanden sind oder geschaffen werden können. Also bevorzugt dort, wo Trinkwasser vorhanden ist, in der Nähe von Ackerflächen, Gärten oder anderen Ressourcen, möglichst angebunden an eine Straße und in einer vor extremer Witterung und Feindberührung geschützten Lage. Auf der anderen Seite verändert der Mensch mit der Erschließung des Lebensraums das Gesicht der Landschaft[7].

Die Wechselwirkungen zwischen Umwelt und Mensch werden seit einiger Zeit im Rahmen der Landschaftsarchäologie untersucht[8]. Auch in Anatolien werden verstärkt Betrachtungen des Naturraums, Ressourcen und Wirtschaftsweisen in den verschiedensten Surveys mit eingebunden[9].

---

zwischen dem byzantinischen Reich und den italienischen Kommunen Venedig, Pisa und Genua in der Epoche der Komnenen und der Angeloi (1081–1204) (Amsterdam 1984) 54. Zur wichtigen strategischen Bedeutung der Meeresenge bsp. Anna Komnene, Alexias 14, 3, 2–3.

6 K. Belke, Historischer Überblick, in: G. Bieg – K. Belke – B. Tekkök, Die mittel- bis spätbyzantinische Besiedlung innerhalb des Nationalparks, Troia und die Troas, StTroica 18, 2009, 163–198.

7 H. Zepp, Geomorphologie [4](Paderborn 2002) 301–307; A. Goudie, Physische Geographie [4](Heidelberg 2002) 443–462 bes. 458–459.

8 z. B.: J. F. Cherry – J. L. Davis – E. Mantzourani (Hrsg.), Landscape Archaeology as Long-term History. Northern Keos in the Cycladic Islands from Earliest Settlement until Modern Times (Los Angeles 1991); G. A. Barker, A Mediterranean Valley. Landscape Archaeology and Annales History in the Biferno Valley (London 1995); C. C. J. Schade, Landschaftsarchäologie. Eine inhaltliche Begriffsbestimmung. Studien zur Siedlungsarchäologie 3 (Bonn 2000) 135–225; M. Nenninger, Die Römer und der Wald. Untersuchungen zum Umgang mit einem Naturraum am Beispiel der römischen Nordwestprovinzen (Stuttgart 2001); F. Lang, Zurück nach Arkadien? Möglichkeiten und Grenzen der Landschaftsarchäologie, in: M. Heinz – M. K. H. Eggert – U. Veit (Hrsg.), Zwischen Erklären und Verstehen? Beiträge zu den erkenntnistheoretischen Grundlagen archäologischer Interpretation (Münster 2003) 79–95; S. Brather, Entwicklungen der Siedlungsarchäologie. Auf dem Weg zu einer umfassenden Umwelt- und Landschaftsarchäologie?, in: W. Schenk – R. Bergmann (Hrsg.), Historische Kulturlandschaftsforschung im Spannungsfeld von älteren Ansätzen und aktuellen Fragestellungen und Methoden. Institutioneller Hintergrund, methodische Ausgangsüberlegungen und inhaltliche Zielsetzungen (Bonn 2006) 51–97; S. Campana – S. Piro, Seeing the Unseen. Geophysics and Landscape Archaeology (Boca Raton 2009).

Konzentration auf die Spätantike und byzantinische Zeit z. B. bei: J. L. Bintliff, Reconstruction the Byzantine Countryside: New Approaches from Quantitative Landscape Archaeology, in: K. Belke – F. Hild – J. Koder – P. Soustal (Hrsg.), Byzanz als Raum. Zu Methoden und Inhalten der historischen Geographie des östlichen Mittelmeerraumes (Wien 2000) 37–64; A. E. Laiou (Hrsg.), The Economic History of Byzantium. From the Seventh through the Fifteenth Century 1 (Washington 2002); N. Christie (Hrsg.), Landscape of Change. Rural Evolutions in Late Antiquity and the Early Middle Ages (Aldershot 2004).

9 Hier sind zuerst die Untersuchungen in Lykien und dem Territorium von Sagalassos zu nennen: F. Kolb (Hrsg.), Lykische Studien 1–8 (Bonn 1993–2008); P. Degryse – M. Waelkens (Hrsg.), Geo- and Bioarchaeology at Sagalassos and its Territory (Leuven 2008); H. Vanhaverbeke – F. Martens – M. Waelkens – J. Poblome, Late Antiquity in

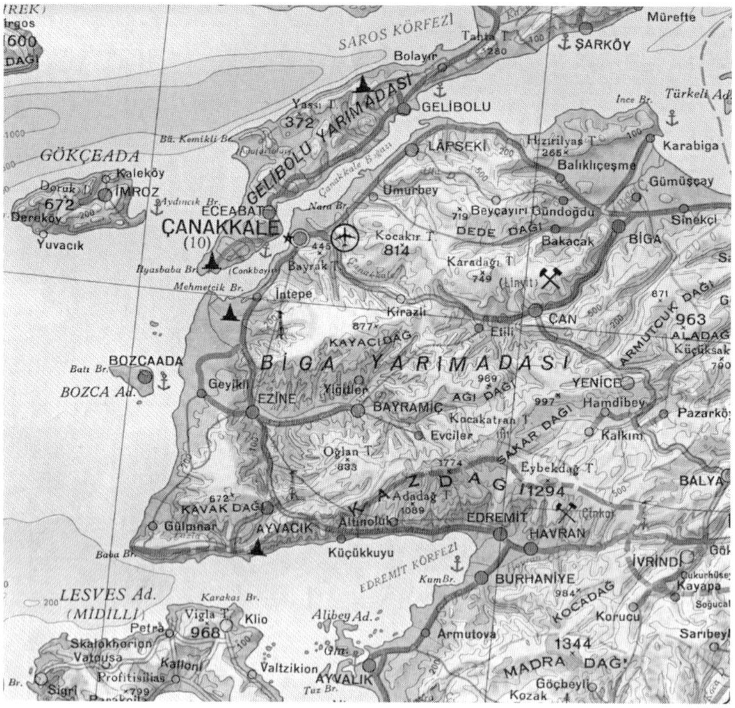

Abb. 1
Topografische
Karte der Troas.

Die Troas umfasst in der von Eudoxos erwähnten Ausdehnung (also von Priapos bis Adramitteion) knapp 7500 km^2, es handelt sich also um einen großen Landstrich mit unterschiedlichen naturräumlichen Gegebenheiten und Ressourcen[10]. Das Landschaftsbild der Troas wird durch seine Küstenlinie am Hellespont und der Westküste geprägt (*Abb. 1*). Zudem sind vor allem im Bereich der großen Flussläufe des Granikos, Rhesos, Praktios, Selleis, Rhodois, Thymbrios, Skamanders und Satnioes sowie deren Zuflüsse fruchtbare Ebenen entstanden, die heute einen erheblichen Anteil an der agrarischen Versorgung Westanatoliens haben und schon seit der Antike und dem Mittelalter landwirtschaftlich genutzt wurden. In osmanischer Zeit war die Ebene um Troia versumpft[11], das übrige Gebiet war wenig besiedelt und wurde nur in geringem Umfang für den Ackerbau verwendet[12]. Im Hinterland erstrecken sich hohe Gebirgszüge (*Abb. 1*), das Ida-Gebirge mit dessen südlichen, westlichen, östlichen Ausläufern wie beispielsweise dem Kavak Dağı im Hinterland von Chryse (Gülpınar), Tragasai (Tuzla) und Larisa (Beşiktepe) oder dem Dede-Gebirge östlich von Lampsakos. Das Idagebirge und seine Nachbargebirgszüge sind großflächig mit Laubmisch- und Nadelwäldern bedeckt, deren Hölzer seit jeher auch für

the Territory of Sagalassos, in: W. Bowden et al. (Hrsg.), Recent Research on Late Antique Countryside (Leiden 2004) 247–279; M. Waelkens et al., Sagalassos und sein Territorium. Eine interdisziplinäre Methodologie zur historischen Geographie einer kleinasiatische Metropole, in: K. Belke – F. Hild – J. Koder – P. Soustal (Hrsg.), Byzanz als Raum. Zu Methoden und Inhalten der historischen Geographie des östlichen Mittelmeerraumes (Wien 2000) 261–288.

10 B. Tenger, Zur Geographie und Geschichte der Troas, in: E. Schwertheim (Hrsg.), Die Troas. Neue Forschungen 3, AMS 33 (Bonn 1999) 103–180.

11 W. Leaf, Troy. A Study in Homeric Geography (London 1912) 53.

12 V. Höhfeld, Siedlungs- und Wirtschaftsgang im ländlichen Raum der Troas. Versuch einer Rekonstruktion, in: H. Grees – G. Kohlhepp (Hrsg.), Ostmittel- und Osteuropa. Beiträge zur Landeskunde. Festschrift für Adolf Karger 1 (Tübingen 1989) 342–345.

den Handel bestimmt waren (Thukidides 4, 52; Strabon 13, 1, 51). Wie es momentan scheint, war im byzantinischen Mittelalter das Idagebirge außerhalb der Flussläufe nur spärlich besiedelt. Der Holzabbau wurde eher mit nicht allzu großen, vielleicht saisonalen kleineren Weilern betrieben.

Das holzreiche Gebiet bietet eine ideale Grundlage für die Köhlerei[13], die heute noch in umfangreichem Stil in der Troas betrieben wird, da ein großer Teil der in der Türkei verwendeten Grillkohle im Idagebirge und dessen Ausläufern gewonnen wird. Die bis in die Gegenwart noch gebräuchliche Meilerverhüttung ist seit dem Altertum bekannt. Die heute noch tätigen Köhler hinterlassen bei der Gewinnung von Kohle keine dauerhafte Architektur, da sie nach der Abholzung und Verkohlung weiter ziehen bzw. die Plätze nur saisonal nutzen. Diese Fabrikations- und Lebensweise ist auch für frühere Zeiten anzunehmen.

Abseits der Flusstäler und der Ebenen ist die in der Troas beheimatete Art der Vallonia-Eichen (lt. Quercus Aegilops) immer noch weit verbreitet. Noch vor 100 Jahren gab es regelrechte Wälder mit Vallonia-Eichen, deren Rinde für Leder-Färbereien abgeschält und verkauft wurde[14]. Im Zusammenhang mit dem wichtigen Exportgut Eichenrinde ist vielleicht die Gründung einer Siedlung zu sehen, die im 12. oder 13. Jahrhundert an der Südspitze der Troas, nahe Babakale, entstand (*Abb. 11*). An der heute Palamut-Harabesi (»Ruinen bei den Eichen«) genannten Flur führt eine alte Pflasterstraße vorbei, die vom Hinterland (in der Höhe des heutigen Dorfes Bademli) kommend nach unten an die Küste verläuft[15]. Im Pflaster der Straße und an der Straßenkante finden sich zahlreiche Fragmente der in der Troas weit verbreiteten glasierten Sgraffitokeramik, einer lokalen Spielart der Zeuxippus-Familie[16] sowie weitere Keramikfragmente. Am alten Siedlungsplatz zeigen sich einige aus Feldsteinen errichtete einfache Häuser mit Gartenmauern, die über mehrere künstlich angelegte Terrassen verteilt sind. Eine aus Bruch- und Hausteinen (wohl byzantinischen Spolien) sorgfältig gefasste Quelle ist noch heute in Benutzung. Die Art der Anlage und Bauweise der Häuser lässt auf eine osmanische Dorfwüstung schließen. Das ehemalige osmanische Dorf besiedelte, wie die Verteilung der in diesem Gelände gefundenen byzantinischen Keramik zeigt, eine spätbyzantinische Ansiedlung weiter. Die Einnahmequelle des byzantinischen und osmanischen Dorfes könnte die Ausbeutung des Eichenwaldes gewesen sein, der sich über diesen gesamten Küstenabschnitt erstreckte. Über die Strasse ließ sich die Rinde an die Küste transportieren, wo sie vielleicht in einem kleinen Hafen auf Schiffe verladen wurde. Nahe der Bucht, in die die Pflasterstraße mündet, finden sich spärliche Reste eines Gebäudes, das aus mit Ziegelbändern versetztem Bruchsteinmauerwerk errichtet wurde. Der Flurname Kilisecik (»kleine Kirche«) und die Mauertechnik weisen das Bauwerk in die byzantinische Zeit. Ungefähr

---

[13] S. Bocher, Steinmetze, Köhler, Kalkbrenner. Ethnoarchäologie in der Troas, in: M. O. Korfmann (Hrsg.), Troia. Archäologie eines Siedlungshügels und seiner Landschaft (Mainz 2006) 387–395.

[14] H. Schliemann, Ithaka, der Peloponnes und Troja (Leipzig 1869) 125.

[15] Böhlendorf-Arslan 2010, 156 f.

[16] vgl. B. Böhlendorf-Arslan, Glasierte byzantinische Keramik aus der Türkei 1 (Istanbul 2004) 129–131; dies., Die Funde der byzantinischen Zeit in der Berliner Sammlung, in: M. Wemhoff – D. Hertel – A. Hänsel (Hrsg.), Heinrich Schliemanns Sammlung Trojanischer Altertümer. Neuvorlage 1, Berliner Beiträge zur Ur- und Frühgeschichte 14 (Berlin 2008) 177–182.

ein Kilometer östlich des byzantinischen Gebäudes konnten an einer etwas mehr als zwei Meter hohen Abbruchkante des Strandes die Reste einer Siedlung identifiziert werden, die aufgrund der im Profil steckenden Keramik in die frühbyzantinische Zeit datiert[17]. Die heute noch in Teilen sichtbare Mole zeigt auf, dass es sich bei der Niederlassung um einen kleinen Hafenort gehandelt hat, in dem vielleicht die Rinde verladen wurde.

In weniger wasserreichen Gebieten, auf steinigen und weniger fruchtbaren Böden wurden schon seit der Antike Olivenbäume zur Frucht und Ölgewinnung angebaut. Auf diese Tradition kann durch die noch in großer Zahl erhaltenen Olivenpressen, die sich auch in den kleineren Siedlungen finden, geschlossen werden. In den kargeren Landstrichen wird heute, wie schon in der Antike und im Mittelalter, Viehhaltung betrieben. Gerade in den felsigen Gegenden westlich von Ezine und im Idagebirge sind Ziegen die einzigen Tiere, die das unwegsame Gelände nutzen können. Kühe und Schafe werden dagegen eher in der Ebene gehalten.

Die heute noch sichtbaren Steinbrüche in der Troas wurden mindestens noch bis in die frühbyzantinische Zeit ausgebeutet. Die Steinbrüche konzentrieren sich auf die südliche Troas, die reicher an Felsen und Felsformationen ist. Die nördliche Troas ist dagegen arm an natürlichem Steinmaterial. Man hat dort das Rohmaterial in der Antike und im Mittelalter nahezu vollständig heranschaffen müssen, was der Grund für die heute fast vollständig abgetragenen antiken und mittelalterlichen Städte ist, da die Steine in der Neuzeit zum Aufbau türkischer Dörfer wieder verwendet wurden[18]. Die Produkte einiger der Steinbrüche, wie die in Koçali gebrochenen Säulen römisch/spätantiker Zeit waren für den Export bestimmt[19]. In mittel- und spätbyzantinischer Zeit wurde dagegen häufiger vorhandenes Steinmaterial zum Bau benutzt. Wie es sich zeigt, wurden in mittel- und spätbyzantinischer Zeit auch frühbyzantinische Bauten ausgebeutet[20]. Zudem kann davon ausgegangen werden, dass der Bedarf an Hausteinen wesentlich geringer war, da für gewöhnliche Mauerzüge nur Bruchsteine oder grob behauene Steine und Ziegel gebraucht wurden.

Für die Troas ist ein intensiver Erzabbau seit der Antike belegt, der in einigem Umfang in byzantinischer Zeit weiter betrieben wurde. Archäologische Belege hierfür sind im Umkreis von Çan gefunden worden. In einem Waldgebiet westlich von Çan sind unter einer dicken Laub- und Humusschicht mehrere Pingen gefunden worden, die teilweise durch Tiere freigelegt waren[21]. In einer Raubgrube nahe dem Pingenfeld wurden einige spätrömische und spätbyzantinische Keramikscherben aufgelesen, nach denen das

---

17 Böhlendorf-Arslan 2011, 270 Abb. 4.

18 Als Beispiel hierfür seien die Stiftungen in Çardak und Tuzla genannt: B. Böhlendorf-Arslan – M. Dennert, Spolien in der Moschee und im Han von Çardak (Troas), IstMitt 59, 2009, 337–358. F. Rumscheid, Die Ornamentik des Apollon-Smintheus-Tempels in der Troas, IstMitt 45, 1995, 28. 52–53; Ç. Özgünel, Smintheion. Troas'ta Kutsal bir Alan (Ankara 2001) 65; Böhlendorf-Arslan 2008a, 7 Abb. 10.

19 G. Ponti, Marmor Troadense. Granite Quarries in the Troad. A Preliminary Study, StTroica 5, 1995, 291–321; W. Williams-Thorpe, A Thousand and One Columns. Observations on the Roman Granite Trade in the Mediterranean Area, OxfJA 27, 1, 2008, 73–89.

20 Für den Bau der mittelbyzantinischen Ayazma-Kirche in Assos wurden zahlreiche frühbyzantinsche Spolien verwendet: M. Dennert, Die byzantinische Kirche auf dem Ayazma Tepe, in: N. Arslan – M. Dennert – B. Böhlendorf-Arslan, Assos 2007 Yılı Kazı Çalışmaları, 30. KST 3 (Ankara 2009) 111–113.

21 Die Pingen wurden Nurettin Arslan im Rahmen seines Surveys in der nördlichen Troas 2003 von Forstmitarbeitern gezeigt.

Pingenfeld in diese Zeit datiert werden kann. Andere sichtbare Gruben in der Umgebung von Çan lassen sich wiederum zeitlich nicht einordnen, da nur einige Fragmente von Grobkeramik und Schlacken gefunden wurden. Ein weiteres Pingenfeld liegt auf einer Anhöhe westlich des Dorfes Kızıltepe (Kreis Ezine, *Abb. 2*); einen knappen Kilometer von diesem entfernt befindet sich eine größere spätbyzantinische Siedlung[22]. Südwestlich von Üsküfcü bei Ezine erstreckt sich ein ausgedehntes Gebiet mit großen Schlackenhalden (*Abb. 2. 8*), direkt am Rande dieses Areals finden sich geringe Überreste von Gebäuden und zahlreiche byzantinische Keramikscherben, die eine Verhüttung des eisenhaltigen Gesteins in dieser Zeit nahelegen[23]. Nahe des Dorfes Şapköy (*Abb. 2*) wurde dagegen Alaun abgebaut[24].

Lampsakos war in römischer Zeit für seine Silberwerkstätten berühmt, die in frühbyzantinischer Zeit noch in Betrieb waren[25]. Es ist nicht bekannt, ob das Rohmaterial dafür aus der Umgebung kam oder importiert wurde. Archäologisch nicht zu fassen sind gleichfalls die aus historischen Quellen für das Gebiet um Lampsakos bekannten Aufzuchtbetriebe von Purpurschnecken[26], die in der spätantiken Zeit recht bedeutend gewesen sein müssen.

Weitere wichtige Einkommensquellen im Mittelalter waren der Fischfang sowie Einkünfte aus den Zöllen, die die Hafenstädte für die Weiterfahrt erheben konnten[27]. Einige der spätantiken/frühbyzantinischen und spätbyzantinischen Orte (Biber Deresi und Kilise bei Kadırga nahe Assos[28], Gümrük Burnu[29], Acıdere, Kepez und Özbek bei Çanakkale sowie Güreci Altı westlich von Parion) an der Küste wurden vielleicht als kleinere Anlaufhäfen bei Schlechtwetter gegründet oder waren einfache Fischerdörfer.

In der südlichen Troas gibt es an einigen Stellen Belege für neuzeitlichen Kurbadebetrieb, der teilweise heute noch durchgeführt wird. Je nach Ort haben die Bäder andere Grundlagen: Die südlich der Nekropole gelegene Therme von Alexandreia Troas beruht auf heißen schwefelhaltigen Quellen, das bei Zeytinli und Küllüce im Gebirge liegende Bad wie auch das Izbizlik genannte bei Akçakeçiliköy auf heißen sodahaltigen Quellen[30]. Das Hamam in Tuzla wird mit heißem salzhaltigem Quellwasser gespeist. Wir wissen nicht, wie weit der Kurbetrieb in diesen Orten zurückgeht; es ist aber gesichert, dass die Quellen bei Alexandreia Troas und Tuzla schon seit antiker Zeit bekannt waren und genutzt wurden[31].

---

22 Böhlendorf-Arslan 2011, 264 f. 271 Abb. 7.

23 Böhlendorf-Arslan 2011, 266. 272 Abb. 10. Nach einem französischen Reisenden wurde hier im 18. Jahrhundert »aus Steinen Silber« gewonnen: E. Delaval – M. Froissard, Le voyage à Constantinople du Chevalier de Clairac. Archéologie et architecture en Méditerranée orientale (1724–1727) (Antibes 2009).

24 Böhlendorf-Arslan 2011, 267.

25 F. Baratte, Vaisselle d'argent, souvenirs littéraires et manières de table: l'exemple des cuillers de Lampsaque, CA 40, 1992, 5–20.

26 Vita Parthenii 1357 B. C.

27 Vita Parthenii 1357 D–1359, DNP 1 (1996) 45–46 s. v. Abydos (E. Schwertheim); H. Ahrweiler, Byzance et la mer (Paris 1966) 13-14; dies., Les ports byzantins (VIIe–IXe siécles), in: La navigazione mediterranea nell'alto medioevo 1 (Spoleto 1978) 259–283; dies., Exchange and Trade, Seventh-Twelfth Centuries, in: A. E. Laiou (Hrsg.), The Economic History of Byzantium: From the Seventh through the Fifteenth Century 2 (Washington 2002) 697–770.

28 Böhlendorf-Arslan 2008c, 109 f.; Böhlendorf-Arslan 2009, 312.

29 Böhlendorf-Arslan 2010.

30 Böhlendorf-Arslan 2009, 317 Abb. 12; Böhlendorf-Arslan 2008c, 107.

31 DNP 12/1 (2002) 733 s. v. Tragasai (E. Schwertheim).

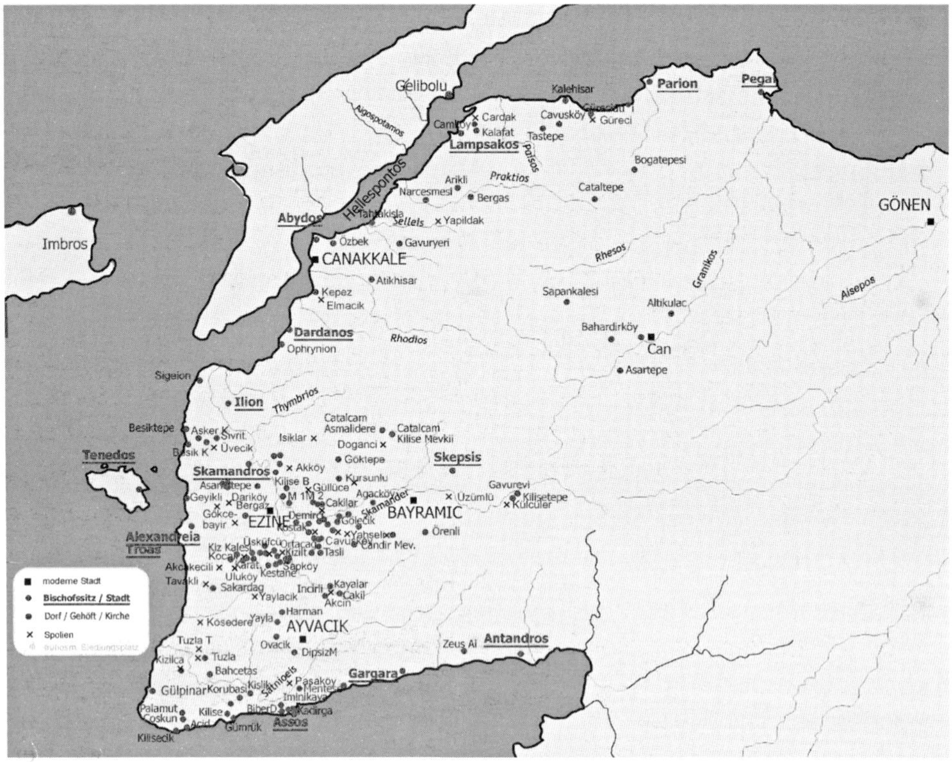

Abb. 2
Byzantinische Fundstellen der Troas (Stand 2010).

Siedlungstopografie

Die Lokalisierung der antiken Städte in der Troas zeigt eine Konzentration von Siedlungen an der Küste, sie wurden also als Hafenstädte gegründet, oder aber an den Flussläufen[32]. Die Ebenen und alluvialen Schwemmgebiete der Flüsse und Zuflüsse des Skamandros, Satnoeios, Thymbrios, Rhodios, Heptaporos, Selleis, Praktikos, Rhesos und Granikos sind sehr fruchtbar und wurden seit der Antike landwirtschaftlich intensiv genutzt.

In byzantinischer Zeit zeigt sich ein ähnliches, im Detail aber zu modifizierendes Bild: Besonders die größeren Hafenstädte wie Parion, Lampsakos, Abydos wurden in byzantinischer Zeit weiter besiedelt und erhielten den Rang einer Bischofsstadt. Viele der kleineren Städte am Meer (wie beispielsweise Archilleion, Rhoiteion, Arisbe und Abanais) wurden aufgelassen, was vielleicht mit sicherheitstechnischen Aspekten zu erklären ist. Dagegen erfolgt eine verstärkte Besiedlung des küstennahen Hinterlandes, besonders entlang der Flussläufe. Die fruchtbaren Ebenen der Schwemmgebiete der Flüsse wurden als Ackerfläche oder Gärten genutzt. Der überwiegende Teil der in der spätantiken bzw. frühbyzantinischen oder aber spätbyzantinischen Zeit neu gegründeten Ansiedlungen, in der Mehrzahl kleinere Dörfer, liegt an einem Fluss, einem Bach oder einer Quelle (*Abb. 2*).

---

32 Cook 1973, 358–368; N. Arslan, Kuzey Troas'ta Antik Yerleşmeleri (in Druckvorbereitung).

Ein gutes Beispiel hierfür ist die heute »Gavuryeri« genannte Fundstelle bei Musaköy nordöstlich von Çanakkale. Die Ansiedlung erstreckt sich über drei Terrassen (*Abb. 3*); die unterste Ebene grenzt an einen Bach, der heute Musa Çayı genannt wird (der antike Name ist nicht bekannt). Der Hellespont ist in Sichtweite des Siedlungsplatzes, trotzdem ist die Stelle weit genug vom Meer entfernt, um Schutz vor Einfällen von See her zu bieten.

Nach Angaben eines Dorfbewohners aus dem nahe gelegenen Musaköy stand auf seinem Acker bis vor wenigen Jahren noch eine Kirche und andere Gebäude, die er dann Stück für Stück abtrug. Heute sind auf den Feldern noch zahlreiche Ziegel, Keramikscherben und Glasfragmente zu sehen, anhand derer man die Ausdehnung und Zeitstellung der Siedlung bestimmen kann. Nach der aufgelesenen Keramik war die obere Terrasse schon in spätrömischer Zeit besiedelt, worauf auch die noch erhaltene Architektur, die auf einem kleinen bewachsenen Hügel oberirdisch noch sichtbar ist, deutet. Die nicht gerodete Anhöhe inmitten des Feldes lässt mit einigen oberirdisch in *opus caementitium*-Technik ausgeführten Mauerresten auf weitere Gebäudereste in der Erde schließen. Die unteren beiden Terrassen wurden dagegen nur in byzantinischer Zeit genutzt. Im Buschwerk an den Ackergrenzen wurden einige Mauerzüge beobachtet, deren Interpretation aufgrund des dichten Bewuchses nicht möglich ist.

Die Lage am Wasserlauf, die fruchtbare Gegend und der Holzreichtum bilden ideale Bedingungen für eine Ansiedlung oder Neugründung, die nicht vor dem 5. Jahrhundert erfolgt sein kann. Anhand der Geländebeobachtungen und den Funden kann man auf eine räumlich recht ausgedehnte Siedlung schließen, die, wie für die Zeit üblich, mit mindestens einer Kirche ausgestattet war. Die Siedlung hatte aber trotz ihrer Größe eher einen dörflichen Charakter, wie aus den Funden und der in Musaköy erhaltenen Bauplastik, die von dem Fundplatz Gavuryeri kommen soll, geschlossen werden kann.

Abb. 3 Römisch-byzantinische Siedlung bei Musaköy.

Abb. 4 Prozessionskreuz aus Çavuşköy.

Eine ähnliche Situation zeigt sich in Çavuştepe östlich von Lampsakos. Die Siedlung erstreckt sich zu beiden Seiten eines kleinen Baches, an dessen östlichem Ufer bis vor kurzem noch eine Mühle stand, die jetzt bis auf wenige Steine abgetragen ist. Die stark überwachsenen Reste der Grundmauern lassen auf einen byzantinischen Bau schließen, die wenigen in unmittelbarer Nähe liegenden Keramikscherben datieren in das 13. Jahrhundert n. Chr.

Wie es scheint, lag die eigentliche Siedlung östlich des Baches, dort wurden viele Ziegel, Keramik, Glas und einige kleine Fragmente von Bauplastik angetroffen. Auf der Anhöhe an der gegenüberliegenden (westlichen) Bachseite befinden sich geringe Reste möglicherweise einer kleinen Kirche. Die wohl im 12. Jahrhundert n. Chr. gegründete Siedlung liegt im sicheren Hinterland in unmittelbarer Nähe des Hellesponts an einem kleinen Flusslauf. Wie schon bei Musaköy wurde in Çavustepe fruchtbares Land besiedelt, sicherlich um Landwirtschaft betreiben zu können. Das nahe dem Dorf angebaute Getreide wurde an Ort und Stelle in der Wassermühle gemahlen, ein Transport in weiter entfernte Siedlungen entfiel. Mindestens eine der Kirchen lag wieder an prominenter Stelle auf einer Anhöhe. Ein Prozessionskreuz aus Bronze (*Abb. 4*), das einer der Bauern im Acker östlich des Flusses gefunden hat, und einige noch *in situ* liegende Doppelsäulenfragmente lassen darauf schließen, dass es noch weitere Kirchen im eigentlichen Dorfgebiet östlich des Baches gegeben haben muss.

Strategische Gesichtspunkte: die Neuerrichtung von Burgen vs. Auflassung älterer Burganlagen

In der spätbyzantinischen Zeit kommt es zum Neubau einer geringen Anzahl von Burgen (*Abb. 5*). Die Anlagen wurden alle an wichtigen Straßen oder an der Küste auf steilen Hügeln errichtet und zeichnen sich durch ihre wehrhaften Mauern aus. Gemeinsam ist den Burgen ihre geringe Fläche, sie scheinen also primär nicht als Fluchtburg errichtet worden zu sein, sondern dienten vielleicht eher als Zoll- oder Wegestation. So liegt beispielsweise Kalehisar östlich von Lampsakos auf einem Geländesporn am Übergang des Hellesponts zum Marmarameer. Die beiden Burganlagen Atıkhisar und Sapankalesi befinden sich an der bzw. in der Nähe der Straße nach Çan. Diese Route geht auf antike Vorläufer zurück, da dieser Weg die beste natürlich vorgegebene Verbindung in das gebirgige Hinterland darstellt[33].

33 K. Belke, Gavur Hisari. Eine byzantinische Burg in der Troas, in: W. Hörander – J. Koder – M. A. Stassinopoulou (Hrsg.), Wiener Byzantinistik und Neogräzistik. Beiträge zum Symposion vierzig Jahre Institut für Byzantinistik

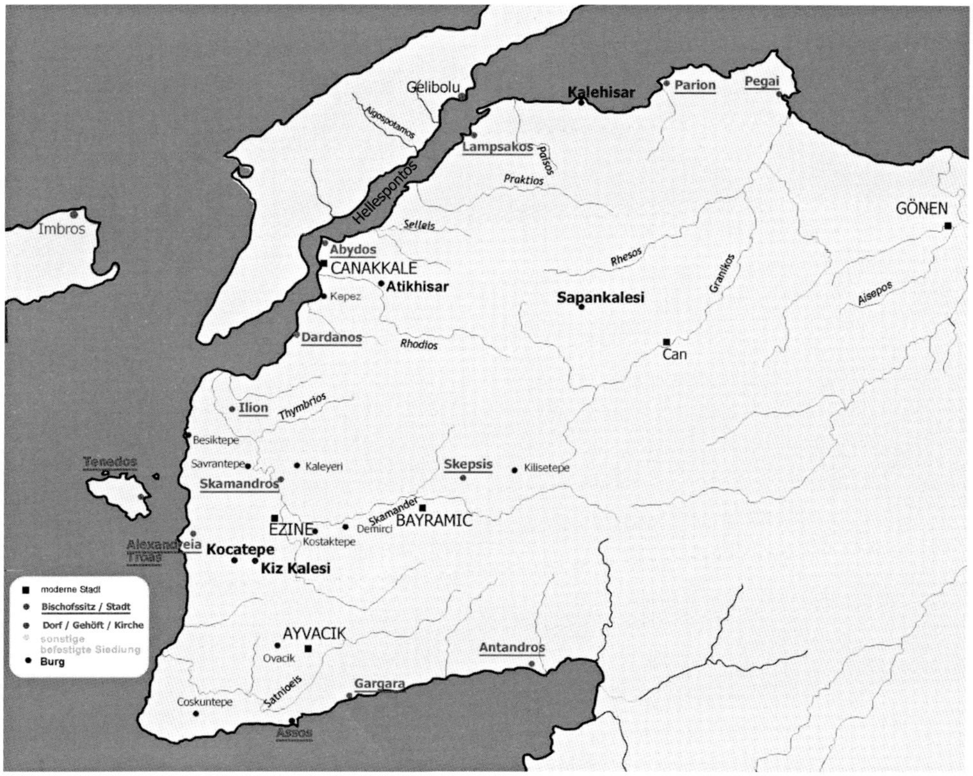

Abb. 5
Burgen und befestigte Siedlungen in der Troas.

Die prominenteste der Anlagen ist die Burg Kızkalesi, die sich etwa 2 km nordöstlich des Dorfes Koçali (westlich von Ezine) auf einem Berg befindet, der sich mit einer Gesamthöhe von 331 m ü. M. etwa 110 m über die umgebende Ebene erhebt. Kızkalesi ist vermutlich mit der Festung Astritzion gleichzusetzen[34], die in der Mitte des 13. Jahrhunderts von Theodoros II. Laskaris (1254–1258) aufgesucht und als Schatzhaus verwendet wurde[35].

Südwestlich unterhalb der Burg führt eine alte Strasse am Fuße des Berges vorbei, die von Alexandria Troas kommend die Burg berührend, in Richtung der Alaungruben von Şapköy in das Hinterland führte (*Abb. 6*). Im Inneren der Burganlage sind in einer Mauerlage Grundrisse von drei Häusern und zwei Zisternen erhalten[36]. Die Burganlage besitzt einen in weiten Teilen noch in Fundamenten erhaltenen Befestigungsring mit drei fragmentarisch erhaltenen Türmen. Nahe dem südwestlichen Eingangsbereich befindet sich ein Gebäude mit Tunnelgewölbe, das in den letzten Jahren durch Raubgräber massiv zerstört wurde. Die Funktion des Gebäudes mit Tunnelgewölbe ist unklar, eine Ansprache als Zisterne scheint aufgrund der Installationen (bogenförmige Mauereinlässe, Nischen etc.) im Innenraum nicht zulässig.

und Neogräzistik (Wien 2000) 74–82; A. Çaylak Türker, Atik Hisar (Gavur Hisar) Castle, in: V. Ortaçağ ve Türk Dönemi Kazı ve Araştıramaları Sempozyumu (Ankara 2001) 193–206.

34 Cook 1973, 318–319.

35 Georgios Pachymeres 1, 97; Belke 2009 (Anm. 6) 168 f.

36 Böhlendorf-Arslan 2010.

Abb. 6 Kız Kalesi.

Abb. 7 Fundstellen auf dem Sakardağ.

Die Burgberge der in der Troas registrierten Burgen zeichnen sich durch eine mäßige Erhebung auf. Höhere Berge oder Bergrücken wurden im Gegensatz zur Antike wahrscheinlich nicht mehr zur Ansiedlung verwendet, da in der Spätantike und im Mittelalter der Nutzen aus Handel und Landwirtschaft gegenüber verteidigungstechnischen Vorteilen überwog. Antike Burganlagen auf hohen Bergen wie auf dem Ekizce (wohl Palaiskepsis[37]) oder auf dem Kocakaya bei Kızılyar (Gargara[38]) werden nicht mehr weiter genutzt.

37 Cook 1973, 300–304.

38 Cook 1973, 255–261; DNP 4 (1998) 784 s. v. Gargara, Gargaris (E. Schwertheim).

Ein gutes Beispiel für eine Siedlungsverlagerung zeigt sich am Berg Sakardağ (*Abb. 7*): Auf der Spitze des Berges liegt eine archaische Burg, deren Ringwall heute noch gut erhalten ist[39]. Die Burg war in Sichtweite des Burgbergs der archaischen Stadt Neandria und hat einen Rundblick bis Tenedos und Alexandreia Troas. An der Westseite des Berges auf halber Höhe fanden sich die Reste eines Kalkbrennofens, in dessen Bereich mehrere frühosmanische Keramikscherben des 15. Jahrhunderts aufgesammelt werden konnten.

Am ersten steilen Anstieg fast am Fuße des Berges zeigten sich Zeichen eines byzantinischen Eingriffs. An einem steilen Felshang befindet sich eine künstlich angelegte Nische mit einem Relief eines über zwei Meter großen lateinischen Kreuzes[40]. Links neben der Nische ist ein kleines eingeritztes Gabelkreuz erkennbar. Vor dem Felsen erstreckt sich ein schmales, ca. 10 x 8 m großes Plateau, von dem man eine gute Sicht auf das Meer bis hin zur Insel Tenedos hat. Unmittelbar vor der Nische ist die Ebene durch eine tiefe Raubgrube gestört, deren Verfüllung direkt am Rand der kleinen Terrasse abgeladen wurde. Der Abhub bestand aus zwei Lagen: der Erde nahe der Oberfläche, in der Keramikscherben der in der Troas im 13. Jahrhundert hergestellten Variante der Zeuxippusware lagen, sowie einer ursprünglich darunter liegenden stark kohlehaltigen Schicht. Aus welcher Zeit und aus welchen Gründen dieses Kreuz hier eingetieft wurde ist nicht bekannt. Die Form des Kreuzes, vor allem aber die umliegende Lesekeramik datiert die Nische eher in die spätbyzantinische Zeit.

Im unmittelbar unterhalb des Sakardağs liegenden Dorf Tavaklı finden sich zahlreiche Spolien, die ebenfalls Indizien einer nahen byzantinischen Ansiedlung sind, wie ein fragmentierter mittelbyzantinischer Epistylbalken, Schrankenpfosten am Brunnen sowie eine in einer Hauswand eingemauerte Ambonwange[41].

Die Entstehung von neuen Siedlungen

Eine optimale Siedlungstopografie führt in einigen Gebieten der Troas zu einer Siedlungsverdichtung in byzantinischer Zeit. Ein solch begünstigter Naturraum ist beispielsweise die Ebene des Flusses Skamander östlich von Ezine oder das Umland von Assos. Der Skamander und einige seiner Seitenflüsse führen selbst in den trockenen Sommermonaten noch reichlich Wasser[42]. Das Skamandertal mit seinen Seitenflüssen bietet mit seiner alluvialen Schwemmerde und den Bewässerungsmöglichkeiten eine fruchtbare Siedlungsebene, die in byzantinischer Zeit intensiv genutzt wurde, wie man an der Siedlungsdichte sehen kann.

In diesem Gebiet wird die Bischofsstadt Skamandros vermutet. Skamandros war in byzantinischer Zeit eine der wichtigsten Städte der Troas, von der mehrere Bischöfe namentlich

---

[39] Die neu entdeckte archaische Anlage ist kurz erwähnt in: Böhlendorf-Arslan 2009, 318 f. Abb. 14.

[40] Böhlendorf-Arslan 2009, 318 Abb. 13.

[41] Böhlendorf-Arslan 2009, 318 Abb. 14.

[42] Die heutige Wassermenge des Skamanders entspricht nicht dem der Antike oder des Mittelalters, da, wie an vielen türkischen Flüssen, das Wasser zur Produktion von Elektrizität und als Speicherresservoir am Oberlauf gestaut wird.

Abb. 8
Byzantinische
Siedlungen
im mittleren
Skamandergebiet.

bekannt sind. Einer dieser Bischöfe ist als Wohltäter beim Wiederaufbau der zerstörten Kirche des Hl. Kornelios in Skepsis aufgetreten, wie eine frübyzantinische Inschrift zeigt[43]. Der Inschriftenblock wurde als Türstein in der emiratszeitlichen Moschee von Assos wieder verwendet[44].

Die antike und byzantinische Stadt Skamandros wird im Umkreis von Ezine westlich des Dorfes Akköy angesiedelt[45]. Auf der Suche nach der Lokalisation der Stadt wurde in den vergangenen Jahren der östlich von Ezine gelegene Hügel Asarlıktepe in die Diskussion gebracht (*Abb. 8*). In einer Publikation wurde dieser Ort als besonders geeignet hervorgehoben, da er, in der Nähe des Flusses Skamander gelegen, seit der archaischen bis in die byzantinische Zeit besiedelt gewesen sein soll[46].

Allerdings gibt es einige gewichtige Gründe, die gegen eine Ansprache des Asarlıktepe als Skamandros sprechen: Bei unseren Begehungen wurde auf einem kleinen östlich vorgelagerten Plateau des eigentlichen Berges spätbyzantinische Keramik aufgelesen (*Abb. 9*), die eine mittelalterliche Besiedlung auf dieser Fläche, vielleicht auch noch der darunter liegenden Ebene im Osten anzeigt, wo einige Mauerstrukturen zu einem byzantinischen Dorf oder aber zu einer Villa rustica gehört haben könnten. Auf diesem

---

43 J. R. Sterrett, Inscriptions of Assos, Papers of the American School of Classical Studies at Athens 1, 1882–83, 1885, 64 Nr. 34.

44 J. T. Clarke, Investigations at Assos, 1881 (Boston 1882) 122 f.

45 Cook 1973, 275 f.

46 R. Körpe, Asarlıktepe: Skamandria Antik Kenti İcin Yeni Bir Öneri, in: R. Aslan – S. Blum – G. Kastl – F. Schweizer – D. Thumm (Hrsg.), Mauerschau. Festschrift für Manfred Korfmann 1 (Remshalden-Grunbach 2002) 367–376.

Abb. 9 Fundstellen um den Asarlıktepe.

Plateau gibt es keine früheren Funde. Der unmittelbar daran hochragende Hang und die Bergspitze sind völlig fundleer, auch auf dem daran anschließenden Sporn sind keine Hinweise auf eine Siedlung zu finden.

Auf dem dahinter liegenden Berg, einen knappen Kilometer von der Fundstelle der byzantinischen Keramik entfernt (*Abb. 9*), sind Befestigungsmauern, Hausgrundrisse und Reste eines Tempels einer archaisch-klassischen Siedlung zu erkennen[47].

Von einer durchgehenden Besiedlung des Asarlıktepe kann daher nicht die Rede sein. Die antike Siedlung lag nicht am selben Platz wie die byzantinische Siedlung, sondern auf der dahinter liegenden Bergspitze, von dem vorgelagerten Plateau durch einen Vorberg und einen Sporn getrennt, die beide keine Funde zeigen. Zudem liegt der Asarlıktepe nicht direkt am Skamander, sondern an einem kleinen Zufluss (heute: Koçayıt), der in den Sommermonaten kein Wasser führt.

Die große Siedlungsfläche am Fluss Skamandros, die sich über die drei Hügel Çamlik-, Kümbet- und Kılıktepe[48] erstreckt (*Abb. 8*), bietet sich m. E. besser als Lokalisierung der Stadt Skamandros an[49]. In diesem Gebiet wurden bei unserer Begehung zahlreiche Keramikscherben, Glasfragmente von Gefäßen und Armringe aufgelesen, die sich nach erstem Überblick in eine Zeitspanne vom 3. Jahrhundert v. Chr. bis in die frühosmanische Zeit

[47] Bei unserer Begehung haben wir im Gegensatz zu Reyhan Körpe (siehe Anm. 38) keine römischen Scherben gefunden oder sonstige Beobachtungen gemacht, die für eine römische Besiedlung sprechen würden, vgl. Böhlendorf-Arslan 2009, 314 f.

[48] Der Kılıktepe wird auch erwähnt bei: G. Bieg – B. Tekkök – S. W. E. Blum, Die spätrömische Besiedlung der Troas – ein Überblick, StTroica 16, 2006, 147–170.

[49] Böhlendorf-Arslan 2009, 315 Abb. 8.

datieren lassen. Auf dem Kümbettepe, einer kleinen, nicht natürlichen Erhebung, liegt heute noch eine Säule *in situ*. Nach den Aussagen von Dorfbewohnern stammen zahlreiche der heute in Akköy aufbewahrten Architekturfragmente aus dem Gebiet zwischen den drei Anhöhen. Im Dorf sind an verschiedenen Stellen römische und byzantinische Spolien zu finden, die teilweise in Häusern, einem Brunnen oder in der alten Moschee verbaut sind[50]. Im türkischen Friedhof sind zahlreiche Spolien für den Bau der osmanischen Türbe oder der Umfassungsmauer verwendet worden oder wurden als Grabsteine genutzt, wie beispielsweise römische Friese mit Eierstab oder Säulen, aber auch byzantinische Templonbalken, Schrankenplatten oder Pfeiler. Hierin begründet sich ein weiteres Argument gegen die Identifikation des Asarlıktepe mit Skamandros, da sich im nahe gelegenen Dorf Çamköy keine antike oder byzantinische Bauplastik findet.

Auch in seinem weiteren Verlauf ist die Skamander-Ebene in der Spätantike und byzantinischen Zeit dicht besiedelt. So sind im Umkreis des Dorfes Güllüce[51] nördlich von Ezine mehrere Fundstellen bekannt (*Abb. 8*).

Der Siedlungsplatz Mormat 1 liegt unmittelbar an der Straße von Ezine nach Güllüce, an einem schon im Mittelalter für die Überquerung des Flusses Skamandros günstigen Ort. Die Gegend wird heute intensiv landwirtschaftlich genutzt und war auch in byzantinischer Zeit fruchtbares Ackerland.

Bei den Begehungen fanden wir ein kleines Gebäude sowie der Überrest eines gleichzeitig erbauten Brückenpfeilers[52]. Am gegenüber liegenden Flussufer sind keine Reste des Brückenfundamentes erhalten[53]. Im Satellitenbild sieht man im angrenzenden Feld noch rechteckige Spuren sowie auf der gegenüberliegenden Seite die Trasse einer alten Straße.

Das Gebäude ist zu einem großen Teil mit Erde bedeckt und präsentiert sich so dem Betrachter als grasbewachsene Anhöhe. Das nur noch bis zu einer Höhe von 1-1,5 m hoch anstehende Gebäude ist aus regelhaft gelegten Ziegelbändern und Steinlagen gefertigt. Dieser regelrechte Aufbau, der verwendete Mörtel sowie der Schmuckdekor aus schräg gestellten Ziegeln, die ein Band aus offenen Dreiecken bilden, verweist die Errichtung des Baues in die paläologische, also spätbyzantinische Zeit.

Die Datierung der architektonischen Überreste stimmt mit der in der Umgebung des Baues gefundenen Keramik überein, die allgemein in das 13. Jahrhundert gestellt werden kann. Die Scherben bestehen vor allem aus der in der Troas üblichen Variante der Zeuxippus-Familie, die wahrscheinlich auch in der Troas hergestellt wurde[54].

---

[50] Böhlendorf-Arslan 2008a, 2 f. Abb. 2–4.

[51] Das Dorf Güllüce wurde bis in die 1970er Jahre als Mormat oder Marmat bezeichnet, abgeleitet vom alten Namen Mavromat, der schon bei der Zählung von 1574 angegeben war (Cook 1973, 278 Anm. 2). Der Name stammt offensichtlich vom griechischen «Mavromati» ab, das als Ortsname heute noch in Griechenland mehrfach belegt ist. Das Dorf ist als altes «Rumköy» bekannt, die Vorfahren der heutigen Einwohner sind allerdings aus Ungarn eingewanderte Türken.

[52] Erste Erwähnung in: Böhlendorf-Arslan 2008a, 4 f. Abb. 5–6; Böhlendorf-Arslan – Koçyiğit 2008, 96 f. Abb. 4.

[53] Wie man uns sagte, wurden die Reste des südlichen Brückenpfeilers als Fundament eines Hauses verwendet, das leider zur näheren Inspektion nicht zugänglich war.

[54] B. Böhlendorf-Arslan, Glasierte byzantinische Keramik aus der Türkei 1 (Istanbul 2004) 129–131; dies., Die glasierte byzantinische Keramik des Beşik-Tepe (Troas), StTroica 7, 1997, 363–344; dies., Die Funde der byzantinischen Zeit in der Berliner Sammlung, in: M. Wemhoff – D. Hertel – A. Hänsel (Hrsg.), Heinrich

Abb. 10 Güllüce (Mormat 1), byzantinisches Gebäude.

Zur Funktion des Gebäudes kann nur wenig gesagt werden. Der Bau ist rechteckig und wird außer einem Raum vollständig von einer dicken Erdschicht bedeckt. Die Dorfbewohner sprechen das Gebäude als »Hamam« an, angeregt durch die zahlreichen Tonröhren, die heute noch teilweise *in situ* in der Wand stecken. Im Jahr 2008 war durch eine rechteckig angelegte Raubgrube die Ostecke des Komplexes freigelegt, durch die nun die Gesamtmaße des Gebäudes mit einer Länge von 9,56 m bei einer Breite von 5,64 m festgelegt werden konnte. Im einzigen durch Raubgräber komplett freigelegten Raum im Westen konnten drei in der Wand verbaute Tonröhren verzeichnet werden (*Abb. 10*). Die nur 5,7 m^2 große Kammer wird zum angrenzenden Raum durch drei offene Bögen geöffnet, der mittlere ist mit ca. 0,40 m und 0,80 m etwas breiter als die anderen beiden. Die *in situ* erhaltenen beiden Säulen in den Ecken tragen den Boden, eine weitere Säule liegt umgestürzt im Raum. Es handelt sich also vielleicht um einen beheizbaren Raum, der unter dem Fußboden vom Nachbarraum aus durch die drei Öffnungen erhitzt werden konnte. Gegen eine Ansprache als Badeanlage sprechen die schräg in das Gebäude oberhalb des Fußbodens führenden Tonröhren, die für eine Therme keine Funktion haben.

30 m westlich des Gebäudes steht ein aus Blocksteinen und Ziegeln in Teilen noch erhaltener Brückenpfeiler. Er ist in zwei Bauphasen erbaut worden: die Front des Pfeilers ist mit Hausteinen erbaut, die in regelmäßigen Reihen mit teilweise ziegelversetztem Mörtel verlegt wurden. Daran ist im Westen ein Widerlager aus kleineren, unregelmäßigen

Schliemanns Sammlung Trojanischer Altertümer. Neuvorlage 1. Berliner Beiträge zur Ur- und Frühgeschichte 14 (Berlin 2008) 177–182.

Steinen und Ziegeln auf einem Fundament aus Steinblöcken angelehnt, das vielleicht zur besseren Stabilität des Pfeilers diente. In die Front sind mindestens drei horizontal durchlaufende Rücksprünge eingebaut, die vielleicht zur Stabilität oder zur Aufnahme von Holzbalken dienten.

In den umliegenden Feldern wurden zahlreiche Fragmente von Keramik, Glas, Ziegel und Blocksteine registriert[55]. Aus diesem Areal soll ein Inschriftenblock mit der Erwähnung der Restaurierung einer Kirche stammen, der bis zum Anfang des 20. Jahrhunderts noch in Güllüce aufgestellt war und in den 1970er Jahren als verschollen galt[56]. Die Inschrift wurde 2008 im Rahmen unseres Surveys vor einem alten Landsitz, dem Hacı Paşa Çiftliği, wieder entdeckt[57].

Anhand der Fundstreuung konnte die ungefähre Größe der Siedlung ausgemacht werden. Die mittels GPS vermessenen Grenzen umfassen ein Gebiet von ca. 6,3 Hektar. Es handelt sich hier also um eine größere Siedlung, die mit ihrer Ausdehnung etwas kleiner als das spätbyzantinische Pergamon ist.

Etwa 500 m nördlich von Mormat 1 in Richtung der von uns als Skamandria angesprochenen Fundstelle liegt eine weitere Ansiedlung namens Kilisebayır (*Abb. 8*)[58]. Auf einem Hügel wurden durch eine Raubgrube mehrere in *opus caementitium*-Technik errichtete Mauern freigelegt, die sich zu keinem Gebäude rekonstruieren lassen. Hier und im angrenzenden Feld wurde eine geringe Anzahl von Keramikscherben aufgelesen, die zusammen mit den Mauern die Besiedlung des Platzes von der römischen bis in die spätbyzantinische Zeit verweisen.

Südlich von Güllüce erstreckt sich ein weiterer Siedlungsplatz (Mormat 2, *Abb. 8*), der mit dem Mormat 1 genannten Fundort durch eine Straße verbunden war, die in der Neuzeit noch große Bedeutung hatte, nun aber nur noch als Feldweg dient. Bei der Begehung 2006 wurde auf einer breiten Terrasse unterhalb eines alten osmanischen Friedhofs eine Raubgrube festgestellt, bei der die Apsis einer Kirche freigelegt wurde[59]. Im Jahre 2008 zeigte sich fast das gesamte Kircheninnere durch weitere Raubgruben gestört (*Abb. 10*). Durch die nun frei liegenden Naosmauern konnte ein Gesamtplan der Kirche erstellt werden. Im Abraum der Raublöcher der Kirche wurde frühbyzantinische Keramik aufgelesen, die das Gebäude in das 5. oder 6. Jahrhundert n. Chr. datieren. Auf den umliegenden Feldern erstreckten sich öffentliche Gebäude, Häuser und Höfe, von denen noch zahlreiche Ziegel, marmorne Architekturstücke, Mahlsteine, fragmentierte Keramik und Bruchstücke von Marmorschalen erhalten sind. Die Keramik zeigt eine Besiedlung des Ortes in der römischen bis in die frühbyzantinische Zeit auf.

---

[55] Im Dorf Güllüce finden sich Architekturfragmente, Kapitelle und Säulen, die ebenfalls aus den Feldern um das byzantinische Gebäude geborgen wurden.

[56] P. Frisch, Christliche Bauinschrift aus Skamandros, ZPE 33, 1979, 187 f. Taf. 9b; M. Ricl, The Inscriptions of Alexandreia Troas. IGS 53 (Bonn 1997) 165 Nr. 183.

[57] Böhlendorf-Arslan 2010, 149 Abb. 6.

[58] Auch kurz unter dem Namen Kilisetepe bei Cook erwähnt: Cook 1973, 276 f.

[59] Böhlendorf-Arslan 2008a, 5; Böhlendorf-Arslan – Koçyiğit 2008, 96–98.

Der osmanische Friedhof im angrenzenden Waldstück oberhalb der Terrasse verwendete das an Ort und Stelle vorhandene Baumaterial, Säulen, Pfosten, Schranken, Friese etc. als Grabeinfassung bzw. Grabsteine. Einige der behauenen Steine wurden in das Dorf Güllüce gebracht, wo sie heute zum Teil in die Dorfhäuser eingebaut sind. Die künstlich aufgeschüttete Anhöhe an der Nordostecke des Areals war durch eine Raubgrube massiv gestört. Eine durch Raubtätigkeiten ans Tageslicht gekommene Apsis aus *opus caementitium* wurde mutwillig zerschmettert. Die Apsis ist nach Osten ausgerichtet und könnte daher Teil des Chorraums einer Kirche sein.

Auch im weiteren Verlauf war das Skamander-Delta dicht besiedelt (*Abb. 8*). Ein Kilometer östlich von Mormat 2 findet sich in der Flur Çakılar beim alten Konak des Hacı Paşa Çiftliği eine weitere Fundstelle mit Ziegeln, Hausteinen, Eisenschlacke, byzantinischer Keramik und Glas, wohl ein kleineres Dorf oder ein Landsitz. Weitere spätantike und byzantinische Ansiedlungen finden sich in einem Umkreis von knapp 10 Kilometer von Mormat 2, wie ein Fundplatz nördlich des Dorfes Pazarköy[60], ein römisches bis frühosmanisches Dorf in der südlichen Skamanderebene beim Dorf Balıklı[61], mehrere, in geringer Entfernung voneinander liegende Fundplätze rund um das Dorf Kızılköy (Kostaktepe[62], Demircitepe, Kızılköy Tarlası, Bademli Tarlası, Samanlık, Çamlı Burnu), beim Dorf Çavuşköy (Hararlı und Gölecik) sowie bei den Dörfern Çetmi (Oğlak) und Yenioba (Köy Dedesi Höyük und Taşlı)[63].

In der Auswertung zeigen sich damit 26 Fundstellen in einem knapp 25 km^2 grossen Gebiet im mittleren Skamanderdelta um die Kreisstadt Ezine. Unter Berücksichtigung der Fundstreuung im Gelände wurde die Ausdehnung der Siedlungen eingemessen. Mit einiger Vorsicht kann man, von der Bischofsstadt Skamandros (Çamlik-, Kümbet- und Kılıktepe) abgesehen, aufgrund der Flächenausdehnung von mindestens vier größeren Siedlungen, Mormat 1 und 2 sowie Kostaktepe und Demircitepe, ausgehen, die teilweise eng beieinander liegen. Die Siedlung auf dem Kostaktepe besaß eine befestigte Akropolis[64], die in spätbyzantinischer Zeit vielleicht zu einem Kastron ausgebaut war. Eine Befestigungsanlage kann bei dem Fundort Demircitepe[65] und aufgrund der Morphologie auch beim Kılıktepe (Skamandros) vermutet werden. Die Fundplätze Skamandros (Kılık-, Kümbet- und Camlık Tepe), Kilisebayır, Mormat 1, Mormat 2 und Çakılar waren durch eine Straße miteinander verbunden und in das überregionale Wegenetz integriert.

Die Siedlungen standen in der Spätantike und byzantinischen Zeit in Verbindung mit anderen Regionen. Obwohl in keinem dieser Orte bisher Ausgrabungen stattgefunden haben, zeigen schon die Oberflächenfunde eine qualitätvolle Ausstattung der Gebäude

60 Böhlendorf-Arslan 2010, 55; Cook 1973, 278.

61 Böhlendorf-Arslan 2010, 150; ein Fund aus wohl dieser Siedlung auch erwähnt in: Cook 1973, 314.

62 Böhlendorf-Arslan 2009, 315 f.; G. Bieg – B. Tekkök – S. W. E. Blum, Die spätrömische Besiedlung der Troas – ein Überblick, StTroica 16, 2006, 147–170.

63 Zu diesen Fundplätzen siehe: Böhlendorf-Arslan 2009, 315 f.; Böhlendorf-Arslan 2010, 146–154.

64 Böhlendorf-Arslan 2009, 316.

65 Böhlendorf-Arslan 2010, 151.

Abb. 11 Byzantinische Siedlungen im Hinterland von Assos.

und enge Kontakte mit der Hauptstadt und anderen Regionen[66]. Bei den anderen Siedlungen scheint es sich um kleinere Dörfer, Weiler oder Landsitze gehandelt zu haben, die ebenfalls an das Wegenetz angeschlossen waren und ebenso am regionalen Handel teilgenommen haben.

Außerhalb des Skamandergebiets fanden sich weitere Hinweise auf eine Siedlungsverdichtung im Umkreis größerer Städte. Das Umland von Assos war in der Spätantike und byzantinischen Zeit ebenfalls eng besiedelt (*Abb. 11*). In unmittelbarer Nähe des antiken Stadtgebietes befinden sich zwei frühbyzantinische Kirchen, die zu dörflichen Ansiedlungen gehört haben.

Die Kirche südwestlich des Grabungshauses liegt auf einer breiten Terrasse über dem Meer[67]. Im Gelände sind der basilikale Grundriss und die Apsis der Kirche gut zu erkennen. Die Seitenschiffe schlossen mit Apsiden ab und waren zumindest in Teilen mit einem Mosaikfußboden versehen[68]. Die Lesekeramik und Tessarae im Gelände lassen, wie die Bauplastik, auf eine frühbyzantinische Datierung des Gebäudes schließen.

Eine zweite, ebenfalls dreischiffige Kirche lag auf einem Hügel westlich der antiken Stadt[69]. Die im Gelände mit einigen Mauerzügen im Grundriss noch erkennbare Kirche

66 In Akköy sind mehrere Bauteile aus Skamandros erhalten, darunter ein im Stile der Polyeuktoswerkstatt gefertigtes Kapitell (Böhlendorf-Arslan 2008a, 2 Abb. 2). Die Oberflächenkeramik der besagten Orte weist auf einen Handel mit Konstantinopel, Thrakien und Makedonien sowie Pergamon hin.

67 Böhlendorf-Arslan 2008b, 128; Böhlendorf-Arslan 2008c, 109.

68 In einer Raubgrube konnten 2007 und 2008 noch Reste dieses Mosaikbodens beobachtet werden. Auch fanden sich zahlreiche Tessarae an der Oberfläche. Im Sommer 2009 legten Raubgräber die Apsisnordhälfte frei, wobei sie durch die Anlage tiefer Löcher das ursprüngliche Bodenniveau oder Mosaikreste vollkommen zerstörten.

69 Böhlendorf-Arslan 2008b, 129 Abb. 8; Böhlendorf-Arslan 2008c, 109.

zeichnet sich durch ihre großen Maße aus. Ein großer Teil der Ausstattung der Kirche, Säulen, Kämpfer, Kapitelle und Schrankenplatten sind noch *in situ* erhalten bzw. im danebenliegenden Stall verbaut. Die Apsis ist von der Innenseite modern zugesetzt, außen aber mit mehreren Steinlagen hoch anstehend noch gut zu erkennen. Die erhaltenen Architekturteile datieren den Bau in die frühbyzantinische Zeit.

Ca. 6 km westlich des Hafens von Assos finden sich in der Bucht Biber Deresi direkt am Meer die Reste einer weiteren dreischiffigen Kirche. Die Fundstreuung in den umliegenden Feldern weist auf eine Siedlung mit nur geringen Ausmaßen hin, vielleicht ein kleines Fischerdorf, das in die frühbyzantinische Zeit datiert[70].

Nördlich oberhalb der Bucht liegt in etwa 3 km Entfernung eine weitere Siedlung in der Flur İminikaya[71], die aufgrund der Lesefunde in das 12. und 13. Jahrhundert datiert. Die geringe Ausdehnung der an der Oberfläche noch sichtbaren Mauern und der Funde weisen darauf hin, dass es sich bei der Ansiedlung um ein Dorf oder um einen Gutshof handelt. Die Bewohner des Ortes hatten Kontakte nach Konstantinopel oder genügend Finanzkraft sich von dort importierte Keramik zu kaufen, wie einige an der Oberfläche gefundene Scherben zeigen.

Nahe Kadırga östlich von Assos deutet der Flurname »Kilise Alanı« (Kirchenplatz) darauf hin, dass hier eine byzantinische Ansiedlung mit Kirchen gewesen sein könnte. Reste von Mauern, vor allem aber die an der Oberfläche reichlich vorhandenen Ziegel sowie byzantinische und frühosmanische Keramik weisen auf Siedlungsaktivitäten vom 13. bis ins 15. Jahrhundert hin[72].

Auch in der weiteren Umgebung von Assos sind dörfliche Ansiedlungen zu finden. Parallel zur modernen Strasse nach Gülpınar, dem antiken Chryse, verläuft ein alter Pflasterpfad, der vielleicht schon mittelalterlichen Ursprungs war und möglicherweise auf einem antiken Vorläufer gründete. Dieser verbindet Assos mit dem Dorf Korubaşı, an dessen westlichen Ortsrand sich eine Siedlung befindet, die teilweise durch Raubgrabungen freigelegt wurde. Die Oberflächenkeramik datiert den Platz in die früh- bis spätbyzantinische Zeit[73]. Östlich des Dorfes, wenig oberhalb der Pflasterstraße, werden im Winter auf einer Alm Kühe und Schafe gehalten. Zwischen den Viehpferchen und Hirtenhütten fand sich eine größere Anzahl von spätbyzantinischer und frühosmanischer Keramik, die aufzeigt, dass an diesem Platz schon länger gesiedelt wurde.

In der westlich von Assos durch eine lang gezogene Küstenlinie und ein Kap getrennten Bucht Sivrice lag ein weiteres frühbyzantinisches Dorf, von dem heute nur noch eine Kirche erhalten ist. In einem mit Gebüsch überwachsenen Brachland zwischen Feldern und Olivengärten befindet sich die Apsis einer großen Kirche[74]. Die beiden Seitenschiffe besitzen ebenfalls einen apsidialen Abschluss im Osten. Nördlich vorliegend erstreckt sich

70 Böhlendorf-Arslan 2008c, 109 Abb. 9; Böhlendorf-Arslan 2009, 312 Abb. 2.

71 Böhlendorf-Arslan 2008c, 109 Abb. 10; Böhlendorf-Arslan 2009, 312.

72 Böhlendorf-Arslan 2008c, 109 f.; Böhlendorf-Arslan 2009, 312.

73 Böhlendorf-Arslan 2010.

74 Böhlendorf-Arslan 2010, 155 f. Abb. 13; Böhlendorf-Arslan 2011, 262 f. 270 Abb. 3.

die Apsis eines weiteren Seitenschiffes, wohl einer Kapelle. Wie Bruchstücke von marmornen Schrankenplatten und -gittern sowie Fensterglasfragmente zeigen, besaß die Kirche eine qualitätvolle Ausstattung. Die Architektur und Lesefunde datieren die Anlage in die frühbyzantinische Zeit, in das 5. oder 6. Jahrhundert. Wohl nicht mehr zu diesem Dorf gehörend, aber in unmittelbarer Nähe zu diesem gelegen, befand sich ein weiteres frühbyzantinisches Dorf, dessen Flur heute Kilise Alanı (Kirchenplatz) genannt wird[75].

Wenn man die Siedlungsverteilung der beiden Gebiete auf theoretische Modelle[76] überträgt, zeigen sich die Grenzen von hypothetischen Überlegungen zur Anordnung von Siedlungen. Vielmehr wird deutlich, wie viel mehr Bedeutung geografische Überlegungen für die Anlage von Städten und deren Umgebung gehabt haben muss. Eine hierarchische Anordnung von Guts- und Bauernhöfen, Weilern und Dörfern um die nahe gelegene Stadt, wie sie für Sparta angenommen wurde[77], kann weder auf das Hinterland von Assos noch auf Skamandros übertragen werden. Die beiden Kirchen in unmittelbarer Nähe des Stadtgebiets von Assos waren zu prächtig ausgestattet und zu groß, um nur die Kirchen von Gutshöfen vor den Toren der Stadt gewesen zu sein. Selbst wenn man die nur in der Spätantike oder in der spätbyzantinischen Zeit besiedelten Orte ausklammert, lagen im mittleren Skamanderdelta die spätantiken und byzantinischen Siedlungen viel zu dicht beieinander, ohne das entsprechende Netz von umliegenden Versorgern aufzuweisen. In beiden Gebieten fehlt zudem die radiale Komponente der Verteilung der Anrainer; die Siedlungen sind am Fluss bzw. der Küste entlang aufgereiht, folgen also den natürlichen Gegebenheiten der Verbindungswege und Küstenstrassen bzw. den landwirtschaftlichen Anbaumöglichkeiten. Als zentrale Orte[78] können die Bischofssitze Skamandros und Assos angesehen werden, die mit qualitätvoller gestalteten Kirchen und auf Grund ihrer Verwaltungsfunktionen sicher auch mit repräsentativeren Gebäuden ausgestattet gewesen sein müssen.

Auch wenn archäologisch-geografische Untersuchungen für die byzantinische Zeit in der Troas noch am Anfang stehen, kann eine dichte Besiedlung der Landschaft in begünstigten Gebieten entlang der Küste, Wasserläufe und am Rand von fruchtbaren Ebenen aufgezeigt werden. Zwischen Alexandreia Troas und Assos lagen in der römisch/spätantiken und byzantinischen Zeit zahlreiche Siedlungen, Dörfer und Weiler, in denen ein Wanderer Station gemacht haben könnte.

---

[75] Böhlendorf-Arslan 2010, 156.

[76] Zuletzt für die byzantinische Zeit Diskussion bei: J. Koder, Land Use and Settlement: Theoretical Approaches, in: J. F. Haldon (Hrsg.), General Issues in the Study of Medieval Logistics. Sources, Problems and Methodology (Leiden 2006) 159–183.

[77] P. Armstrong, The Survey Area in the Byzantine and Ottoman Periods, in: W. Cavanagh (Hrsg.), The Laconia Survey. Continuity and Change in a Greek Rural Landscape. Methodology and Interpretation, ABSA 26, 1 (London 2002) 339–402.

[78] siehe hierzu mit grundlegender Literatur: J. Koder, Land Use and Settlement: Theoretical Approaches, in: J. F. Haldon (Hrsg.), General Issues in the Study of Medieval Logistics. Sources, Problems and Methodology (Leiden 2006) 169–171.

Felix Pirson (Hrsg.), Manifestationen von Macht und Hierarchien in Stadtraum und Landschaft, BYZAS 13 (2012) 299-320

Die Bedeutung der osmanischen Holzhäuser für die Istanbuler Stadträume

Martin BACHMANN

Einführung

In einem über Jahrzehnte fortdauernden Prozeß sind die osmanischen Holzhäuser Istanbuls fast vollständig aus dem Stadtbild verdrängt worden. Nicht zuletzt mit den Forschungsaktivitäten des Deutschen Archäologischen Instituts wurde in der Vergangenheit wiederholt versucht, die Aufmerksamkeit auf die bedrohten Objekte zu richten oder sie wenigstens vor dem Verschwinden genau zu dokumentieren. So entstand über Jahrzehnte hinweg ein Querschnitt der verlorenen Stadtstrukturen, Haustypen und Konstruktionsweisen, der die ganze Bandbreite dieser subtilen Raumkompositionen aufzuzeigen vermag[1]. In ihren vielfältigen Ausbildungen stellen sich die Holzhäuser des 18. und 19. Jhs. als Endpunkt einer Entwicklung dar, die nach Anatolien führt und zunächst in groben Zügen nachvollzogen werden soll. Danach sollen anhand der Objekte aus den Forschungsarbeiten des DAI die stadträumliche Bedeutung der Holzhausbebauung und ihre wirkungsmächtige Gestaltung als Bühnen sozialer Interaktion herausgearbeitet werden.

Material und Raumtypologie

Doch zunächst zum Material: der Holzbau ist in allen waldreichen Gegenden Europas, aber auch Vorderasiens die verbreitetste Konstruktionsweise gewesen. Die Vorteile des verhältnismäßig leichten und schnell verfügbaren Baumaterials liegen auf der Hand. Massiv wurden in diesen Holzbauregionen nur die herausragenden öffentlichen und sakralen Bauwerke ausgeführt, das war in den mittelalterlichen Städten Zentraleuropas nicht anders als im osmanischen Istanbul *(Abb. 1)*. Die Gegend von Istanbul gehört zu einer ganzen Reihe von Regionen der heutigen Türkei, in denen die natürlichen Voraussetzungen

---

1 Einen Überblick über diese mehr als vier Jahrzehnte umfassenden Forschungsaktivitäten, die ihren Schwerpunkt in den 1970er Jahren fanden, bei Bachmann 2008a, 96–103.

Abb. 1 Definition des Stadtraumes im Istanbul des 19. Jhs. durch die Maßstäblichkeit der Holzhäuser im Verhältnis zu den steinernen Großbauten – hier der Yeni Valide Camii in Üsküdar um 1890 (Sebah und Joaillier, Fotoarchiv DAI Istanbul)

Abb. 2 Neuzeitliche Ständer-Bohlenkonstruktion in Beyler (Region Elmalı), Speichergebäude des Sedat Baysarı Konağı (M. Bachmann, 2009)

für den Holzbau gegeben waren. Dies gilt etwa für weite Teile des Schwarzmeergebiets, aber auch für die Küstengebirge im Südwesten der Türkei oder für Teile Westanatoliens. Es darf davon ausgegangen werden, daß in vielen dieser Regionen auch schon in vorosmanischer Zeit mit Holz gebaut wurde und daß es sogar Leitlinien der Konstruktions- und Bauweisen gegeben hat, die bis in die Antike oder noch weiter zurück reichen[2].

Häufig zitiertes Beispiel ist die Holzbautradition des antiken Lykien, deren konstruktive Eigenarten in der steinernen Grabarchitektur detailgetreu wiedergegeben werden und so die feste Verankerung dieser Bauweise im Bewußtsein der Menschen und ihre synonyme Bedeutung für Architektur widerspiegeln. Die Einzelheiten der Grabbauten deuten auf eine Ständerbohlenkonstruktion mit besonderen Verbindungsmerkmalen hin. Experimentalarchäologische Nachbauten in Limyra konnten die Eignung dieser Konstruktionsweise zur Herstellung stabiler Nutzgebäude nachvollziehen[3]. Gleichzeitig zeigen neuzeitliche Speicherbauten in der Region Elmalı, daß zumindest in Funktionsbauwerken eine vergleichbare Konstruktionsweise bis in die jüngste Vergangenheit Lykiens hinein rekapituliert worden ist *(Abb. 2)*.

Die Besonderheiten des osmanischen Holzhauses liegen also nicht in der Materialwahl, in dieser Hinsicht sind sie Ergebnis der regionalen Bedingungen und der epistemischen Leitlinien. Sie liegen auch weniger in der Konstruktionsweise, denn die Detailausbildungen der osmanischen Holzhäuser sind vergleichsweise trivial und ähnlich auch in ganz anderen Holzbauregionen festgestellt worden. Die Besonderheiten sind vielmehr in den gebäudekonzeptionellen und typologischen Ausprägungen zu suchen und diese finden sich in ganz ähnlicher Weise auch in den Regionen Anatoliens, in denen kein Holz zur Verfügung stand und daher in Lehm oder Stein gebaut werden mußte, wie etwa das bekannte Beispiel der historischen Steinhäuser aus Mardin zeigt[4]. Gerade in deren ältesten Beispielen zeigt sich, daß der Hof als zentraler Begegnungsraum einer häuslichen Gemeinschaft eine entscheidende Rolle bei der Ausbildung des osmanischen Hausgrundrisses spielte. Dieses Phänomen ist auch in zahlreichen diachronen Betrachtungen ermittelt worden[5]. Dabei wird eine zunehmende Inkorporation dieses Hofbereichs in das Bauvolumen festgestellt und die Stadien dieses Prozesses werden als vier Grundtypen des osmanischen Hauses definiert *(Abb. 3)*. Die Bezeichnungen für den Hofbereich wechseln in seiner Metamorphose, der offene Hof von Typ 1 wird *avlu* genannt, der überdachte des zweiten Typs *hayat*, während der ins Innere verlagerte Zentralbereich der Typen 3 und 4 *sofa* genannt wird. Die Grundrißtypen 3 und 4 mit dem inkorporierten Hofbereich werden als Endpunkte dieser Entwicklung mit einer sehr ausdifferenzierten Grundrißausbildung gesehen und gerade sie werden mit den Istanbuler Holzhäusern des 18. und frühen 19. Jhs. besonders in Verbindung gebracht. Doch ist die Entwicklung keineswegs geradlienig

[2] Anzuführen sind hier unter anderem die prähistorischen Bauweisen in Thrakien, in denen Holz eine wesentliche Rolle spielte und die sich bis in die jüngste Vergangenheit in ländlichen Zweckbauten verfolgen ließen. Diese besondere Überlieferungssituation erlaubte die Durchführung erfolgreicher experimentalarchäologischer Untersuchungen. Vgl. Eres 2009, 60–62.

[3] Mühlbauer 2007, 177–182.

[4] Studien dieser und anderer osmanischer Wohnhausformen, die bis in das frühe 20. Jh. tradiert wurden, wurden etwa von Albert Gabriel schon vor dem 1. Weltkrieg angefertigt. Vgl. Pinon 2007, 154–156.

[5] Vgl. Kömürcüoğlu 1966, Eldem 1954, Egli 1941.

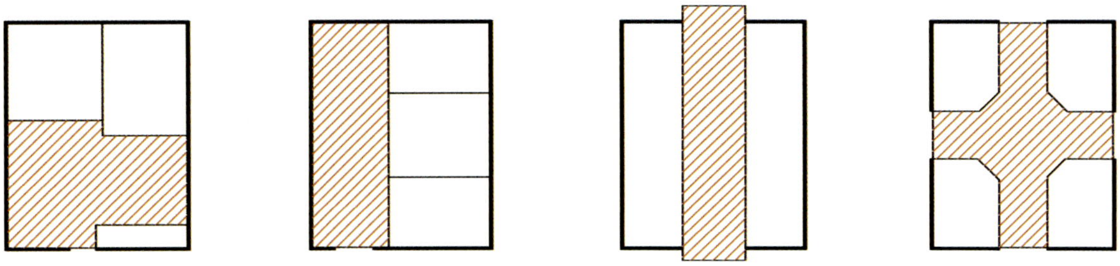

Abb. 3 Die Verlagerung des Hofs als zentralem Lebensbereich ins Innere des Gebäudes (Zeichnung M. Bachmann nach Kömürcüoğlu 1966, 18–22)

und eindimensional, auch die übrigen Grundrißtypen wurden in manchen Regionen Anatoliens fortgeführt und zu eigenen differenzierten Ausprägungen weiterentwickelt.

Die hoch entwickelten Gebäudetypen sind Ergebnis und Spiegel eines komplexen Zusammenspiels von Einflußfaktoren, die diese Raumgefüge hervorgebracht haben. Dabei spielen klimatische, ökonomische, kulturelle, gesellschaftliche und religiöse Faktoren eine wesentliche Rolle. Insbesondere hatte die Trennung der Lebensbereiche von Mann und Frau und damit des öffentlichen und des privaten Wohnens entscheidenden Einfluß auf die Besonderheiten der Grundrißbildung. Ihr antipodischer Charakter führte zur konzeptionellen Entwicklung der Gebäudetypologien *harem* und *selamlık*, mit denen diese Entwicklung umrissen werden kann. Aber auch die klimatischen Faktoren mit den starken Temperaturenunterschieden zwischen Sommer und Winter, wie sie für Anatolien charakteristisch sind, hatten auf die Konzeption des Wohnens erheblichen Einfluß. Sie führten zu einer Aufteilung jahreszeitlicher Lebensbereiche, deren räumliche Trennung die Gebäudedisposition bestimmt hat, mitunter sogar zu einer völligen Trennung dieser Lebensbereiche in zwei autonome Gebäudekomplexe, deren Standort auch weit voneinader entfernt liegen kann. Innerhalb eines Gebäudes werden diese Bereiche mit den Begriffen *yazlık* und *kışlık* umrissen, aber auch die in den Bergen liegende Sommerwohnung *yayla* ist in diesem Zusammenhang zu nennen. Da diese Praxis zumindest regional auch schon vorosmanisch nachweisbar ist, dürfte sie kaum mit der Tradition nomadischer Lebensformen in Verbindung gebracht werden. Innerhalb der Gebäudeeinheiten hat sich durch das Zusammenspiel der genannten Einflußfaktoren ein reicher Kanon an räumlichen Dispositionen und Abstufungen entwickelt, der mit subtilen gestalterischen Mitteln ausdifferenziert worden ist. Ein gutes Beispiel dafür ist der *Çakır Ağa konağı* in Birgi/Westanantolien aus dem Ende des 18. Jhs. Innerhalb der vier angesprochenen Grundrißtypen ist er mit dem offenen *hayat* zunächst als Vertreter des einfachen Typs 2 anzusprechen, zeigt gleichzeitig aber, wie dieser Typ in Anatolien im Verlauf der frühen Neuzeit eine differenzierte Ausgestaltung erfahren hat. Einige Charakteristika können hier aufgezeigt werden, insbesondere die Prägung des Grundrisses durch diesen offenen Wohnbereich *hayat*, an den die einzelnen Wohnräume ohne interne Verbindung als autonome Einheiten angeschlossen sind *(Abb. 4)*. Sie werden vielmehr von offenen Sitznischen, den sogenannten *eivanen* untergliedert, in denen sich der öffentiche Bereich fortsetzt. In den Räumen gibt es eine feine, hierarchisch bestimmte Abstufung der Bodenebenen, vom niedrigen Eingangsbereich über eine podestartige Erhebung zu den Diwanen, die ihrerseits leicht erhöht die

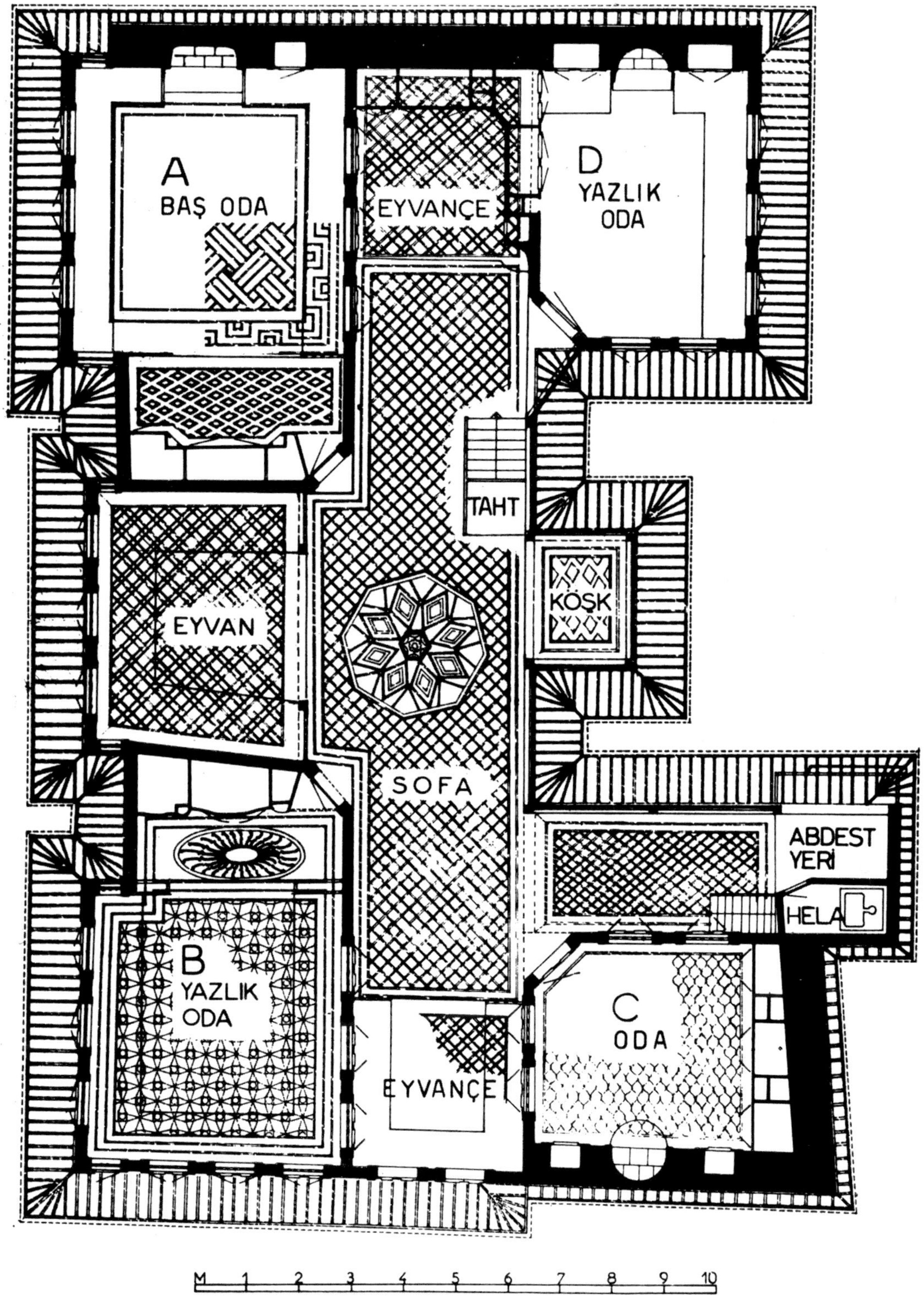

Abb. 4 Grundriß des *Çakır Ağa konağı* in Birgi (nach Eldem 1977b, Abb. 35), M. 1 : 125

Abb. 5 Wandaufbau in einem Wohnraum des *Çakır Ağa konağı* in Birgi (nach Eldem 1977b, Abb. 78)

Wände umlaufen. Eine Möblierung im mitteleuropäischen Sinne war in diesen Räumen nicht vorgesehen, das Sitzen spielt sich am Boden ab. Zur Lagerung dienten ausschließlich Wandschränke, die als Teil der räumlichen Umfassung aufgefaßt und gestaltet sind. Jedem Zimmer ist eine Waschgelegenheit zugeteilt und ein offener Kamin, der bei der Gestaltung eine zentrale Rolle spielt.

Diese Prinzipien bestimmen auch die Vertikalgliederung der Zimmer, in der die Wahrnehmungsperspektive des auf dem Boden Sitzenden die Gestaltung der Proportionen festlegt *(Abb. 5)*. Die Fenster sind sehr niedrig angebracht, darüber folgt eine flache Regalzone *sergen* und die anschließende hohe Wandfläche ist als Blickfang geeigneter Spielraum für reichere Dekorationen. Bisweilen kann sie auch eine zweite Fensterzone umfassen, die dann wiederum eine besondere Gestaltung erfährt. Am reichsten sind die Deckenspiegel dekoriert, meist mit geometrischen Verzierungen auf der flächigen Holzverkleidung.

Es ist wichtig für das Verständnis der osmanischen Architektur, daß im Rahmen der Gebäudekonzeption die Fassadengestaltung eine völlig untergeordnete Rolle spielte und sich sozusagen von selbst aus der Grundrißausbildung ergeben hatte. Diese Entwurfshaltung entspricht ganz den Forderungen, die die Europäische Moderne zu Beginn des 20. Jhs. als Voraussetzung guter Architektur formuliert hatte und nicht umsonst ist die osmanische Wohnarchitektur in diesem Zusammenhang immer wieder zitiert worden[6]. Die einzelnen

[6] Insbesondere bei Le Corbusier, der auch die stadträumliche Bedeutung der Istanbuler Holzhausbebauung, die zur Zeit seines Besuchs 1911 noch stadtbildprägend gewesen ist, mehrfach hervorgehoben hat. Vgl. Le Corbusier (Charles-Edouard Jeanneret), Journey to the East (1965), trans. N. Pertuiset und I. Zaknic (Cambridge 1987) und

Komponenten des Raumgefüges sind am Außenbau klar ablesbar, so ist etwa der *divanhane* als repräsentativer Empfangsraum für Gäste meist auch baukörperlich ausgesondert und durch besondere Ausstattungselemente wie die zweite Fensterreihe in der Fassade akzentuiert. Die Konstruktionsweise in Holz erlaubte es, die stark plastische Durchbildung des Baukörpers mit weiten Vorsprüngen, in denen sich dann solche Sonderfunktionen plastisch artikulieren, leicht zu realisieren. Sehr auffallend ist die schlichte Gestaltung der Außenhaut des Gebäudes, die allen älteren osmanischen Holzhäusern bis zur Mitte des 19. Jhs. zu eigen ist.

Erst vor diesem Hintergrund wird das Stadtgefüge Istanbuls im 18. und 19. Jh.mit seinen sehr unterschiedlichen Typologien an osmanischen Holzhäusern nachvollziehbar und verständlich. Die Bebauung der Stadt war stellenweise zwar sehr dicht, insgesamt gegenüber der heutigen Situation aber deutlich aufgelockerter. Dies mag nicht zuletzt daran gelegen haben, daß die großen Freiflächen der byzantinischen Stadt nach der Eroberung in einer Weise bebaut wurden, die eher den ländlichen Raumstrukturen Anatoliens als dem urbanen Gefüge einer Großstadt glich[7]. Dies gilt auch für die Ufer des Bosporus, mit deren Bebauung – den großen Sommerwohnanlagen aus Holz - die Trennung der Lebensbereiche in *yazlık* und *kışlık* eine neue Bedeutungsebene erhielt. Im späten 19. Jh., vor allem aber im 20. Jh. erfuhren die Stadtstrukturen entscheidende Veränderungen, die insbesondere mit der Einführung größerer Bauten in das Stadtgefüge einhergingen. Bei diesen Umgestaltungsmaßnahmen wurden bereits weite Teile der Holzhausbebaung aufgegeben. Gleichzeitig gingen auch die mit den Häusern verbundenen, traditionellen Lebensweisen und deren soziale und kulturelle Konnotationen immer mehr verloren. Zwar wurde bis weit ins 20. Jh. hinein weiterhin Häuser aus Holz gebaut[8], aber diese Hüllen beherbergten schon lange nicht mehr die individuellen osmanischen Lebenswelten und Kulturtraditionen.

Der Verlust der Holzhausbebauung in Istanbul ist jedoch in erster Linie den großen Stadtbränden vor und nach der Wende zum 20. Jh. zuzuschreiben. Zwar gab es in der Vergangenheit der Stadt immer wieder große Schadensfeuer in den Holzhausvierteln, doch wurden diese meist in ähnlichen Formen und Strukturen wiedererrichtet. In relativ kurzen Lebenszyklen der Gebäude waren so jahrhundertealte epistemische Traditionen und bauliche Strukturen weitertransportiert worden. Nun aber war durch die Zerstörungen der Weg frei für eine Neuordnung der Stadt mit Straßen und massiven Bebauungsstrukturen nach europäischem Muster, wie sie schon seit der Mitte des 19. Jhs. für Istanbul angestrebt worden war[9]. Diese Maßnahmen hatten bereits in den siebziger Jahren des 20. Jahrhunderts zum weitgehenden Verlust der Holzhausquartiere geführt. Es gab allerdings noch einige Viertel mit geschlossenen Holzhausbeständen im Bereich der

B. Nicolai, In Oriente Lux – Der Orient und die Moderne. Le Corbusier und Taut, in: Okzident und Orient, Sanat Tarihi Defterleri – Özel Sayı 6 (Istanbul 2002).

7 In der Bezeichnung der Chorakirche wird deutlich, daß auch in byzantinischer Zeit eher ein ländlicher Charakter weite Teile des Stadtraums der Altstadthalbinsel bestimmt hatte.

8 Ab der Gründung der türkischen Republik wurde der Bau von Holzhäusern in Istanbul durch entsprechende gesetzliche Bestimmungen zwar nicht generell verboten, aber doch stark eingeschränkt. Die Holzhäuser wurden als Synonym einer untergegangenen und rückständigen Epoche betrachtet und entsprechend verlor diese Bebauung auch jegliches Sozialprestige.

9 Müller-Wiener – Cramer, 1982, 7.

Pantokratorkirche und der Süleymaniye-Moschee. Zwar waren diese Häuser durch Überbelegung und mangelnden Unterhalt schwer in Mitleidenschaft gezogen, gaben aber doch Anlaß zur Hoffnung, durch Dokumentation und nachfolgende Restaurierungsbemühungen langfristig wenigstens Beispiele des historischen Stadtbildes erhalten zu können.

Flächendeckende Dokumentation eines Stadtviertels – Zeyrek

So wurde Ende der 1970er Jahre unter Federführung des damaligen Abteilungsdirektors Wolfgang Müller-Wiener ein Projekt zur Dokumentation der Holzhäuser von Zeyrek in Angriff genommen[10]. Dabei wurde auf den Denkmalwert der Häuser, die überwiegend aus dem 19. und 20. Jh. stammten, weniger Rücksicht genommen, im Vordergrund stand die flächendeckende Dokumentation als Grundlage einer Restaurierungsplanung. Wie die fotografischen Aufnahmen aus dieser Zeit zeigen *(Abb. 6)*, waren tatsächlich noch geschlossene Hausbestände aus Holz erhalten. Auch die Überbelegung und der aus dieser und dem fehlenden Bauunterhalt resultierende schlechte Bauzustand gehen aus den Fotografien deutlich hervor. Entscheidend für die große Bebauungsdichte der engen Gassen ist eine stärkere Nachverdichtung im späten 19. und frühen 20. Jh. gewesen, die nur wenig Freiflächen übrigließ, aber dennoch den Eindruck einer gewissen Durchgrünung erweckte, wie er in der modernen Istanbuler Bebauung gänzlich verschwunden ist. Der Eindruck entspricht eher dem anatolischer Städte mit den Charakteristika einer Beschränkung des öffentlichen Raums auf die Gassen und einer Einschränkung der Blickbeziehungen durch die Einfassung der Grundstücke mit hohen Mauern. Da es sich bei den damaligen Bewohnern – wie parallel durchgeführte soziologische Studien ergaben[11] – ganz überwiegend um Binnenmigranten aus dem östlichen Anatolien handelte, wurden die Holzhäuser nicht als veritable Wohnungen, sondern als Notquartiere auf dem Weg in eine bessere Zukunft aufgefaßt. Allerdings entstammten einige der Gebäude insbesondere in Zeyrek auch ursprünglich schon einem kleinbürgerlichen Milieu und einer entsprechenden Bauherrschaft. Nur wenige der Holzhäuser in diesem Viertel und im Gebiet der Süleymaniye, wo ebenfalls Bauaufnahmen entstanden waren, entsprachen noch dem Typ des *konak*, einem freistehenden, vornehmen großen Wohnhaus, das von Gartenflächen umgeben ist. Solche Gebäude waren im 18. und 19.Jh. charakteristisch für weite Teile des Stadtgebiets von Istanbul und damit stadtraumbestimmend. Eines der großen Holzhäuser im Stadtviertel Süleymaniye, der *Kayserili Ahmet Paşa Konağı*, trug diese Bezeichnung nach seinem Vorgänger, war aber bereits Teil einer im späten 19. Jh. entstandenen Zeilenbebauung. Die Übertragung der Bezeichnung *konak* und des damit verbundenen Sozialprestiges auf dieses Gebäude zeigt den Anspruch, den die Erbauer in traditioneller Weise mit einem solchen Stadtpalast verbunden hatten. Allerdings entspricht der *Kayserili Ahmet Paşa Konağı* in vielerlei Hinsicht nicht mehr dem klassischen Schema, von der schon angesprochenen zweiseitigen Einbindung in die Straßenzeile einmal abgesehen. In einigen Bereichen weist er aber doch noch Einflüsse des osmanischen Wohnens auf, wie sie weiter oben geschildert worden sind. Die Bauuntersuchung am *Kayserili Ahmet Paşa Konağı* wurde 1978 nicht zuletzt durchgeführt, um diese dem Gebäude innewohnende Ambivalenz

[10] Müller-Wiener – Cramer, 1982, 5–81.

[11] Vgl. Offen, 1982.

Abb. 6 Straßensituation in Zeyrek, 1977 (Fotoarchiv DAI Istanbul)

Abb. 7 Grundriß des Obergeschosses des *Kayserili Ahmet Paşa Konağı* (Zeichnung E. Yerlikaya nach der Bauaufnahme von J. Cramer, 1978), M. 1 : 125

zu analysieren und herauszuarbeiten[12]. Dabei ging es um die grundsätzliche Frage, wieviel von dem osmanischen Erbe traditionellen Wohnens in einem Istanbuler Haus des späten 19. Jhs. noch nachweisbar war und wieviel bereits dem mittlerweile adaptierten Wohnen nach modernem, mitteleuropäischen Standard preisgegeben worden war. In der Grundrißdisposition des Holzhauses *(Abb. 7)* zeigt sich noch ein Element sehr deutlich, nämlich die Aufteilung in *harem* und *selamlık*, die auch durch getrennte Aufgänge erschlossen wurden. In einem Teil der Räume ist auch noch die klassische Deckendekoration mit Holzleisten und Verschalungen fortgeführt worden, während die Repräsentativräume

[12] Cramer 1983, 64–77.

Abb. 8 Aufwendige Stuckdecke im Hauptgeschoß des *Kayserili Ahmet Paşa Konağı* (W. Schiele, Fotoarchiv DAI Istanbul, 1978)

jedoch bereits teilweise präfabrizierte Stuckdecken nach europäischem Muster tragen, wie sie in Deutschland etwa zur sogenannten Gründerzeit üblich und verbreitet gewesen sind *(Abb. 8)*. Die innere Organisation der Räume mit Diwanen, Podesten, Waschnischen und Kamin sucht man jedoch ebenso vergeblich wie die Einbauschränke oder gar den zentralen Hofbereich (*hayat* oder *sofa*), der einem lichtlosen Verteilerraum weichen mußte. Raumbestimmendes Element des mitteleuropäischen Wohnens war die durchgehende Möblierung, die sich seit der *tanzimat*-Zeit (1840–1870) durchgesetzt und die alten Raumkonzepte und Lebensformen verdrängt hatte.

Es muß also festgestellt werden, daß eigentlich nur noch das Baumaterial Holz die Kontinuität zu den älteren Epochen der Stadt herstellte und nun eine völlig neue Architektur einkleidete, ähnlich, wie es wohl viele Jahrhunderte früher auch schon bei der Genese des osmanischen Wohnhauses geschehen war. Im Grunde wurde nun mit dem Baumaterial Holz der mitteleuropäische Massivbau nachgeahmt, und zwar sowohl in der Grundrißdisposition wie auch in den äußeren Formen der Fassaden *(Abb. 9)*. Ironischerweise ist auf einem der nun nach europäischem Geschmack bemalten Wandfelder des *Kayserili Ahmet Paşa Konağı* eine der häufigen Feuersbrünste dargestellt, denen die alten Holzhäuser Istanbuls und die osmanische Wohnkultur zum Opfer fielen[13].

---

[13] Okçuoğlu 2008, 289.

Abb. 9
Der ein Werksteinportal imitierende Eingang zum *harem* des *Kayserili Ahmet Paşa Konağı* (W. Schiele, Fotoarchiv DAI Istanbul, 1978)

Der Bosporus als Stadtraum

Am Beispiel des *Kayserili Ahmet Paşa Konağı* wird deutlich, wie die traditionelle osmanische Wohnkultur und Bauweise mit ihren eigenen räumlichen Konzepten in der Altstadt von Istanbul bereits im Verlauf des 19. Jhs. verdrängt worden ist. Und es muß weiter festgestellt werden, daß diese nachfolgende, letzte Generation der Holzhäuser nach europäischen Mustern heute zwar noch die häufigste erhaltene Gattung der Holzbauweise in der Altstadt von Istanbul darstellt, aber ihrerseits inzwischen auf wenige Einzelbauten reduziert ist. Es gibt aber noch einen Bereich städtischen Wohnens in Istanbul, der zumindest in singulären Bauwerken die Wohnkonzepte des 17. und 18. Jhs. und die damit einhergenden stadträumlichen Kontexte nachvollziehen läßt, und das sind die vornehmen Ufervillen am Bosporus. Hier wurde von den vornehmen Familien, insbesondere den Angehörigen des Hofs, das anatolische Konzept des *yazlık* und *kışlık* auf eine besonders kultivierte Weise fortgeführt. An beiden Ufern des Bosporus entstanden in diesem Zeitraum – also im Verlauf des 17. und 18. Jhs – ausgedehnte Palastanlagen aus vergänglichem Material, in denen die Sommermonate verbracht wurden.

Der übliche Weg, sich diesen Anlagen zu nähern, war das Meer und auf diese Weise wurde der Bosporus als Verkehrsfläche in den Stadtraum des osmanischen Istanbul einbezogen. Er war die breite Wasserstraße und der Repräsentationsraum, auf den sich die Gebäude mit ihren Fassaden bezogen und der in ihr Konzept mit seinen Besonderheiten einbezogen wurde. Und wie das Äußere der Gebäude waren Aufbruch und Verlassen der Sommerwohnung Gegenstand repräsentativer Selbstdarstellung, was sich nicht zuletzt in der sorgfältigen Gestaltung der Boote ausdrückte – und dies betraf nicht nur die *kayıkları* des Sultans. Auf gewisse Weise war der Bosporus großzügige Kompensation der fehlenden repräsentativen Platzanlagen in der orientalischen Stadt.

Doch auch der osmanische Stadtraum Bosporus mit seinen an beiden Ufern aufgereihten *yalılar*[14], den vornehmen Sommervillen, ist im Verlauf des 20. Jhs. fast gänzlich verlorengegangen und der Kenntnisstand über diese Gebäude wäre gering, wenn es nicht einen fieberhaften Chronisten dieser Gebäude und ihres Verschwindens gegeben hätte, den Architekten und Architekturhistoriker Sedat Hakkı Eldem. Er hielt die in den 1950er und 1960er Jahren noch reichlich vorhandenen Gebäude in zahlreichen Fotografien, Skizzen und Dokumentationen fest und entwickelte auf dieser Basis typologische Studien, die eine enge Beziehung zwischen den Gebäudekonzepten am Bosporus und den älteren osmanischen Wohnhäusern Anatoliens nachweisen konnten. Dabei erlaubten die finanziellen Möglichkeiten der vornehmen Bauherren und der zur Verfügung stehende Platz am Bosporus eine weitere Verfeinerung dieser Konzepte. So wurden die Hauptkomponenten *harem* und *selamlık* häufig auf getrennte Gebäude verteilt und innerhalb der Gebäude wurden die Grundbestandteile wie *divan, sofa* und *hayat* dann in verfeinerten Varainten weiterentwickelt.

Eines der prunkvollsten und größten Holzhäuser am Bosporus war das *Köceoğlu Yalısı* in Bebek aus der zweiten Hälfte des 18. Jhs., das wohl von einem vornehmen Geistlichen errichtet worden war, denn in den Besitz der Familie *Köceoğlu* geriet es erst im Verlauf des 19. Jhs[15]. Im Winter 1941 wurde das große Holzhaus vollständig abgebrochen, Eldem konnte jedoch die gesamten Abbrucharbeiten begleiten und den Zustand vor der Zerstörung erfassen, woraus eine umfangreiche Dokumentation entstand[16]. Die beiden Grundfunktionen *harem* und *selamlık* sind hier in einem Baukomplex vereint, jedoch signifikant separiert. In beiden Gebäudeteilen wiederholt sich das typologische Schema des inkorporierten *hayat*, der mit den Annexen der *eivane* die ganz überwiegende Fläche des Grundrisses einnimmt *(Abb. 10)*. Hier wie im Zuschnitt der einzelnen Räume wiederholt sich also in gehobener Form das Schema, das aus den anatolischen Wohnhäusern bereits bekannt ist. Der Blick in eine der Sitznischen zeigt allerdings auch, wie stark der mitteleuropäische Einfluß bereits in die Gestaltung der Oberflächen, die Gliederung der Fenster und die Proportionen des vertikalen Wandaufbaus vorgedrungen war *(Abb. 11)*. Ausgedehnte Verteilerbereiche mit von gedrechselten Balustern begleiteten Galerien und vielfältigen Durchblicken, sowie die Arrangements räumlich reizvoller *split levels* nahmen gestalterisch einen Schwerpunkt in der Gebäudekonzeption ein. Auffallend sind die verhältnismäßig

---

14 Die Bezeichnung *yalı* wird ethymologisch vom griechischen gialós = Ufer, Küste hergeleitet, was auf eine ältere Tradition hindeutet. Vgl. Kreiser 2001, 218.

15 Eldem 1977a, 10–11.

16 Eldem, 1977a, 8–9.

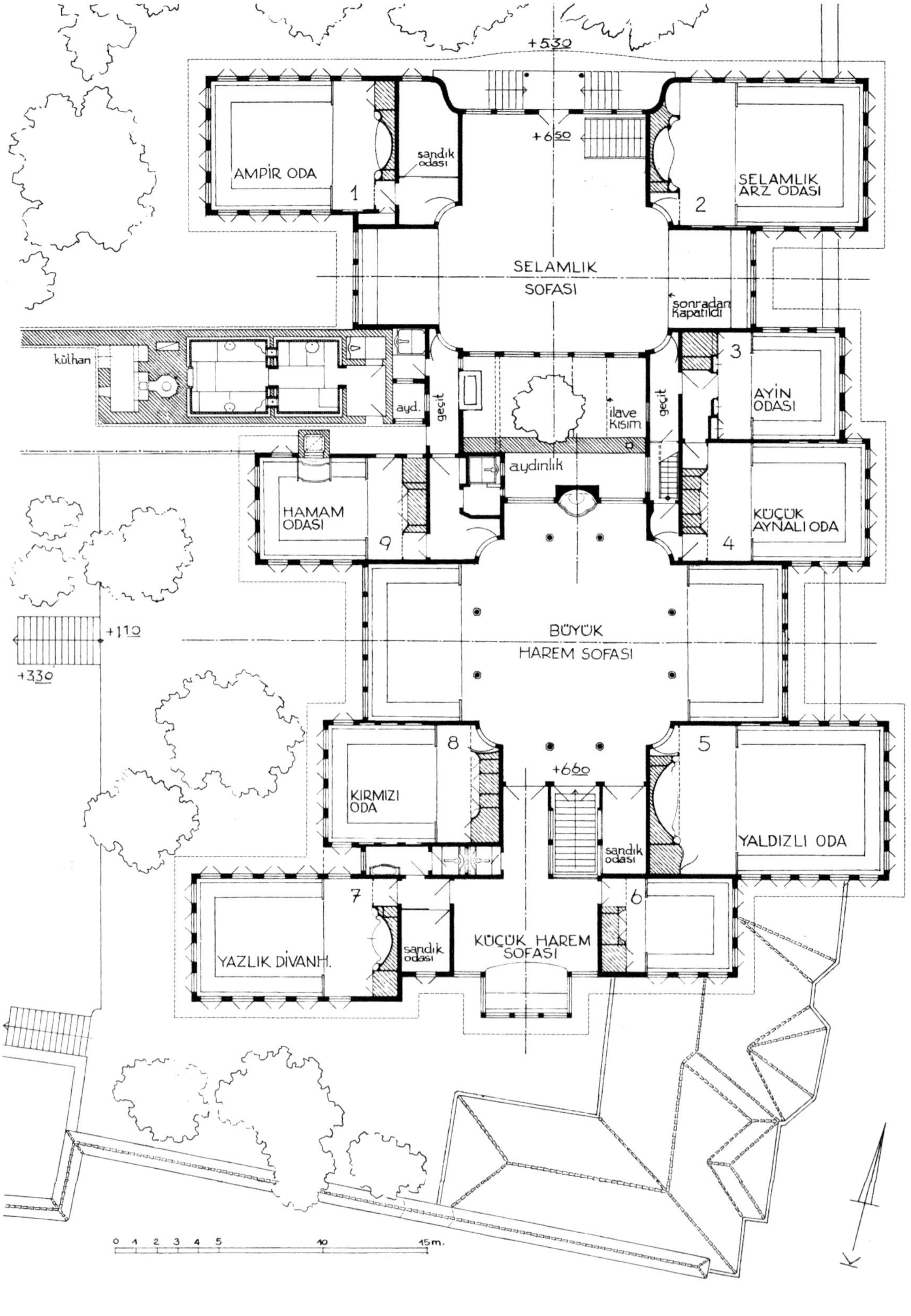

Abb. 10 Grundriß des *Köceoğlu Yalısı* (nach Eldem 1977, 46), M. 1 : 300

Abb. 11 Perspektivische Zeichnung eines *eivans* des *Köceoğlu Yalısı* (nach Eldem 1977, 104)

Abb. 12 Die Seefassade des *Köceoğlu Yalısı* mit den weit vorkragenden, mächtigen Konsolen der Umgestaltung des 19. Jhs. und den geschweiften Hölzern der ursprünglichen Fassade im Vordergrund (nach Eldem 1977, 65)

niedrigen Geschoßhöhen in Verbindung mit großer Gebäudetiefe, die einen sehr lagerhaften Architektureindruck hervorriefen. In der Fassadengestaltung des fast 60 m langen Gebäudes dominierten die weit vorkragenden Erker des Obergeschosses auf ihren geschweiften Konsolen, die im Verlauf des 19. Jhs. eine barockisierende Umgestaltung erhalten hatten *(Abb. 12)*. Bei vielen der Sommerpaläste ist dies der einzige Gegenstand ausführlicherer Gestaltung in einem sonst eher schlichten Fassadenprogramm, wie es eben charakteristisch für das ältere osmanische Wohnhaus ist.

Wie das *Köceoğlu Yalısı* sind die meisten Holzpaläste am Bosporus im Verlauf des 20. Jhs. verlorengegangen. Es ist daher umso erfreulicher, daß mit dem ebenfalls Ende des 18. Jhs. errichteten *Sâdullah Paşa Yalısı* eines der wenigen verbliebenen Gebäude und gleichzeitig eines der prominentesten dieser Art in das Forschungsprogramm des DAI aufgenommen

Abb. 13 Die zum Bosporus gewandte Fassade des *Sâdullah Paşa Yalısı* (M. Bachmann, 2004)

werden konnte[17]. Im Falle des *Sâdullah Paşa Yalısı* lag ein Planschema zugrunde, das *harem* und *selamlık* in getrennten Baukörpern untergebracht hatte. Nur der *harem* ist heute noch vorhanden *(Abb. 13)*, während der *selamlık* und weitere Nebengebäude schon lange verloren sind[18]. Der Grundriß zeigt auch hier den völlig inkorporierten *hayat* des anatolischen Hauses, der nun *sofa* genannt wird und der hier eine elegante Ovalform erhielt *(Abb. 14)*. Grundform und auch das Dekorationsprogramm dieses Raums weisen durchaus auf das mitteleuropäische *Louis-Seize* hin, doch ist auch hier das alte Grundprinzip der Gebäudetypologie beibehalten. Dazu gehört auch die autonome Zugänglichkeit und Organisation jedes einzelnen Raums und das subtile Spiel mit den Gebäudeebenen. Ein besonders weit entwickelter Umgang mit den Fassadenöffnungen zeichnet die Gebäude ebenfalls aus. So konnten die Fenster mit einem aufwendigen System von Klappläden der Tageszeit und den Lichtverhältnissen angepaßt und die Lichtführung im Inneren des Gebäudes inszeniert werden. Dabei spielten die hell gestrichenen Innenseiten der Fensterläden mit ihrer stark reflektierenden Wirkung in Verbindung mit den Reflexen auf der Wasseroberfläche des Meeres eine besondere Rolle.

Die beiden aufgeführten Beispiele – *Köceoğlu Yalısı* und *Sâdullah Paşa Yalısı* – gehören dem ausgehenden 18. Jh. an und somit einer Epoche, in der die anatolischen Gebäudetypologien schon stark den verändernden Einflüssen europäischer Architektur unterlagen. Von den noch älteren und damit noch ursprünglicheren Anlagen am Bosporus gibt es

17 D. Lorentzen hat mit Studierenden der Universität Cottbus hier im Sommer 2004 eine sehr detaillierte Bauaufnahme durchgeführt . Das Unternehmen entstand unter der Leitung von A. Hoffmann.

18 Ağır 2008, 273.

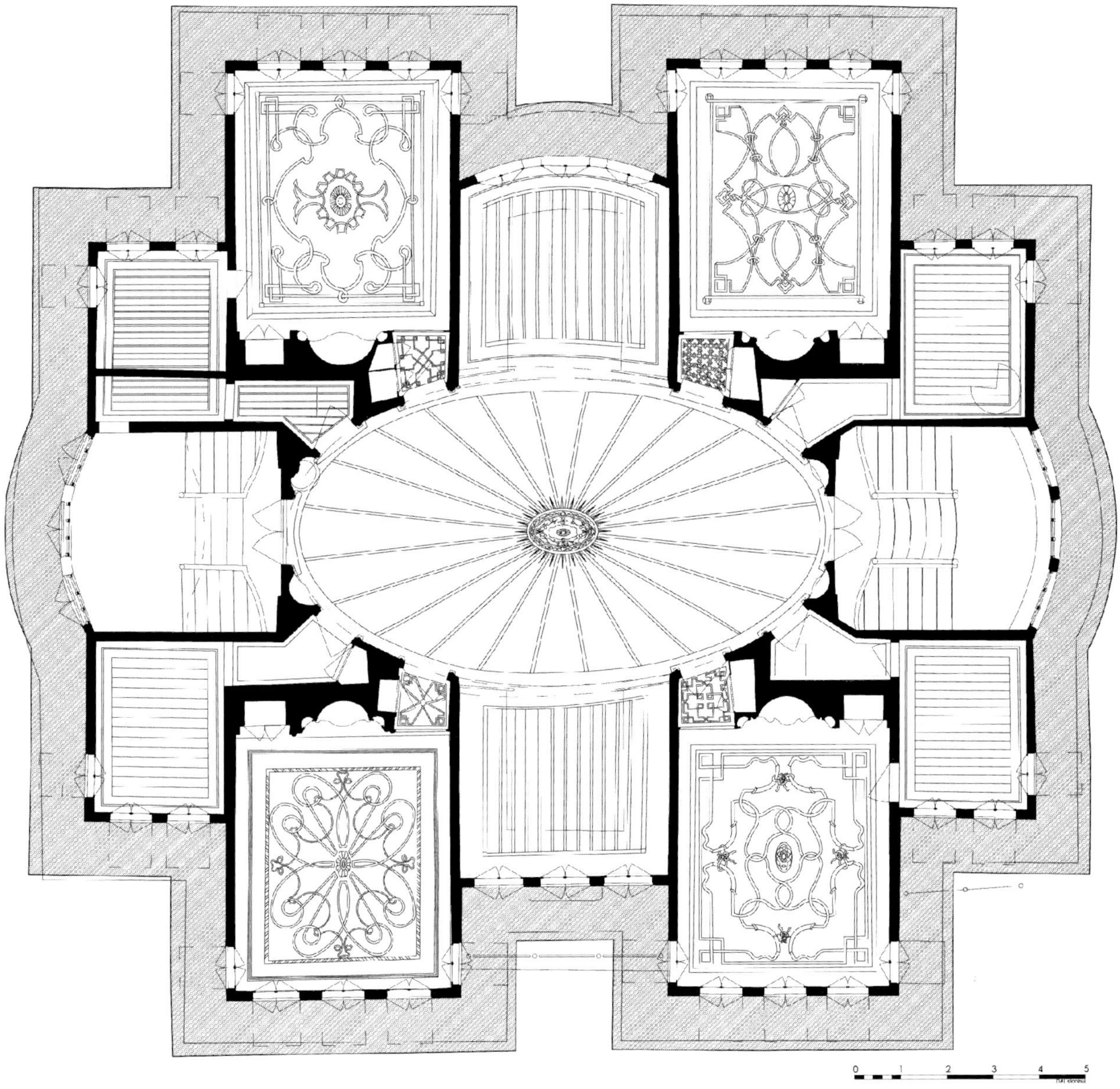

Abb. 14 Grundriß des *Sâdullah Paşa Yalısı* in der Bauaufnahme (D. Lorentzen, 2004), M. 1 : 150

jedoch nur noch eine und so darf es als besonderer Glücksfall gelten, daß das DAI diese Inkunabel osmanischer Baukunst einer gründlichen Dokumentation unterziehen konnte. Das *Amcazade Yalısı* wird allgemein in das ausgehende 17. Jh. datiert, was noch existiert, ist allerdings nur das prominente Fragment einer größeren Anlage[19]. Im rekonstruierten Lageplan von *Sedat Eldem* wird das noch bestehende Gebäude als *divanhane* erkennbar, der Teil des *selamlık* gewesen ist. Der *harem* des *Amcazade Yalısı* – ein eindrucksvolles Gebäude mit drei vorkragenden Konsolerkern – lag wesentlich weiter im Süden und wurde bereits vor 1900 abgebrochen. Der *harem* war wie der *selamlık* von Nebengebäuden umgeben, die

19 Zur Geschichte und Disposition des *Amcazade Yalısı* vgl. Bachmann 2008b, 205–209 und Eldem-Ünver 1970, 10–15.

Abb. 15 Perspektivische Rekonstruktionszeichnung des Innenraums des *divanhane* von 1915 (nach Eldem-Ünver 1970, 14)

ebenfalls nur noch in Resten der massiven Bauteile vorhanden sind. Mitte des 19. Jhs. wurde der *selamlık* abgebrochen und durch einen Neubau ersetzt – das sogenannte *Meşruta Binası*, das seinerseits bis auf wenige Reste zerstört ist, so daß nur der *divanhane* von der alten Anlage übrig blieb.

Sein Inneraum mit den überreichen Dekorationsformen, aber auch die pittoreske Lage auf den weit über den Bosporus reichenden Konsolen wurden bereits im 19. Jh. als besonderer Höhepunkt der osmanischen Baukunst außerhalb ihrer höfischen Ausprägungen wahrgenommen. Und zu Beginn des 20. Jhs. entstand bereits eine erste Dokumentation im Stil der École des Beaux arts, die den Innenraum mit all seinen Dekorationsformen in einer Perspektive wiedergibt *(Abb. 15)*. Das klare, klassische Raumkonzept ist deutlich erkennbar, der T-förmige Grundriß wird durch drei *eivane* gebildet, deren westlicher sich über den Bosporus schiebt. Der zentrale Bereich mit Brunnen wird von einer Kuppel überspannt, während die *eivane* von Muldengewölben überdeckt werden. In allen Fällen handelt es sich um hölzerne Scheingewölbe. Zahlreiche Elemente des klassischen osmanischen Wohnhauses finden sich hier- teilweise in ritualisierter Form – wieder. Der zentrale Brunnenbereich ist typologisch auf den Hof oder Verteiler zurückzuführen, in feinen Abstufungen führen von ihm die Bodenbenen auf die Höhe der Diwane. Niedrige Brüstungen fassen diese ein, darüber folgt die Fensterzone als Band von starker Ausdruckkraft, das den panoramenhaften Charakter des Überblicks über die Bosporuslandschaft unterstreicht. Es wird von einem reich dekorierten *sergen*, der Regalablage abgeschlossen und darüber folgt dann, statt einer weiteren Fensterzone die reich dekorierte Folge mit Blumenmotiven bemalter Paneele, die den größten Teil des Wandaufbaus einnehmen.

Abb. 16 Perspektivische Rekonstruktionszeichnung des Innenraums des *divanhane* von *Sedat Hakkı Eldem* (nach Eldem 1942, 15, Abb. 10)

Noch reicher dekoriert ist die Deckenzone, neben dem plastischen Schmuck wurde vielfarbige Bemalung und Vergoldung eingesetzt, für welche die Gewölbehöhlungen mit Leinwand ausgeschlagen wurden. Ganz klar ist auch hier der Bezug dieses Raumes zum Meer als öffentlichem Stadtraum.

Auch *Sedat Eldem* hat sich immer wieder mit diesem Gebäude beschäftigt und eine Reihe von Zeichnungen dazu erstellt. Unter anderem ist auch von seiner Hand eine Darstellung des Innenraums entstanden, die im Gegensatz zu der europäischen Wahrnehmungsperspektive der älteren Darstellung den Raum aus der Perspektive des am Boden sitzenden Rezipienten wiedergibt *(Abb. 16)*. Auf diesen waren nach Eldems Auffassung die Proportion des Raumes konzipiert und so erschien es ihm offenbar wichtig, die ältere Darstellung in diesem entscheidenden Punkt zu korrigieren.

Seit der Mitte des 20. Jhs. hat sich der Zustand des *divanhane* dramatisch verschlechtert, doch soll nun eine umfassende Restaurierung erfolgen. Im Vorfeld eröffnete sich die Möglichkeit zu einer gründlichen Bauaufnahme, bei der auch die konstruktiven Details des *divanhane* in allen Einzelheiten dokumentiert wurden *(Abb. 17)*. Dabei zeigte sich, daß entgegen des schlechten Rufs der osmanischen Holzbauten hinsichtlich ihrer konstruktiven Qualitäten dieses Gebäude hervorragend ausgeführt war. Die Primärkonstruktion besteht aus mächtigen Eichenprofilen, die gut gefügt sind, die Paneele mit den Blumen aus Hartholzbrettern von über 90 cm Breite, die aus einem Stück gefertigt wurden. Auch in konstruktiver Hinsicht liegt mit diesem Gebäude ein noch unentdecktes Kapitel osmanischer Baukunst vor, dessen einziger Zeuge es gleichzeitig ist.

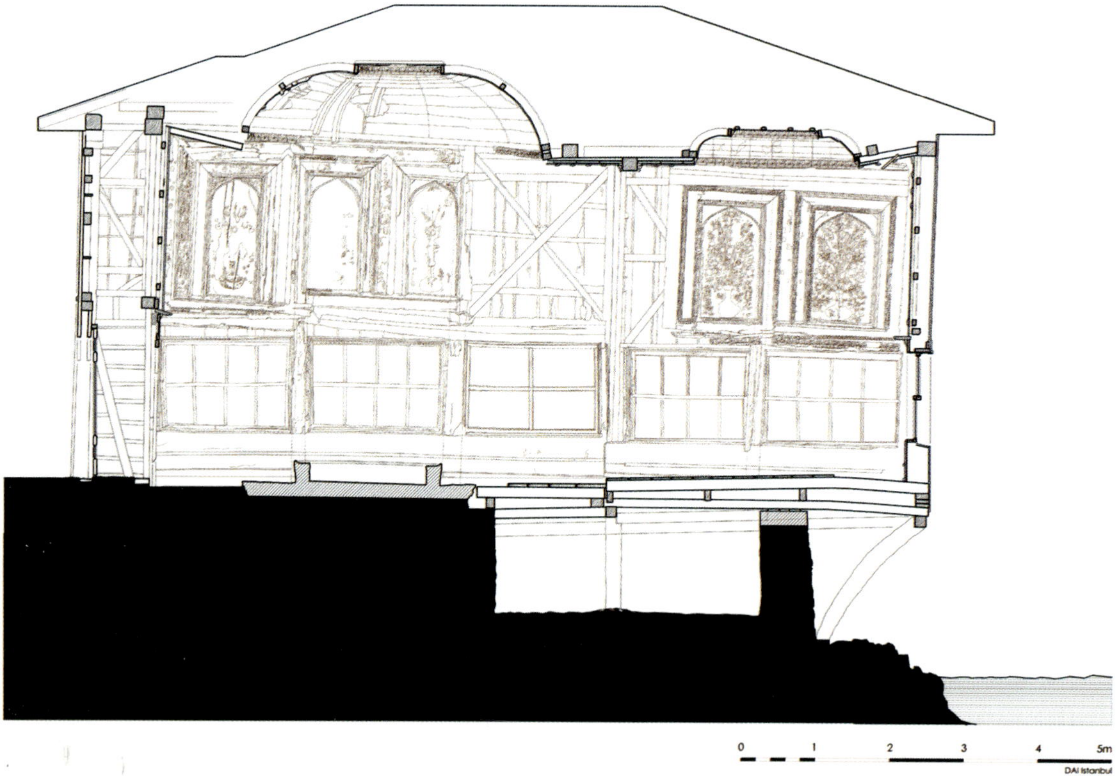

Abb. 17 Querschnitt des *Amcazade Yalısı* mit Blick nach Süden in der Bauaufnahme (Zeichnung Seçil Tezer, DAI Istanbul)

Wie stark sich mit den veränderten Raumauffassungen auch das Verhältnis der Uferbebauung zum Bosporus im Verlauf des 19. Jhs. konzeptionell änderte, kann an der Entwicklung der Bebauung auf dem Gelände der ehemaligen Sommerresidenz des deutschen Botschafters in Tarabya anschaulich nachvollzogen werden. Während die ursprüngliche Bebauung – ein großes *yalı* aus dem späten 18. Jh. – nahe am Ufer und in queraxialem Bezug zum Bosporus entwickelt worden war, rückten die nachfolgenden Holzbauten der deutschen Sommerresidenz, die nach Abbruch des *yalı* ab 1886 errichtet worden waren, deutlich vom Ufer ab und legten auch in der Gebäudekonzeption einen anderen Schwerpunkt *(Abb. 18)*. Zwar wurde der Wasserweg auch noch im späten 19. Jh. performativ benutzt, wie es etwa der *kayık* des französischen Botschafters zeigt *(Abb. 19)*, aber dennoch war die Anreise per Kutsche auf der Uferstraße die zeitgemäße Fortbewegungsart geworden. Dies war für die Ausbildung der *yalılar* von größter Bedeutung, denn ihre innere Erschließung war bis weit in das 19. Jh. auf den mit dem Boot Anreisenden und unmittelbar vom Wasser das Haus Betretenden konzipiert. Mit der Aufgabe dieses Konzepts war auch die stadträumliche Einheit aus den Ufergebäuden und der gewaltigen Wasserstraße aufgegeben worden.

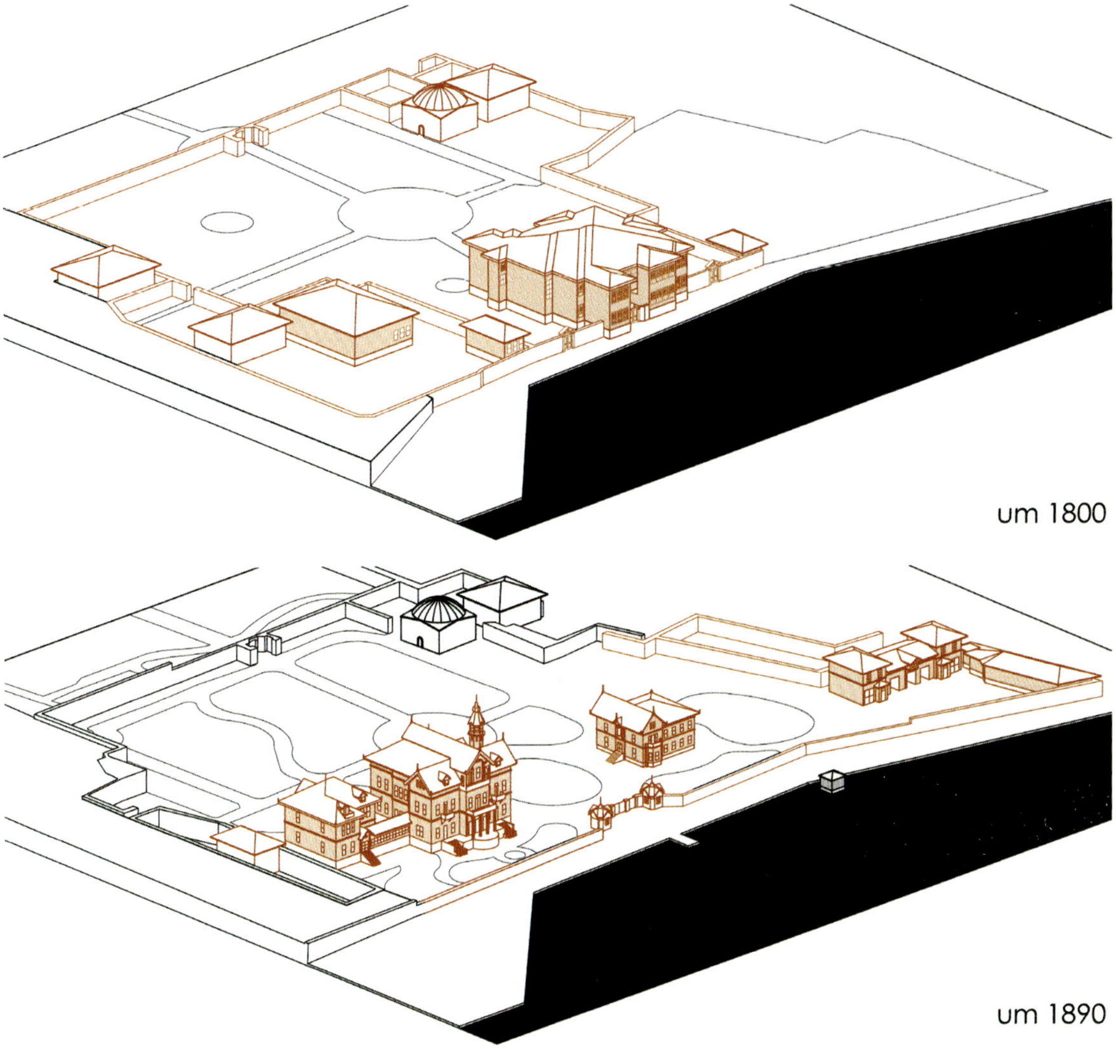

Abb. 18 Rekonstruktionszeichnung der Bebauungsentwicklung auf dem Gelände der historischen Sommerresidenz des deutschen Botschafters in Tarabya, oben um 1820, unten um 1880 (Zeichnung Seçil Tezer, DAI Istanbul)

Abb. 19 Der *kayık* des französischen Botschafters um 1880 (G. Berggren, Fotoarchiv DAI Istanbul)

Literaturverzeichnis

Ağır 2008 — A. Ağır, Sadullah Paşa Yalısı, in: M. Bachmann – B. Tanman (Hrsg.), Ahşap İstanbul (Istanbul 2008), 270–280.

Bachmann 2008a — M. Bachmann, Vergängliche Lebenswelten.Holzhäuser Istanbuls in der Forschungsarbeit des DAI Istanbul, in: M. Bachmann – B. Tanman (Hrsg.), Ahşap İstanbul (Istanbul 2008), 96–202.

Bachmann 2008b — M. Bachmann, Neue Erkenntnisse zur Baugeschichte und Konstruktionsweise des Amcazade Yalısı aus der Bauaufnahme 2007/2008, in: M. Bachmann – B. Tanman (Hrsg.), Ahşap İstanbul (Istanbul 2008), 204–252.

Bachmann 2009 — M. Bachmann, Epochenwandel am Bosporus, in: Kummer, M. v. (Hrsg.), Deutsche Präsenz am Bosporus, İstanbul 2009, 114–135.

Cramer 1983 — J. Cramer, Vornehme Stadthäuser der Jahrhundertwende in Istanbul, in: Architectura. 13, 1983 (München - Berlin 1983), 64–77.

Egli 1941 — E. Egli, Türk Evi, in: Ülkü – Halkevleri ve Halkodaları Dergisi 96, 1941, 206–208.

Eldem 1942 — S. H. Eldem, 17inci ve 18inci asırlarda Türk Odası, in: Güzel Sanatlar 4, 1942, 1–28.

Eldem 1954 — S. H. Eldem, Türk evi plan tipleri (Istanbul 1954).

Eldem 1977a — S. H. Eldem, Köçeoğlu Yalısı Bebek (Istanbul 1977)

Eldem 1977b — S. H. Eldem, Rölöve II Birgi Çakır Ağa konağı (Istanbul 1977)

Eldem 1994 — S. H. Eldem, Boğaziçi Yalıları II – Anadolu Yakası (Istanbul 1994) 82–87.

Eldem – Ünver 1970 — S. H. Eldem – S. Ünver, Amucazâde Hüseyin Paşa Yalısı (İstanbul 1970)

Eres 2009 — Z. Eres, Erkenntnisse aus der ländlichen Architektur in Thrakien für das Verständnis der vorgeschichtlichen Flechtwerkbauweise, in: M. Bachmann (Hrsg.), Bautechnik im antiken und vorantiken Kleinasien, Byzas 9, 39–63.

Kömürcüoğlu 1966 — E. A. Kömürcüoğlu, Das alttürkische Wohnhaus (Wiesbaden 1966).

Kreiser 2001 — K. Kreiser, Istanbul – Ein historisch-literarischer Stadtführer (Istanbul 2001).

Mühlbauer 2007 — L. Mühlbauer, Lykische Grabarchitektur: vom Holz zum Stein (Wien 2007).

Müller-Wiener 1982 — W. Müller-Wiener, Zeyrek – Studien zur Erhaltung eines Stadtviertels, MDOG 17 (1982).

Offen 1982 — H. Offen, Migration und kulturelle Marginalität: Präsentationsverhalten ländlicher Zuwanderer in Zeyrek/Istanbul (Tübingen 1982).

Okçuoğlu 2008 — T. Okçuoğlu, Kayserili Ahmed Paşa Konağı, in: M. Bachmann – B. Tanman (Hrsg.), Ahşap İstanbul (Istanbul 2008), 282–299.

Pinon 2008 — P. Pinon, Osmanlı Evleri – Les maisons ottomanes, in: Yapı Kredi Kültür Sanat Yayıncılık (Hrg.), Albert Gabriel (1883–1972) Mimar, Arkeolog, Ressam, Gezgin (Istanbul 2008), 153–166.

Saladin – Mesguich 1915 — H. Saladin – R. Mesguich, Le Yalı des Keupruli â Anatoli Hissar, côte asiatique du Bosphore (Paris 1915)

Abbildungsnachweis

Wawruschka:
Abb. 1 Christaller 1933, Karte 4.
Abb. 3 Auf der Grundlage von Hirth 1978, Abb. 2.
Abb. 5 Karte auf der Grundlage von J. Hiltner, Land Accumulation in the Turkish Cukurova, Journal of Farm Economics 42 (3), Abb. 1.
Abb. 6, 7, 8 Kartengrundlage Seton-Williams 1954, Abb. 1.
Alle anderen Abbildungen von der Autorin.

Bachmann:
1 - Fotoarchiv DAI Istanbul R 8979/ W. Schiele 1975; 2 - M. Bachmann DAI Istanbul 2009, 3 - Fotoarchiv DAI Istanbul Repro R 15664/Staatliche Bildstelle Berlin, 4 – Grafik M. Bachmann, DAI Istanbul, 5 DAI Pergamonarchiv Unterstadt Kizil Avli PM 5015 35.314, 6 M. Bachmann DAI Istanbul 2008

Agelidis:
Abb. 1–10: Aufnahmen der Autorin

Agelidis:
Abb. 1: Staatliche Museen zu Berlin, Münzkabinett, www.smb.museum/ikmk, Objektnr. 18203100, Fotograf L.-J. Lübke.
Abb. 2: Staatliche Museen zu Berlin, Antikensammlung, Neg. Nr. PM 85.
Abb. 3: Nach dem Faltplan in: P. Scherrer (Hrsg.), Ephesos. Der neue Führer (Wien 2005) mit Änderungen der Verfasserin.
Abb. 4: Nach P. Schazmann in: A. Conze – P. Schazmann, Mamurt-Kaleh. Ein Tempel der Göttermutter unweit Pergamon, JdI Ergh. 9 (Berlin 1911) 11 mit Änderungen der Verfasserin.

Williamson:
Fig. 1: (Map drawn by author)
Fig. 2: (Map drawn by author, using data from Debord 1994 and Debord – Varinlioğlu 2001)
Fig. 3: (Meadows 2002, 80: Group 1, specimen 1a)
Fig. 4: a) (Meadows 2002, 81: Group 2, specimen 4a). b) (Meadows 2002, 82: Group 2, specimen 15a). c) (Photo courtesy of Münzen und Medaillen GmbH)
Fig. 5: (Photo courtesy of Classical Numismatic Group, Inc.)
Fig. 6: (Map drawn by author)
Fig. 7: (Map drawn by author)
Fig. 8: (Photo author)
Fig. 9: (Map drawn by author)
Fig. 10: (Photo author)
Fig. 11: (Map drawn by author)
Fig. 12: (After Tırpan and Söğüt 2007, Plate 2)
Fig. 13: a) (Photo author) b) (Photo courtesy of Prof. Tırpan)
Fig. 14: (Map drawn by author)
Fig. 15: (Photo courtesy of Prof. Tırpan)
Fig. 16: (BCH 60, 1936, Plate 41)
Fig. 17: (Map drawn by author)
Fig. 18: (Photo author)
Fig. 19: (Photo author)